Zedler • Arleen Auger

Ralph Zedler

ARLEEN AUGER

Würdigung eines heimlichen Stars

Verlag Dohr Köln

Bibliografische Information der Deutschen Nationalbibliothek

Die Deutsche Nationalbibliothek verzeichnet diese Publikation in der
Deutschen Nationalbibliografie; detaillierte bibliografische Daten
sind im Internet über http://dnb.d-nb.de abrufbar.

1. Auflage 2013
© 2013 by Verlag Christoph Dohr Köln
www.dohr.de • info@dohr.de

Lektorat: Christoph Dohr
Einbandgestaltung: Christoph Dohr, unter Verwendung eines Porträts vom
30. Januar 1985 (Foto: Heinrich Kock / Archiv Dr. Alfred Willander) und einem
Aquarell von Arleen Auger, gemalt während ihrer Krankheit im Frühjahr 1993.
Layout und Satz: Christian Vitalis
Gesamtherstellung: Verlag Dohr Köln

ISBN 978-3-86846-109-1

Gedruckt auf säure- und chlorfreiem,
alterungsbeständigem Papier.

Inhalt

Anhang

Vorwort

Arleen Auger – ein heimlicher Star. Mit diesem Paradoxon könnte man die Außenwirkung einer Sängerin, die in Fachkreisen bis heute hochgeschätzt wird, den Weg zu allgemeiner Bekanntheit aber nie erreicht hat, treffend umschreiben.

Kurz nachdem sie am 10. Juni 1993 an den Folgen eines Gehirntumors im Alter von 53 Jahren in den Niederlanden verstorben war, erlebte der irische Journalist Padraig O'Rourke folgende Begebenheit:

„1993 arbeitete ich als Moderator für die Irish National Broadcasting Company. Kurz nach dem Tod von Arleen Auger in diesem Jahr fragte mich der Chefredakteur, ob ich eine Würdigung fürs Radio vorbereiten könne. Zu dieser Zeit lag mir kein erschöpfendes biographisches Material vor, mit dem ich hätte arbeiten können, aber als ich mich für ein paar Tage nach Kalifornien (Augers Geburtsort) begab, dachte ich, ich würde bestimmt etwas Interessantes für das Programm finden.

In San Francisco angekommen, begab ich mich zum Buchladen im Opernhaus und fragte, wo ich ein paar Informationen über die Sängerin bekommen könnte. Die Dame hinter dem Ladentisch betrachtete mich durch glasige Augen und antwortete: ‚Oh nein, wir haben gar nichts über sie, sie zählt nicht zu den großen Sängerinnen.'"

Diese unter „No honour at home" (Keine Würdigung im eigenen Land) in der Mai-Ausgabe von 2001 der Zeitschrift *Gramophone* als Leserzuschrift abgedruckte Geschichte schildert exemplarisch die Diskrepanz in der Beurteilung dieser Sängerin: Der eine soll einen Nachruf fürs Radio verfassen, und die andere steht in einem Geschäft voller Bücher über Oper und klassische Musik und kann nichts vorweisen. Und diese Diskrepanz in der öffentlichen Wahrnehmung verdeutlicht auch der Tatbestand, dass Jens Malte Fischer die Künstlerin in seinem 1993 herausgegebenen Standardwerk „Große Stimmen: von Enrico Caruso bis Jessye Norman"[1] nicht einmal erwähnt, hingegen Richard Wigmore 2001 in der Zeitschrift „Gramophone" darauf hinweist, dass sie die meist eingespielteste Sopranistin aller Zeiten ist.[2]

---

1   Jens Malte Fischer: Große Stimmen: von Enrico Caruso bis Jessye Norman, Stuttgart 1993.
2   Richard Wigmore: „Arleen Auger. A star in voice only", in: Gramophone Februar 2001, S. 40 f.: „She was the most recorded diva of all. [...] ...an artist, who is commemorated in more recordings than any other soprano in history".

Dieses Buch versucht eine Lücke zu schließen und sich der Faszination einer Sängerin anzunähern, die auf ein Vierteljahrhundert Weltkarriere blicken durfte – was durch über 150 Schallplatteneinspielungen und gut 30 Fernsehproduktionen eindrucksvoll dokumentiert ist – und sich dabei Zeit ihres Lebens als Pädagogin und kritische Beobachterin von Strömungen auf dem Opern- und Konzertsektor betätigt und dabei Bedeutendes und Mahnendes für künftige Generation zu versenden hatte. Die Lücke, die durch ihren frühen Tod in die erste Sängergarde ihrer Zeit gerissen wurde, ist nie mehr geschlossen worden. War sie als Konzertsängerin selbst DIE Nachfolgerin von Agnes Giebel und trat sie als Liedsängerin in die Fußstapfen von Irmgard Seefried, so hat sie selbst in keinem der beiden Genres eine würdige Nachfolgerin gefunden.

Ich habe sie zum ersten Mal als Kind wahrgenommen, als ich mir von meinem ersten selbstverdienten Taschengeld eine meiner ersten Schallplatten gekauft habe: Beethovens *Die Ruinen von Athen* zusammen mit der *Chorphantasie*. Dank ihrer klaren und uneitlen Stimme wurde Beethovens Schauspielmusik zum Lieblingsstück meiner Kindheit.

Optisch begegnete sie mir im Haydn-Jahr 1982 im Festsaal der Wiener Universität, als sie Joseph Haydns *Schöpfung* sang. Diese Aufführung wurde im Fernsehen übertragen, und ich saß als kleiner Junge mit großen Augen gebannt davor.

Live habe ich sie nur ein einziges Mal gehört: in einem ihrer letzten Liederabende, den sie am 4. Oktober 1991 in der Kölner Philharmonie mit Irwin Gage gab. Augenblicklich schlug mich dabei ihre Ökonomie des Singens und ihre grundehrliche Wiedergabe der von ihr ausgewählten Liedliteratur in den Bann – eine Wiedergabe, die völlig frei von Manierismen und das Ego ins Zentrum des Interesses rückender Ichhaftigkeit war.

Die Initialzündung, dem Phänomen Arleen Auger nachzuspüren, erfuhr ich, als ich im Mai 1993 ihre Aufnahme der Mozartschen c-Moll-Messe unter Leonard Bernstein hörte. Die überirdisch gesungenen, schwebenden Phrasen, die aus anderen Sphären zu kommen schienen, erweckten augenblicklich mein Verlangen, sie persönlich kennen zu lernen. Eine Woche nach diesem Entschluss standen ihre Nachrufe in allen deutschen und ausländischen Zeitungen. Zu einer persönlichen Begegnung mit dieser einzigartigen Sängerin ist es also nie gekommen. Aber Gott sei Dank in der Folgezeit mit vielen, die sie kannten und als Künstlerin und vor allem als Mensch über alles schätzten.

Ein solches Buch kann nur mit Hilfe von Menschen entstehen, die Arleen Augers Weg gekreuzt haben, sie eine kurze oder lange Strecke darauf begleitet haben und die bereit sind, von diesen Begegnungen zu erzählen. Ich habe Sängerinnen und Sängerkollegen von Arleen Auger befragt, die unendlich oft oder nur einmal mit ihr gesungen haben, Dirigenten wie Helmuth Rilling, mit denen sie unzählige Konzerte und Plattenaufnahmen gemacht hat, und andere Dirigenten, mit denen sie nur ein Konzert gemacht hat, Pianisten wie Irwin Gage oder Dalton Baldwin, die ihre regelmäßigen Begleiter waren und Pianisten wie Graham Johnson oder Steven Blier, mit denen sie nur sporadisch gearbeitet hat. Alle haben mir nach ihren Möglichkeiten geholfen, und ich danke allen folgenden Künstlerinnen und Künstlern für ihre Bereitschaft, mir Einblicke in die Werkstatt der großen Sängerin zu gewähren:

Hans Adolfsen, Dalton Baldwin, Angela Maria Blasi, Steven Blier, Owen Burdick, Carlos Cebro, Ruskin King Cooper, Hans Darmstadt, Misha Dichter, Kurt Equiluz, Iván Eröd, Irwin Gage, Isabel Garcisanz, Mechthild Georg, David Gordon, Leopold Hager, Julia Hamari, Nikolaus Harnoncourt, Cornelius Hauptmann, Walter Heldwein, Alfred Heller, Rainer Hoffmann und seine Frau Gerda, Christopher Hogwood, Wolfgang Holzmair, Peter Jelosits, Günter Jena, Graham Johnson, Warren Jones, Adalbert Kraus, Libby Larsen, Karl Markus, Frédéric Meinders, Edda Moser, John Nelson, Siegmund Nimsgern, Walter Olbertz, Aribert Reimann, Gregory Reinhart, Helmuth Rilling, Andreas Schmidt, Wolfgang Schöne, Gabriele Schreckenbach, Peter Schreier, Martha Senn, Doris Soffel, Melvyn Tan, Armin Ude, Hans Wallat, Ortrun Wenkel und Judith Lang Zaimont.

Eine zentrale Säule ihres internationalen Wirkens war das Unterrichten. Von 1978 bis Mitte der 1980er-Jahre hatte sie ein Professur an der Frankfurter Musikhochschule inne. Ihre Assistentin war damals Tsujako Mitsui, die mir über diese Zeit und die oft sehr intime Arbeit im Gesangsunterricht ebenso bereitwillig Auskunft gab wie ihre Schülerinnen Laetitia Cropp, Carina Mora, Monica Ries, Elisabeth Schmock, Atsuko Suzuki und Lilly Tuneh. Ab Mitte der 1970er-Jahre hat sie immer wieder Privatschüler betreut und Meisterkurse auf der ganzen Welt gegeben. Folgenden TeilnehmerInnen dieser Kurse danke ich sehr für ihre Beiträge: Una Barry, Geesche Bauer, Ricarda Buttkus, Dorothea Craxton, Anne Eisenhauer, Ursula Fiedler, Michèle Friedman, Michael Gehrke, Annegret Hörger-Budday, Shihomi Inoue-Heller, Christine Schäfer, Daniela Stampa-Middendorf, Mojca Vedernjak – und Sabine Eberspächer, die drei von Arleen Augers Kursen an der Bach-Akademie korrepetiert hat. Weiterhin danke ich Peter Schüler und Martin Wanner, zwei ehemaligen Gächingern, für ihre Schilderungen.

Arleen Auger ist bei fast 70 internationalen Musikfestivals aufgetreten und hat in den wichtigsten Konzertsälen und Opernhäusern der Welt gesungen. Für die Sichtung dieses Materials danke ich folgenden Archivaren und Bibliothekaren:

Waltraut Eising von der Alten Oper Frankfurt, Frances Atkins, Asadour Santourian vom Aspen Music Festival, Karen Glose vom Bach Choir in Bethlehem/Pennsylvania, Claudia Zudrell von den Bregenzer Festspielen, Christine Mitterwenger von Burg Perchtoldsdorf, Gertrude Mathes und Dr. Gerda Fröhlich vom Festival „Carinthischer Sommer" in Ossiach, Archivar Rob Hudson von der Carnegiehall, Mieke Bleeker vom Concertgebouworchester Amsterdam, Johannes Martin vom Conventus Musicus, Sacha Wagner von der Deutschen Oper am Rhein in Düsseldorf, Jackie Westbrook vom Edinburgh Music Festival, Susan Chore vom Archiv der Frick-Sammlung in New York, Carolyn Fuest von den Freunden der Christ Church Spitalfields in London, Julia Kratochwil vom Kartenbüro der Gesellschaft der Musikfreunde in Wien, Stuart Robinson vom Archiv des Hallé Orchestra aus Manchester, Klaus Angermann von der Hamburgischen Staatsoper, Claudia Brinker und Susanne Timmer von der Internationalen Bachakademie Stuttgart, Sabine Greger vom Mozart-Archiv der Internationalen Stiftung Mozarteum, Rozanna Thompson von der Kentucky Opera Louisville, Judith Johnson vom Lincoln Center in New York, John Penino von der Metropolitan Opera New York, Erin Acheson und Elizabeth Manus von „Musica sacra" in New York, Barry Ambros von der New York City Opera, Bettina Kann von der Österreichische Nationalbibliothek Wien, Almut Hein von der Oper der Stadt Bonn, George Evano vom Oregon Bach Festival, Debra Griffith vom Oregon Shakespeare Festival, David Gollon von der Pitkin County Library, Hans Jaklitsch und Franziska-Maria Lettowsky vom Archiv der Salzburger Festspiele, Bernadette Kneis und Katrin König vom Salzburger Landestheater, Stephanie Lechner , Melanie Mallon und Julia Mirow vom Schleswig-Holstein-Musikfestival, Thomas Hinterauer von der Schubertiade Bad Hohenems, Hilde Limbächer von den Schwetzinger Festspielen, Jay Schwartz vom Staatstheater Stuttgart, Thomas Klagian vom Stadtarchiv Bregenz, Dorothee Le Maire vom Stadtarchiv Esslingen, Helmut Dorfner vom Stadtarchiv St. Pölten, Hiltrud Knapp von der Stadt- und Universitätsbibliothek Frankfurt, Franziska Gulde-Druet vom Archiv der Stiftung der Berliner Philharmoniker, Prof. Hubert Deutsch, Renate Dönch und Katharina Otzelberger von der Wiener Staatsoper, Prof. Mag. Leopold Spitzer von der Wiener Hugo-Wolf-Gesellschaft, Magdalene Croll und Stefanie Preißler von den Wiener Festwochen, Erzsébet Trautz von Universitätsbibliothek Frankfurt und Christine Werner von der Theaterwissenschaftlichen Sammlung Schloss Wahn der Universität zu Köln.

Einblicke in den künstlerischen Alltag der Sängerin gewährten mir Wolfgang Fahrenholtz aus Würzburg, der leider während der Arbeit am Buch im September 2011 verstorben ist, Niels Graf von Waldersee aus Hamburg, Dr. Alfred Willander aus Baden bei Wien, Margarete Miserre aus Frankfurt, Mary Lou Falcone und Celia Novo aus New York und Elisabeth Ehlers aus München, Annelies Leeuwangh, die Sekretärin von Arleen Auger aus den Niederlanden und der ehemalige Manager der Bach-Akademie Stuttgart, Andreas Keller und seine Frau Sibylle.

Für die Erstellung der umfangreichen Diskographie haben viele helfende Hände in den Archiven der deutschsprachigen und amerikanische Rundfunkanstalten gegraben, um mir die Existenz so manchen noch zu hebenden Schatzes zu verkünden.

Angela Mehner vom Deutschen Rundfunkarchiv in Babelsberg, Christina Voigt vom Deutschen Rundfunkarchiv in Frankfurt, Martina Bulla für den Bayerischen Rundfunk, Andreas Schöllig vom Deutschlandradio Kultur (ehemals RIAS), Claire Bickel vom Hessischen Rundfunk, Bianca Voigt vom Mitteldeutscher Rundfunk, Elisabeth Richter vom Norddeutschen Rundfunk, Katja Heitkämper von der Musikdokumentation von Radio Berlin-Brandenburg (ehemals SFB), Donata Grün vom Saarländischen Rundfunk, Holger Kortüm vom Südwestfunk Mainz, Elisabeth Bechstein und Dirk Meyer für den Südwestrundfunk, Stefan Rothmund aus der Dokumentationsabteilung des Süddeutschen Rundfunks, Thorsten Klein vom Westdeutschen Rundfunk, Niels Negendank für das Zweite Deutsche Fernsehen in Mainz, Gabriele

Fernbach für den Österreichischen Rundfunk, Dorothea Skofitsch vom Landesstudio Kärnten, Wolfgang Nitsch von Landesstudio Niederösterreich, Karin Graf vom Landesstudio Salzburg, Bettina Waldner-Barnay vom Landesstudio Voralberg, Ruurd Blom für das Nederlands Instituut voor Beeld en Geluid, Uvin Koen und Johan Favoreel vom belgischen Sender VRT in Brüssel, Philippe Mergen vom Centre national l'audiovisuel de Luxembourg, Jörgen Hansen vom Dänischen Rundfunk, Anne Pavis vom Institut National audiovisuelle in Paris und Rod Hamilton vom Sound Archive der BBC in London, Walter Parker vom Vermont Public Radio (VPR) und Amira Nader vom New Yorker Sender WQXR.

Die Photos stammen vom Aspen Music Festival, aus dem Archiv des „Carinthischen Sommers", der Plattenfirma Delos, dem Lincoln Center of the Performing Arts, Inc. (New York), der Los Angeles Music Center Opera, dem Archiv der „Salzburger Festspiele", von den Photographen Clive Barda (London), Konrad Bockemühl (Kiel), Co Broerse (Niederlanden), Felix Eidenbenz (Zürich), Foto Fayer (Wien), Stan Fellerman (New Hope, Pennsylvania), Klaus Hennch (Zürich), Werner Neumeister (München), Axel Nickolaus (Berlin/Kiel), Erio Piccagliani (Mailand), Lord Snowdon (London), Christian Steiner (New York) und aus den Privatsammlungen von Leslie Auger, Wolfgang Fahrenholtz, Rainer Hoffmann, Günter Jena, Tsuyako Mitsui, Celia Novo, Diana Price, Gabriele Schreckenbach, Dr. Alfred Willander und Erich Wirl.

Über den Menschen Arleen Auger lieferten mir ihr Neffe Leslie Auger in Winona (Missouri), Frau Diana Price in Wien, Frau Tsuyako Mitsui in Kyoto, Frau Margarete Miserre in Frankfurt und Willem E. Scherpenhuijsen Rom aus Leusden/NL lebhafte Schilderungen.

Und zuletzt danke ich vielen meiner Künstlerfreunde und Kollegen, die mir mit diversen Anregungen und der Herstellung von Kontakten weitergeholfen haben: für Übersetzungshilfen danke ich Susanna Eismann, Ricardo Frenzel Baudisch, Marcel Layher und Tobias Link; Claudia Glesius danke ich für Hilfestellungen bei gesangstechnischen Fragen, Peter Bieringer danke ich für die Vermittlung an den Norddeutschen Rundfunk, Paul McNamara für seine Beziehungen zur BBC London, Andrea Azzurini und Paolo Bressan für ihre Kontakte zum RAI und zur Scala di Milano, Mads Elung-Jensen für die Vermittlung des Kontakts zum Dänischen Rundfunk und zu Gregory Reinhart, Jens Sartor für seine Materialbeschaffung aus britischen Bibliotheken, Kenneth Prendergast für die Bereitstellung seiner privaten Sammlung von amerikanischen Zeitungsausschnitten und Presseinterviews und Roman Grübner für die Vermittlung des Kontakts zu Doris Soffel und René Kollo.

Alle diese Hände haben ineinandergegriffen, um dieses sehr idealistische Projekt meinerseits Wirklichkeit werden zu lassen!

Ihnen allen ein herzliches Dankeschön!

Ralph Zedler, im August 2012

I. Stationen einer Karriere

„Karriere ist für mich die Architektur eines Wunsches. Und manchmal passt die Architektur nicht zum Wunsch. Mein Ziel war immer, Freude an der Musik zu haben und so lange wie möglich zu singen."[1]

1. Anfänge

„Es gab niemals irgendwelche Zweifel, dass ich Sängerin werden würde. Denn Singen war das, was ich immer schon tat. So einfach."[2]

Zu singen muss für Arleen Auger so etwas wie ein Lebensauftrag von höherer Stelle gewesen sein. Schon im Alter von wenigen Monaten sang ihr die Mutter im Badezimmer Kirchenlieder wie „Jesus loves me" oder „Power of Blood" vor, und die kleine Arleen summte und brummte die Melodien augenblicklich fehlerfrei nach – und das lange, bevor sie krabbeln oder gar laufen konnte. Sie selbst sagte:

> „Noch bevor ich sprechen konnte, sang und lallte ich im Einklang mit meiner Mutter, obwohl ich keine Ahnung von dem hatte, was ich da tat."[3]

Musikalität, die später immerzu ihr großes Aushängeschild als Sängerin war, schien ihr also offensichtlich mit in die Wiege gelegt worden zu sein.

Geboren wurde Arleen Joyce Auger am 13. September 1939 um 3.40 Uhr im Suburban Hospital in South Gate, Kalifornien. Ihr Rufname innerhalb der Familie war Joyce und ist es bis heute geblieben: Als „Aunt Joyce" genießt sie bis auf den heutigen Tag ihren festen Platz in der Familienchronik.

---

[1] Andreas Kluge/Dieter F. Rauch: „Freiheit ist ein wunderschönes Wort", in: Musik und Theater 2/1993, S. 13.

[2] Daniel Schillaci: „Early recital with her mom augured well for soprano", in: Los Angeles Herald Examiner, 31. Januar 1986.

[3] Alan Blyth: Arleen Auger, in: Gramophone, März 1976, S. 33.

Ihr Vater Everett Newton Auger war ein hochgewachsener, leicht untersetzter Mann, dessen familiäre Wurzeln in Kanada liegen. Er war Sohn französischer Einwanderer, wurde 1911 im kanadischen Moose Jaw (Saskatchewan) geboren und war gezwungen, durch einen Brand, der sein Dorf komplett vernichtet hatte, als Elfjähriger um 1922 in die Staaten zu übersiedeln. Er verdiente dort sein Geld, indem er Feuersteine für eine Firma in Los Angeles erneuerte. Am 5. Mai 1940 wurde er amerikanischer Staatsbürger. Ungefähr zu dieser Zeit entschied er sich zu einer Kehrtwende in seinem Leben und beschloss, protestantischer Pastor zu werden; er besuchte das Pacific Christian College, wo er 1945 seinen Abschluss machte.

Der Name Auger ist französischen Ursprungs, weshalb ihn die Künstlerin die ersten Jahre ihrer Karriere in Europa auch mit Accent aigu (Augér) geschrieben hat – so wie es auch ihre Großmutter noch getan hatte. Doch bald schon merkte sie, dass diese Schreibweise zu großer Verwirrung führte, da der Name selbst von Franzosen nicht als französisch-stämmig identifiziert werden konnte, weil er in Frankreich sehr selten ist. Er reicht zwar bis auf die Hugenotten zurück, scheint aber seine eigentlichen Wurzeln in Katalonien zu haben. Daher ist er bis heute hauptsächlich in den Pyrenäen verbreitet, und nur in Südfrankreich gibt es einige wenige Augérs. Als die Sopranistin dann noch erfuhr, dass „Augér" ursprünglich „Schweinehirt" hieß, ließ sie den Accent in späteren Jahren wieder weg.

Ihre Mutter Doris Moody stammte aus Sutton in Surrey, einem südwestlich gelegenen Teil von London, und wies die typischen Züge englischen Benehmens auf. Sie war auf ihre Herkunft stets besonders stolz gewesen, zumal sie diejenige aus der Familie war, die im Jahre 1911 als erste auf amerikanischem Boden geboren worden war. Ihre zehn Jahre ältere Schwester Ivy hatte das Licht der Welt nämlich noch in Großbritannien erblickt.

Schon ihr Vater war in Großbritannien Sänger gewesen, bis er im Jahre 1901 in San Francisco strandete; ihre Großmutter und deren Bruder Ernest Cooley spielten Geige. Musik war also ein Generationen überspannendes Lebenselixier. Folglich erlernte auch Doris das Klavierspiel.

Sie war eine kleine, leicht untersetzte Frau von ruhigem, gesetztem, etwas herb wirkendem Wesen. Am 22. Juni 1934 vermählte sie sich mit Everett Newton Auger, und das Ehepaar lebte fortan in Huntington Beach, einer Küstenstadt in Süd-Kalifornien.

Da ihr Mann – wie das in Amerika üblich ist – als Pastor nur durch die Spenden seiner Gemeinde honoriert wurde, hatte sie die Aufgabe, den kargen Haushalt zusammen zu halten und sich alsbald in der Kunst zu perfektionieren, mit wenig Geld große Portionen von schmackhaftem Essen zuzubereiten. Ihr Neffe Leslie hat viele Jahre später versucht, einige der Rezepte nachzukochen, doch sie sind nie so geworden, wie er und sein Gaumen sie in Erinnerung hatten – seine Diagnose: Ihm fehlte als entscheidende Zutat die Liebe zur Familie.

Der Tag begann für Everett bereits um 5 Uhr in der Früh, wo er sich für drei Stunden dem Studium der Bibel und dem Gebet hingab, ehe er gegen 8 Uhr das Haus verließ, um sich dem Tagesgeschäft der Gemeinde zuzuwenden. Doris ordnete unterdessen den Haushalt und bereitete das Mittagessen vor, das zu Hause mit der ganzen Familie am Tisch stets pünktlich um 12 Uhr eingenommen wurde.

Nach dem Essen begab sich Everett wieder in die Kirche, und Doris erledigte Schreibarbeiten fürs Pfarrbüro und erteilte am Nachmittag Klavierunterricht, um so die karge Haushaltskasse aufzustocken.

Gegen 17 Uhr hatte Everett Feierabend, und das Abendessen stand kurze Zeit später auf dem Tisch. Dass die Mahlzeiten in friedvoller Atmosphäre mit konfliktfreier Konversation stattfanden, darauf wurde innerhalb der Familie äußersten Wert gelegt. Und lag dennoch einmal Spannung in der Luft, so vermochte es Doris meist mit einem harschen Machtwort, die Streithähne in ihre Schranken zu weisen. Die Bewahrung eines ruhigen, liebevollen und geordneten Heims war ihr ein Herzensanliegen.

Das Abendprogramm bestand meist aus Gesellschaftsspielen, die man gemeinsam am Esstisch spielte – vor allem Doris' Lieblingsspiele Anagrams oder Domino.

Eine Ausnahme von diesem mehr oder minder täglich ähnlichen Tagesablauf bildete der Samstag, der als Tag der Erholung galt und den man je nach Wetterlage entweder im Park flanierend oder am Strand verbrachte. Bei diesen Ausflügen wurde die Familie dann auch um Großmutter Moody oder Tante Ivy erweitert.[4]

Everett Newton Auger war Priester aus der Tiefe seines Seins heraus, liebevoll, warmherzig, gütig, von einer grundechten Ehrlichkeit und auch kraft seines Amtes notwendigen Beharrlichkeit.

Seine erste Gemeinde war die South Gate Church of Christ in der Vorstadt von South Gate. Er hatte in seinem Leben insgesamt sieben Kirchen erbaut, wovon die in Huntington Beach seine letzte war.

Seine Gottesdienste waren Ausdruck wahrer Gotteserfahrung und keine dogmatischen Lehrveranstaltungen. Er suchte den lebendigen Bezug zwischen der Bibel und dem realen Leben herzustellen. Von seinem Wesen her war er immer liebenswürdig, denn eines seiner Lebensmotti lautete: „Du kannst Bienen mehr mit Honig locken als mit Essig." Folglich war er als Pfarrer äußerst beliebt. Für seine Gemeindemitglieder war er stets zur Stelle, was allerdings als Kehrseite der Medaille eine permanente Präsenz seinerseits verlangte. Und da seine „Schäfchen" das wussten, konnte es vorkommen, dass auch abends spät an seiner Tür noch geklingelt wurde und auch sonn- oder feiertags Menschen in einer Notsituation seiner Hilfe bedurften und sich ungeachtet von Wochentag und Uhrzeit an ihn wandten. Abgewiesen wurde dabei nie jemand, denn seine Devise lautete: „God will help you, but first WE will help you!"[5]

Wenn Everett Hausbesuche am Sonntag zu absolvieren hatte, so legte er sie natürlich auf den Nachmittag, und weil ihm der Sonntag als Tag der Familie heilig war, pflegte er

---

4   Den Familienalltag schilderte mir Arleen Augers Neffe, Leslie Auger, 2011.

5   Diese Informationen über den Vater gab mir der zweite Ehemann Arleen Augers, Wolfgang Fahrenholtz, im August 2011 in einem Gespräch in Würzburg.

Bruder Ralph mit drei Jahren und
Arleen mit sechs Monaten (Photo:
privat/Leslie Auger, Familienalbum)

Doris, Ralph, Everett, Arleen: Thanksgiving 1941
(Photo: privat/Leslie Auger, Familienalbum)

An Arleens Geburtstag mit ihrem Bruder Ralph 1948
(Photo: privat/Leslie Auger, Familienalbum)

Arleen und Ralph an Halloween 1948
(Photo: privat/Leslie Auger, Familienalbum)

seine Familie zu diesen Besuchen mitzunehmen. Denn Familie war für ihn nach seiner priesterlichen Mission die zweitwichtigste Säule in seinem Leben. Auch darum wurde auf Friedfertigkeit, Liebenswürdigkeit, Respekt und gegenseitige Unterstützung innerhalb der Familie größten Wert gelegt.

In diesem Umfeld permanenter Fürsorge und sozialen Engagements wuchs die kleine Arleen mit ihrem drei Jahre älteren Bruder Ralph auf. Das Reglement innerhalb der Familie war sehr streng; vor allem ihre Mutter brachte alle ihre Erfahrungen einer britischen und damit sehr geordneten Erziehung mit in die Familie ein. So herrschten etwa extrem steife Tischsitten. Und saß die kleine musikbegeisterte Arleen oft mit Melodien im Kopf und daher einem Lächeln bei Tisch, so wurde ihr das von der Mutter streng untersagt, und sie wurde angehalten, nur geradeaus zu schauen und regungslos ihre Mahlzeiten einzunehmen.

Diese züchtigenden Maßnahmen konnten ihr den Spaß an der Musik nicht verderben, und so lag es nahe, diese Begabung auszubauen, da sie bereits als Einjährige Melodien fehlerfrei nachsingen konnte. Und so improvisierte sie schon bald zur Melodiestimme der Mutter eine zweite dazu. Mit drei Jahren gab sie im Familienkreis ihr erstes „Solo-Recital" zur Klavierbegleitung ihrer Mutter. Höhepunkt des Programms war der damals brandaktuelle Nonsense-Schlager „Mares eats oat and does eat oats and little lambs eat ivy", der im Radio rauf und runter gespielt wurde.[6]

Ihre Mutter verkörperte in ihrer Kindheit einerseits das musische Element und war aber auch zugleich die Hüterin und Verfechterin strenger Prinzipien. Ihr Vater stand für priesterliches Predigen, Selbstlosigkeit und Hingabe. Und aus diesen beiden Quellen – der Musikalität der Mutter und der idealistisch missionarischen Tätigkeit des Vaters – erwählte sich Arleen Auger ihre Bestimmung.

Im Alter von sechs Jahren begann sie Violine zu spielen – und zwar auf dem Instrument der Großmutter mütterlicherseits. Den ersten Klavierunterricht erteilte ihr ihre Mutter. Jedoch „kann ich mich an keine Zeit erinnern, in der ich nicht Sängerin werden wollte. Als Kind spielte ich Instrumente, aber als ich zwölf war, hatte ich bereits ein wenig in der Öffentlichkeit gesungen, in der Kirche und in der Schule. Ich bestand darauf, das Geigespielen aufzugeben und zu einem Gesangslehrer zu gehen."[7]

Ihre Eltern waren zuerst dagegen, aber wie sie späterhin selbstironisch zugab:

„Ich war ein hartnäckiges kleines Ding."[8]

Und so erhielt sie die elterliche Erlaubnis zum Gesangsunterricht. Ihr Lehrer war der Chorleiter der First Christian Church von Long Beach, den ihre Eltern auch persönlich kannten, L. D. Frey. Er verstand aufgrund seines Berufs Gott sei Dank viel von jungen Stimmen. Und über ihn sagte sie später:

---

6   Daniel Schillaci: Anm. s. o.
7   Ebenda.
8   John McCormick: „Voice of experince", in: Suburban People, 6. Mai 1990.

Arleen Auger vor ihrer High School, 1954
(Photo: privat/Leslie Auger, Familienalbum)

„Mein Lehrer war ein Stimmtherapeut. Er arbeitete mit Leuten, die ihre Stimme verloren hatten oder andere Schwierigkeiten hatten. Von ihm lernte ich die tiefe Atmung und den Gebrauch der Resonanzräume und wie man den ganzen Körper benutzt und ihn mit dem Verstand koordiniert, so dass DU der Lenker des Wagens bist. Niemals sagte er zu mir: ‚Singe jetzt auf diese Weise!‘ Das ist das Problem so vieler von uns: Wir lernen von jemandem eine Technik und sind dann abhängig von ihr. Nein, ich habe gelernt, von Anfang an unabhängig zu sein!“[9]

Dieser stark logopädisch ausgerichtete Gesangsunterricht legte ein grundlegend gesundes Fundament für ihre stimmliche Entwicklung. Dieser Lehrer hat nichts kaputt gemacht – im Gegenteil. Trotzdem merkte sie nach ein paar Gesangsstunden, dass es für eine systematische Stimmausbildung schlicht zu früh war:

„Ich war viel zu jung; ich kann es niemandem empfehlen, denn der Körper ist im Alter von 13 für die Ausbildung der Stimme noch nicht bereit.“[10]

Und so ging sie, bis sie 19 war, zwar brav jede Woche zum Unterricht, hatte aber keine beruflichen Ambitionen und absolvierte das Ganze mit Neugierde und Spaß, aber ohne Druck. Ja, in der Tat: Ihr Lehrer L. D. Frey gestaltete seinen Unterricht „ohne Druck und ohne Musikliteratur lernen zu müssen“.[11] Deshalb und wohl gerade weil sie *keine* professionellen Ambitionen hegte, konnte sie dem Metier so unbefangen entgegentre-

---

9   Susan Elliott: „America is discovering one of her own“, in: The New York Times, 25. Februar 1990.
10   John McCormick: Anm. s. o.
11   Hanns-Horst Bauer: „Arleen Auger. Mit neuem Aufschwung“, in: Orpheus, Oktober 1987, S. 776.

ten und ganz darin eintauchen. All das geschah absichtslos, eben *nicht* um Karriere zu machen, um berühmt zu werden, ja noch nicht einmal, um das Singen als Beruf ernsthaft in Erwägung zu ziehen. Sie tat es allein aus Freude an der Sache und aus Dankbarkeit. Dieses Vergnügen, Singen zu dürfen, blieb Zeit ihres Lebens erhalten und verleiht all ihren Aufnahmen jene bezwingende Kraft und unverbrauchte Frische.

In sich verspürte sie aber natürlich das Bedürfnis, auch außerhalb der eigenen vier Wände zu singen. Und da ihr College keine Musikklasse hatte, sang sie in „Women Clubs" und in der Kirche. Denn letztere war zudem der einzige Ort, den ihre Eltern für sie als zum Singen angemessen betrachteten. Der christliche Hintergrund, den sie von zu Hause mitbekam, war zwar streng, aber niemals fundamentalistisch. Kirche war für sie im weitesten Sinne in erster Linie ein Vehikel, um Musik machen zu können. Was es dort und auch zu Hause an Liturgie gab, nahm sie mit. Sie war sicherlich ein gläubiger Mensch, aber mehr im übergeordneten als im konfessionellen Sinne. Ihre Eltern hatten dies mit den Jahren auch akzeptiert. Für sie gab es nur eine wirkliche Religion, und das war die Musik – auch zum Lobe Gottes, aber ohne oktroyierte bibelspezifischen Beigaben.[12]

So begann sie im Kirchenchor der First Congregational Church von Long Beach zu singen. Mit ihr zusammen sang noch eine andere junge Frau im Chor, die späterhin sehr berühmt werden sollte: Marilyn Horne.

Ihr Chordirektor Robert „Lindy" Collins erweckte in ihr zum ersten Mal die Idee, Sängerin zu werden. Doch ihre Zweifel waren noch groß, und ihr Selbstbewusstsein war dementsprechend schwach – auch was ihre Fähigkeiten auf den Instrumenten Geige und Klavier betraf. Ihr Können auf der Violine tat sie bestenfalls als angebracht für die Provinz ab.[13] All das hing damit zusammen, dass sie keinen Vergleich hatte. Ihre gesamte Prägung war provinziell – auch die als Sängerin. Sie selbst sagte, dass sie „stimmlich isoliert"[14] aufwuchs:

> „Ich wusste überhaupt nicht, wie andere Leute sangen, bevor ich nach Europa kam."[15] „Ich besaß weder Schallplatten noch einen Schallplattenspieler. Ich war die einzige Sängerin in meiner kleinen Stadt. Ich habe mich in Musik verliebt auf eine komplett naive Weise."[16]

Und diese Liebe reichte tief, weil absichtslos:

> „Ich liebte es zu singen und nahm als junges Mädchen Gesangsunterricht, aber es lag jenseits meiner wildesten Träume zu denken, ich könnte es zum Beruf machen."[17]

---

12 Diese Informationen gab mir Wolfgang Fahrenholtz.

13 James M. Keller: „Arleen Auger", in: Musical America, Juli 1990, S 14.

14 Heidi Waleson: „Arleen Augér. You can go home Again", in: Ovation, März 1987, S. 22.

15 Ebenda.

16 Ralph V. Lucano: „Arlen Auger: ‚I'm NOT just a Bach singer'", in: Fanfare. The Magazine for Serious Record Collectors, September/Oktober 1990, Vol. 14, Nr. 1.

17 James M. Keller: Anm. s. o., S. 12.

Vokalensemble „Huntington High Harmonaires", 1956
(Photo: privat/Leslie Auger, Familienalbum)

Auftritt in der High School, 1956
(Photo: privat/Leslie Auger, Familienalbum)

Als Teenager trat sie einer Vokalgruppe mit dem Namen „Huntington High Harmonaires" bei, mit der sie in Hotels wie dem Ambassador Hotel in Huntington Beach auftrat. Mitte der 1950er-Jahre sammelte sie auch erste Erfahrungen mit solistischen Auftritten in kleinen Kirchen ihrer Region, in denen sie in Gottesdiensten Spirituals wie *He's got the Whole World in His Hand* oder *That Suits Me* sang.

Das Jahr 1955 – sie wurde im September gerade einmal 16 Jahre alt – brachte ihr die ersten Preise bei zwei verschiedenen Gesangswettbewerben ein:

Zuerst gewann sie im Mai den Großen Preis des „Musical Arts Club of Orange County", der sie zu einem Jahr kostenloser Ausbildung am Musikkonservatorium von Los Angeles berechtigt hätte. Aber da sie zu jung war, konnte sie den Preis nicht annehmen. Und dann im August 1955, kurz vor ihrem 16. Geburtstag, belegte sie den zweiten Platz bei einer vom Fernsehen veranstalteten „TV-Church-Talent-Hour" in Hollywood.

Mit 15 ereignete sich auch ihr völlig unverhofftes Bühnendebüt: Das Orange Coast College hatte für sein alljährliches Sommer-Musical noch Verstärkung für den Chor gesucht: „Ich fuhr nach Costa Mesa zum Vorsingen für den Chor und bekam die Hauptrolle."[18] Und so wurde die Nellie Forbush in „South Pacific" von Rodgers/Hammerstein ihre erste Rolle, die sie auf der Bühne verkörperte.

1957 wirkte sie zum ersten Mal bei einer Schallplattenaufnahme mit: mit ihrem Huntington Beach First Church of Christ Choir unter Leitung von Gordon Wheatley, Jr. nahm sie drei geistliche Stücke auf: *God of Our Fathers*, *Christ Went Up Into The Hills* und *America, The Beautiful*. Den Klavierpart übernahm dabei ihre Mutter, Doris Auger.

Wie fast alle pubertierenden Jugendlichen, begann sich auch Arleen gegen weltanschauliche Dinge im Hauses ihrer Eltern aufzulehnen, wie etwa der, dass ihr Vater in seiner Kirche Schwarze strikt ablehnte. Diese Diskriminierung brachte sie ebenso gegen die Eltern auf wie die Tatsache, dass diese sie mit einem in Afrika tätigen Missionar zu verheiraten trachteten. Um diesen Zwängen zu entkommen, ehelichte sie im Alter von 17 Jahren einen nur wenig älteren Studenten. Dieser entpuppte sich aber bald als notorischer Spieler mit einem massiven Alkoholproblem und der daraus resultierenden Unberechenbarkeit. Er sah in ihr nur die Hausfrau, die einmal pro Woche brav auf die Kirchenchorprobe geht und ihm ansonsten zu Hause ein behagliches Heim schafft. Doch diesem nachzugeben, hätte Verrat an sich selbst und Verleugnung ihres Talents bedeutet. Aber noch war sie nicht bereit, diesen Kampf mit ihrem Mann und dessen auferlegten Beschränkungen aufzunehmen. Und so fügte sie sich in das Korsett des Colleges und des Chorgesangs und sang als frisch vermählte Joyce Wigginton hauptsächlich am Wochenende in diversen Kirchen ihrer Region Chormusik. Hin und wieder gab sie auch Solokonzerte mit geistlichem Repertoire – wie etwa 1959, wo die South

---

18 Clint Erney: „For Huntington soprano all the world's her stage", in: Santa Ana Register, 11. März 1983.

Einladung zu einer Veranstaltungsreihe „Kreuzzug für Christus" in Arleen Augers Heimatgemeinde
(Leslie Auger)

Gate Press ein Konzert in der Church of Christ ankündigt, in dem sie das „Rejoice"
aus Händels *Messias*, den 5. Satz aus dem Brahms-Requiem (auf Englisch), „Höre, Israel" aus Mendelssohns *Elias* (ebenfalls in Englisch), Gounods *O divine Redeemer*, ferner
Come Ye Blessed von John Prindle Scott und abschließend eine Gruppe von Spirituals
sang.

Aber all die zahllosen Chorerfahrungen, die Soloauftritte in Kirchen, die ersten
Schritte auf der Bühne als Musical- Sängerin und auch die Auszeichnungen bei kleineren Wettbewerben hatten ihre Selbstzweifel bezüglicher einer professionellen Sängerlaufbahn nicht vertreiben können Und so ging sie beruflich auf Nummer sicher
und wählte den Weg einer soliden Ausbildung: Sie schrieb sich an die University of
Southern California in Long Beach ein, um Musikpädagogik für die Elementarschule
zu studieren. Sie wollte Lehrerin werden. Neben den Fächern Violine, Klavier, Musikgeschichte und Musiktheorie erhielt sie an der Universität auch Gesangsunterricht. Ihr
dortiger Stimmbildungslehrer hieß Dr. Charlie Becker, und auch er riet ihr sogleich
von einer professionellen Karriere ab, denn sie verfüge seiner Meinung nach nicht über
ausreichend musikalische Fähigkeiten. Aber wie so viele in der Musikgeschichte bereits
vor ihm, so wurde auch dieser Herr mit seiner Einschätzung Lügen gestraft und musste
seinen Irrtum am eigenen Leib erkennen:

Topper Smith, ein Freund Arleen Augers der ersten Stunde und später Verwalter der Los Angeles Music Center Opera, traf jenen besagten Dr. Becker Ende der 1960er-Jahre zufällig vor dem Eingang der Wiener Staatsoper und fragte ihn, ob er nicht anschließend mit zum Künstlerausgang kommen wolle, um eine junge Sopranistin namens Arleen Auger zu begrüßen, die aus der Nähe von Los Angeles stamme und nun in Wien fest engagiert sei. Becker willigte freudestrahlend ein, und als er der jungen Amerikanerin gegenübertrat, stand da jene aparte junge Frau, die er als seine ehemalige Studentin Joyce Wigginton kannte. Topper Smith meinte: „Frau Auger war sehr liebenswürdig, aber sie hat ihn an seinen Ratschlag von damals erinnert. Es verlief aber alles sehr jovial."[19]

Das Jahr 1960 bot ihr die Gelegenheit, eine wahrlich anspruchvolle Partie aus dem Genre der Wiener Operette auf der Bühne sängerisch wie auch darstellerisch ausprobieren zu können, denn im Mai 1960 standen fünf Vorstellungen der *Fledermaus* von Johann Strauss in der Metropolitan Opera-Version auf dem Programm ihres Colleges. In dreien davon sang sie die Rosalinde.

Der Winter 1960/61 brachte ihr die erste große Begegnung mit der Musik Georg Friedrich Händels: Am 4. Dezember sang sie die Solo-Sopranpartie in Händels „Messias" zusammen mit dem Huntington Park Symphony Orchestra und den vereinigten Kirchenchören im Auditorium der Huntington Park High School. Die Leitung hatte Constantin Bakaleinikoff. Dieser war von den frühen 1930er- bis in die späten 1950er-Jahre ein berühmter Dirigent und auch Komponist von Filmmusik für Hollywood-Streifen gewesen – u. a. für Filme von Alfred Hitchcock.

Im Januar 1961 sang sie Ausschnitte aus „Acis und Galathea" in der Festival Hall von Los Angeles an der Seite von Marilyn Horne.

Fast 20 Jahre später sollte ihr das Werk nochmals begegnen – Günter Jena erinnert sich:

„Ich habe Frau Auger im April 1976 bei einer Rundfunkaufnahme von Händels *Judas Maccabäus* in Paris kennen gelernt. Bei der ersten Klavierprobe war ich so begeistert von ihrer Stimme, dass ich Frau Auger auf den Knien meines Herzens beschwor, ich wüsste, welche Rolle sie bitte bei mir singen müsse: Die Galathea in Händels *Acis und Galathea*. Frau Auger ging sofort darauf ein und sagte, das sei ihre Lieblings- und Traumrolle. Als ich später mit ihrer Agentur verhandelte, meinte diese, ich müsse das übliche Honorar ein wenig erhöhen, da sie die Partie extra für Hamburg neu studieren müsse. Bei der ersten Probe in Hamburg sprach ich sie auf diese Unstimmigkeit zwischen ‚Lieblingsrolle' und ‚neu studieren' an. Frau Auger erzählte lächelnd: ‚Wissen Sie, wo ich das Stück lieben gelernt habe? Als Sängerin im College-Chor.'"

---

19 Dorothy Korber: „Auger was classical soprano despite the ...", in: Long Beach Press Telegram, Juni 1993.

Günter Jena und Arleen Auger im Hamburger „Michel" (Photo: privat/Günter Jena)

Neben diesen ersten solistischen Aufgaben, auch schon gepaart mit schauspielerischen Herausforderungen, blieb die Chorarbeit in diversen Kirchen- und Konzertchören der Region für sie jedoch weiterhin essentiell.

So etwa in einem Chorkonzert vom 30. April 1961 an einem Sonntagnachmittag. Der Chor hieß „Camerata dei Musici". Dahinter verbarg sich ein Ensemble von Solostimmen unter Leitung von Robert „Lindy" Collins. Es bestand aus fünf Sopranen, drei Alten, vier Tenören und vier Bässen. Der Ort war die First Congregational Church of Los Angeles.

Das Programm gestaltete sich wie folgt:

Johann Sebastian Bach	Motette *Ich lasse dich nicht, du segnest mich denn*, BWV Anh. III 159 auf Englisch als *I Not Let thee Go* in antiphonaler Form, wobei Arleen Auger im Soloquartett besetzt war.
Johannes Brahms	Drei Motetten in englischer Übersetzung: *Schaffe in mir* (*Create in me*), op. 29 Nr. 2 *O cast me not away* *Es ist das Heil uns kommen her* (*Grant unto me the joy of thy salvation*), op. 29 Nr. 1

In diesem Konzert bot sich ihr auch Gelegenheit, sich solistisch auszuprobieren; sie sang, von ihrem Chortenor-Kollegen Frank Ahrold am Klavier begleitet, vier Solostücke:

Claude Debussy	„Il pleure dans mon cœur" aus *Ariettes oubliées* Arie der Lia aus *L'enfant Prodigue*
Richard Hageman	At The Well (Rabindranath Tagore; 1913)
Igor Strawinsky	Pastorale (1907)

Nach der Pause sang der Chor zur Klavierbegleitung von Beverly Hansen und Betty Wylder folgende Werke:

Paul Hindemith	Sechs Chansons nach Rilke (1939)
Johannes Brahms	Sechs ausgewählte Nummern aus den *Liebesliederwalzern* op. 52
Georg Friedrich Händel	Drei Nummern aus *Acis und Galathea*

1963 legte sie ihr Diplom als Musikpädagogin ab und ging in den Schuldienst: Zuerst arbeitete sie als Kindergärtnerin in Los Angeles und später dann als Grundschullehrerin in Denver/Colorado und Chicago/Illinois. Insgesamt vier Jahre lang arbeitete sie im Bereich der Elementarpädagogik, unterwies Kinder in Lesen, Schreiben, Rechnen, Sport und Religion und sang nur sporadisch am Wochenende. Neben dieser Abstinenz von dem, was sie so liebte, belasteten die Spannungen mit ihrem Ehemann sie zuneh-

As an educator, Mr. Errolle has obtained prominence as a teacher of singing, including background studies of vocal science, the structure of opera, platform procedure in concert, and particularly in the field of vocal diction, and as a lecturer on these subjects. In the fall of 1951 he requested and was granted permission by the University to relinquish his duties with the opera in order to pursue his research in the field of language diction. This resulted in the publication of a standard manual of ITALIAN DICTION FOR SINGERS and a companion work, FRENCH DICTION FOR SINGERS, which is about to go to press. Mr. Errolle is a member of the National Association of Teachers of Singing, the Music Educators National Conference, the American Association of University Professors, the Phi Mu Alpha National Music Fraternity and the Chicago Singing Teachers Guild.

Mr. Errolle has appeared as leading tenor in the cast with many famous stars: Maria Jeritza, Amelita Galli-Curci, Titto Ruffo, Giovanni Martinelli (in LA JUIVE), Lucrezia Bori, L a w r e n c e Tibbett, John Charles Thomas, Gladys Swarthout, Rise Stevens, Giuseppe de Luca, Leon Rothier, Margarita Sylva, Rosa Ponselle and others. In addition, he has sung with many great conductors including Tullio Serafin, Fritz Reiner, Artur Bodanski, Issac Van Grove, Gennaro Papi and Louis Hasselmans.

His star pupil, Arleen Auger, has recently achieved an early debut at the Staatsoper of Vienna with great success and has been awarded a two year continuous contract to sing leading roles. Here she sang with James King, Metropolitan Opera tenor, who studied with Mr. Errolle in his earlier days.

RALPH ERROLLE

Master of Singing

Opera — Song Recital

offers

Training for Young Artists
in all branches of Vocal Arts.

available as
Production Director for
Staging Performances.

Studio

1950 Huntington Drive
South Pasadena   Phone 682-1006
Phone for appointment

Werbeprospekt von Arleen Augers Gesangslehrer Ralph Errolle (Leslie Auger)

mend. Denn dessen Spielsucht sorgte ständig für Ebbe in der Haushaltskasse, und seine ewigen Ausflüchte wie „Das war wirklich das letzte Mal" und „Ich tue das nie wieder!" wurden zunehmend unglaubwürdiger. Um den immer wieder drohenden finanziellen Ruin abzuwenden, verdiente sie sich sogar donnerstags und sonntags in der Kirche und am Freitag in der Synagoge[20] ein paar Dollar dazu. Die Situation wurde immer beklemmender und die Lösung dieser unerträglichen Situation vollzog sich aus heiterem Himmel in Evenstan, Illinois, einer versnobten Vorstadtgegend von Chicago, in die ihr Mann nur aus Prestigegründen gezogen war:

---

20   Susan Elliott: „The Augér Effect", in: Pulse! April 1990

Eines Abends kam sie nach Hause, und ihr Mann hatte tagsüber die ganze Wohnung leergeräumt und war mit seiner kompletten Habe in seinem schicken Wagen einfach auf und davon gefahren, ohne ihr zuvor auch nur eine Andeutung gemacht zu haben. So war sie für mehrere Monate völlig auf sich alleine gestellt. Ein örtlicher Pfarrer half ihr, ein Mansardenzimmer in einem Pfarrhaus zu finden. Aus Angst, ihren Eltern das Scheitern ihrer Ehe zu gestehen, lebte sie wochenlang von einem Früchtebrot, das ihre Mutter ihr zu Weihnachten geschickt hatte. Ihren Eltern die Wahrheit über ihre Ehe zu sagen, getraute sie sich nicht.[21]

Eine ihrer großen Stärken war es, aus solch einer Krise wieder aus eigener Kraft herauszufinden. Und so nutzte sie diesen abrupten Schnitt in ihrer Biographie für einen Neuanfang – auch für sich selbst. Denn in ihr nagte etwas, was immer stärker wurde, was gehört und gelebt werden wollte. Eine Stimme in ihr, im wahrsten Sinne des Wortes, ihre eigene Stimme wollte gehört und gelebt werden, und so suchte sie sich in Chicago einen Gesangslehrer und wendete sich an Ralph Errolle. Dieser war in den 1920er- und 1930er-Jahren ein gefeierter Belcanto-Tenor gewesen und hatte noch mit Benjamino Gigli an der Metropolitan Opera alternierend gesungen – zumindest bis zu dem Zeitpunkt, an dem seine Affäre mit der Frau des Generaldirektors publik wurde. Er hatte dort die Titelpartie in *Romeo et Juliette* und den Gérald in *Lakmé* gesungen und insgesamt 40 Partien seines Fachs auf der Bühne verkörpert. In reiferen Jahren war er ins Heldentenorfach gewechselt und hatte dieses Fach mit Verdis *Otello* gekrönt.

Sie sang ihm vor. Der Maestro war anfänglich alles andere als überschwänglich, sagte, er wolle es mit ihr probieren und hat ihr niemals unrealistische Versprechungen gemacht, wie Gesangslehrer das ansonsten gerne zu tun pflegen. Hohle Phrasen wie „Ich bringe dich an die MET" oder „Du hast das Zeug zur Weltkarriere!" sind aus seinem Mund nie gekommen.

„Meine erste Stunde mit ihm war wie meine letzte in Los Angeles Jahre zuvor: Wir redeten über Haltung und die Benutzung von Muskeln für die Atem-Stütze. Er wurde mehr und mehr überzeugt davon, dass ich genügend Talent hätte, um eine berufliche Laufbahn einzuschlagen – obwohl ich schon ein bisschen spät dran war, um darüber nachzudenken, es als Beruf ernsthaft in Erwägung zu ziehen."[22]

Rückblickend durfte sie konstatieren:

„Ich hatte nur zwei Lehrer. Ich musste niemals etwas umlernen. Ralph Errolle lehrte mich den gesunden Gebrauch der Stimme. In Amerika und England nennen sie es die ‚Italienische Richtung'. Er arbeitete auch als Stimmtherapeut und lehrte keine Stimm-Technik, sondern den gesunden Gebrauch der Stimme. Sowohl er, als auch seine Frau waren Musiker. Sie brachten mir die Oper nahe und führten mich darin ein. Ich bin nie opernorientiert gewesen. Sie weckten mein Interesse am Singen als Beruf und in der Oper."[23]

---

21 Brian Kellow: „Something cool. The elusive art of Arleen Augér", in: Opera News, Juli 2006.
22 James M. Keller: Anm. s. o., S. 12.
23 Loisann Oakes: „Renowned Soprano Flies The World To Sing", in: The Morning Call, 6. März 1988.

Als Studentin im Dezember 1960
(Photo: privat/Leslie Auger, Familienalbum)

Zu Hause, kurz vor der Abreise nach Europa 1967
(Photo: privat/Leslie Auger, Familienalbum)

Ralph Errolle und seine Ehefrau Evelyn waren also die treibenden Kräfte. Sie waren von Arleen Augers Begabung sehr rasch überzeugt und ermutigten sie stetig, weiterhin diese Richtung zu verfolgen; aufgrund deren Beharrlichkeit kaufte sie sich sogar ein Jahresabonnement für die Lyric Opera in Chicago.[24] Abends ging sie nach Feierabend in Errolles Gesangsstudio, aber recht bald wurde ihr klar: „Ich hatte keine Zukunft in Chicago, ich musste nach Osten oder nach Westen gehen."[25] Das in Chicago herrschende Klima half zudem noch, zu diesem Schluss zu gelangen: Und so kostete es sie als sonnenverwöhnte Kalifornierin nach einem gefürchteten nass-kalten und verschneiten Midwestern-Winter keine allzu große Überredungskunst, ihren Lehrer samt seiner Frau von der Notwendigkeit eines Umzugs in wärmere Gefilde zu überzeugen. Sie zogen zu dritt nach Süd-Kalifornien. An diesem Punkt hörte sie dann auch auf als Grundschulpädagogin zu arbeiten:

> „Ich lebte praktisch in seinem Studio, bis ich kein Geld mehr hatte. Ich arbeitete mit ihm zwei Jahre lang, fast ausschließlich Übungen singend und fast kein Repertoire lernend."[26]

Und 1990 sagte sie sogar:

> „Ich aß, trank und schlief Stimmbildung in all ihren Aspekten."[27]

---

24   John von Rhein: „Homecoming. Once-frustrated Soprano Auger Returns From Europe A Star", in: Chicago Tribune, 1. Juni 1990.

25   John McCormick: Anm. s. o.

26   James M. Keller: Anm. s. o., S. 12 f.

27   John McCormick: Anm. s. o.

Dass auf diese Weise fast ihr ganzes Geld draufging, war ihr recht, denn sie fühlte sich nach dem Unterricht immer total erfüllt – und das war das Zeichen, dass sie sich auf dem richtigen Weg befand.

Ralph Errolle praktizierte die alte Schule des Gesangs. Nach der eignete sich ein Sänger das technische Rüstzeug nur anhand von Übungen an. Diese Methode, beim Singenlernen auf Literatur zu verzichten, sollte der Schlüssel zu ihrem Erfolg werden. Denn da sie eine hochbegabte Frau war – mit absolutem Gehör und photographischem Gedächtnis – hatte sie binnen zwei Jahren ihre Stimme technisch dermaßen auf die Spur gebracht, dass sie nun anfangen konnte, sich dem Opernrepertoire zuzuwenden. Ein Musikstück vermochte sie ohnehin strukturell wie musikalisch auf einen Blick zu erfassen. Die richtigen Töne und Rhythmen zu singen, bereitete ihr nach jahrelangem Geigespielen und mit absolutem Gehör nicht die geringsten Probleme. Die typischen Sängermarotten wie Intonationsschwankungen oder unrhythmisches Singen waren ihr als Vollblutmusikerin fremd; stimmtechnische Probleme hatte sie nach zwei Jahren Gesangsausbildung alter Schule schlichtweg keine mehr.

Und so galt es nun – nach zwei Jahren intensiven Studiums im stillen Kämmerlein – die ersten zaghaften Schritte in die Öffentlichkeit zu wagen. Im Januar 1967 sang sie dem berühmten Roger Wagner vor. Er war damals in Amerika schon ein namhafter Dirigent für sakrale Musik, hatte sein Handwerk bei Otto Klemperer und Bruno Walter gelernt und zudem bei Igor Strawinsky, Ernst Toch und Arnold Schönberg Komposition studiert. 1946 hatte er in Los Angeles das Roger Wagner Chorale gegründet, ein Vokalensemble aus zwölf Stimmen, das dann mit den Jahren vergrößert wurde. Ein Vorsingen bei ihm zu erhalten, bedeutete schon einen großen Schritt. Sie sang ihm das einzige vor, was sie bis dahin an Opernliteratur gelernt hatte: die beiden Arien der Königin der Nacht. Das Interesse und die Neugierde von Seiten der Dirigenten, Chorleiter und Agenten ist stets immens, wenn eine junge Sängerin diese beiden furiosen Arien mit den dreigestrichenen hohen f's präsentiert. Und das war auch bei Roger Wagner nicht anders. Aber nach ihrem Vortrag wollte oder konnte er sich auf ein konkretes Engagement nicht festlegen – und so endete dieses Vorsingen mit den bis heute gebräuchlichen Floskeln: „Das war sehr interessant. Ich werde Sie im Auge behalten. Ich melde mich bei Ihnen."

Dieses Prozedere wiederholte sich noch einige Male bei anderen wichtigen oder weniger wichtigen Leuten der Branche, aber außer einigen Komplimenten und vagen Versprechungen kam faktisch nichts dabei heraus: kein Engagement, kein Vertrag, noch nicht einmal die Aussicht auf selbigen:

„Ich sang jedem vor, der mir zuhören wollte, aber ich erhielt keine Angebote."[28]

Ihre äußeren Bedingungen waren natürlich zugegebenermaßen alles andere als ideal: Mit einem Repertoire von gerade mal drei Opern-Arien (die beiden Arien der Königin der Nacht aus der *Zauberflöte* war inzwischen um die Arie der Olympia aus

---

28 David Lasker: „American songbird", in: Maclean's. Canada's Weekly Magazine, 8. Dezember 1986.

Der 1966 in Los Angeles verstorbene Gesangslehrer Viktor Fuchs.
Titelbild des Preisträger-Programmhefts 1967 für den nach
ihm benannten Gesangswettbewerb (Leslie Auger)

Hoffmanns Erzählungen erweitert worden) taten sich auch im „Land der unbegrenzten Möglichkeiten" keine Türen wie von Zauberhand auf. Vor allem aber stand sie inzwischen völlig ohne Geld da. Und diese Situation wurde immer bedrückender.

Da erfuhr sie von einem Wettbewerb, den die „United European American Club Corporation" zusammen mit dem „Wiener Kulturclub" ausrichtete und der im April 1967 in Los Angeles stattfinden sollte. Eine Gruppe von in Los Angeles ansässigen Wienern hatte ihn zusammen mit Marcel Prawy initiiert, um junge Künstler zu fördern. Bei diesem „Viktor-Fuchs-Gesangswettbewerb" hoffte sie in erster Linie auf einen zweiten oder dritten Platz, denn diese waren mit Geldpreisen verbunden, und Geld war das, was sie in ihrer jetzigen Lebenssituation als erstes benötigte. Aber wie sie später selbstironisch lächelnd zugab: „Leider wurde es der Erste!"

Martin Bernheimer, Kritiker der *Los Angeles Times* und damals Jurymitglied des Wettbewerbs, erinnerte sich:

> „Zu dieser Zeit hatte sie nur die Erfahrung der Nelli Forbush in so einer schäbigen semiprofessionellen Produktion. Sie kam auf die Bühne und sang die Königin der Nacht, weil ihr niemand gesagt hatte, dass das schwer war!"[29]

---

29   Brian Kellow: Anm. s. o.

Und offensichtlich genau diese Unbefangenheit dem Stück gegenüber und die Tatsache, dass sie keinen Vergleich zu anderen hatte, verhalfen ihr zum völlig unerwarteten Sieg. Der erste Preis beinhaltete neben einigen Konzerten mit dem Los Angeles Philharmonic Orchestra einen Charterflug für eine fünfwöchige Reise nach Europa samt einiger Vorsingen an europäischen Opernhäusern – unter anderem an der Wiener Volksoper.

Kurz vor ihrem Abflug nach Europa gab sie am 11. September 1967 noch einen Liederabend in der All Saints' Episcopal Church in Beverly Hills/Kalifornien. Ihr Partner am Klavier war Owen Brady.

Sie sang folgendes Programm:

Georg Friedrich Händel	„Let the bright seraphim" aus *Samson*
Wolfgang Amadeus Mozart	Ridente la calma, KV 152
	Un moto di gioia, KV 579
	Konzertarie „Mia speranza adorata", KV 416
Johannes Brahms	Immer leiser wird mein Schlummer, op. 105 Nr. 2
	Wie Melodien zieht es mir, op. 105 Nr. 1
	Meine Liebe ist grün, op. 63 Nr. 5

PAUSE

Joaquin Rodrigo	Cuatro madrigales amatorios (1948)
Claude Debussy	Beau soir (Paul Bourget) (ca. 1883)
	Romance (Paul Bourget)
Alfred Georges Bachelet	Chère nuit (Eugène Adénis-Colombeau) (1897)
Peter Warlock	Three selected Songs:
	Pretty Ring Time (Shakespeare)
	Rest, Sweet Nymp (Anonymus)
	Sigh No More, Ladies (Shakespeare)

Mit diesem Programm von 17 Liedern in fünf verschiedenen Sprachen stand eine reife Künstlerin auf dem Podium, die für eine internationale Karriere bestens gerüstet schien.

2. Die Wiener Jahre

„Ich war an einem Platz mit solch einer musikalischen Tradition und so vielen Möglichkeiten Erfahrungen zu sammeln.“[30]

So führte der 1. Preis des Gesangswettbewerbs „Victor Fuchs" Arleen Auger also als erste europäische Station nach Wien und bescherte ihr das erste richtige Vorsingen an einem Opernhaus, nämlich dem der Wiener Volksoper. Hier sang sie ebenfalls die einzige Partie vor, die sie überhaupt kannte: die Königin der Nacht aus Mozarts *Zauberflöte* und gefiel damit so sehr, dass man ihr eine einzelne Vorstellung anbot, die sie auch freudig zusagte – allerdings sollte diese erst zwei Monate später stattfinden. Wie sie die Zeit bis dahin überbrücken und vor allem, wovon sie in den zwei Monaten leben sollte, war ihr allerdings ein Rätsel. Im Publikum saß unter anderem auch Josef Krips, der angesichts ihres Vortrags sofort hellhörig geworden war. Er war daraufhin zu ihr auf die Bühne gekommen, um mit ihr spontan ein paar andere Mozart-Arien am Klavier auszuprobieren. Anschließend telefonierte er sogleich mit Karl Böhm: Er habe hier ein ganz besonderes Talent, und Böhm müsse sie sich unbedingt anhören. Sie habe die Arien der Königin der Nacht phänomenal gesungen und auch anschließend Passagen aus den Konstanze-Arien beim Test ihrer Stimme am Klavier tadellos gemeistert. Böhm erwiderte in seinem typisch schnoddrigen Tonfall: „Ja, die Arien, die kann sie. Aber kann sie den Rest auch? Na gut, schick sie mal herüber!"

Und so teilte Krips Arleen Auger mit, dass man an der Staatsoper händeringend jemanden für eine von ihrem Vertrag zurückgetretene Sängerin für die Rolle der Königin der Nacht suche. (Dass diese Sängerin niemand geringes als Lucia Popp war, wusste Arleen Auger zu diesem Zeitpunkt allerdings noch nicht!)

Das Vorsingen an der Wiener Staatsoper fand am nächsten Tag auf der Bühne des Hauses statt, und da Karl Böhm dort gerade eine Orchesterprobe leitete, kam Arleen Auger in den Genuss, die beiden Arien der Königin der Nacht sogleich mit Orchester vorsingen zu dürfen. Nach ihrem Vortrag applaudierten die Musiker lautstark, und auch der ansonsten mit Lob überaus sparsame Karl Böhm zuckte leicht mit den Mundwinkeln aufwärts. Das war das Zeichen für den Operndirektor, ihr sofort einen Stück-Vertrag anzubieten. Und das, obwohl sie keinerlei Referenzen besaß und alles andere als einen schillernden Lebenslauf vorweisen konnte: Sie sprach kaum ein Wort Deutsch,

---

30   John McCormick: Anm. s. o., S. 15.

besaß keinerlei Bühnenerfahrung und hatte jemals weder Schauspielunterricht noch Sprecherziehung genossen. Besonders dank ihrer berückenden Musikalität, der Kunst der Phrasierung und ihrer makellosen Technik muss sie sofort überzeugt haben. Und so passierte Arleen Auger den Künstlerausgang mit einem Vertrag in der Hand, der am 5. Oktober 1967 begann. Ihr erster Arbeitstag war gleich am darauffolgenden Tag. Wie durch ein Wunder war die Grundschullehrerin Arleen Auger über Nacht zum Ensemblemitglied an einem der bedeutendsten Opernhäuser der Welt avanciert – ein idealer Auftakt!

1985 kommentierte Arleen Auger diesen Glücksfall aus amerikanischer Perspektive wie folgt:

> „Als ich vor 18 Jahren meine Karriere begann, war es für junge Sänger geradezu notwendig, nach Europa zu gehen, um dort Arbeit von der Qualität zu finden, die wir suchten, und so das Niveau zu erreichen, das uns erlaubte, in Amerika als vollwertige Künstler anerkannt zu werden. Hier sang ich jedem vor, der mir zuhören wollte, und habe aber keine Job-Angebote gehabt. Zwei Monate später ging ich nach Europa und wurde sofort von der Wiener Staatsoper engagiert. Ich sang nicht anders als davor. Es verhielt sich lediglich so, dass dort Gelegenheiten vorhanden waren und Leute, die fähig waren, Potenzial zu erkennen“.[31]

Und 1990 gab sie im Deutschlandfunk über die Situation junger Sänger im amerikanischen Opernsystem Ende der 1960er-Jahre zu Protokoll:

> „Es war damals so, dass die großen Opernhäuser Europäer brachten, während die kleinen vielleicht Leute aus New York engagiert haben – vielleicht nicht so gute, aber jung. Aber ich war nicht in NY. Sie haben auch zweit- oder drittrangige Leute aus Italien gebracht, weil die müssten dann doch Opern singen können. Aber die jungen Leute aus den Vereinigten Staaten haben wenig Chancen gehabt. Darum sind so viele von uns hierher gekommen.“[32]

Die Partie, mit der sie sich die Stelle ersungen hatte, sollte auch die erste werden, mit der sie sich dem Wiener Publikum präsentieren und das Haus aus einer Notlage befreien sollte: ihr Debüt als Königin der Nacht in Mozarts *Zauberflöte* an der Wiener Staatsoper erfolgte am 17. Oktober 1967. Mit ihr standen Peter Schreier als Tamino, Gottlob Frick als Sarastro, Hilde Güden als Pamina, Erich Kunz als Papageno, Hans Hotter als Sprecher und Kurt Equiluz als Monostratos auf der Bühne – und das in einer „normalen" Repertoirevorstellung an einem Dienstag-Abend. Die Inszenierung stammte von Rudolf Hartmann, der Dirigent des Abends war Josef Krips.

Da sie überhaupt kein Deutsch sprach und dementsprechend auch die Kollegen nicht verstand, hatte sie auch hinter und seitlich der Bühne ihr kleines Wörterbuch zur Hand. Bedauerlicherweise aber waren einige Kollegen alles andere als rücksichtsvoll zu

---

31   Arleen Auger: „Artist's Life", in: Keynote 31, 1985.
32   Barbara Stein: Schöne Stimmen – Arleen Auger. Deutschlandfunk, gesendet am 7. Oktober 1990, 14.05 Uhr.

Arleen Auger als Königin der Nacht an der Wiener Staatsoper (Celia Novo)

ihr, und so war sie ziemlich auf sich allein gestellt. Kurz vor Schluss der Aufführung sollte sie daher gleich in ihrer ersten Vorstellung noch eine wichtige Lektion für ihr weiteres Berufsleben lernen:

Der Regieassistent hatte vergessen, ihr den szenischen Ablauf des Finales der Oper zu erklären. „Als der Zeitpunkt des Finales kam, lotste er mich auf die andere Seite der Bühne, wo die drei Damen schon standen." Ihre Hilferufe in stockendem Deutsch wurden dort schlichtweg ignoriert. „Sie standen einfach grinsend da und sagten: ‚We don't understand!' Sie wollten mich sterben sehen!"[33] Die drei Damen des besagten Abends hießen Gerda Scheyrer, Margaretha Sjöstedt und Elisabeth Höngen.

Das war ihre erste Berührung mit der Realität des großen Opernbetriebs. Arleen Auger brachte es auf die Formel: „Es gibt da viel Hässlichkeit in einem Metier, das voll von Schönheit ist. Du musst zäh sein!"[34]

Wie bei allen Debütantinnen, so waren die Kollegen auf den Verlauf der Feuertaufe schon sehr gespannt, eine Feuertaufe, „die" – wie sich Kurt Equiluz erinnert – „für mich (und auch meine Kollegen) überraschend gut war, sowohl in technischer als auch in künstlerischer Hinsicht".[35]

Natürlich läuft die Königin der Nacht hinsichtlich Rollentypisierung unter der Kategorie „dramatischer Koloratursopran", was Arleen Auger nie war. Aber sie hatte in Josef Krips einen genialen Dirigenten zur Hand, der es ihr ermöglichte, die Figur weicher anzulegen. Dank ihm und dem filigran spielenden Orchester glaubte man, dass diese Frau leidet. Mit ihm am Pult wurde der lyrische und verletzliche Anteil der Königin betont und weniger ihre Entschlusskraft und ihr Rachedurst.[36] Für Josef Krips, der als strenger und unnachgiebiger Probenfanatiker galt und in Sachen Mozart eine weltweite Autorität darstellte, muss ihre sängerisch Leistung tadellos und hundertprozentig verlässlich gewesen sein, denn die Königin der Nacht wurde Arleen Augers meistgesungenste Rolle an der Wiener Staatsoper: Insgesamt 49 mal hat sie diese gefürchtete Mozart-Partie in den nächsten sieben Jahren dort gesungen.

Die erste Rolle, die sie an der Wiener Staatsoper neu zu erarbeiten hatte und für die man sie mit einem Probevertrag engagiert hatte, war die Najade in *Ariadne auf Naxos* von Richard Strauss. Man gab ihr zum studieren zwei Monate Zeit, aber:

„Ich lernte es in fünf Tagen. Sie wussten nicht, was sie mit mir tun sollten."[37]

Also gaben sie ihr weitere Rollen zum studieren. Etwa die Barbarina in Mozarts *Figaro*, eine typische Anfängerpartie. Mit dieser war sie sogar im Oktober 1971 mit der Staatsoper und Josef Krips auf Gastspiel am Moskauer Bolschoi-Theater.

---

33 Andrew Adler: „Arleen Auger is Donna in Ky. Opera's ‚Don Giovanni'", in CJSUN, 19. Februar 1984.
34 Ebenda.
35 Dies schrieb mir Kurt Equiluz am 4. Juli 2011 in einer E-Mail.
36 „Lebenserinnerungen" von Claus Henning Bachmann, gesendet am 8. Februar 1973 im ORF Salzburg.
37 Andrew Adler: Anm. s. o.

Jahre später bekannte sie jedoch:

> „Ich empfand mich als die schlechteste Barbarina der Welt, denn ich war viel zu groß für die Barbarina. Aber ich habe daraus gelernt. Denn an der Wiener Staatsoper gilt die Devise ‚Friss oder stirb!‘"[38]

Das Debüt mit ihrer ersten neu studierten Rolle, der Najade in *Ariadne auf Naxos*, erfolgte am 29. November 1967. Die Inszenierung besorgte Josef Gielen, der Vater des berühmten Dirigenten Michael Gielen. Die Ausstattung stammte von Stefan Hlawa, und die musikalische Leitung hatte Karl Böhm. Die Besetzung wies, wie sich das für eine Strauss-Produktion an der Wiener Staatsoper damals gehörte, klangvolle Namen und die absoluten Spitzenkräfte auf: Leonie Rysanek-Großmann sang die Ariadne und James King[39] den Bacchus. Tatiana Troyanos gab im Vorspiel den Komponisten; die Zerbinetta sang Jeanette Scovotti. Um sie herum wirbelten Erich Kunz als Harlekin, Kurt Equiluz als Scaramuccio, Herbert Lackner als Truffaldin und Murray Dickie als Brighella. Das Najadenterzett bildete zusammen mit Arleen Auger Gerda Scheyrer als Echo und Margarita Lilowa als Dryade.

Ein großes Problem war zu dieser Zeit noch die Sprachbarriere, und das nicht nur im pragmatischen Umgang am Opernhaus, sondern auch beim Lernen der Partien. Egal ob Deutsch oder Französisch oder Italienisch, jede Partie, die sie zu singen hatte, war für sie fremdsprachig. Und das bedeutete anfänglich zwar einerseits einen immensen Zeitaufwand, brachte aber auch andererseits überaus positive Nebeneffekte bezüglich der Genauigkeit:

> „Man muss viel mehr mit dem Text beschäftigt sein – und dem Ausdruck dieses Textes, denn das Publikum will ja verstehen, was man singt. Wenn man in einer fremden Sprache singt, und es ist wirklich eine Fremdsprache, dann kann man nur phonetisch arbeiten. Das habe ich auch am Anfang in Deutsch gemacht."[40]

Aufgrund der noch vorhandenen Defizite hinsichtlich ihrer Sprachkompetenz musste sie beim Erarbeiten einer Partie zwangsläufig zur Autodidaktin werden:

> „Ich lese den Text der ganzen Oper durch, dann arbeite ich selbst musikalisch, ich probiere dann dazu ein bisschen Hintergrundinformationen über den Stil, den Komponisten, die historischen Aspekte zu finden. All das soll mir dann dabei helfen, wie ich den Charakter sehen und dann erarbeiten kann."[41]

Doch diese anfänglich so beschwerliche Arbeitsweise ging ihr bald leichter von der Hand. Da sie sehr ehrgeizig war, lernte sie Deutsch – vor allem mit Hilfe mehrerer Freunde und ihres tschechischen Repetitors am Opernhaus – binnen eines Jahres. Da sie aufgrund ihrer hohen Musikalität fremde Sprachen augenblicklich akzentfrei imi-

---

38   Susan Elliott: Anm. s. o.
39   James King hatte ebenfalls mit Arleen Augers Lehrer Ralph Errolle in Amerika gearbeitet.
40   Lebenserinnerungen, ORF Salzburg 1973.
41   Ebenda.

tieren konnte, lernte sie die Sprache in Wien aber natürlich auch mitsamt des charmanten Wiener Schmähs und einem leicht tschechischen Einschlag, den ihr ihr Hauptrepetitor verpasst hatte. Durch Zuhören und Imitation lernte sie die Sprache phonetisch so genau, dass sie klanglich weitgehend all das getilgt hat, was an ihre amerikanische Herkunft noch hätte erinnern können. Grammatikalisch reichte ihr Deutsch für die Verständigung im Alltag erst einmal aus. Das tiefere Verständnis der deutschen Sprache, das notwendig war, um sich deutsche Lyrik zu erschließen, kam dann erst ab den frühen 1970er-Jahren, als sie begann, deutsches Lied zu singen.

Nach der Königin der Nacht und der Najade erfolgte ebenfalls noch 1967 – und zwar am 29. Dezember – ihr Debüt als Olympia in *Hoffmanns Erzählungen* von Jacques Offenbach. Auch hier stand sie mit weiteren prominenten Kollegen dieser Zeit auf der Bühne: Waldemar Kmentt sang die Titelpartie, Wilma Lipp die Antonia, Ingrid Paller die Giulietta, Otto Wiener die Bösewichter, Heinz Zednik den Franz, Erich Kunz den Spalanzani, Gerd Nienstedt den Crespel und Kurt Equiluz den Nathanael. Die Inszenierung stammte von Otto Schenk, und die musikalische Leitung des Abends oblag Wilhelm Loibner.

Ihr Vertrag räumte ihr die Möglichkeit zu vier Monaten „Kann-Urlaub" pro Jahr ein. Diesen nutzte sie anfänglich hauptsächlich für Konzerte und Rundfunkproduktionen in Deutschland. Die höchst lukrativen Engagements hatte ihr fast alle Karl Böhm vermittelt, der gleich von Beginn an ein ganz großer Förderer von ihr war. So wirkte sie 1968 gleich bei zwei Operngesamteinspielungen des Bayerischen Rundfunks (BR) in München mit: zuerst im Januar in *Die Liebe der Danae* von Richard Strauss an der Seite von Ileana Cotrubas, Julia Hamari, Hildegard Hillebrecht und Franz Crass. Im September desselben Jahre sang sie die Gräfin Marianne in Rossinis *Le Comte Ory*. Beide Aufnahmen befinden sich im Archiv des BR.

Und auch in den legendären „Sonntags-Konzerten" der Saison 1968/69 stand sie mit Gundula Janowitz, Tatiana Trojanos und Nicolai Gedda auf der Bühne. Dirigent des Münchner Rundfunkorchesters war seit 1967 Kurt Eichhorn, der sie in den nächsten Jahren für zahlreiche Aufnahmen für den Bayerischen Rundfunk und die Plattenfirma CBS verpflichten sollte – etwa für die beiden Gesamteinspielungen von Humperdincks *Hänsel und Gretel* und Glucks *Iphigenie in Aulis*. Er war ihr auch ein exzellenter Berater in Repertoire-Fragen. Er gab ihr die Faustregel mit, sie solle immer nur das singen, was ihrer Stimme liegt, egal in welchem Genre, selbst inklusive Spirituals, Volkslieder und Christmas Carols.

Kurt Eichhorn besaß ein untrügliches Gespür für die „Echtheit eines Sängers". Ab der ersten Begegnung spürte er, dass bei Arleen Auger bezüglich ihres Singens keinerlei Kalkül herrschte, sondern nur die bedingungslose Hingabe an das Werk, die Demut vor dem Stück und seinem Autor – sozusagen: die Kristallisation von Noten und Text über Herz, Seele und Stimme, ohne die eigene Person in den Vordergrund zu rücken.

Arleen Auger im Operettengewand (Sammlung Erich Wirl, Wien)

Das war es, was ihn und was die Zuhörer von Anfang an an Arleen Augers Gesang so berührt hat.[42]

Noch in ihrer ersten Spielzeit kam es zu einer Zusammenarbeit mit dem WDR in Köln. Dort entstanden mehrere Operetten- und Musical-Galen, etwa mit Margot Eskens und Willy Schneider, zwei populären Unterhaltungskünstlern dieser Zeit, und auch die Gesamteinspielung der zweiaktigen Operette *Die Piraten von Pensanze* von Gilbert und Sullivan unter Franz Marszalek an der Seite von Martha Mödl folgte bereits im Juni 1968.

In der Walzerstadt Wien wurde sie hingegen für Operette nicht eingesetzt, dabei wären doch die zahllosen quirligen Mädchenfiguren – wie die Adele in der *Fledermaus* oder die Post-Christl im *Vogelhändler* – Paraderollen für sie an der Volksoper gewesen. An der unzureichenden Beherrschung der deutschen Sprache hinsichtlich des Dialogsprechens lag es nicht, dass man sie von Seiten der Staatsoper für solche Ausflüge in das Reich der Leichten Muse nicht freistellen wollte. Vielmehr gab es zum einen damals in Wien schlichtweg prominente Operettensängerinnen wie Wilma Lipp, Irmgard Seefried, Anna Moffo und Lucia Popp, und zum anderen hatten ihr wohlmeinende Berater immer wieder inständig, ja beinahe gebetsmühlenartig vom Operettensingen abgeraten, da es einem jungen Sänger angeblich den Weg zum seriösen Fach verstelle und einen in der öffentlichen Wahrnehmung zum gehobenen Unterhaltungsmusiker abstemple. Dass diese Ratschläge zwar gut gemeint, aber nicht zwangsläufig inhaltlich richtig waren, konnte Arleen Auger nicht einschätzen, da sie das Genre Operette und dessen ambivalente Diskrepanz hinsichtlich seiner unterschiedlichen Wertschätzung bei Publikum und Fachwelt praktisch nicht ermessen konnte.[43] Sie hatte bis dato nur in Amerika als Schülerin die Rosalinde in einer Schulaufführung der *Fledermaus* gesungen und damit nur einen kleinen Einblick in dieses Genre erhascht. Und so kam das Operettensingen während ihrer sieben Jahre in Österreich faktisch quasi nicht vor – nur in Bad Ischl und in Linz zur Eröffnung des Neuen Funkhauses fand es sporadisch statt. Die Operette wurde nach Köln „ausgelagert" – zu den Vertretern der rheinischen Frohnatur.

1969 nutzte sie ihren „Kann-Urlaub" für eine Opernproduktion – und zwar eine auf ihrem Heimatkontinent: Am 16. März 1969 gab sie ihr Debüt als Königin der Nacht an der New York City Opera. In den Hauptpartien agierten Will Roy (Sarastro), Veronica Tyler (Pamina), John Stewart (Tamino) und William Ledbetter (Papageno). Der Dirigent war Dean Ryan.

Die Zeitung *Aufbau* würdigte in ihrer Ausgabe vom 21. März 1969 ihre Leistungen:

„Das bewährte Ensemble der City Opera wies eine neue Königin der Nacht auf: Arleen Auger, die ihr Debüt in dieser schweren Partie zu einem schönen Erfolg ihrer

---

42 Diese Informationen stammen von Wolfgang Fahrenholtz, dem im September 2011 verstorbenen zweiten Ehemann Arleen Augers.

43 Diese Informationen gab mir Wolfgang Fahrenholtz am 5. September 2011 in einer E-Mail..

▲ Auf dem Weg zur Plattenaufnahme,
Flughafen London, 25. April 1969
(Photo: privat/Leslie Auger, Familienalbum)

▶ Arleen Auger als Mimi mit René Kollo, 1970
(Photo: unbekannt/Tsuyako Mitsui)

Arleen Auger
(© Foto Fayer, Wien)

Arleen Auger, 1970
(Photo: unbekannt/Celia Novo)

gewinnbringenden Persönlichkeit und koloratursauberen, ein wenig mehr dramatischen Ausdruck verlangenden Stimme gestaltete."

Hat Gott einer Sopranistin neben den Tönen für die Königin der Nacht auch die Nerven gegeben, diese Töne jederzeit abrufbereit zu haben, so kann sie sich vor Anfragen für diese Rolle erfahrungsgemäß kaum retten – oder sie muss sogar mitunter im allerletzten Moment eine *Zauberflöten*-Produktion retten. Und das geschah in Salzburg im Sommer 1970:

Aufgrund einer Erkrankung von Sylvia Geszty debütierte sie am 1. August 1970 bei den *Salzburger Festspielen* als Königin der Nacht. Ihre Bühnen-Partner zählten wieder zur Crème de la crème der damaligen Zeit im Mozart-Fach: Kurt Moll (Sarastro), Peter Schreier (Tamino), Otto Wiener (Sprecher), Helen Donath (Pamina), Hermann Prey (Papageno), Gerhard Unger (Monostatos). Die Inszenierung stammte von Oscar Fritz Schuh, der Dirigent war Wolfgang Sawallisch. Für ihre Leistung erhielt sie die Max-Reinhardt-Medaille der *Salzburger Festspiele*.

In den 1960er- und 1970er-Jahren wurden in Wien aufgrund der hohen Sänger- und Musikerdichte viele Schallplatten aufgenommen. Und auch Arleen Auger kam ganz früh in Kontakt mit dieser Branche und sollte sie rasch zu einer wichtigen Säule ihrer Karriere ausbauen:

„Meine erste Schallplatte war mit Barry Morell. Ich sang ein paar Phrasen und verdiente für eine Stunde Arbeit 1 000 Schilling, wo ich doch sonst für den ganzen Monat nur 10 000 verdiente. Ich habe das Geld sofort in ein Essen im InterContinentalHotel investiert, denn ich war sehr, sehr hungrig."[44] Auf dieser Platte singt sie ein paar Phrasen in „Non piangere, Liu" aus dem Finale des 1. Akts von Puccinis *Turandot*. Dirigiert hat diese Aufnahme Argeo Quadri, der noch so manches wichtige Konzert mit ihr bestreiten sollte. Dieser Dirigent war ein weiterer wichtiger Mäzen der frühen Wiener Jahre für sie.

Anfänglich spielte sie hauptsächlich kleinere Partien ein, auch um zu lernen, wie die Arbeit im Aufnahmestudio überhaupt funktionierte. Aber so klein die Rollen anfänglich auch waren, sie tat es immer mit exzellenten Partnern und für große Plattenfirmen: so im November 1968 die Erste Waise im *Rosenkavalier* unter Sir Georg Solti oder im April 1969 die Erste Zigeunerin in Meyerbeers *Hugenotten* mit Joan Sutherland unter Richard Bonynge – beides für die DECCA in London.

Auch als Duett-Partnerin schon berühmter oder bald berühmt werdender Sänger agierte sie in dieser Zeit zunehmend:

Etwa 1970, ein Jahr, in dem sie sowohl mit Pavarotti ein Ensemble aus den *Puritanern* von Bellini als auch mit der spanischen Sopranistin Pilar Lorengar das Duett aus *Arabella* für die DECCA einspielte. Und mit dem deutschen Tenor René Kollo machte sie in München für die CBS sogar eine ganze Platte mit Opernduetten von Bizet, Verdi und Puccini. Treibende Kraft war hier wieder der Dirigent Kurt Eichhorn gewesen: Er

---

44 Ralph V. Lucano: Anm. s. o.

Arleen Auger als Konstanze an der Wiener Staatsoper (© Foto Fayer, Wien)

hatte die Aufnahme initiiert, und sowohl Kollo als auch die Plattenfirma hatten zuge-
stimmt. Der deutsche Tenor war zu jener Zeit bereits eine „kleine Berühmtheit"; für
Arleen Auger bedeutete die Einladung eine große Ehre.[45]

Zwischen April und August 1970 machte sie in Berlin drei wichtige Platten: Zuerst
spielte sie im Frühjahr mit den Berliner Philharmonikern unter Bernhard Klee Beethovens *Die Ruinen von Athen* ein. Ihre Partner waren Klaus Hirte und Franz Crass – diese
Einspielung gilt bis heute als die Referenzaufnahme dieses Werks. Zwei Monate später
sang sie wieder mit den Berlinern – diesmal unter Eugen Jochum – Orffs *Catulli carmina* für die Deutsche Grammophon ein. Ihr Tenorpartner war Wieslaw Ochman – und
auch diese Aufnahme ist aus dem Katalog nicht mehr wegzudenken.

Im August folgte schließlich unter Lorin Maazel die Frasquita in Bizets *Carmen*.
Bei diesen Aufnahmen in Berlin lernte sie Wolfgang Fahrenholtz kennen. Er war Lek-
tor bei der Ariola und von Hause aus Musikwissenschaftler. Eines Tages stand er in der
Wiener Josefstadt mit seinem Koffer vor ihrer Haustür in der Florianigasse und wurde
später ihr zweiter Ehemann.

Für sie hatte er seine Stellung aufgegeben. Er begleitete sie fortan, koordinierte Ter-
mine, war Chauffeur und Bibliothekar. Er führte die Vertragsverhandlungen und fun-
gierte als Schutzschild und Zerberus gegen die Widrigkeiten des Geschäfts. Wenn es
zu einem Vertragsabschluss gekommen war, legte er ihr die zu studierenden Noten mit
einem Zettel aufs Klavier, auf dem Ort und Termin der Aufführung verzeichnet waren.
Bei Liederabenden schrieb er ihr zudem noch mit der Schreibmaschine fein säuber-
lich Hintergrundinformationen zu den Stücken auf und unterwies sie in der deutschen
Aussprache. Er nahm ihr zudem alles Alltägliche ab, kaufte ein, kochte meisterhaft,
begleitet sie zu beinahe jedem Auftritt, saß in den Aufführungen, gab ihr Rückmeldung
bezüglich klanglicher Fakten – doch wie er selbst bekannte:

> „Sicherlich habe ich ihr gelegentlich auch stimmlich ein wenig geholfen, aber nötig
> war es meistens nicht. Wenn sie mich fragte, sagte ich ihr ungefiltert, was ich gehört
> hatte. So wollte sie es. Sie vertraute mir. Wir vertrauten uns."

Er war ein Vertreter jener Spezies, der einem bewusst macht: Hinter jeder großen Karriere steckt immer ein Partner, der demjenigen, der in der Öffentlichkeit steht, den Rücken freihält.

Das sängerische Tagesgeschäft verlangt bei aller Disziplin und Geregeltheit auch des öfteren unerwartete Spontaneität; nämlich dann, wenn Anfragen bezüglich sogenannter
Einspringer an sie ergingen. Und als Ensemblemitglied der Wiener Staatsoper konnte
das ziemlich häufig geschehen. Es galt dann für erkrankte Kollegen an anderen Theatern
– oft in letzter Minute – als Ersatz aufzuschlagen, um die Vorstellung zu retten. Das lief
in der Regel so ab, dass der Sänger am Vorstellungstag anreiste, sich zur Anprobe in die
Schneiderei begab, wo das Kostüm des ausgefallenen Kollegen den eigenen Leibesver-

---

45   Diese Information gab mir Wolfgang Fahrenholtz am 6. September 2011 in einer E-Mail.

hältnissen angepasst werden musste und der Regieassistent einem dann ein Photo des Bühnenbildes unter die Nase hielt und einem erklärte, wann man wo von welcher Seite auftreten und wann man wohin wieder abzugehen habe. Heute kann sich der Einspringer ein Video der kompletten Vorstellung ansehen, aber Anfang der 1970er-Jahre gab es diese Technik noch nicht. Wenn die Einspringerin Glück hatte, traf sie kurz vor Beginn der Vorstellung auch noch den Dirigenten, konnte sich ihm vorstellen und ihm ihre Wünsche bezüglich des Tempos einer Arie oder eines Übergangs an kniffligen musikalischen Stellen mitteilen.[46]

So ist sie an der Hamburgischen Staatsoper als Konstanze, in Stuttgart und in Köln als Königin der Nacht eingesprungen und hat auch das Landestheater Linz des öfteren „gerettet".[47]

Dieses Prozedere wurde Arleen Auger allerdings zunehmend zuwider, denn es hatte mit dem, was sie von ihrem Beruf und dessen Intensität – besonders im Bereich der Oper – erwartete, gar nichts zu tun:

> „Man geht auf die Bühne in irgendeinem Kostüm, das vielleicht passt, das vielleicht nicht passt. Man weiß nicht, mit wem man singt, man geht von der Bühne weg, die Leute verstreuen sich in alle Himmelsrichtungen und man geht ins Hotel – ich fand es ein sehr leeres Leben und darum habe ich entschieden, ich wollte dieses nicht machen."[48]

Hinzukam, dass sie diese „One-night-stands" als Verrat an der Kunst empfunden hat und daher noch 1989 das Einspringen leicht zynisch kommentierte:

> „Das ist leicht für Leute, die die Kombination ‚Stimme und kein Gehirn' haben; bedauerlicherweise ist das nicht meine Kombination. Ich werde sehr ärgerlich, wenn ich sehe, dass Oper schlecht gemacht ist, selbst wenn ich nicht involviert bin. Aber ich werde noch ärgerlicher, wenn ich drin sein muss. Ich habe einige solcher Erfahrungen gehabt und ich wollte sie nicht wieder."[49]

Und konsequenterweise hat sie dieses nervenaufreibende und künstlerisch oft frustrierende Kapitel eines Sängerlebens für sich recht bald abgeschlossen.

Eine ihrer Paraderollen und Grundstein für ihre weitere Karriere sollte die Konstanze in Mozarts *Entführung aus dem Serail* werden, die sie am 28. September 1970 unter der musikalischen Leitung von Walter Weller erstmals an der Wiener Staatsoper sang. Ihr Belmonte war der vom Publikum hochverehrte Anton Dermota; Judith Blegen sang das Blondchen, Matti Juhani den Pedrillo, Fernando Corena den Osmin und der Schauspieler Hans Christian gab den Bassa Selim.

---

46 In dem Portrait „Out of mainstream", in: Classical Music vom 1. Juli 1989 schildert sie dieses Prozedere in der angegebenen Art.

47 Hamburgische Staatsoper, 9. Februar 1970: Konstanze. Württembergisches Staatstheater Stuttgart, 3. Oktober 1970: Königin der Nacht. Oper der Stadt Köln, 25. März 1971: Königin der Nacht.

48 Martina Wohlthat: Radiointerview Arleen Auger, DRS, gesendet am 7. Februar 1992.

49 Richard Fawkes: „Out of mainstrem", in: Classical Music, 1. Juli 1989.

Wie Edda Moser treffend bemerkt[50], braucht man für diese Partie im Grunde drei verschiedene Stimmen: Ist die erste Arie für einen lyrischen Koloratursopran konzipiert, so verlangt die zweite lyrische Innerlichkeit und die dritte wiederum die Wucht eines dramatischen Koloratursoprans. Arleen Augers Stimme verfügte sicherlich hauptsächlich über die Qualitäten für die ersten beiden Arien der Partie, wobei ihr sicherlich bewusst war, dass man bei der musikalischen Spannbreite dieser Partie schlicht nicht alles abdecken kann und Präferenzen setzen muss.

Ein Prüfstein, was die Größe und Durchschlagskraft ihrer Stimme betraf, wurde die Gilda aus Giuseppe Verdis *Rigoletto*, die sie am 12. Januar 1971 an der Seite von Eberhard Wächter in der Titelpartie sang. Wächter hatte sie sich als Partnerin gewünscht und musste sie gegen einige Widerstände bei der Leitung des Hauses durchdrücken, denn der Intendanz schwebte für solch eine gewichtige Partie ein international renommierterer Name vor. Aber Wächter bestand auf sie.[51]

Die Presse zeigte sich wenig euphorisch – besonders was Wächters Ausflug ins Verdi-Fach anbelangte. Aber auch Arleen Augers Gilda-Debüt wurde sehr kritisch besprochen. So bemerkt Clemens Höslinger in der *Kronen-Zeitung* vom 14. Januar 1971:

> „Arleen Auger war eine seelenvolle, lyrische Gilda. Gesanglich aber geht die Partie – trotz wesentlicher Erleichterungen in der Tessitura – noch weit über ihre Potenzen."

Optimistischer sieht es *Die Presse* vom selben Datum:

> „Die neue Haus-Gilda ist Arleen Auger. Eine zarte, hübsche Person mit ausdrucksvollen Augen und Spieltalent. Die süßsilbrige, reine, kleine Koloraturstimme passte zum Mädchenhaften der Partie, doch versagt sie den dramatischen Stellen (Schlussduett des dritten Bildes etwa) vollwertige Interpretation. Das kann aber noch erarbeitet werden. Ein sympathisches Debüt."

Auch Ruediger Engerth findet in den *Salzburger Nachrichten* vom selben Tag das Debüt nicht nahtlos gelungen:

> „Arleen Auger sang die Gilda mit sicherer, strahlender Höhe, sehr anmutig, sehr elegant, sehr kühl. Opferbereitschaft und Todesmut sind diesem wohlerzogenen Mädchen aus gutem Hause kaum zuzutrauen."

Einzig der Bericht in der *Arbeiter-Zeitung* vom 14. Januar 1971 ist über alle Zweifel erhaben:

> „Arleen Auger: Ein glockenreiner Sopran, der mühelos die schwierigsten Koloraturen bewältigt, als blühe er, losgelöst von dem komplizierten Stimmbandmechanismus, unmittelbar an den Lippen der anmutigen Sängerin auf; der an Kraft jeweils hinter dem jeweiligen Partner zurückzustehen scheint, aber dann auf wundersame

---

50 Edda Moser: Ersungenes Glück, Leipzig 2011, S. 51.
51 Diese Information gab mir Wolfgang Fahrenholtz bei unserem persönlichen Treffen in Würzburg im August 2011.

Arleen Auger als Gilda an der Wiener Staatsoper (© Foto Fayer, Wien)

Weise im Raum schwebt und sich wie Lerchengesang – oder war's die Nachtigall und nicht die Lerche? – über jedes Ensemblefurioso schwingt; und mit der sanften Gewalt der Innigkeit sieghaft triumphiert. Hoffen wir, dass die mit Ovationen bedankte Sängerin den Glanz ihres Pianogesanges niemals zur Manie erstarren lässt; Gefahr hierfür scheint jedenfalls keine gegeben."

Leider gibt es von der gesamten Partie keinen Mitschnitt, aber die Arie „Caro nome" hat Arleen Auger 1975 mit dem Orchester des Mitteldeutschen Rundfunks unter Adolf Fritz Guhl für den Sender aufgenommen. Das Duett mit dem Herzog aus dem ersten Akt ist bereits 1970 an der Seite von René Kollo mit den Münchner Sinfonikern und Kurt Eichhorn für die Platte produziert worden.

Ihr Erfolg bei den *Salzburger Festspielen* im Jahre 1970 als Königin der Nacht zog im Folgejahr ein erneutes Engagement nach sich: Eine szenische Realisation von Mozarts früher Opera seria *Mitridate, Rè di Ponto* stand auf dem Programm. Die musikalische Leitung hatte Leopold Hager. Die Inszenierung stammte von Wolfgang Weber. Fünf Aufführungen fanden im August 1971 in der Felsenreitschule statt. Die Besetzung vereinigte alles, was im Mozartfach der damaligen Zeit Rang und Namen hatte: Peter Schreier sang die Titelpartie, Edda Moser die Aspasia, Helen Watts war als Farnace und Pilar Lorengar als Ismene zu hören. Peter Baillié sang den Marzio und Reingard Didusch den Arbate. Und Arleen Auger sang den unglücklich liebenden Sifare, den Sohn des Titelhelden – ursprünglich eine Kastratenpartie und: eine Hosenrolle!

Als junge Frau mit leichter Koloratursopranstimme und weiblich-runder Physis einen jungen Krieger verkörpern zu müssen, schien eine extreme schauspielerische Herausforderung zu sein. Doch Arleen Auger bekannte im Radio:

„Die meisten Rollen, die ich bisher gesungen habe, waren entweder Charakterrollen wie Königin der Nacht, wo man steht und singt – oder Frauenrolle. Und Sifare war eine Hosenrolle. Es war schon eine Chance, etwas anderes zu probieren, etwa wie ein junger Kriegsheld auf der Bühne geht, wie der Körper sich bewegen muss, anders als bei einer Frauenrolle; wie man sich hält auf der Bühne. Das war schon ein bisschen anders, aber problematisch war es nicht."[52]

Wie der Musikwissenschaftler Dr. Alfred Willander, ein Freund Arleen Augers, erzählte, brach Hager bei den Proben an einer Stelle ab und rief auf die Bühne: „Gnädige Frau, können Sie das eine Nuance flüssiger singen?" Ihre Antwort fiel knapp aus: „Sie dirigieren, ich singe!" Damit stellte sie klar, dass sie bezüglich des Tempos flexibel war und machte Hager zugleich bewusst, dass *er* derjenige war, der die Fäden in der Hand hielt. Somit blieb dem Maestro nur der Kommentar: „Sie sind für mich die Weltmeisterin der Koloratur!"

Ein Live-Mitschnitt dieser Produktion ist auf CD erhältlich.

---

52 Lebenserinnerungen, ORF, Anm. s. o.

Arleen Auger als Sifare und Edda Moser als Aspasia, Salzburger Festspiele 1971
(Archiv der Salzburger Festspiele/Foto Steinmetz)

In Wien wartete unterdessen wieder eine spätromantische Partie auf sie: Am 22. Februar 1972 gab sie an der Wiener Staatsoper ihr Rollendebüt als Italienische Sängerin in Richard Strauss' letzter Oper *Capriccio*. Die Inszenierung stammte von Rudolf Hartmann, die musikalische Leitung hatte Hans Swarowsky. Die Kollegen waren Gerda Scheyrer (Gräfin), Robert Kerns (Graf), Waldemar Kmentt (Flamand), Walter Berry (Olivier), Otto Wiener (La Roche), Heinz Zednik (Monsieur Taupe), Gerhard Unger (Italienischer Tenor). Kurz zuvor hatte sie die Rolle unter Karl Böhm für die Deutsche Grammophon eingespielt.

Betrachtet man sich die Bilanz der großen Rollen, die Arleen Auger in den ersten Jahren an der Wiener Staatsoper gesungen hat, so sind dies primär Konstanze, Gilda, Olympia – alles Rollen, die die Sängerin Jahre später unter der Rubrik „unerträglich nette Mädels"[53] subsumiert hat. Das Image dieser Rollen haftete ihr noch jahrelang an und dabei fühlte sie sich selbst damit überhaupt nicht wohl:

> „Selbst als ich extrem dünn gewesen war, war ich immer noch sehr groß für mein Stimmfach. Ich hatte eine leichte, lyrische Koloraturstimme und sollte Soubrettenpartien damit singen, aber ich war nicht der Typ solche Rollen auf der Bühne zu spielen. Ich bin vom Typ einfach mehr eine Frau als ein Mädchen und das bin ich immer schon gewesen. Und außerdem reichten mir viele Tenöre gerade mal bis zur Schulter."[54]

Wurde man als Sänger an die Wiener Staatsoper oder die Volksoper engagiert, so wurde der Vertrag mit dem Österreichischen Staatstheater geschlossen, der die Verpflichtung beinhaltete, bei Bedarf an beiden Häusern singen zu müssen, wenngleich von Seiten der Staatsoper darauf geachtet wurde, dass deren Sänger häufiger an der Volksoper auftraten als umgekehrt. Und so kam auch Arleen Auger zum Handkuss für eine Produktion von Gaetano Donizettis *Regimentstochter* an der Volksoper, die am 2. Juni 1972 Premiere hatte. Sie sang – alternierend mit Reri Grist – die Titelpartie; ihr zur Seite agierten Irmgard Seefried (Marchesa von Maggiorivoglio), Oskar Czerwenka (Sulpice), Adolf Dallapozza (Tonio) und Ljuba Welitsch (Herzogin). Die musikalische Leitung hatte der ihr sehr gewogene Argeo Quadri; die Inszenierung stammte von Nathaniel Merrill.

Adolf Dallapozza beschreibt in einem Interview von 2008 die Arbeitsatmosphäre an der Volksoper in den frühen 1970er-Jahren:

> „Wir hatten damals wirkliche Erzieher: In der Oper Argeo Quadri, in der Operette Anton Paulik – Respektspersonen von unglaublicher Autorität. Deren Manöverkritik war nicht immer leicht zu ertragen: Man hatte auch ein wenig Angst. Zehn Minuten vor Ensembleproben mit Quadri standen alle habt acht. Dann schwere Schritte: Der Maestro kommt. Er merkte sich alles: Letztes Mal vor drei Wochen

---

53 Heidi Waleson, 1987, S. 23.
54 Barbara Jepson: „The World in a Song", in: Connoisseur, Januar 1986, S. 35.

Arleen Auger als Regimentstochter (Photo: Peter Kustermann, Wien/Diana Price)

war diese und jene Stelle schlampig, bitte genauer! Er holte einzelne Sänger auch ins Zimmer, um Stellen zu üben."[55]

Doch so streng Quadri in der Vorbereitungsphase war, so großzügig war er dann abends auf der Bühne: Er war ein Kapellmeister alter und edelster Schule und obendrein von typisch italienischem Temperament gesegnet. Er liebte Stimmen und trug die Sänger während der Vorstellung auf Händen.

Auch das Rollendebüt als Carolina in Domenico Cimarosas *Heimlicher Ehe* am 11. März 1973 an der Volksoper stand wieder unter der musikalischen Leitung von Argeo Quadri. Die deutsche Textfassung hatte Marcel Prawy arrangiert. Die Inszenierung stammte von Wolfgang Weber. Ihre Kollegen in dieser hochamüsanten Buffa waren Dieter Weller als Geronimo, Ira Malaniuk als Fidalma, Hanny Steffek als Elisetta, Stanley Kolk als Paolino und Claudio Nicolai als Graf Robinson. In einem Radio-Interview des ORF vom Februar 1973 sagte Arleen Auger, dass sie diese Partie in zehn Tagen auswendig gelernt habe.[56] Dank ihres photographischen Gedächtnisses bereiteten ihr solche Blitzübernahmen keine wirklichen Schwierigkeiten.

Pfingsten 1973 war sie zum ersten Mal in St. Pölten für Orffs *Carmina burana* engagiert. Der große Liedbegleiter und Musikwissenschaftler Erik Werba hatte den Kontakt zu Emil Lafite hergestellt. Dieser hatte seit 1956 das Amt des Orchesterleiters beim St. Pöltener „Musikvereins 1837" inne und sollte die Gesamtleitung von 1961 bis 1982 in Händen halten. Mit ihm hat sie in den folgenden sieben Jahren in der niederösterreichischen Landeshauptstadt fernab der nervenaufreibenden Wiener Konzertatmosphäre verschiedene Stücke ausprobieren können: Haydns *Schöpfung* (1974), *Die Jahreszeiten* (1977) oder Pergolesis *Stabat mater* (1978). Für Emil Lafite war es eine ganz große Ehre mit der berühmten Sängerin der Wiener Staatsoper konzertieren zu dürfen und so ist sie bis 1980 beinahe alljährlich zu den *Kultur- und Festwochen* dorthin gereist und hat dabei meist auf ihre Gage verzichtet. Eine besondere Attraktion waren stets die frischen Forellen aus dem eigenen Teich auf der Nachfeier im Hause Lafite.[57] Am 31. Mai 1980 hat sie die beiden Orchesterlieder „Durch die frühe Dämmerung" und „Das war der Tag" von Emil Lafite unter seiner Leitung in St. Pölten uraufgeführt.

Im September 1973 nahm sie mit der Dresdner Staatskapelle unter Karl Böhm in Dresden ihre erste große Partie für die Schallplatte auf: die Konstanze in Mozarts *Entführung aus dem Serail*. Peter Schreier (Belmonte), Reri Grist (Blonde), Harald Neukirch (Pedrillo) und Kurt Moll (Osmin) waren ihre prominenten Sängerkollegen. Diese Aufnahme sollte die Eintrittskarte zu ihrer internationalen Karriere werden. Kurz

---

55 Wilhelm Sinkovicz: „Tenor Dallapozza: ‚Heute fehlen die Persönlichkeiten'", in: Die Presse, 4. November 2008.

56 „Aus Burg und Oper" vom 11. März 1973. Darin spricht sie über ihr Debüt in Cimarosas „Heimlicher Ehe" an der Wiener Volksoper, ORF.

57 Diese Informationen gab mir Wolfgang Fahrenholtz.

Arleen Auger als Carolina in Cimarosas *Heimlicher Ehe* (Photo: Peter Kustermann, Wien/Diana Price)

nach ihrem Erscheinen wurde die Platte mit Preisen überhäuft [58] und gilt bis heute als maßstabsetzende Idealinterpretation dieses Werks. Für den Bariton Wolfgang Schöne, der später unzählige Konzerte unter Helmuth Rilling mit der Sopranistin gemeinsam bestreiten sollte, war diese Aufnahme die erste Begegnung mit deren Stimme:

> „Ich war schlichtweg erschlagen von der Stimme, Textbehandlung und Technik. Die Stimme hatte so etwas Klar-Naives, eher Ehrliches. Diese Eigenschaften hat sie über all die Jahre beibehalten können, solange ich sie erlebt habe."[59]

Um so amüsanter lesen sich dann die Sätze von „Stimmpapst" Jürgen Kesting, der 1986 in vermeindlicher Unfehlbarkeit glaubt, über ihre Konstanze konstatieren zu müssen:

> „Sie reduziert die Rolle, nimmt ihr die dramatisch-pathetische Dimension. ‚Des Himmels Segen belohne dich' erklingt ohne Resonanz, ‚Martern aller Arten' ohne dramatische Attacke. [...] Auch gibt sie dem Text zu wenig Kontur."[60]

Während einer Aufnahmesitzung erlebte Arleen Auger eine sehr bewegende Szene mit dem damals schon beinahe 80-jährigen Karl Böhm: Sie hatte gerade die Traurigkeits-Arie gesungen, so wie Böhm und auch sie es wollten: ohne Schnitt, auf einen Track, und eine weihevolle Stille hüllte alle Anwesenden nach dem letzten verhallten Ton in der Dresdner Lukaskirche ein. Der überaus beflissene Tonmeister zerstörte diese Atmosphäre abrupt durch seine aus zu ernstgenommener Dienstpflicht erwachsene Frage: „Herr Dr. Böhm, wollen Sie das abhören?" Keine Antwort des Maestros. Nach Ewigkeiten entgegnete dieser in seinem typisch Grazer Dialekt verständnislos: „Ja, haben's das denn nett grade geheert?" Widerwillig begab er sich in die Tonkabine, hörte sich die Arie an, kam heraus, legte Arleen Auger die Hand auf die Schulter und sagte mit Tränen in den Augen: „Seit Maria Ivogün hat keine das mehr so gesungen!" 1989 deutete Arleen Auger die Geschichte in einem Interview an und fügte hinzu: „Das war für mich ein ganz großes Kompliment und ein ganz tiefer emotionaler Moment der Dankbarkeit. Und er ist es bis heute geblieben."[61]

Peter Schreier erinnert sich besonders an die Photoaufnahmen in Schloss Albrechtsberg bei Dresden. Es verfügt über ein türkisches Bad in einem maurisch-orientalischen Stil, das damals aber von der sozialistischen Parteiführung streng unter Verschluss gehalten wurde. Hier entstanden die Photos, die später die Schallplattenbeilage zieren sollten – und alle Beteiligten müssen einen Heidenspaß dabei gehabt haben.

Ihre letzte Rolle in Wien sollte die Valencienne in Franz Lehárs *Lustiger Witwe* an der Volksoper werden. Eine Partie, die unter leichten Sopranen sehr gefürchtet ist, denn sie liegt über weite Strecken tief und das üppig instrumentierte Lehársche Orchester

---

58   Wiener Flötenuhr 1974, „Schallplatte des Jahres 1975" der Zeitschrift „Stereo Review", Grand Prix du Disque und Orphee d'Or 1974.

59   Dies schrieb mir Wolfgang Schöne in einem Brief vom 16. Mai 2011.

60   Jürgen Kesting: Die großen Sänger, Bd. 2. Düsseldorf, 1986, S. 1375.

61   Barbara Stein: Schöne Stimmen – Arleen Auger. Gesendet am 7. Oktober 1990 um 14.05 Uhr im Deutschlandfunk.

rauscht oft gewaltig dazu auf. Diese ungünstige Kombination wurde auch Arleen Auger zum Verhängnis. Dazu kam, dass der Regisseur dieser Produktion, Otto Schenk, sie mit der Findung der Figur entweder völlig alleine gelassen oder ihr ein Konzept übergestülpt hatte, dem sie von ihrer Persönlichkeit her so gar nicht entsprach.

Jedenfalls kam Dr. Renate Wagner es in den *Voralbergischen Nachrichten* vom 19. November 1973 zu dem bitteren Schluss: „Valencienne: Arleen Auger, die Opernsängerin als überdrehte Operettendame, die ‚anständige Frau' hemmungslos karikierend, stimmlich nur bedingt ausreichend."

Fassungslos heißt es in *Die Furche* vom 24. November 1973: „Eher deprimierend ist, wie Schenk Arleen Auger als Valencienne führt: Warum muss sie bloß einen Abend hysterisch herumfuchteln, quietschen und sich wie ein Dienstmädchen benehmen, das Dame spielt?"

Und schon österreichisch-bösartig meint die *Arbeiterzeitung* am 18. November 1973: „In Arleen Auger könnte man sich verlieben, wenn sie nicht die Valencienne mimte."

Differenzierter erfasst Norbert Tschulik in der *Wiener Zeitung* vom 18. November 1973 die Problematik:

> „Beim Grisettentanz im dritten Akt trägt die Choreographie Gerhard Senfts mit dazu bei, dass das Niveau der Inszenierung in tiefe pseudopariserische Provinz abrutscht. Arleen Auger fühlte sich nicht in ihrem Element dabei, sie ist von Anfang an eine ganz und gar nicht pikante, zu wenig reizvolle Valencienne."

Besonders die letzte Kritik gibt das wieder, was Arleen Auger 1977 wie folgt kommentierte: „Ich kann die Kammerzofen nicht spielen [...] Privat habe ich die leichte Muse schon gerne. Aber auf der Bühne ist es komisch und es bringt alle, besonders mich selbst zum Lachen, auch wenn es vielleicht nicht so gemeint ist."[62] Als eher ruhiger Typ von einer Körpergröße von 1,68 m blieben ihr die exaltierten jungen Mädchen innerlich fremd.

Dieses Unwohlsein mit der Rolle, deren Profil und der Schenk'schen Inszenierung hat dann auch wohl dazu geführt, dass Arleen Auger diese Partie nur zweimal gesungen hat. Dafür muss die Produktion unter Kollegen-Aspekt eine wahre Freude gewesen sein, denn neben einer Traum-Hanna von Lucia Popp und Parade-Danilo Eberhard Wächter sang Adolf Dallapozza den Rossignol.

Anton Paulik hatte die musikalische Leitung inne. Er war jemand, der sich auf Operette spezialisiert hatte; und damit im Bewusstsein der damaligen Zeit nicht zum Operettenkapellmeister degradiert, sondern zum Operettenfachmann geadelt war. Adolf Dallapozza beschreibt ihn wie folgt:

> „Anton Paulik war's, der gesagt hat: Wenn du mir die *Fledermaus* nicht singst wie Mozart, erschlag' ich dich; da eine Achtel, da punktiert. Details, die dem normalen

---

62 Andreas Keller: Gespräch mit Arleen Auger, in: Musikalische Nachrichten 2. Oktober 1976, hrsg. von der Bach-Akademie Stuttgart, 1976, S. 12.

Hörer überhaupt nicht auffallen, wurden penibel korrigiert. [...] Dass Sänger nach Belieben einen hohen Ton einlegen, hätte der Paulik nie erlaubt.“[63]

Zu Beginn des Jahres 1974 erhielt Arleen Auger ein Angebot, das den Auftakt zu einer Pioniertat bilden und ihr für viele Jahre Ruhm und internationale Beachtung einbringen sollte: Leopold Hager, Mozartspezialist und seit 1969 Chefdirigent des Mozarteum-Orchesters in Salzburg, hatte seinen Posten mit dem Ehrgeiz angetreten, aus dem damals mittelprächtigen Salzburger Mozarteum-Orchester ein Weltklasse-Ensemble zu formen. Zusammen mit Gottfried Kraus, dem Abteilungsleiter im ORF Salzburg, wurde daher die Idee geboren, sämtliche frühe Mozart-Opern konzertant aufzuführen und für die BASF einzuspielen. Aufgenommen wurde in der Aula academica der Salzburger Universität, „einem Saal mit hervorragender, der authentischen Hofkapellen-Besetzung entgegenkommender Akustik und mit nachweisbarem historischem Mozart-Bezug“.[64]

Als Sängerinnen und Sänger für diese Bravour-Opern wurden die führenden Mozart-Stimmen der damaligen Zeit verpflichtet. Die Liste der Sängernamen liest sich heute wie die Speisekarte eines Gourmetrestaurants:

Die Tenöre dieser legendären Unternehmung waren Claes H. Ahnsjö, Werner Hollweg, Werner Krenn, der junge David Kübler, Thomas Moser, Anthony Rolfe Johnson und Peter Schreier. Im tiefen Männerstimmfach waren Walter Berry, Robert Holl und Barry McDaniel vertreten. Zu der griechischen Mezzosopranistin Agnes Baltsa gesellten sich Teresa Berganza, Brigitte Fassbaender, Hanna Schwarz und Cornelia Wulkopf hinzu. Die Soprane dieser unternehmerischen Großtat waren Ileana Cotrubas, Helen Donath, Edita Gruberová, Edith Mathis, Lucia Popp, Lilian Sukis, Julia Varady – und eben: Arleen Auger.

Jedes Jahr stand eine andere dieser frühen Mozart-Opern auf dem Programm. Das Projekt startet im Januar 1974 zur Salzburger Mozartwoche mit Il Re Pastore. Edith Mathis sang Aminta, Peter Schreier den Alessandro und Arleen Auger die Elisa.

Die Presse stimmte wahre Hymnen auf das gesamte Vorhaben, die Oper des jungen Mozart, die Besetzung und auf Arleen Auger an. So tönte es am 30. Januar 1974 in der Salzburger Volkszeitung:

„Ein Erlebnis war die Elisa, von der Amerikanerin Arleen Auger gesungen. Ihr schlanker, samtener Koloratur-Sopran ist von starker Ausdrucksfähigkeit und schwebender Schönheit auch in den schwierigsten Passagen.“

Und Claus-Henning Bachmann kommentierte die Synthese der drei Stimmen von Mathis, Auger und Schreier in den Lüdenscheider Nachrichten vom 22. Februar 1974 wie folgt:

63 Wilhelm Sinkovicz: Adolf Dallapozza..., Anm. s. o.
64 Martin Kunzler: „Die historische Alternative“, in: Oper 1975. Opern auf Schallplatten. Chronik und Bilanz des Opernjahres. Ein Jahrbuch der Zeitschrift ‚Opernwelt‘, S. 49.

„Edith Mathis und Arleen Auger enfalteten ihre Sopranstimmen mit mozartischem Schönklang. Peter Schreier, obgleich nicht in bester Disposition, demonstrierte die hohe Schule des Mozart-Gesangs: begriffene Musik – und so Musik begreifen machend."

Der große Kritiker Hans Heinz Stuckenschmidt notiert in der *Neue Züricher Zeitung* vom 22. Februar 1974:

„Die Stars des Abends waren Edith Mathis in der für einen Kastratensopran geschriebenen Titelpartie des Schäferkönigs Aminta und Peter Schreier als Alexander der Große. Feuerwerk des Ziergesangs leuchtete auf, wo ihre Stimmen sich mit dem kühl-virtuosen Sopran Arleen Augers, dem Tenor Werner Krenns und der in der letzten Stunde eingesprungen farbigen Amerikanerin Marjorie Vance zusammentaten wie in dem abschließenden Quintett."

Die Einspielung, die sich unmittelbar an die Aufführungen anschloss oder diesen vorausging, fingen den Geist dieser begeisternden konzertanten Aufführungen ein und sind bis heute unerreicht geblieben. Vor allem wurde jede Arie auf einen Track eingespielt! Man vermied bewusst jeglichen kühlen Pseudo-Perfektionismus, der durch Ton-für-Ton-Zusammengeschneide entsteht, und ließ den lebensnotwendigen Affektatem drin – alles wurde möglichst echt und lebendig auf Platte gebannt.

Die überregionale *Opernwelt* jubelte: „... ein Akzent war gesetzt, der von Salzburg in die Welt strahlt..."[65]

Solche Erlebnisse, die ihr bewusst machten, wie intensiv und qualitativ hochwertig Oper auf musikalischer Seite wirklich sein kann und sein sollte, bestärkten sie zunehmend in dem Verlangen, der Routine des Opernbetriebs zu entfliehen und nach sieben Jahren ihren Vertrag an der Wiener Staatsoper zum Sommer 1974 zu kündigen.

Ihre Kollegen erklärten sie zwar für verrückt, denn sie gab damit eine sichere Stelle an einem der führenden Operhäuser der Welt auf.[66] Aber sie suchte das Risiko, sie suchte die Veränderung. Denn wie sie 1989 erklärte:

„Eine von den Sachen, die wir von unseren Lehrern nicht lernen, ist dass das Leben durch eine Anzahl von Veränderungen geht. Wenn wir nicht lernen zu erkennen, dass wir aus einer Lebensphase heraustreten, beginnen wir zu kämpfen; Panik und Konfusion setzen ein und wir vollziehen den Übergang nicht selbstverständlich in die nächste Lebensphase."[67]

Außerdem wurde ihr auch folgender Umstand bewusst:

„Wie auf den meisten Gebieten, so gilt auch hier: wenn du an einem Punkt angefangen hast, ist es sehr schwierig, den Weg ganz bis zur Spitze zu gehen, weil jeder sich

---

65 Claus-Henning Bachmann: „Dem ‚authentischen Mozart' auf der Spur", in: Opernwelt, März 1974.
66 David Lasker: „American songbird", in: Maclean's. Canada's weekly newsmagazine, 8. Dezember 1986, Vol. 99 Nr. 49.
67 Hilary Finch: „All in good timing", in: The Times, 1. Februar 1989.

an deine Anfänge erinnert. Deshalb musst Du woanders hingehen und dich dort bewähren."[68]

Und so war der Schlussstrich unter das Kapitel „Wiener Staatsoper" nach sieben Jahren beschlossene Sache. Ihr Fazit über diesen Lebensabschnitt fiel ambivalent aus:

„Ich konnte mit den besten Dirigenten arbeiten und wurde dort nicht über-strapaziert."[69]

Die Arbeit mit den besten Dirigenten konzentrierte sich auf zwei zentrale Personen, die sie 1992 kurz vor dem Ende ihrer Karriere würdigte:

„Am Anfang waren Josef Krips und Karl Böhm für mich die zwei Dirigenten an der Wiener Staatsoper, die meinen Weg geprägt haben. Die Alte Schule mit sehr viel Disziplin, mit hohem Niveau und mit sehr hoher Konzentration, die von allen, die dabei waren, verlangt war – und von ihnen selber. Ich habe sehr viele Vorstel-lungen mit Mozart und Strauss mit beiden Dirigenten in meinen ersten fünf, sechs Jahren in Wien gesungen. Und manche von meine wichtigsten Platten kamen durch Böhm."[70]

Vor allem „die Konstanze in Mozarts *Entführung* für die Deutsche Grammophon Ge-sellschaft (DGG) war ein sehr wichtiger Schritt für mich. Das war der Anfang meiner internationalen Karriere, die mich dann zu meiner freien Berufstätigkeit geführt hat. Somit waren diese beiden Dirigenten für mich sehr wichtig in der Zeit."[71]

Wie Wolfgang Fahrenholtz erzählte, gestaltete sich die Zusammenarbeit mit beiden Maestri nicht immer einfach: Josef Krips, tendenziell despotisch veranlagt, ließ keine Gelegenheit aus, der jungen Amerikanerin unter die Weste zu jubeln, dass letztlich ER es gewesen war, der sie entdeckt und ihr als völlig unbedarftem amerikanischen „Green-horn" die Tür zu einem der führenden Opernhäuser der Welt geöffnet hatte. Und Karl Böhm galt allgemein menschlich als sehr schwierig und unnahbar; zudem „forderte er bei jeder Probe die volle Stimme"[72], d. h. die Sänger mussten immer aussingen – auch morgens in der Frühe nach einer anstrengenden Vorstellung am Vorabend. Besonders unangenehm war, dass er „eine ziemlich böse Zunge besaß und es genoss, sich bei jeder Produktionen jemanden auszugucken, der nervlich anfällig war, um auf ihn einzuprü-geln und demjenigen das Leben so zur Hölle zu machen. Das konnte ein Solist, ein Orchestermusiker oder sonst jemand sein."[73]

Aber all diese Unerfreulichkeiten wurden durch die musikalisch herausragenden Qualitäten, über die beide Dirigenten vor allem als Mozart-Experten verfügten, aus-geglichen. Mit beiden Maestri war es nämlich für die Sänger ihrer Generation noch

---

68 Heidi Waleson: „An American Soprano Comes Home", in: New York Times, 22. Januar 1984.
69 Andrew Adler: Anm. s. o.
70 Martina Wohlthat: Anm. s. o.
71 Ebenda.
72 Clint Erney: Anm. s. o.
73 Interview mit Obie Yagdar vom 19. Juni 1984 im Wisconsin State Broadcast Network.

möglich gewesen, ganz ohne Zeitdruck zu arbeiten und ganz allmählich ein Repertoire aufzubauen.[74] Vor allem hatten beide – wie Wolfgang Fahrenholtz konkretisierte – ein instinktives Gespür dafür, wie die Tagesverfassung eines Sängers aussah, und vermochten sich augenblicklich darauf einzustellen. Sie konnten zuhören und schon beim ersten Ton des Sängers auf der Bühne erkennen, wie viel dieser an dem betreffenden Abend an Stimme zu geben im Stande war. Und wenn das an einem Abend weniger war, so wurde das Orchester sofort zurückgenommen, und der Sänger damit nie zum Forcieren genötigt. Beide vermochten es beispielhaft, aus dem Augenblick heraus zu musizieren und bei aller Strenge und Unerbittlichkeit, die sie bei den Proben an den Tag legten, im Moment der Vorstellung das alles hinter sich zu lassen und das zu formen, was im Moment möglich war.[75]

Von der musikalischen Seite verbuchte sie diese Wiener Jahre also ganz klar unter Plus. Szenisch hingegen frustrierten sie die oft viel zu knapp bemessenen Probezeiten für szenische Abläufe ungemein:

„Ich bin gegangen, weil ich mit den täglichen Arbeitsbedingungen am Opernhaus unzufrieden war. Ich sang Hunderte von Aufführungen, kleine und große, und ich hatte niemals zwei Aufführungen mit derselben Besetzung. Entweder war der Dirigent ein anderer oder einer von der Besetzung. Und es gab niemals Proben. Probezeit war für Neuproduktionen oder für anreisende Stars reserviert. Wir Hausmitglieder durften uns eine Vorstellung aus dem Zuschauerraum ansehen, und dann wurde von uns verlangt, dass wir es genauso gut machten wie die, die sechs Wochen probiert hatten.“[76]

Und eine Spezialität des Wiener Opernhauses wurde ihr zunehmend lästig:

„Wien ist außerdem ein berühmtes Haus für Intrigen und ich war nicht daran interessiert zu lernen, wie man Intrigen spinnt.“[77] Diesem intriganten Treiben sind zu ihrer Zeit selbst die Direktoren zum Opfer gefallen. Gleich drei davon durfte sie in ihren sieben Jahren am Haus am Opernring er- und teilweise überleben:

1. Egon Hilbert (1899–1968), Direktor von 1963 bis 18. Januar 1968
2. Heinrich Reif-Gintl (1900–1974), Direktor vom 19. Januar 1968 bis 31. August 1972
3. Rudolf Gamsjäger (1909–1985), Direktor vom 1. September 1972 bis 31. August 1976

Besonders der tragischen Tod Egon Hilberts nach monatelangen Hetzkampagnen gilt es hervorzuheben: Auf dem Weg zur Pressekonferenz, auf der er seinen Rücktritt bekannt geben wollte, erlitt er einen Herzschlag.[78] Überhaupt wurden diese ständigen Querelen um Macht und Einfluss ihr als idealistischer Künstlerin zunehmend zuwider.

---

74 Barbara Stein: Anm. s. o.
75 Diese Informationen verdanke ich Wolfgang Fahrenholtz.
76 Richard Fawkes: Anm. s. o.
77 Ebenda.
78 Egon Hilbert auf: http://de.wikipedia.org/wiki/Egon_Hilbert.

Wien war für sie von Anfang an eine einzigartige Plattform, auf der sie Musik machen konnte – und sie war nicht gewillt, durch kulturpolitische Machtkämpfe daran gehindert zu werden. Für ihr Empfinden wurde damals schon zuviel über Finanzierung statt über künstlerische Inhalte geredet und dem „Wieviel" ein viel zu hoher Stellenwert gegenüber dem „Was" eingeräumt.[79]

Des weiteren gebärdete sich ihr die Besetzungspolitik am Haus inzwischen viel zu willkürlich:

„Ich habe eine Menge am Opernhaus gearbeitet, aber nicht notwendigerweise die Rollen, die ich gebraucht hätte, um voran zu kommen." So wurde sie für Rollen wie etwa die Susanna in der *Hochzeit des Figaro* oder auch die Zerbinetta nicht besetzt. Letztere wurde ihr nur als Einspringer angeboten. Als Argument, warum man ihr diese Rollen vorenthielt, wurde dann immer wieder gerne die Floskel bemüht, sie sei nicht international genug, um eine so exponierte Rolle an der Wiener Staatsoper singen zu können. Aber andererseits ließ man sie, um überhaupt international werden zu können, nicht an anderen Häusern auftreten, da sie durch den Vertrag geknebelt war. Somit war sie in einem wahren Circulus vitiosus gefangen.[80]

Und zu guter Letzt stand auch schon eine neue Sopranistin in den Startlöchern, die vom damaligen Operndirektor Roland Jungbluth auf das heißeste favorisiert wurde: Edita Gruberova. Deren Karrieredrang paarte sich mit seiner Machtverliebtheit. Er wollte sie partout zu *der* Koloratteuse an der Wiener Staatsoper inthronisieren. Da Arleen Auger „nicht ins Milieu hinabsteigen" wollte[81], um sich durch innerbetriebliche Konkurrenzkämpfe Liebkind zu machen und zu hoffen, dass dadurch Rollen für sie abfallen würden, räumte sie das Feld nur zu gerne und kündigte, denn: „Ich wollte Spaß haben!"[82] Durch die Kündigung konnte sie den Gängelungen des Vertrags entgehen und die Willkürherrschaft des Besetzungschefs über sie beenden. Vor allem aber musste sie sich selbst nicht verraten und konnte ihren von Idealismus und dem Bemühen um Niveau und Ernsthaftigkeit bestimmten Kurs weiterfahren.

Wie Wolfgang Fahrenholtz berichtete, artikulierten Jungbluth und Gamsjäger im Abschiedsgespräch zwar ihr Bedauern und wurde nicht müde zu betonen, dass die Staatsoper sie für weitere Projekte jederzeit zu verpflichten gedenke, aber es ist sicherlich überflüssig zu betonen, dass von Seiten der Wiener Staatsoper nie mehr eine Anfrage an Arleen Auger nach ihrem Ausscheiden aus dem Ensemble ergangen ist!

So wagte sie den Schritt in die Freiberuflichkeit, aber nicht blauäugig, sondern ihre Situation sehr realistisch einschätzend:

„Es war ein großes Risiko. Gerade zu jener Zeit kam die Wirtschaftskrise, die Ölkrise, die den ganzen Musikbetrieb beeinträchtigte. Ich habe Gott sei Dank von

---

79 Joseph McLellan: Spotlight: „Arleen Augér's Royal Voice", in: Washington Post, 10. September 1986: „...they are thinking too much about money and prestige."
80 Hanns-Horst Bauer: Arleen Auger. Mit neuem Aufschwung, in: Orpheus, Oktober 1987, S. 774.
81 Ebenda.
82 Andrew Adler: Anm. s. o.

Anfang an immer gleichzeitig Oper und Konzert, Schallplatten und Rundfunk ge-macht und so hatte ich immer Möglichkeiten, diesen Beruf weiter auszuüben. Aber nicht ohne Angst. Es ist ein Risiko, ein sehr schwieriger Weg."[83]

Doch am Ende siegte ihr Glaubenssatz: „Kunst ist wichtiger als Sicherheit."[84] Und so konnte sie rückblickend 1977 sagen:

> „Ich bereue keine Minute, dass ich von der Wiener Staatsoper weggegangen bin. Ich würde gerne mehr Oper machen, ich würde gerne, wenn die Konditionen richtig wären, einen anderen Vertrag mit einem Opernhaus unterschreiben, aber nicht mit der Wiener Staatsoper."[85]

Somit endete ihr Vertrag zum 30. Juni 1974 – und wie so oft im Leben: Wenn das eine geht, tritt etwas Neues dafür an dessen Stelle.

3. Stuttgart, Frankfurt: Bach und Helmuth Rilling

Wie bei so vielen Sängern, so wurde auch im Falle von Arleen Auger ein Einspringen zum Ausgangspunkt für eine neue Ära:

Für April 1974 hatte der Stuttgarter Kirchenmusiker Helmuth Rilling mit seinem Chor, der Gächinger Kantorei, eine Tournee durch Japan geplant. Die dafür vorgesehe-ne Sopranistin Gerti Zeumer war kurz vor Reisebeginn erkrankt. In aller Kürze musste Ersatz für vier Konzerte mit zweimal *Schöpfung* und zweimal *Matthäus-Passion* besorgt werden, und so erging auf Empfehlung von Rillings Berater, Dr. Hans Hermann Marx, eine Anfrage an Arleen Auger in Wien. Helmuth Rilling hatte sie zwar nie gehört, aber er vertraute seinem Berater.[86] *Die Schöpfung* hatte Arleen Auger bereits bis dato mehrfach gesungen, aber die *Matthäus-Passion* noch nie. Trotzdem sagte sie zu. Aller-dings war für Repetitionsproben in Wien keine Zeit mehr, und so konnte sie sich erst im Flugzeug in die Noten des Bach'schen Gipfelwerks vertiefen und das Stück auf dem Flug nach Osaka lernen. Wolfgang Fahrenholtz begleitete sie auf dieser Reise und wur-de ständig mit den immer gleichen Fragen bombardiert: „Was bedeutet dieses Wort?" – „Was heißt das?" – „Und was heißt dieses Wort?"

Am Ostermontag – es war der 15. April 1974 – traf das Ehepaar in Osaka ein. Die Tour im Taxi vom Flughafen ins Hotel gestaltete sich zu einer nervenaufreibenden dreieinhalbstündigen Fahrt im Schritttempo. Aus Angst vor der lang unterdrückten

---

83 Andreas Keller im Gespräch mit Arleen Auger, in: Anm. s. o., S. 14.
84 Hanns-Horst Bauer: Anm. s. o., S. 774.
85 Andreas Keller: Anm. s. o., S. 14.
86 Diese Informationen gab mir der frühere Intendant der Bach-Akademie, Andreas Keller, in einem persönlichen Gespräch in Stuttgart am 30. November 2011.

Müdigkeit legte sie sich nach Ankunft gar nicht erst hin, sondern absolvierte die erste Probe mit einem ausgewachsenen Jetlag.

> „An das erste, was ich mich erinnern konnte, war, dass ich auf der Bühne saß und den anderen Sängern lauschte und versucht habe, eine Idee vom Stil dieser Musik zu bekommen."[87]

Für Helmuth Rilling war es *nicht* gleich Liebe auf den ersten Ton, denn hier prallten zwei Temperamente aufeinander, wie sie unterschiedlicher nicht sein konnten: Der impulsiv musizierende Dirigent aus Schwaben traf auf die ganz in sich ruhende, kontemplative Amerikanerin. Vielleicht lag aber gerade in der Kombination dieser beiden Extreme das Geheimnis ihres Erfolgs?!

Das erste gemeinsame Konzert war eine *Schöpfung* am 17. April 1974 in der Osaka-Festival-Hall. Die zweite Aufführung von Haydns Oratorium fand dann drei Tage später am 20. April 1974 vor 4000 Zuhörern im riesigen Konzertsaal des japanischen Rundfunksenders NHK in Tokio statt und wurde von diesem auch mitgeschnitten und später von der Stuttgarter Schallplattenfirma Intercord als LP veröffentlicht.

Am 24. und 25. April standen dann die zwei Aufführungen der *Matthäus-Passion* auf dem Programm. Es war der erste gemeinsame Bach von Arleen Auger und Helmuth Rilling, und trotz der abenteuerlichen Umstände, unter denen sie das Stück lernen musste, liefen beide Konzerte wundervoll.

Diese zwei Aufführungen der *Matthäus-Passion* bildeten den Auftakt zu einer unzählbar großen Menge von Konzerten und vor allem Schallplatteneinspielungen von Arleen Auger und Helmuth Rilling. Denn für das damals gerade beim Verlag Hänssler in Holzgerlingen gestartete Projekt der Einspielung sämtlicher Kirchenkantaten, das zu Bachs 300. Geburtstag im Jahre 1985 abgeschlossen sein sollte, suchte Rilling ständig stilsichere Sopranistinnen, die auch bereit waren, entlegenes Repertoire fernab der gängigen Bach-Kantaten zu lernen. Denn zu dieser Zeit lagen von den 200 Kantaten des Thomaskantors gerade einmal 20 auf Schallplatte vor, und an den fehlenden 180 schien niemand interessiert; folglich wurden sie nicht aufgeführt, und folglich hatte sie auch kein Sänger im Repertoire. Aufgrund ihrer Schnelligkeit im Lernen und ihrer extrem raschen Auffassungsgabe wurde Arleen Auger sehr bald Rillings bevorzugte Sopranistin: Von den 138 Kantaten, in denen ein Solosopran besetzt ist, hat er 85 mit ihr eingespielt[88]. Ihre bruchlose Stimme, ihre Intonationssicherheit, ihr stilistisches Gespür für Phrasierung und vor allem ihre Fähigkeit, sich als Solistin in ein Ensemble integrieren zu können – sozusagen Solistin sein, ohne solistisch zu sein – das alles machte sie zu einer idealen Bachinterpretin. Hinzu kam ihre unbegrenzte Bereitschaft, vor dem Mikrophon auch bei der zigsten Wiederholung noch für Verbesserungen zugänglich zu sein und wirklich in ihrer Tiefe für die Realisierung der bestmöglichen Variante zu brennen. Der ungebrochene Erfolg dieser Aufnahmen, die ihren Stammplatz unter den

---

87 Daniel Schillaci: Anm. s. o.

88 Andreas Keller: „Arleen Auger (13.09.1939–10.06.1993)", in: Forum Bachakademie 1993, S. 10.

Gesamtaufnahmen der Bach-Kantaten bis heute innehaben, beruht zu einem wesentlichen Teil auf der künstlerischen Präsenz von Arleen Auger, so Helmuth Rilling gut 25 Jahre nach Abschluss der Aufnahmen.[89]

Neben Arleen Auger wirkten bei diesem Kantatenprojekt als Sopranistinnen außerdem Judith Beckmann, Eva Csapò, Constanza Cuccaro, Helen Donath, Katrin Graf, Krisztina Laki, Inga Nielsen, Ingeborg Reichelt und Edith Wiens mit. Julia Hamari, Helen Watts und dann etwas später Gabriele Schreckenbach sangen großteils die Altpartien; hin und wieder alternierten sie auch mit Margarethe Bence, Ria Bollen, Birgit Finnilä, Helrun Gardow, Mechthild Georg, Marga Höffgen, Hildegard Laurich, Ann Murray, Gabriele Schnaut, Doris Soffel und Carolyn Watkinson.

Die zentralen Tenöre dieses bis dato einzigartigen Bach-Projekts waren Aldo Baldin und Adalbert Kraus. Hin und wieder sangen auch Kurt Equiluz, Lutz-Michael Harder oder Peter Schreier. Und die drei Haupt-Solisten im tiefen Männerstimmfach waren Walter Heldwein, der Schweizer Philippe Huttenlocher und Wolfgang Schöne. Sporadisch kamen auch John Bröcheler, Dietrich Fischer-Dieskau, Siegmund Nimsgern, der damals junge Andreas Schmidt und Niklaus Tüller hinzu.

Für Arleen Auger bedeutete dieser Einstieg in das Bach-Projekt nach der sehr engen, siebenjährigen vertraglichen Liaison mit der Wiener Staatsoper zwar eine erneute Bindung an eine Institution, nämlich an die Stuttgarter Bachakademie, aber diese Bindung war viel lockerer und ließ ihr viel mehr Freiheiten. Vor allem bedeutete sie eine absolute Neuorientierung bezüglich des Repertoires. Sie selbst sagte dazu:

> „Ich übte mich in der italienischen Operntradition. Meine frühen Göttinnen waren Renata Tebaldi und später Mirella Freni. Aber gewisse Umstände führten mich in die Richtung der Alten Musik.“[90]

Schicksalsergeben wie sie war, versuchte sie nicht, einer Idee ihrer Stimme nachzulaufen und zu versuchen, partout ins italienische Opernfach einzusteigen, sondern sie gab dem nach, was sich jetzt als neues Terrain anbot – und das war eben *nicht* italienische Oper des 19., sondern deutsche geistliche Musik des 18. Jahrhunderts.

Nachdem sich nun eine neue künstlerische Heimat abzeichnete und der Vertrag an der Wiener Staatsoper zum Sommer 1974 endete, galt es, einen neuen Lebensmittelpunkt zu finden, und Arleen Auger und ihr Mann entschieden sich für Frankfurt, weil es zentraler gelegen war als Wien und weil sie von dort aus leicht zu ihrer neuen Hauptwirkungsstätte Stuttgart gelangen konnte.

Trotzdem musste das österreichische Publikum nach ihrer Kündigung an der Staatsoper und dem Verlegen des Lebensmittelpunkts nach Deutschland nicht auf ihre Auftritte in Österreich verzichten. Gleich im ersten Jahr ihres Wegzugs sang sie bei den *Salzburger Festspielen* Claude Debussys *Le Martyre de Saint Sebastien* im Salzburger

---

89 Telefonat mit Helmuth Rilling am 7. April 2011.
90 Daniel Schillaci: Anm. s. o.

Dom unter Leitung von Milan Horvat. Der Münchner Musikwissenschaftler und -kritiker Helmut Schmidt-Garre kommentierte am 20. August 1974:

> „Unter den Solisten entzückte die Sopranistin Arleen Auger durch völlig unangestrengte, glockenklare und süße Spitzentöne bis hinauf ins dreigestrichene C."[91]

Auch beim Festival *Carinthischer Sommer* wurde sie 1974 zum erstenmal vorstellig. Wie die spätere Leiterin der Festspiele, Dr. Gerda Fröhlich, erzählte, kam der Kontakt über Helmut Wobisch zustande, der das Festival 1969 gegründet hatte und bis 1979 leitete. Dieser war im Hauptberuf Solotrompeter und Geschäftsführer der Wiener Philharmoniker. In der Wiener Staatsoper pflegte er die wichtigen Kontakte zu Sängern zu knüpfen. Zudem war er als Lehrer an der Musikhochschule in Wien tätig und dadurch Kollege des international renommierten Liedbegleiters Erik Werba, mit dem er natürlich auch im Gedankenaustausch über Sänger stand.

Auch bei diesem damals noch jungen Festival ist Arleen Auger eingesprungen und errang einen triumphalen Erfolg:

> „Als ‚Ersatz' für den Liederabend der verhinderten Roberta Peters konnten die Veranstalter des Carinthischen Sommers [...] Staatsopernsängerin Arleen Auger verpflichten. [...] Um es gleich vorwegzunehmen, ist die Sängerin qualitativ wohl erhaben über jede Art von kritischer Betrachtung. Ihre Stimme ist schlank und rein in jeder Höhenlage und entbehrt in keiner Nuance der erforderlichen Dynamik. Ihr Vortrag ist sehr beeindruckend und getragen von einer Gestik und Dramatik, die von vorwiegendem Bühneneinsatz zeugen. Dass die Sängerin auch mit allen Vorzügen weiblichen Charmes und Liebreizes ausgestattet ist, trägt natürlich viel zu einem perfekten Gelingen dieses Abends bei. [...] Das Publikum wurde durch die Darbietungen zu einem wahren Begeisterungssturm hingerissen. Und erst nach der dritten Zugabe [...] gab man sich zufrieden."[92]

Den in Ossiach stattfindenden Festspielen blieb sie bis 1982 verbunden.

Und noch ein drittes Einspringen eröffnete ihr im Sommer des Jahres 1974 ein bis dato völlig unbeackertes Terrain: das Unterrichten.

> „Ich bin in die Unterrichtsrichtung auch hineingefallen: Ich war in Österreich bei den ‚Ossiacher Festspielen' tätig, und habe gerade meine letzten Konzerte gehabt und dachte, ich mache einen kleinen Urlaub, als ich einen Anruf vom Salzburger Mozarteum bekam, dass eine berühmte Sängerin einen Autounfall hatte und deshalb ihre Pflichten bei einem Kurs, der in zwei Tagen anfangen sollte, nicht übernehmen könne und ob ich bereit wäre, diesen Unterrichtskurs zu übernehmen. Ich sagte: ‚Ich habe nie Gesang unterrichte, ich habe keine Ahnung!' Aber ich wusste, dass mich meine beiden Lehrer schon soweit für mich selber ausgebildet hatten, indem sie immer mit mir sprachen und mir erklärten, was sie machten und warum

---

91   Quelle nicht ermittelbar.
92   „Die Faszination einer Stimme" von A. R., in: Zeitung nicht ermittelbar vom 3. August 1974.

– dass ich, als ich nach Wien kam, mein eigener Lehrer war, was ich immer noch bin. Und so sprang ich ein und habe getan. Es war eine nette Gruppe von neun Japanerinnen, die kein Englisch und Deutsch sprachen, und einer Amerikanerin. Wir haben mit Händen und Füßen gearbeitet, aber hauptsächlich alles durch die Musik gezeigt, und es ging ganz gut, und ein paar von diesen gingen danach nach Wien zum Studieren, und die wollten weiterhin mit mir Gesang studieren und das haben wir gemacht und es wuchs von dort."[93]

Als Summe all dieser unerwarteten Einspringen zieht Arleen Auger zwölf Jahre später in einem Interview von 1986 folgende Bilanz:

„Es scheint eine Menge solche Begebenheiten in meinem Leben gegeben zu haben, in denen ich ins Wasser geworfen bin und mir nur gesagt worden ist, ich solle überleben. Gott sei Dank kann ich schwimmen!"[94]

Spannend wurden nun die vermehrt auftretende Engagements in der damaligen DDR: Sowohl Ost-Berlin als auch Leipzig und Dresden wurden für Platten- oder Rundfunkproduktionen nun des Öfteren angesteuert. Zuerst spielte sie im September 1974 unter Martin Flämig Bachs *Weihnachtsoratorium* in Dresden ein. Diese Aufnahme mit dem Dresdner Kreuzchor und Annelies Burmester, Peter Schreier und Theo Adam erlangte im Ostteil Deutschlands Kultstatus. Es war eine Platte, die in fast jedem Haushalt zu finden war. Generationen von Bürgern aus Ostdeutschland sind mit diesem Stück im Klang ihrer Stimme aufgewachsen.

Nach Flämig bediente sich im Folgejahr sogleich auch die „Konkurrenz" ihrer Qualitäten als Bach-Sängerin: Der Leiter des Leipziger Thomanerchors, Hans Joachim Rotzsch, hatte sie für seine Einspielung der *Johannes-Passion* im Oktober 1975 engagiert. Neben den ihr schon bekannten Kollegen Peter Schreier und Theo Adam lernte sie dort auch Heidi Rieß, Armin Ude und Siegfried Lorenz kennen. Armin Ude erzählte, wie er die Sopranistin auf den Beifahrersitz seines selbstfrisierten Ladas bugsierte und mit einer Geschwindigkeit jenseits der Legalität über die leeren Autobahnen der DDR fegte und ihr dabei die Umgebung der Messestadt zeigte.[95]

Im Folgejahr unternahm Peter Schreier seine ersten Schritte in Richtung Dirigieren; für seine Einspielung von Bachs *Jagd-Kantate* hatte er sich Arleen Auger gewünscht. Wie er berichtete, war es skurrilerweise damals in der DDR einfacher, eine ausländische Solistin zu engagieren als eine westdeutsche. Denn das hätte nach „gesamtdeutscher" Produktion ausgesehen und das passte der SED-Regierung nicht in den Kram. Da die DDR aber andererseits bestrebt war, international zu sein, hatten ausländische Solisten relativ mühelos Zutritt. Und so gesellte sich bei dieser Aufnahme zur Amerikanerin Arleen Auger auch noch die Schweizerin Edith Mathis hinzu. Des weiteren verfolg-

---

93   Barbara Stein: Anm. s. o., Deutschlandfunk 1990.
94   Daniel Schillaci: Anm. s. o.
95   Diese Begebenheit schilderte mir Armin Ude bei einem persönlichen Treffen in Dresden Ende der 1990er-Jahre.

te Schreier durch diese Besetzung das Ziel, der ostdeutschen Sängerlandschaft neuen Schwung zu verleihen, und seine Wahl fiel im Fall der Sopran-Solistin eben nicht auf die damals im nur sehr kleinen Fundus ostdeutscher Sängern vorhandene und überaus geschätzte Sopranistin Adele Stolte, sondern auf die als Bach-Sängerin alsbald renommierte Arleen Auger.[96]

Eine amerikanische Sopranistin in einem sozialistischen Staat – das war zu Zeiten des „Eisernen Vorhangs" schon sehr beklemmend. Aber die Kontrollen waren für sie nicht schärfer als für andere Touristen aus dem Westen. Obendrein genoss sie mit ihrem Mann die bevorzugte Behandlung, die reservierten Plätze im Restaurant. Und im Hotelzimmer, wo beide wussten, dass hinter jedem Radio oder Fernsehen Wanzen eingebaut waren, verhielten sie sich klug und diplomatisch: Sie sprachen entweder gar nicht oder nur Banal-Alltägliches.[97]

Im Juli 1975 kam es zur ersten Zusammenarbeit mit einem der ganz großen deutschen Bach-Dirigenten dieser Epoche: mit Karl Richter. Richter war damals der führende Bach-Dirigent, wenn auch sein noch ganz dem 19. Jahrhundert verpflichteter Aufführungsstil von den Dirigenten der jüngeren Generation wie Helmuth Rilling und Nikolaus Harnoncourt allmählich abgelöst wurde. Unter seiner Leitung sang Arleen Auger in der Basilika von Ottobeuren an der Seite von Julia Hamari, Peter Schreier und Hermann Prey Bachs *Matthäus-Passion* – ein Werk, durch das es auch mit Rilling zur ersten Zusammenarbeit gekommen war.

Julia Hamari, die sich selbst als „Richter-Kind" bezeichnet, schwärmt noch heute von der Trance, in der Richter sich befand, wenn er musizierte, wie er die Sänger anschaute, bei ihnen war und auch nicht mehr bei ihnen war, wie er durch sie hindurch auf die Musik geblickt hat und jedem dabei das Gefühl vermitteln konnte, dass er ihn trägt.[98]

Regelmäßig bis zu Richters viel zu frühem Tod im Februar 1981 sollte Arleen Auger nun fortan mit ihm konzertieren. Natürlich schwerpunktmäßig Bach, aber auch eine gemeinsame *Schöpfung* stand im Juli 1977 in Ottobeuren auf dem Programm. Wie bei Rilling so hatte sie auch bei Richter das Vergnügen, mit der führenden Riege der damaligen Konzert-Sänger auftreten zu können: Bei den Alitistinnen waren dies Ruža Baldani, Brigitte Fassbaender, Julia Hamari, Anna Reynolds und Hanna Schwarz; die Tenöre dieser Ära waren Größen wie Claes H. Ahnsjö, Ernst Haefliger, John van Kesteren, Frieder Lang, Peter Schreier; und bei den Baritonen und Bässen hatte sie mit Kieth Engen, Nikolaus Hillebrand und John Shirley-Quirk das Vergnügen.

Trotz der neuen Vormachtstellung des Konzertfachs in Arleen Augers Terminkalender, bedachte sie doch die Gattung Oper in Österreich weiterhin regelmäßig:

---

96   Diese Informationen gab mir Peter Schreier in einem Telefongespräch vom 15. Januar 2012.

97   Diese Informationen gab mir Wolfgang Fahrenholtz bei unserem persönlichen Treffen in Würzburg im August 2011.

98   Diese Eindrücke schilderte mir Julia Hamari in einem Telefonat Ende Dezember 2011.

Gleich zu Beginn des Jahres 1975 war sie wieder Gast bei der *Mozartwoche* in Salzburg. Leopold Hager hatte diesmal die frühe Mozart-Oper *Lucia Silla* ausgewählt und eine Traumbesetzung zusammenbekommen: Neben Arleen Auger als Gunia sangen Edith Mathis, Helen Donath und Julia Varady und die Tenöre Peter Schreier und Werner Krenn.

Über die Partie der Giunia sagte sie gegenüber dem ORF:

„Diese Partie der Giunia ist sehr schwierig. Es verlangt soviel wie die Konstanze, aber es ist noch eine viel größere und längere Rolle und hat noch mehr Arien – alle vom höchsten Schwierigkeitsgrad."[99]

Für sie ist beim Mozart-Singen folgendes wichtig:

„Ich finde, es kommt sehr viel darauf an Linien zu singen, schön phrasieren, große Sprünge in die gleiche Tonart so zu gestalten, dass auch diese Schwierigkeiten nicht aus dem Rahmen fallen, so dass alles leicht klingt, obwohl es gar nicht leicht zu singen ist."[100]

Die Kritiken lassen an der Souveränität, mit der sie diese Aufgabe gemeistert hat, keine Zweifel aufkommen. Claus-Henning Bachmann schreibt in *Die Furche* vom 8. Februar 1975:

„Arleen Auger gab ein neues Beispiel ihrer Phrasierungskunst und sängerischen Akribie; die Krone des Abends gebührte wohl ihr."

Vor allem aber die überregionale Presse jubelt; so schreibt Gabriele Luster im *Trierischen Volksfreund* vom 5. Februar 1975:

„Allen voran ist Arleen Auger zu nennen, die mit ihrem wunderschönen Koloratursopran alle technischen Hürden mühelos überwand und ihren Part mit Expressivität und Innigkeit gestaltete."

Und auch in der Zeitschrift *Oper und Konzert* heißt es in der März-Ausgabe:

„Arleen Auger (Giunia) verstand es imponierend, virtuose Koloraturen durch tief erfühlte Gemüthaftigkeit zu beseelen und die Tapferkeit der ihre Ängste entschlossen besiegenden Frau trotz der Zartheit ihrer nicht gerade großen Stimme fulminant herauszubringen."

Und der Kritiker Claus-Henning Bachmann hebt in der März-Ausgabe der *Opernwelt* eine der besonderen Qualitäten Arleen Augers hervor:

„Giunia war Arleen Auger. Mit der Giunia bot sie eine außerordentliche Kunstleistung, dadurch gekennzeichnet, dass sie stets nicht ‚nur' sang, sondern gerade in den stimmtechnisch besonders schwierigen Passagen durchscheinen ließ, was zum Gesang Anlass gab. ‚Richtiger' Mozartstil in Koloratur und Phrasierung ist, wage ich zu behaupten, zunächst eine Funktion von Genauigkeit, die sich jedoch nicht nur auf

---

99 Mozartwoche 1975. Interview mit Arleen Auger, gesendet am 22. Januar 1975, ORF Salzburg.
100 Ebenda.

das Setzen der Töne, sondern vor allem auf das Verstehen der Töne bezieht. Die Auger vermag in diesem Sinne kleinste dynamische und modulatorische Veränderungen in den Dienst eines Espressivo zu stellen, das bei ihr niemals Selbstzweck wird."

Neben diesem konzertanten Mozart-Höhepunkt bot das Jahr 1975 ihr auch wieder einmal Gelegenheit, in Kostüm und Maske auf der Opernbühne zu agieren, nämlich in einer Neuproduktion von Mozarts *Entführung* am Salzburger Landestheater. Die Premiere war am 1. Juni 1975. Für die Inszenierung zeigte sich der Opernsänger Murray Dickie verantwortlich, der noch wenige Jahre zuvor an der Volksoper ihr Baritonkollege gewesen war; die musikalische Leitung oblag Leopold Hager. Als Kollegen standen Eva Terebessy (Blonde), Josef Köstlinger (Belmonte), Wolfgang Bellon (Pedrillo), Karl Christian Kohn (Osmin) und Wolf Oeser (Bassa Selim) mit ihr auf der Bühne.

Die Kritiken überschlugen sich und ließen keinen Zweifel, dass sie Mitte der 1970er-Jahre *die* Konstanze war und es für diese Rolle keine idealere Interpretin gab. So schreibt Günther Schweighofer in der Juli-Ausgabe von *Die Bühne* 1975:

> „Der Glücksfall von Arleen Augers Konstanze gehörte zur Erfüllung hinsichtlich Nachvollzug der Kantilene, Phrasierung und perlender Koloratur."

Und Lieselotte Friewald bemerkt in den *Oberösterreichischen Nachrichten Linz* vom 3. Juni 1975:

> „Der Spitzenrang in dieser Mozart Spezialistenliste gebührt aber eigentlich dem Gast Arleen Auger. Die schwierige Arie der Konstanze kam mühelos und in einer verinnerlichten Zartheit, die auf jede Effekthascherei verzichten konnte."

Walter Müller urteilt im *Salzburger Volksblatt* vom 3. Juni 1975:

> „Arleen Auger hat als Mozartsängerin bereits einen international klingenden Namen: und sie erfüllt als Konstanze wahrlich die Erwartungen, die man in ihre Verpflichtung gesetzt hatte. Mit unwahrscheinlicher Sorgfalt setzt sie ihre Koloraturen an und moduliert sie mit Charme und unaufdringlicher Eleganz."

Hubert Seefellner schrieb dazu im *Salzburger Tagblatt* desselben Datums:

> „Allen voran profitierte von einer solch pfleglichen Behandlung der Stimme Arleen Auger in der Rolle der Konstanze. Wer der sympathischen Sopranistin in den letzten Jahre schon bei unzähligen Anlässen begegnete, wird sich kaum erinnern können, sie als Mozartsängerin je so exquisit gehört zu haben. Und wenn das Publikum der Künstlerin nach jeder Arie spontan zujubelte, dann war diese Zustimmung hochverdient."

Gewissenhaft fuhr sie auf ihrer Erfolgsstraße weiter und erreichte im Dezember 1975 eine zentrale Station in einem jeden Sängerleben: die Mailänder Scala, an der sie unter Georges Prêtre ihr Debüt als „Le Feu/La Princesse/Le Rossignol" in Maurice Ravels lyrischer Phantasie *L'Enfant et les Sortilèges* gab. Helga Müller-Molinari, Regina Sarfaty, Maria Fausta Gallamini, Norma Lerer, Arturo Testa und Jean-Christophe Benoit waren ihre Bühnenpartner. Für die Inszenierung zeigte sich Jorge Lavelli im Bühnenbild von

Arleen Auger in *L'Enfant et les Sortilèges* an der Mailänder Scala 1976
(Photo: Erio Piccagliani © Teatro alla Scala)

Max Bignens verantwortlich. Auch der zweite Ravel-Einakter *L'heure espagnole* kam zur Aufführung. Gekrönt wurde der Abend aber durch das Ballett *Daphnis et Chloé* im Bühnenbild von Marc Chagall. Und gerade deshalb waren auch die beiden Einakter zuvor schon unbedingtem Ästhetizismus verpflichtet und bezeugten die Wichtigkeit und Richtigkeit eines sinnlichen Augenschmauses zu dieser rauschhaft flirrenden Musik.

1984 schwärmte sie über die Akustik der Mailander Scala, nannte sie „warm" und „bequem" und auf der Bühne bekam sie sogar das Gefühl, als ob die hohen Balkone ihre Arme um sie schlängen.[101]

Dank dieses Engagements machte sie allerdings auch Bekanntschaft mit der italienischen Arbeitsmentalität an einem Opernhaus, die sie als „ziemlich hektisch" und „chaotisch" empfand:

„Wir hatten lange Proben bis 12 oder ein Uhr in der Nacht. Und als ich nach unten ging, um zu fragen, wann ich am nächsten Tag Probe hätte – eine Woche vor der Premiere – sagte mir der Mann, der dort unten in hektischer Betriebsamkeit den nächsten Tag organisierte: ‚Oh signora, es ist noch zu früh, bitte gehen sie etwas essen, ich werde es Ihnen später sagen!' Ich kam nachts um 3 Uhr zurück – in seinem Büro ging es immer noch genauso schlimm zu – und er sagte: ‚Wir rufen Sie

---

101 Interview mit Obie Yagdar im Wisconsin State Broadcast Network vom 19. Juni 1984.

morgen früh an.' Also ging ich nach Hause und sie riefen mich morgens um 9 Uhr an und sagten: ‚Sie haben um 10 Uhr Probe auf der Bühne!' Ich sang *L'Enfant et les Sortilèges* – das ist eine sehr hohe Partie und sehr schwierige Musik, und Du kannst nicht um 9 Uhr aus dem Bett steigen und um 10 Uhr mit einer hohen Stimme im Theater sein – *ich* kann das nicht. Diese Dinge haben mir das Leben dort sehr schwer gemacht."[102]

Gleich im Januar 1976 hielt Leopold Hager eine erneute Herausforderung für sie bei der *Mozartwoche* bereit: den Fauno in Mozarts Frühwerk *Ascanio in Alba*. In dieser Rolle hatte sie zwar nur zwei Arien zu bewältigen, aber was für welche! Wie man auf der zeitgleich entstanden Einspielung hört, sang sie diese Partie schlichtweg atemberaubend.

Und so schrieb der Kritiker des *Salzburger Volksblatts* am 26. Januar 1976:

„Arleen Auger (Fauno) wusste ihren leichten hellen Sopran wiederum aufs geschickteste einzusetzen und erntete für ihre reich kolorierte zweite Arie Sonderapplaus."

Auch die *Salzburger Volkszeitung* desselben Tages bemerkte:

„Arleen Auger beeindruckte einmal mehr durch die Jugendlichkeit ihrer Stimme, durch ihre enorme Koloraturtechnik, ja Akrobatik. Sie meisterte ihre äußerst schwierige Partie mit hinreißender Leichtigkeit und frappanter Virtuosität, die jedoch niemals in Manier erstarrte, sondern großes Empfinden verriet."

Angesichts ihrer herausragenden Qualitäten entwickelte sich der Kritiker des *Salzburger Tagblatts* sogar zum Anhänger der Verschwörungstheorie. So schrieb er am 26. Januar 1976:

„Es wird wohl schwer fallen eine ‚mozartischer' singende liebenswürdige Verkörperung der Nymphe Silvia zu finden als Edith Mathis, oder den Glücksfall einer Mozart-Interpretin wie Arleen Auger, durch die selbst eine Nebenrolle wie die des Hirten Fauno in den Mittelpunkt gerückt wird. (Warum wird diese Künstlerin eigentlich von den Festspielen so konsequent ignoriert?)"

Und Hans-Heinz Stuckenschmidt schreibt in der *FAZ* vom 27. Januar 1976:

„Als Fauno verblüffte die Auger wieder durch präzises Staccato und hemmungslose Geläufigkeit."

Selbst Andrea Seebohm, die keine große Anhängerin der Sopranistin war, lüftet im *Kurier* vom 26. Januar 1976 angesichts ihrer Leistungen leicht den Hut:

„Arleen Auger zirpte einmal mehr mit geläufiger Gurgel halsbrecherisch Fiorituren, wie das außer ihr wohl niemand zustande bringt."

Ihr durch das Wort „zirpen" aber noch einen Dämpfer zu versetzen, konnte sie sich nicht verkneifen.

---

102 Ebenda.

Im Frühjahr 1976 kam es zu einem neuen Kontakt, der auf 15 Jahre kontinuierliche Zusammenarbeit hinauslaufen sollte: Hein van Royen, seit 1974 künstlerischer Direktor des Concertgebouw-Orchesters in Amsterdam, hatte Arleen Auger für Bachs *Matthäus-Passion* engagiert. Und zwar nicht irgendeine *Matthäus-Passion*, sondern die *Matthäus-Passion* einer neuen Ära. Die Holländer lieben dieses Werk, und es genießt in den Niederlanden denselben Stellenwert wie Beethovens Neunte Sinfonie in Japan. Schätzungsweise an die 100 Aufführungen der Passion gibt es in der Karwoche im ganzen Land.

Diese Tradition geht auf Willem Mengelberg zurück, den ersten Chefdirigenten des Concertgebouw-Orchesters, der sie im Jahre 1899 begründete.[103] Jeder Chefdirigent hat sie fortgesetzt und das Werk im damals üblichen, breiten, postromantischen Stil des 19. Jahrhunderts aufgeführt. Doch Mitte der 1970er-Jahre begannen sich die Musiker zu beschweren. Auch sie wollten sich den damals neuen Strömungen der aufkommenden Alte-Musik-Bewegung öffnen. Und so leitete fortan Nikolaus Harnoncourt diese traditionelle Aufführung. Er legte das Werk nicht nur stilistisch und konzertdramaturgisch mit zwei auf dem Podium getrennt aufgestellten Orchestern und neun Solisten neu an, sondern er wollte vor allem die Tradition der *Matthäus-Passion* dergestalt modifizieren, dass er darauf bestand, jährlich zwischen *Matthäus-* und *Johannes-Passion* zu wechseln. Letztere war nämlich in den Niederlanden quasi unbekannt. Damit stieß er anfänglich auf großen Widerstand, aber Harnoncourt machte dies bei Vertragsabschluss zur Bedingung und hat diesen Wechsel zwischen beiden Meisterwerken bis 1989 auch so praktiziert.

Noch als Cellist der Wiener Symphoniker hatte Harnoncourt Arleen Auger als junge Elevin Ende der 1960er-Jahre in Wien in einem Konzert erlebt. Sein erster Eindruck war damals alles andere als positiv: Für ihn war das eine typische amerikanische „Nylonstimme" mit Superkoloraturen, die wie aus der Maschine kamen, alles perfekt, aber alles ohne Ausdruck. „Wenn die noch einen Ausdruck hätte, wäre das eine interessante Sängerin!", dachte er sich damals.[104]

Als er sie dann acht Jahre später in Amsterdam wiedertraf, war sie eine ganz andere Person geworden und zu einer echten Künstlerin gereift. Jetzt hatte sie einen Ausdruck. Zudem wirkten ihre Fröhlichkeit und Lebensfreude und ihr Humor bei den Proben enorm ansteckend. Stimmlich war sie so flexibel, dass sie alle Wünsche seinerseits sofort angenommen und umgesetzt hat. Die erste persönliche Begegnung zwischen Nikolaus Harnoncourt und Arleen Auger im Jahre 1976 wurde zu einer „Dauerbegegnung"[105]: 1976, 1978, 1983, 1985, 1986, 1987, 1988, 1989 und 1991 war sie die Solistin in den Bach-Passionen im Concertgebouw.

---

103 Verena Soldierer: „Concertgebouw Orkest" vom August 2009, auf: www.uni-muenster.de/NiederlandeNet.

104 Diese Aussagen stammen aus einem Telefoninterview mit Nikolaus Harnoncourt vom 15. Dezember 2011.

105 Diesen Begriff hat Nikolaus Harnoncourt am Telefon selbst gebraucht.

Im dritten Jahr ihrer freiberuflicher Tätigkeit war der Terminkalender üppig und auch prominent gefüllt – und die Saison 1976/77 sah wie folgt aus[106]:

August 1976		London Aufnahme	Cimarosa *Matrimonio secreto* Dir.: Daniel Barenboim
		Salzburg Mozarteum	Meisterklasse für Liedinterpretation
September	8.–14.	Paris Rundfunkaufnahme Radio France	Mozart: *Litanei* KV 243/ Haydn: *Harmoniemesse* Dir.: John Eliot Gardiner
	16.–26.	Stuttgart Plattenaufnahmen	Bach-Kantaten Dir.: Helmuth Rilling
Oktober	28.– 2./3.	Florenz Konzerte	Orff: *Carmina burana* Dir.: Riccardo Muti
	5.–10.	Salzburg Beobachterin	Internationaler Hugo-Wolf-Wettbewerb
	13.–23.	Ost-Berlin Plattenaufnahme Dresden Plattenaufnahme	Bach: *Jagdkantate* BWV 208 Dir.: Peter Schreier Schubert-Lieder Pianist: Walter Olbertz
November	9.–13.	Wien Musikverein	Carissimi *Jephta* / Verdi: *Quattro pezzi sacri* Dir.: Argeo Quadri
Dezember Januar 1977	14.–22.	Salzburg Aufnahme/Konzert	Mozart: *Mitridate* Dir.: Leopold Hager
	30.	Washington D. C.	
	31.	New York City	
Februar	1.	Wilmington (Delaware)	
	2.	Charlottesville (Virginia)	Tournee
	3.	Winston-Salem	mit dem Chor der
	4.	Ralleigh	St. Hedwigskathedrale,
	5.	(North Carolina)	Berlin.
	7.	Atlanta (Georgia)	Dir.: Roland Bader
	8.	Birmingham (Alabama)	
	11.	Delaware (Ohio)	Bach: *Magnificat*;
	12.	Toledo (Ohio)	Kantate BWV 191
	13.	Bloomington (Indiana)	Mozart: c-Moll-Messe,

106 Die Aufstellung gab mir Wolfgang Fahrenholtz bei unserem persönlichen Treffen im August 2011 in Würzburg..

	14.	Holland (Michigan)	KV 427; Krönungs-
	15.	Cicago (Illinois)	Messe, KV 317;
	16.	Peoria (Illinois)	*Vesperae solennes de*
	17.	Madison (Wisconsin)	*confessore*, KV 339
	18.	Oshkosk (Wisconsin)	
	19.	Wheaton (Illinois)	
März	11.–16.	Graz Musikverein	Bach: *Matthäus-Passion*
		Zwei Konzerte	Dir.: Miltiades Caridis
	18.	Viersen	Bach:
	19.	Leverkusen	*h-Moll-Messe*
	20.	Duisburg	Stuttgarter
	25.	Stuttgart	Konzertvereinigung
	26.	Zürich	Dir.: Helmuth Rilling
	27.	München	
	28.	Frankfurt-Höchst	
April	14.	St. Pölten	Liederabend
			Pianist: Erik Werba
	15.–24.	Stuttgart	Bach: *h-Moll-Messe*
		Plattenaufnahme	div. Kantaten
	25.–27.	Paris	Liederabend
		Aufnahme	Pianist: Erik Werba
		Radio France	
Mai	1.–7.	Dresden	Schumann-Lieder
		Plattenaufnahme	Pianist: Walter Olbertz
	8.–15.	Florenz	Mozart-Konzertarien
		Drei Konzerte	Dir.: Riccardo Muti
	18.–21.	St. Pölten	Haydn: *Jahreszeiten*
	19./20.	Zwei Konzerte	Dir.: Emil Lafite
	22.–24.	Stuttgart	Johann Christian Bach:
		Schallplattenaufnahme	*Dies irae*
			Dir.: Helmuth Rilling
	24.–28.	Mainz	Mozart: c-Moll-Messe
		Rundfunkaufnahme	KV 427
		des SWF	Dir.: Diethard Hellmann
	29./30.	Wiener Festwochen	Liederabend
Juni	1.–4.	Salzburg/Gr. Festspielhaus	Honegger:
		Zwei Konzerte	*König David*
			Dir.: Matthias Büchel

	21.–25.	Saarbrücken Rundfunkproduktion des Saarländischen Rundfunks	Haydn: Opernarien aus *Orlando paladino* Dir.: Günter Kehr
	27.–30.	Berlin	Proben für Ossiach
Juli	1.–7.	Ossiach „Carinth. Sommer" Zwei Konzerte	Mozart: *Betulia liberata*, KV 118 Dir.: Karl Hochreither
	8.–10.	Krems	Mozart: *Requiem*
	22.–25.	Ottobeuren Stiftskirche	Haydn: *Schöpfung* Dir.: Karl Richter
August	8.–27.	Salzburg: Mozarteum	Meisterkurs für Liedinterpretation
	28.–31.	Stuttgart	Brahms: *Requiem* Dir.: Helmuth Rilling

Obwohl das Konzertfach von nun an absolut vorherrschend im Terminkalender war, boten sich doch immer wieder lukrative Angebote für Opernproduktionen an; so eine Inszenierung von Mozarts *La Clemenza di Tito* im Rahmen der *Wiener Festwochen*, die am 24. Mai 1976 im Theater an der Wien Premiere hatte und sowohl von der nationalen wie auch internationalen Presse stürmisch gefeiert wurde – wenn man die Besetzungsliste liest, so verwundert das mitnichten: In der Titelpartie war Werner Hollweg zu hören; Edda Moser gab eine fulminante Vitellia; Teresa Berganza wurde in der Rolle des Sextus vom Publikum zur Lieblingssängerin gekürt; Ilse Gramatzki sang den Annius und der junge Kurt Rydl einen beeindruckend virilen Publius. Julius Rudel leitete vom Cembalo aus den Akademie-Kammerchor und die Wiener Symphoniker. Die traditionelle und prachtvolle Inszenierung stammte von Frederik Mirdita. Arleen Auger sang ihre erste Servilia.

In Florenz kam es im Mai 1976 zur ersten Zusammenarbeit mit einem der ganz großen Dirigenten, mit dem sie in den folgenden 15 Jahren immer wieder regelmäßig Konzerte und Plattenaufnahmen machen sollte: Riccardo Muti. Er war seit 1973 musikalischer Leiter des berühmten Festivals *Maggio musicale Fiorenze*. Und dort fand auch ihr erstes gemeinsames Projekt mit Mozart-Konzertarien statt. Bei den Proben stand Muti die ganze Zeit schief in der Hüfte, den Blick gebannt auf die Sängerin gerichtet und lauschte ihrem Gesang beinahe manisch. Auf die Frage ihres Agenten, ob etwas nicht in Ordnung sei, erwiderte er: „Doch, ich lerne gerade von der Auger, wie man Mozart musiziert!"[107]

---

107 Diese Geschichte erzählte mir Wolfgang Fahrenholtz.

Arleen Auger als Servillia und Werner Hollweg als Titus in Mozarts *La Clemenza di Tito* 1976 in Wien
(Photo: unbekannt/Celia Novo)

Bei den Aufnahmen zu *Carmina Burana* von Carl Orff in London 1979 (Photo: Clive Barda)

1979 spielte sie mit ihm in London die *Carmina burana* ein. Ein biegsameres, mädchenhafteres und jungfräulicheres „Dulcissime" ist vielleicht nie mehr auf Platte gebannt worden.

Zum vierten Mal in Folge wurde sie im Januar 1977 zur *Salzburger Mozartwoche* eingeladen. Diesmal für die Erarbeitung einer Oper, die sie bereits fünf Jahre zuvor bei den *Salzburger Festspielen* auf der Bühne gesungen hatte, nämlich Mozarts *Mitridate, Rè di Ponto*. Allerdings sang sie damals in der szenischen Realisation in der Felsenreitschule die Rolle des Sifare und jetzt bei der konzertanten Aufführung die Aspasia.

Um sie herum gab es im vierten Jahr des Mozart-Projekts einige Neuzugänge: Edita Gruberova, Ileana Cotrubas und die Tenöre Werner Hollweg und der ganz junge David Kübler hatten sich zur internationalen Mozart-Riege dazugesellt. Agnes Baltsa, die schon 1976 mit dabei war, sang den Farnace.

Die Pressemeinungen legen wieder beredtes Zeugnis von Augers außerordentlichen Qualitäten als Aspasia ab. So schreibt Ingo Rickl im *Neuen Volksblatt* Nr. 18:

„Arleen Auger sei als erste genannt: Mit unübertrefflichem Ausdruck der Empfindungen sang sie die mit den schönsten Arien versehene Partie der Aspasia."

Und im *Salzburger Tagblatt* ist zu lesen:

„Arleen Auger, die mit der Partie der Aspasia die vielleicht glaubhaftest durchgezeichnete, menschlich anrührendste Figur der Oper übernommen hatte, erwies sich einmal mehr als Vertreterin eines aufs höchste sublimierten Mozart-Stils. Ihre Gestaltung nahm die lyrisch-dramatische Spannweite späterer großer Mozart-Rollen vorweg."

N. Schaffer krönt sie in der *Salzburger Volkszeitung* vom 25. Januar 1977 regelrecht:

„Wenig Zweifel dürfte darüber bestehen, dass Arleen Auger als Aspasia nicht nur die Königskrone des Abends gehörte. Neben ihrer traumsicheren und weichen Platzierung der Koloraturen machte auch das völlige Aufgehen im musikalischen Ausdruck diesen Vorzug aus."

Klaus Linnert im *Münchner Merkur* vom 24. Januar 1977 bemerkt:

„Arleen Auger, stimmlich in Hochform, erfüllte die von Mozart hörbar bevorzugte Partie der Aspasia mit einer Unmittelbarkeit, die ebenso spontan aufs Publikum wirkte."

Hans Heinz Stuckenschmidt in der FAZ vom 27. Januar 1977:

„An vollendeter Singkunst war Arleen Auger der Stern des Abends. Sie sang Aspasia, die auch von Sifare geliebte Braut des todgeweihten Königs, mit einem Glanz der Koloratur, einem Ebenmaß der Triller und obendrein einer Musikalität und Ausdruckskraft ohnegleichen. Die düstere Pracht ihrer Es-Dur-Cavatine ‚Ah, ben ne fui presaga' im Schlussakt wird man nicht vergessen."

Arleen Auger als Marzelline in Beethovens *Fidelio* an der MET 1978
(Photo: unbekannt/Celia Novo)

Im Oktober 1978 stand das längst überfällige Debüt an der Metropolitan Opera in New York an. Wieder einmal war Karl Böhm die treibende Kraft gewesen. Der 84jährige hatte sie nach mehrjähriger Pause wieder für eine Rolle gefragt – und zwar für die Marzelline in Beethovens *Fidelio*. Die gesamte Besetzung war ein Traum: Die Titelpartie verkörperte Hildegard Behrens, James King sang den Florestan, Kurt Moll den Rocco, Pizarro war Siegmund Nimsgern und Bernd Weikl sang Don Fernando. Die Inszenierung stammte von Otto Schenk. Die Premiere war am 2. Oktober 1978 – es folgten drei weitere Vorstellungen.

Die Besprechung des Ereignisses in der *City News* vom 4. Oktober 1978 gebärdet sich typisch amerikanisch:

„Die ziemlich mollige Physis der amerikanischen Sopranistin Arleen Augers steht im Widerspruch zur naiven Rolle der Marzelline, wogegen ihre klare Stimme es so ganz und gar nicht tut. Die ihre ist sicherlich eine der angenehmsten weit und breit."[108]

Diese Bemerkung zeigt wieder mal den dominierenden Status der Äußerlichkeit in der Wahrnehmung der Amerikaner, verdeutlicht aber zugleich auch ein Grundproblem Arleen Augers als Opernsängerin, auf das auch Siegmund Nimsgern hinwies: Auf der Bühne wirkte sie fraulich, ja mitunter sogar matronenhaft, aber ihre helle schlanke Stimme klang extrem mädchenhaft. Dieser Konflikt spitzte sich mit zunehmendem Alter der Sängerin naturgemäß noch zu.

Im Zusammenhang mit dieser New Yorker *Fidelio*-Produktion ist ein Erlebnis mit ihrer Agentin vom Columbia Artists Management Inc. (CAMI) von Belang. Diese Agentur war für Arleen Augers Engagements in den Vereinigten Staaten zuständig – oder genauer: sollte dafür zuständig sein. Die Unzufriedenheit der Sopranistin mit dieser renommierten amerikanischen Agentur schwelte jedoch schon seit längerem und wuchs kontinuierlich, da ihr im Vorfeld alles Mögliche versprochen worden war, aber nichts davon eingehalten wurde. Nur sporadisch kamen Konzerte zustande, die allerdings meist so gering honoriert waren, dass sie noch nicht einmal die Kosten für Flug und Unterbringung deckten. Aber selbst das nahm sie auf sich, in der Hoffnung, dass sich dadurch eventuell neue Aufträge ergeben würden.[109] Des weiteren strich diese Agentur eine satte Provision von 25% ein und stellte zudem jedes Fax und jede Briefmarke in Rechnung, ohne jedoch Durchschläge der Briefe anzufertigen, um dadurch eine Nachprüfbarkeit des tatsächlich Geleisteten zu ermöglichen. Und das Absurdeste war, dass, wenn man um Aufnahme in die Agentur bat, die erste Frage lautete: „Welche Engagements bringen sie mit?"[110]

Nun stand also das MET-Debüt bevor; für jeden Sänger ein Meilenstein innerhalb seiner Karriere, denn die MET gilt bis heute als das bedeutendste Opernhaus der Welt. Aber Augers Agentin Nelly Walters von Columbia Artists in New York zeigte keinerlei Initiative, sie diesbezüglich zu kontaktieren. Eines Tages traf die Sopranistin die Dame zufällig auf offener Straße, diese erkannte sie aber nicht einmal. Damit war für sie augenblicklich klar: Das bedeutete das sofortige Ende des Arbeitsverhältnisses!

Der Vertrag mit Columbia wurde augenblicklich gelöst. Arleen Auger ging mit diesem für ihr Empfinden skandalösen Vorfall an die Presse[111] und hat damit ihre ehemalige Agentur nicht gerade vorteilhaft dastehen lassen.

---

108 Bill Zakariasen: „Met's ‚Fidelio' Has Some Real Fascination", in: City News, 4. Oktober 1978.

109 Joseph McLellan: Anm. s. o.

110 Diese Informationen lieferte Wolfgang Fahrenholtz bei unserem persönlichen Treffen in Würzburg im August 2011.

111 In Interviews mit folgenden Zeitungen hat Arleen Auger diesen Skandal erwähnt: Connoisseur, Januar 1986, Maclean's – Canadians Weekly Newsmagazine, 8. Dezember 1986.

Arleen Auger mit ihrer Meisterschülerin Tsuyako Mitsui, Salzburg 1976 (Photo: Tsuyako Mitsui)

Die Professorin Arleen Auger im Kreis ihrer Schülerinnen in Frankfurt (Photo: Rainer Hoffmann)

Die vier *Fidelio*-Vorstellungen im Oktober 1978 an der MET blieben singulär. Zwar hatte man sie gleich im Anschluss gefragt, ob sie die Rolle in der Saison darauf noch einmal übernehmen würde, aber die Verantwortlichen konnten ihr nicht garantieren, ob Karl Böhm wieder dirigieren würde. „Ich habe nicht gefühlt, zu solch einem vagen Angebot ja sagen zu können. Wie sich nämlich herausstellte, dirigierte er nicht."[112]

Zwei Jahre später erging eine erneute Anfrage bezüglich der Konstanze an sie, was dann aber im Laufe der Verhandlungen zu einer Art Ersatz-Doppelbesetzung geschrumpft wurde. Aber zu diesen Konditionen war sie nicht gewillt aufzutreten. Denn schließlich hatte sie die Partie für die Deutsche Grammophon unter Karl Böhm eingespielt und an der Wiener Staatsoper mehrfach gesungen. Als Edel-Cover taugte sie damit in ihren Augen nicht mehr.[113]

Da konzentrierte sie sich doch lieber auf Deutschland und erschloss sich hier ein neues Terrain: Neben der Arbeit an der Bach-Akademie trat nämlich eine weitere Tätigkeit ins Zentrum ihres Wirkens: das Unterrichten. Auf Empfehlung Rillings und auf Wunsch des damaligen Direktors der Frankfurter Musikhochschule, Hans-Dieter Resch, wurde sie – übrigens als erste Amerikanerin – 1978 für eine Gesangs-Professur an der Frankfurter Musikhochschule vorgeschlagen. Zuerst zierte sie sich. Die Aufgabe schien ihr zu groß und aufgrund der vielen Engagements fürchtete sie ihrer Unterrichtspflicht nicht genügend nachkommen zu können. Doch schließlich willigte sie ein.[114]

Hans Dieter Resch sagt dazu:

> „Die Möglichkeit, Frau Auger an die Hochschule zu verpflichten, schien mir sehr interessant, obwohl sie damals in Deutschland noch nicht so bekannt wie später war. Die Gremien der Hochschule folgten problemlos meinem Vorschlag.
>
> Nun galt es zunächst eine Klasse aufzubauen, was eine längere Zeit in Anspruch nahm, und deshalb galt für die ersten beiden Jahre eine eingeschränkte Lehrtätigkeit."

Wie ihre Schülerin Laetitia Cropp erzählte, verbreitete sich die Nachricht, dass sie in Frankfurt Professorin werden würde, in Studentenkreisen wie ein Lauffeuer, und der Beginn ihrer Unterrichtstätigkeit wurde mit Spannung erwartet. Sie erntete ungeheure Vorschusslorbeeren, und so überstieg die Zahl der Anwärter, die bei ihr studieren wollten, bei den Aufnahmeprüfungen bald bei weitem die Kapazität der vorhandenen Studienplätze.

Allerdings war ihre Professur schwerpunktmäßig auf Lied und Oratorium ausgerichtet, und damit kämpfte sie am eher auf Oper ausgelegten Frankfurter Ausbildungsinstitut schon von vornherein auf verlorenem Posten.

Fachlich konnte sie die Stelle mühelos ausfüllen, die Klasse wuchs rasch, ihr Ruf als exzellente Lehrerin verbreitete sich in Windeseile. Aber wie zu erwarten war, entpupp-

---

112 Susan Elliott: „America Is Discovering One of Ist Own", in: The New York Times, 25. Februar 1990.
113 Susan Elliott, 1990: Anm. s. o.
114 Wolfgang Fahrenholtz berichtete über diese inneren Kämpfe.

ten sich die vielen Auslandsengagements zunehmend als Problem. Denn mit diesen wurden Phasen längerer Abwesenheit unabdingbar; nicht jeder Student konnte damit umgehen. Arleen Auger hatte zu dem Zweck gleich von Anfang an eine Assistentin engagiert, die auch von ihr honoriert wurde: Tsuyako Mitsui. Diese hatte 1974 ihren Meisterkurs in Salzburg besucht, und zwischen den beiden Frauen bestand sofort eine tiefe Verbindung. Tsuyako Mitsui kontrollierte während ihrer Abwesenheit die Schüler und führte den Unterricht in ihrem Sinne fort. Manche Studenten kamen damit jedoch nicht zurecht und schwärzten ihre Professorin bei der Hochschulleitung an, sie käme ihrer Unterrichtsverpflichtung nicht gebührend nach. Geschürt wurde diese üble Nachrede noch von den beiden prominenten Kollegen Arleen Augers, Elsa Cavelti und Martin Gründler,[115] die beide nicht mehr aktiv sangen und sich ganz aufs Unterrichten konzentrieren konnten. Von den beiden Kollegen wurde nur wahrgenommen: „Die Auger ist ja nie da!" Und so entstand schlechte Stimmung im Kollegium.

Was jedoch kaum jemand wusste: Da man ihr in der Hochschule ein dunkles und überakustisches Zimmer zum Hinterhof hin zugeteilt hatte und sie gerne in entspannter Atmosphäre und nicht im hektischen Getriebe einer Hochschule arbeitete, gab sie ihren Unterricht lieber bei sich zu Hause im Öder Weg, der nur einen Steinwurf weit weg von der Hochschule gelegen war. Dort hatte sie sogar die Wohnung über der ihrigen für Tsuyako Mitsui angemietet. Dorthin kamen die Studenten des Öfteren und blieben sogar zum Essen.

Hans Dieter Resch gestand:

„Ich hatte die Aufgabe, Frau Auger stets zu beschützen und zu erklären, dass ihr Unterricht völlig korrekt verlaufe, aber für niemanden sichtbar. Das war des Pudels Kern. Ich versuchte zu vermitteln, Rilling tat gleiches, aber mit zunehmenden auswärtigen Verpflichtungen von Frau Auger wurde das Zusammenwirken immer komplizierter. Trotz aller Bemühungen von mir und der Hochschule und allem Verständnis für die liebenswerte Kollegin wurde die Situation immer prekärer. Inzwischen gab es auch Wechsel von Studentinnen, die sich nicht ausreichend von Frau Auger betreut fühlten."

Der Pianist Rainer Hoffmann, mit dem sie damals begann, die Liedklasse aufzubauen, wusste noch von einer anderen Sache zu berichten, die ihrem Ruf an der Hochschule nicht unbedingt zuträglich war: Weil sie ein so optimistischer Mensch war, schien es ihr unvorstellbar, dass aus so manch gutaussehender Frau mit dem Wunsch zu singen einfach keine passable Stimme herauszukitzeln war. Und so hat sie sich mit all ihrem Können und all ihrem Engagement auf diese von anderen Lehrern bereits als untalentiert oder zumindest nicht ausreichend begabt „abgelegten" Damen gestürzt und musste dann allerdings oft nach einiger Zeit ernüchtert erkennen, dass wirklich nicht mehr drin war und dass auch sie sich vor den von der Natur gegebenen Grenzen hinsichtlich

---

115 Elsa Cavelti und Martin Gründler waren die Lehrerin so erfolgreicher Schüler wie Christian Elsner, Johann Martin Kränzle, Christoph Pregardien, Wolfgang Schmidt, Gabriele Schnaut und Ruth Ziesack.

Stimm-Material, Musikalität, Intelligenz, Körperbewusstsein oder menschlich-emotionaler Reife bei den Damen geschlagen geben musste.

Aber auch die Erwartungshaltung der Studenten war überzogen, vor allem, was die Erwartungen bezüglich Beförderung der eigenen Karriere anbelangte. Es stellte sich nämlich heraus, dass so mancher sie nicht als Lehrerin gewählt hatte, um singen zu lernen – das höchstens im Nebeneffekt –, sondern weil er sich von ihr primär gute Verbindungen zu wichtigen Leuten in der Branche erhoffte und dachte, die prominente Sängerin würde auf diese Weise seine Karriere befördern. Doch damit hatten die Betreffenden sich verrechnet. Von Anfang stellte Arleen Auger klar, dass sie ausschließlich als Gesangslehrerin tätig sein würde:

> „Ich unterrichte Sie, so gut ich kann, aber beruflich werde ich Ihnen keine Hilfestellung geben. Ihr jungen Sänger seid mir arg dicht auf den Fersen. Beruflich sind Sie auf sich allein gestellt."

Diese Aussage musste sich nach eigenem Bekunden sogar 1984 eine Studentin anhören, die für ein Jahr nach Frankfurt gekommen war, um dort mit der Auger schwerpunktmäßig deutsches Lied zu studieren: Renee Fleming.[116]

Die Unzufriedenheit mit dem deutschen Hochschul-System und seinem fragwürdigen Schubladendenken wuchs in ihr zunehmend:

> „Ich habe in Frankfurt an der Hochschule gemerkt, dass die Mentalität vorherrschte, aber auch das Schulsystem schon so angelegt war, dass man entweder in die Opernklasse kam – und das war vorteilhaft – oder, wenn man nicht dahin passte oder es einem nicht erlaubt wurde, dann ging man, um an der Hochschule bleiben zu können, in das Konzertfach. Und das finde ich absolut falsch!"[117]

Konzertfach und Lied als Notlösung, weil es für die Opernklasse nicht reichte – damit musste sie sich als Professorin für genau diese Genres automatisch zurückgesetzt und diskreditiert fühlen. Außerdem empfand sie diese frühzeitige Beschneidung ihrer Studenten hinsichtlich des Repertoires bereits in den ersten Semestern als ein Unding – vor allem, da sie selbst allen vorlebte, dass es möglich war, viele Stile zu beherrschen und vor keinem Genre Berührungsängste zu haben.

Trotz aller kritischen Distanz zur Struktur der Musikhochschule an sich war sie, wenn sie in Frankfurt war, für ihre Schüler voll und ganz präsent. Ein bald schon gewohntes Bild bot sich, wenn Arleen Auger direkt vom Flughafen mit dem Taxi zur Hochschule kam und zwei schwere Koffer aus dem Kofferraum wuchtete. Der eine Koffer war voll mit Winter- und der andere mit Sommerbekleidung. Beide wurden beim Pförtner deponiert, ehe es schnurstracks zu ihrem Unterrichtsraum ging, vor dem oft schon mehrere ihrer Studenten auf sie warteten. Und dann unterrichtete sie nach anstrengender Reise noch sechs bis sieben Stunden voll konzentriert und hingebungsvoll.

---

116 Renee Fleming: Die Biographie meiner Stimme, Berlin 2005, S. 69.
117 Barbara Stein: Anm. s. o.

Ab 1984 hatte sie nur noch eine einzige Schülerin, Atsuko Suzuki. Damit diese für ihr Konzertexamen nicht zu einem anderen Lehrer wechseln musste, sagte sie ihr: „Du brauchst keine Angst zu haben, ich bin für dich da." Aus Verantwortungsgefühl für diese Schülerin blieb sie der Hochschule daher noch bis 1987 verbunden, obwohl ihre Nachfolgerin ihre Arbeit schon längst aufgenommen hatte.[118]

1979 fand die erste „Internationale Sommerakademie" in Stuttgart statt, bei der sie einen Meisterkurs gab, und das in den Folgejahren beinahe durchgehend bis 1987. Der Institution des Meisterkurses konnte sie als Lehrende viel abgewinnen, aber einer Professur samt der damit verbundenen Bürokratie einer Hochschule nach dem Debakel von Frankfurt nichts mehr.

Vielleicht hatte sie anlässlich des MET-Debüts Blut geleckt, vielleicht war es auch ein gewisser Nationalstolz – welche Motive hier auch immer vorgelegen haben mögen, jedenfalls bedauerte sie es zunehmend, bis dahin so selten in Amerika aufgetreten zu sein, und versuchte diesen – in ihren Augen – Makel zu ändern. Ein wichtiger Kontakt, der ihre Bemühungen dahingehend befördern sollte, waren die Konzerte beim *Oregon Bach Festival* in Eugene. Dieses Musikfest war 1970 von Helmuth Rilling und Royce Saltzman ins Leben gerufen worden, um dort mit begabten Studenten geistliches Repertoire in einem komprimierten Zeitfenster von 14 Tagen zu erarbeiten und aufzuführen. Hier konnte jeder Teilnehmer – ob Chorsänger, Solist, Instrumentalist oder Dirigent – die Proben amerikanisch lässig in Jeans und Birkenstock-Sandalen absolvieren, die Frauen ohne Make-up und mit offenem Haar.

Die Vorzüge des Festivals fasste Rilling schwäbisch knapp in die Formel: „Das beste an diesem Festival ist seine Atmosphäre ... persönlich, unkompliziert, unproblematisch, freundlich."[119]

Michèle Friedman, die damals Kursteilnehmerin in Eugene war, erzählt:

„Das Oregon Bach Festival war wahrlich eine ‚familiäre Angelegenheit', bei der jeder vom Orchester, Chor, den Solisten und Rilling sich jeden Abend in der ‚Pizzaria Parlor' trafen. Arleen war dort immer sehr entspannt und fröhlich. Sie war frei von jeglichen Diva-Allüren; sie wollte einfach nur ein Stück Pizza und sich dabei gut amüsieren."

Im Juli 1978 war Arleen Auger dort mit Rilling und den Gächingern zum ersten Mal zu Gast, um die *Matthäus-Passion* mit Studenten zu erarbeiten und selbst aufzuführen. Alan Rich, der Kritiker vom *New York Magazine*, fasste ihr Debüt in den Satz:

„Ihr ‚Aus Liebe will mein Heiland sterben' zählt zu den größten gesanglichen Erlebnissen meines kurzen Lebens."[120]

---

118 Diese Informationen gab mir Atsuko Suzuki, die seit vielen Jahren im Chor des BR singt, in einem Telefoninterview vom 21. Dezember 2011.
119 oregonbachfestival.com/2010/05/1978.
120 Ebenda.

Nicht nur die USA wurde von Rilling als Tournee-Ziel angesteuert. 1979 gab es gleich zwei große Tourneen mit anderen Zielen: Die erste startete aus Anlass des 25-jährigen Bestehens der Gächinger Kantorei am 30. Dezember 1978 mit einem Konzert in Stuttgart und ging über Alaska bis nach Japan, wo in sieben großen Städten des Landes konzertiert wurde. Im Gepäck hatte man Bachs Kantate BWV 21, die *Matthäus-Passion*, die *Schäfer-Kantate* BWV 249a, Mozarts *Requiem* und Haydns *Jahreszeiten*. Da Arleen Auger in all diesen Werken als Solistin mitwirkte, bedeutete das für sie 13 Konzerte in 22 Tagen mit fünf verschiedenen Werken in neun unterschiedlichen Städten auf drei Kontinenten. Aber solch ein Pensum absolvierte sie mit der ihr wesenseigenen Konzentration auf das zu Tuende und der Unterstützung ihres Mannes, der so gut wie irgend möglich jegliche Störfaktoren ausschaltete oder von ihr fernhielt.

Die zweite Tournee war eine reine Israel-Tournee mit der Frankfurter Kantorei und dem Israel Philharmonic Orchestra im April 1979. Im Gepäck hatte Rilling Bachs *h-Moll-Messe* und das *Deutsche Requiem* von Brahms. Stationen der Reise waren Tel Aviv, Jerusalem, Haifa und das Festival im Kibbuz Ein Gev. Wolfgang Schöne, der ihr Bariton-Kollege im *Deutschen Requiem* war, gab zu Protokoll:

> „Auf der Israel-Tournee waren wir alle im Gästehaus von Israel Philharmonic untergebracht. Jeden Morgen zum Frühstück stießen Arleen und Wolfgang relativ spät zu uns. Arleen mit einer Bass-Stimme. Es war kaum vorstellbar, dass diese Stimme dann abends so silberhell h-Moll-Messe oder Ähnliches singen könnte. Sie sagte mir, dass das jedes Mal einen langen Einsingprozess erfordere. Dergleichen habe ich nie von einer anderen Sopranistin erlebt!"

Beim *Oregon Bach Festival* 1980 kam es zur Begegnung mit einer Person, die für die weitere Zukunft Arleen Augers eine zentrale Rolle spielen sollte: Blanche Honegger Moyse, die Direktorin des *New England Bach Festivals*. Diese kleine agile Frau, die erst 2011 im Alter von 101 gestorben ist, kann getrost als die weibliche Helmuth Rilling Amerikas bezeichnet werden. In ihrem Geburtsland, der Schweiz, zur Geigerin ausgebildet, lebte sie als junge Frau im Haushalt des Geigers Adolph Busch, eines bedeutenden Kammermusikers der 1920er- und 1930er-Jahre und Bruders des großen Dirigenten Fritz Busch. Dort lernte sie den jungen Pianisten Rudolph Serkin kennen. Sie ehelichte den Pianisten Louis Moyse und wurde so die Schwiegertochter des legendären Flötisten Marcel Moyse, der ebenso wie sie ein biblisches Alter von 95 erreichte. Mit all diesen Koryphäen reist sie jahrelang als Geigerin konzertierend quer durch Europa. Nach dem Zweiten Weltkrieg gründete sie mit Serkin das *Marlboro Festival* und unterrichtete am dortigen College und am Brattleboro Music Center, welches 1951 gegründet worden war. 1966 zwangen sie massive gesundheitliche Probleme mit ihrem Bogenarm, das Geigespielen aufzugeben. Dies stürzte sie in eine so tiefe Krise, dass sie dachte, ihr Leben habe nun keinen Sinn mehr. An diesem Wendepunkt ihres Lebens fand sie in der Musik Johann Sebastian Bachs den entscheidenden Trost. Später sagte sie gegenüber dem New Yorker Kritiker Greg Sandow, dass Bachs Musik für sie den

„größten Wert der Menschheit"[121] darstellt und sie sich angesichts von deren Größe „bescheiden, ja fast schon beschämt fühle".[122]

Aus diesem tiefen Gefühl der Dankbarkeit heraus hatte sie 1969 das Bach-Festival in Vermont ins Leben gerufen, das sich alljährlich über vier Wochen erstreckt. Und in diesem einen Monat befand sich die ganze Kleinstadt wahrlich in einem Bach-Taumel. Die anreisenden Musiker und Solisten wurden stürmisch begrüßt, und jeder wartete nur mit klopfendem Herzen, sie endlich spielen und singen zu hören. Jeder ihrer Töne wurde gefeiert. Für vier Wochen breitete sich ein Feld von Euphorie und Miteinander aus, und Blanche Moyse war der Motor des Ganzen. Ihr Idealismus und ihre Energie waren ungeheuer ansteckend und verehrungswürdig. Vor allem, weil sie es schaffte, ihre Laiensänger so zu euphorisieren, dass sie aus der Tiefe ihrer Seele sangen.

Nach jahrzehntelanger Tätigkeit als Geigerin war sie binnen weniger Jahre zu einer der führenden Dirigentinnen, Festival-Organisatorinnen und Leitfiguren bezüglich der Bach-Pflege in Amerika avanciert. Hierzu sagte sie schicksalsergeben: „Ich musste meinen Weg auf *meine* Art und Weise beschreiten."[123]

1993 erinnert sich Blanche Moyse in einem Radio-Interview, wie sie Arleen Auger 1980 das erste Mal auf dem Podium des *Oregon Bach Festival* als Solistin in der *Matthäus-Passion* unter Helmuth Rilling erlebt hat:

> „Sie sah in ihrem Auftreten aus wie eine typisch deutsche Hausfrau: streng. Und dann öffnete sie ihren Mund und sang ‚Aus Liebe' (ich kam erst dann hinzu und kann mich nicht erinnern, die ersten Arien gehört zu haben). Und das hat mich aus den Schuhen gehauen; ich war komplett verblüfft, ich war außer mir, ich hatte so etwas noch nie gehört: Das war das schönste ‚Aus Liebe', was ich je gehört habe. Und danach ging ich zu ihr und fragte sie: ‚Könnten Sie sich vorstellen, bei uns zu singen? Ich leite ein kleines Bach-Festival in Vermont.' Und sie schaute mich an, ich bin sehr klein, sie war viel größer als ich, sie schaute auf mich und ich fürchtete, sie dachte: ‚Was will diese kleine, alte Frau von mir? Was hat sie vor?' Aber sie war sehr nett und benahm sich überhaupt nicht herablassend, es war nur mein Gefühl. Und sie sagte sehr freundlich: ‚Aber selbstverständlich!' und erklärte sich bereit zu kommen."[124]

Obwohl dieses Festival in Vermont mit Brattleboro als Zentrum der Konzerte etwas für Bach-Spezialisten ist und zum Aufpolieren der Karriere auf den ersten Blick nicht sonderlich ertragreich, hat Arleen Auger mit Begeisterung bis 1990 beinahe jedes Jahr dort gesungen, denn – wie sie sagte: „Sie sind dort daran interessiert, Musik zu machen, und das tun sie auf die richtige Art und Weise!"[125]

---

121 Greg Sandow: „The Passionate Conductor", in: Wall Street Journal, 5. November 1984.
122 Ebenda.
123 Ebenda.
124 Auf der CD „Augér, Arleen: Compilation – live. Recitals and interviews 1990–1993", bei: House of Opera.
125 Joseph McLellan: Anm. s. o.

Blanche Moyse hatte in der kalifornischen Sopranistin hinsichtlich der Identifikation mit Bachs Musik und deren spiritueller Botschaft eine Art Seelengefährtin gefunden. Die Flötistin des Bach-Festivals, Susan Rotholz, bemerkt:

„Blanche war ihr größter Bewunderer. Sie war entzückt von Arleens Stimme und vor allem ihrer spirituellen Verbindung zu Bach, welcher den zentralen Fokus ihres späteren Lebens bildete. Arleens natürliches, bewegtes inneres Drama und ihre Verbindung zu der Bedeutung ihrer Arien und zur Musik entsprachen der von Blanche und darum der von Bach. Jene zu finden, die deine Zuneigung und Auffassung von der Wahrheit der Musik verstehen, ist wie einen Partner zu finden, der Signale und Blicke lesen und eine gemeinsame Sprache verstehen kann.“[126]

1980 brachte Blanche Moyse Charles Hamlen nach Oregon mit. Dieser hatte gerade im Vorjahr zusammen mit Edna Landau eine eigene Agentur eröffnet, in der er wenige, aber dafür umso außergewöhnliche Künstlerpersönlichkeiten wie Kiri te Kanawa, Ithzak Perlman und den Flötisten James Galway förderte. Nach dem Konzert nahm er Arleen Auger sofort unter Vertrag und wurde damit zum zentralen Wegbereiter ihrer amerikanischen Karriere. Da das Duo Hamlen/Landau, das sich später in New York zu IMG (International Management Group) ausweiten sollte, nur wenige exklusive Künstler unter Vertrag hatte, konnte es sich mit voller Energie in die Arbeit stürzen; daher sollte die Karriere Arleen Augers in den USA schon bald ins Rollen kommen.

Mary Lou Falcone, Augers neue Pressesprecherin, erinnert sich an die erste Begegnung mit der Sängerin: Arleen Auger rauschte in vollem Diva-Ornat mit Brillant-Ohrringen in ihr Büro. Sie hatte sich ausstaffiert, als ob sie zum Angriff auf die ganze amerikanische Musikbranche blasen wolle. Aber angesichts ihres noch niedrigen Bekanntheitsgrads in Amerika vermochte Mary Lou Falcone sie davon zu überzeugen, einen natürlicheren Präsentationsstil zu wählen, der zudem viel mehr ihrer Persönlichkeit entsprach.[127]

Bei einem der Konzerte des *Oregon Bach-Festivals* versetzte Auger allerdings nicht nur Kritiker und Fachleute in Euphorie, sondern es ereignete sich auch eine in anderer Hinsicht denkbare Begegnung: Wie Helmuth Rilling berichtete, waren die Eltern von Arleen Auger extra nach Eugene angereist, um ihre Tochter singen zu hören. Nach dem Konzert kam die Sopranistin zu ihm und bat ihn, mit ihm und nicht mit ihren Eltern weggehen zu dürfen: „Ich möchte gerne noch ein Glas Wein trinken. Aber wenn meine Eltern das sehen, dann denken sie, ich hätte moralisch nun völlig den Tiefpunkt erreicht.“ Diese Konfrontation mit ihrer strengen und moralisch leicht gestrigen Herkunft war eine Wunde, die ihr des öfteren Schmerzen bereitete.

Das Jahr 1981 hielt einige künstlerische Höhepunkte sowie private Niederschläge bereit: Zum einen eröffnete die Alte Oper in Frankfurt wieder und wurde fortan als Kon-

---

126 Dies schrieb mir Susan Rotholz in einem sehr persönlichen Brief vom 5. September 2011.
127 Diese erste Begegnung schilderte mir Mary Lou Falcone in einem Brief vom 19. August 2011.

Die Schöpfung in Wien, 29. März 1982. Von links: Arleen Auger, Gabriele Sima, Peter Schreier,
Walter Berry (verdeckt) und Roland Hermann (Photo: Heinrich Kock/Dr. Alfred Willander)

zertsaal zu einem Fixpunkt im Terminkalender der Bach-Akademie. Und im Mozart-
Saal dieses renommierten Gebäudes im Herzen Frankfurts ist Arleen Auger von der
ersten Stunde an des Öfteren auch als Liedsängerin aufgetreten.

Auch im Ostteil Deutschlands hatte im Oktober ein renommiertes Konzerthaus
seine Pforten wieder eröffnet: das Neue Gewandhaus in Leipzig. Helmuth Rilling
wurde mit seinem Ensemble von oberster Stelle eingeladen, durfte aber auf Geheiß der
Parteiführung keines der großen abendfüllenden Werke aufführen und entschied sich
daher für drei Bach-Kantaten (BWV 36, 63 und 110) und Motetten.

Wie Walter Heldwein, der Bass-Solist dieses Konzerts, berichtete, war die Luft-
hansa-Maschine aus Frankfurt an diesem Tag im Dezember 1981 das einzige Flugzeug
gewesen, das in Leipzig gelandet war, und die Atmosphäre am menschenleeren Flughafen war gespenstisch. Die Stadt selber war so verrußt, dass die Sänger den ganzen Tag
im Hotel blieben, um abends überhaupt noch Stimme zu haben. Bei der Probe schwor
Rilling alle Beteiligten schon auf das ein, was sie abends erwarten würde: Ein inten-
sives und emotional völlig ausgehungertes Publikum. Was aber dann abends in dem
völlig überfüllten Saal geschah, stieß an die Grenze des Beschreibbaren. Walter Heldwein schilderte, wie die Intensität des Publikums sich non-verbal im Konzert übertrug
und dabei solche Dimensionen annahm, dass er das Gefühl hatte, es auf dem Podium
nicht durchstehen zu können. Es war eines der denkwürdigsten Konzerte der Bach-

Akademie, denn die Stuttgarter Chorsänger, Musiker und auch die Solisten zeigten darin den Menschen im Ostteil Deutschlands hier nicht nur, wie man zu dieser Zeit im Westen Bach musizierte, sondern sie waren zuallererst politische Botschafter, die mit ihren bescheidenen Mitteln und Möglichkeiten ein Fenster öffneten und somit einen hochemotionalen Beitrag zur Maueröffnung leisteten. Für Andreas Keller, den damaligen Manager der Bach-Akademie, war das einer der politischen Höhepunkte der Stuttgarter Bach-Institution überhaupt.

Arleen Auger kam angeschlagen angereist, sang das Konzert ohne hörbare Einbußen und hatte danach keine Stimme mehr.

Ende des Jahres 1981 stand ihre Ehe plötzlich vor dem Aus. Am 15. November 1981 trennte sie sich von ihrem langjährigen Weggefährten Wolfgang Fahrenholtz. Nach der gesetzlich vorgeschriebenen Trennungszeit von knapp drei Jahren wurde die Scheidung am 31. März 1984 rechtsgültig.

Wie so oft bei Trennungen, ging das auch in ihrem Fall mit vielen Schmerzen und Verletzungen einher, die sich beide gegenseitig zugefügt hatte. Arleen Auger riet ihren Schülerinnen: „Heirate nie deinen Agenten!", und Wolfgang Fahrenholtz eröffnete um die Ecke seiner einstigen Wohnung trotzig eine neue, ausschließlich Instrumentalisten vorbehaltene Agentur mit dem Vorsatz: „Ich arbeite nie mehr für eine Sängerin!"[128]

Nach etwas zeitlichem Abstand hat sie in einem Interview von 1987 das Scheitern ihrer Ehe wie folgt erklärt:

„Unsere Ehe war zu einer Geschäftsehe verkommen. Ich glaube, es ist für einen Mann sehr schwer, der Partner von jemandem zu sein."[129]

Nach einigen Jahren kam es aber wieder zu einer Annäherung, und Arleen Auger schrieb ihrem Ex-Mann zu Beginn des Jahres 1988:

„Lieber Wolfgang, seit langem wollte ich Dir schreiben. Wir haben uns damals gegenseitig gesagt, dass wir Freunde bleiben wollten und uns Hilfe geben, wenn wir es brauchten. Das können wir nur tun, wenn wir doch Kontakt miteinander halten. [...] Ich wünsche Dir ein glückliches und gesundes neues Jahr und blicke nach vorne, in der Hoffnung bald von Dir zu hören. Das meine ich wirklich ernst."

Doch trotz Trennung und der notwendigen Neuordnung des Privatlebens ging das sängerische Tagesgeschäft weiter; das verschaffte ihr die Ehre, bei zwei großen Jubiläen des Jahres 1982 mitzuwirken: Zum einen wurde in Wien der 250. Geburtstag Joseph Haydns opulent gefeiert. Ende März gab es als einer der Höhepunkte eine Fernsehübertragung inklusive Schallplattenproduktion seiner *Schöpfung* aus eben dem Saal, in dem der Komponist das Werk ein Jahr vor seinem Tod noch selbst gehört hatte: dem Alten Saal der Universität am Ignaz-Seipel-Platz in Wien. Dirigent war Gustav Kuhn, und ihre Sänger-Kollegen waren im Engelsterzett Peter Schreier und Walter Berry. Adam

---

128 Diese Informationen gaben mir zwei Schülerinnen Arleen Augers: Laetitia Cropp und Ursula Fiedler.
129 Marianne Gray: „The mystery voice is back on song...", in: Daily Mail, 5. Mai 1987.

Portraitphoto von Arleen Auger des New Yorker Starphotographen Christian Steiner, 1983

und Eva sangen Gabriele Sima und Roland Hermann. Die komplette Aufführung war historisierend gehalten: Der 38-köpfige Arnold Schönberg Chor und das Collegium aureum auf Originalinstrumenten huldigten einem schlanken und vor allem um Authentizität bemühten klassischen Stil. Die Produktion ist auf DVD zu erwerben und besticht bis heute musikalisch durch ihren ungemeinen Verve und stilistisch um ihr Bestreben, so nah wie möglich an das Erlebnis von 1808 heranzukommen.

Das zweite Jubiläum war das 100-jährige Bestehen der Berliner Philharmoniker, bei dem Arleen Auger beim Festkonzert in der Berliner Philharmonie im Mai 1982 unter Seiji Ozawa Werke von Mozart und Villa-Lobos sang und das Werk *Mon destin* von Alexis Weissenberg zusammen mit Krystian Zimerman und dem Komponisten am Klavier zur Uraufführung brachte.

Trotz aller familiären Geborgenheit, die die Stuttgarter Bach-Akademie und ihre Studenten an der Frankfurter Hochschule ihr spendete, galt es nun nach der Scheidung weiterzuziehen. Denn nach sieben Jahren Dauerpräsenz als Konzert-Sängerin empfand sie das Etikett „Bach" an ihrem Namen für ihre Karriere weniger als Aushängeschild, sondern mehr als Bremse. In Deutschland war sie in den Köpfen der Leute als Bach-Sängerin abgestempelt und unter die Rubrik „Geistliches" abgelegt und damit für alles andere, was sie interessierte und unbedingt singen wollte – wie Oper, Operette und vor allem Lied – gesperrt. Und aus dieser Bach-Schublade wollte und musste sie, wie sie es empfand, unbedingt heraus. Denn je näher das Bach-Jahr 1985 rückte, umso mehr wurde sie für dieses Repertoire gebucht und umso erdrückender empfand sie dieses Stigma.

Außerdem bewegten sich, wie sie ihrem damaligen Pianisten Rainer Hoffmann gestand, ihre Gagen inzwischen in solchen Höhen, dass sie mit *einem* Konzert mehr verdiente als mit ihrer Professur im ganzen Monat. Und vor allem fruchteten allmählich die Bemühungen ihres New Yorker Agenten, und der amerikanische Markt begann sich zu öffnen. Dieses neue Terrain und die sich dort bietenden Möglichkeiten, endlich auch in ihrem Geburtsland aufzutreten, stellten sie allerdings zwangsläufig vor eine schwere Entscheidung: Singen oder Unterrichten – und sie entschied sich für ersteres, und das bedeutete, den letzten Anker, der sie noch in Frankfurt hielt – die Professur an der Hochschule – nach wenigen Jahren wieder aufzugeben. Sie verteilte ihre Schüler in andere Klassen und zog einen Schlussstrich unter dieses Kapitel „Professur". Sie wollte frei sein für die neuen Herausforderungen, die da kommen sollten.

4. Zurück zu den Wurzeln: Amerika

> *„Ich bin glücklich, eine Karriere in Europa gemacht zu haben.*
> *Aber es geht nichts darüber, eine zweite Chance in dem Land*
> *deiner Geburt zu erhalten."* [130]

Mit der neuen Herausforderung, sich nun auch den amerikanischen Musikmarkt zu erschließen, stand Arleen Auger vor keiner leichten Aufgabe, denn das hieß für sie im Grunde, quasi von vorne anzufangen. Denn während sie in Europa bereits seit 15 Jahren eine Berühmtheit war, die mit den führenden Orchestern und Dirigenten konzertierte, so war sie drüben in ihrem Geburtsland ein Niemand – so schien es. Aber ihr neuer Manager Charles Hamlen stieß bei Veranstaltern und Dirigenten auf überraschende Reaktionen, wenn er ihnen die scheinbar unbekannte Arleen Auger anbot: Statt einem aus Unkenntnis erwachsenem „Wer?" erschallte in der Regel ein erstaunt-begeistertes „Sie haben Arleen Auger!"[131]

Förmlich als Eintrittskarte in das amerikanische Musikgeschäft erwiesen sich nämlich ihre inzwischen zahllosen, in Europa produzierten Schallplattenaufnahmen:

> „Als ich zurück nach Amerika kam, habe ich Leute kennen gelernt, die meinen Namen durch ihre Schallplattensammlungen kannten, und das hat mir viele Türen geöffnet."[132]

Einer ihrer ersten Kontakte in Amerika entstand zu dem Vermögens- und Steuerberater Guy P. Novo, der in Hartsdale, einem kleinen Ort von 5 000 Einwohnern in der Nähe von New York, wohnte. Dieser regelte fortan ihre Finanzen und beriet sie in allen steuerlichen Fragen. Die Nähe zur Weltstadt New York war dabei entscheidend. 1990 schätzte sie die Metropole wie folgt ein:

> „Für Sänger, für Musiker in den Vereinigten Staaten ist es wichtig, in New York zu sein, denn fast alle Agenten sind in New York, d. h. man muss um New York herum sein, wenn man einen Agenten finden möchte oder falls man sich öfters mit seinem Agenten treffen muss. Ich muss nicht in New York leben. Ich kann für einen Tag hineinfliegen und mit meinem Agenten geschäftlich alles erledigen oder ich kann die meisten Sachen jetzt per Fax, und Brief und Telefon machen.

---

130 Donna Perlmutter: „Singer keeps her standards high", in: Los Angeles Times, 30. Januar 1986.
131 Heidi Waleson, 1987: Anm. s. o., S. 22.
132 James M. Keller: Anm. s. o., S. 13.

Musikalisch gesehen ist New York nicht mehr der erste und einzige Platz, wo man in den Vereinigten Staaten gute Musik findet. Manchmal findet man doch bessere Musik – je nachdem, von welchem Genre wir sprechen – in anderen Städten. Ich glaube, zur Zeit ist die Oper in New York nicht auf einem hohen Niveau, und gutes Theater wird auch anderswo im Land gemacht. Für das Konzertleben gilt natürlich: Wo immer sich ein großes Orchester befindet, da findet man eine gute Saison – und das war in den Vereinigten Staaten immer eine Hauptsäule unseres Musiklebens. Wir haben manche sehr gute Orchester in Städten außer New York City.

Kammermusik und Liederabende gibt es wie in Europa jetzt dort, wo interessierte Leute sind, wo ein paar Leute oder eine Gruppe von Leuten genug Zeit und Interesse investieren."[133]

Die neue Stadt und das neue Management ermöglichten ihr wieder den Start in einen neuen Lebensabschnitt – wie schon des öfteren. Und diesen Neubeginn markierte sie auch optisch in einem neuen „Outfit" mit neuer Frisur und neuem Kleidungsstil. Eine völlig auch nach außen neue Arleen Auger schlüpfte da aus dem Kokon. Neue Portraitphotos des New Yorker Photographen Christian Steiner und später von Stan Fellerman zeigten eine durch und durch amerikanische Arleen Auger. Natürlich hatte sie von ihrer Persönlichkeit mit der Frau auf den Bildern gar nichts zu tun, nicht mal ansatzweise. Aber so verlangten es die Regeln, nach denen das amerikanische Business funktioniert; und da sie dort einen Fuß hineinsetzen wollte, musste sie diese Regeln befolgen und das Spiel um Glamour und ewige Jugend mitspielen.

Guy P. Novos Ehefrau Celia arbeitete als Biochemikerin und Neurologin, und es kam rasch zu einer tiefen Freundschaft der beiden Frauen, in deren Verlauf Celia eine dramatische Wende in ihrer beruflichen Karriere vollzog und Arleen Augers persönliche Geschäftsführerin wurde und als Vertraute und enge Freundin fortan alle organisatorischen Dinge auf dem amerikanischen Kontinent regelte. 1994 sagte sie:

„Als Frau Augers engste Freundin und persönliche Geschäftsführerin wusste ich besser als jeder andere, was für einen starken Willen sie besaß. Es war ein Vergnügen, ein Lernen und eine Ehre, mit ihr zu arbeiten und an ihrem Leben über Jahre teilzuhaben. Ich habe mich immer privilegiert gefühlt, von Arleen Auger berührt worden zu sein, sowohl in beruflicher wie privater Hinsicht. Sie adoptierte gleich am Anfang unsere ganze Familie und sie wird immer ein großer Teil davon sein. Sie bereicherte unser Leben durch die Tiefe ihrer Gefühle und die Schönheit ihres Geistes."[134]

Charles Hamlen erwies sich von Anfang an als rühriger Agent und vermittelte ihr als einer der ersten wichtigen Kontakte den zu Richard Westenburg. 1964 hatte dieser in New York *Musica sacra* gegründet und wurde dabei von denselben Idealen wie die Bach-Dirigenten seiner Generation in Europa geleitet: „Wir führen die Werke so auf,

---

133 Barbara Stein: Anm. s. o.
134 Dies schrieb mir Celia Novo in einem Brief vom 13. Juni 1994.

Portraitphoto von Arleen Auger des New Yorker Starphotographen Stan Fellerman, 1987

wie sie beabsichtigt sind."[135] Statt Monumentalität erstrebte er Transparenz. Sein Chor hatte eine Größe von ungefähr 35 Sängern; sein Orchester wies ebenso viele Musiker auf. Er befand sich auf der Suche nach Menschen, „die fähig waren, verschiedene Sichtweisen auf Bach auszuprobieren".[136] Leider geriet die Finanzierung des ein oder anderen Projekts immer wieder ins Schwanken, so dass die geplante Aufführung eines *Messias* in der Carnegiehall 1975 kurzerhand in Westenburgs geräumige Wohnung in Manhattan verlegt werden musste. Daraufhin begann er auch bei Konzerten in der Kirche Eintritt zu nehmen, was natürlich auf Widerstand stieß:

> „Man weiß, dass man für Fleisch, Kartoffeln und Brot, das in der Kirche gelegentlich serviert wird, bezahlen muss – das ist klar. Aber Musik, das ist was anderes. Aber auch Sänger müssen essen. Sie bieten auch eine Leistung an."[137]

Aufgrund seines Idealismus' und seines schöpferischen Willens avancierte er in Sachen geistlicher Musik binnen weniger Jahre zu einer Institution im New Yorker Musikleben.

Im Oktober 1982 hatte er die Auger für ein Konzert mit den beiden *Magnificat*-Vertonungen von Johann Sebastian Bach und dessen Sohn Carl Philipp Emanuel in einer Aufführung in der New Yorker Avery Fisher Hall engagiert, und im Folgejahr sang sie unter seiner Leitung den *Messias* an derselben Stätte.

Über diese Aufführung des Händel-Oratoriums schrieb Bernard Holland am 14. Dezember 1983 in der *New York Times*:

> „Arleen Auger war eine gleichermaßen strahlende wie musikalisch eloquente Sopranistin, eine die zum Beispiel ,I know, that my Redeemer liveth' zu einem triumphal akzentuierten Bekenntnis des Vertrauens machte. Zusammen in ,How beautiful are the feet of Him' und ,He shall feed his Flock' bildeten Paul Esswood und Frau Auger ein himmlisches Paar."

War ihre Visitenkarte auch in der Neuen Welt zuerst einmal Barockmusik, so bot ihr die Rückkehr auf ihren Heimatkontinent doch zahllose Gelegenheiten, aus der Schublade einer reinen Barock-Sängerin auszubrechen:

> „Ich hatte sehr viel Glück, dass die großen Orchester sich mir gegenüber für anderes Repertoire geöffnet haben".[138]

Und tatsächlich ist die Liste der amerikanischen Orchester, bei denen sie ab 1983 mit verschiedenen Werken aller Stilepochen aufgetreten ist, beachtlich:

März 1983	Debüt beim Orange County Pacific Symphony Orchestra unter Keith Clark mit Strauss' *Vier letzten Liedern* und Mahlers Vierter Sinfonie.

---

135 Raymond A. Joseph: „Paying to Hear Sacred Music", in: The Wall Street Journal, 23. Juni 1978.
136 A Big Bash for Bach Backers. New festival brings Musica sacra into its own, in: TIME, 2. Juli 1979.
137 Raymond A. Joseph: Anm. s. o.
138 Heidi Waleson 1987: Anm. s. o., S. 22.

Arleen Auger mit Irwin Gage in der Kieler Petruskirche 1989
(Photo: Axel Nickolaus/Archiv der Kieler Nachrichten)

Mai 1983	Debüt beim Pittsburgh Symphony Orchestra unter André Previn mit Brahms' *Ein deutsches Requiem*.
Mai 1983	Debüt beim Minnesota Orchestra unter Neville Marriner mit Haydns *Nelson-Messe* und Rachmaninovs *Die Glocken*.
August 1983	Debüt beim Aspen Music Festival mit Brahms' *Ein deutsches Requiem* und Mozarts *Exsultate, jubilate* unter John Nelson.
November 1983	Debüt mit dem Atlanta Symphony Orchestra unter Robert Shaw mit Brahms' *Ein deutsches Requiem*.
Dezember 1983	Debüt mit dem Philadelphia Orchestra unter Riccardo Muti mit Orffs *Carmina burana*.
Mai 1984	Debüt mit dem Saint Louis Symphony Orchestra unter Thomas Peck mit Vivaldis *Gloria* und Mozarts *Exsultate, jubilate*.
Oktober 1984	New York-Debüt in der Carnegie-Hall mit dem Philadelphia Orchestra unter Riccardo Muti als Amor in Glucks *Orpheus*.
Februar 1985	Debüt mit dem New York Philharmonic Orchestra unter Kurt Masur mit Händels *Cäcilien-Ode*.
Februar 1985	Debüt mit dem Dallas Symphony Orchestra unter John Nelson mit Bachs *h-Moll-Messe*.

Und all diese Konzerte kamen durch Charles Hamlen zustande und auch durch die Dirigenten, die sie oder *von* ihr gehört hatten, ihre außerordentlichen Qualitäten augenblicklich erkannt hatten und sofort mit ihr arbeiten wollten. Denn es gab zu dieser Zeit in Amerika niemanden in ihrem Fach, der ihr herausragendes Niveau bezüglich Stimmtechnik und musikalischer Intelligenz auch nur annähernd erreicht hätte. Und so wurde sie weiterempfohlen und weitergereicht; ein Engagement führte konsequenterweise zum nächsten.

Auch in Europa galt es nun, ihr Leben neu zu ordnen. Hatte ihr Mann jahrelang die Vertragsabschlüsse getätigt, so galt es nun, eine neue renommierte Agentur zu finden. Außerdem bedeutete die geplante Reduktion der Auftritte bei der Bach-Akademie und die Aufgabe der Professur in Frankfurt, dass sie die Main-Metropole nicht mehr zwangsläufig als Lebensmittelpunkt brauchte. In der bayerischen Landeshauptstadt fand sie beides: die neue Agentur und eine neue Heimat. So zog sie aus dem Öder Weg in Frankfurt an den Rosenheimer Platz in München, ganz in die Nähe ihrer neuen Agentur, dem Künstlersekretariat am Gasteig von Elisabeth Ehlers, mit der sie sich auch persönlich befreundete, wohnte diese doch im selben Haus. Irwin Gage hatte sie dort mit dem Satz empfohlen: „Sie singt Liederabende besser als jede andere!" Und noch 25 Jahre später schwärmte Elisabeth Ehlers in Dankbarkeit, wie gut sie damals daran getan hatte, dieser Empfehlung nachgekommen zu sein, denn rasch kursierte der Spruch in ihrer Agentur: „Arleen – und sonst keine!" Die Türen beider Wohnungen standen quasi immer offen, und man besuchte sich gegenseitig. Diesen Anschluss an Familie war das, was sie suchte und was sie so lange entbehrt hatte.[139]

Mit dieser neuen Agentur im Rücken bot sich ihr nicht nur die Chance, im deutschsprachigen Raum dem Bach-Image zu entfliehen, sondern auch gleichzeitig damit auch einen Image-Wandel zu vollziehen und eine andere Gattung von Musik vermehrt ins Blickfeld zu rücken – eine Gattung, für die ihr Herz wohl am höchsten schlug: das Lied. Damit begann eine enge Zusammenarbeit mit ihrem Landsmann Irwin Gage, mit dem sie in den noch verbleibenden sieben Jahren ihrer Karriere unzählige Liederabende auf der ganzen Welt geben sollte und der für sie zu einer neuen künstlerischen Zentralfigur in dieser Übergangszeit geworden ist. Irwin Gage ist wie sie selbst im September 1939 im Sternzeichen der Jungfrau in Amerika geboren und sagte, sie seien sich so ähnlich gewesen, dass ihre gemeinsame Probenarbeit nur der Vervollkommnung gedient hätte.[140]

Zu Beginn dieses neuen Lebensabschnitts herrschte noch große Unsicherheit darüber, wie sie ihr altes und ihr neues Leben zusammenbringen sollte. Und diese Unsicherheit war auch in ihrer Sprache ablesbar. Drüben in Amerika schlichen sich anfänglich noch des Öfteren deutsche Formulierungen in ihr etwas stockendes Englisch. Vor allem war eine gewisse Traurigkeit spürbar. So hatte sie niemanden, dem sie Weihnachtsge-

---

139 Elisabeth Ehlers erzählte mir dies in einem Telefonat vom 3. Januar 2012.
140 Dies sagte mir Irwin Gage in einem persönlichen Telefonat im Juli 2011.

schenke kaufen konnte.[141] Amerika war nach 16 Jahren der Abstinenz fremd geworden, und Frankfurt hatte sie hinter sich gelassen: „Ich war sehr erleichtert aus Frankfurt wegzugehen."[142] Ihr neues Zuhause in München war noch ein fremder Ort. Sie fühlte sich entwurzelt und sinnierte darüber, welches Land ihr als Lebensmittelpunkt wirklich passen würde, und mutmaßte aufgrund ihrer Vorfahren, die ja theoretisch ursprünglich aus den Pyrenäen stammen könnten: „Vielleicht Spanien?"[143] Diese Affinität zu Spanien resultierte auch aus einem Urlaub, den sie sich in dieser Zeit gegönnt hatte, und in dem sie das erste Mal den Flamenco-Künstler Paco de Lucia erleben durfte, der sie schwer beeindruckt hat.

Gleich zu Beginn des Jahres 1984 fand ein wichtiges Debüt statt, nämlich ihr Debüt als Liedsängerin in New York: Am 25. Januar 1984 gab sie in der Alice Tully Hall einen Liederabend mit Dalton Baldwin. Auf dem Programm standen ausgewählte Lieder von Mozart, Schumann, Debussy und Strauss.

Der Kritiker der *New York Times*, Donal Henahan[144], schrieb am 26. Januar 1984:
„Obwohl Arleen Augers Liederabend gestern Abend in der Alice Tully ihr erster in New York war, so war der Auftritt der in Los Angeles geborenen Sopranistin weit davon entfernt, in gewöhnliche Debüt-Kategorien hineinzupassen. Frau Auger, die den Großteil ihrer Karriere bis heute in europäischen Opernhäusern und Konzertsälen bestritten hat, erwies sich als reife und kultivierte Künstlerin mit klaren Vorstellungen davon, was sie am besten kann und wie sie es am effektivsten erreicht. Die einstige Koloraturspezialistin hat sich zu einem echten lyrischen Sopran entwickelt, deren Stimme wegen ihres klaren und unschuldigen Klanges bemerkenswert ist. [...]
Frau Auger ist überdies eine singende Darstellerin mit Tiefgang, wie sie es durch die Fähigkeit, in die bizarren symbolistischen Fantasien von Mallarmé in Debussys *Apparition* einzutauchen, bewiesen hat. Ebenso bedarf es eines subtilen Gespürs für Theatralik, um sowohl das richtige Maß für die Verbitterung als auch Verletzlichkeit in Mozarts *Als Luise* zu finden, in welchem eine betrogene Frau der Marke Elvira die Briefe ihres Liebhabers verbrennt. [...]
Obwohl reiner Lyrismus offensichtlich Frau Augers stärkster Punkt ist, so hat sie mehr zu bieten als das. Die Strauss-Gruppe zum Beispiel brachte Frau Auger vorübergehend in ein Land der Traurigkeit und des Seufzens, wo sie sich scheinbar in der dunklen Melancholie von ‚Ach, Lieb, ich muss nun scheiden' wie zuhause fühlte. Tatsächlich hielt der anfänglich im Liederabend gehegte Verdacht, dass sie nur eine Sängerin mit einer lieblichen Stimme und begrenztem Ausdrucksspektrum sei,

---

141 Heidi Waleson, 1987, S. 22.
142 Ebenda, S. 23.
143 Ebenda, S. 22.
144 1986 erhielt Donal Henehan für seine Musikkritiken in der *New York Times* den begehrten Pulitzer-Preis.

nicht lange vor. Sie ist zu einer vollendeten Sängerin herangewachsen, und wir sind sehr glücklich, sie wieder bei uns zu haben – wenn auch nur für kurze Zeit."

Bereits in der Ausgabe vom 13. Februar 1984 des renommierten *New York-Magazines* widmete sich Peter G. Davis den Liederabenden von drei Sängerpersönlichkeiten, die im Vormonat New York mit einem Recital beglückt und dadurch die Lebendigkeit des Liederabends als Konzertform demonstriert hatten: Edith Mathis, Hermann Prey und Arleen Auger.

Der Autor preist darin fast marktschreierisch Augers einmalige Qualitäten an und kleidet das ganze in eine wundervolle Sprache:

„Ihre Stimme, uns bereits von Schallplatten vertraut, zählt zu den besten ihres Fachs – ein sinnlicher, sanft abgerundeter, weicher Ton, der bequem auf dem Atem fließt und jeglichen Schwierigkeiten mit der Einfachheit und Reinheit eines fein gestimmten Instruments trotzt. Solch eine Sängerin kann einen ziemlich unpersönlichen Eindruck für das Ohr schaffen, aber Augers spezielle stimmliche Gaben werden vervollständigt, verstärkt und spezifiziert durch ihre physische Präsenz. Statuenhaft, mit dichtem titanenhaften Haar und hochgradig selbstbewusst entspricht sie sehr stark dem teutonisch weiblichen Ideal, verkörpert von all diesen archetypischen Heldinnen der deutschen romantischen Oper, ergebene, sensible, bescheidene und verletzliche Kreaturen, die gleichfalls eine verführerische Aura von unterdrückter Sinnlichkeit ausströmen, vage aber unmissverständlich."

Anfang Februar erlebte Brian Kellow, Herausgeber der Zeitschrift *Opera News*, sie bei einer Probe von Händels *Alexander-Fest* in der Kaufmann Concert Hall in New York. Ihre Kollegen waren Catherine Gamberoni, David Gordon und Ronald Hedlund. Gerard Schwarz dirigierte die 1977 von ihm gegründete exzellente New York Chamber Symphony.

Kellow erkannte augenblicklich ihre herausstechenden Qualitäten – und vor allem aber ihre tiefer verborgenen:

„Ich hatte mich gerade in die Probe geschlichen, als eine mittelalte, irgendwie matronenhaft aussehende Frau mit ihrem Solo begann ‚The Prince, unable to conceal his pain'. Aus ihrem Mund kam einer der reinsten, fokussiertesten Klänge, die ich jemals gehört habe. Aber da schlummerte noch etwas anderes unterhalb der Schönheit dieser Stimme – eine tief verwurzelte Verbindung, eine geerdete Zentriertheit, die alle großen Sänger besitzen."[145]

Bernard Holland beschrieb die Außenwirkung ihres Gesangs beim Konzert in der *New York Times* vom 7. Februar 1984 dann wie folgt:

„Frau Auger zeigte ihre Beteiligung so ruhig wie möglich und sang mit großer Reinheit und Einfachheit. Die Verzierungen flossen und klangen nie nach Herausforde-

---

145 Brian Kellow: „Something cool. The elusive art of Arleen Auger", in: Opera News, Juli 2006, Vol. 71 Nr. 1.

rung. Und anstatt sich dem Publikum offensiv zu präsentieren, besaß Arleen Auger die verführerische Gabe, ihre Stimme so weich zu machen, dass sie uns lockte, ihr zu folgen.“

In diesem Konzert saß auch die 60 Jahre alte Amelia Haygood. Sie hatte 1973 das Plattenlabel Delos in Sonoma, Kalifornien, unter folgendem Credo gegründet:

> „Die griechische Mythologie erzählt, dass Apollo sich jeden Morgen mit seiner Lyra in der Hand von der Insel Delos auf den Weg machte, um der Welt Licht, Musik und Heilung zu bringen. Wir von Delos vertreten die Überzeugung, dass unsere Welt des Trostes durch die Musik bedarf.“[146]

Anfänglich jedoch musste sie mit den Erstausgaben und Demobändern regelrecht quer durch Amerika hausieren gehen. Und einige ihrer zahllosen neuen Bekanntschaften, die sie dadurch bei Presse, Radio und im Schallplatten-Einzelhandel schloss, sagten, sie sei dumm, andere sagten, sie sei mutig.

> „Aber fast jeder war fasziniert von der Idee eines Labels, das aufgebaut worden war, um herausragenden amerikanischen Künstlern eine internationale Plattform zu bieten.“[147]

Und so überzeugte sie ihre Kritiker in den Vereinigten Staaten durch Beharrlichkeit, durch die Auswahl ihrer Künstler und auch aufgrund der exzellenten technischen Machart ihrer Aufnahmen, für die sich in erster Linie ihr Toningenieur John Morgan Eargle verantwortlich zeigte. Er hat 30 Jahre die klangästhetische Seite der Firma betreut und entscheidend geprägt und wurde 2001 mit einem Grammy für seine Arbeit geehrt.

Nach dem Konzert in der Kaufmann Concert Hall trafen sich Amelia Haygood und ihre Produzentin Carol Rosenberger mit Arleen Auger, um gemeinsam darüber zu beratschlagen, was man aufnehmen könnte und welches die geeigneten Örtlichkeiten dafür wären. Carol Rosenberger erinnert sich:

> „Da Arleen bestrebt war, in Amerika – ihrem Geburtsland – bekannter zu werden, schien es allen Parteien das wirkungsvollste zu sein, eine Aufnahme mit Gerard Schwarz und seinem Orchester mit Werken von Bach und Händel zu machen, da Arleen vor allem durch ihre vielen in Europa entstandenen Barock-Platten bekannt geworden war. Wir arrangierten die Aufnahme im angenehmen Auditorium auf dem Fairleigh Dickenson Campus in New Jersey, der nah genug bei New York City gelegen war, um für Jerry Schwarz’ New York Orchester problemlos erreichbar zu sein.
>
> Arleen war außerdem darauf erpicht, eine Aufnahme ihres bevorzugten Liedrepertoires zu machen. So diskutierten sie und Amelia schließlich über eine Reihe von Aufnahmen, beginnend mit Bach/Händel, fortgesetzt mit einer Lied-Platte und

---

146 Amelia Haygood, Gründerin der Delos, auf: www.delosmusic.com.
147 Siehe www.delosmusic.com/about.

auch einschließlich des Sopran-Solos in der Bachianas Brasileiras Nr. 5 von Villa-Lobos. Arleen war besonders daran interessiert, die Bachianas zu machen, weil sie dadurch die Chance erhielt, mit dem in Brasilien geborenen Cello-Virtuosen Aldo Parisot zu arbeiten, der die Aufnahme leiten und sie bezüglich der Besonderheiten in Aussprache und Gestaltung des brasilianisch-portugiesischen Textes unterweisen sollte. Alle drei Aufnahmen entstanden wie vereinbart zwischen 1984 (Bach/Händel) und 1988 in Los Angeles (Love-Songs). Zwischen diesen beiden Aufnahmen machten wir die Bachianas Brasileiras auf dem Campus der Yale Universität 1986."[148]

Arleen Auger nahm also als erstes mit dem Mostly Mozart Orchestra unter Gerard Schwarz Arien von Händel und Bach auf: Die Händel-Arien waren verschiedenen Opern und Oratorien entnommen und daher auf Italienisch und Englisch, und die Bach-Arien entstammten der „Matthäus-Passion" und Solo-Kantaten in Italienisch und Deutsch. Diese Platte wurde durch diese Mehrsprachigkeit zum Symbol für ihre neue Öffnung, ja beinahe Synthese: Sie legte ihre deutsche Prägung der letzten 17 Jahre nicht rigoros ab, sondern erweiterte ihr Repertoire um die zeitgleich entstandene Musik von Händel, welche teilweise in ihrer englischen Muttersprache geschrieben war.

Die britische Journalistin Hilary Finch beschreibt in *Gramophone* diese Platte sehr kritisch:

„Händel ist in der Tat für Arleen Augers Stimme gut geeignet, wenn auch von Seiten des New Yorker Mostly Mozart Orchestra, geleitet von Gerard Schwarz, nicht alles so maßgeschneidert ist, wie es sein könnte. Wenn Sie Händel und Bach irgendwo zwischen Kirkby und Kin angesiedelt mögen, aufgehübscht mit einer Prise Broadway, dann ist das die Platte für Sie.

Augers heller Sopran besitzt die Fähigkeit, sich so elegant wie feine Seide durch jede Figuration zu spinnen, die da des Weges kommt: Ihre Stimme kann sich zuspitzen, schattieren und verstärken, ohne jemals ihren Kern zu verlieren, und das ist die Hälfte des Vergnügens dieser Arienplatte. Das, und einen Sinn für Theatralik, den sie mit Händel teilt: Giulio Cesares ,Piangero' nimmt einen gefangen. Der Hauch von Theaterschminke gefährdet niemals den formalen Rahmen der Arie, und der vorgetäuschte Schmerz in Händels wiegenden und wallenden Wiederholungen von Dryden's Worten ,sigh'd and look'd' in ,The prince' aus *Alexander-Fest* wird von Auger neckisch und köstlich ausgekostet.

Das Orchesters ist weniger mitfühlend. Ein schrilles Timbre und eine unangemessen spitze Phrasierung in den Streichern bei ,Rejoice greatly' und ,Let the bright seraphim' bedrängen die Stimme unbarmherzig, statt als Sprungbrett für Augers entzückend jubilierende Sechzehntel zu dienen. Als Endergebnis entsteht ein Gesamteindruck von spröder Brillanz und Atemlosigkeit, ein Mangel an Ausgeglichenheit, welcher seinem ohnehin schon fragwürdigen Bach-Spiel zusätzlich

---

148 Die schrieb mir Carol Rosenberger am 23. September 2011.

Cover der wichtigsten der auf amerikanischem Boden produzierten Platten Arleen Augers: Delos DE3026

im Wege steht. Ich war weniger glücklich mit Augers Bach. Sie musste gegen die klanglich weit in den Vordergrund gerückte Begleitung ankämpfen, und ihr ‚Blute nur' blendet zum Beispiel kurioserweise die dunkleren Seiten der Arie aus.“[149]

Die amerikanische Presse hingegen war begeistert. So schreibt George Jellinek in der *Ovation* vom Juli 1986 unter der Überschrift „Ein brillantes Barock-Recital“:

„Dies ist ein sehr großzügiges, auf 73 Minuten ausgedehntes Recital, und der aufgenommene Klang in höchster Transparenz und exzellenter Balance ermöglicht es uns, uns an der durchgängigen Schönheit des Gesangs in einem juwelenartig

---

149 Hilary Finch: „Vocal recital“, in: Gramophone, November 1986, S. 88.

schimmernden Orchestersatz zu erfreuen. Die Sopranistin gestaltet ihre Phrasen in übergangslosen Legatobögen, aber sie erreicht mehr als schimmernden Klang: Die Worte werden mit Gefühl und Klarheit nach außen transportiert.

‚Authentizität' zu vollführen – was auch immer das sein mag – ist hier nicht beabsichtigt. Frau Augér und Herr Schwarz sind musikalisch in einfühlsamer und warmer Interpretation von Barockmusik im 20. Jahrhundert verbunden. Dacapo-Verzierungen werden mit Zurückhaltung eingesetzt, die Streicher verfügen über einen satten Ton und die verschiedenen Obligati werden mit eindrucksvollem Können ausgeführt. [...] Dies ist ein gut gewähltes Programm, bewundernswert ausgeführt."

Und der Kritiker der *High Fidelity* konstatiert in der April-Ausgabe 1986:

„Die Heimkehr der amerikanischen Sopranistin Arleen Augér, nach einer langen, hauptsächlich in Europa begründeten Karriere, war in den letzten Jahren einer der Höhepunkte der musikalischen Saison in vielen Städten. Nicht, dass ihre Fähigkeiten hier unbekannt wären, sie kann, nach all den Jahren, 120 Schallplattenaufnahmen vorweisen. Aber es war erfreulich, diese Frau auf der Bühne zu erleben, deren Gesang lange Zeit als der gefühlvollste und geschmacksvollste in der Branche gehandelt wurde.

Die Wärme und sympathische Ausstrahlung von Augérs Konzert-Persönlichkeit – neben ihrer außerordentlichen stimmlichen Wandlungsfähigkeit, makelloser Diktion, sagenhafter Tonschönheit und allseits beispielloser Musikalität - werden beredt in dieser Studio-Aufnahme mit sowohl bekannten als auch selten zu hörenden Bach- und Händel-Stücken gezeigt. [...]

Augér setzt den Schwerpunkt gleichermaßen auf geschmeidiges und dezentes Formen der Phrasen und die Vermittlung des emotionalen Gehalts der Lyrik. Ihre Interpretationen sind damit groß und intim zugleich, und diese seltene Kombination von ‚Affekten' wird vollständig getragen von Gerard Schwarz und dem Mostly Mozart Orchestra. Alles in allem ist dies eine der schönsten Aufnahmen, auf die ich seit Monaten gestoßen bin."

Aber eben nicht nur als Konzertsängerin – und vor allem nicht als Barockexpertin – wollte sie in Amerika agieren, sondern nach vielen Jahren der Abstinenz von der Opernbühne sehnte sie sich danach, auch wieder Oper zu singen und entschied sich für die Donna Anna in Mozarts *Don Giovanni* – auf Englisch. Das Opernhaus war die Kentucky Opera in Louisville, wo sie die Rolle im Februar 1984 ausprobierte.

Louisville – das klingt nach einer Königin der Nacht an der New York City Opera 1969 und dem erfolgreichen Debüt an der MET 1978 wie ein Abstieg in die amerikanische Provinz, aber sie selbst erörterte in einem Interview, wie es zu diesem Engagement gekommen ist:

> „Ich hatte Angebote von der MET, aber sie konnten mir nicht sagen, wer dirigieren würde und wer meine Partner wären und so weiter, und unter diesen Bedingungen werde ich nicht arbeiten."[150]

Zwar hatte sie mit Regisseuren bis dato noch keine verheerenden Erfahrungen sammeln müssen, aber sie wollte als freischaffende und damit selbstbestimmte Künstlerin im Vorfeld wissen, mit wem sie es während der Produktion zu tun haben würde. Denn:

> „Ich habe Verträge für Opernproduktionen unterzeichnet, bei denen mir vorher gesagt worden ist, mit welchem Dirigenten und welchem Regisseur ich arbeiten würde. Aber als ich dann ankam, habe ich eine völlig andere Gruppe von Leuten vorgefunden. Ich war mit deren Interpretation, Arbeitsweise und deren Geschmack nicht einverstanden. Aber ich steckte fest und hatte keine Wahl, außer zu gehen oder zu tun, was sie wollen oder Probleme zu machen. Und ich mache nicht gerne Probleme. Ich mag es nicht schleimig daherzureden oder zu toben."[151]

Und diese Absicherung hinsichtlich künstlerischer Standards betraf eben auch die Regie. Zwar steckte das Regietheater in den frühen 1980er-Jahren noch in den Kinderschuhen (zumal in den Vereinigten Staaten), und Exzesse, die den Geschmack und die Würde des Publikums auf immer vulgärere Weise untergraben und mit dem Inhalt, Stil und der Epoche des dargebotenen Stücks immer weniger zu tun haben und heute – zumindest an den großen Opernhäusern in Deutschland – beinahe an der Tagesordnung sind, kamen damals nur sporadisch vor. Aber die Sopranistin suchte sich trotzdem dahingehend absichern. Und da die Rahmenbedingungen in Louisville stimmten, sagte sie zu und war froh, ihre erste Donna Anna an einem relativ entspannten Ort ausprobieren zu dürfen:

> „Ich wusste um die Integrität der Leute hier und dass sie konservativ sein würden. Sie würden uns nicht auf Skateboards und in Bikinis rausschicken."[152]

Und nicht nur die ästhetische Seite bezüglich der Regie von Julian Hope sagte ihr zu, auch mit dem Dirigenten C. William Harwood fühlte sie sich wohl:

> „Ich bin froh in einem kleinen Theater zu arbeiten mit einem Dirigenten, der interessiert ist, dass *piano* gespielt wird. Ich will offen bleiben für Diskussionen mit dem Regisseur. Ich vertraue ihnen beiden, denn sie kennen meine Stimme und wissen, was ich vermag."[153]

Trotz aller günstigen äußeren Umstände war sich Arleen Auger bewusst, dass diese Rolle ein Wagnis, ja eine absolute Grenzpartie für sie war. Andererseits: Wie soll man Grenzen überschreiten, wenn man sie nicht erfährt?

---

150 Andrew Adler: „Arleen Auger is Donna Anna in Ky. Opera's ‚Don Giovanni'", in: CJSUN, 19. Februar 1984.
151 Susan Elliott: The New York Times, 25. Februar 1990.
152 Andrew Adler: Anm. s. o.
153 Ebenda.

„Wieviel dramatische Kraft kannst Du mit einer Gilda oder einer Konstanze zeigen?"[154], fragte sie 1987. Nun als gereifte Sängerin mit Mitte 40 war sie es müde, die netten Mädchen zu spielen[155] und verspürte das Bedürfnis zu den fraulicheren Opernfiguren hinüberzuwechseln. Und die waren bei Mozart eben oft dramatischerer Natur. Daher vollzog sie diesen Schritt mit viel Respekt:

„Ich bewege mich sehr vorsichtig in ein etwas schwereres Opernrepertoire mit der Donna Anna."[156]

Sie bekannte sogar frank und frei:

„Donna Anna zu singen war nicht unbedingt das, was ich immer schon tun wollte."[157] Denn der Charakter dieser Rolle ist „sehr dramatisch", während sie sich selbst hingegen als „sehr reserviert und schüchtern" beschreibt.[158]

Ihre Zweifel waren berechtigt und spiegelten sich auch in den Kritiken wider. So schrieb William Mootz im *Daily Courier Journal Louisville* (CJDLY) vom 27. Februar 1984:

„Arleen Auger und Elisabeth Pruell erbrachten enttäuschende Leistungen als Anna und Elvira. Beide verfügten über bestechende Bühnenpräsenz, aber Augers Stimme war jedes Mal, wenn sie laut sang, wie eine penetrant stählerne Klinge..."

Und der Kritiker der *Times*, F. W. Woolsky, schrieb am selben Tag:

„Arleen Auger ist die Donna Anna dieser Don Giovanni-Produktion, und ich denke erneut, dass sie falsch damit lag, das lyrische Sopran-Repertoire zu verlassen und sich diesen schwergewichtigen Kraftakt für einen dramatischen Sopran zuzumuten. Es war *ihre* Entscheidung, die Donna Anna in der Macauley vor einem kleinen Publikum und mit einem sympathischen Dirigenten zu wagen. Ich hatte dabei den Eindruck, dass sie ihre Stimme forcierte, um das Volumen und die Autorität, die die Rolle verlangt, zu erzielen. Ich war mit dem Resultat nicht glücklich."

War das künstlerische Resultat am Ende auch weniger glorreich, so machte es ihr doch bewusst, was sie *nicht* war. Außerdem erfuhr sie bei dieser Produktion nach Jahren des Einzelkämpfertums im Konzertfach endlich wieder einmal die angenehmen Seiten eines Opern-Ensembles mit den Vorzügen von Kameradschaftlichkeit und Kontinuität, die bei dieser Produktion geherrscht haben müssen. Diese ersetzten ihr die fehlende Familie zumindest ein Stück weit. Für viele Sänger bedeutet eine internationale Karriere nämlich sehr oft, das Privatleben aufzugeben:

„Ehen gehen oft kaputt. Es ist sehr schwierig für eine Frau in diesem Beruf, besonders wenn *sie* es ist, die die ganzen Reisen unternimmt und der Ehemann nicht. Vor

---

154 Heidi Waleson, 1987: Anm. s. o., S. 23.
155 James Jolly, 1986: Anm. s. o.
156 Patrick J. Smith: „Arleen Auger. A seasoned American soprano comes home from Europe to launch a second career", in: Musical America, August 1984, S. 6.
157 Andrew Adler: Anm. s. o.
158 Ebenda.

langer Zeit traf ich die Entscheidung, Kinder dieser Art von Leben nicht auszusetzen. Es ist ein extrem einsames Dasein.“[159]

Dieses neue „Auf-sich-alleine-gestellt-Sein" war die ersten Jahre nicht leicht, hatte ihr Ehemann doch bis dato all ihre Reisen organisiert und sie dabei begleitet. Nun musste sie ein Großteil der Zeit aus dem Koffer leben und zwischen ihrem Zufluchtsort bei Familie Novo in Hartsdale und ihrem Münchner Refugium hin- und herpendeln.

Abends vor einem ausverkauften Saal zu singen, die hohe Energie der Aufführung, den Applaus und die Dankbarkeit des Publikums zu spüren und anschließend das ernüchternde Kontrastprogramm des einsamen Hotelzimmers zu ertragen, stellt für fast jeden Künstler eine extreme Herausforderung dar. Diese emotionalen Extreme können gute Freunde helfen abzumildern. Und hier in den USA baute sie sich ihren persönlichen Familienersatz auf: Der wichtigste war sicherlich die Familie des Juristen Guy P. Novo mit dessen Ehefrau Celia und deren gemeinsamer Sohn Andrew.

Eine zentrale Anlaufstelle in New York wurde durch die Vermittlung von Charles Hamlen auch Anne Ratner und ihre legendären „Wohnzimmerkonzerte". Diese Frau war für sie als mütterliche Freundin, Mäzenin, vor allem aber als Seelengefährtin aufgrund ihres Idealismus' und ihrer Entschlusskraft auf eine ähnliche Weise bedeutsam wie Blanche Honegger Moyse. Darum sei der Lebensweg dieser außerordentlichen Frau hier kurz nachgezeichnet:

Anne Ratner wurde 1905 in Russland als Anna Kaminsky geboren und studierte in New York Klavier. 1960 wurde zu ihrem persönlichen Schicksalsjahr, in dem sie gleich drei schwere Schläge verkraften musste: zuerst den Tod ihres Vaters, dann den ihres Ehemannes; und schließlich wurde bei ihrer Enkeltochter Abby Autismus diagnostiziert. „Ich fühlte mich so erbärmlich in diesem Jahr, dass ich glaubte, mein Leben sei zu seinem Schlusspunkt gelangt." Aber Abbys Krankheit verlieh ihr neuen Lebensmut, und sie begann an deren Schule Musik zu unterrichten und schließlich Benefizkonzerte für die Schule auszurichten. Schon bald verlegte sie diese Konzerte in ihre eigene Wohnung in Manhattan, in der sie seit 1950 lebte. Dort in ihrem Wohnzimmer mit Blick auf den Hudson veranstaltete sie pro Saison bis zu 18 Konzerte vor geladenem und sehr fachkundigem Publikum. Mit viel Phantasie brachte sie 65 Personen dort unter, obwohl an sich nur 30 Platz gehabt hätten. 30 Dollar war der Mindestbetrag, und so kamen in einer Spielzeit meist an die 50 000 Dollar zusammen.

Künstler, die sie für benefizwillig hielt, pflegte sie mit dem Satz: „Ich brauche Sie für mein Wohnzimmer!" zu rekrutieren. Ihre Direktheit wirkte dermaßen entwaffnend, dass niemand nein sagen konnte. Der Pianist Jeffrey Kahane sagte über sie: „Anne hat einen Willen von Eisen und ein Herz aus Gold!" Große Namen wie der Pianist András Schiff und berühmte Streichquartettformationen wie das Emerson String Quartet gehörten zu den Interpreten; und bei den Sängerinnen fanden sich so illustre Namen wie

---

159 Ebenda.

Cecilia Bartoli, Dawn Upshaw und eben auch Arleen Auger. Für viele dieser Künstler war die extreme Nähe zum Publikum anfänglich sehr gewöhnungsbedürftig. „Du kannst mehr Nervenflattern in Annes Wohnzimmer bekommen als in der Carnegiehall", scherzte Jeffrey Kahane.

Nachdem Anne Ratner jahrzehntelang selbst eine leidenschaftliche Konzertgängerin gewesen war, wurde sie im Alter zu einer New Yorker Konzertinstitution, die so stadtbekannt war, dass Charles Hamlen auf die Frage nach dem Sitz seiner Agentur immer nur mit „zwei Häuserblocks nördlich von Anne Ratner" antwortete.

Anne Ratner führte ihren musikalischen Salon als „Ein-Frau-Betrieb" in der besten Tradition des 19. Jahrhunderts. Vom Schreiben der Einladungen, übers Bestuhlen bis hin zur kulinarischen Verköstigung der Gäste bestritt sie alles alleine und spielte sich dabei vor Publikum dennoch nie in den Vordergrund, schwang keine Reden und spielte auch nicht selbst Klavier. Sie wirkte hinter den Kulissen, hielt die Fäden in der Hand, sorgte für das leibliche Wohl und achtete darauf, dass Erfrischungen erst nach dem letzten verklungenen Ton gereicht wurden.

Ihre Wohnung wurde über die Jahre für die Künstler zu einem Refugium, in dem sie ungestört proben, üben und unterrichten konnten. Für die Künstler wurde sie oft zur Ersatzmutter, mit der sie selbst über intimste Sorgen sprechen konnten.[160]

Im Juni 1995 ist Anne Ratner im Alter von 90 Jahren in ihrer Wohnung verstorben.[161]

Gleich von Anfang an wurde Arleen Auger nicht nur in New York als *dem* amerikanischen Musikzentrum stürmisch gefeiert. Auch an der Westküste, an der sie aufgewachsen war, wurde sie triumphal empfangen. So schrieb Donna Perlmutter über einen Liederabend am Occidental College in Los Angeles mit dem Pianisten Jeffrey Kahane in der *Los Angeles Times* am 21. Mai 1984:

> „Was auch immer es ist, das für das eine Talent die ruhmreiche Straße zum Startum vorsieht und für das andere nur moderates Ansehen – diese Frage wird wahrscheinlich unbeantwortet bleiben müssen. Aber für Arleen Auger, deren Weg durch die europäischen Musikzentren mit Diamanten gepflastert ist, scheint schon ein wenig Beachtung hierzulande die Eintrittskarte zu sein.
>
> Hinreißend wäre als Wort zu moderat, um ihre Vorstellung zu beschreiben. Hier haben wir es mit einer Sängerin zu tun, die über exquisite Raffinesse, große Stimmschönheit und seltene Tiefe des Ausdrucks verfügt. Hier haben wir es mit einer Sängerin zu tun, die weiß, wann und wie sie ein Pianissimo dergestalt fließen lassen muss, um dadurch beispielsweise tiefe Traurigkeit zu versinnbildlichen. Eine Sängerin, die weiches Singen und Legatotechnik in diesen Tagen des Kreischens an der oberen Dezibelgrenze zu einer unentdeckten Kunst macht; eine, die die idioma-

---

160 David Blum: „Giving the salon concert a new style and purpose", in: New York Times, 21. Februar 1993.
161 „Anne Ratner, 90, Patron of Musicians", in: New York Times, 16. Juni 1995.

tischen Kniffe und Nuancen der deutschen Sprache mit der Virtuosität einer Muttersprachlerin handhabt. [...]

Die Stimme, honigsüß, ist eigentlich klein. Aber sie ist auch so rein und frisch und ausgeglichen und wendig – ganz abgesehen von der natürlichen Tonproduktion reich in der Mittellage und lieblich an beiden Enden –, dass es dem Ohr als etwas ergötzliches auffällt. Und außerdem ist da Kapazität und ein Klangkörper für ein echtes Crescendo."

Arleen Augers Leben ruhte zu dieser Zeit bezüglich ihrer sozialen Kontakte auf zwei Hauptsäulen: Zum einen war da der private Raum, den ihr die Familie Novo und Menschen wie Anne Ratner in New York und Elisabeth Ehlers in München boten, und zum anderen gab es einige wenige Künstlerfreunde, die wie sie einen ebenso extrem hohen Anspruch an ihr Musizieren stellten – einige wenige Gleichgesinnte, Idealisten, Perfektionisten, Ästhetizisten – Seelengefährten sozusagen. Und Blanche Honegger Moyse war eine davon.

Zusammen mit der damals 75-jährigen Dirigentin debütierte Arleen Auger im Oktober 1984 in der Symphony Space in der Upper West Side von Manhattan mit Bachs *Matthäus-Passion*. Der Kritiker Greg Sandow stimmte eine wahre Hymne auf die einstige Geigerin Blanche Moyse an, die bis dato nur in der Provinz von New England als Dirigentin tätig gewesen war, und würdigte deren herausragende Verdienste als Leiterin und Erzieherin ihres 38-köpfigen „Blanche Moyse Chorale" wie folgt:

„Die *Matthäus-Passion* ist neben vielen anderen Dingen ein großes geistliches Drama, in dem der Chor verschiedene Rollen spielt: Jesu Jünger – mal erstaunt und mitunter verängstigt, das Volk, das massiv die Kreuzigung fordert, und auch eine Gruppierung gläubiger moderner Christen (tatsächlich repräsentieren sie eine Abordnung von Bachs eigener Kirche, wo die Passion zum ersten Mal aufgeführt wurde), die mit Trauer, Entrüstung oder tiefer Ehrfurcht auf jede Wendung dieser zeitlosen Geschichte reagieren.

Der Moyse Chorale erfüllte diese Rollen mit der Präzision und Kraft großer Darsteller und mit der Menschlichkeit von Gläubigen, die wissen, dass die Geschichte, die sie erzählen, wichtiger ist als sie selbst. Die Intentionen von Frau Moyse wurden zu deren eigenen Intentionen; die Chorsänger wurden viel mehr zu Moyses Instrumenten als deren Geige es jemals hätte sein können. Nach dem Konzert wagte ich zu behaupten, dass ihr generell exzellentes und professionelles Orchester mit der überschwänglichen Darbietung ihres Laienchores nicht Schritt halten konnte. Ihre Antwort amüsierte mich: ‚Gott sei Dank haben Sie das bemerkt!' rief sie, und augenblicklich verstand ich, dass sie ihren Chor trainiert hatte so zu sein wie sie selbst. Sie kümmert sich mehr um das Ideal, als dass sie sich um ihren eigenen Ruhm sorgt, und deshalb möchte sie auch, dass jedermann erfährt, wo ihre Aufführung Defizite aufweist; sie glaubt, die Musik ist wichtiger als sie selbst. [...] Sie bemerkt, dass sie mit dem Orchester mehr hätte erreichen können, wenn sie es das ganze Jahr über so betreuen würde wie ihren Chor. Und sie fügt hinzu, dass Amateure in der Tat mitunter feinere Tiefsinnigkeit erreichen können als Profis, schlichtweg weil sie härter dafür arbeiten müssen. Viele Profis, glaubt sie, fühlen nämlich fälschlicherweise gar kein Verlangen danach, besser zu werden als sie sind. [...]"[162]

Die Cellistin Adriana Contino war Besucherin dieses Konzerts und berichtete, dass in den Momenten, in denen Arleen Auger zu singen anhob, in jedem Menschen im Publikum eine Veränderung zu bemerken war. Jeder wurde augenblicklich still, und ein Feld der Gnade breitete sich aus. Auch in dieser Aufführung wurde die Arie „Aus Liebe will mein Heiland sterben" wieder zu einem magischen und überirdischen Moment, in dem die Zeit stillzustehen schien. Das Konzert wurde bei aller ohnehin von Anbeginn schon herrschenden Intensität nochmals von Sopran-Arie zu Sopran-Arie auf eine neue spirituelle Ebene gehoben. Und das in der an sich entzaubernd-trockenen Akustik der Symphony Space.[163]

Genau diese Schilderungen gibt auch die Kritik von Donal Henahan aus der *New York Times* vom 10. Oktober 1984 wieder:

> „Frau Augers entwaffnende Einfachheit in einigen der schwierigsten Sopranlinien, die Bach jemals geschrieben hat (‚Aus Liebe will mein Heiland sterben' zum Beispiel) ließ den Zuhörer solche Angelegenheit wie die stratosphärisch hohe Tessitura vergessen und erlaubte es der Musik, ihren vollen hinreißenden Zauber zu verbreiten."

Eine Thematik, die sich augenblicklich zu Beginn von Arleen Augers Tätigkeit in Amerika durch die Presseberichte zog, war das Erstaunen über die Diskrepanz zwischen ihrer künstlerischen Qualität und ihrem Bekanntheitsgrad. Viele Kritiker fragten ganz offen: Wo war sie die ganze Zeit? Warum kannten Publikum, Dirigenten und Konzertveranstalter in Amerika sie so wenig? Wie konnte man dem amerikanischen Publikum eine Sängerin dieses Formats, die auch von ihrer Herkunft noch eine der ihren war, so lange vorenthalten?[164]

Dieser Vorwurf klingt auch in einer Kritik von Donal Henahan aus der *New York Times* vom 22. Februar 1985 an. Darin rezensierte er ein Konzert zu Händels 300. Geburtstag, das zugleich Arleen Augers Debüt bei den New Yorker Philharmonikern unter Kurt Masur bildete:

> „Die Cäcilien-Ode bot Gelegenheit, das Publikum der Philharmoniker – wenn auch reichlich verspätet – mit Arleen Auger, einer in Los Angeles geborenen Sängerin bekannt zu machen, die schon seit langem in Europa als eine der führenden

---

162 Greg Sandow: „The Passionate Conductor", in: Wall Street Journal, 5. November 1984.

163 Diese Eindrücke schilderte mir Adriana Contino in einem persönlichen Telefonat im Januar 2011.

164 So auch Judith Wyatt in: „Bach Soloist Arleen Auger Returns To Conquer The U.S.", in: The Morning Call, 17. Mai 1986: „In short, where has Arleen Auger been all our lives? The answer may be the reason she has been so successful in her planned and gradual return to America. Auger [...] has been for almost 20 years one of the leading opera singers and concert soloists in Europe."

Barocksängerinnen unserer Tage anerkannt ist. Ihr New Yorker Debüt-Liederabend vor einem Jahr machte uns lediglich klar, was die Europäer und Schallplattensammler schon seit Jahren wissen: dass sie hinsichtlich stimmlicher Reinheit und exquisiten musikalischen Geschmacks wenig Gleichrangige neben sich hat, besonders bei Bach und Händel. Ihre Stimme, üppig, allerdings nicht immens groß, trug klar über das Orchester, gerade in den sehr delikaten und fließenden Trillerketten. Der Text von Dryden, eines der lieblichsten und musikalisch durchdachtesten Gedichte, die jemals geschrieben worden sind, war dank Frau Augers glasklarer Aussprache mühelos zu verstehen."

Natürlich hatte sie – trotz aller Eigenverantwortlichkeit als freischaffende Sängerin – auch Berater. Denn immer wieder wurde auch sie in diesem turbulenten Lebensabschnitt zwischen zwei Kontinenten vor Entscheidungen gestellt, bei denen es rasch zu reagieren galt.

Richard LeSueur, früher selbst Opernsänger und späterhin Bibliothekar der Ann Arbor District Library in Michigan und leidenschaftlicher Sammler von Schallplatten und CDs, stieg unverhofft in den Rang eines solchen Beraters auf. Er vereint in seiner häuslichen Privatsammlung über 20.000 Schallplatten und CDs und kennt faktisch jedes Stück.

In einem Interview von 2006 schildert er, wie es im Frühjahr 1985 zum Kontakt mit Arleen Auger gekommen ist:

„Arleen ist einer der ganz wenigen, mit denen ich sehr eng wurde, nachdem sie mich zuerst auf einer beruflichen Ebene kontaktiert hat. Es war einer dieser Telefonanrufe aus heiterem Himmel. Sie befand sich auf einer Liederabend-Tournee an der Westküste, als sie den Anruf erhalten hatte, ob sie Donna Elvira für eine Schallplattenaufnahme in fünf Wochen lernen könne – offenbar ein Einspringer. Nun, sie befand sich mitten in ihrer Tournee von Südkalifornien hinauf nach Nome/ Alaska, und Dalton Baldwin begleitete sie und er sagte: ‚Ruf Richard LeSueur an, er kann Dir ein bisschen Material zusammenstellen, das du dir anhören kannst, um die Rezitative zu lernen und dir einen Eindruck zu verschaffen, wie sie angelegt sein könnten.' [...] Eines Abends so gegen 10 Uhr, kommt der Anruf: ‚Hallo, mein Name ist Arleen Auger, Sie haben vielleicht schon von mir gehört, ich habe ein paar Schallplatten gemacht und Dalton sagte, ich solle Sie anrufen!' Ich sagte so etwas wie: ‚Ja, Sie haben über die Hälfte der Bach-Kantaten eingespielt.' Daraufhin habe ich die Sachen losgeschickt.

Über ein Jahr später riefen Dalton und sie mich nachts um 3 Uhr an. Gut, es war erst Mitternacht in Los Angeles, wo sie gerade am Aufnehmen waren. Mitten in der Aufnahmesitzung stritten sie sich über ein Wort in Cimaras *Stornello*. ‚Gut, ich weiß nicht, warum wir uns streiten, lass uns einfach Richard anrufen, um die endgültige Antwort zu erhalten.' So riefen sie mich an, und ich ging nach unten und schlug nach. Ich weiß nicht mehr, wer recht hatte, aber ich gab ihnen den Text, und der befindet sich heute auf der ‚Love-Song'-Platte, die einer meiner größten Favoriten-Aufnahmen von ihr ist. Ich hatte sie selbst aber bis dato nie persönlich getroffen. Es war der kommende Februar, als wieder eine Chance bestand. Ich befand mich in Eugene, Oregon für ein Treffen von Bibliothekaren, und sie gab am Abend nach unserem Treffen dort einen Liederabend. Selbstverständlich hängte ich einen Tag dran, um zu dem Konzert zu gehen und sie zu treffen. Und wir wurden sofort treue Freunde. Es war einfach so, als ob wir uns von der ersten Minute an gekannt hätten. Wir dachten sehr ähnlich, waren beide in musikalischer Hinsicht sehr textorientiert, auch hinsichtlich unserer musikalischen Entscheidungen – es war wirklich eigenartig."[165]

Und noch einen weiteren ganz besonders wichtigen Menschen lernte sie im Frühjahr 1985 kennen. Es war nach der traditionellen Aufführung der *Matthäus-Passion* am Freitag vor Palmsonntag im Amsterdamer Concertgebouw. Zu dieser Zeit musste das Gebäude grundlegend saniert werden, da die Holzpfähle, auf denen es fußte, über die Jahre durch den fallenden Grundwasserspiegel morsch geworden waren. Der holländische Staat wollte das Bauvorhaben nur geringfügig bezuschussen, und so wurde die Gründung einer Stiftung beschlossen. Zum Vizevorsitzenden wurde der niederländische Bankier Willem E. Scherpenhuijsen Rom gewählt. Die Solisten der Passion inklusive des Dirigenten Nikolaus Harnoncourt wollten ebenfalls einen Beitrag zu dieser baulichen Großmaßnahme leisten und beschlossen, die durch die Rundfunkübertragung zustande kommenden Extragagen zu spenden. Da Nikolaus Harnoncourt sich unpässlich fühlte und der Vorsitzende des Stiftungsrates durch einen dienstliche Sitzung verhindert war, überreichte Arleen Auger im Namen aller Solisten mittels eines symbolischen Schecks das Geld dem Vizevorsitzenden Willem E. Scherpenhuijsen Rom. Der Bankier kannte die Sopranistin zwar aus Konzerten mit dem Concertgebouw-Orchester, in dessen Förderverein er ebenfalls Vorsitzender war, aber dies war die erste persönliche Begegnung der beiden. Und bei der Gelegenheit stellten sie fest, dass sie zufällig in den kommenden Wochen unabhängig voneinander beruflich in Tokio zu tun hatten. Arleen Auger war mit Helmut Rilling für eine Bach-Tour dort und Willem Scherpenhuijsen Rom im Auftrag seiner Bank. Einen dort vor Ort ebenfalls auf den selben Tag fallenden gemeinsamen freien Tag nutzten die beiden für einen Tagesausflug nach Kyoto – und so entwickelte sich ihre Beziehung stetig.[166]

Julia Hamari, die zu dieser Zeit schon beinahe ein Jahrzehnt eine ihrer engsten Kolleginnen aus der Rilling-Truppe war, sagte über den neuen Lebenspartner: „Scherpenhuijsen Rom gab ihr all die Wärme, Menschlichkeit, Ruhe, Halt und all das, was sie so lange entbehrt hatte. Es war ein Treffen zweier gleichgestimmter Seelen!"[167]

---

165 Richard LeSueur: Interview vom 12. Oktober 2006, auf: http://sitemaker.umich.edu/Livingmusic.
166 Willem Scherpenhuijsen Rom schilderte mir die Umstände ihres Kennenlernens bei einem persönlichen Besuch in Leusden/NL am 13. März 2012.
167 Diese Aussage tätigte Julia Hamari in einem Telefonat im Dezember 2011

Arleen Auger und Willem Scherpenhuijsen Rom in Kyoto 1991 (Photo: Tsuyako Mitsui)

Trotz seiner vielen Verpflichtungen als Vorsitzender des Vorstandes der ING-Bank und des Concertgebouworchester fand Willem Scherpenhuijsen Rom als glühender Anthroposoph auch noch Raum, sich über seine Landesgrenzen hinaus für die Christengemeinschaft zu engagieren.

Arleen Auger selbst sagte einige Jahre später in einem Radiointerview:

> „Ich habe jetzt endlich ein Privatglück gefunden. Es ist nicht leicht. Es verlangt von uns beiden sehr viel Geduld und sehr viel Flexibilität. Aber es lohnt sich auch, und wir versuchen es dann doch zu tun. Es hat mein Künstlerleben wahnsinnig bereichert. Ich habe mich auch als Mensch total verändert gegenüber dem Zeitpunkt, als ich ganz allein war."[168]

Nachdem sie sich in Amerika von Anfang an nicht primär als Barock-Sängerin präsentiert hat und dadurch der Typisierung als reine Bach-Sängerin etwas entgehen konnte, visierte sie dasselbe auch in Europa an – und das ausgerechnet im Bach-Jahr 1985! Denn auch hier wollte sie nun endlich ein neues Image etablieren. Sie wollte weg von der reinen Konzert-Sängerin und auch weg vom Bild der klassischen Koloratursopranistin, dem sie eh nie entsprochen hatte. Bei diesem Bemühen auch in Europa ein neues Kapitel aufzuschlagen, half ihr die Titelrolle von Händels *Alcina*, die sie in der Christ Church von Spitalfields in London während des *City of London Festivals* im Sommer 1985 das erstemal ausprobierte. Diese Partie wurde zu ihrer Leib und Magen-Rolle; sie sollte sie innerhalb der nächsten Jahre in insgesamt vier verschiedenen Produktionen verkörpern:

1985   London/Spitalfields Festival
1986   Los Angeles
1990   Genf/Grand Théatre de Genève
1990   Paris/Théâtre Châtelet

Arleen Auger hat diese Rolle förmlich aufgesogen. Es war nach Jahren der vielen Konzertmusik endlich wieder mal eine Opernpartie, die ihr auf den Leib geschneidert war, und es war eine mit ihren sechs Arien, einem Terzett und einer reinen Singzeit von einer vollen Stunde extrem anspruchsvolle dazu.

Im August 1986 schilderte sie, wie es überhaupt zu dieser Londoner Produktion gekommen ist:

> „Vor ein paar Jahren sang ich ein Proms-Konzert mit Richard Hickox, und danach begannen die Verhandlungen für dieses Projekt. Aufgrund technischer Probleme und des Todes von Joseph Losey war es unglücklicherweise immer wieder an- und abgesagt. Wir alle hielten an den Verabredungen fest mit der Hoffnung, dass das Projekt zustande kommen würde, denn es war für uns alle sehr wichtig. Es war ent-

---

168 Barbara Stein portraitiert die Sopranistin Arleen Auger in der Reihe „Schöne Stimmen", SWF, 7. Oktober 1990.

111

scheidend, eine Gruppe von Leuten zusammenzubringen, die denselben Idealismus und denselben Enthusiasmus besaßen, um wahrhaft *ideales* Theater zu machen – oder zumindest so nah wie möglich an das Ideal heranzukommen. Viele von uns waren betroffen angesichts des Niveaus heutiger Operninszenierungen. (Und deswegen mache ich so wenig Oper). Trotz der Widrigkeiten herrschte bezüglich des Projekts unter uns Einigkeit im Geiste, so dass ich wusste: Ich wollte daran festhalten. … Keiner von uns ist enttäuscht worden – ich denke, wir sind alle ziemlich stolz, dass unsere Hoffnungen so sehr erfüllt worden sind.“[169]

Und so versammelten sich im Sommer 1985 – mit dem als Ersatz für Joseph Losey engagierten Regisseur Frank Corsaro – folgende Sänger in der Kirche von Spitalfields: Eiddwen Harrhy (Morgana), Della Jones (Ruggiero), Mira Zakai (Bradamante), Patrizia Kwella (Oberto), Maldwyn Davies (Oronte), John Tomlinson (Melisso).

„Die Arbeitsbedingungen in London waren optimal. Die Compagnie wollte beweisen, dass das Geheimnis einer guten und glaubwürdigen Opernproduktion ist, die Besetzung so bedachtsam auszuwählen, dass die Sänger nicht nur zu den Rollen passen, sondern auch zueinander. Wir haben sorgsam zusammengearbeitet, Tag und Nacht, und wir bauten mit dem Regisseur Frank Corsaro eine Produktion, die wir alle gemeinsam waren.“[170]

Der Kritiker der Londoner *Times*, Stephen Pettitt, attestierte ihr angesichts der Premiere am 17. Juli 1985:

„Händels Gespür für Charaktere wird in dieser Oper gut dargestellt. Die Zauberkönigin ist nicht ausschließlich böse. Sie ist auch einsam und verzweifelt und hofft, sich selbst glücklich zu machen, indem sie andere zwingt, sie zu lieben. Und wir können es nicht vermeiden, Mitleid angesichts ihres Niedergangs zu empfinden, besonders in der weitdimensionierten zentralen Arie ‚Ah! Mio cor! Schernito sei!‘ In dieser Rolle zeigt Arleen Auger eine beherrschende Präsenz und eine Technik, die wahrhaft athletisch ist. Sie dekorierte einige ihrer Da capos mit echtem Feuer, dabei wohlüberlegt die Ausmaße ihres eigenen Stimmradius’ austestend.“

Und Alan Blyth schrieb am selben Tag im *Daily Telegraph*:

„Die amerikanische Sopranistin Arleen Auger hatte die anstrengende Titelrolle übernommen. Als betörende Verführerin des 1. Aktes war sie nicht überzeugend, um nicht zu sagen peinlich. Aber sobald sie ihres Liebhabers beraubt wurde, erreichte sie einen dramatischen, ja tragischen Zustand in ihren Ausbrüchen des 2. Aktes, die heißblütig und mit expressiver Kraft abgeliefert wurden. Hier zeigt Händel sich als einer der größten darin, Musik zu finden, um einen psychologischen Gemütszustand auszudrücken. Frau Auger machte uns das bewusst und überzeugte uns, Joan

---

169 James Jolly: „A Taste of Teamwork“, in: Gramophone, Mai 1990.
170 Heidi Waleson, 1987: Anm. s. o., S. 23.

Sutherlands berühmte Interpretation dieser Rolle in Covent Garden und anderswo zu vergessen."

Arleen Auger selbst sagte zu ihrer Feuertaufe in Sachen Händel-Oper:

„Es war das erste Mal, dass ich überhaupt Händel gesungen habe – abgesehen vom *Messias* und einigen Arien. Es war ein gewagtes Experiment für mich – besonders auf der Bühne und mit Vorstellungen en suite. Ich wusste nicht, ob es überhaupt möglich sein würde: Es ist so ein riesiges Werk, aber es ist so einfach für meine Stimme! Man macht niemals drei Vorstellungen an drei Tagen, aber hier hat es funktioniert. Und wir hatten ja auch noch die Aufnahmesitzungen; zwei Wochen jeden Tag stundenlang die Oper singen – ich genoss es durch und durch und war glücklich zu sehen, wie sich ein neuer Bereich auftat."[171]

Noch nach beinahe 20 Jahren schwärmte der Oboist Anthony Robson im Jahre 2002 über diese Inszenierung:

„Eine der großartigsten Produktionen, die ich jemals gemacht habe, war in der Weite von Spitalfields Church Händels *Alcina* mit Richard Hickox und Arleen Auger. Es war absolut phänomenal. Auger hat die Leute einfach umgehauen, und wir im Orchester waren komplett gebannt, nicht nur von Auger – die ganze Besetzung war phantastisch. Della Jones sang die wunderbarsten Verzierungen, die du jemals gehört hast. [...] Diese *Alcina* war nicht komplett auf Authentizität hin angelegt, aber sie war einfach absolut wundervoll: es war eine phantasievolle Art, die Zauberinsel zu erwecken und ich kann mir nicht vorstellen, dass es jemals besser gemacht worden ist. Da war Sand auf dem Fußboden gestreut und viele Altertümlichkeiten standen herum, kleine Miniatur-Grotten, gefüllt mit diesem und jenem, und der Innenraum wurde komplett als Spielfläche genutzt. Wenn Arleen zum Beispiel ‚Ah, Ruggiero, crudel!' oben vom Portal herab sang, was zugleich der höchste Punkt der Kirche ist, sah sie so aus, als ob sie versuche Beschwörungsformeln in den Raum zu senden. ‚Ombre pallide' ist die verblüffendste Arie überhaupt, aber *Alcina* ist die erstaunlichste Oper. Es gibt darin nicht eine überflüssige Arie, nicht eine, bei der ich denke: ‚Na gut, vielleicht können wir jetzt mal zu was besserem übergehen.'"[172]

Schon bald entpuppte sich der anfänglich als gewagt erscheinende Schritt gen Amerika und die Reduktion des Bach-Singens als richtig und richtungsweisend: Er hat ihr den Weg zur Oper wieder geöffnet, sie sang vermehrt Neue Musik, und der Liederabend als ihre Königsdisziplin stand nun im Zentrum ihres Wirkens.

Sie selbst hat es im Frühjahr 1987 resümeeartig so gesehen:

„In dieses Land zurückzukehren hat mir sehr geholfen, mich als Künstlerin und als Mensch zu entwickeln. Mein visionärer Blick ist nun viel breitgefächerter als vorher. Ich bin stärker als vorher und viel näher daran, nun endlich das zu sein, was

---

171 Ebenda.
172 Robson, Anthony: Interview mit David Vickers vom 11. Februar 2002, auf: www.gfhandel.org.

ich immer schon in mir gefühlt habe – etwas, was ich niemals hätte werden können, wenn ich in den konservativen Schranken meiner europäischen Erlebniswelt geblieben wäre."[173]

5. Kosmopolitin

Um ihre Karriere in Amerika erst einmal in Gang zu bringen, hat sie sich in Europa nach 15 Jahren der Dauerpräsenz anfänglich etwas rarer gemacht. Nachdem aber immer mehr einflussreiche Leute in Amerika wussten, wer Arleen Auger war, wurden auch die Aufritte in Europa wieder häufiger. Fortan teilte sie ihre Aktivitäten so auf, dass sie vier Monate in den Staaten arbeitete und acht Monate in Europa.

Eine Schwierigkeit dieser weltweiten Präsenz auf dem Musikmarkt war ihre Klassifizierung bezüglich ihrer nationalen Identität: Die Europäer empfanden sie in mancherlei Hinsicht als sehr amerikanisch, und sie selbst empfand sich, wenn sie in Amerika unterwegs war, als sehr bis zu europäisch. Celia Novo meinte dazu: „Es war wirklich sehr schade, dass sie sich niemals wirklich einem der beiden Kontinente zugehörig fühlte."[174] Sie selbst hat ihre amerikanische Staatsangehörigkeit nie aufgegeben und sich in ihrem Herzen immer als Amerikanerin gefühlt, wenngleich sie von 1967 bis 1983 fast ununterbrochen in Europa gelebt hat und von 1984 bis zu ihrem Tod immer nur einige Monate pro Jahr in den Staaten weilte. Geschätzt hat sie an Europa besonders die Freundlichkeit und Zuverlässigkeit der Menschen, die in diametralem Kontrast zur oft aufgesetzten Unverbindlichkeit der Amerikaner stand.[175]

Hinzu kamen die Schwierigkeit hinsichtlich der nationalen Zuordnung ihres Namens. 1989 sagte sie in einem Radiointerview dazu:

> „Ich habe herausgefunden, dass der Name in Europa genauso schwierig ist wie in Amerika. Im deutschsprachigen Raum sagen viele Leute Auger, weil es wie ein deutscher Name ausschaut. In Frankreich gibt es nicht sehr viele Augérs und die meinen, weil ich so lange in Deutschland und in Österreich gelebt habe, dass es dann doch ein deutscher Name sein müsse. Sie versuchen Augere zu sagen. In Italien sagen sie, sie haben kein g und ich bin Augere. Wenn Leute den Namen hören und dann sehen sie ihn auf einer Schallplatte geschrieben, bringen sie es nicht immer zusammen,

---

173 Heidi Waleson, 1987: Anm. s. o., S. 23.
174 Das hat Celia Novo mir in einem Brief vom 13. Juni 1994 persönlich mitgeteilt.
175 Dies berichtete mir Willem Scherpenhuijsen Rom anlässlich eines persönlichen Treffens in Leusden am 13. März 2012.

dass das dieselbe Person ist – und das ist das, was ich mir wünsche, dass es dann doch Augér ist und nicht *Auger*.“[176]

In Europa nutzte sie weiterhin jede Gelegenheit, das Image einer reinen Bach-Sängerin abzustreifen. Und einer ihrer Helfer diesbezüglich wurde ihr Londoner Agent Stephen Lumsden. Dieser hatte Anfang der 1980er-Jahre seine Agentur Intermusica Artist's Management gegründet, die anfänglich nur aus ihm und seinem Küchentisch im Norden Londons bestand, von dem aus er seine Geschäfte regelte. Er war ursprünglich studierter Fagottist und war mit dem festen Vorsatz angetreten, keine Sänger in seine Kartei aufzunehmen; aber nachdem ihn das Agentenduo Hamlen-Landau zu einem Liederabend Arleen Augers nach Wien eingeladen hatte, änderte er seine Einstellung dazu schlagartig:

> „Ich bemerkte augenblicklich, was für eine außergewöhnliche Künstlerin und ein außergewöhnlicher Mensch sie war. Es war der Beginn eines langen und erfolgreichen Arbeitsverhältnisses, kurzerhand gekappt durch ihren traurigen Tod.“[177]

Lumsden vermittelte ihr fortan Auftritte in England, aber auch Skandinavien und Belgien.

Und in England fand sie noch einen zweiten Verbündeten, der ihr helfen sollte, neues Repertoire jenseits des Barockpfade zu erproben: Simon Rattle. Er hatte sie im Frühjahr 1986 für eine späterhin dann preisgekrönte Aufnahme von Mahlers II. Sinfonie mit Janet Baker engagiert und war so begeistert von ihrer Stimme und ihrer reichen Persönlichkeit und ihrer tiefen Künstlerschaft, dass er sie in den nächsten Jahren für verschiedene Projekte verpflichten sollte. So machte er mit dem erst 1986 gegründeten „Orchestra of the Age of Enlightenment“ 1987 in London einen „elektrisierenden“ Idomeneo von „sensationellem Erfolg“[178], bei dem sie die Ilia sang. Im selben Jahr spielte er Alban Bergs *Lulu-Suite* mit ihr für die EMI ein. 1989 gab es eine konzertante *Le Nozze di Figaro* und 1989/90 mehrere Aufführungen von Haydns *Schöpfung* auf Englisch (u. a. beim Edinburgh Festival), die auch für die EMI eingespielt worden ist.

In Amerika wurde sie vor allem immer mehr als Botin des Deutschen Liedes geschätzt. So schwärmte der New Yorker Kritiker Andrew Porter am 26. Mai 1986 in *The New Yorker* über einen Liederabend in der Merkin Hall mit Malcom Bilson am Hammerklavier wie folgt:

> „Ich habe sie schon lange verehrt und ich verehre sie seit diesem Liederabend mehr denn je; ihr Ton besaß eine solche Schönheit, Frische und Klarheit, dass er die Zuhörer in einen wahren Zustand der Verzückung und des Genusses zu versetzen vermochte.“

176 Barbara Stein: Amn. s. o.
177 Andrew Greens: „Intermusica Artist's Management. The management game“, in: Classical Music Magazine, September 2006.
178 Kenyon, Nicolas: Simon Rattle. Abenteuer Musik, Berlin 2002, S. 198.

Im Verlauf seiner Rezension vergleicht er sie mit Kathleen Battle, Elisabeth Schumann, Irmgard Seefried und der jungen Lisa della Casa. Und seine Begeisterung schwappt schier über und mündet in den hymnischen Schluss:

> „Stimmklang dieser Qualität ist heute selten und die normalen Attribute der Euphorie scheinen unangemessen. Lassen Sie mich berichten, um Ihnen den Grad meiner Begeisterung zu schildern, dass ich zu Beginn der Pause – nach Frau Augers Haydn-Gruppe – Freunde angerufen und ihnen gesagt habe, sie sollen alles stehen und liegen lassen und sich schnellstens zur Merkin Hall begeben, (in der noch ein oder zwei Plätze frei waren), um Frau Auger Mozart singen zu hören."

Und als Nachklang fasst er das Ereignis in die Formel:

> „Die Unmittelbarkeit von Frau Augers Gesang, die Schönheit ihres Timbres, und die Anmut ihrer Phrasierung vereinigten sich und machen sie zur ausgezeichnetsten Liedsängerin, die ich seit Jahren gehört habe."

Ein Kritiker, der in der Pause scheinbar fluchtartig das Konzertgebäude verlässt, ruft bei zufälligen Beobachtern dieses Vorgangs nicht zwingend positive Gefühle hinsichtlich der Qualität der Veranstaltung hervor. Auf einer Internetplattform findet sich diesbezüglich eine wundervolle Geschichte von Max Prola, der dieses Konzert damals ebenfalls besucht hat:

> „Ich erinnere mich an einen unvergesslichen Liederabend in der Merkin Hall in New York [...] Meine Frau und ich waren euphorisch als wir in die Pause gingen. Wir erschraken allerdings, als wir Andrew Porter sahen, wie er rauskam und das Gebäude offensichtlich verließ. Unser Vertrauen an seine Kompetenzen als Kritiker wurden aber wiederhergestellt, als wir die nächste Ausgabe des *New Yorker* lasen, in der Herr Porter offen gestand, dass er von der Darbietung so gepackt worden war, dass er zur Pause herausstürzte, um einige Freunde anzurufen, auf dass sie alles stehen und liegen lassen und herübereilen sollten, um dieses wundervolle Ereignis zu hören."[179]

Der Sommer 1986 sollte ihr den Höhepunkt ihrer Karriere bescheren – zumindest was Popularität betraf: Am 26. Juli 1986 trat sie bei der Hochzeit von Prinz Andrew und Sarah Ferguson in Westminster Abbey in London auf. Vor Hunderten Millionen von Fernsehzuschauern auf der ganzen Welt sang sie den ersten Satz aus Mozarts Motette *Exsultate, jubilate* sowie deren abschließendes *Alleluja*. Damit war sie die erste Amerikanerin, die in die Gunst kam, bei einer Hochzeit des britischen Königshauses auftreten zu dürfen. Vorwürfe dahingehend, man würde sie gegenüber einheimischen britischen Sängern bevorzugen, wurden dadurch ausgeräumt, dass ihr eine zweite Solistin aus Großbritannien an die Seite gestellt wurde – und zwar keine geringere als die

---

179 Max Prola: Arleen Auger am 5. Juli 1999 in: OPERA-L-Archives, auf: listserv.bccls.org.

wundervolle Felicity Lott, die das *Laudate Dominum* aus Mozarts *Vesperae solennes de confessore* KV 339 sang.[180]

War das Engagement von Kiri te Kanawa 1981 auf der Hochzeit von Prinz Charles und Lady Diana auf ausdrücklichen Wunsch des Bräutigams entstanden, so hatte Arleen Auger anfänglich keine Idee, wie sie zu dieser Ehre gekommen war, denn sie besaß weder Kontakte zum englischen Königshaus, noch kannte sie das Brautpaar persönlich. Überhaupt waren weder Prince Andrew noch Sarah Ferguson als besonders kulturinteressiert bekannt, sondern galten eher als leidenschaftliche Diskogänger, und die Wahrscheinlichkeit, dass diese beiden sie als Solistin für ihre Hochzeit auserkoren hatten, war relativ gering.

Und in der Tat: In ihrem Fall erwies sich der Kirchenmusikdirektor von Westminster Abbey, Simon Preston, als treibende Kraft. Er hatte sie im Radio mit *Exsultate, jubilate* gehört und sie daraufhin engagiert. Denn wie er später gegenüber der Presse sagte: „Wir wollten die beste, und sie ist die beste!"[181]

Dieses Engagement war für sie eine große Ehre – und das spezifisch Britische dieser Veranstaltung ereilte sie bereits bei der Probe in Westminster Abbey: Denn einerseits wohnten dieser die Blumenfrauen bei, die die ganze Kirche festlich herrichteten und sich in dem Moment, als sie zu singen anhob, hinsetzten und andächtig lauschten[182], und andererseits bevölkerte da eine Vielzahl von Garde-Offizieren die Kirche, die alle Pappschilder hochhielten, auf denen die Namen von Lady Diana, Queen Mum oder anderen prominenten Gästen prunkten. Diese Pappkameraden symbolisierten bei der Probe die Stellvertreter und wirkten unweigerlich bizarr. Und angesichts deren Anblicks konnte sich Arleen Auger – von ihrer Empore aus – das Schmunzeln nicht verkneifen.

In einem Interview von 1991 mit Gert Wolff vom Hessischen Rundfunk hat sie diese Minuten des *Exsultate* nach der Trauung als einen der schönsten Mozart-Momente ihrer Sängerlaufbahn bezeichnet:

> „Einer von den schönsten Momenten, den ich je mit Mozart hatte - war so unwahrscheinlich und lag im Vorfeld so jenseits meiner Vorstellungen, dass es überhaupt sein könnte - war in dieser Kathedrale in London, wo ich für die Hochzeit das *Exsultate* gesungen habe. Mit Originalinstrumenten. Es war eine unwahrscheinlich warme und schöne Atmosphäre in der Kirche. Ich sang ohne nervliche Belastung, was mich überraschte. Ich habe nicht an Fernsehen, nicht an Millionen Leute gedacht. Ich war eins mit dem Orchester. Ich glaube, wir haben einfach für ein paar Momente eine ganz persönliche musikalische Freude mit Mozart gehabt."[183]

---

180 Notiz im Hamburger Abendblatt vom 22. Juli 1986.
181 „Yankee Diva Arleen Augér Scores Her Biggest Gig, a Solo At The British Royal Wedding", in: People weekly, 28. Juli 1986.
182 Joseph McLellan: Anm. s. o.
183 Gert Wolff interviewt Arleen Auger zum Mozart-Jahr, HR.

Für den amerikanischen Tenor Alan Quarnberg glich dieser Auftritt förmlich einer Erweckung:

> „Im Juli 1986 hörte ich etwas Transzendentes: Die amerikanische Sopranistin Arleen Auger sang Mozarts *Exsultate, jubilate* in der Westminster Abbey in London. Obwohl ich ihre Darbietung nur am Fernseher verfolgte, hatte ich niemals zuvor so etwas großartiges gehört – ernsthaft! Während sie Mozart sang, fiel ihr die musikalische Perfektion nur so aus dem Mund heraus, und sie sang es, wie ich es niemals gehört hatte. Ich war hingerissen und konnte nicht glauben, dass es etwas Schöneres geben konnte als das, was ich gerade hörte. Ich schätze, wir haben alle schon solche Momente erlebt, in denen etwas so Schönes und so Erstrebenswertes uns dermaßen bewegt hat, dass man mehr davon haben muss; man will Teil davon sein.“[184]

Als sie sich selbst jedoch später zu Hause in Amerika die Fernsehaufzeichnung dieses Ereignisses angesehen hat, war sie allerdings weniger „amused", denn der amerikanische Kommentator in den USA war seiner Arbeit übergründlich nachgegangen und hatte während ihres kompletten Gesangsvortrags gesprochen.

> „Ich fühlte mich wie eine der vielen Schleifen auf der Hochzeitstorte", sagte die Sopranistin pikiert.[185]

Und auch die Behandlung, die man ihr in London vor Ort angedeihen ließ, war alles andere als königlich: Man betrachtete sie offensichtlich eher als eine Art musikalische Hilfskraft. So wurde sie auf ihren Kosten für Kleid, Reise und Hotel einfach sitzengelassen, und auf dem anschließenden Empfang bot man ihr noch nicht einmal ein Glas Sekt oder Saft an. Aber Arleen Auger gab auch das mit Humor zu Protokoll – zumindest äußerlich.

Aber all das waren Bagatellen im Vergleich zu dem, was nach ihrem Auftritt hinsichtlich ihrer Karriere geschah: Die weltweite Öffentlichkeit, die sie für gut sieben Minuten genießen durfte, katapultierte sie regelrecht in eine neue Rubrik der Bekanntheit:

> „Es hat vielen Leuten die Augen geöffnet, die mich nie gehört haben, aber es hat auch die Augen von Leuten aus der Industrie geöffnet.“[186]

Vielleicht hatte sie die Amerikaner durch ihren Auftritt bei ihrem Nationalstolz gepackt, vielleicht hat ihr engelsgleicher, perfekter Vortrag auch viele verblüfft, was auch immer die Gründe gewesen sein mögen – auf einmal jedenfalls wussten alle wichtigen Leute in der amerikanischen Musikbranche, wer Arleen Auger war. Und schon ein gutes halbes Jahr später konnte sie sagen:

> „Meine Musikbücherei bestand früher meistens nur aus Stücken, die ich kaufen musste, um sie zu lernen. Jetzt zum ersten Mal beginne ich eine Wahl zu haben, was

---

184 Alan Quarnberg: „Why I sing", auf: www.utahchamberartists.org.
185 Heidi Waleson 1987: Anm. s. o., S. 22.
186 Susan Elliott: „America Is Discovering One of Its Own", in: New York Times, 25. Februar 1990, Section 2.

ich singe. Hier in Amerika fangen sie jetzt an zu sagen: ‚Wir hätten gerne die Auger.
Was würde sie wohl gerne singen?‘“[187]

Aufgrund dieses nun vermehrt einsetzenden Interesses an der Sängerin Auger sah sie
sich allerdings im gleichen Atemzug veranlasst, die private Arleen im Gegenzug vor
zuviel Öffentlichkeit zu schützen; denn sie war weiterhin daran interessiert, Kontrolle
über das zu behalten, was sie tat und was mit ihr geschah:

> „Ich glaube nicht, dass ich zum Star werde oder in den Status eines Stars katapultiert
> werde. Ich möchte nicht auf der Überholspur fahren. Ich bin daran interessiert, eine
> sehr solide Karriere aufzubauen, in der ich mich selbst wiedererkenne. Jetzt, wo die
> Leute mich kennen, bestünde die Möglichkeit, mein Image in Richtung Glamour
> auszuweiten; dem widerstehe ich. Ich möchte gerne weiter so sein, wie ich bin.“[188]

Diese Glamourangebote – wie etwa das Auftreten in Talkshows, die Anfrage bezüglich
Autogrammstunden nach ihren Konzerten – widersprachen einerseits nicht nur ihrem
idealistischen Wesen, sondern stimmten sie andererseits auch traurig, denn sie führten ihr ungeschönt vor Augen, nach welchen Gesetzen die Musikbranche in Amerika
funktioniert:

> „Ich fand es ein bisschen schwierig, mit der Tatsache klarzukommen, dass von der
> klassischen Musik erwartet wird, wie Broadway zu sein: Eine Vorstellung ist eine
> ‚Show‘, das Orchester ist eine ‚Band‘. Und es gibt da diesen künstlichen ‚Vorhang
> auf!‘-Effekt. Jeder muss glitzern und konstant wie 25 aussehen. Ich fühle mich
> so nicht gewürdigt. Ich sage nicht, dass klassische Formen irgendwie besser oder
> schlechter sind als Broadway oder Operette, aber ich denke, dass jede dieser Formen
> ihre eigene Identität behalten muss. Und ich für meinen Teil möchte ein gewisses
> Maß an Ernsthaftigkeit bei Orchesterkonzerten und Liederabenden beibehalten.
>
> In Europa haben wir die Tendenz, uns mehr auf die Musik und weniger auf die
> Ausführenden zu fokusieren. Beides durchmischt sich natürlich, und Europa wird
> immer mehr wie Amerika. Aber es ist sehr schwierig für mich. Ich muss meine Per-
> sönlichkeit balancieren und kämpfe sehr hart damit. Ich möchte meine Persönlich-
> keit nicht verändern, um in eine Gussform zu passen – ich bin dafür viel zu frei. Ich
> möchte nicht *eine* Identität hier in Amerika haben und da drüben eine andere. Ich
> mag in der Tat in Europa sehr konservativ geworden sein, aber ich werde zuneh-
> mend immer weniger konservativ durch den Einfluss Amerikas.“[189]

> „Ich betrachte mich selber gerne als eine seriöse Künstlerin. Ich bin nicht an Dingen
> interessiert, die einhergehen mit einer Glamour-Karriere – Auftreten in Talkshows
> und dort Werbung für meine Person machen. Auf den Glanz abzuzielen ist nicht
> Bestandteil meines Repertoires. Was ich anzubieten habe, ist eine musikalische Per-

---

187 Heidi Waleson, 1987, S. 23.
188 Ebenda.
189 Ebenda.

Arleen Auger als Alcina und Della Jones als Ruggero in Händels *Alcina* an der
Los Angeles Music Center Opera 1986 (Photo: Frederic Ohringer/courtesy of LA Opera)

sönlichkeit – und vielleicht wächst da ein neues Bewusstsein für die Art von Musikerin, von der ich eine bin. Und vielleicht besteht dieses Publikum nicht länger nur
aus einer Handvoll von Kennern.“[190]

Im November 1986 ging das *Alcina*-Projekt in die zweite Runde:
Nachdem die Oper im Sommer 1985 in London aus der Taufe gehoben worden war,
wurde die Produktion in Los Angeles wiederholt. Martin Bernheimer, der Chefkritiker
der *Los Angeles Times*, hatte sich die Vorstellung angesehen. 20 Jahre zuvor hatte er als
Juror in *der* Jury gesessen, die Arleen Auger den ersten Preis beim „Viktor-Fuchs-Wett-
bewerb“ zuerkannt hatte. Dadurch hatte er ihrer Karriere den entscheidenden Anstoß
gegeben. Über ihre Gestaltung von Händels Zauberin notierte er nun:

„In der eigentlich unmöglichen Titelrolle sah Arleen Auger am Dienstag teuflisch
gut aus und sang gleichzeitig wie ein Engel. Wir wussten, sie würde die Verzierungen mit unangestrengter Akkuratesse meistern. Wir haben erwartet, dass sie mit
der Süße und Reinheit und endlosem Atem und ausdrucksvoller Haltung, eben mit
angemessener Kontrolle in den sich steigernden Ausbrüchen singen würde. Aber
wir wussten nicht, dass sie so eine fesselnde, subtile, sinnliche Schauspielerin ist.“[191]

---

190 Donna Perlmutter: Anm. s. o.
191 Martin Bernheimer: „Stylish ‚Alcina‘ at the Wiltern“, in: Los Angeles Times, 6. November 1986.

1987 vollzog sie einen wichtigen privaten Schritt: Sie löste ihre Wohnung in München auf und zog zu Willem Scherpenhuijsen Rom nach Leusden, einen kleinen Ort ohne Bahnhof in die Nähe von Utrecht und Amsterdam. Adresse: Dodeweg 5. Hier begann sicherlich die glücklichste Phase ihres Lebens, sowohl in künstlerischer als auch in privater Hinsicht. Hier empfing sie ihre Privatschüler zum Unterricht, hier kamen unter anderem die Lied-Pianisten Irwin Gage und Graham Johnson zu Proben vorbei. Hier hatte sie, während Willem in der Bank war, das ganze Haus mit Personal für sich, und hier leistete sie sich nun auch endlich den inzwischen notwendig gewordenen Luxus einer festangestellten persönlichen Privatsekretärin, um der explosionsartig gestiegenen Anfragen Herr zu werden: Annelies Leeuwangh. Diese war zuvor beim Niederländischen Kammerchor tätig gewesen und hatte über diesen auch erfahren, dass die amerikanische Sopranistin eine persönliche Sekretärin suche. Nach einem ersten Treffen hatte sie diese Position bis zu Arleen Augers Tod inne. Sie gewann rasch Einblicke in die Gewohnheiten einer Sängerin, die weltweit immer gefragter war und die 1987 stolz sagen konnte:

> „Mein Singen ist mehr als ein Beruf, es ist eine Berufung und eine Lebensart. Sobald ich spüre, dass die Nachteile die Vorteile überwiegen, werde ich aufhören. Aber ich liebe es."[192]

Im guten alten Europa zog unterdessen der Auftritt vor einem Millionenpublikum an den Fernsehschirmen weitere bemerkenswerte Engagements nach sich: so sang sie 1987 im Vatikan vor Papst Johannes Paul II. Joseph Haydns *Paukenmesse* unter Leitung von Gilbert Levine, bekannt als „The Pope's Maestro".

Und auch zu den *Salzburger Festspielen* kehrte sie nach 14-jähriger Pause zurück: Unter der Leitung von Horst Stein sang sie im August 1988 Händels *Messias* in der Mozart-Fassung. Noble Konzertsänger wie Martha Senn, Marjana Lipovsek, ihr langjähriger Tenorkollege aus Rilling-Tagen Aldo Baldin und der große Theo Adam standen ihr in der Felsenreitschule zur Seite. Horst Stein und sie kannten sich noch aus ihrer gemeinsamen Zeit an der Wiener Staatsoper Anfang der 1970er-Jahre, und sie ist seiner Einladung nur zu gerne gefolgt, denn der Maestro war ein ausgesprochener Sänger-Dirigent. Er verfügte selber über eine äußerst tragfähige Tenorstimme und wäre, wie er gegenüber Wolfgang Fahrenholtz einmal sagte, zu gerne selbst Sänger geworden, wenn Gott ihm eine andere Physiognomie mitgegeben hätte. Horst Stein galt als einer der partitursichersten Dirigenten seiner Zeit, konnte jede Oper in jeder Stimme mitsingen und freute sich auf Opernaufführungen und Konzerte mit Arleen Auger immer ganz besonders, weil er, wie er gestand, wenn sie sänge, endlich auch einmal die Musik genießen könne und nicht permanent in Habachtstellung lauern müsse, was als nächstes passieren und aus dem Ruder laufen könne. Außerdem schätzte er an ihr, dass sie bereits zur ersten Probe fertig studiert kam und in den Vorstellungen sofort von Anfang energetisch voll einstieg und sich nicht – wie viele mitunter gar prominente Kollegen – im

---

192 Marianne Gray: The mystery voice is back on song…, in: Daily Mail, 5. Mai 1987.

ersten Akt erst einmal einsang, im zweiten allmählich warm wurde und im dritten Akt erst ihr volles Potential darbot. Dieses Schonen empfand sie als dem zahlenden Publikum und dem Werk gegenüber als nicht vertretbar; in Horst Stein hatte sie jemanden gefunden, der das zu würdigen wusste.[193]

1987 kam es in Schweden zur ersten Zusammenarbeit mit dem Dirigenten Arnold Östman. Dieser war aufgrund seiner extrem leichten und damit schnellen Spielweise eine echte Herausforderung für jeden Sänger:

> „Ich habe schon vor Jahren bemerkt, dass generell gesprochen britische Dirigenten dazu tendieren, bei Bach und Mozart ein schnelleres Tempo zu wählen. Zu Beginn war das ein kleiner Schock für mich, denn ich war so an die deutsch-österreichische Herangehensweise gewöhnt. Als ich das erste Mal mit Neville Marriner arbeitete, waren ein paar Dinge offensichtlich sehr schnell. Aber ich musste nur meine Haltung dazu ändern und mich daran erfreuen. Als ich mit alten Instrumenten arbeitete, fand ich das einfacher. Aber ich war dennoch nicht auf Arnold vorbereitet. Wie viele Dirigenten in der Alten-Musik-Szene weiß er jedoch genau, warum er es so macht. Und es gibt bei ihm immer legitimierte Gründe. Ich mag es, flexibel zu sein und mit jeder Person etwas Neues anzulegen. Ich habe herausgefunden, dass mit etwas Überlegung jede Herausforderung immer erfreulich ist. Als ich das erstemal mit Arnold arbeitete, sagten mir die Leute: ‚Oh, seine *Cosi*-Aufnahme ist so schnell, es ist unmöglich irgendwas zu singen.‘ Nicht für mich in den Stücken, die ich mit ihm gemacht habe. Er begründet seine Herangehensweise und er ist wie andere Dirigenten auf diesem Feld ein wundervoller Theatermensch. Er weiß, was er in der Musik gefunden hat, und das gibt ihm das Gefühl, dass es so gemacht werden muss. Er versteht auch die Stimme und ist absolut bereit, als ein ganzheitlicher Theatermensch zu denken, so dass ‚wir Dinge nicht einfach tun, weil es für die Instrumenten am einfachsten ist‘, sondern weil alles theatralisch erscheint.“[194]

Ihre erste gemeinsame Einspielung war im August 1987 Mozarts *Le Nozze di Figaro* mit alten Instrumenten. Ihr sollte zwei Jahre später, im August 1989, die Donna Anna in Mozarts *Don Giovanni* folgen.

Ihr Terminkalender war – wie in den Jahren zuvor auch – weiterhin randvoll. Um sich das Pensum eines Jahres einmal bewusst zu machen, hier die Aufstellung ihrer Auftritte von 1988[195]:

Januar	6.–8.	London	Händels *Messias* – Aufnahme
			Dir.: Trevor Pinnock
	20.	Heilbronn	Württembergisches Kammerorchester

---

193 Diese Würdigung Horst Steins verfasste Wolfgang Fahrenholtz am 6. und 7. September 2011.

194 James Jolly, 1990: Anm. s. o.

195 Diese Liste resultiert aus einer Aufstellung, die Arleen Auger eigenhändig in einem Weihnachtsbrief an Wolfgang Fahrenholtz 1987 getätigt hatte und die dann um die noch dazugekommenen Konzerte vom Autor aufgestockt wurde.

	21.	Ludwigsburg	Württembergisches Kammerorchester Mozart: Konzertarien KV 505 und 528 Steven de Groote, Klavier
Februar	3.	London	italienische Opernarien
	7.	Washington D. C.	Mozart-Arien
	2.	Hamilton College, NY	Liederabendtournee mit Dalton Baldwin
	16.	Cincinnati, Ohio	Liederabend
	18.	Philadelphia, Penn.	Liederabend
	20.	Toronto, ON	Liederabend
	22..	Cleveland, OH	Liederabend
	26.	Worchester, Mass.	Liederabend
	28.	NYC Lincoln Center	Liederabend
März	1.	Laramie, Wy	Liederabend
	4.	Kansas City	Liederabend
	6.	Ambassador	Liederabend
	7.–8.	Los Angeles	Love-Songs-Einspielung
	10.	Oshkosh, W.	Liederabend
	13.	Bethlehem, Penn.	Bach: BWV 51 und 199
	17.	San Francisco	Mozart/Händel
	18.	San Francisco	Mozart/Händel
	25.	Amsterdam	Johannes-Passion
	27.	Concertgebouw	Dir.: Nikolaus Harnoncourt
	31.	München/Gasteig	Bach: *h-Moll-Messe*
April	1.	München/Gasteig	Bach: *h-Moll-Messe* Dir.: Jörg-Peter Weigle
	9. 11. 13. 15. 17.	} Amsterdam Concertgebouw	Fünf Konzerte mit Mahlers 8. Sinfonie Dir.: Bernard Haitink aus Anlass des 100jährigen Jubiläums des Concertgebouw
	21.	Manchester	Britten: *Les illuminations*
	22.	Sheffield	Britten: *Les illuminations*
	23.	Cardiff	Mozart: *Exsultate* KV 165 und
	24.	Manchester	*Ch'io mi scordi di te* KV 505 Hallé Orchester Dir.: Stanislaw Skrowaczewski
	26.	Amsterdam	Liederabend/Dalton Baldwin
	28.	Klagenfurt	Liederabend/Baldwin
	30.	Bonn	Liederabend/Balwin
Mai	5.	Valencia	Liederabend/Irwin Gage
	6.	Wien	Liederabend/Gage
	8.	Wien	Liederabend/Gage

	10. ⎫	Schwetzingen	Liederabend-Tournee
	16. ⎬	Regensburg	mit Liedern und
	17.	Duisburg	Lied-Duetten
	30.	Dortmund	Julia Hamari, Mezzosopran
Juni	2.	Bergen	Konrad Richter, Klavier
	7.	Paris	Tournee mit dem Schönberg-Ensemble
	10.	Amsterdam	Dir.: Reinbert de Leeuw
	11.	Den Haag	Berg: *7 frühe Lieder/Altenberglieder*
	14.	Amsterdam	Zwei Konzerte mit dem Schönberg-Quartett
	15.	Den Haag	und Schönbergs *2. Streichquartett* op. 10
	28.	Wien	Brahms: *Deutsches Requiem*
			Dir.: Erich Leinsdorf
Juli		London: Spital-	Monteverdi: *Poppea*
		Fields Church	Opera Stage
			Dir.: Richard Hickox
August	16.	Salzburg/Festspiele	Händel: *Messias*
			Dir.: Trevor Pinnock
	20.	Lübeck/SHMF	Liederabend/Gage
	22.	Kiel/SHMF	Liederabend/Gage
	28.	Salzburg/Festspiele	Händel: *Messias* (Mozart-Fassung)
			Dir.: Horst Stein
	23.	England-/Italien-/	Mozart/Beethoven
September	7.	Schweiz-Tour	Dir.: Christopher Hogwood
		London	Beethoven: *9. Sinfonie* – Aufnahme
			Dir.: Christopher Hogwood
	28.	London	Ravel: *Shéhérazade*
Oktober	3.–9.	New England Bach	
		Festival	
	10.–15.	Minnesota Orchestra	Ravel: *Shéhérazade*
	18.–24.	Boston	Haydn: Arien und Solokantaten
			Konzerte und Aufnahme
			Dir.: Christopher Hogwood
	29.–		
November	3.	München	Mozart: *Exsultate, jubilate* KV 165
			Dir.: Wolf-Dieter Hauschild
		London	Mozart: *c-Moll-Messe* – Aufnahme
			Dir.: Christopher Hogwood
	18.	Washington D.C.	Liederabend/Lambert Orkis
	22.–28.	Wien	Strauss: *Vier letzte Lieder*
			Plattenaufnahme/André Previn
Dezember	3.	London	Mendelssohn: *Elias*
	11.	London/Festival Hall	Brahms: *Deutsches Requiem*
			Dir.: André Previn

15.	NY Carnegiehall	Händel: *Messias*
		Dir.: Trevor Pinnock
25.	Amsterdam	Orff: *Carmina burana*
	Concertgebouw	Dir.: Riccardo Chailly

Ihr Ziel, in Amerika denselben Bekanntheitsgrad zu erreichen wir in Europa, war binnen weniger Jahre erreicht. Und die Kritiker in den USA hoben sie in den Olymp. Anlässlich eines Liederabends im Rahmen der *Wayne Concert Series 1988* urteilte der Kritiker Daniel Webster am 19. Februar 1988 im *Inquirer*:

„Augers Stimme ist strahlend und fokussiert und sitzt nahezu perfekt. Sie vermittelte den Eindruck, dass jede Note von ihr durchdrungen worden ist, nicht nur bezüglich deren eigener Gewichtigkeit, sondern auch bezüglich des Platzes innerhalb der bruchlosen Phrase. Ihre Kontrolle bezüglich Platzierung und Intonation befähigen sie einige auffallend zarte hohe Phrasen mit einer solchen Klarheit zu singen, dass sie hinsichtlich der Stabilität mit dramatischeren Stimmen mithalten kann."

Und auch die europäische Presse würdigte endlich das, was sie jahrelang als selbstverständlich betrachtet hatte: Augers Ausnahmestellung als Konzertsängerin. So schreibt Max Loppert 1988 über das Brahms-Requiem unter André Previn in der Londoner Festival Hall:

„Es wurde gekrönt durch den Vortrag des Sopransolos durch Arleen Auger, reiner, klarer und schöner schimmernd als jedes andere, das ich jemals gehört habe."

Im Sommer 1988 folgte ihr Rollendebüt in der ältesten je von ihr gesungenen Oper: Claudio Monteverdis Spätwerk *L'incoronazione di Poppea*. Der Ort war wieder die Kirche zu Spitalfields in London:

„Es ist dieselbe Gruppe, mit der ich vor einigen Jahren Händels *Alcina* in London gemacht habe. Es ist eine Gruppe von Idealisten, die versucht zu zeigen, dass Oper auch mit wenig Geld und viel Ernsthaftigkeit gut gemacht und aufregend sein kann. Sie hat ihren Sitz in London und daher engagieren sie meist britische Sänger. Sie nehmen denjenigen, der der beste für die Rolle ist. Wir werden drei oder vier Wochen haben, um zu einem Ensemble zu werden, und dann gibt es neun Vorstellungen in London. Ich werde sechs Wochen dort verbringen; es ist eine konzentrierte Menge an Zeit für solch ein Projekt. Wenn Du gute Sänger und einen guten Dirigenten hast, ist der Rest zweitrangig."[196]

„Gute Sänger und einen guten Dirigenten" – aus diesen Worten spricht die Musikerin Arleen Auger. Und gute Sänger waren in der Tat dabei: Della Jones sang den Nero, Linda Hirst die Ottavia, Gregory Reinhart den Seneca, James Bowman den Ottone, Sarah Leonard die Drusilla, Adrian Thompson den Arnalta und Catherine Denley die Nutrice. In den kleineren Rollen wirkten mit: Lynton Atkinson (Soldato), Brian

---

196 Loisann Oakes: „Renowned Soprano Flies The World To Sing", in: The Morning Call, 6. März 1988.

Arleen Auger als Poppea auf dem Plattencover der Virgin.
(Photo: David Warner Ellis / Celia Novo)

Bannatyne-Scott (Littore/Mercurio), Mark Beesley (Famigliari di Seneca), Juliet Booth (Virtù/Valletto), John Graham-Hall (Liberto), Samuel Linay (Amore), Catherine Pierard (Fortune/Pallade), Mark Tucker (Lucano) und Janice Watson (Venere/Damigella d'Ottavia). Und ein guter Dirigent war auch dabei: Wie schon bei „Alcina", so leitete auch diesmal Richard Hickox die Produktion musikalisch.

Über die Arbeit in London vor Ort äußerte sie sich wie folgt:

„Ich habe niemals eine Opernproduktion zuvor gemacht, in der alle von uns die ganze Zeit über in die Arbeit der anderen involviert waren. Jeden Tag von um zehn Uhr in der Früh bis zehn Uhr abends verbrachten wir in der Spitalfields Church – welches eine fragwürdige Erfahrung ist – aber für die Oper funktionierte das gut und der Art nach, wie die Produktion konzipiert war, waren wir alle sehr oft auf der Bühne, um in den Arien der anderen Sänger mitzuwirken. Bei *Poppea* waren die Hauptrollen, während die anderen ihre Arien hatten, auf der Bühne, so dass deren Arien *unsere* Arien wurden. Dies hat eine Art von Verständnis geschaffen, wie du es sonst üblicherweise nicht erhältst. Das kann nur funktionieren, wenn jeder daran interessiert ist, dass gutes Theater gemacht wird – und das waren wir alle. Zu oft werden Leute aus Gründen engagiert, die nicht notwendigerweise zu einem guten Ensemble führen."[197]

Gregory Reinhart, der Seneca der Produktion, erinnert sich:

„Sie war besonders herzergreifend im Schlussduett mit Della Jones. Ihre Stimmen schienen plötzlich identisch, durch ihre Musikalität und bemerkenswerte Sensibilität, waren sie zu einem geschmackvoll flüsternden Ausdruck sinnlicher, verbotener Liebe verschmolzen und sind von keiner Version, die ich jemals gehört habe – bei all den vielen Malen, wo ich das Werk aufgeführt habe –, jemals übertroffen worden. Im übrigen war Arleen alterslos in dieser Rolle, die normalerweise von einer jüngeren Frau gesungen wird."

Erschwert wurde die Arbeit allerdings durch die klimatischen Bedingungen, denn die Aufführungen fanden im Juli bei hochsommerlichen Temperaturen statt, und die Sänger kamen bei all dem Brokat und schweren Stoffen in der Hawksmoors Christ Church am Londoner Eastend zwischen Baugerüsten und teils provisorischen Sitzgelegenheiten für die Zuschauer gehörig ins Schwitzen.

Wie auch bei *Alcina* war diese Produktion an eine Aufnahme gekoppelt – diesmal für das britische Label Virgin. Und dieses zeitliche Durchdringen von szenischer und musikalischer Erarbeitung einer Oper empfand Arleen Auger als ideal:

„Es ist sehr schwierig eine Oper einzuspielen, wenn Du sie nicht auf der Bühne gemacht hast. Denn dann ist es extrem heikel, kleine, aus dem Kontext herausgelöste Schnippsel abzuliefern – selbst wenn Du Dein Bestes in der Vorbereitung getan hast. Ich war sehr froh, dass *Poppea* in derselben Weise produziert wurde wie Jahre zuvor *Alcina*: mit einer Aufnahme, die in die Produktionsphase gefallen ist – das kann davor oder danach sein – aber sie ist Teil des Pakets und macht einen großen Unterschied. Auch die frühen Mozart-Opern haben wir in Salzburg Jahre zuvor auf diese Weise gemacht. Du hast eine andere Art, bestimmte Dinge in einer Aufnahmesitzung zu färben, zu denen du nicht fähig sein würdest, wenn du diese Kontinuität nicht gehabt hättest."[198]

Zur Begegnung mit der Musik Monteverdis sagte sie 1990:

„Das Ganze war wirklich ein Experiment aus dem Grunde, weil ich niemals zuvor etwas so Frühes gesungen hatte. Ich fühlte mich wiederum motiviert von der

---

197 James Jolly, 1990: Anm. s. o., S. 9.
198 Ebenda.

Arleen Auger. Portraitphoto von Lord Snowdon, London
(Photograph Snowdon © Armstrong Jones with thanks to Camera Press)

Idee eines Ensembles, das wir vorher gefunden hatten, und ich fühlte, dass es eine Herausforderung war, diese Oper in ihrer Gänze zu machen und eine wichtige Ergänzung zum Schallplattenkatalog. Ich spürte, dass wir jeden Probentag brauchen würden, um uns selbst zu finden. Und das lag in der Natur der Sache, weil es für mich neuer war als für James Bowman, der diese Art von Literatur viel häufiger singt als ich. Als Ensemble haben wir viel mehr voneinander gelernt als bei *Alcina*. Ich betrat diese Welt der Alten Musik mit einer Art von Ehrfurcht und Respekt, weil sie so neu für mich war."[199]

Das Ambiente dieser Oper um den tyrannischen Kaiser Nero und den Charakter der Titelfigur hat sie vielleicht noch mehr fasziniert als ein paar Jahre zuvor Händels entmachtete Zauberin Alcina. Über die Poppea sagt sie:

„Es ist solch ein moderner Charakter. Manchmal hatte ich sogar das Gefühl, sie kommt einer Lady Macbeth erschreckend nahe."[200]

Über die Einspielung dieser Produktion für die Virgin bemerkt der Kritiker Herbert Glass von der *Los Angeles Times* am 5. August 1990:

„Für ein empfindsames Ohr kann Monteverdis Quasi-Deklamation genauso viel dramatische Kraft beinhalten wie das heroisch-qualvolle Gebelle in Wagners *Ring* – sofern Arleen Auger die Poppea gibt. Auger transportiert Poppeas Macht über Nero durch feine, gezielt vernichtende Abstufungen von Dynamik und Farbe: die stimmlichen Entsprechungen einer Neigung des Kopfes, einer gekrümmten Augenbraue oder eines Schmollmunds. Ihre Diktion ist großartig pointiert, die Stimmproduktion mühelos und erschreckend jungfräulich, obwohl die Gefühle, die sie ausdrückt, die niederträchtigsten sind. Auger, Hickox und sein superbes City of London Baroque Sinfonia machen diese *Poppea* zu einer offenbarenden Hörerfahrung, ohne die Aufmerksamkeit zu bekommen, die sie verdient. [...] Welche Bedenken einer auch haben mag, diese *Poppea* ist Pflicht für jeden, der an der erstaunlich reifen Jugendlichkeit von Oper interessiert ist – und wegen der Präsenz von Arleen Auger."

Ende der 1980er-Jahre bildeten Engagements in England beinahe den Schwerpunkt ihrer Tätigkeit in Europa. Dies lag nicht nur an ihrem Londoner Agenten Stephen Lumsden von Intermusica Artists Management, sondern auch an der Plattenfirma Decca, die sie für zahlreiche Aufnahmen in diesen Jahren buchte: Vor allem unter Trevor Pinnock und Christopher Hogwood entstanden viele Einspielungen von Werken Händels und Haydns: Von Händel spielte sie den *Messias* (1988), *Orlando* (1989), *Belshazzar* (1990) und zwei seiner geistlichen Werke – das *Salve Regina* und sein *Dixit Dominus* (1988) ein. Als besondere Pioniertat produzierte die Firma im Oktober 1988 mit der Handel & Haydn Society unter Christopher Hogwood Konzertarien und Solokantaten von Joseph Haydn mit ihr. Neben der berühmten Szene *Berenice, che fai*, die sie schon 1982 für

---

199 Ebenda.
200 Ebenda.

eine Fernsehsendung des ORF produziert hatte und *Arianna a Naxos*, die sie mit Erik Werba für die *Ossiacher Festspiele* erarbeitet hatte, enthält die Platte viel Seltenes und Entdeckenswertes und wurde aufgrund ihrer Bereicherung des Repertoires allgemein hoch gelobt.

Auf der Internetplattform *Opera today* schrieb Mary-Lou Patricia Vetere 2006 darüber:

> „Arleen Augers Leistung ist hier nicht nur sehr kompetent, sondern außergewöhnlich. Ihre Aufmerksamkeit, die sie jedem Detail schenkt, ihre technischen Fähigkeiten und die Sorgsamkeit, mit der sie jede einzelne Note bedenkt, jede Phrase dabei gleichsam liebkosend, um sie so schön wie nur möglich zu gestalten – all das legt beredtes Zeugnis über eine echte Interpretin und Künstlerin ab. [...] Diese CD ist eine Erinnerung und gibt einen immerwährenden Eindruck ihrer Künstlerschaft. [...] Darüber hinaus ist diese CD es wert, gehört zu werden – besonders, wenn man Haydns Vokalmusik noch nicht kennt. Und womöglich ist es eine sehr lohnende Anschaffung für alle Sopran-Liebhaber oder jeden, der nie das Vergnügen hatte, Arleen Auger zu hören. Es war mir ein absolutes Vergnügen diese Aufnahme als eine ihrer letzten zu besprechen und es ist mir eine Ehre ihren Namen mit großem Respekt als den einer bemerkenswerten Künstlerin niederzuschreiben, die ein Geschenk an die Musikwelt war, wenn auch nur für kurze Zeit. Wo auch immer du bist, Arleen, wir hören dir zu und wir gedenken deiner."[201]

Ende der 1980er-Jahre wurde das Lied immer wichtiger und zentraler. Hier erklomm sie immer neue Gipfel an Optimierung und Vervollkommnung ihres Niveaus. So bemerkt John Henken, Kritiker der *Los Angeles Times*, am 27. Februar 1989 angesichts eines Liederabends in ihrer Geburtsstadt:

> „Lauscht man einem von Arleen Auger eingespielten Lied, so ist man geneigt, den Tontechnikern dessen offensichtliche Perfektion anzuhängen. Denn es scheint unglaublich, dass irgendeine Sängerin imstande sein sollte, solch mühelose Linien auszuhalten und einen solch konstant reinen und exquisit geeichten Klang zu produzieren. Aber glauben Sie es! Am Samstag Abend demonstrierte die amerikanische Sopranistin in ihrem Liederabend erneut die musikalische Beherrschung ihrer nahezu makellosen Stimme. Und das ungeachtet des eigenartigen Nachhalls des Hancock Auditoriums. Weder das Echo noch ein seltsam mitsummender Bariton, der die zweite Hälfte zeitweilig störte, brachten sie aus der Fassung. Augers Programm war eine ungewöhnliche Zusammenstellung von Liedern von Berg, Wolf und Schönberg aus dem Zeitraum von 1888 bis 1908. Sie deutete die verschiedenen Texte mit einfühlsamer Sicherheit, gezügelt, ohne gehemmt zu wirken. Sie bewegte sich mühelos vom strahlenden Glanz in Schönbergs *Waldsonne* hin zur kalten und unversöhnlichen Schlichtheit von Wolfs *Auf ein altes Bild* und beschwor zu jeder

---

201 Mary-Lou Patricia Vetere: Joseph Haydn: „Arias and cantatas" vom 10. Juli 2006, auf: www.operato-day.com/content/Haydn_Auger_168_AV2066.gif

Zeit lebendige Welten musikalischer Wunder herauf. [...] Das nahezu ausverkaufte Haus geizte nicht mit Beifallsbekundungen und Auger bedanke sich für die stehenden Ovationen mit drei Liedern von Richard Strauss als Zugabe."

1990 rückte nun die Oper wieder verstärkt ins Blickfeld. In der ersten Hälfte dieses Jahres machte sie gleich zwei Produktionen an drei Orten: Bereits im Januar debütierte sie als Gräfin in Mozarts *Le Nozze di Figaro* in Los Angeles. Und dann folgte Händels *Alcina* in einem Doppelpaket: im Mai am Grand Théâtre du Genève und im Juni am Théatre du Chatelet in Paris.

Über ihr Rollendebüt als Gräfin in Mozarts *Le Nozze di Figaro* in Los Angeles sagte sie Ende Februar 1990 selbst:

„Es war meine erste Gräfin. Ich habe sie vor einigen Jahren für die Decca in Europa mit Arnold Östmann eingespielt und wollte sie seit langer Zeit auf der Bühne machen. Aber wie bei so vielem in meiner Karriere, habe ich auf den richtigen Moment gewartet."[202]

Das Ensemble wies namhafte Mozart-Sänger auf:

Thomas Allen sang den Grafen, Rod(ney) Gilfry den Figaro, Frederica von Stade war Cherubino, Jonathan Mack sang den Basilio, Michael Gallup den Bartolo und Marvellee Cariaga war Marzellina. Für die Inszenierung zeigte sich Sir Peter Hall verantwortlich, die musikalische Leitung hatte Lawrence Foster.

Angela Maria Blasi, die Susanna der Produktion, erinnert sich:

„Wir hatten eine wunderbare Zeit in Los Angeles mit der *Figaro*-Produktion. Ich war zu der Zeit im fünften Monat mit meiner ersten Tochter schwanger und ich erinnere mich, dass Arleen sehr besorgt darüber war, wie Flicka (Frederica von Stade) und ich die Szene bewältigen würden, in der Cherubino den Sessel, in dem ich saß, hinterrücks umzustoßen hatte. Arleen war nicht nur sehr ‚Dame‘, sondern sie hatte auch dieses Funkeln in ihren Augen, welches auf einen scharfen Verstand, schnelle Auffassungsgabe und einen ausgeprägten Sinn für Humor hindeutete. Wenn etwas auf der Bühne ihr missfiel, drehte sie sich zu mir um und schnitt eine Grimasse, und ich konnte ihre Gedanken lesen. Ihre Stimme kann als engelsgleich, klar und instrumental charakterisiert werden; sie war eine sagenhafte Musikerin."

Und bezüglich Arleen Augers Mozart-Gesang weiß Blasi zu berichten:

„Arleen hatte eine natürliche Art Mozart zu phrasieren. Sie hat niemals ihre Stimme forciert oder irgendwelcher Effekte wegen manipuliert. Ich erinnere mich, wie ich vor meinem Auftritt im 2. Akt ihrem ‚Porgi Amor‘ lauschte, und daran dachte, dass ihr Stimmklang nicht nur Schönheit im Legato besaß, sondern eine Art von Elastizität, die es so klingen ließ, als ob sie niemals atmen müsse. Durch ihr Singen vermittelte sie mir den Eindruck einer spirituellen Persönlichkeit."[203]

---

202 Susan Elliott: New York Times, 25. Februar 1990, Section 2.
203 Diese Eindrücke schilderte mir Angela Maria Blasi in einem Brief vom Sommer 2011.

Mozarts *Le Nozze di Figaro* an der Los Angeles Music Center Opera, 1990; von links: Rodney Gilfry
(Figaro), Arleen Auger (Gräfin), Angela Maria Blasi (Susanna) und Thomas Allen (Graf)
(Photo: Frederic Ohringer/courtesy of LA Opera)

Die amerikanische Presse erhob sie angesichts dieser Produktion zu einer Göttin im
Mozartfach. James Chut vom *Orange County Register* bemerkt am 22. Januar 1990:

> „Frederica von Stade (Cherubin) und Arleen Auger (als Gräfin) sangen wie große
> Operndiven. Aber das ist keinesfalls als Vorwurf gegen sie gemeint, denn sie waren
> allzeit im Dienste des Stückes unterwegs. [...] Auger war perfekt in jedem Aspekt
> ihrer Rolle, sie bot eine ungewöhnlich emotionale Tiefe und eine bemerkenswerte
> musikalische Ausführung.“

Und Richard S. Ginell schwärmte in den *Daily News* vom 22. Januar 1990:

> „Hier fand sich ein herausstechendes Sängerensemble, von Grund auf sorgfältig aus-
> gesucht. Arleen Auger bot ein erstaunlich rundes Portrait einer verstört majestäti-
> schen Gräfin Almaviva mit einer belebten inneren Seele, die ihre Verwundbarkeit
> bis zu dem Punkt hin ausstellte, an dem der lüsterne Page Cherubino sie zu verfüh-
> ren sucht. Ihre Interpretation von ‚Dove sono‘ war herzzerreißend, geschmackvoll
> geführt und von intensiver Emotionalität.“

Ende April 1990 begannen die Proben für Händels *Alcina* in Genf. Die Produktion wurde dort szenisch entwickelt, hatte dort Premiere und wanderte dann nach insgesamt sechs Vorstellungen weiter ans Châtelet-Théâtre in Paris. Das Tückische an dieser Rolle war, dass Arleen Auger sich darin mit sich selbst konfrontiert sah, denn 1985 hatte sie die Partie unter Richard Hickox für die EMI in schier unübertreffbarer Qualität eingespielt – allerdings in alter Stimmtonhöhe. Und nun wiederholte sie die Partie fünf Jahre später. Sie hatte alldieweil ihren 50. Geburtstag gefeiert, und Barockspezialist William Christie arbeitete hier mit dem Orchestre de Lausanne – also mit modernen Instrumenten in moderner Stimmtonhöhe. Dies bedeutete ein ziemliches Wagnis.

Die Besetzung war wieder einmal ein Fest der Stimmen: Della Jones (Ruggiero), Kathleen Kuhlmann (Bradamante), Donna Brown (Morgana), Martina Musacchio (Oberto), Jorge Lopez-Janez (Oronte) und Gregory Reinhart (Melisso).

Dieser erinnert sich:

„Der Regisseur war sowohl für Genf als auch für Paris Jean-Marie Villégier. Seine Qualifikationen als Opernregisseur resultierten in der öffentlichen Meinung aus der Inszenierung von Lullys *Atys* an der Opéra-Comique, welche einen rauschenden Erfolg gehabt hatte. Ein Teil seines Erfolgs in dieser Produktion rührte von der engen Beziehung zwischen Text und Musik in dieser Oper her, die er ebenfalls mit William Christie erarbeitet hatte. Seine ‚theatralischen' Ideen in *Alcina* waren modern, ungeachtet der historischen Kostüme und einem aufgezwungenen sozialkritischen Ansatz, in einem einheitlichen Bühnenbild. Der Erfolg des *Alcina*-Projekts schien gesichert: Traumbesetzung, namhafter Regisseur, berühmter Dirigent.

Beim Anhören der Musik des großen Händel entdeckte Villégier, dass der Text der herrlichen Arien meistens nur entfernt mit der Musik zu tun hatte, für die er seine zweite Operninszenierung konzipiert hatte: Die Dacapo-Form folgt keiner notwendigerweise dramaturgischen Linie. Worte im A-Teil werden endlos wiederholt (zum Entzücken unserer Ohren!), der B-Teil fügt eine andere musikalische Perspektive hinzu, eine Nuance, dann wiederholt sich die Musik und leider werden die Worte wiederholt! In Genf wurde Villégier plötzlich ‚krank' und es war ihm unmöglich den Proben beizuwohnen. Niemand war auf einen Ersatz vorbereitet, und so wurde entschieden, dass sein junger Assistent, Philippe Berling, den Meister ersetzen sollte.

Dieser junge Mann musste nun gleichzeitig unzählige Entscheidungen bezüglich der Bühne, des Bühnenbildes treffen, eines Bühnenbildes mit einer integrierten Besonderheit: nämlich einer geschwungenen Treppe zu einer oberen Ebene. Sowohl von außen betrachtet als auch wenn man auf der Bühne stand waren die Ähnlichkeiten im Konzept zu Lullys *Atys* erschreckend. Und plötzlich schien jede Arie entweder am Fuß der Treppe zu beginnen und oben zu enden oder umgekehrt. Arleen fand sich selbst in einer Falle gefangen, weil sie mit dem Rücken zum Publikum singen musste, während sie die Treppe erklomm. Oder sie musste eine Arie am oberen Ende der Treppe beginnen und dabei nicht nur die Stolperfallen der Musik, sondern zudem noch die gefährlich unebenen Stolperfallen der Treppe überblicken. Zu diesen Schwierigkeiten kam der Umstand hinzu, dass Christie (vor seiner Ernennung zum Mr. Arts Florissants) akzeptiert hatte, diesmal mit dem Orchestre de Lausanne zu arbeiten. Sie spielten auf 440', und das bedeutete eine riskante Tessitura für die schimmernden Piani und wunderschönen Bemühungen um Lyrismus, die Arleen jede Vorstellung in Angriff nahm. Es war heldenhaft und bewundernswert, und sie hatte großen Erfolg. Allerdings hat man sie niemals vor oder nach den Vorstellungen mit Kollegen herumalbern sehen. Es war eine Herausforderung, der sie sich mit Würde stellte, aber ich würde schätzen, keine glückliche Zeit."

Das Mozart-Jahr 1991 warf seine Schatten voraus, und für sie als eine der führenden Mozart-Sängerinnen ihrer Zeit bedeutete das dementsprechend viele Anfragen. Als Frau mit Gottvertrauen stellte sie sich all diesen Aufgaben mit Demut und Hingabe:

> „Wenn die Mächte da oben glauben, ich solle Mozart singen, dann werde ich sehr viel Mozart singen!"[204]

Um so erfreuter war sie in dieser Zeit über Musik, die nicht von Mozart war. So etwa die von Rossini. Denn auch dessen Jubiläum – der 200. Geburtstag – stand 1992 bevor, und viele Künstler begann damals damit, seltenes und bis dahin noch nicht eingespieltes Repertoire des „Schwans von Pesaro" zu sichten. So auch Arleen Auger, die von Dalton Baldwin für eine Platte mit Auszügen aus den „Péchés de vieillesse" angefragt worden war - eine launige Rossini-Soiree mit Liedern, Lied-Duetten und –Quartetten wie sie zu Rossinis Zeiten in seiner Pariser Villa durchaus hätte stattfinden können. John Aler und Steven Kimbrough waren die männlichen Gesangssolisten. Und die noch ganz junge Jennifer Larmore gab hier als Mezzosopranistin ihren Einstand.

Diese erinnert sich an die Aufnahmen, die Ende August/Anfang September 1991 im Bayerischen Rundfunk in München entstanden sind:

> „Arleen Auger beeindruckte mich tief aus mehreren Gründen. Sie hatte eine schillernde Persönlichkeit, funkelnd und witzig; sie war intelligent, eine interessante Frau voll von Weisheiten und Ironie und war eine Künstlerin von höchstem Kaliber. Als ich Arleen das erstemal sah, lachte sie laut über etwas, das Dalton gesagt hatte. Er hat einen sehr trockenen Humor und kann mit einer kleinen Sache einen Menschen in Hysterie versetzen. Sie lachte schallend und genoss den Moment. Ich liebe Sänger, die sich selbst nicht zu ernst nehmen und somit machte Arleen sogleich einen ersten tiefen Eindruck auf mich. Das wurde nur noch übertroffen, als ich sie singen hörte. Sie vermochte es eine Legato-Linie zu spinnen und färbte diese mit jedem noch so kleinen Stück verfügbarer Emotion! Sie wollte die Farben ihrer Stimme benutzen, um die Szene in der Musik zu beschreiben und du hättest schwören können, du wärst wirklich dort - als Teil des Dramas! Sie hatte einen lieblichen Klang und ich weiß, dass sie sorgfältig daran gearbeitet hat, ihn zu perfektionieren.

---

204 Richard Fawkes: „Out of the mainstream", in: Classical Music, 1. Juli 1989.

Ich weiß es sicher, dass sie sich dem Anspruch verschrieben hat, in allem, was sie sang, Musik zu machen. Ich konnte das sagen, nachdem ich ihr zwei Minuten zugehört hatte. Ich werde immer dankbar dafür sein, dass ich die Chance hatte, diese bemerkenswerte Musikerin zu treffen und mit ihr zu arbeiten. Für eine junge Sängerin, die gerade begann, war das eine Lehrstunde par excellence."

1991, das Jahr, in dem die ganze Klassikwelt fast nichts als Mozart zelebrierte, feierte Arleen Auger ihren 52. Geburtstag und war nicht nur eine der gefragtesten, sondern auch bezüglich ihrer Qualität unangetastetsten Sängerinnen ihrer Zeit. Kaum jemand in ihrem Stimmfach konnte ihr hinsichtlich gesangstechnischer Perfektion, stimmlicher Flexibilität und musikalischen Geschmacks auch nur annähernd das Wasser reichen. Einige Rezensionen aus dieser Zeit belegen ihre Überlegenheit auf ganzer Ebene. So sang sie beim Bach-Festival in Bethlehem (Pennsylvania) im Mai 1991 unter Leitung von Greg Funfgeld mehrere Kantaten und ausgewählte Arien von Bach. Der Kritiker des *Philadelphia Inquirer*, Daniel Webster, bemerkt:

„Arleen Auger, eine der vier Solisten, war die faszinierendste: Ihre Stimme stellt Musik im Außen makellos dar, selbst wenn sie flüstert: Ihre Intonation, rhythmische Sicherheit und ihre Fähigkeit, den Text glasklar zu artikulieren wurden zu Elementen des Singens, die musikalisch höchst intensiv waren.

Im Konzert am Freitag Abend sang sie eine Reihe von Arien, die die warme Klarheit ihrer Stimme zeigten, ihren mühelosen Umgang mit dem Stil und ihre Fähigkeit jede Arie ‚persönlich' zu gestalten und zu den wichtigsten Stücken werden zu lassen, an die sich der Zuhörer später erinnern kann.

Ihr Niveau war extrem hoch, aber am bemerkenswertesten gelang ‚Schwingt freudig euch empor' aus Kantate 36, in der sie zur obligaten Begleitung der Violinistin Eva Grusser sang. Der gedämpfte Ton der Violine passte zu der Arie wie eine zweite Haut, und die Sopranstimme, vom Gewicht und Fluss des Ensembles getragen, sang mit ungewöhnlicher Sinnlichkeit zum Klang der Instrumente.

Am Nachmittag war Auger Solistin der Kantate 151, die eine Arie mit Flötenbegleitung beinhaltete: ‚Süßer Trost'. In dieser sang sie eine fließende Gesangskantilene, meisterte die harmonischen Veränderungen und sang mit einer Leichtigkeit, die die Komplexität des Werkes noch unterstrich. Nichts wurde wiederholt. Sie kennt sich damit aus, wiederholte Passagen zu variieren und machte sich die Variationen für ihre Realisation der Arie zu eigen.

Gesangskunst auf diesem Niveau machte es für die anderen Solisten schwierig!"[205]

Und über ein vom amerikanischen Fernsehen in Philadelphia aufgezeichnetes Mozart-Requiem vom September 1991 unter Riccardo Muti schrieb Webster:

---

205 Daniel Webster: „A festival paying homage to Bach's music", in: The Philadelphia Inquirer, 13. Mai 1991.

„Die Solisten sangen mit hoher Konzentration, aber keine erreichte die Reinheit der Phrasierung wie Arleen Auger."[206]

Ihre Karriere hatte den Höhepunkt erreicht – und es war Zeit zu bilanzieren. Ihr langjähriger Kollege aus Bach-Zeiten, Adalbert Kraus, schrieb über Arleen Augers einzigartige Persönlichkeit:

„Kunst, nicht nur Musik, im Zusammenhang mit der Realität des Menschen zu meditieren, war Inhalt zahlloser Gespräche. Diese aparte, intelligente Frau offenbarte eine künstlerische Dimension, in welcher eine ernstzunehmende Persönlichkeit, warmherzige frauliche Identität und hohe sensible musische Begabung sich vereinigten.

Die konstruktive Bewältigung persönlicher Höhen und Tiefen führte zu einer bewundernswerten Lebensqualität, auf der Arleen Auger höchste künstlerische Ansprüche erfüllen konnte.

In ihrem ästhetischen Denken war der Mensch das Maß der Kunst, so dass Sprache, Schönheit der Stimme, einschließlich der Ausdrucksmomente in Farbe und Dynamik, sowie eine geistvolle Deutung der Texte hinsichtlich ihres Sinnes zu jener Form zusammenschmolzen,, die für die Sängerin, aber auch für ihre Schüler, das erwählte Ziel darstellte. Ihre Kunst wurde zur Begegnung, und es war eine Freude, ihr zu begegnen.

Da Arleen Auger aber auch eine religiöse Frau war, verabsolutierte sie ihre Erfolge nie, sondern war sich stets ihrer Begabung als Geschenk bewusst; deshalb konnte sie wiederum so reich beschenken."[207]

Eine unermüdlich arbeitende und im Dienste der Kunst umherreisende Sopranistin blickte trotz ihres gewaltigen Pensums zufrieden auf ihr Leben und konstatierte:

„Ich bin eine vielseitige Sängerin mit tiefer Seele. Ich habe viele Dinge über mich erkannt: wie weit ich gehen konnte und was ich anzubieten hatte. Ich fühle mich jetzt entspannt und meiner selbst mehr bewusst. Ich bin Fatalistin – ich glaube, es gibt Zeiten für bestimmte Dinge. Du musst dich auf sie vorbereiten, aber Du kannst sie nicht erzwingen. Ich schätze, ich war bereit für all das!"[208]

---

206 Daniel Webster: „Muti and Mozart ‚Requiem'", in: The Philadelphia Inquirer, 27. September 1991.
207 Brief von Adalbert Kraus vom 25. Februar 1994 an den Autor.
208 Heidi Waleson, 1987: Anm. s. o., S. 23.

6. Das Ende

5. Dezember 1991, Stephansdom Wien: Es war das Requiem für Wolfgang Amadeus Mozart, der an diesem Tag unweit dieser Kirche vor genau 200 Jahren verstorben war. Eine weltweite Übertragung dieser Totenmesse, zelebriert von Kardinal Hans Hermann Groer, ist als Höhepunkt des Mozart-Jahres angesetzt worden.

Eine namhafte Luxusbesetzung war für die Süßmayr-Fassung (in der Überarbeitung von H. C. Robbins Landon) von Mozarts „Schwanengesang" vereint worden: Der Chor der Wiener Staatsoper und die Wiener Philharmoniker musizierten unter Sir Georg Solti. Cecilia Bartoli, Vinson Cole und der damals gerade aufstrebende René Pape waren die Solisten. Der Maestro hatte sich Arleen Auger als Sopranistin gewünscht. Diese folgte seinem Ruf gerne, kam jedoch stimmlich angeschlagen zu den Proben angereist: Eine schwere Erkältung lag auf ihrem Hals, etwas, das sie bis dato nur selten erlebt hatte, verfügte sie doch immer über eine stabile Konstitution. Besonders die Hartnäckigkeit und die Resistenz gegen die ansonsten bewährten Medikamente irritierten sie. Solti war sehr unfreundlich zu ihr, als er merkte, dass sie krank war, zeigte sich ungehalten, behandelte sie schlecht – etwas, das für sie, die auf respektablen Umgang stets den allergrößten Wert legte, nur sehr schwer zu ertragen war.

Die Erkältung wollte auch während der Probenphase nicht weichen, nicht einmal ein Anflug von Besserung wollte sich einstellen, so dass sie auf Anraten ihres Hals-Nasen-Ohren-Arztes am Vorstellungsmorgen endgültig absagen wollte. Solti beschreibt in seinen „Memoiren", wie der Österreichische Rundfunk (ORF) daraufhin sofort Judith Howarth, eine junge in Nordengland lebende Sopranistin, vorsichtshalber buchte und ein Privatflugzeug losschickte, das die junge Sängerin in Luton auflesen und nach Wien schaffen sollte, wo sie mittags um drei schon mit Solti am Klavier probte. Während dieser Verständigungsprobe ging der Anruf ein, dass eine vom Arzt verabreichte Injektion insoweit bei Arleen Auger eine Besserung erzielt hatte, als dass sie sich stark genug fühlte abends aufzutreten. Um das ganze dennoch abzusichern, erhielt Judith Howarth die Anweisung, sich bei der Aufführung in die erste Reihe zu setzen, um im Ernstfall ad hoc einspringen zu können.[209]

Wenn man all diese Hintergründe kennt, ist die überirdisch schöne Version, die Arleen Auger allen Mozart-Freunden in der ganzen Welt an diesem 5. Dezember 1991 vor den Fernsehschirmen beschert hat, gar nicht hoch genug zu würdigen.

Auch Wochen nach diesem denkwürdigen Konzert klang ihre Sprechstimme noch angegriffen und baritonal – vor allem aber spürte sie, dass ihr die Kontrolle über ihr Or-

---

209 Georg Solti: Memoirs, New York 1997, S. 190.

gan zu entgleiten drohte. Etwas Unbekanntes, Unkontrollierbares und Ungreifbares in ihrem Körper irritierte sie.

Eine wichtige Plattenaufnahme stand im Dezember 1991 an, ihre letzte überhaupt: Kurz vor Weihnachten spielte sie mit Irwin Gage in London noch 23 Lieder von Hugo Wolf auf Texte von Mörike und Goethe für die Hyperion ein. Und damit entstand eine weitere ihrer unzähligen preisgekrönten Aufnahmen. Irwin Gage sagte kurz darauf, es sei „vielleicht die beste Platte, die er je gemacht habe".[210]

Mitte Januar 1992 folgte ein Auftritt beim BBC Berg-Festival in London. Zusammen mit dem Nash Ensemble unter Andrew Davis sang sie Alban Bergs *Sieben frühe Lieder* und die zwei Fassungen von Theodor Storms *Schließe mir die Augen beide*.

Ende des Monats kam es noch einmal zur Zusammenarbeit mit Simon Rattle in Birmingham: Die geliebte c-Moll-Messe von Mozart stand ein letztes Mal für zwei Konzerte auf ihrem Programm; neben ihr agierten die erlesenen Solisten Anne Sofie von Otter, John Mark Ainsley und David Thomas. Die BBC schnitt das Konzert mit.

Dann ging es in die Schweiz, um dort in der Großen Tonhalle Zürich mit dem Tonhalle Orchester unter Claus Peter Flor Haydns *Schöpfung* zu singen.

Am 3. Februar 1992 gab sie ihren letzten Liederabend – ein Kreis schloss sich, denn auf dem Programm stand dasselbe Werk, mit dem sie 1974 auch ihren ersten Liederabend in Wien bestritten hatte: Hugo Wolfs *Italienisches Liederbuch*. Das Konzert fand auf Einladung der „Freunde des Liedes" im Großen Saal der Musikhochschule Zürich statt. Ihr männlicher Partner war der damals aufstrebende Bariton Wolfgang Holzmair, der Pianist ihr bewährter, langjähriger Weggefährte Irwin Gage. Die Probe fand in Gages Wohnung in Zürich statt. Wie Wolfgang Holzmair erzählte, war ihr äußerlich von Unwohlsein nichts anzumerken. Sie sang perfekt wie immer, sich selbst bis ans Limit fordernd, dabei aber sich nicht unter Druck setzend. Sie strahlte aus, was immer ihre Stärke war: Gelassenheit und Souveränität und fand dabei noch Kraft, ihren jungen Bariton-Mitstreiter zu loben und zu ermutigen.

Vier Tage später sendete der Schweizer Rundfunk DRS ihr wohl allerletztes Interview, das sie der Journalistin Martina Wohlthat gegeben hat, und in dem sie bezüglich ihrer Zukunft sagt:

> „Nach 25 Jahren ist meine Stimme ziemlich frisch, ich habe immer noch so viel Freude an dem Beruf und meine Karriere ist immer noch steigend – und ich bin langsam alleine in meiner Generation – so es heißt für mich: Ich habe es richtig gemacht. Ich wollte immer lange singen, denn ich singe gerne. Ich habe nichts dagegen berühmt und reich zu sein, aber das sind nicht meine ersten Ziele. Ich freue mich sehr, mit anderen Musikern Musik zu machen. Mein Ego ist nicht so groß, dass ich immer im Vordergrund stehen muss. Ich bin ein Ensemblesänger, ich bin ein Mu-

---

210 Friedemann Leipold: „Eine Ungleiche Partnerschaft. Der Liedpianist Irwin Gage", in: Fono Forum 9/1992, S. 39.

siker und als Musiker freue ich mich, wenn meine Kollegen mich für das schätzen, was ich mache."[211]

Gleich am nächsten Tag begannen die Arbeiten zur Fernsehproduktion von Schönbergs 2. Streichquartett op. 10 in den Studios des niederländischen Senders NOS in Hilversum/NL. Henk Guittart, der Bratscher des Schönberg-Quartetts, erinnert sich:

> „Im Namen des Schoenberg-Quartetts möchte ich sagen, dass unsere Proben und Konzerte und Aufnahmen mit Arleen Tage der Seligkeit waren. Sie ließ nicht nur ihre prächtige Stimme und ihre unglaubliche musikalische Intelligenz in unsere Arbeit mit einfließen, sondern auch ihre warme und liebevolle Persönlichkeit. Wir verehrten sie und hatten sehr gute Zeiten mit ihr, mit viel Spaß und auch viel Gelächter.
>
> Sie war immer fröhlich, legte niemals irgendein ‚Prima donna'-Verhalten an den Tag und sie war sehr großzügig zu uns. Wir fühlten uns ihr sehr verbunden und ich bin mir ziemlich sicher, dass sie unsere Zusammenarbeit ebenfalls genossen hat."[212]

Henk Guittart gegenüber beklagte sie sich bei den Aufnahmesitzungen, dass sie im September 1991 das Schönberg'sche Werk noch aus dem Gedächtnis heraus habe singen können, und im Februar 1992 nicht verstehen konnte, warum ihr das urplötzlich nicht mehr möglich war.

Eine Woche später reiste sich nach München zu einer Rundfunk- und CD-Produktion des Brahms-Requiems mit dem Chor und Orchester des Bayerischen Rundfunks (BR) unter Sir Colin Davis. Mit leichten Kopfschmerzen absolvierte sie im Gasteig Hauptprobe und Generalprobe, zwischen denen nur eine Stunde zur Erholung angesetzt worden war. In dieser Pause plauderte sie munter mit ihrer Schülerin Atsuko Suzuki, die festes Chormitglied des BR ist. Ihre Agentin Elisabeth Ehlers hörte sich die Generalprobe an und war angesichts des Klanges von Augers Stimme irritiert: Alles klang seltsam markiert, nicht ausgesungen, matt. Nach der Probe ging sie zu der Sopranistin hin und fragte sie: „Ist was nicht in Ordnung?", worauf Auger nur zurückfragte: „Wieso?" und dann aber gestand, dass sie vor zwei Tagen während eines Spaziergangs von einer halbseitigen Lähmung überfallen worden wäre und nur dank ihrer guten Atemtechnik den Weg nach Hause geschafft habe. Während sie das ihrer Agentin erzählte, bemerkte diese auch, dass der Sängerin das Sprechen schwerfiel und sie leichte Artikulationsprobleme hatte.

Am nächsten Morgen begab sich die Sopranistin in die Hände ihrer langjährigen Münchner Hals-Nasen-Ohren-Ärztin. Während sie dort noch im Sprechzimmer saß, erhielt Elisabeth Ehlers einen Anruf von Colin Davis, ob sie mal rüber zum Funkhaus kommen könne. Der Agentin schwante schon Böses und sie bat ihren Kompagnon Lothar Schacke mitzukommen. Im Funkhaus wurden ihre schlimmsten Befürchtungen

---

211 Martina Wohlthat: Anm. s. o.
212 Diese Schilderungen machte Henk Guittart in einer E-Mail vom 10. September 2011.

Die letzte Aufnahme: Arleen Auger mit Tsuyako Mitsui auf einem Waldspaziergang im Oktober 1992
(Photo: Tsuyako Mitsui)

wahr: Die Verantwortlichen hatten das Band abgehört, und es war künstlerisch nicht akzeptabel. Nun stand der Bayerische Rundfunk vor der undankbaren Aufgabe, diese verdienstvolle Sängerin, die ihre ersten Aufnahmen für den Sender 1968 gemacht hatte, ausladen zu müssen. Zugleich rang Arleen Auger am Konzerttag im Sprechzimmer ihrer Ärztin mit der Entscheidung, ob sie absagen sollte. Eine unangenehme Situation für beide Seiten. Die Hals-Nasen-Ohren-Ärztin hatte sie derweil ohne Befund entlassen und sie zu einem Neurologen überwiesen.

Bevor sie sich in dessen Obhut begab, fand sie am Vormittag noch Zeit, ihre Schülerin Atsuko Suzuki anzurufen:

„Atsuko, ich möchte es Dir selber sagen, weil ich nicht möchte, dass Du es von anderen erfährst. Ich muss heute Abend das Konzert absagen. Ich fühle mich nicht gut."

Der Neurologe diagnostizierte wenig später dann das schlimmste, was bei dieser Symptomatik denkbar war: ein walnussgroßes Glioblastoma multiforme im Parietallappen der rechten Hemisphäre.

Als ihre New Yorker Agentin Celia Novo davon erfuhr, sagte sie sofort die geplante Liederabend-Tournee mit dem Pianisten Warren Jones durch die USA ab und kam mit der Concorde nach London, wo sie sich mit Arleen Auger traf und brachte diese nach New York, wo sie bereits ein Spezialistenteam im Mount Sinai Medical Center für sie zusammengestellt hatte. Am 29. Februar, Rossinis 200. Geburtstag, fand die erste Operation statt.

Die Ärzte konnten nur einen Teil des Tumorgewebes entfernen und prognostizierten ihr noch eine Lebenserwartungen von vier bis höchstens sechs Monaten.

Für die Öffentlichkeit wurde aber alles positiver dargestellt. So vermeldeten sowohl die *New York Times* als auch die *Los Angeles Times* am 11. März 1992:

„Die gefeierte Diva Arleen Auger, 52, hat sich einer Operation unterzogen, um einen bösartigen Gehirntumor zu entfernen. Ihre Pressesprecherin vermeldet, sie befinde sich in exzellenter Verfassung und nannte als Prognose bezüglich der Rekonvaleszenz drei bis sechs Monate.“

Eine Behandlung mit Chemotherapie lehnte die Sängerin kategorisch ab, da sie sich regenerierendes Gewebe nicht zerstören lassen wollte. Stattdessen unterzog sie sich einer aggressiven Strahlentherapie. Es bestand also erst einmal Hoffnung, eine Hoffnung, die auch nach draußen drang:

Im Mai 1992 erschien in der *New York Times* ein Artikel über den von seiner Leukämie genesenen Tenor José Carreras, in dem es hieß:

„Nach der Entfernung eines bösartigen Tumors in ihrem Kopf unterzieht sich die beliebte Sopranistin Arleen Auger einer Strahlentherapie. Inzwischen erscheint ihr Name wieder auf den Konzertvorschauen der kommenden Saison, und jeder Musikliebhaber darf hoffen, dass sie im Stande sein wird, ihre Engagements auf ihrem gewohnten Standard zu erfüllen.“[213]

Und diese Hoffnung fruchtete auch dergestalt, dass sie wieder mit ganz kleinen Übungen anfing, ihre Stimme zu trainieren, obwohl ihr klar war, dass die Krankheit das Ende ihres Singens bedeutete.

Es sollten 15 Monate eines heroischen Kampfes gegen den Krebs werden, zwischen Hoffen und Bangen, zwischen Kampf und Aufgabe.

Im Juli kehrte sie nach Europa zu ihrem Lebensgefährten Willem Scherpenhuijsen Rom nach Leusden zurück. Im Dezember 1992 verfasste sie folgenden Rund-Brief:

„Liebe Freunde,

All die zahllosen guten Wünsche, Blumengebinde und Geschenke haben mich ermutigt und tief gerührt.

Wir haben in den Vereinigten Staaten und in Europa so gut wie möglich versucht, jeden von Euch über meinen medizinischen Zustand nach der Entdeckung des bösartigen Gehirntumors im Februar zu informieren. Die Schwierigkeiten alle von euch innerhalb der letzten acht Monate zu erreichen hat diesen Brief notwendig gemacht.

---

213 Matthew Gurewitsch: „For Careras, Life Is ,Normal' Again“, in: The New York Times, 10. Mai 1992.

Von Arleen Auger im Frühjahr 1993 gemaltes Aquarell (Willem Scherpenhuijsen Rom)

Nachdem ich mich von meinem ersten Eingriff am Mt. Sinai Medical Center in New York erholt hatte, unterzog ich mich dort als Nachbehandlung einer sechswöchigen intensiven Strahlentherapie. Als diese abgeschlossen war, befand der Doktor, dass ich nun stabil genug sei, um im Juli nach Europa zu fahren. Währenddessen wurde in den ersten Augusttagen eine zweite Prozedur in Holland durchgeführt, um verbleibendes Tumorgewebe, das auf die Bestrahlung nicht angesprochen hatte und nicht zerstört werden konnte, zu entfernen.

Unglücklicherweise sind die Prognosen nicht gut, aber ich arbeite weiter mit all meiner Kraft, um mich in einer wundervollen anthroposophischen Klinik in den Niederlanden, welche sich auf die Rehabilitation solcher Patienten wie mich spezialisiert hat, zu erholen.

Heute, am 11. Dezember, wurde ich gerade von meinem Arzt informiert, dass eine dritte Operation für Montag, den 14. Dezember angesetzt worden ist. Er denkt, dass diese Operation und eine Chemotherapie hilfreich sein werden.

Nächstes Jahr werde ich euch weiter über die Entwicklung meiner Gesundheit informieren.

Bitte nehmt meinen tief empfundenen Dank für all eure Worte, guten Gedanken und Gebete. Ich schätze sie alle, so wie ich Euch alle auch schätze."

Die zweite und dritte Operation wurde im Universitätsklinikum Utrecht durchgeführt. An diese Klinik gliederte sich auch eine anthroposophische Klinik an, in der Arleen Auger, um sich auch weiterhin kreativ ohne ihre Stimme ausdrücken zu können, mit dem Malen anfing. Hier und in den letzten Monaten zuhause malte sie mehrere Bilder mit Wasserfarben, die wie Celia Novo sagte, „eine Seele im Übergang von dieser Welt zur nächsten zeigen".[214] Gelb war dabei als ihre Lieblingsfarbe die dominierende.

Am 24. Dezember 1992 wurde sie aus der Klinik entlassen.

Zuhause in Leusden empfing sie regelmäßig Besuche – allerdings nur von Menschen, die sie wirklich sehen wollte. Die Besucher wurden allerdings vorher am Telefon von ihr darauf vorbereitet, dass ihr Gesicht nicht mehr ganz das alte sei. Die Proportionen hatten sich durch die Operationen etwas verändert. Doch den wahren Freunden war das egal. Sie kamen und saßen bei ihr und waren voller Bewunderung für den Menschen, der ihnen da gegenübersaß. Nach außen begegnete ihnen nämlich eine völlig unveränderte Arleen Auger. Sie ruhte wie immer in sich selbst, tat alles bedächtig und überlegt und strahlte selbst als Todkranke Souveränität, Eleganz und Größe aus. Sie plauderte mit ihren Gästen und schmiedete Zukunftspläne: Falls sie wieder gesund werden sollte, so danke sie Gott. Und auch wenn sie dann nicht mehr singen könne, so könne sie sich vielleicht ganz auf Meisterkurse konzentrieren und diese weltweit geben, bevorzugt aber in Aspen. Wenn sie aber nicht mehr gesund würde und die Ärzte mit ihren Prognosen Recht behielten, so danke sie allen Leuten, die ihr Singen geliebt hätten, denn sie habe ein wunderschönes und erfülltes Leben gehabt.[215]

Henk Guittart erzählte:

> „Ich befand mich mit Arleen in Kontakt durch Briefe, Faxe und Telefongespräche bis zum letzten Monat. Ich erinnere mich, ihr gelegentlich edelste Schokolade geschickt zu haben, nachdem sie mir gestanden hatte, dass sie diese von nun an ‚unbegrenzt' genießen würde. Sie rief mich während ihrer Krankheit an und es war wieder typisch für sie, dass sie sich mir gegenüber niemals beklagt hat, sondern sich stets nur nach mir und meiner Familie erkundigt hat."

Und auch Melvyn Tan, mit dem sie Ende der 1980er-Jahre angefangen hatte, Liederabende mit Hammerklavier zu geben, erhielt in dieser Zeit einen letzten Gruß von ihr:

> „Das letzte Mal, wo ich von ihr gehört habe, war, als ich im Concergebouw spielte und sie zur Aufführung kam, obwohl sie mich selbstverständlich nach dem Konzert nicht sehen wollte. Sie verließ das Gebäude und hinterließ beim Pförtner auf einem Stück Papier eine kleine Bleistiftzeichnung. Diese zeigte auf karikaturistische Weise eine große Dame in einem riesengroßen, mit Federn bestückten Hut, die mit einem winzig kleinen Pianisten sang. Darauf hatte sie geschrieben: ‚With love Arleen.' Ich glaube, das war eine ihrer letzten Äußerungen und bis zum heutigen Tage habe ich

---

214 Brian Kellow: Anm. s. o.
215 Dies schilderte mir ihre Schülerin Tsuyako Mitsui in einer E-Mail vom 2. Dezember 2011.

Arleen Augers Grab in Hartsdale (Photo: Ginny M. / www.findagrave.com)

das kleine zerknitterte Stück Papier aufgehoben und ich denke immer noch an sie und vermisse sie sehr."

Das Gefühl der Unabwendbarkeit verstärkte sich im Frühjahr 1993. Sie spürte, dass sie sterben muss und hat diesen Prozess ganz bewusst miterlebt. Zu dieser Zeit hat sie sich dann von all ihren früheren Kollegen aus Rilling-Tagen verabschiedet – und zwar über ihre Agentur in München. Elisabeth Ehlers rief alle Sängerinnen und Sänger an, um ihnen in ihrem Namen „Auf Wiedersehen" zu sagen; sie würde sich nun nicht mehr melden.

Und es gab auch umgekehrte Fälle: Ehemalige Kollegen und Schüler meldeten sich bei ihr, um sich von ihr zu verabschieden, so wie ihre Schülerin Una Barry aus London. Diese hatte kurz zuvor einen Brief von ihr erhalten, in dem Arleen Auger ihr mitgeteilt hatte, dass sie unheilbar krank sei, aber mit allen alternativen Möglichkeiten dabei wäre, ihren Hirntumor behandeln zu lassen.

Una Barry erinnert sich:

„1993 ging ich für drei Monate nach Kenia; in ein Land, wo Du ein Auslandsgespräch am Telefonamt anmelden musstest, geschweige denn, dass dort E-Mail oder Internet oder Direktwahl, wie wir es heute haben, existiert hätte. Ich erinnere mich, ihr darum einen langen Brief geschrieben zu haben, bevor ich abreiste. In der Tat sagte ich ihr ‚Auf Wiedersehen', denn ich wusste in meinem Herzen, dass sie nicht mehr unter uns sein würde, wenn ich zurückkehrte. Ich schrieb ihr, um ihr zu danken für ihre Freundschaft, ihre Unterstützung, ihre Unterweisung und ihre Hilfe. Es war unschätzbar und sie gab ihre Hilfe selbstlos, ohne zu fragen und ohne jegliche finanzielle Unkosten für mich. Es war reine Hingabe an ihre Kunst. Sie tat es, ich weiß das, weil sie meinen Wert als Mensch erkannt hat. Das klingt jetzt vielleicht etwas überheblich, aber so ist es nicht gemeint. Ich sage das, um zu zeigen, was für ein Mensch sie war, und wie sie Menschen geholfen hat, obwohl sie es eigentlich gar nicht gemusst hätte!"

Die Krankheit brach schließlich ihren starken Willen, und am 30. Mai 1993 fiel sie ins Koma, aus dem sie bis zu ihrem Tod am 10. Juni nicht mehr erwacht. Willem Scherpenhuijsen Rom engagierte für die letzten Tage einen Leierspieler, der an ihrem Bett die beruhigenden Klänge dieses auch in der anthroposophischen Heilmedizin eingesetzten Instruments erzeugte, die ihr das Hinübergehen erleichtern sollten.

Die Trauer und Bestürzung war weltweit groß – besonders in den Niederlanden. Gerard Nijland, ein Verehrer der Sängerin, schrieb 1999 auf einer Internetplattform:

„Wenn Du heute in Holland nach einer favorisierten Sängerin fragst, so sagen die Leute: Arleen Auger. Arleen Auger wurde soooo holländisch. Zuallererst wurde sie die größte Sängerin (neben Jard van Nes) in Bachs *Matthäus-Passion*. Ich erinnere mich an Briefe in den Zeitungen von Leuten nach ihrem Tod, die sagten, dass die jährliche *Matthäus-Passion* aufgrund ihres Todes niemals mehr dieselbe sein könne. Und ich denke, damit hatten sie recht. In dieser Welt gab es keine, die diese Arien so singen konnte wie Arleen Auger es konnte. Arleen Auger wurde eine von uns. Sie verliebte sich in einen holländischen Bankier, der in Leusden lebte, einem Dörfchen in der Mitte dieses kleinen Landes. Und Leusden war auch der Platz, an dem sie starb. Ich weinte tagelang als ich die Nachricht in der Zeitung las."[216]

Die sterblichen Überreste wurden in den Niederlanden eingeäschert. Die Trauerfeier wurde von der Christengemeinschaft der Niederlande ausgerichtet und von Mitgliedern des Concertgebouw-Orchesters gestaltet. Viele Prominente und langjährige Weggefährten der Sängerin waren erschienen, und auch die Bach-Akademie Stuttgart hatte eine Delegation entsandt. Beigesetzt wurde die Urne auf dem Friedhof von Hartsdale bei New York. Das Grab ist in der Nähe eines Apfelbaums gelegen. Ganz in der Nähe des Friedhofs wohnt ihre Agentin und Freundin Celia Novo. Diese fasste ihren Schmerz in ein Gedicht, das sie schon am 28. Juni 1990 geschrieben hatte und nun nach dem Tode im Juli 1993 noch einmal überarbeitet hat:

---

216 Gerard Nijland: Arleen Auger, 4. Juli 1999 in OPERA-L-Archives, auf: listserv.bccls.org.

OUR GREAT GIFT[217]

A priceless gift came into our home
a few short years ago.
This gift was filled with beauty and light
and much more than we could know.

We took this gift to our open hearts,
she was so dear and rare.
We carefully, caringly planted its seed
in the garden of our souls.

A delicate thing, battered and saddened,
we heard her cry for help.
We nourished her with unconditional love,
and fed her with respect.

The water of our family love
washed away the years of pain.
Reborn, and strong, our precious gift
quickly blossomed and was transformed.

Rejoicing in each other's dreams,
we grew and were fulfilled.
The flower, at its most beauteous height
was then, untimely, killed ...

Yet, precious as ever, our gift remains
and still is a wondrous thing.
She blooms eternal in our hearts,
where her spirit forever sings!

Celia Novo organisierte eine Gedenkfeier, die Ende August 1993 in der Frank Campbell Funeral Chapel in New York stattfand und live im Radio übertragen wurde.

Das Programm gestaltete sich wie folgt.

PROGRAMM

Persönliche Erinnerungen geschrieben von Celia P. Novo	gelesen von Guy P. Novo
Spiritual Offering	Rec. Gisela Wielki

---

217 © July 1993 by Celia P. Novo.

„Strings in the Earth and Air" (Richard Hundley)	Renee Fleming, Sopran Helen Yorke, Klaiver
Persönliche Erinnerungen	Robert Lubell (Freund)
„In the Silent West" (komponiert von Alfred Heller auf ein Gedicht von Emily Dickinson, inspiriert von Arleen Auger und ihr gewidmet)	Renee Fleming, Sopran Alfred Heller, Klavier
Persönliche Erinnerungen	Misha Dichter (Pianist)
„After You, Who?" aus *Gay divorce* (1932) (Musik und Lyrik von Cole Porter)	Karen Holvik, Sopran Steven Blier, Klavier
Persönliche Erinnerungen	James Keller (Musikkritiker)
„Pie Jesu" aus dem *Requiem* op. 48 (Gabriel Fauré)	Karen Holvik, Sopran Kirt Pavitt, Klavier
Persönliche Erinnerungen	Libby Larsen (Komponistin, die Arleen mit der Vertonung der „Sonnets of the Portuguese" von Elizabeth Barrett Browning beauftragt hat)
Abendempfindung KV 523 (W. A. Mozart)	Karen Holvik, Sopran Joel Revzen, Klavier
Persönliche Erinnerungen	Mary Lou Falcone (Pressesprecherin) Michael Bartlett – IMG Kevin Schwebke – IMG
Persönliche Erinnerungen	Donald Lutes (Freund)
„Gewaltige stößt Gott vom Stuhl" aus der Kantate *Mein Seel' erhebt den Herren* BWV 10 (J. S. Bach)	Jan Opalach, Bassbariton Adriana Contino, Cello Spencer Carroll, Cembalo
Persönliche Erinnerungen	Greg Funfgeld (Musikalischer
Direktor des Bethlehem Bach Festivals)	

„Sarabande" aus der *Partita a-Moll*   Susan Rotholz, Flöte
BWV 1013 (J. S. Bach)

Personal Reflections   gelesen von Guy P. Novo
Geschrieben von Celia P. Novo

Als Abschluss der Zeremonie wurde die Aufnahme von Bachs „Bist du bei mir" von 1984 mit Arleen Auger gespielt.

Rund 400 ihrer Partituren und Klavierauszüge wurden der Bibliothek des Musikkonservatorium von Oberlin vermacht. Ebenso ihr Flügel.

  Auf ihrer Grabplatte stehen die ersten zwei Zeilen eines Gedichts von Percy Bysshe Shelley, das sie in der Vertonung von Roger Quilter 1988 auf ihrer Love-Songs-CD mit Dalton Baldwin eingespielt hat:

> Music, when soft voice die,
> Vibrates in the memory;
> Odours, when sweet violets sicken,
> Live within the sense they quicken;
>
> Rose leaves, when the rose is dead,
> Are heap'd for the beloved's bed:
> And so thy thoughts, when thou art gone,
> Love itself shall slumber on.

II. Das künstlerische Credo

„Jegliche Kunst erfordert einen hohen Grad an Konzentration auf sich selbst." [1]

1. Authentisch sein

„Die Leute, die Maßstäbe in der Musik gesetzt haben, sind die Originale – nicht die Kopien" [2]

Heutzutage herrscht offensichtlich eine allgemeine Timbrelosigkeit als Klangideal bei Sängern unter Plattenproduzenten und Agenten vor: Der unverwechselbare, individuelle Klang einer Stimme wird – zumindest international – nicht mehr gefördert. Es scheint, als ob die um sich greifende Globalisierung auch zentrale Institutionen der Kunst wie Opernhäuser und Agenturen infiltriert hat und dort eine beliebige Austauschbarkeit des international agierenden Sängerstabs beabsichtigt wird.

Das war bis in die 1980er-Jahre hinein noch anders gewesen. Da genügten drei Töne eines Sängers aus dem Radio, und der fachkundige Zuhörer wusste sofort, mit wem er das Vergnügen hatte. Auch Arleen Augers ist mit diesem Ideal aufgewachsen:

„Wenn wir andere Sängerinnen betrachten wie Renata Tebaldi, Mirella Freni, Joan Sutherland, Maria Callas, sehen wir, dass wir alle die Verpflichtung haben, Originale zu sein und nicht Kopien. Unser Klang ist individuell, weil unsere Struktur individuell ist. Wir haben unsere Stimme nicht manipuliert, um wie jemand anderer zu klingen. Gesagt zu bekommen ‚Diese Person klingt phantastisch, fast so – sagen wir, wie Mirella Freni' – das ist für mich überhaupt kein Kompliment!" [3]

---

1   John McCormick: „Voice of experience", in: Suburban People, 6. Mai 1990.
2   Ralph V. Lucano: „Arleen Auger: ‚I'm NOT just a Bach singer!'", in: Fanfare. The Magazine for Serious Record Collectors Vol. 14, Nr. 1, September/Oktober 1990.
3   Heidi Waleson: „Arleen Augér. You can go home again", in: Ovation, März 1987, S. 22.

Die eigene Individualität leben – das bezog sich aber nicht nur auf die Farbigkeit der eigenen Stimme, sondern auf die Gestaltung der Literatur. So beschwerte sich die Cellistin Adriana Contino einmal bei ihr, dass sie in einem konkreten Falle die klanglichen Wünsche eines Dirigenten kaum mit ihren eigenen vereinbaren könne. Arleen Auger gab ihr daraufhin den weisen Rat:

> „Höre genau zu, was er Dir zu sagen, integriere es als Idee in dein Spiel und spiele dann genauso wie du es für richtig hältst. Verbiege dich nie und verrate niemals die Ideale, die für dein Musizieren unabdingbar sind!"

Das Ergebnis war, dass nach Beherzigung dieses Ratschlages beide Parteien nach der Orchesterprobe tatsächlich zufrieden waren: die Interpretin hatte sich nicht ausgeliefert und der Dirigent fühlte sich in seinen Wünschen ernstgenommen. Adriana Contino meinte selbst dazu:

> „Durch Befolgung dieses klugen Ratschlags bin ich eine bessere Musikerin geworden ist, als wenn ich stur auf meiner Sicht der Dinge beharrt hätte."

Für die Liedsängerin Arleen Auger war dieses Bei-sich-Bleiben in der äußerst persönlichen, ja oft schon intimen Auseinandersetzung mit einem Pianisten unabdingbar. Bezüglich ihrer Gestaltung des Genres „Kunstlied" war sie absolut vorbildlos und souverän:

> „Als ich in Wien war und mir plötzlich Lied angeboten wurde, hatte ich meinen eigenen Stil zu entwickeln. Ich liebe Poesie und ich betrachte die Dichtung oft losgelöst von der Musik, um Ideen zu bekommen. Ich schau nach meiner eigenen Interpretation und finde in mir etwas Authentisches. Ich habe dies meine ganze Karriere lang getan, ob gut oder schlecht. Was immer ich bin, ich bin ich. Ich bin nicht die Kopie von jemandem; ich will es nicht sein."[4]

Authentisch zu sein, das hieß für sie aber nicht nur sich selbst verpflichtet zu sein, sondern in erster Linie dem Komponisten und seinem Werk. Ihm zu dienen und an der bestmöglichen Realisation der Partitur zu arbeiten, gehörte für sie zum echten Künstlersein unbedingt dazu. Konkret forderte das, die eigene Persönlichkeit hinter das Kunstwerk zurückzustellen und dadurch zum Sprachrohr des Komponisten und dessen Emotionen in der Musik zu werden. Das war ihr Ideal.

Bis es aber soweit war, galt es einiges an Vorarbeit zu leisten: Es galt, das zu erarbeitende Stück in seiner Gänze kennenzulernen und damit über den Horizont der eigenen Stimme weit hinauszublicken. Das hieß für Konzertmusik und Oper: Partiturstudium, um zu wissen, welche Instrumente wann und wie beteiligt waren. Im Falle eines in einer fremden Sprache dargebotenen Werks, hieß das auch, die Sprache möglichst akzentfrei zu studieren, um ihr spezifisches Idiom und deren Prosodie zu treffen. Aufgrund ihrer überdurchschnittlichen Musikalität fiel ihr Letzteres leicht: ein *native speaker* konnte

---

4   Ralph V. Lucano: Anm. s. o.

ihr etwas in einer ihr bis dato unbekannten Sprache vorsagen, und sie konnte es sofort akzentfrei nachsprechen.

Viele Künstler lesen auch Sekundärliteratur über das Leben und Werk derjenigen Komponisten, die sie aufführen wollen. Im Mozart-Jahr 1991 erläuterte Arleen Auger anhand der damaligen Invasion von Literatur über das Salzburger Wunderkind, inwieweit diese ihre Arbeit als Sängerin tangiert hat:

> „Ich habe schon mehrere von den Büchern gelesen und dadurch viel zum Nachdenken gehabt, und ich versuche teilweise, das in meine Interpretation, meine Musik mit einfließen zu lassen – zumindest gedanklich mich beeinflussen zu lassen, wenn ich glaube, dass es für mich was zu bedeuten hat. Ich finde, jeder von uns muss seinen eigenen Weg gehen und seinen eigenen Stil finden und den dann zusammenbringen mit den Leuten, mit denen wir arbeiten. Die Wissenschaft ist sehr wichtig für uns, sie liefert uns nicht nur Stoff zum Nachdenken, sondern auch eine Grundlinie, der wir nachfolgen sollten. Aber das ist nur ein Ausgangspunkt für kreative Musiker, und von da aus müssen wir unsere eigene Technik und unsere Gefühle, unsere Seelen, unsere Instinkte zusammenbringen mit unseren Partnern und eine Einheit bauen für ein Projekt, für eine Vorstellung. Und wenn es fertig ist, dann gehen wir weiter zu den nächsten und machen etwas Originales. Ich suche immer nach Originalen und nicht nach Kopien von etwas."[5]

Damit sagte sie ganz klar, dass es ihr beim Singen nicht um die Reproduktion einer Vorlage und auch nicht um die Produktion einer klingenden musikwissenschaftlichen Analyse geht. Vielmehr bilden die Erkenntnisse der Forschung nur die Basis, auf die dann das Gebäude von Gefühl, Handwerk und konstruktivem Miteinander errichtet werden muss. So entsteht ein organisches Ganzes, das seine Wurzeln im Wesen der Komposition hat. Intellektualisierung von Kunst und mentales Durchdringen eines Notentextes ohne tiefere Verbindung zu Gefühl und Spiritualität war für sie eine sinnentleerte Arbeitsmethode, mit der sie sich die tiefsten Dimensionen eines Kunstwerks, die ihr vorschwebten, nicht erschließen konnte.

Am Beispiel der traumhaft schönen Aufnahme der *Chant d'Auvergne* von Joseph Canteloube mit dem English Chamber Orchestra unter Yan-Pascal Tortelier erläuterte sie ihre Vorgehensweise beim Erarbeiten eines ihr bis dato völlig fremden Werks:

> „Die Aufnahme dieser Lieder war der Wunsch des Direktors der Virgin. Er fühlte so viel Schönheit in ihnen, die bis dahin noch nicht erreicht worden war, und er wollte eine Aufnahme für seine Firma machen. Ich habe sie vorher nie gesungen. Ich habe mir ein paar Aufnahmen angehört, und alle verschafften mir den Eindruck, dass die Musik langweilig ist. Ich arbeitete mit der Person, die für die Tradierung der Volkskunst der Auvergne verantwortlich ist. Ich lernte die Sprache mit ihm. Ich wollte, dass diese Aufnahme authentisch sein würde, wirkliche echte Volksmu-

---

5   Gert Wolff: Interview zum Mozart-Jahr im HR, aufgenommen in Paris 1990.

sik. Canteloube macht es nicht wie Brahms. Wir wollten den richtigen Stil finden, nicht nur einfach die Noten. Es ist eine sehr improvisierte Musik, und der Klang von Stimme und Instrumenten ist absolut authentisch. Wir taten, was Canteloube beabsichtigt hat. Einige Leute fanden es erfrischend, denn es ist nicht wie die anderen Aufnahmen."[6]

Ganz eng mit dem Themenkomplex der Authentizität hängt der Bereich der Stilistik zusammen – vor allem, wenn es sich um Alte Musik handelt. Hierbei bildet das Vibrato bei Sängern und dessen Dosierung einen bis heute immer noch beliebten Diskussionspunkt. Arleen Auger schildert diesbezüglich ihre Erfahrungen, die sie mit drei bedeutenden britischen Barockspezialisten gemacht hat, in einem Interview von 1990 anhand der Einspielung von Händels *Orlando* für die Decca:

Der Interviewer bemerkte:

„Ihre Art, Bach oder Händel zu singen, hat sich nicht so sehr verändert über die Jahre. Sie tun es auf Ihre Weise – Sie lassen das Vibrato nicht aus der Stimme heraus."

Arleen Auger spezifiziert:

„Das tue ich nicht, ich versuche es höchstens zu begrenzen, um hin und wieder Dirigenten zufriedenzustellen oder das Ensemble, mit dem ich arbeite. Es ist niemals von mir gefordert worden, komplett ohne Vibrato zu singen. Wenn sie es wirklich pur wollen, so können sie es haben. Aber sie wollen es nicht. Bei diesem *Orlando* war der Rest der Truppe viel erfahrener mit Händels Musik als ich. Ich entdeckte in den Aufnahmesitzungen, dass jeder von uns verschieden sang, und es war offensichtlich, dass Hogwood keinen reinen Alte-Musik-Ansatz wollte. Selbiges wollte auch Hickox in der *Alcina* nicht. Manchmal würde Hogwood vielleicht sagen, dass einer von uns zuviel Vibrato im Verhältnis zum anderen hat, aber er hat niemals einen von uns zu irgendeinem Zeitpunkt gebeten, es wegzulassen. Ich kann mich erinnern, eines Tages in den *Alcina*-Proben waren Della Jones und ich verunsichert, weil ihre Verzierungen ausladender waren als meine. Ich war irritiert, weil wir zu weit auseinander lagen, aber Hickox sagte: Nein, es trifft die Charaktere und die Situationen. Wir machten vor zwei Jahren *Poppea*, ich sang Poppea, und Della war Nero. Wir fanden, dass jeder von uns – und es ist eine lange Besetzungsliste – in einem anderen Stil sang. Einige von uns waren besorgt, und wir gingen zu Richard Hickox und sagten, wir seien stilistisch nicht einheitlich. Er sagte: ‚Seid frei zu tun, was ihr fühlt. Wir wollen nicht von jedem denselben Triller, weil er dann nämlich nichts mehr zu sagen hat. Ich möchte, dass jeder ihn auf seine Weise ausführt.'

Einige Jahre davor arbeitete ich mit Trevor Pinnock und ich fragte ihn, welche stilistischen Triller ich ausführen solle – bei Dirigenten versuche ich flexibel zu sein. Trevor sagte: ‚Tu, was Du als passend empfindest.' Und ich dachte: ‚Schau mal, hier arbeite ich mit all diese Spezialisten, und sie sagen alle dasselbe. Sie lieben die Spon-

---

tanaität, und ich liebe die Flexibilität, eine Linie durch Hinzufügen von Trillern und Kadenzen aufzufüllen, so wie ich es empfinde.'"[7]

Diese undogmatischen Dirigenten, die nicht mit einem Lehrbuch in der Hand an eine Partitur herantraten, sondern bei aller Akkuratesse in der Probenarbeit genug Raum für Musizieren aus dem Augenblick heraus ließen, waren für sie die richtigen und entpuppten sich dadurch paradoxerweise als ernstzunehmende Vertreter von Authentizität. Denn fälschlicherweise verstehen wir unter Authentizität gerne die Suche nach dem ursprünglichen Klangbild von damals. Aber diese einzige und wahre Interpretation gibt es ohnehin nicht, besonders nicht bei Barockmusik. Hier braucht die Spontanität ihren Raum, und die ist der schriftlich nicht fixierte Teil der Alten Musik.

Vor allem jedoch hieß authentisch sein für Arleen Auger: Musikerin sein. Prima la musica. Dieses Prinzip galt für sie vielleicht wie für kaum eine andere. Und deswegen waren all diese mentalen Vorarbeiten wie das Lesen von Sekundärliteratur über die Stücke, die Rollen, die Komponisten, die Dichter, die Lieder etwas, das im Konzert wieder nach hinten rücken musste. Denn auf dem Podium ging es ums Musizieren, ums ganzheitliche Singen. Das war für sie das Höchste, das Schönste auf der Welt, und sie empfand es als ihre Pflicht, das Konzert für den Zuhörer zum Allerschönsten werden zu lassen. Darum lautete ihre Maxime: „Geben, geben, geben!" Egal wie wichtig das Konzert für das Renommee war – ob Carnegiehall New York oder Dorfkapelle St. Pölten, ob Schubertiade Hohenems oder Hauskonzert bei Freunden und Gönnern – immer musste es das Beste sein. Ihre Schülerin Corina Mora bemerkte dazu, dass dieser innere Drang zur Realisation der maximal möglichen Qualität soweit gehen konnte, dass sie im Konzert mit Orchester durchaus schon einmal von vorne zusammen mit dem Konzertmeister ihre Soli geführt hat, wenn der Dirigent sie für ihr Empfinden nicht sicher genug in der Hand hatte.

Als Pastorentochter, die sich als Schwerpunkt ihres Repertoires die geistliche Musik erkoren hatte, war sie extrem offen für andere Religionsformen, neues Denken und neue spirituelle Richtungen. In ihrem pantheistischen Weltbild hat sie sich immer als Teil der Schöpfung betrachtet. Darum war ihr der Kontakt zur Natur etwas ganz Wesentliches. 1988 sagte sie auf die Frage nach ihrem Wohnort Hartsdale: „Ich bin eine Bewohnerin des Staates New York, außerhalb der Stadt New York. Ich liebe grüne Bäume und Vögel und Frieden und Ruhe."[8] Die größte Freude konnte man ihr machen, wenn man sie zu einem Ausflug in die Natur einlud – und das in Kombination mit einem guten Essen.

Steife Empfänge hingegen waren ihr geradezu verhasst. Wenn sie dennoch dort erscheinen musste, hat sie die formelle Stimmung meist binnen kürzester Zeit durch ihren Humor aufgelockert.

---

7   Ebenda.
8   Loisann Oakes: „Renowned Soprano Flies The World To Sing", in: The Morning Call, 6. März 1988

Im französischen Besançon kam ihr Anfang der 1980er-Jahre ein äußerer Umstand zu Hilfe: Wie ihr damaliger Pianist Rainer Hoffmann berichtete, hatte ein reiches Ehepaar das Lied-Duo nach ihrem Liederabend in ihr Haus gebeten. Alles war herausgeputzt, Silberbesteck und das edelste Geschirr war hervorgeholt worden. Über dem Büffet thronte ein riesiger Sektkübel gefüllt mit Eiswürfeln, in dem der Champagner kühlgestellt war. Durch eine Erschütterung stürzte dieser Kübel plötzlich lautstark zu Boden, und die Eiswürfel glitten durch den ganzen Raum. Die Herren der Gesellschaft in ihren schicken Fräcken und Smokings krabbelten unter Tische und Schränke, um auch noch den letzten zu erwischen. Das Eis war im wahrsten Sinne des Wortes gebrochen. Die steife Förmlichkeit des Abends war dahin. Solche Dinge liebte sie.

Sie war ein Mensch, dem bei aller Konzentration auf die bestmögliche Leistung auf dem Podium die sinnlichen Genüsse des Daseins nicht fremd waren. Das Leben mit allen Sinnen genießen, Gespräche mit Menschen führen, den Austausch über die wesentlichen Dinge des Menschseins mit anderen suchen – das hat sie mit vielen Menschen geteilt. Darum riet sie ihren Schülern stets, das Leben in all seinen Facetten in sich aufzusaugen, sich auch den negativen, den traurigen, den ungerechten Dingen des Daseins zuzuwenden, und diese Gefühle und Erkenntnisse bewusst in sich aufzunehmen. Sie können nämlich vom Künstler alle verwendet und in seine Arbeit integriert werden. Bewundert hat sie von daher vor allem echte Menschen mit Herz und Intelligenz, Empfindsamkeit und Reflexion – so wie sie selbst einer war!

Menschlich sein hieß für sie auch immer, respektvoll mit anderen umzugehen, besonders mit ihren Schülern und selbstverständlich auch mit ihren Kollegen. Angela Maria Blasi sagte dazu:

> „Junge Sänger tendieren heute dazu, übertriebene Ansprüche zu haben, die sich Sänger wie Arleen und andere in meiner Generation gar nicht getraut hätten. Sie kann als ein Idol betrachtet werden, denn sie war ambitioniert, aber niemals grob, vulgär, noch überschritt sie jemals irgendwelche Grenzen mit Kollegen. Zusätzlich dazu, dass sie eine großartige Künstlerin war, besaß Arleen Klasse und hatte Respekt vor der Kunst."

Im Juli 1990 resümmierte Arleen Auger selbst diesbezüglich:

> „Ich habe ein ziemlich angenehmes Leben. Wenn manche Leute sagen, dass ich eine Kultfigur bin, dann ist es das, was ich bin. Ich habe kein Verlangen danach, Mainstream zu sein, wenn Mainstream nur daran interessiert ist, Geld zu machen und berühmt zu sein. Daran habe ich kein Interesse. Ich will gute Musik und will das, was an guter Musik in mir ist, anderen Menschen schenken."[9]

---

9   Richard Fawkes: „Out of the mainstream", in: Classical Music, 1. Juli 1989.

2. Disposition zur Klarheit

Um als Sängerin ihren Beruf in jeder Lebenslage und auch angesichts schwerer Schicksalsschläge ausüben zu können, bedurfte es auch eines mentalen Trainings. Arleen Auger benutzte dafür folgende, auch heute noch von der amerikanischen Lebenslehrerin Louise L. Hay empfohlene Praktik: Sie stand jeden Morgen vor dem Spiegel, egal ob sie am Vorabend Konzert gehabt hatte, egal wie sie sich fühlte, egal wie sie aussah, egal was für den Tag an Pensum anstand und sagte sich ins Gesicht: „Ich bin gut, ich bin gesund, ich kann singen." So stimmte sie sich und ihr System mental aufs Singen-Können ein.[10]

Allerdings besaß dieses spirituelle Prozedere keine egozentrische Komponente: „Ego sollte in diesem Metier keine Rolle spielen."[11] Gerade ihre Bescheidenheit und ihre fast kumpelhafte Offenheit und Herzlichkeit zeichneten sie aus. Alle Personen aus ihrem Umfeld äußerten sich übereinstimmend, dass sie aufgrund ihrer Selbstlosigkeit nie über sich gesprochen habe; selbst als sie schon todkrank war, rief sie ihre Freunde an, um sich nach *deren* Befinden zu erkundigen. Im Dialog mit Kollegen und Musikern ging es ihr immer nur um Musik und um deren bestmögliche Realisation. Der kanadische Dirigent Paul Robinson sagte über sie:

> „Sie schwebt nicht auf Primadonna-Wolken. Wann immer ich sie gebeten habe, etwas anderes zu versuchen, war sie stets glücklich zu kooperieren."[12]

Arleen Auger beherrschte die Kunst, selbstbewusst aufzutreten, ohne Arroganz auszustrahlen. Thomas Gehrke hatte sie beim Meisterkurs in Lübeck als „damenhaft majestätisch" erlebt: „Sie besaß immer eine gewisse Attitüde, ohne dabei unnahbar zu wirken. Und ob privat oder auf der Bühne: Sie ließ sich nie gehen."[13] Sie strahlte stets aus: Ich weiß, dass ich sehr gut bin, aber Du bist auch sehr gut. Ihre Schüler hielt sie diesbezüglich an, es ihr gleichzutun. Zu Renee Fleming sagte sie:

> „Alles hier hat irgendwie damit zu tun, dass jeder dem anderen um eine Nasenlänge voraus sein möchte. Wenn Sie sich damit anfreunden können und ähnlich reagieren, fühlt sich niemand beleidigt. Keiner wird wütend, keiner trägt einem etwas nach, Bestimmtheit und entschiedenes Auftreten werden respektiert."[14]

---

10 Dies berichtete mir ihre langjährige Kollegin aus Rilling-Zeiten, Gabriele Schreckenbach, in einem persönlichen Gespräch am 4. Mai 2011 in Berlin.
11 Donna Perlmutter: „Singer keeps her standards high", in: Los Angeles Times, 30. Januar 1986, Part VI.
12 David Lasker: „American Songbird", in: Maclean's. Canada's Weekly Newsmagazine, 8. Dezember 1986, Vol. 99 Nr. 49.
13 Dies berichtete Thomas Gehrke mir in einem Telefonat im Frühjahr 2011.
14 Renee Fleming: Die Biographie meiner Stimme, Berlin 2005, S. 73.

Ein zweiter wichtiger Satz, der ihr Leben geprägt hat und den sie auch ihren Schülern mitzugeben pflegte, lautete: „Jeder Tag ist neu und wichtig!" Wie ihr Schülerin Tsuyako Mitsui erläuterte: Besonders wenn man jung und gesund ist, vergisst man gerne, dass das Leben irgendwann zu Ende ist.[15] Mit ihrem persönlichen „Carpe diem" ist sie diesem Vergessen bewusst entgegengetreten.

Ihr Morgenritual und das Sich-Bewusstmachen der eigenen Vergänglichkeit waren Ausdruck ihres unglaublich hohen Bewusstseinsniveaus. Und diese Stärke zeigte sich in der Arbeit auch durch eine immense Konzentrationsfähigkeit:

Rainer Hoffmann betonte, dass drei- bis vierstündige Proben mit ihr der Durchschnitt waren und sie dabei niemals die kleinste Konzentrationsschwäche an den Tag gelegt habe.

Ihr niederländischer Repetitor Hans Adolfsen wusste zu berichten: Wenn sie Lieder auswendig lernte, pflegte sie während des Singens bei geschlossenen Augen mit ihren Händen Landschaften in die Luft zu zeichnen oder für sich selbst innerlich Visualisierungen zu erzeugen. Diese wurde dann im Körper abgespeichert und diente ihr auf dem Podium als Gedächtnisstütze, besonders bei den für Fehler anfälligen Strophenliedern. So fand dann während des Konzerts in ihrem Inneren beim Singen auf dem Podium wahres Kopfkino statt, von dem die Zuhörer aber äußerlich nichts haben wahrnehmen können.

Für sie stand da vorne eine Säule von Klang, aus der nur die Augen leuchteten.

Das Einpegeln des Körpers auf Singen ging einher mit dem Fokussieren der Stimme auf Klarheit. Denn Klarheit der Stimme, das war immer in den 25 Jahren ihres internationalen Karriere ihr Markenzeichen. Dafür wurde sie von Kollegen[16] sehr bewundert, und außerdem sorgte die Pflege der Klarheit ihres Klanges dafür, dass man den Eindruck gewann, die Stimme altere nie. Und diese Klarheit erzielte sie, indem sie sich schon beim Einsingen auf die Reinheit der Vokale konzentrierte. Dieser Disziplin verdankte sie ihren spezifischen Klang – bis zum Schluss. Damit vermied sie auch das klangliche Altern der Stimme: Weder rutschte diese ihr nach hinten, was zu einem verdunkelten Klang geführt hätte, noch fing die Stimme durch übermäßiges Vibrato an zu schleudern oder gar zu tremolieren. Singen war für sie eine natürliche Form des Sich-Mitteilens. Deswegen hat sie auch kein „Decken" praktiziert (ein leichtes nach hinten Verlagern der Töne ab dem Passaggio), denn sie war felsenfest davon überzeugt, dass ihre Stimme in jedem Register jeden Vokal erzeugen konnte. „Ich habe eine natürliche Stimme und sie wurde auf natürliche Weise ausgebildet"[17], sagte sie selbst über ihr Instrument.

Diese Reinheit der Vokale, die sie jeden Morgen – einem vokalen Frühsport gleich – trainierte, garantierte ihr ihre beispielhafte Textverständlichkeit. Und aus dieser re-

---

15 Dies schrieb mit Tsuyako Mitsui in einer E-Mail vom 28. November 2011.
16 Dies gestand mir Edda Moser in einem persönlichen Gespräch in der Kölner Musikhochschule in den späten 1990er-Jahren.
17 Ralph V. Lucano: Anm. s. o.

sultierte auch die Mühelosigkeit ihres Singens. Denn sie vermochte es, Klares im Pianissimo zu versenden, statt Ungefähres im Forte.

Die Reinheit der Vokale und das frühe Training im Geigespielen ermöglichten ihr ein traumhaftes Legato und ein Verständnis für jede einzelne Note – und vor allem für den Raum zwischen diesen einzelnen Noten.

Schon 1973 machte ihr ein Sprecher des ORF Salzburg das größte Kompliment, das eine Sängerin vielleicht von einem Journalisten bekommen kann:

„Ihr Stimmcharakter hat seinen ganz eigenen unverwechselbare Reiz. Es ist kein Reiz des vordergründig Auffälligen, Sensationellen. Ich möchte ihn zunächst einmal mit einer Art Luzidität assoziieren, einer inneren Helligkeit, mit der ich weniger die Stimmfarbe meine, als eine zuweilen ans Instrumentale reichende Klarheit, ein kristallines Durchsichtsein. In Momenten des restlosen Gelingens ist diese Stimme wie ein Spiegel: Was er zurückwirft, ist die Essenz von Musik. Unnötig zu sagen, dass in dieser Wirkungsspur des eher Feinen, Zerbrechlichen weder großes Volumen noch das Nervig-Dramatische Platz haben, dass aber sehr wohl etwas dazu gehört, das man als musikalische Gescheitheit bezeichnen könnte."[18]

Klarheit in der Stimme geht aber meist auch damit einher, dass man sich der Bedeutung dieser Klarheit im Klaren ist. Und so konstatiert Arleen Auger 1987:

„Das ist glaube ich wirklich das, was ich bin. Ich verfüge sicherlich über eine gute Technik und ich hatte das Glück, von Anfang an eine Stimme zu haben, die frei war von stimmlichen Problemen, und eine Reihe von Lehrern gehabt zu haben, die niemals stimmliche Probleme schufen, sondern nur halfen, mein natürliches Talent zu entwickeln. Der Rest ist das, was ich bin: was meine Seele ist und was ich zu sagen habe."[19]

3. Stimmpflege

„Ein Instrumentalist kann sich jederzeit ein neues Instrument kaufen. Ein Sänger hat zwei Stimmbänder. Wenn sie hin sind, dann ist der Schaden dauerhaft." [20]

Die Stimme ist ein Instrument, das besonderer Pflege bedarf. Dazu gehörte für sie als oberste Maxime, mit ihrem Kapital zu haushalten. Auf einem Meisterkurs in Lübeck

---

18 Lebenserinnerung. Von Claus Henning Bachmann. Gesendet am 8. Februar 1973. ORF (Landesstudio Salzburg).
19 Heidi Waleson 1987, Anm. s. o., S. 22.
20 Daniel Schillaci: „Early recital with her mom augured well for soprano", in: Los Angeles Herald Examiner, 31. Januar 1986.

gab sie dem Tenor Thomas Gehrke 1990 den richtungsweisenden Rat: „Singe nicht mit deinem Kapital, sondern mit den Zinsen." Dies sollte heißen: Singe nicht mit der Masse deiner Stimme, sondern mit der Resonanz.

Zuviel Stimme einzusetzen passiert, wenn man zu früh zu schwergewichtige Partien singt, wenn man gegen ein zu lautes Orchester anschreien muss oder wenn die Stimme nicht ausgeruht ist und der Sänger meint, fehlende Entspannung mit Druck ausgleichen zu müssen. Besonders die Übergänge zwischen den Registern sind dann sehr gefährdet, und die Höhe leidet bei einem so filigranen Instrument wie der Stimme besonders.

Gerade das hohe Register ist für technische Unzulänglichkeiten und Raubbau sehr anfällig. Auch darum hat Arleen Auger dieses Register besonders gepflegt, indem sie es in Ruhe gelassen und nur benutzt hat, wenn die Literatur es erforderte – und das von Anbeginn ihrer Karriere:

> „Ich war gezwungen, besondere Vorsicht mit meiner hohen Stimme walten zu lassen. Ich schützte sie, so dass ich es gewährleisten konnte, all die Königinnen der Nacht zu singen."[21]

Gerade diese Rolle, die in Wien ihre meistgesungenste war, birgt die Gefahr, wenn sich eine Sängerin zu lange damit beschäftigt, dass die Stimme Schaden nimmt.

> „Es ist ein schreckliche Rolle und zudem eine schwierige. Da ist dramatisch wenig Vorzeigbares in der Rolle. Aber es gibt mehrere Facetten an ihr. In der ersten Arie ist sie hinterhältig-duldend, und es gibt späterhin einen musikalisch besonders schönen Moment."[22]

Oft wird diese Partie auf bloße Dramatik reduziert. Doch diese Sicht auf die Partie war Arleen Auger zu reduktionistisch und damit zu monochrom. Sie hat auch hier die Farben gesucht, die Nuancen – und das auch in der Rachearie, die scheinbar nur einen zweiminütigen Wutanfall darstellt.

Gerade was die Pflege der Höhe betrifft, war ihr der Kontakt zu den feinen Einschwing-Frequenzen der Randstimme zur Gesunderhaltung ihres Instruments von zentraler Wichtigkeit. Diesbezüglich ließ sie extreme Sorgfalt walten. Und war sie zu einem Auftritt dennoch einmal krank, so war ihre Technik so vollendet, dass sie das Konzert trotzdem bestreiten konnte. Der Pianist Hans Adolfsen hatte das erlebt, als er am Weihnachtstag des Jahres 1988 einer *Carmina burana* mit dem Royal Concertgebouw Orchester Amsterdam unter seinem frischgebackenen Chefdirigenten Orchester Riccardo Chailly beiwohnte. Die Aufführung wurde auch im holländischen Fernsehen übertragen. Im Anschluss ging Hans Adolfsen zu ihr in die Garderobe, um ihr zu gratulieren. Sie kam ihm entgegen und hauchte ihm in Baritonlage stockheiser zu: „I'm so glad it's over, I'm totally sick!" Gehört hat aber davon das Gros der Konzertbesucher nichts; nur dem Fachpublikum dürfte gelegentliches leichtes Kratzen aufgefallen sein.[23]

---

21 Donna Perlmutter: Anm. s. o.
22 Loisann Oakes: „Renowned Soprano Flies The World To Sing", in: The Morning Call, 6. März 1988.
23 Hans Adolfsen erzählte mir die Geschichte am 6. März 2011 am Telefon.

Ohnehin war sie so gewissenhaft gegenüber Werk, Kollegen, Publikum und Konzertveranstaltern, dass sie fast niemals abgesagt hat. Bei der Recherche konnte von mir kein Konzert ermittelt werden, das sie an eine Kollegin hätte abtreten müssen. Im Gegenteil: Wenn es sich einrichten ließe, ist sie trotz ihres strammen Terminsplans noch für erkrankte Kolleginnen eingesprungen: sei es im März 1980 für Lucia Popp mit vier Konzerten mit Mahlers IV. Sinfonie mit den Wiener Symphonikern unter Václav Neumann im Großen Saal des Musikvereins in Wien, oder ebenfalls für Lucia Popp bei einem Liederabend beim Schleswig-Holstein-Festival 1988 oder für Marilyn Horne beim „Mostly Mozart Festival" im August 1990 in New York.

Um aus ihrer Stimme das Optimum an Farben herauszuholen, absolvierte sie niemals eine Probe uneingesungen – was so viel heißt wie unaufgewärmt –, selbst wenn diese in ihrem eigenen Wohnzimmer stattfand. So bot sich dem Pianisten Hans Adolfsen, als er einmal versehentlich zu früh zur Probe erschien, bei seinem Eintreffen die Gelegenheit, die silbrig leichte Stimme aus dem ersten Stock zu vernehmen, die sich mit Vokalisen einsang.

Die spirituelle Energie dieses Einsingens übertrug sich sogar auf andere Sänger: Gabriele Schreckenbach wusste zu berichten, dass es ihr vor einem Konzert mitunter genügte, sich Arleen Auger in der Nachbargarderobe einsingen zu hören. Die Klarheit dieser Stimme und deren optimal platzierte Vokale hätten auch bei ihr in kürzester Zeit nur durch bloßes Zuhören die Ordnung im Körper hergestellt.[24]

Der Bassist Gregory Reinhart hat ein solches Einsingen während der Plattenaufnahmen von Beethovens IX. Sinfonie unter Christopher Hogwood für die Decca in London unfreiwillig erlebt – und dieser zufällig erhaschte, flüchtige Blick auf ihre sehr persönliche Arbeit mit ihrer Stimme hat ihn für den Rest seines Lebens geprägt:

> „Sie fand ein winziges Plätzchen, auf dem sie saß, ganz auf ihr Aufwärmritual konzentriert. Sie war sich nicht bewusst oder vielleicht war es ihr auch egal, dass ein Spalt in der Tür mir erlaubte, hineinzusehen. Es war, wie wenn man einer Schneiderin beim Nähen eines perfekten Saums zusieht: die Nadel in den Stoff hineinsteckend, den Faden wieder zur vollen Länge herausziehend, einen Moment innehaltend, und dann setzt sie die Nadel wieder erneut an und zieht den Faden wieder bis zum Anschlag durch. So war der Klang ihres Summens, indem sie sich methodisch durch die ganze Länge ihrer Stimme fädelte bis hinauf zu den Spitzentönen, piano, più forte, dann noch einmal mit noch mehr Volumen. Es war in seiner handwerklichen Methodik und Ernsthaftigkeit faszinierend. Sie war auch in Genf vor den *Alcina*-Aufführungen in einer stillen Ecke hinter der Bühne in ihrem vertrauten privaten Ritual zu beobachten – wie ein Abendmahl mit ihrem höheren Selbst, sich ganz der Kunst verschrieben habend. Ihre Selbstaufopferung für ein höheres Motiv werde ich immer bewundern, ebenso wie ihre herausragende Musikalität. Das jubilierende Flirren und trotzdem noch warme Timbre, gepaart mit ihrem heiligen

---

24 Dies erzählte mir Gabriele Schreckenbach bei einem persönlichen Treffen in Berlin am 4. Mai 2011.

159

und trotzdem sehr menschlichen Ausdruck ist es, wofür ich die Stimme von Arleen Auger in Erinnerung behalten werde."

Wolfgang Fahrenholtz wusste zu berichten: Der Tag begann für die Sängerin mit dem Aufwärmen der Stimme. Mit strenger Disziplin. Noch vor dem Sprechen. Es war wie eine morgendliche Stimmgymnastik, die deren Flexibilität erhalten sollte. 30 bis 60 Minuten konnte es dauern und bestand nur aus Übungen, und zwar aus den Übungen von Francesco Lamperti und Manuel García[25], mit denen sie von ihrem Lehrer Ralph Errolle zwei Jahre lang fast ununterbrochen geschult worden war. Sie sang keine Literatur. Den einzigen Bezug zur Literatur stellte sie her, indem sie ihre Stimme bereits morgens auf die Lage einpegelte, in der sie an dem betreffenden Tage zu singen hatte: Stand abends eine Koloraturpartie auf dem Programm, sang sie die Stimme mehr in die Höhe ein; sang sie hingegen einen Liederabend, konzentrierte sie sich stärker auf die Mittellage.

Mit der Stimme ökonomisch umzugehen, hieß für sie genau zu wissen, wieviel sie davon einsetzen musste, um einen Raum bis in die letzte Reihe zu füllen oder um über ein Orchester zu kommen.

Sir Simon Rattle sagte über sie:

„Sie ist eine Sängerin, die es absolut vermeidet, ihre Stimme zu forcieren. Nichts ist übersteuert. Alles spielt sich innerhalb eines Rahmens ab. Das ist einer der Gründe, warum ihre Stimme sich in einer so phantastischen Form befindet."[26]

Und Christopher Hogwood sagte über ihren Gesang:

„Sie kontrolliert die Stimme sehr gut. Sie benutzt nie mehr davon als sie braucht, was sich sehr von der Herangehensweise eines Opernsängers unterscheidet. Sie hat einen sehr fokussierten Klang. Sie verfügt ebenso über gute Koloraturen und [...] besitzt eine wundervolle Vorstellung von Phrasierung."[27]

Ihre sehr schlank geführte und auf unbedingte Ästhetik ausgerichtete Stimme führte mitunter bei den Vertretern der schreibenden Zunft zu Irritationen oder gar falschen Schlussfolgerungen. Mit einer solchen konfrontierte sie der Kritiker der *Salzburger Nachrichten*, als sie im Juni 1975 die Konstanze am dortigen Landestheater sang. Werner Thuswaldner konstatierte damals:

„Ein großes Versprechen für den Abend war Arleen Auger als Konstanze und die saubere Ausgestaltung ihrer Partie, die tadellose Artikulation und die Leichtgewichtigkeit der Durchgestaltung waren auch eine Freude. Warum aber beließ sie

---

25 Andreas Keller: „Gespräch mit Arleen Auger", in: Musikalische Nachrichten 2. Oktober 1976 (hrsg. von der Bachakademie Stuttgart), S. 17: „Zur Musik von Bach habe ich eine tiefe Beziehung, weil meine Gesangsausbildung hauptsächlich auf Übungen basiert, die schon vor 300 Jahren gemacht wurden. Es sind die gleichen, die ich seit dem 12. Lebensjahr jeden Tag mache, bevor ich anfange zu arbeiten."

26 Susan Elliott: „The Augér Effect", in: Pulse! April 1990

27 Susan Elliott: „America Is Discovering One of Ist Own", in: New York Times, 25. Februar 1990, Section 2.

es dabei, die Rolle nur zu markieren? Das war nicht etwa eine verinnerlichte oder gar lyrische Auffassung, das war Schonen der Stimme und befremdende Zurückhaltung. Nur ein paar Töne in der Martern-Arie ließen annehmen, wie es hätte klingen müssen!"

Hans Baumgartners Meinung vom 3. Juni 1975 klingt diesbezüglich wie ein Machtwort, das gesprochen wird, um diese leidige Diskussion bereits im Keim zu ersticken:

> „Über die Konstanze der Arleen Auger, die immer wieder als *die* Mozart-Sängerin bezeichnet wird, lässt sich trotz kleiner Unsicherheiten nur schwärmen. Die Diskussion, ob sie gerade für diese Rolle prädestiniert ist, von der es übrigens eine wunderschöne Plattenaufzeichnung unter Böhm gibt, ist müßig: Wer dieses anmutige, zarte Spiel gesehen hat, wer gehört hat, wie Frau Auger im zurückgenommensten kammermusikalischen Ton alle Koloraturen mühelos ersingt, im zartesten ‚Ach, ich liebte, war so glücklich' in jeder Phrase souverän ihren Ausdruck kontrollierte, fragt nicht mehr nach Besserem. Es gibt andere Konstanzen, in dieser Aufführungsauffassung war Arleen Auger die idealste."

Doch ist diese Diskussion in Fachkreisen über ihre Art zu singen und interpretieren bezeichnend. Vielleicht liegen hier sogar die Anfänge jenes Trends, der bis auf den heutigen Tag anhält: von Seiten der Musikkritik Stimmen zu favorisieren, die mit Druck operieren, um der Stimme vordergründig eine mächtigere Wirkung zu verleihen. Allerdings geht das meist auf Kosten ihrer Tragfähigkeit. Für ungeschulte Ohren erzeugt das (Nach-)Drücken erst einmal die scheinbar effektvollere, weil voluminösere Art zu singen. Wirklich volltönend und für die Ohren sensibler Zuhörer wohltuender sind aber Stimmen, die vom Atem getragen sind.

Mitte der 1970er-Jahre begann die Presse damit, Brüllstimmen elastischen Singstimmen vorzuziehen und pure Lautstärke gegenüber echter Gestaltung hochzuschreiben. Schreierei wurde allgemein begrüßt, künstlerisch flexibles Singen hingegen als markiert, dünn und kernlos abgetan. Dies ist – besonders im deutschsprachigen Raum – bis auf den heutigen Tag sehr verbreitet und hat schon so manchen Sänger, der diesem Trend zu entsprechen suchte, frühzeitig den Garaus gemacht. Leider etablierte diese permanente Forderung nach Lautstärke beim Publikum ein falsches Klangideal in der Oper. Daraus resultierte der Irrglaube, zum Opernsingen brauche man eine laute Stimme – besonders im spätromantischen deutschen Fach. Doch man bedarf nicht zwingend einer lauten, sondern einer tragfähigen obertonreichen Stimme. Und die erhält ein Sänger nicht durch Druck, sondern durch Singen auf der Luft.

Arleen Auger hat diese zunehmende Geschmacksverirrungen der Feuilleton zynisch mit der prägnanten Formel kommentiert: „Nur laut ist gut."[28] Sie selbst ließ sich von solchen vorwurfsvollen Forderungen nach mehr Lautstärke durch Stimme niemals

---

28   James Jolly: A performing ideal, in: Gramophone November 1986.

auch nur ansatzweise irritieren und schon gar nicht verleiten. Sie blieb sich und ihrer Art zu singen zeitlebens treu.[29]

Ihre elastische, ganz auf der Luft liegende Stimme ermöglichte ihr maximale dynamische Variabilität und Flexibilität. Begründet lag diese überaus ökonomische Vorgehensweise an folgendem einfachen, ästhetischen Sachverhalt:

„Die Stimme ist so viel schöner, wenn sie nicht an ihre Grenzen gebracht wird."[30]

Gregory Reinhart wurde Zeuge dieses ökonomischen wie auch geschmackvollen Singens von Arleen Auger:

„Meine erste Erinnerung an die gemeinsame Arbeit mit der großen Künstlerin war eine lange Klavierprobe des kompletten *Weihnachts-Oratoriums* für zwei Konzerte in der Londoner Queen's Hall in einer privaten Wohnung.

Es gab offensichtlich viele Stücke zu probieren, zu wiederholen und zu diskutieren. Arleen traf – mit zwei oder drei Leuten im Schlepptau – aus bestimmten Gründen später ein. Sie schien mir ein wenig reserviert, als sie hereinrauschte, geschäftsmäßig könnte man sagen, sich möglicherweise ein wenig wundernd, wer ich wohl sei und wer die anderen Sänger sein mögen. Nachdem wir uns kurz vorgestellt hatte, schien sie wenig daran interessiert zu sein, uns ihren großen Wert zu beweisen, und sang ohne zu versuchen, an irgendeinem Punkt das Maximum ihrer Stimme zu geben.

Mein Plan hingegen war es gewesen, bei dieser ersten Probe mit großem Engagement zu singen, um einen starken Eindruck zu hinterlassen. Meine Erfahrungen mit diesem Meisterwerk waren bislang mit Knabenstimmen gewesen, und ich hatte gelernt, dass es kein Instrument und keine mir bekannte Bassstimme in einer Kirche mit dem Volumen und der Durchschlagskraft eines Knabensoprans aufnehmen konnte! Aber ich sollte während einer Probenpause schnell lernen, dass Arleen es bevorzugen würde, wenn ich weniger Stimme in unseren Duetten geben würde. Mit bloßem Charme kam die Künstlerin zu mir und gestand mir persönlich ihre Angst, dass ihre Stimme sich bezüglich des Volumens niemals mit der meinen würde messen können. Ihre Unkompliziertheit und Ehrlichkeit waren entwaffnend. Selbstverständlich stimmte ich zu, ihren Wünschen zu entsprechen und gab nach der Teepause die meiste Zeit weniger Stimme, ausgenommen in meinen Arien. Ich hörte zu, während ich sang, und übernahm ihre exquisite Phrasierung.

Beide Konzerte liefen sehr gut, und wir genossen es, unsere Stimmen miteinander in Dialog treten zu lassen und zusammen dieser wundervollen Musik in den Duetten Gestalt zu verleihen. Ihre umwerfende Fähigkeit, Bachs Musik lebendig und bedeutungsvoll zu machen, war eine anschauliche Lehrstunde und eine wundervolle Erinnerung; sie ist für mich die unübertroffene Spezialistin in diesem Re-

---

29   Timothy Pfaff: „She Takes on Opera And Concert Lieder", in: Datebook, 15. Februar 1987: „I simply don't, and won't, scream."

30   Ebenda.

pertoire. Sie machte mir nach dem ersten Konzert ein warmes Kompliment, und selbstverständlich gab ich es zurück.“[31]

Besonders im Liederabend dosierte sie ausgesprochen wohlüberlegt und sang so leise wie notwendig, so intim wie nur möglich. Aber auch sie verschätze sich natürlich gelegentlich und ließ sich durch die Größe von Sälen irritieren oder gar verleiten. Der Pianist Carlos Cebro gab mit ihr 1977 einen Liederabend in Paris, der von Radio France auch ausgestrahlt wurde. Nach einer Gruppe von Mahler-Liedern sagte sie in der Garderobe zu ihm:

> „Ich habe zu laut gesungen, das hätte ich nicht tun sollen. Es verstößt gegen meine Prinzipien und ist gegen meine Technik!“[32]

Solch eine Aussage zeugt von steter Selbstkontrolle. Und so konnte noch 15 Jahre später Olaf Weiden, der Kritiker der *Kölner Rundschau*, am 7. Oktober 1991 über ihren Liederabend in der Kölner Philharmonie notieren:

> „Auger scheint mit Viertelkraft zu singen, und sie kann es sich leisten. Ihr Sopran spricht in jeder Höhe und in jeder Intensität mühelos an. Auch in der Tiefe erfolgt kein Farbwechsel, und die Stimme trägt weiter. Ein schmales, angenehmes Vibrato reift den Ton vom Knabenhaften zum Cherubin, zum typischen Timbre der Arleen Auger.“

Belastungen so gering wie möglich zu halten, war für sie und ihre filigrane Stimme entscheidend. Jedoch ließ sich eine Strapaze nicht vermeiden: das Reisen. Und das war für sie aufgrund ihrer immensen Konzerttätigkeit eine Extrembelastung, denn sie war im Grunde zwölf Monate im Jahr unterwegs.

> „Es ist anstrengend, von Amerika nach Europa oder von Europa nach Japan zu reisen.“

Generell hatte sie zwar keine Schwierigkeiten mit Jetlag, aber um das Ganze abzumildern, plante sie oft einige Tage am Zielort ein, ehe sie mit ihrer Stimme wieder zu arbeiten begann. Wenn der Terminplan arg eng gesteckt war, reiste sie mit Überschallgeschwindigkeit:

> „Manchmal, wenn die Zeit knapp ist, nutze ich die Concorde, aber das lässt sich nicht gut mit meinem Budget vereinbaren. Meine persönliche Geschäftsführerin sieht das nicht so gerne.“[33]

Dank ihrer eisernen Disziplin bezüglich des Umgangs mit ihrer Stimme konnte sie gegenüber der Zeitung *The Morning Call* im Mai 1986 stolz bekennen:

> „Ich fühle, dass es mir möglich war, mich der Herausforderung von Veränderung über Jahre zu stellen. Grundsätzlich ist meine Stimme noch dieselbe wie die, als

---

31 Gregory Reinhart schilderte mir seine Erfahrungen in einer E-Mail im Frühjahr 2011.
32 Carlos Cebro schrieb mir diese Begebenheit in einer E-Mail.
33 Loisann Oakes: Anm. s. o.

Maurice Ravel, *Là-bas, vers l'église*, erste Seite mit Eintragungen von Arleen Auger
(© A. Durand & Fils)

ich 18 war. Die Stimme ist runder, größer, reifer, aber grundsätzlich ist es dieselbe Stimme.

Es ist mir möglich gewesen, über die Jahre stimmlich frisch zu bleiben und mich Dingen anzupassen wie der Veränderung des Körpers, des Alters, des Klimas, des Arbeitens ungeachtet von Krankheit, des Wissens was zu tun ist und wann ich aufhören muss – all das sind wichtige Faktoren zur Gesunderhaltung der Stimme. Und theoretisch, so hoffe ich – und ich klopf auf Holz – dass es mir möglich ist, das noch für eine lange Zeit zu tun, weil ich Singen wirklich liebe."[34]

4. Instrumentale Perfektion

Von ihrem Lehrer Ralph Errolle war sie in der reinen italienischen Belcanto-Technik unterwiesen worden. Diese hat sie für sich mit ihren frühen Erfahrungen aus dem Geigenspiel kombiniert und damit ausgebaut und gleichsam veredelt. Sie bezeichnete diese Technik selber als „Bowing" und gemeint war, dass sie Phrasen in Auf- und Abstrich dachte und dementsprechend sang. Ihre Annäherung an Musik war also instrumental.

In einem Interview von 1990 erläuterte sie diese Technik anhand eines Liedbandes von Hugo Wolf, den sie in Gegenwart ihres Gesprächspartners an einer beliebigen Stelle aufschlug:

„Hier habe ich viele Fingersätze und Bogenstriche in meine Noten eingetragen. Ich denke darüber nach, ob ich am Frosch oder an der Bogenspitze anfangen will, wie viele Töne ich auf einen Bogen oder wie viel Bogen ich für eine Phrase benötigen werde. Man kann bei einer Geige sofort sagen, ob man die falsche Art von Druck benutzt, aber als Sänger kannst Du das nicht. Es sei denn, du wirst Dir der Parallelen bewusst."[35]

Diese einzigartige Kombination von Gesangs- und Bogentechnik hat sie auch beim Erlernen neuer Literatur angewendet. Für Außenstehende wirkte das mitunter wie nervöse Zuckungen. Aber so hat sie sich in der Tat neues Repertoire angeeignet – wie ein Instrumentalist: mit Fingersätzen, Artikulationszeichen, dynamischen Vortragszeichen. Sie sicherte sich dadurch – genau wie ein Instrumentalist – Zuverlässigkeit und Abrufbarkeit.

Diese besondere Art Musik technisch aufzubereiten, sie zuerst zu denken und dann erst zu singen, blieb den Kollegen auf dem Podium nicht verborgen. So erinnerte sich Sir Simon Rattle in seinem Nachruf auf Arleen Auger:

---

34 Judith Wyatt: „Bach Soloist Arleen Auger Returns To Conquer The U.S.", in: The Morning Call, 17. Mai 1986.

35 James M. Keller: „Arleen Auger", in: Musical America, Juli 1990, S. 14.

„Das City of Birmingham Symphony Orchestra machte ihr ein Kompliment, das einzigartig ist, vor allem in dem oft angespannten Verhältnis zwischen Orchestermusikern und Sängern. Arleen hatte ihr Musiker-Leben als Geigerin begonnen, und wir beobachteten ihren Bogenstrich heimlich, während sie probte. Sie erzählte uns, dass immer, wenn ich sie bat, etwas anders zu phrasieren, sie immer zuerst ihren Strich ändern müsse. Dies spornte die ersten Geigen an, bei ihr um eine separate Probe bei ihrem nächsten Besuch anzufragen: ‚Es wäre unser Ideal, zusammen so flexibel und schön zu spielen wie Sie singen – vielleicht können Sie uns helfen.‘ Traurigerweise ist es zu dieser Probe nicht mehr gekommen, aber Arleen hat diese Idee nie vergessen, und als ich sie zuletzt gesehen habe, hat sie darauf bestanden, das Angebot im Falle ihrer Genesung anzunehmen.“[36]

Diese instrumentale Sicht auf die Vokalmusik führte bei ihr selbst zu einer stetigen Forderung nach Durchsichtigkeit und Klarheit ihres Vortrags und damit zu dieser beeindruckenden Perfektion, die all ihre Aufnahmen und Auftritte auszeichneten.

Andreas Keller bezeichnete sie hinsichtlich ihrer Arbeit für die Bach-Akademie als einen „maximalen Profi“ und charakterisierte ihr Niveau als „zuweilen beängstigend“.[37]

Doris Soffel hat dazu folgendes gesagt:

„In den Achzigern bin ich ja fast vollständig in das Mezzo-Koloraturfach eingestiegen und habe mir bei Joan Sutherland, Edita Gruberova, Arleen Auger – allesamt Koloratur-Damen, mit denen ich in Oper und Konzert sang – natürlich Tipps geholt. All diese Damen hatten ein und dieselbe Botschaft: Üben bis zur Perfektion – ganz im Sinne eines Instrumentalisten. Nichts wird dem Zufall überlassen, die Stimme selbst nie unter Druck gesetzt, Atem und Legato total kontrolliert. Skalen, Triller – alles mühelos!

Diese angestrebte perfekte Technik ist die selbstverständliche Basis, auf der man dann – und das ist sehr wichtig! – völlig frei und mit Herz und Seele singen kann. So wie Arleen!“[38]

Perfektion war für Arleen Auger nicht nur ein Ziel, sondern geradezu eine Unabdingbarkeit. Diese verfolgte nur einen einzigen Zweck: dem Werk seine absolut ideale Gestalt zu verleihen, ohne dessen Gestalter vor das Werk zu rücken.

Einer der Orte, der für ihre Art von Perfektion wie geschaffen war, war das Plattenstudio. Sie liebte es geradezu im Studio zu arbeiten. Dem britischen Journalisten Alan Blyth sagte sie 1976: „Natürlich ist es nie genau wie eine Live-Aufführung, aber ich liebe die Suche nach Perfektion. Ich habe keine Angst vor dem Mikrophon“ – und schob noch kokett hinterher: „anders als Sie!“[39]

---

36 Simon Rattle in „Music without movement“, in: Gramophone, September 1993.
37 Diese Begriffe fielen in einem persönlichen Gespräch mit Andreas Keller am 30. November 2011 in Stuttgart.
38 Dies schrieb mir Doris Soffel in einer E-Mail im Frühsommer 2011.
39 Alan Blyth: Arleen Auger, in: Gramophone, März 1976.

Perfektion wird im musikalischen Kontext gerne mit emotionaler Kälte verbunden. Brian Kellow, der die Karriere Arleen Auger auf dem amerikanischen Kontinent von Anfang an verfolgt hat, bemerkte:

„Es gab immer einen Hauch von Mysterium um Arleen Auger auf der Bühne. Kollegen beschreiben sie oft als reserviert, sind aber schnell dabei zu betonen, dass dies keine gewaltsame Zurückhaltung war, sondern einfach eine künstlerische und intellektuelle Selbstbeherrschung. Ihr Singen war wie eine kühle Brise. Es gab dabei immer etwas Nicht-Greifbares, Unergründliches; man konnte sehen, wie sie den Pfeil in die Luft schoss, aber du konntest nicht zwangsläufig ausmachen, wo er landen würde. Vielleicht ist es daher auch nicht überraschend, dass diese Künstlerin solch einen unvorhersehbaren Weg zum Ruhm hatte."[40]

5. Vielfalt – zwischen den Welten

„Der Kontrast ist ein guter Lehrmeister, der zur Disziplin zwingt."[41]

Das Schubladendenken in den Köpfen der Verantwortlichen – seien es Agenten, Konzertveranstalter oder Journalisten – war einer der Faktoren, der Arleen Auger in Europa, und besonders im deutschsprachigen Raum, immens gestört hat. Der Begriff ‚Fach' besaß für sie die einengende Gewalt von Schraubzwingen.

In ihren ersten Interviews, die sie dem ORF gab, wurde sie immer wieder auf ihr Fach angesprochen, und damals antwortete sie noch diplomatisch:

„In den letzten Jahren ist meine Stimme viel lyrischer geworden und ich habe Interesse an vielen anderen Rollen, und ich gehe immer mehr in das lyrische Koloraturfach."[42]

Und um dieselbe Zeit sagte sie auch:

„Ich bin Koloratursopran, und die Stimme neigt sich in die lyrische Richtung, Ich kann jetzt manche dramatischen Koloraturrollen singen, wie die Konstanze und Königin der Nacht. Aber ich bin kein Soubrettentyp. Es gibt schon eine lyrische Qualität in der Stimme. Es ist keine riesengroße Stimme, die die großen dramatischen

---

40 Brian Kellow: „Something cool. The elusive Art of Arleen Auger", in: Opera News, Juli 2006, Vol. 21 Nr. 1.

41 Konrad Dittrich: Das Leporello-Interview: Arleen Auger. SHMF Dezember 1990, S. 17.

42 Radiointerview über Mozarts Jugendopern. ORF (Landesstudio Salzburg) 1974.

Koloraturrollen singen kann. Vielleicht kommt das mit der Reife, vielleicht nicht. Vielleicht kommt mehr Lyrisches dazu, und dann muss man dann weitersehen."[43]

Mit den Jahren empfand sie die Klassifizierung ihrer Stimme aber immer mehr als Einschränkung und hat daher bei ihrer Rückkehr auf amerikanischen Boden 1984 bezüglich Klassifizierung geradezu eine Kampfansage losgelassen:

„In Deutschland neigen sie dazu, dich in eine kleine Schublade stecken zu wollen – und dann sind sie glücklich. Die meisten Amerikaner fühlen sich aber gar nicht wohl in Schubladen. Ich tue es bestimmt nicht. Je mehr du tun kannst, umso aufregender ist das Geschäft und umso geschmeidiger kannst Du deine Stimme halten. Die größtmögliche Variabilität an Aktivität für die Stimmbänder ebenso wie fürs Gehirn ist bestimmt besser für die gesamte Person. Deshalb steige ich aus jeglicher Schublade aus, in die mich jemals jemand verfrachtet hat."[44]

Zwei Jahren später positioniert sie sich in dieser Frage gar rigoros:

„Ich freue mich, ein Spektrum stimmlicher Rollen singen zu können. Ich möchte mit *Fach* nichts zu tun haben!"[45]

In ihren letzten Jahren war die Wut der Vernunft gewichen – sie hat das Business einfach ausgetrickst:

„Ich bezeichne mich selbst nur als Sopran, nicht mehr als Koloratursopran. Es gibt da einen Unterschied, ob Du als das eine oder das andere gehandelt wirst, besonders in Europa. So bin ich frei, um auch für andere Rollen in Erwägung gezogen zu werden. Einige Sänger in Europa besitzen nämlich eine größere Bandbreite. Für viele von uns ist das herrschende System sehr einengend."[46]

Die Klassifizierung in Schubladen beginnt für Sänger schon ganz früh. Sei es, dass man sich, um sich im Dschungel der Möglichkeiten zurechtzufinden, stimmlich selbst in eine der Fach-Schubladen einordnet, oder sei es, dass man durch die einem von der Natur gegebene Größe der Stimme durch Einschätzung von Lehrern, Agenten, Dirigenten in einer Schublade landet. Kaum einer kann sich dem entziehen, und dieser Prozess setzt schon in der Hochschule ein, mitunter schon bei der Aufnahmeprüfung, wo es eigentlich darum gehen sollte, ein Stimm-Material auf seine Ausbildbarkeit hin zu überprüfen und nicht auf seine spätere Rollentypisierung im Opernbetrieb. Bis heute werden daher oft noch unerfahrene Erstsemester in den ersten Gesangsstunden von ihrem Lehrer mit Sätzen wie „Du wirst einmal ein Heldentenor!" konfrontiert. Sowohl in den Köpfen der Professoren als auch in denen der Studierenden spuken daher oft schon viel zu früh innerhalb des Ausbildungsprozesses Raster und Typisierungen herum, die den

---

43 Lebenserinnerungen, Anm. s. o., ORF Salzburg 1973.
44 Heidi Waleson: „An American Soprano Comes Home", in: New York Times, 22. Januar 1984.
45 David Lasker: Anm. s. o.
46 Loisann Oakes: Anm. s. o.

Weg, den die Stimme einschlagen würde, wenn man sie sich natürlich entwickeln ließe, von vornherein verbauen.

Schon während ihrer Zeit als Professorin an der Frankfurter Musikhochschule ging Arleen Auger die Klassifizierung der Studenten in die Rubriken „operntauglich" und „nur Konzertfach" gehörig gegen die Strich. Für sie hatte die Bühnentauglichkeit von jemandem nicht zwingend mit der Größe seiner Stimme zu tun, sondern mit dem Charisma und dem, was er auf der Bühne zu versenden im Stande war. Außerdem bestimmten äußere Faktoren wie Größe des Saales, des Theaters, die Art des Orchesters und die Interpretation des Dirigenten in entscheidendem Maße, welche Literatur eine Stimme glaubhaft transportieren konnte. Arleen Auger sah diesen Aspekt holistischer und nicht so eng. Für sie selbst und den Verlauf ihrer Karriere existierte diese Unterscheidung in Genres ohnehin nicht.

Klassische Sängerin/klassischer Sänger zu sein, meint für 95% heutzutage Opernsängerin zu sein. Konzertfach und Lied zu singen wird – zumindest in Deutschland – nicht als vollwertig angesehen (das verhält sich in den Niederlanden aufgrund seiner lebendigen Chorlandschaft zum Beispiel genau umgekehrt![47]). Diese Abwertung des Konzertsängers, der „nur" Oratorien und Messen singt, ist eine fragwürdige Besonderheit, die einem im deutschsprachigen Raum noch allerorts begegnet. Legitimiert scheint sie durch den existenziellen Hinweis zu sein, man könne als reiner Konzertsänger nicht leben. (Wenn die Leute, die das behaupten, erst einmal die Gagen an den Theatern unserer Republik kennen würden, würden sie augenblicklich vor Schreck verstummen und ihre Meinung revidieren, denn von diesen Gage kann erst recht kein Mensch leben!) Vor allem aber wird Oper landläufig als schwieriger angesehen, weil sie dramatischer scheint und neben Stimmbeherrschung auch noch darstellerisches Talent und Interaktion mit Kollegen auf der Bühne verlangt. Mit Oper kann ein Sänger die breite Masse begeistern und zur Berühmtheit avancieren, als Konzertsänger bleibt er immer nur Kennern ein Begriff. Als Sänger in Deutschland müsse man sich also entscheiden, ob man als Opernsänger reich und berühmt werden oder als Konzertsänger elitär und am Rande der Existenz vor sich hinvegetieren wolle.

So glaubt man, dass es sich verhalte und da alle diese polarisierende Litanei seit Jahrzehnten treu nachbeten, hat sie sich in Deutschland für junge Sänger oft karrierehemmend festgetreten.

Arleen Auger war dieses Schubladendenken fremd:

„Ich fand mich selbst als eine der wenigen Sängerinnen auf dem Kontinent, die sowohl Oper als auch Konzertfach machen. Ich denke, das eine vervollständigt das andere. Und ich empfinde die verschiedenen Anforderungen als Herausforderung. Konzertarbeit tendiert dazu, steril zu werden, wenn Du nicht den Ausdruck der Oper hast. Aber Oper tendiert dazu, die Sänger nachlässig werden zu lassen

---

47 Andreas Gebbink: „Matthäus-Passion. Die Leidenschaft für Bach" vom November 2004, in: Niederländische Musiklandschaft auf: www.uni-muenster.de/NiederlandeNet.

– stimmlich und musikalisch – und sie profitieren von den verschiedenartigen Herausforderungen des Konzertsaals."[48]

Diese befruchtende Arbeit von Oper und Konzertfach hatte sie am eigenen Leib erfahren und brachte es wie folgt auf den Punkt:

> „Oper zu machen ist schwerere Arbeit, besonders all diese heißen, schweren Kostüme am Körper zu tragen. Aber am Ende gibt mir die Arbeit auf der Opernbühne eine größere Freiheit, aus der ich schöpfen kann, wenn ich stillstehe. Ich finde, dass, nachdem ich Oper gemacht habe, mein Konzertarbeit sehr viel lebendiger ist – und meine Konzertsaal-Disziplin auf die Opernbühne zu bringen, verstärkt das musikalische Erlebnis in der Oper."[49]

Damit diese als Sänger angestrebte Vielfalt aber zustande kommen kann, müssen die Rahmenbedingungen stimmen. Und um die ist es – etwa im deutschen System – nicht immer gut bestellt. So bemängelt Arleen Auger etwa den fehlenden Dialog innerhalb wichtiger Institutionen:

> „Zu Beginn meiner Karriere machte ich ein Operettenkonzert beim Radio in Köln. Sie boten mir in den folgenden zwei Jahren nie ein anderes Genre an, bis mein neuer Agent sie davon überzeugt hat, dass ich auch andere Dinge singen könne.
>
> Oder: Für den Bayerischen Rundfunk habe ich viele Opernproduktionen gemacht. Eines Tages machte ich eine Aufnahme dort und traf den Chef der Abteilung für geistliche Musik [...]. Er hatte noch nie von mir gehört, obwohl ich zu dem Zeitpunkt beinahe 15 Jahre in Deutschland gesungen und viele Produktionen für den Sender gemacht hatte. Aber da war absolut kein Kontakt zwischen den einzelnen Abteilungen oder von diesem Radiosender zu einem anderen. Dieser Mann zeigte sich sehr erfreut, mich zu treffen, aber hatte keine Ahnung davon, was wirklich abging. Ich hatte Bach mit Karl Richter gesungen, aber für diesen Sender war ich eine reine Opernsängerin."[50]

Und wirklich: Betrachtet man sich die Liste, was sie bei denen einzelnen Sender aufgenommen hat, so fällt tatsächlich auf, dass der WDR sie Ende der 1960er-Jahre nur für Operette und Musical gebucht hat, der BR nur für Oper, und ab Mitte der 1970er-Jahre hat sie für den HR und den SWR beinahe nur Konzertfach gesungen.

Dahingehend musste sie den Schritt nach Amerika wie eine Befreiung empfunden haben, denn dort gelten keine Raster, sondern ein Sänger singt dort die Literatur, die ihm liegt und die er inhaltlich und stilistisch überzeugend vermitteln kann. Und wenn man dann noch die Fähigkeit besaß, eine so ungemein stilistische Vielfalt abdecken und überzeugend präsentieren zu können wie Arleen Auger, dann führte das gelegentlich zu Kombinationen von Stilen und Komponisten an einem Abend, die Staunen machten, weil sie die ganze Bandbreite stimmlicher Möglichkeiten offenbarten:

---

48 Timothy Pfaff: „She takes on Opera And Concert Lieder", in: Datebook, 15. Februar 1987.
49 Ebenda.
50 Arleen Auger: „Artist's Life", in: Keynote 31, 1985.

So sang die Sopranistin am 19. September 1990 ein Konzert mit dem North Carolina Symphony Orchestra, das sie mit Mozarts *Exsultate, jubilate* eröffnete; dann folgten drei Orchesterlieder von Richard Strauss, und schließlich – nach der Pause – bot sie drei Operettenschmankerl aus verschiedenen Stilepochen dieser Gattung dar: Rosalindes Czardas aus der *Fledermaus* von Johann Strauss und jeweils eine Arie aus *Der tapfere Soldat* von Oscar Straus und Franz Lehars letztem Meisterwerk *Giuditta*. Heutige Sopranistinnen würden sich entweder nur aus Zwang (etwa in einer Examensprüfung), Naivität, Selbstüberschätzung oder aus Publicitygründen mit so einem Programm präsentieren. Arleen Auger tat es, weil sie es konnte – sowohl stimmlich als auch stilistisch und vor allem aber: geschmacklich. Denn bei ihr klang Mozart nach Mozart, der Richard Strauss nach Richard Strauss und die Operette nach Operette. Sie sang alles mit ihrer Stimme, aber mit dem Wissen um stilistische Unterschiede zwischen Wiener Klassik, deutscher Spätromantik und Leichter Muse aus Wien.

Und so zieht Kritiker Cardon Burnham in der *Chapel Hill Newspaper* vom 4. Oktober 1990 alle Register der Superlative:

„Es war ein musikalisches Ereignis kometenhaften Ausmaßes, eines, das das Herz erfreut und einer ästhetischen Seele Flügel verleiht.

Das immer eindrucksvolle North Carolina Symphony unter der musikalischen Leitung seines sensiblen und trotzdem fordernden Dirigenten Gerhardt Zimmermann und Arleen Auger, eine Weltklasse-Sopranistin, deren stimmliche Kunstfertigkeiten und musikalische Stilistik sie irgendwo in die Nähe von Engeln rückt, eröffneten die sinfonischen ‚Chapel Hill Series‘ am Samstag Abend in der Memorial Hall, einem Saal, dem es beträchtlich an akustischer Klarheit mangelt, der aber irgendwie funktioniert.

Auger steuerte zum Gelingen des Konzert eine königliche und zugleich warme Bühnenpräsenz bei, ein absolut prächtiges Instrument, welches sie mit totaler Kontrolle in allen Registern zu beherrschen weiß, Klarheit und Reinheit der Linie, brillante Perfektion in den verlangten Läufen und Verzierungen und eine reine Intonation, die niemals schwankt. Ihre Aussprache in Latein, Deutsch und Englisch war deutlich und klar. Sie gab außerdem Kostproben ihrer dramatischen und komödiantischen Fähigkeiten – vor allem in ihren Interpretationen der Wiener Nummern. Auger ist eine Künstlerin ersten Ranges.

Die Sopranistin wurde von Dirigent und Orchester wundervoll in Mozarts früher Motette *Exsultate, jubilate* begleitet, die exquisit in jedem Takt geriet. Die Solistin und der Dirigent waren in den drei frühen Strauss Liedern *Das Rosenband, Meinem Kinde* und *Muttertändelei* absolut d'accord. Die aus dem gemeinsamen Geist erwachsene Interpretation fing alles an Sanftheit und den verschlungenen Linien in den ersten beiden Liedern und den köstlichen Charme und Humor des dritten ein.

Dann, oh, aber dann, wurde das bis dahin ruhige Publikum lebendig. Man konnte glauben, wir säßen nun alle in der Volksoper und seien bereit in die Pause hinaus zu strömen für ein Stück Schokoladentorte, einen Kaffee oder vielleicht ein kleines Glas Schnaps. Franz Lehars *Meine Lippen, die küssen so heiß*, Oscar Straus' *Komm, komm, Held meiner Träume* und Johann Strauss' Czardas aus *Die Fledermaus* waren allesamt aus dem Stoff von Liebesfreud und Liebesleid gestrickt – und waren ach, so schön!"

Woher diese Fähigkeit herrührt, so schnell und selbstverständlich zwischen den Stilen und Epochen wechseln zu können, sagte sie in einem Interview von 1989:

„Ich habe das nicht studiert. Ich finde alles in der Musik. Ich habe die Herausforderung einer gewissen Bandbreite immer schon gemocht, vielleicht weil ich kein Repertoire hatte, als ich angefangen habe. Ich war für viele Sachen viel offener als jemand, der schon viele Dinge ausprobiert hatte. Ich liebe es, stimmliche Abwechslung zu haben und in eine Epoche zurückzukommen, nachdem ich mich längere Zeit in einer ganz anderen aufgehalten habe. Ich wähle immer sehr genau, wenn ich bestimmte Stücke mache. Ich fliege nicht einfach zwischen den Jahrhunderten hin und her so wie ich zwischen den Kontinenten hin und herfliege. Ich denke sorgfältig darüber nach, wie das eine das andere ergänzen kann."[51]

Das, was Arleen Auger bis heute fast einzigartig macht, ist die Tatsache, dass sie als eine der ersten Sängerinnen überhaupt sowohl mit traditionellen Orchestern, die aus der Ästhetik des 19. Jahrhunderts kommen, als auch mit Spezialisten der Alten Musik im illustren Wechsel zusammengearbeitet hat:

„Ich finde mich in einer sehr glücklichen Position, indem ich gerade in eine Zeit hineinwuchs, wo ich den Genuss von beiden Richtungen wahrnehmen konnte. Ich habe natürlich in meinen ersten Jahren nur mit modernen Instrumenten gearbeitet – mit phantastischen Dirigenten und Instrumentalisten dazu. Dann kam die Möglichkeit, Barockinstrumentalisten und -dirigenten zu finden, die mir *ihr* Verständnis und Können nahebrachten. Und auch da habe ich von Anfang an mit sehr guten Leuten arbeiten können. Und jetzt wechsele ich immer wieder hin und her. Ich genieße das, ich habe beide Richtungen sehr gern. Ich finde, ich habe von beiden Richtungen sehr viel gelernt, wie man ein besserer Künstler werden kann – und vor allem freue ich mich, zu sehen, dass die Entwicklung jetzt deutlich in die Richtung marschiert, wo die eine von der anderen nicht mehr so weit entfernt ist; dass dann doch Dirigenten, die von der frühen Musik kommen und die früher nur mit Originalinstrumenten gearbeitet haben, zu modernen Orchestern kommen; die bringen dann zu diesen Orchestern einen gewisse Vorstellung von Barockstil auf modernen Instrumenten; die modernen Dirigenten und Orchester gehen auch teilweise in Richtung Barock. Wir befinden uns in einem neuen Zwischenstadium, einem Raum, wo die einen das Beste für die anderen mitbringen. So zum Beispiel bei Händel mit einem Dirigenten[52], der hauptsächlich von der frühen Richtung

---

51 Richard Fawkes: „Out of mainstream", in: Classical Music, 1. Juli 1989.
52 Hiermit meinte sie William Christie, mit dem sie 1990 Händels *Alcina* in Genf machte.

kommt. Er spielt aber mit Suisse Romande, und es sind beide bereit zu versuchen, doch in dieselbe Richtung zu gehen.

Ich arbeite in England öfters mit frühen Instrumentenorchestern; die verpflichten Dirigenten, die hauptsächlich von der modernen Richtung her kommen – wie Charles Mackerras oder Simon Rattle, und die wollen die volle Herangehensweise von modernen Instrumenten, aber eben auf Originalinstrumenten. Sie versuchen, diese Orchester, die oft etwas intim und weniger ausdrucksstark sind, so zu beeinflussen, dass sie die Barockmusik mehr mit Leben füllen. Es ist eine sehr interessante Zeit und ich finde, dass wir uns alle auf dem besten Wege gegenseitig beeinflussen."[53]

Sie selbst hatte angefangen, Bach zu singen, als Karl Richters Stern als der letzte noch dem 19. Jahrhundert verpflichtete Olympier der Bach-Interpretation zwar schon am Sinken, die neue Richtung um Harnoncourt und Rilling aber noch nicht salonfähig war. Somit kam es damals noch zu Lagerbildungen. Beide Seiten haben sich mitunter fast bekriegt. Umso mehr begrüßte sie mit Freude die Entwicklung, dass sich beide Lager allmählich annäherten und gegenseitig durchdrangen:

„Als die noch junge, puristische Herangehensweise auf Originalinstrumenten zu musizieren, flexibler wurde, begannen die Spezialisten auf diesem Feld außerhalb ihrer Sphäre neue Möglichkeiten zu suchen und statt der kleinen, reinen, etwas neutralen Stimmklänge nun auch eine breitere und farbenreichere Palette auszuprobieren. Ich hatte viel Barockmusik auf Deutsch gemacht, allerdings auf modernen Instrumenten. Also war ich in der Lage, eine Verbindung zu schaffen, als sich diese beiden Lager näherten. Jetzt sind viele Dirigenten der Alten Musik, mit denen ich arbeite, viel ‚romantischer' in ihrer Herangehensweise, und einige der jüngeren Dirigenten, die mit modernem Instrumentarium arbeiten so wie Simon Rattle, bemühen sich, den Intentionen des Komponisten ehrlicher zu folgen. Ich habe Glück; ich konnte in der Mitte des Flusses stehen und mich zu beiden Seiten hin ausstrecken."[54]

Dieses „Heute so und morgen so" funktioniert aber nur, wenn man als Interpret absolut nicht festgelegt ist und ganz aus dem Augenblick heraus zu musizieren im Stande ist. Wie das bei ihr konkret aussah, hat der Dirigent John Nelson anlässlich eines Konzerts beim Aspen-Musik-Festival 1983 mit Mozarts *Exsultate* und Brahms *Deutsches Requiem* am eigenen Leib erfahren dürfen:

„Ihr Ruf eilte ihr voraus, und ich war sehr begierig, sie zu treffen und mir ihr zusammen zu arbeiten, da mir gesagt worden war, sie sei eine Vollblutmusikerin. Was ich nicht erwartet habe, war ihre komplette Offenheit für neue Ideen. Kein Zweifel, sie hatte beide Werke viele Male gesungen. Ohne in ihre Partitur zu schauen, heftete sie ihren Blick auf mich und ließ nicht mehr ab für den ganzen Rest der Klavierprobe. ‚Zeig mir, was Du willst, ich werde alles tun, was du willst' stand über ihr ganzes Gesicht geschrieben. Sehr schnell war somit ich es, der unter Druck stand. Hier

---

53   Gert Wolff: Interview anlässlich der Mozart-Jahres. HR 1990.
54   James M. Keller: Arleen Auger, in: Musical America, Juli 1990, S. 14.

war eine höchst souveräne Sängerin, die jede Ecke und jeden Winkel dieser Musik kannte und komplett flexibel war, das zu tun, was der Dirigent wollte. Niemals zuvor habe ich diese Souveränität bei einem Sänger erlebt. Ihre Stimme war fließendes Gold, ihre Intelligenz außergewöhnlich und ihre Persönlichkeit die reinste Freude. Unnötig zu sagen, dass die langen und schwierigen Phrasen bei Brahms von ihr auf eine Art gesponnen wurden, wie ich sie bis dato nie gehört hatte. Ihre Klarheit war genau das, was dem Komponisten vorgeschwebt hatte."[55]

Zum Wechsel zwischen den Aufführungsstilen und ästhetischen Vorgaben bemerkte sie selbst:

„Die Umstellung fällt mir nicht schwer. Ich lasse alles, was ich zuvor mit anderen gemacht habe, in der Garderobe und stelle mich einer neuen künstlerischen Herausforderung. Ich wechsle häufig zwischen alten und neuen Instrumenten und Dirigenten, die teilweise beide Bereiche bedienen. Ich warte ab, was sie wollen, und versuche, es ihnen recht zu machen."[56]

Selbst Stücke, die sie unendlich oft gesungen hat, wie etwa die *Matthäus-Passion*, konnte sie mühelos mit Dirigenten, die von der klassisch romantischen Tradition kamen, wie Helmuth Rilling oder Karl Richter, aufführen oder mit solchen, die von der Alten Musik kamen wie Ton Koopman oder Nikolaus Harnoncourt. Die englischen Barockspezialisten Trevor Pinnock, Christopher Hogwood, Richard Hickox oder William Christie waren ihr für Händel und Beethoven dabei ebenso lieb wie die großen Maestri des hochromantischen Orchesterklangs wie Kurt Masur, Christoph Eschenbach oder Riccardo Muti.

In ihrem letzten Interview für den Schweizer Radiosender DRS vom Februar 1992 schildert sie ihre chamäleonhafte Spontanität wie folgt:

„Wenn ich zum Beispiel so lange mit Richter eine sehr spätromantische Interpretation vom *Weihnachtsoratorium* oder der *Matthäus-* oder *Johannes-Passion* machte, und ich kam zu Rilling, und es war eine ganz andere, aber trotzdem romantische Auffassung; und dann kam ich nach Amsterdam mit dem Concertgebouworchester unter Harnoncourt und er hat ganz genaue Vorstellungen, wie es sein müsste, mit modernem Orchester, aber in frühem Musikstil. Das war für mich völlig neu. Und ich habe manche Sänger gesehen, die waren sehr bockig, die wollten das nicht machen: Es ging im Konzert nicht gut, und sie wurden nie wieder eingeladen - und ich habe gesagt: ‚Gut, er meint, es ist so – und warum nicht?' Und es ging und so habe ich viele Jahre mit ihm gearbeitet. Und dann komme ich zu einem Ton Koopman und ich komme zu einem Frans Brüggen, die sind beide Alte-Musik-Leute, die der Frühen Musikrichtung ziemlich treu bleiben und damit eine völlig andere Inter-

---

55 Dies schrieb mir John Nelson in einer E-Mail vom 27. Mai 2011.
56 Andreas Kluge / Dieter F. Rauch: „Freiheit ist ein wunderschönes Wort", in: Musik & Theater 2/1993, S. 13.

pretationsmöglichkeit schaffen – und dann sage ich: ‚Gut, heute ist Ton Koopman dran!‘“[57]

Sie besaß die Fähigkeit, sich ganz auf den jeweiligen Dirigenten einzulassen. Nikolaus Harnoncourt sagte, sie habe in den Proben stets all seine Vorschläge angenommen und all seinen Wünschen sofort entsprochen und ihm dabei stets den Eindruck vermittelt, dass sie es auch genauso singen wollte und sich jetzt nicht, nur um es ihm recht zu machen, verbiegen müsse. Somit gab sie ihm und wahrscheinlich jedem Dirigent das Gefühl: „Mit Dir singe ich am liebsten!“[58]

Ein wesentlicher Punkt bei der Frage, ob alte oder moderne Instrumente, ist der der Stimmung. Denn während moderne Instrumente auf den im Jahre 1885 festgelegten Kammerton a' bei 440 Hertz eingestimmt sind, liegt die Stimmung bei historischen Instrumenten tiefer. Bach wird meist auf 428 oder sogar 415 Hertz musiziert, Mozart etwas höher auf 430 Hertz.

> „Viele Leute realisieren gar nicht, was der Unterschied in der Stimmung für einen Sänger wirklich bedeutet. Ich fühle mich sehr bequem damit: Es ist eine Frage der Tessitura und wo diese liegt. Ich singe mit viel größerer Freiheit: Du bist entspannter und weniger mit Dingen beschäftigt, die normalerweise deine Aufmerksamkeit erfordern.“[59]

Bei den „Salzburger Festspielen 1988“ hat sie bezüglich ihrer chamäleonhaften stilistischen Wandlungsfähigkeit ein besonders erwähnenswertes Kunststück vollbracht: So sang sie am 16. August in der Salzburger Universitätskirche Händels *Messias* im englischen Original unter Trevor Pinnock mit The English Concert in alter Stimmung und zwei Wochen später, am 29. August, dasselbe Werk in der Mozart-Fassung in deutscher Sprache unter Horst Stein mit den Wiener Philharmonikern in moderner Stimmung.

Bach hat sie stilistisch mit Helmuth Rilling und Ton Koopman gemacht, Händel mit Günter Jena und Trevor Pinnock, Haydn mit Gustav Kuhn und Christopher Hogwood, Mozart mit Josef Krips und Arnold Östman, Beethoven mit Kurt Masur und Christopher Hogwood.

Schon die Frage nach ihren Lieblingsdirigenten zeigte ihre Bandbreite: Ihre Agentin Celia Novo meinte, die Namen von Klaus Tennstedt, Leonard Bernstein, Sir Simon Rattle und Riccardo Muti seien stets zuerst gefallen.

Von all diesen Dirigenten hat sie sehr viel gelernt, da sie bei den Proben sehr genau zugehört hat, was die Herren zu erzählen hatten.[60] Eine Eigenschaft eines Dirigenten war allerdings für sie die vorrangig wichtigste:

> „Ich bevorzuge es, mit Dirigenten zu arbeiten, die daran interessiert sind, Wege zu finden, die Musik zum Leben zu erwecken, und nicht, dir Ideen aufzudrängen.

57 Martina Wohlthat: Portrait Arleen Augér, gesendet am 7. Februar 1992 im Schweizer Radio DRS.
58 So beschrieb mir Nikolaus Harnoncourt seinen Eindruck am 15. Dezember 2011 am Telefon.
59 James Jolly, 1990: Anm. s.o.
60 So hat Wolfgang Fahrenholtz es mir in einer E-Mail vom 4. September 2011 mitgeteilt.

Arleen Auger bei den Salzburger Festspielen am 29. August 1988
(Photo: Heinrich Kock/Dr. Alfred Willander)

Auf diese Weise wird Musik zu einer Zusammenarbeit, und es ist ein Vergnügen zu singen."[61]

Es ging ihr also um das Miteinander-Musik-Machen-Können. Despotische Maestri, die sich lieber selbst in Szene setzten, statt sich um die Musik zu kümmern, waren ihre Sache nicht. Und Dirigenten, die sie zur bloßen Befehlsempfängerin degradierten und sie weder als Künstlerin noch als Mensch erkannten und ihr den Respekt entgegenbrachten, den sie verdiente, mied sie auch tunlichst.

Besonders schätzte sie Dirigenten, die etwas von Sängern und Stimmen verstanden:

„Ich arbeite gerne mit jedem Dirigenten [...], wenn er Interesse daran hat, gute Produktionen zu machen. Und Verständnis für den Sänger und Kenntnisse von Gesang. Vielleicht ist es viel von einem Dirigenten verlangt, aber sie verlangen auch viel von uns; oder sollten es."[62]

1977 sagte sie zum Thema „Elastizität im Verhältnis Sänger-Dirigent":

„Oft muss man nachgeben. Aber wenn man wirklich künstlerisch arbeiten möchte, wenn man einen Dirigenten respektiert aufgrund seiner Musikalität, seines Wissens, seiner führenden, seiner verdient führenden Position, dann ist man bereit, oder ich bin gerne bereit, mit ihm auf einen Nenner zu kommen. Ich bin immer bereit, meine Interpretation an eine andere anzugleichen, wenn sie meiner eigenen Vorstellung auch entspricht. Es kommt manchmal zu einer Situation, wo ein Dirigent sehr unbiegsam ist oder selbst nicht weiß, was er haben will, oder etwas ganz anders haben will, als man selbst machen kann und will, dann muss man entscheiden, wie weit man gehen kann."[63]

Mitunter stößt man dann als Sängerin an eine Grenze, an der man sich fragt: „Kann ich diese Sicht auf das Stück noch mittragen oder nicht?" Die Sopranistin sagte dazu:

„Die Toleranzgrenze wird durch mein eigenes Gefühl, meine Einstellung, die ich einem Stück gegenüber habe, bestimmt. Ob es ein bisschen schneller oder langsamer ist, verändert nicht die Grundeinstellung dem Stück gegenüber. Nur wenn es zu anders ist, dann kommt man in Schwierigkeiten und dann kommt der Moment, wo man mit dem Dirigenten sprechen muss. Wir Sänger müssen sehr geschickt mit den Dirigenten umgehen und wenn sie gut sind, tun sie das gleiche mit uns. Aber alles ist möglich, wenn beide Seite ein offenes Ohr für den anderen haben."[64]

Überhaupt das Kapitel Dirigenten – bei fast jedem Sänger ist dies ein sehr ambivalentes Terrain; gibt es da doch individuell bei jedem persönliche Götter und ebenso absolute Hassgestalten. Schaut man sich die Liste der Persönlichkeiten des Taktstocks an, mit denen Arleen Auger zusammengearbeitet hat, so fehlt eigentlich kaum ein großer

---

61 Patrick J. Smith: Arleen Augér, in: Musical America, August 1984, S. 6.
62 Andreas Keller: Anm. s. o., S. 15.
63 Ebenda, S. 15.
64 Ebenda, S. 16.

Name des 20. Jahrhunderts: Claudio Abbado, Daniel Barenboim, Leonard Bernstein, Herbert Blomstedt, Karl Böhm, Ernest Bour, Sergiu Celibidache, Riccardo Chailly, Christoph von Dohnanyj, Antal Dorati, Christoph Eschenbach, Sir John Elliott Gardiner, Michael Gielen, Carlo Maria Giulini, Leopold Hager, Bernard Haitink, Nikolaus Harnoncourt, Eliahu Inbal, Eugen Jochum, Josef Krips, Rafael Kubelik, Gustav Kuhn, Erich Leinsdorf, Ferdinand Leitner, Lorin Maazel, Sir Charles Mackerras, Sir Neville Marriner, Kurt Masur, Yehudi Menuhin, Riccardo Muti, Vazlav Neumann, Seiji Ozawa, George Prêtre, Andre Previn, Sir Simon Rattle, Karl Richter, Mstislav Rostropowitsch, Paul Sacher, Wolfgang Sawallisch, Sir Georg Solti, Horst Stein, Klaus Tennstedt, Michael Tilson Thomas, Hans Wallat und Hans Zender.

Nur ein Gigant fehlt: Herbert von Karajan. Er war ein glühender Bewunderer von ihr und wurde des öfteren bei den „Salzburger Festspielen" in ihren Konzerten erspäht, wo er ihrer c-Moll-Messe lauschte oder den frühen Mozart-Opern. Aber das Schicksal wollte es, dass er nie Verwendung für sie fand, denn Karajan hatte sich Anfang der 1970er-Jahre dem großen spätromantischen Opernrepertoire zugewandt.[65] Damit dürfte Arleen Auger eine der wenigen Sängerinnen nach 1945 sein, in und für deren Weltkarriere der Titan Herbert von Karajan keine Rolle spielt.

Ein besonderes Verhältnis hatte sie zu Sergiu Celibidache. 1984 sagte sie über ihn:

„Er ist ein Meister des Klangs und der Klangbalance auf einem mystisch hohen Niveau. Mit Celibidache zu arbeiten, bedeutet mit 250 Prozent zu arbeiten – aber das ist es wert!"[66]

Und auch Celibidache schätzte wiederum die Sopranistin außerordentlich für ihre Musikalität und ihre Offenheit bezüglich interpretatorischer Fragen. Mozarts c-Moll-Messe aus Stuttgart von 1975 und das Brahms-Requiem aus München von 1981 (beide auf CD erhältlich!) legen beredtes Zeugnis von hohem musikalischen Standard der Zusammenarbeit der beiden ab. Eine tiefe Seelenverbindung und ein Bemühen, zum Urgrund einer Komposition vorzudringen, hat sie verbunden und zu musikalischen Erlebnissen außergewöhnlicher Intensität geführt.

Die Fähigkeit eines Dirigenten, ein Orchester zum wirklichen Piano-Spiel zu animieren, entschied darüber, ob sie eine Anfrage für ein Werk, das an der Grenze ihrer stimmlichen Möglichkeiten lag, annahm oder nicht. Ein solches Grenz-Werk war Beethovens IX. Sinfonie, die sich Karl Böhm für zwei Festkonzerte aus Anlass seines 80. Geburtstags für die „Berliner Festwochen 1974" gewünscht hatte. Dank seiner Fähigkeit, das Orchester so transparent spielen zu lassen, dass sie drucklos agieren konnte, ließ sie sich auf das Wagnis ein.

Altes oder modernes Instrumentarium – dieses „Entweder-Oder" hat Arleen Auger mit den Jahren zunehmend in ein „Sowohl-als-auch" verwandelt und beides gleichran-

---

65 So erklärte es mir Wolfgang Fahrenholtz in einem persönlichen Gespräch im August 2011 in Würzburg.

66 Patrick J. Smith: Anm. s. o., S. 7.

gig nebeneinander gepflegt, ohne eines davon geschmacklich zu bevorzugen. Dennoch sah sie kleine Vorteile auf der Seite der historischen Aufführungspraxis, besonders was das Verhältnis der Instrumente zu ihrer Stimme betraf:

> „Meist muss ich bei alten Instrumenten nicht wetteifern, klar gehört zu werden. Ich möchte mich *nicht* als eine Solistin *von* etwas, sondern eine Solistin *mit* anderen empfinden. Und generell finde ich das schwieriger mit modernen Orchestern."[67]

Gegen ein romantisches oder gar großdimensioniertes spätromantisches Orchester anzuschreien, war nun überhaupt nicht das, was sie erstrebte. Ihre Stimme sollte niemals bezüglich des Volumens an ihre obere Grenze gebracht werden. Schon deshalb hat sie diesen filigranen, leichteren und auch schon durch die alte Stimmung tieferen und damit entspannteren Klang mit den Jahren zunehmend präferiert. Dadurch konnte ihre sehr obertonreiche Stimme müheloser agieren – das hieß für sie vor allem: druckloser. Sie war eine absolute Verfechterin drucklosen Singens, ohne jegliche Kraftanstrengung.

Diese Transparenz des alten Instrumentariums liebte sie aber nicht nur bei Orchestern, sondern auch im partnerschaftlichen Gegenüber bei Liederabenden. So hat sie bereits 1978 mit Erik Werba im Rittersaal der Salzburger Residenz einen Liederabend gegeben, der in der Reihe „Musik im Klang ihrer Zeit" stattfand und der vom ORF mitgeschnitten und Jahre später als CD veröffentlicht worden ist. Sowohl der Saal, in dem im 18. Jahrhundert schon musiziert worden war, als auch das Instrument, an dem Werba spielte, waren historisch: Zum Klang eines Hammerklaviers des Wiener Klavierbauers Anton Walter, auf dessen Instrumenten schon Mozart gespielt hat, sang sie Lieder von Haydn, Mozart, Beethoven und Schubert.

Alan Blyth schrieb anlässlich der Veröffentlichung dieses Konzerts bei Orfeo in *Gramophone* im September 2001:

> „Als dieser Liederabend im Frühjahr des Jahres 1978 gegeben wurde, befand sich Auger auf der absoluten Höhe ihrer verfügbaren Kräfte und offenkundig in großartig stimmlicher Verfassung. Und angesichts des unwiderstehlichen Repertoires, das sie hier anbietet, ist diese Platte ein wahrer Schatz. Ihr Ton und dessen Gestaltung sind ideal für ihre total stimmige Auswahl der Lieder. Ob deren Atmosphäre schwer oder leicht ist, sie erfasst sie perfekt, und ihre mühelose Beherrschung der deutschen Sprache verhilft dem Text zu allen Zeiten zu seinem volle Recht. [...] In allem ist ihr Zugang natürlich und ungekünstelt; sie erprobt sich in diesem Repertoire als wahre Nachfolgerin von Irmgard Seefried. Werba scheint selig, eines von Mozarts Fortepianos zu spielen, und unterstützt seine Sängerin treu ergeben. Nur ein oder zweimal scheint es aufgrund eines abgenutzten Tonbandes Spuren von Verzerrungen zu geben, [...] aber nichts sollte irgendjemanden vom Erwerb dieser entzückenden Platte abhalten, denn die Sopranistin klingt so frisch und spontan auf dieser Live-Aufnahme."

---

67 James M. Keller: Anm. s. o., S. 14.

Sie selbst beschreibt das Sing-Gefühl mit Hammerflügel wie folgt:

> „Man singt ein bisschen anders mit einem Hammerklavier. Der Klang ist leichter und die Linie fließender und eleganter, in einer Art, die nichts mit der Individualität des Pianisten zu tun hat. Es erlaubt – und erfordert – eine andere Art stimmlicher Nuance."[68]

> „Es ist ausgesprochen aufregend: Besonders Haydn, Mozart und Schubert, aber auch Mendelssohn bekommen plötzlich – ein ganz anderes Gewicht! Sie werden leichter! Der ganze spätromantische Wust fällt von ihnen ab. Das liegt zum einen an der tieferen Stimmung des Klaviers, zum anderen aber auch an der Leichtigkeit des Anschlags. Für uns Sänger höchst angenehm, da wir nicht ständig gegen das volle Volumen eines neuzeitlichen Flügels ankämpfen ..."[69]

Darum hat sie späterhin vermehrt Liederabende mit Hammerklavier gemacht, unter anderem auch mit dem Pianisten Melvyn Tan, der berichtete:

> „Fast unsere gesamte Arbeit war mit Fortepiano, nicht mit modernem Flügel, an den sie gewöhnt war. Sie sagte mir, sie fühle sich beim Arbeiten mit dem Hammerklavier irgendwie befreiter, nicht zuletzt weil es ihr dadurch möglich war, ‚intimer' mit der Musik umzugehen und ihre Stimme nicht die ganze Zeit ausstellen zu müssen – ein Gefühl, was die meisten Sänger haben, wenn sie zu einem modernen Flügel singen müssen."[70]

Im März 1990 hat sie dann eine Schubert-Platte mit Hammerklavier für die Virgin aufgenommen. Ihr Pianist war dabei Lambert Orkis. Er spielte auf einem von R. J. Regier nachgebauten Instrument von Conrad Graf aus dem Jahre 1824.

Aber nicht nur die Flexibilität hinsichtlich historischer und moderner Klaviere, sondern auch die Verschiedenartigkeit der Spieler hat sie immer wieder gereizt. Nach ihrem Ziehvater Erik Werba in Wien hatte sie nie mehr einen festen Pianisten. Zwar haben sich Anfang der 1980er-Jahre Dalton Baldwin und Irwin Gage einen Großteil ihrer Liederabende in Amerika und Europa geteilt, aber sie hat immer wieder auch neue Pianisten ausprobiert – und das nicht nur für Proben, sondern auch auf dem Podium, denn ihre Devise lautete: „Du kannst wirklich nichts Definitives über einen Pianisten sagen, wenn du nicht mit ihm auf dem Podium gewesen bist." Und so sind zu den Säulen Dalton Baldwin und Irwin Gage im Laufe der Jahre viele „Meister der Tasten" dazugekommen: Hans Adolfsen, Malcolm Bilson, Steven Blier, Carlos Cebro, Micha Dichter, Rainer Hoffmann, Leonard Hokanson, Warren Jones, Jeffrey Kahane, Joseph Kalichstein, Katja Laugs, Frederic Meinders, Lambert Orkis, Murray Perahia, Katja

---

68   Ebenda, S. 14.
69   Andreas Kluge/Dieter F. Rauch: „Freiheit ist ein wunderschönes Wort", in: Musik und Theater 2/1993, S. 13.
70   Dieses berichtete mir Melvyn Tan in einer E-Mail vom 8. Januar 2012.

Phillabaum, Konrad Richter, Samuel Sanders, Robert Spillman, Richard Syracuse, Melvyn Tan, Roger Vignoles, Charles Wadsworth und Brian Zeger.

Diese Vielfalt machte sich auch in der Interpretation der Lied-Literatur bemerkbar: Wie Steven Blier empfand: „Arleen war wenig vorbelastet, was sicherlich daran lag, dass sie gleichzeitig mit einer Vielzahl verschiedener Pianisten arbeitete."[71] Die Notwendigkeit, sich auch mit Standardrepertoire immer wieder auf neue Pianisten einstellen zu müssen, hielt sie im Kopf und in der Stimme geschmeidig und jung. Und diese Jugendlichkeit ihrer Stimme, war das, was Melvyn Tan am meisten beeindruckt hat.

Aus dem Wunsch heraus, all das singen zu wollen, was ihrer Stimme lag und der technischen Fähigkeit, das auch zu können, erwuchsen mitunter skurrile Einspringer oder gar Übernahmen in letzter Minute. Über drei davon sei an dieser Stelle berichtet:

Als Rafael Kubelik 1970 Webers *Oberon* im Münchner Herkulessaal für die Deutsche Grammophon einspielte – eine Aufnahme, für die Arleen Auger als Erstes Meermädchen verpflichtet worden war – hatte er eine absolute Starbesetzung zusammenbekommen: Birgit Nilsson sang die Rezia, Placido Domingo den Hüon, Donald Grobe die Titelpartie, Julia Hamari die Fatime, Marga Schiml den Puck und Hermann Prey den Scherasmin. Wie so oft, nur an der kleinsten Rolle haperte es: das Zweite Meermädchen war das Sorgenkind. Bei den Proben wurde der Maestro zunehmend verzweifelter, und es war allen klar, dass ein Ersatz besorgt werden musste. Nur: Wo sollte man den binnen 24 Stunden vor dem Beginn einer Plattenaufnahme hernehmen? Außerdem musste es ja jemand sein, der mit der Qualität der anderen Größen mithalten konnte. Da kam Kubelik der rettende Gedanke: Er schaute auf Arleen Auger, die das Erste Meermädchen bildschön sang und sein Blick fragte: ‚Könnte Sie nicht vielleicht auch das zweite übernehmen?' Sie konnte. Und so sang Arleen Auger bei der Aufnahme einfach beide Meermädchen und die Technik half mittels Verfremdung ein wenig nach.[72]

Beim *Carinthischen Sommer 1974* sollte Dietrich Fischer-Dieskau zusammen mit der Slowakischen Philharmonie unter Ludovít Rajter die *Lieder eines fahrenden Gesellen* von Gustav Mahler in der Villacher Kongresshalle singen, musste aber krankheitsbedingt am Konzerttag absagen. Da in der laufenden Festspielsaison keiner der Spitzenbaritone frei war, erging von Intendant und Festivalgründer Helmut Wobisch eine Anfrage an Arleen Auger, die sich sofort bereit erklärte, mit den *Biblischen Liedern* op. 99 von Antonín Dvořák in der Orchesterfassung einzuspringen. Die Noten wurden beim Bärenreiter-Verlag in Kassel geordert, nach Salzburg geflogen und trafen am Konzerttag um 15 Uhr samt Arleen Auger in Villach ein. Doch die Freude dort währte nur kurz, als man feststellen musste, dass man in Kassel irrtümlich die tiefe Ausgabe für Alt oder Bariton eingepackt hatte. Aber mit „Das wird schon gehen!" ermutigte die Amerikanerin alle Verantwortlichen zuversichtlich. Trotzdem wurde Erik Werba

---

71 Dies schrieb mir Steven Blier in einer E-Mail vom Dezember 2011.

72 Nachzulesen bei Anna von Münchhausen: „Bach, immer nur Bach", in: Die Zeit vom 31. August 1984.

als Rettungsanker in die erste Reihe gesetzt, um im Notfall die Originalfassung mit Klavier aus dem Hut zaubern zu können.

Und so sang die Sopranistin abends in einer Live-Übertragung des ORF ihre ersten *Biblischen Lieder* in Alt-Lage. Was niemand bis dato ahnen konnte: Ihre Stimme war ungemein lang und verfügte über eine satte Tiefe und ein ausgeprägtes und wohlklingendes Brustregister. Und so lautete der Kommentar des Tontechnikers im Ü-Wagen gegenüber dem besorgt aus Wien zum Konzert herbeigeeilten Agenten nur salopp: „Sie macht das ganz wunderbar!"[73] Und auch der Kritiker der *Kärntner Zeitung* bemerkt am 24. August 1974:

> „Das hervorragende musikalische Können von Arleen Auger zu besprechen erübrigt sich, da die Sopranistin auch dem Kärntner Publikum bereits bestens bekannt ist. Die Frage war vielmehr, inwieweit es in so kurzer Zeit möglich sein würde, das Einverständnis zwischen Solistin und Orchester herzustellen. Dass dies relativ gut gelang, ist nicht zuletzt der sicheren Leitung durch Ludovic Rajter zuzuschreiben. Höhepunkte gab es jedenfalls bei ‚Oh Gott, hör auf mein Gebet!' und ‚Herr, mein Gott', wozu die solistisch gespielte Klarinette wesentlich beitrug. Mit viel Beifall und Blumen bedankte man sich schließlich bei Arleen Auger nicht nur für ihre hilfsbereite Haltung, sondern mehr noch für die bemerkenswerte musikalische Gesamtleistung."

Bei den *Kasseler Musiktagen* war Arleen Auger am 30. Oktober 1980 mit ihrem damaligen Pianisten Rainer Hoffmann zu einem Symposium geladen, und bei der Ankunft in der Dokumenta-Stadt wurde dem Lied-Duo vom Veranstalter freudestrahlend mitgeteilt, dass man sich schon allgemein auf ihren Vortrag über Haydns Liedschaffen vor der erlauchten Versammlung musikwissenschaftlicher Koriphäen freue. Bei dem Wort „Vortrag" begannen beide zu stutzen und nachzufragen, und tatsächlich wurde ihre bösesten Ahnungen bestätigt: Man erwartete tatsächlich einen Wort-Vortrag, denn schließlich handele es sich ja hier um ein Symposium. Also, nichts mit Liederabend. Obwohl beide sich theoretisch im Stande gesehen hätten, auch einen Vortrag zu halten – allerdings nicht aus dem Stehgreif und nicht vor einem internationalen Fachpublikum – kamen sie nach kurzer Beratung überein, das Publikum zu fragen, was es denn haben wolle und wie der Beitrag des Künstler-Duos zum Thema „Haydn-Lieder" aussehen solle. Das Publikum einigte sich demokratisch auf eine Art öffentliche Probe mit Gelegenheit für die Zuhörer, Fragen zu stellen. Und so äußerte gleich zu Beginn ein Herr aus dem Publikum die Bitte, ob die beiden einmal demonstrieren könnten, wie sie ein Lied erarbeiteten. Rainer Hoffmann sagte, er nehme nun den Band mit Haydn-Liedern und suche ein Lied heraus, das beiden unbekannt wäre. Gesagt getan: Beide sangen und spielten das Lied – natürlich fehlerfrei vom Blatt. Sofort kam Zweifel im Publikum auf: Das sei doch gemogelt, beide hätten das Lied gekannt. Beide beteuerten

---

73 Diese Geschichte gab Wolfgang Fahrenholtz im August 2011 in einem persönlichen Gespräch in Würzburg zum Besten.

nein, und feilten noch pro forma etwas, aber im Grunde war der erste Durchgang schon makellos gewesen. Dann sang man noch Teile aus dem vorbereiteten Programm und brachte der doch mitunter arg mental geartete Musikwissenschaftler-Zunft auf diese Weise die emotionale Seite der Musik ins Haus.[74]

6. Freiheit

„Meine ganze Karriere hindurch habe ich ein absolutes langfristiges Ziel verfolgt: Ich habe alles mögliche tun wollen, um sicherzustellen, dass ich fähig bin zu singen, solange ich lebe."[75]

Um dieses Ziel zu verwirklichen, hat Arleen Auger Engagements, Repertoire, Dirigenten und Agenten extrem sorgsam ausgewählt. Deshalb und auch um ihre eigenen künstlerischen Ansprüche wahren zu können, wollte sie im Vorfeld wissen, wer die anderen Mitwirkenden sein würden, welches Orchester unter welchem Dirigenten spielen würde - und bei Opernproduktionen wollte sie auch wissen, wer der Regisseur sein würde! Denn wie sie so schön sagte:

„Ein Opernengagement bedeutet ein extremes Risiko. Du unterschreibst zwei Jahre vorher einen Vertrag und wenn es dann soweit ist, erscheinen ganz andere Leute als die, mit denen du gerechnet hast."[76]

Und das führte dann neben diesen oft unliebsamen Überraschungen oft auch noch zu Konfrontation mit ästhetischen und geschmacklichen Divergenzen. In einem solchen Feld wollte Arleen Auger sich nicht allzu lange aufhalten und war daher darum bemüht, sich im Vorfeld abzusichern.

Als Konsequenz dieses kritischen Selbstmanagements hat sie darum sehr früh angefangen, nein zu sagen.

Zum ersten Mal hat sie das angewandt, als sie es sich eigentlich gar nicht leisten konnte – nämlich 1967, als sie sich gerade zaghaft auf Jobsuche befand: Damals hatte sie ein Vorsingen für Kurt Herbert Adler, den Direktor der San Francisco Opera. Sie sang ihm die Königin der Nacht vor, und nach Beendigung ihres Vortrags fragte er sie, ob sie das nicht auch lauter singen könne. Arleen Auger war erstaunt, denn für ihr Empfinden war das laut genug gewesen. Seine Frage zielte aber auf eine konkrete Partie

---

74 Rainer Hoffmann erzählte mir diese Geschichte in einem Telefonat im Frühsommer 2011.
75 James M. Keller: Anm. s. o., S. 15.
76 Daniel Cariaga: „Soprano Auger Enjoys Challenge of New Roles, New Music", in: Los Angeles Times, 5. März 1988.

hin: Er suchte nämlich eine Norne für Wagners *Götterdämmerung*. Nach einem Blick in die Partitur sagte Arleen Auger auf der Stelle „Nein!"

Ganz entspannt kommentierte sie ihre Entscheidung später: „Es bedeutete zwar, dass ich im Moment keine Arbeit hatte, aber so kann ich heute noch arbeiten!"[77]

Auch zu ihrer Zeit an der Wiener Staatsoper konfrontierten sie die Verantwortlichen mit Rollen, die sie als Bedrohung für ihre Stimme empfunden hat:

> „Es gab andere Rollen, die zu jener Zeit nicht richtig für meine Stimme waren. Ich kenne meine Stimme, kannte meine Stimme auch damals schon sehr genau, welches viele Sänger, besonders in ihren Anfangsjahren nicht von sich sagen können – leider. Ich denke besonders an die Rolle der Ersten Rheintochter als ein gutes Beispiel für diese Situation: Zur Zeit, als ich die Königin der Nacht sehr oft an der Staatsoper sang, brauchten sie eine Erste Rheintochter und versuchten mich zu zwingen, diese Rolle zu übernehmen. Ich war überzeugt, dass diese Rolle meiner Stimme zu dieser Zeit viel zu viel abverlangte. Ich musste einen Kampf mit dem Studienleiter führen und habe mich geweigert, die Rolle zu übernehmen. Er hat gesagt, ich könne es mit Mikrophon singen! Aber ich konnte doch keine Rolle annehmen, die ich nur mit Mikrophon hätte singen können. Damit war es erledigt. Natürlich war dieser Mann in einer sehr bedeutenden Machtposition innerhalb des Hauses. Er entschied, wer was sang. Und das ist ein Grund, warum ich ab 1970 immer weniger bekam. Er ging dann später in Pension, es kam eine neuer Direktor, der aber seine eigenen Lieblinge mitbrachte, und von da an war ein ehrlicher Weg zu anderen Rollen nicht mehr möglich."[78]

Den Schutz ihres Instruments und die Qualität ihres Singens stellte sie also *über* karrieretechnische Belange und die Erwartungen ihrer Vorgesetzten. Sowohl die Tatsache, dass sie Wagners Rolle nicht hätte ausfüllen können, als auch, dass der Versuch, dieses zu tun, ihrer Stimme geschadet hätte, ließen sie die einzig richtige Entscheidung treffen: Nein zu diesem Angebot zu sagen!

Ein weiterer Prominenter, bei dem sie ihr Prinzip des Nein-Sagens notgedrungen anwenden musste, war ihr großer Mentor der Wiener Jahre, Karl Böhm. Dieser hatte sie in der Anfangszeit an der Wiener Staatsoper immens gefördert. Nachdem er 1973 mit ihr die Konstanze für die Deutsche Grammophon eingespielt hatte, hatte er weitere Pläne für sie im Mozart-Fach und wollte mit ihr unter anderem an der Mailänder Scala Fiordiligi und Figaro-Gräfin machen. Doch beide Partien schienen ihr noch zu früh: Die Fiordiligi lag ihr insgesamt zu tief, und für die Gräfin war ihre Stimme noch zu hell und mädchenhaft. Außerdem schien ihr ein Opernhaus solcher Dimensionen und solch eines Renommees wie die Mailänder Scala für Rollendebüts solchen Ausmaßes nicht geeignet zu sein. Also sagte sie Böhm beide Partien ab. Dieser zog daraufhin

---

77   David Stevens: „An American in Paris as Handel's Alcina", in: International Herald Tribune, 9./10. Juni 1990.

78   Andreas Keller: Anm. s. o., S. 14.

beleidigt von dannen und hat sie jahrelang für seine Produktionen nicht mehr berücksichtigt.

Durch solch ein Verhalten ist eine Sängerin natürlich in der Branche sogleich als schwierig, kapriziös und divenhaft verschrien; dabei tut sie lediglich das, was nur sie allein tun kann: sich und ihr Instrument vor Verschleiß und Raubbau zu schützen. Leute vor den Kopf zu stoßen, war dabei mitnichten ihre Absicht. Sie tat das in absoluter Übereinstimmung mit sich selbst und ihrem Bauchgefühl und ohne einen faden Nachgeschmack von Reue und Bedauern:

> „Fast immer war ich furchtlos, nein zu sagen, wenn ich nicht bereit für eine Rolle war oder es so aussah, als ob dies meiner Stimme schaden könnte. Und ich habe es nie bedauert. Das hat allerdings bedeutet, dass ich mich entschieden habe, eine einsame Straße zu gehen, auf der ich meinen eigenen Weg zu finden hatte. Ich hatte keine Mentoren, ich hatte keine Lehrer, die mich in meine Profession geführt hätten."[79]

Vor allem schwang bei ihr nie das Bedauern mit, durch eine Absage eine Chance hinsichtlich ihrer Karriere vertan zu haben; diesbezüglich operierte sie aus einer totalen Gelassenheit heraus:

> „Ich habe zu manchen Dingen nein gesagt und dann gewartet, ob sie wiederkommen. Manchmal kamen sie und manchmal nicht."[80]

Im Fall von Karl Böhm kam die Chance zu einer erneuten Zusammenarbeit wieder. Es gab zwar eine Durststrecke von drei, vier Jahren, aber 1978 war diese überwunden, und dann ging es sogleich um ihr Debüt an der MET als Marzelline in Beethovens *Fidelio* – und diesmal sagte sie ja.

Doris Soffel hat diesen Zug des konsequenten Selbstschutzes bei der Repertoirewahl an Arleen Auger als einen ganz besonderen hervorgehoben:

> „Arleen sang wunderbaren Mozart und Bach und eben auch Lied. Sie wusste genau, was gut war für ihre Stimme ist – eine Tugend, die vielen Kollegen heute abgeht. Eine starke Frau mit Silberstimme und einem goldenen Herzen."

Diese Fähigkeit des konsequenten Selbstschutzes hat sie über ihre ganze Karriere beibehalten. Noch als sie im Januar 1990 die Gräfin in einer Inszenierung von Peter Hall in Los Angeles sang, gestand sie:

> „Es war meine erste Gräfin. Ich habe sie vor einigen Jahren für die Decca in Europa mit Arnold Östman eingespielt und ich wollte sie schon seit langer Zeit auf der Bühne machen. Aber wie so vieles in meiner Karriere, habe ich auf den richtigen Moment gewartet."[81]

In einem ihrer letzten Presse-Interviews kommt sie auf dieses Thema „Wählerisch sein" ebenfalls noch einmal zu sprechen. Immer wieder wird nämlich behauptet, Sänger

---

79 Susann Elliott: The New York Times, 25. Februar 1990.
80 Ebenda.
81 Ebenda.

könnten es sich heutzutage nicht mehr leisten, Angebote abzulehnen, weil sie dann sofort durch willigere Kollegen ersetzt würden und damit bei den Intendanten und Besetzungschefs auf immer und ewig abgeschrieben seien. Aufgrund des starken Konkurrenzdrucks müsse man nehmen, was kommt. Arleen Auger hat das weitaus gelassener gesehen:

> „Ob man sich gegen Agenten und Plattenfirmen wehren kann, weiß ich nicht, ich habe es jedenfalls getan. Ich bin diesbezüglich völlig frei: bin frei von der Bühne, frei von den Plattenfirmen – ich kann sagen, was ich singen, was ich aufnehmen will. Und vor allem, was ich *nicht* singen will! Das hat den Nachteil, dass ich nicht publicity-wirksam bin, dass sich keine Plattenfirma um mich kümmert. Aber es hat den unschätzbaren Vorteil, dass ich nie eine Platte aufnehmen muss mit Leuten, die mir nicht gefallen, oder mit Stücken, die mir nicht liegen. Wissen Sie, Freiheit ist ein wunderschönes Wort."[82]

7. Geschäftliches, Agenten, Kritiker, Kollegen(neid) und andere Widrigkeiten

Arleen Auger hat viele Jahre lang in dem Bewusstsein agieren können, dass es in ihrem Fach quasi keine gab, die es in technischer und musikalischer Hinsicht mit ihr aufnehmen konnte. Bescheiden wie sie war, hat sie das nie nach außen getragen, aber es hat ihr Selbstbewusstsein und ihr Selbstverständnis als Künstlerin entscheidend beeinflusst und naturgemäß auch ihre Einstellung zu Journalisten und zur Musikkritik geprägt:

Bezüglich der Bedeutung von Kritik gibt es zwei Sorten von Sängern: erstens die, die (aus Angst oder gespielter Gleichgültigkeit) nie Kritiken lesen oder die, die sie alle förmlich verschlingen und als Quelle der Selbstbestätigung (oder schlimmstenfalls Ego-Politur) betrachten und sich dann im Falle einer negativen Besprechung aufregen und dem Journalisten bei einem Treffen lang und breit ihre Rechtfertigungen vortragen.

Arleen Auger gehörte zu keiner der beiden Kategorien, sondern hat Kritiken immer gelesen und hat das, was darin fachlich beanstandet wurde, zur Kenntnis genommen und durchaus versucht, es beim nächsten Mal in ihre Interpretationen einfließen lassen, sofern es für ihre Stimme und ihre Art zu singen machbar war. Kritiken waren für sie durchaus wichtig – sei es als Korrelat oder als Bestätigung ihrer Interpretation; aber grundsätzlich hat sie nur *den* Journalisten ein fachliches Urteil zugebilligt, die etwas vom Singen und von der menschlichen Stimme verstanden haben. Kritiken, deren

---

82 Andreas Kluge/Dieter F. Rauch: Anm. s. o., S. 12 f.

Verfasser sich nur in intellektueller Selbstbeweihräucherung ergingen oder sprachliche Virtuosität um ihrer selbst Willen zelebrierten, wurden zur Seite gelegt. Die einzigen Kritiker im deutschsprachigen Raum, die sie wirklich voll und ganz ernstgenommen hat, waren Hans Heinz Stuckenschmidt von der *FAZ* und Dr. Karl Schumann von der *Süddeutschen Zeitung*. Karl Löbl in Wien ging gerade noch, und sein Ziehkind Andrea Seebohm in Salzburg ging leider gar nicht – obwohl sie sogar etwas Gesang studiert hatte.[83]

Ihr Umgang mit Journalisten in Interviews war sehr entspannt, sehr respektvoll und sehr sachlich. Trotzdem wirkte sie dabei nie steif oder unnahbar, und selbst gewagte Bemerkungen konnte sie virtuos parieren: Beim Interview für die Zeitschrift *Fanfare*, einem amerikanischen Magazin für Schallplattensammler, schäkert der Journalist Ralph V. Lucano gegen Ende des Gesprächs förmlich mit ihr:

> „Haben Sie noch andere Schallplatten-Projekte im Visier? Ich hoffe, mehr Händel. Sie würden eine sexy Semele abgeben!"

Arleen Auger:

> „Sexy? Dankeschön! Ich werde Semele auf die Liste setzen!"[84]

Ihre stimmliche und musikalische Souveränität und ihr daraus resultierendes Spiel in der obersten Liga der Branche hat sie naturgemäß immer die Verbindung zu Gleichgesinnten suchen lassen. Leider gab es davon unter den Dirigenten nicht allzu viele, da gerade dieser Bereich immer noch stark von der Egopolitur durchdrungen wird und das Ausleben von Macht, Kontrolle und Autorität bis heute oft über dem Ziel, gemeinsam Musik zu machen, steht. Nur so sind die leider viel zu seltenen musikalischen Höhepunkte mit Gleichempfindenden zu erklären.[85] Ein Gleichempfindender, der ihr bezüglich bewusstseinsmäßiger Durchdringung einer Partitur sehr nahe stand, war Sergiu Celibidache. Böhm liebte sie für seinen Mozart – auch wenn ihr seine Tempi mitunter zu langsam waren und sie seine Forderung, auf Proben immer auszusingen, als Quälerei empfand. Des weiteren schätzte sie Bernhard Haitink, Rafael Kubelik und Leonard Bernstein außerordentlich.

Von ihren Fachkolleginnen hat sie vor allem Mirella Freni sehr geschätzt:

> „Freni hat mit einer sehr jungen Stimme begonnen und die Rollen und Orte, an denen sie diese gesungen hat, sehr gut ausgewählt. Da sind nicht viele in ihrer Generation, die das tun – und da sind nicht viele in meiner Generation, die das tun."[86]

Und auch Joan Sutherland und Renata Tebaldi waren verehrte Kolleginnen. Marilyn Horne war ein weiteres ihrer Idole, mit der sie seit Jugendtagen in Amerika persönlich bekannt war und mit ihr auch 1991 ein Opern-Duett-Programm in Hamburg gesun-

---

83   Diese Informationen gab mir Wolfgang Fahrenholtz in einer E-Mail vom 5. September 2011.
84   Ralph Lucano: Anm. s. o.
85   So formulierte es Wolfgang Fahrenholtz in einer E-Mail vom 4. September 2011.
86   Richard Fawkes: Anm. s. o.

Arleen Auger im Gespräch mit Dr. Franz Endler (Kulturchef der Tageszeitung *Kurier*)
anlässlich einer Soirée im Parkhotel Villach am 22. August 1982 (Photo: Carinthischer Sommer)

gen hat. Bei den Tenören war Alfredo Kraus derjenige, der von ihr am meisten unter gesangstechnischem Aspekt verehrt wurde; Placido Domingo liebte sie wegen seiner warmen Stimme und weil er immer mit Herz sang.

Bei den Pianisten waren ihre Idole bezeichnenderweise Dinu Lipatti und Clara Haskil.

Da sie sehr genau wusste, was sie konnte und was nicht und wo andere ihr aufgrund ihrer Stimmlage überlegen waren, war ihr Neid völlig fremd. Sie hat sich höchstens schon einmal gewundert, wenn die eine oder andere Sängerin ihres Fachs ihr für ein bestimmtes Stück vorgezogen wurde und so manche Karriere trotz durchschnittlicher oder sogar fragwürdigen Leistungen oder Allerweltstimbre von Intendanten oder Agenten in Richtung Erfolg manipuliert wurde.

In einem Radio-Interview von 1989 hat sie sich souverän und humorvoll einmal dazu wie folgt geäußert:

„Unfair ist es, dass es keinen absoluten Maßstab für ‚gut' und ‚schlecht' gibt, so dass Leute in Machtpositionen anderen Menschen aus beliebigen egoistischen Gründe helfen können oder sie behindern. Es ist einfach so. Man kann es nicht anders machen. Es war immer so. Mozart hatte das Problem genauso [überlegt] wie ich. Das ist das einzige Mal, dass Mozart und ich irgendwas gemeinsam haben. [lacht]"[87]

Wolfgang Fahrenholtz, der beinahe zwölf Jahre lang ihre Karriere begleitet hat, sagte:

„Die Spielregeln des Geschäfts lauten eben ganz einfach: Wer mehr Provision bringt, hat die Nase vorn. Dies hat sie anstandslos akzeptiert und wurde nur gelegentlich durch den Verlauf der ein oder anderen Karriere irritiert. Aber dann war es ihr auch wieder gleichgültig, solange sie kein ‚Spielchen' spielen und sich selbst hinsichtlich ihrer ästhetischen Vorstellungen nicht verbiegen musste und nicht gezwungen war, Literatur zu singen, die ihr nicht lag, und mit Leuten arbeiten zu müssen, die sie nicht mochte. An oberster Stelle stand für sie die absolute Ehrlichkeit der Musik und ihren Kollegen gegenüber. Intrigen und Klüngelei empfand sie als Zeitverschwendung."

Und dabei wäre es zu ihrer Zeit, als sie es mit so harter „Konkurrenz" wie Helen Donath, Edda Moser und Edith Mathis zu tun hatte, ein Leichtes gewesen, mit harten Bandagen zu kämpfen. Aber zu all diesen Damen hatte sie ein ganz normales, freundliches und kollegiales Verhältnis. Zu Lucia Popp und zu Edita Gruberova hingegen hatte sie kein Verhältnis.[88]

Da sie ihre sängerischen Möglichkeiten ganz genau kannte, konnte sie auch völlig ohne Neidgefühle diejenigen bewundern, die das Repertoire singen konnte, das ihr verwehrt war, etwa das große lyrische Fach bis hin zu dramatischeren Verdi-Rollen oder italienische „Schmachtfetzen" von Puccini. Natürlich hat sie im stillen Kämmerlein auch schon mal die eine oder andere große lyrische Partie wie Sophie, Pamina oder sogar Lucia für sich ausprobiert – und selbstverständlich Gefallen daran gefunden. Da ihr aber völlig klar war, dass ihre Mittellage für solche Partien nicht tragfähig genug war, erfreute sie sich im stillen Kämmerlein daran. Denn auf der Bühne hätte sie niemals eine Rolle gesungen, die sie nicht zu hundert Prozent hätte bewältigen können. Von daher ließ sie gar keine Wehmut aufkommen, sondern besann sich immer wieder auf den Spruch „Don't lose your roots", oder: „Schusterin, bleib bei Deinen Leisten!"

Wolfgang Fahrenholtz, ihr zweiter Ehemann, fasste einen zentralen Wesenszug Arleen Augers und damit eine Schlüsselaussage ihres künstlerischen Credos in die Formel:

„Arleen Auger hasste jede Art von Mittelmaß, Ignoranz, Hochnäsigkeit und Respektlosigkeit dem Werk, den Kollegen und dem Publikum gegenüber."[89]

Diese Einstellung prägte auch ihren Umgang mit Agenturen. Nach dem Desaster mit der CAMI in New York, deren Managerin Nelly Walters sie auf offener Straße nicht

---

87 Barbara Stein: Anm. s. o.
88 So formulierte es Wolfgang Fahrenholtz in einer E-Mail vom 5. September 2011.
89 E-Mail von Wolfgang Fahrenholtz vom 4. September 2011.

erkannt hatte, blieb für sie als einzig mögliche Reaktion darauf nur die sofortige Beendung des Arbeitsverhältnisses. Sie wandte sich darauf an Charles Hamlen und Edna Landau. Doch als diese sehr kleine und exklusive Agentur ihr auch nicht die gewünschten Opernengagements verschaffen konnten, wechselte sie wieder zur CAMI zurück. Sie überwand ihren Stolz und ihre Brüskiertheit und hoffte nun doch, bei der einflussreichsten Agentur der Branche ihre Sehnsucht nach der Opernbühne stillen zu können. Diese Erwartungen wurden zwar nicht erfüllt, aber wenigstens erkannte Nelly Walters sie jetzt auf der Straße.[90]

Wurde sie selbst nach der Scheidung von ihrem Manager-Gatten von Irwin Gage beim Künstlersekretariat am Gasteig von Elisabeth Ehlers in München empfohlen, so gab sie diese Hilfe selbstlos und großzügig an Julia Hamari weiter, als diese 1986 mit Rilling im Streit auseinanderging. Da empfahl sie ihrer neuen Agentin in München die langjährige Mezzo-Kollegin, für die daraufhin ein neuer Karriereschub einsetzte.[91]

Das Taktieren und Jonglieren um Engagements war der Teil des Berufs, den Arleen Auger überhaupt nicht mochte. Auch diese banalen Kleinigkeiten wie eine Liste zu führen, auf der vermerkt war, bei welchem Konzert sie welches Kleid getragen hatte, um in einem Wiederholungsfalle nicht wieder am selben Ort in derselben Abendrobe aufzuschlagen, waren ihr überaus lästig. Sie war Sängerin, Musikerin, sie wollte singen und sich nicht mit all diesen bürokratischen und karriereplanerischen Details beschäftigen müssen.

Eine große Belastung stellte für jeden Sänger das Reisen dar – und das Kontingent von Arleen Auger war aufgrund der Vorherrschaft des Konzertfachs extrem groß. Denn während ein Opernsänger sechs Wochen an dem Theater bleibt und probt und dann die Aufführungen hat, reist ein Konzertsänger von Konzert zu Konzert und von Liederabend zu Liederabend und damit von Stadt zu Stadt. Bei nahezu zwölf Monaten Konzert- und Unterrichtstätigkeit im Jahr wird dann auch die Frage nach dem Zuhause relevant. 1987 hat Arleen Auger zum Thema „Heimat" gesagt:

> „Zuhause ist das Hotel, in dem ich gerade bin. [...] Du gewöhnst dich daran, Deine eigene Firma zu sein, wenn Du jede Nacht in einer anderen Stadt verbringst."[92]

War besonders die erste Hälfte 1980er-Jahre sehr unstet, weil sie dort von Frankfurt (später München) oder Hartsdale zu den Musikzentren der Welt aufbrach, so ist mit der Beziehung zu Willem Scherpenhuijsen Rom und dem daraus resultierenden Umzug nach Leusden bei Utrecht 1987 mehr Ruhe in ihr Leben gekommen, und Holland wurde zunehmend ihr Zuhause.

Künstler sind in der Regel für ihre Spontanität bekannt. Und so wurde auch Arleen Auger mitunter mit so manch Unvorhersehbaren konfrontiert, was ihr bei der Ausfüh-

---

90   Susan Elliott: „Wer die Dirigenten (und andere) dirigiert. Vom Einfluss der großen Künstleragenturen", in: NZZ Folio 12/1992.
91   Dies erzählte mir Julia Hamari in einem Telefonat vom Dezember 2011.
92   Marianne Gray: „The mystery voice is back on song", in: Daily Mail, 5. Mai 1987.

rung ihres Berufs in die Quere kamen. Rainer Hoffmann berichtete von solch einer unerwarteten Begebenheit in Amsterdam anlässlich eines Liederabends im Kleinen Saal des Concertgebouw am 12. Oktober 1982: Der Pianist begab sich – wie vereinbart – am Vortag des Konzerts mit seiner Frau Gerda zum Hotel, um Arleen Auger zur Probe abzuholen. An der Rezeption wurde ihnen mitgeteilt, Frau Auger fühle sich nicht gut, sie sei müde und müsse ausruhen, heute fände keine Probe statt. Enttäuscht zog Rainer Hoffmann mit seiner Frau im Schlepptau von dannen und fand sich plötzlich auf den Straßen Amsterdams inmitten einer Demonstration wieder, die dermaßen eskalierte, dass sie von der Polizei unter Einsatz von Tränengas und Wasserwerfern auseinandergetrieben werden musste. Am Nachmittag des nächsten Tages begab sich das Ehepaar Hoffmann mit Arleen Auger ins Concertgebouw, wo man über Nacht alle Fenster zum Lüften aufgelassen hatte. Der ganze Saal war aber aufgrund der Turbulenzen auf den Straßen der Hauptstadt weniger gelüftet als mehr mit Pfefferspray und Tränengas angereichert und im Grunde weder den Interpreten noch dem Publikum zuzumuten. Aber auch solchen Widrigkeiten wurde getrotzt und der Liederabend, der von der NOS mitgeschnitten worden ist, fand selbstverständlich statt und wurde zum großen Erfolg.

Auch ihr Pianist Melvyn Tan, zudem Experte für Hammerklaviere, hatte bei einem Liederabend in Belgien mit Widrigkeiten zu kämpfen:

> „Bei unserem Liederabend in Brügge hatten die Veranstalter des Festivals ein für unser Programm absolut ungeeignetes Instrument besorgt. Ich war etwas verärgert und enttäuscht, aber Arleen sagte nur sehr sanft, ich solle das unter diesen Umständen bestmögliche tun und mir keine Sorgen machen. Sie schien sich trotz der Tatsache, dass ich die Hälfte der Töne in einer Schubert-Gruppe nicht spielen konnte, weil es die Tasten dafür gar nicht gab, absolut nicht durcheinanderbringen zu lassen. Das Instrument verfügte nur über fünf Oktaven und war damit nur für Mozart und Haydn geeignet."[93]

Dank ihrer Gelassenheit und ihres Vertrauens war aber auch diese Situation zu meistern.

Kollegialität und Respekt waren zwei der Säulen, auf denen die Musikerin Arleen Auger ihre Arbeit mit anderen Menschen stützte. Sie war durch und durch eine Ensemble- und Kammermusikerin und erstrebte ein Miteinander- und kein Gegeneinandermusizieren. Von daher war ihr hierarchisches Denken, was ja mitunter in der Branche sehr verbreitet ist, fremd. Wenn sie mit einem anderen Solisten oder Instrumentalisten aus dem Orchester etwas zu klären hatte, so suchte sie am liebsten den persönlichen Dialog und nicht den Dirigenten oder Konzertmeister als Vermittler. Und das tat sie, wenn sie sowohl wenn sie Wünsche oder Anregungen hatte, als auch wenn sie besonders zufrieden war.

Die Flötistin des New England Bach Festivals in Vermont, Susan Rotholz, berichtete, wie so etwas aussah:

---

93 Melvyn Tan berichtete mir diese Geschichte in einer E-Mail vom 8. Januar 2012.

„Ihr Lachen und ihre funkelnden Augen wirkten allgemein ansteckend, und jeder war bestrebt, in ihrer Nähe zu sein. Mit ihr als Musiker eine Arie zu haben und sie singen zu hören, glich der Erfahrung, auf eine Goldgrube zu stoßen. Und von ihr als ebenbürtig respektiert und von ihr verstanden zu werden, war reines Gold.

Ich erinnere mich, wie sie mich einmal nach unserer Kantaten-Arie gefragt hat, *wie* ich es schaffe, meine Luftgabe dergestalt zu kontrollieren, dass die musikalische Linie ungehindert vom Atmen bis zu ihrem Ende durchfloss? Es schien witzig, dass sie Antworten von mir suchte, während ich doch von ihr lernte! Und ich dachte nur: ‚Ich versuche nur auf meiner Flöte zu singen, und das tust Du bereits auf so natürliche Weise!‘ Ich war so traurig und zugleich dankbar, über diese Momente, in denen wir alle zusammen Musik von J. S. Bach machten, die tiefste, luftgetragenste Musik – zusammen mit der wunderschönen Arleen Auger.“[94]

Kollegialität – besonders zu ihren Pianisten – schlug sich auch finanziell nieder: Ein Liederabend ist eine Duoleistung und kein sängerischer Solovortrag mit Klavierunter-malung. Folglich hat sie ihre Gage mit ihren Klavierbegleitern geteilt. Diese absurden Unterschiede, die mitunter in der Branche herrschen, dass ein Sänger fünfstellige Be-träge erhält, während sein Pianist mit einem gehobeneren Handlanger-Trinkgeld in den unteren vierstelligen Bereichen abgespeist wird, war für sie undenkbar. Seit ihren ersten Konzerten mit Erik Werba in Wien hat sie das so gehandhabt und danach so beibehalten.[95]

Martha Senn hatte diese Kollegialität auch erlebt, als sie 1988 zusammen mit Ar-leen Auger bei den *Salzburger Festspielen* in Händels *Messias* in der Mozart-Fassung engagiert war. Von der ersten Probe an half die Amerikanerin ihrer Schweizer Kollegin bei der Aussprache des deutschen Textes von Christoph Daniel Ebeling.[96]

Und auch für Überraschungen bei Kollegen war sie gut: So schilderte Doris Soffel, dass sie einmal unverhofft aus New York zwei supertolle Kleidersäcke für Abendroben von ihr geschickt bekam hat, nur weil ihr der Ihrige zuvor so gut gefallen hatte. „Das war eben Arleen: spontan und großzügig – einfach liebenswert!“[97]

---

94   Dies schrieb mir Susan Rotholz in einer E-Mail vom 5. September 2011.
95   Wolfgang Fahrenholtz erzählte mir das bei einem persönlichen Gespräch im August 2011 in Würz-burg.
96   Martha Senn schrieb mir dies in einer E-Mail vom Herbst 2011.
97   Doris Soffel erzählte mir diese Begebenheit in einer E-Mail im Frühjahr 2011.

III. Repertoire

„Ich singe Bach, Mozart, zeitgenössische Werke und alles dazwischen. Wenn es für meine Stimme geeignet ist und meine Stimme es gut bewältigen kann, dann bin ich glücklich, es tun zu dürfen." [1]

Arleen Auger – die Konzertsängerin und vor allem: die Bachsängerin! Mit diesem Klischee ist die Sängerin auch über 20 Jahre nach ihrem Tod noch behaftet. Dabei genügt ein Blick in die Diskographie, um die Vielfalt und stilistisch ungemein große Bandbreite im Repertoire der Künstlerin auf das Eindrucksvollste zu dokumentieren. In den folgenden Unterkapiteln ist all das, was Arleen Auger zu den einzelnen Gattungen von Vokalmusik – der Oper, dem Oratorienfach, dem Kunstlied und auch der Neuen Musik – geäußert hat oder was andere über sie diesbezüglich geäußert haben, zusammengetragen, auf dass ein vollständigeres und abgerundetes Bild dieser Ausnahmekünstlerin entsteht.

1. Oper

„Ich vermisse keine schlechte Oper. Ich vermisse gute Oper." [2]

Von den drei Erscheinungsformen „Konzertsängerin", „Liedinterpretin" und „Opernsängerin" Arleen Auger ist letztere die sicherlich unbekannteste. Selbst eingefleischte Klassikfreunde wissen oft nicht einmal, dass sie zahlreiche Opern auf der Bühne gesungen, in Plattenstudios 32 Partien eingespielt hat und zudem sieben Jahre festes Ensemblemitglied der Wiener Staatsoper war.

---

1   Arleen Auger: Artist's life, in: Keynote 31, 1985.
2   Daniel Cariaga: „Soprano Enjoys Challenge of New Roles, New Music", in: Los Angeles Times, 5. März 1988.

In Wien hat sie noch die alte Schule des Theaters durchlaufen. Dort hat sie große Regisseure erlebt, die dem Stück dienten und Dirigenten, die Sänger am Abend begleiten und tragen konnten. An der Staatsoper sang sie anfänglich neben der Königin der Nacht und Olympia vor allem viele kleinere Partien – etwa:

Priesterin in Glucks *Iphigenie auf Tauris*
Stimme vom Himmel in Verdis *Don Carlos*
Priesterin in Verdis *Aida*
Hirt in Wagners *Tannhäuser*
Erstes Blumenmädchen der zweiten Gruppe in Wagners *Parsifal*
Waldvogel in Wagners *Siegfried*
Pousette in Massenets *Manon*
Najade in Strauss' *Ariadne auf Naxos*
Erste Jungfrau in Schönbergs *Moses und Aron*

Dazu musste sie manchmal in Inszenierungen einsteigen, die schon so alt waren, dass man sie gar mehr nicht als Inszenierungen bezeichnen konnte, sondern nur noch als „Bühnenbild mit jährlich wechselnden Darstellern". Weil nämlich von der ursprünglichen Besetzung gar niemand mehr dabei war, waren es oft nur noch Rudimente einstiger Regiepräzision, mit denen die Regeassistenten sie konfrontieren konnten.

Zum Prestige eines jeden Opernhauses gehört es seit jeher, große Namen zu verpflichten. Stars, die oft nur für ein oder zwei Vorstellungen anreisen, die Premiere singen und dann wieder abreisen. Dieses künstlerisch höchst fragwürdige Verfahren zur Imagepolitur der Theater hatte natürlich auch Arleen Auger an der Wiener Staatsoper zuhauf erlebt:

„Ich habe niemals zwei Vorstellungen mit derselben Besetzung gesungen. Stars erschienen für einzelne Vorstellungen, und anstatt Rollen zu kreieren, standen sie herum und spielten sich selbst."[3]

Die künstlerisch oft fragwürdige Arbeit an europäischen Opernhäusern hat sie während ihrer siebenjährigen Tätigkeit an der Wiener Staatsoper – und auch anlässlich ihrer diversen Einspringer – gebührend zu durchschauen die Gelegenheit gehabt. Sie zog daraus die Konsequenzen und hat dem Musiktheaterbetrieb Mitte der 1970er-Jahre erst einmal den Rücken zugewandt. Trotzdem war sie bemüht, der Gattung Oper verbunden zu bleiben und neben vielen konzertanten Aufführungen und Schallplattenproduktionen von Opern auch szenische Realisationen in ihren Terminkalender mitaufzunehmen. Ihre künstlerischen Ansprüche waren dabei allerdings extrem hoch. Und deswegen hat sie viele Angebote abgelehnt. Noch 1986 sagte sie gegenüber der *Washington Post* ganz direkt, sie habe deshalb von vielen Opernangeboten großer Häu-

---

3   Timothy Pfaff: „She Takes on Opera And Concert Lieder", in: Datebook, 15. Februar 1987.

ser Abstand genommen, weil „künstlerische Standards nicht beachtet würden", da von Seiten der Verantwortlichen „zuviel an Geld und Prestige"[4] gedacht werde.

Vor dem Hintergrund ihrer Erfahrungen mit dem deutsch-österreichischen Opernbetrieb ist es nicht verwunderlich, dass die Sängerin nach ihrem festen Vertrag in Wien erst einmal nur ganz wenige ausgesuchte Opernproduktionen gemacht hat:

1975   Mozarts *Entführung aus dem Serail* am Salzburger Landestheater
        Ravels *L'Enfant et les Sortilèges* an der Mailänder Scala
1976   Mozarts *Titus* im Theater an der Wien im Rahmen der *Wiener Festwochen*
1978   Beethovens *Fidelio* an der Metropolitan Opera in New York
1980   Offenbachs *Hoffmanns Erzählungen* am Teatro Communale di Firenze (mit einer Luxusbesetzung von Neil Shicoff als Hoffmann, Brigitte Fassbaender als Giulietta, Catherine Malfitano als Antonia und Mira Zakai als Muse).

Darauf folgten vier opernlose Jahre, während denen ihre Lust auf das Genre, ja geradezu ihr Hunger darauf, immer größer wurde. Wie ihre Frankfurter Freundin Margarete Miserre erzählte, war es zu dieser Zeit Arleen Augers Bestreben, sich zu entwickeln und sich und der Welt zu beweisen, dass sie neben der Konzertsängerin auch eine Opernsängerin war.[5]

1.1. Von der Wichtigkeit eines Ensembles und der Aufgabe der Regie

Nach ihrer missglückten Donna Anna in Louisville und einer soliden Servillia in Mozarts Titus in Bonn 1984 erzielte sie ihren internationalen Durchbruch als Opernsängerin 1985 – im „Jahr der Musik" – mit Händels *Alcina* in London.

Diese Oper wurde dort auf eine besondere Weise produziert: Zum einen wurde ein Ensemble zusammengestellt, in dem jeder seinem Rollentyp voll entsprach und zum anderen wurde diese Oper zeitgleich für die EMI eingespielt. Dies bedeutete sowohl eine intensive szenische wie auch musikalische Auseinandersetzung mit dem Notentext.

Diese Produktionsform wurde fortan ihr Ideal:

„Ich versuche, *eine* Opernproduktion pro Jahr zu machen, in Kombination mit einer Aufnahme. Ich habe mir das so ausgesucht. Ich bin nicht wirklich glücklich mit der Art und Weise, mit der heutzutage Opernproduktionen häufig gemacht werden. Die Regisseure sind das wichtigste. Sobald du einen Vertrag unterschrieben hast, kommst du nicht mehr raus. Du musst mit denjenigen arbeiten, die du vor Ort vorfindest. Du hast keinen Einfluss drauf, wer im Ensemble ist. Auf einmal steigt

---

4   Joseph McLellan: „Arleen Augér's Royal Voice", in: Washington Post, 10. September 1986.
5   Dies erzählte mir Frau Miserre durch Vermittlung des Pianisten Rainer Hoffmann im Dezember 2011 in einem Telefonat.

Arleen Auger als Servillia in Mozarts *La Clemenza di Tito* in Bonn 1984 (Photo: Oper Bonn)

jemand nach drei Vorstellungen aus, und jemand anderes springt ohne eine Probe ein."[6]

Diesem Ideal „Inszenierung plus Aufnahme" durfte sie nach *Alcina* 1985 noch ein zweites Mal huldigen: Auch Monteverdis *L'incoronazione di Poppea* wurde 1988 auf diese Weise in London produziert. Beide Produktionen dirigierte übrigens Richard Hickox.

Und auch bei einer weiteren Opernaufnahme fand sie ideale Bedingungen vor, was das Ensemble betraf: 1987 hat sie für die Decca die Gräfin in Mozarts *Le Nozze di Figaro* in Schweden unter Arnold Östman eingespielt. Angesichts der Arbeitsbedingungen geriet die Künstlerin förmlich ins Schwärmen:

> „Östman und die Decca hielten Ausschau nach einer Besetzung mit den richtigen Leuten, aus den richtigen Motiven, und sie wollten Sänger, die dieselbe Sache wollten. Wir fühlten uns nicht nur wohl mit unseren Rollen, wir fühlten uns auch wohl miteinander. Wir hatten Zeit zum Reden, Ideen auszutauschen, zu diskutieren und uns gegenseitig zu inspirieren. Wir hatten drei Wochen Zeit zum Lernen und uns auf die Produktion vorzubereiten. Jeder von uns wollte ein Ensemble, und wir hatten genug Zeit, es in den Aufnahmesitzungen so zu machen, wie wir es wollten. Wir hatten es tief in unserem Geist, und in unseren Stimmen und in unseren Körpern."[7]

Drei Wochen Probezeit für eine Plattenaufnahme – das scheint heute Luxus und das schien damals schon Luxus, aber dieser Faktor von ausreichend Probezeit wurde für Arleen Auger ausschlaggebend, ob es zum Vertragsabschluss kommen würde oder nicht.

Neben dem Zeitfaktor war der Ensemblegedanke in der Oper für sie ein wesentlicher. Rückblickend auf ihre immer seltener werdenden Opernengagements konstatierte sie 1987:

> „Was auch immer ich tue, ich bin im Grunde meines Herzens eine Ensemble-Sängerin und fühle, dass Teamwork extrem wichtig ist. Ich fand mich selbst zunehmend frustriert angesichts des künstlerischen und darstellerischen Niveaus. Ich liebe es, mit anderen Sängern auf der Bühne zu interagieren."[8]

Doch ein harmonisches Ensemble zusammenzustellen, erfordert gewisse Fähigkeiten von Seiten der verantwortlichen Intendanten und künstlerischen Leiter:

> „Man kann nur so gut sein, wie die eigene Technik und wie man Kunstverstand hat. Und vor allem *nur*, wenn eine Gruppe von Gleichgesinnten zusammengebracht wird. Eine Kritik, die ich habe, generell an unserem Beruf und sicher spezifisch am Opernbetrieb, ist, dass es nicht genug Leute gibt, die wissen, was notwendig ist, um eine Ensemble für ein intensives Erlebnis, besonders im Theater, zusammenzustellen. Man muss die *richtigen* Leute finden und die zusammenbringen aus den richti-

---

6   Loisann Oakes: „Renowned Soprano Flies The World To Sing", in: The Morning Call, 6. März 1988.
7   Ralph V. Lucano: „I'm NOT just a Bach singer", in: Fanfare. The Magazine for Serious Record Collectors, September/Oktober 1990, Vol. 14, Nr. 1.
8   Timothy Pfaff: Anm. s. o.

gen Gründen – nicht nur wegen des Namens oder Rufs, nicht nur durch Beziehungen, nicht nur weil zwei oder drei phantastisch sind in bestimmten Rollen, sondern weil *alle* in dem richtigen Moment in den richtigen Rollen zusammenkommen und zusammen das beste Theater machen wollen – dann kann das Großartige bei Mozart herauskommen. Bei allem anderen nicht."[9]

Für die Zusammenstellung eines Ensembles zeigen sich oft die Regisseure verantwortlich, deren Augenmerk natürlicherweise verstärkt auf der optischen Komponente eines Sängers liegt.

Gegenüber Regisseuren empfand sie keinerlei Ressentiments. Obwohl sie, was Opernästhetik betraf, in Wien zu einer Traditionalistin geworden war, hieß das nicht, dass sie sich modernen Lesarten der Stücke prinzipiell verweigert hätte. Sie sagte sogar einmal zu ihrem zweiten Ehemann Wolfgang Fahrenholtz, dass sie „eigentlich" alles mitmachen würde, was die Regisseure von ihr verlangten – sofern es nicht ihr Singen tangiere. Würde ihr Singen beeinträchtigt, würde sie um Änderung der Regie bitten; würde dies abgelehnt, würde sie aus dem Vertrag sofort aussteigen. Dazu aber ist Gott sei Dank nie gekommen.[10]

Arleen Auger verstand sich primär als Musikerin und nicht als singende Schauspielerin. Insofern hat sie die Oper primär von musikalischer und sängerischer Warte aus betrachtet und bewertet. Was die Relation von Musik und Szene betraf, bezog sie eine klare Position, die da hieß: „Prima la musica." Zuerst kamen für sie in der Oper Musik und Gesang und dann erst die Szene. Dass sich diese Wertigkeit vor allem in den europäischen Opernhäusern ab Mitte der 1970er-Jahre immer mehr in Richtung Regie verschob, beobachtete sie mit Sorge und entlarvte viele Herren des Regietheaters rasch als handwerklich nur unzureichend ausgebildet:

„Heutzutage sind die Inszenierungen so kostspielig und der Regisseur so wichtig, dass er alles tun kann und von den Sängern verlangt, ihm blind wie Schafe zu folgen. Der Regisseur sagt: ‚Es gibt keine guten Sänger und deshalb müssen wir mit Krücken von ausgeklügelten Konzepten und Requisiten und Anweisungen arbeiten.' Dem ist nicht so."[11]

Dass nämlich viele Regisseure ihre handwerklichen Defizite nur hinter einer Materialschlacht zu verbergen suchen und aus mangelhafter Beherrschung ihres Metiers einem Sänger lieber ein Requisit in die Hand drückten, statt mit ihm ein in die Tiefe der Figur gehendes Rollenportrait zu erarbeiten, ist ihr nicht entgangen. Der damals beginnende Aufstieg der Regie zur dominierenden Komponente des Musiktheaters hat die Gattung Oper von der einstigen „Ohrenkunst" immer mehr zur „Augenkunst" hin verschoben. Dieses sich anbahnende Ungleichgewicht zwischen Musik und Szene hoffte Arleen Auger ausgleichen zu können, indem sie bei der Auswahl ihrer Engagements zum einen

---

9   Gert Wolff: Interview zum Mozart-Jahr, HR 1990.
10   Dies schrieb mir Wolfgang Fahrenholtz am 4. September 2011 in einer E-Mail.
11   Loisann Oakes: Anm. s. o.

streng darauf achtete, in einem homogenen Ensemble zu arbeiten und zum anderen einen kommunikativen Regisseur vorzufinden:

> „Ich halte nach einer Ensemble-Struktur Ausschau, so dass es mir möglich ist, vorher mit den Verantwortlichen zu sprechen und ihr Konzept zu begutachten. Das funktioniert mit bestimmten Regisseuren nicht."[12]

Bezüglich moderner Lesarten der Stücke war sie eher konservativ eingestellt. Für sie hatte ein Regisseur dem Werk zu dienen. Szenische Verfremdungen des Inhalts lehnte sie kategorisch ab:

> „Ich habe etwas von einem Puristen, wenn es darum geht, wie eine Oper aufgeführt werden sollte. Ich bevorzuge es, nahe an den Intentionen des Komponisten zu bleiben, und das kann mit einigen Regisseuren schwierig werden."[13]

Das Enfant terrible der damaligen Regieszene in den ausgehenden 1980er-Jahren war der Amerikaner Peter Sellars. Über seine in einem neon- und chromglänzenden Coffeeshop namens „Despina's diner" angesiedelte *Così fan tutte* von 1986 und seinen *Don Giovanni* im New Yorker Drogenmilieu von 1987 wurde damals ebenso heftig diskutiert wie über Calixto Bietos „Bordell-Entführung" an der Komischen Oper Berlin von 2004 oder Hans Neuenfels' „Ratten-Lohengrin" in Bayreuth von 2010.

Über das Phänomen Sellars hat sich Arleen Auger 1991 in einem Radio-Interview zum Mozart-Jahr gegenüber Gert Wolff vom HR wie folgt geäußert:

> „Ich glaube, wenn wir in den USA irgendwas haben, was ein Vorteil für klassische Musik ist, dann ist es unsere Offenheit. Wir sind weniger belastet mit Tradition und wir sind neugierig und hungrig nach Wissen über Tradition. Und ich muss sagen von meiner Herkunft her: Die Familie meiner Mutter stammt aus England, mein Vater ist in Kanada geboren – ich kann mich nicht und will mich nicht als typisch amerikanisch betrachten. Ich bin mehr europäisch aufgewachsen und im inneren Gefühl europäisch und war immer so, und darum bin ich immer noch in Europa als Wahl und möchte gerne mein ganzes Leben in Europa bleiben, wenn es geht – auch wenn ich teilweise jetzt in Amerika arbeite.
>
> Ich muss aber auch sagen, dass ich traditionell bin – und ich bin gerne traditionell – und da komme ich dann in Schwierigkeiten, nicht nur mit Sellars, sondern mit all den anderen Leuten, die lobenswerterweise versuchen, neue Aspekte in unserer Musik zu finden. Da habe ich auch nichts dagegen. Aber ich habe etwas dagegen, wenn wir uns von den Intentionen des Komponisten entfernen. Denn zumindest in den Noten finden wir Hinweise, was das für Intentionen waren. Ich habe nichts dagegen, wenn wir das in eine andere Zeitperiode oder sogar in eine andere Welt versetzen, solange wir dem treu bleiben, was ich den Noten steht. Das heißt: Ich möchte nicht irgendetwas auf der Bühne tun müssen, nur um sensationell zu sein –

---

12 Ebenda.
13 Patrick J. Smith: Arleen Augér, in: Musical America, August 1984, S. 7.

egal ob für mich oder für einen anderen, wenn das *nicht* im Sinne des Komponisten ist – und ich glaube, das ist es, wo Herr Sellars seinen eigenen Weg geht. Lobenswerterweise nimmt er alles auseinander und baut es wieder zusammen. Aber wenn er es wieder zusammenbaut, und es ist nicht mehr Mozart, und nicht mehr das, was Mozart repräsentiert, dann möchte ich zumindest nicht dabei sein. Wenn das neue Wege in den Augen und Hirnen mancher Leute erweckt, mit dem wir in Zukunft dann Mozart mehr dienen können, fein und gut. Wenn das nur da ist für Sensation, und um einer traditionellen Kunstform zu einem neuen Leben zu verhelfen, weil sie glauben, das andere sei tot, dann gehe ich nicht d'accord."

Gert Wolff warf daraufhin ein, dass Sellars durchaus den Anspruch erhebt, die Intentionen von damals mit den Mitteln von heute zu transportieren. Diesen Einwand parierte sie jedoch virtuos und knapp:

„Wenn er das machen kann und mich das überzeugen kann, dann sprechen wir nochmals – aber bisher habe ich das noch nicht gesehen."

Von einem Regisseur forderte sie also das, was sie von Musikern, Sängern, Dirigenten und von sich selbst auch forderte: Das Vordringen zur Essenz eines Stücks. Die Geschichte muss *von ihrem Kern her* erzählt werden. Die ewige Diskussion um Form statt um Inhalt, die die Feuilletons bis heute in beinahe jeder Opernkritik praktizieren, löst das Problem des Regietheaters nicht. Stattdessen böte sich eine Rückbesinnung auf solche Ausgangsfragen an wie „Was ist der Kern der Geschichte?", „Welcher Konflikt soll erzählt werden?", „Welche zentrale Emotion ist der Motor der Handlung?" An diesen zentralen Fragen scheitern viele Regisseure heute, weil sie leider mehr Energie darauf verschwenden, eine Geschichte optisch zu dekorieren, als mit ihren Darstellern in die Tiefendimensionen der Bühnen-Charaktere vorzudringen. Sie kreieren Nebenkriegsschauplätze und verlieren sich in Bagatellen statt dem zentralen Handlungsstrang der Geschichte zu folgen.

Regisseure und Bühnenbildner prägen die optische Seite einer Opernproduktion, und Dirigenten treffen die Entscheidungen hinsichtlich der klanglichen Seite. Und der musikalische Geschmack der Verantwortlichen hatte sich, wenn es um die Besetzung einer Mozart-Oper ging, für Augers Empfinden über die Jahre in eine völlig falsche Richtung entwickelt. Sie beobachtete mit Sorge, dass Mozart-Opern mit immer voluminöseren Stimmen besetzt wurden, denen es an Flexibilität für den klassischen Stil meist entschieden mangelte:

„Wir haben vergessen, dass diese Stücke aus der frühen Musik-Richtung kommen und nicht aus der Meyerbeer/Wagner-Richtung. Wir sollten einen dramatischen Sopran oder eine dramatische Heroine der Mozart-Zeit nicht nach den Kriterien der nächsten 100 Jahre beurteilen. Ich glaube nicht, dass das die Stimmen sind, die Mozart vorschwebten – diese kannte man zu seiner Zeit gar nicht."[14]

---

14   James Jolly: A performing ideal, in: Gramophone, November 1986.

Dieses „Von-Wagner-aus-Rückwärts-Denken" statt von Händel aus vorwärts führt bis heute zu teilweise eklatanten Fehlbesetzungen. In ihrem Begrüßungsartikel in der *New York Times* von 1984, in dem die Heimkehrerin nach 17 Jahren europäischer Karriere dem amerikanischen Publikum vorgestellt wurde, hat sie sich bezüglich ihrer ästhetischen Vorstellungen für die Oper ganz klar positioniert:

> „Meine Vorstellung von Donna Anna ist *nicht*: eine Stufe unter Birgit Nilsson, was in der Besetzung dieser Rolle sehr oft der Fall ist. Ich kann laut singen, aber wenn der Komponist es nicht vorgeschrieben hat, empfinde ich es nicht als notwendig, es zu tun. Wir müssen stilistisch rückwärts denken, nicht nur hinsichtlich der vokalen Linie, sondern auch in der Epoche, was für sie damals dramatisch bedeutet hat, was groß bedeutet hat. Wir reden von alten Instrumenten, kleinen Häusern. Wenn ich Mozart in Wien gesungen habe, so geschah das immer mit einem kleinen Orchester, einem weichen Orchester."[15]

Damit Mozart wieder musiziert werden kann und nicht zu einem ensembleinternen Lautstärkewettbewerb ausartet, bedarf es nicht primär voluminöser, sondern schlanker und wendiger Stimme, die bei Bedarf eben auch einmal forte singen können: aber eben nur an den Stellen, an denen der Komponist das auch verlangt hat. Heutzutage wird oft genau gegenteilig engagiert: Man wählt massive und große Stimmen, die auch mal sporadisch piano singen können. Das schlanke, wendige und elastische Führen der Stimme aber ist es, was die Oper des 18. und frühen 19. Jahrhunderts 90 % ihrer Zeit verlangt – und eben *nicht* 90 % am Limit singen, um dann mal sporadisch ein Kunst-Piano einstreuen.

Die Konsequenzen dieser falschen Besetzungspolitik sind bis heute fatal: Lautstärke statt Flexibilität, Rufen statt Singen, unmodulierter Klang statt variables Phrasieren dominieren bis heute immer mehr den Mozart-Stil auf unseren Bühnen – national, aber leider auch zunehmend international. Tutta la forza – oder wie Arleen Auger den Effekt so vieler Mozart-Ensembles prägnant auf den Punkt brachte: „Sie kommen einfach zusammen und schreien."[16]

Als zusätzlicher Störfaktor für einen transparenten, schön gesungenen und leicht musizierten Mozart-Stil agieren die ins Adrenalin verliebten Dirigenten, die die Qualität eines Opernabends für sich über die Phonstärke definieren, die sie aus dem Orchester herauszupeitschen im Stande sind – und leider nicht über das Raffinement und die feinen Nuancierungen des Musizierens mit dem gesamten Ensemble.

Oper ist und bleibt immer ein Gesamtkunstwerk, zu dessen Gelingen zahllose Hände konstruktiv ineinandergreifen müssen. Der intensive Ausdruck der Gattung Musiktheater, der ihr persönlich vorschwebte, konnte sich nur einstellen, wenn alle Kräfte einer Produktion gebündelt wurden.

---

15 Heidi Waleson: „An American Soprano Comes Home", in: New York Times, 22. Januar 1984.
16 Ralph V. Lucano: Anm. s. o.

Aufgrund ihrer eher negativ belasteten Opernerfahrungen an der Wiener Staatsoper und der besorgniserregenden Entwicklung auf dem Opernsektor seit den 1980er-Jahren verkündete sie daher 1990:

> „Ich mache Oper nur noch unter optimalen Bedingungen. Wenn dies nicht der Fall ist, überlasse ich es anderen, denn ich habe so gute Alternativen. Es gibt einfach ein riesiges Repertoire von schöner Konzertmusik. Der Nachteil daran ist, dass ich die ganze Zeit reisen muss und oft nur ein paar Tagen in einer Stadt bin. In der Oper arbeitet man in der Regel in größeren Zeitblöcken, zwischen denen man nach Hause gehen kann. Außer mir: Ich bin immer unterwegs."[17]

In ihrem letzten Presseinterview, das 1992 erschienen ist, sagte sie zur Thematik „Oper heute" abschließend:

> „Ich bevorzuge heute vor allem Lieder, Messen und Konzerte, obwohl ich gerne Oper singe. Und hin und wieder mache ich auch die eine oder andere Opernproduktion. Wissen Sie, ich nehme meinen Beruf sehr ernst. Aber auf dem Gebiet der Oper passiert es ihnen so oft, dass die Zusammenstellung der Produktion ungünstig ist. Oder besser: Ich bin nicht glücklich damit. Entweder passen die Sänger nicht zu ihren Rollen, oder man hat ein Ensemble herrlicher Sänger, die aber leider Gottes nicht zusammenpassen, oder manche kommen gerade mal zwei Tage vor der Premiere angereist.
>
> Ich für meinen Teil lege großen Wert darauf, in ein und derselben Konstellation über längere Zeit zusammenzubleiben. Ich habe zu oft erlebt, dass ich zwei, drei Vorstellungen singe – und dann beginnt die Aufführung plötzlich auseinanderzubröckeln, weil erst der eine, dann der andere geht, schließlich wechselt auch noch der Dirigent. Und offen gestanden: Das will ich nicht."[18]

Die Frage, wer solche Arbeitsbedingungen überhaupt anbieten kann, ist im 21. Jahrhundert noch schwieriger zu beantworten als zu der Zeit, als Arleen Auger das Interview gab. Sie jedenfalls aber meinte damals schon: „Die großen etablierten Opernhäuser mit ihrem stimm- und charakterverschleißenden Starbetrieb jedenfalls nicht."[19]

1.2. Zentrale Komponisten: Händel – Haydn – Mozart

Als Arleen Auger Mitte der 1980er-Jahre Händels *Alcina* in London aus der Taufe hob, steckte die Händel-Renaissance noch in den Kinderschuhen, und keiner konnte ahnen, dass dessen Opern zwanzig Jahre später wieder weltweit aufgeführt und zu einem Kernbestand des Repertoires der großen Opernhäuser werden würden. Trotzdem

17   James M. Keller: „Arleen Auger", in: Musical America, Juli 1990, S. 13.
18   Andreas Kluge/Dieter F. Rauch: „Freiheit ist ein wunderschönes Wort", in: Musik und Theater 2/1993, S. 12.
19   Ebenda.

erkannte Arleen Auger augenblicklich die Möglichkeiten, die in der Wiederbelebung dieses Komponisten für die Opernbühne lagen:

> „Wenn eine Händel-Renaissance kommt, so hoffe ich, dass ich ein Teil davon bin. Es ist wundervoll für die Stimme, und ich denke, diese Produktion hat bewiesen, dass Händel glaubhaft sein kann und heute von einer ebenso starken theatralischen Ausdruckskraft ist wie zu seiner eigenen Zeit.“[20]

Für Händels Zauberoper schlug Arleen Augers Herz ganz besonders hoch. Sie schätze das Werk besonders unter dramaturgischen Gesichtspunkten, da „jede Figur ihre eigene charakterliche Entwicklung vollzieht. Händel baut jeden Charakter musikalisch, und sie überlappen sich und wachsen zusammen.“[21]

Sowohl sängerisch als auch darstellerisch hat sie die Rolle in ihrer Komplexität als Herausforderung begriffen:

> „Es ist eine auf sehr dramatische Weise herausfordernde Partie. [...] Alcina beginnt als eine allmächtige Seelenführerin, die alle um sie herum manipuliert. Man sieht durch die Entwicklung der Oper hindurch ihren Verfall und Machtverlust, so dass sie gegen Ende sogar mit weiblichen Listen operiert. Sie funktionieren nicht – und zu guter Letzt ist sie vollkommen zerstört.“[22]

Sie liebte diese Partie über alles. Nach ihrem triumphalen Erfolg damit 1985 in London und der Wiederholung der Inszenierung im darauffolgenden Jahr in Los Angeles sang sie die Partie 1990 in Genf und Paris abermals.

Für die Vorankündigung der Premiere in Genf verfasste sie selbst einen Text mit dem Titel „Allein und verzweifelt“, in dem sie viel mehr als nur ihre Sicht der Rolle darlegte. Auch über den Stil und die Funktion des Dirigenten in der Barockoper spricht sie darin ausführlich (siehe Text-Kasten auf der nächsten Seite).

Ein weiterer Opernkomponist, der Arleen Auger sehr am Herzen lag, war Joseph Haydn. Unter Antal Doráti hat sie Mitte der 1970er-Jahre in Luzern zwei seiner Opern eingespielt (*Orlando Paladino* und *Il Mondo della Luna*). Und 1970 verkörperte sie bereits die Sandrina in *L'infedeltà delusa* in einer Freilichtinszenierung bei den *Bregenzer Festspielen*, die vom ORF aufgezeichnet wurde.

Als Opernkomponist fristet dieser Großmeister der Wiener Klassik bis heute ein Schattendasein im Repertoire der Opernhäuser; auch regelmäßig unternommene Versuche, seine Werke szenisch immer wieder einmal zur Diskussion zu stellen, haben bis auf den heutigen Tag keinen bleibenden Erfolg erzielt. Für Arleen Auger lag die Problematik in den werkinternen Gegebenheiten der Haydn-Opern:

---

20 James Jolly, 1986: Anm. s. o.
21 David Stevens: „An American in Paris as Handel's Alcina“, in: International Herald Tribune, 9./10. Juni 1990.
22 Heidi Waleson: „Arleen Augér. You Can Go Home Again“, in: Ovation, März 1987, S. 23.

Allein und verzweifelt

von Arleen Auger

Diese Neuproduktion von *Alcina* erzählt die Geschichte einer Frau auf dem Höhepunkt ihres Erfolgs und ihres Ruhms. Alcina ist diesmal keine furchteinflößende Zauberin – einem imaginären Mittelalter entsprungen –, die nach Belieben mit ihrem Zauberstab herumspielt, sondern sie weiß, dass diese unmögliche Liebe ihren Zerfall bedeuten wird.

Sie hat ihre Wahl getroffen, auch wenn der zu zahlende Preis der Verlust ihrer Zauberkraft ist. Bereits von Anfang an ist sie sich darüber im Klaren. Ihre zügellose Suche nach Glück ist nicht zu stillen. Es ist ein im Voraus bereits verlorenes Wettrennen. In der Londoner Produktion, in welcher ich die Rolle zum ersten Mal gesungen habe, legte man den Schwerpunkt auf die Zauberoper. Alcina hatte keine Ahnung, dass die Götter sie bereits verlassen hatten. In der Genfer Neuproduktion zeigt sich Alcina menschlicher und weniger als Hexenmeisterin. Ihre Liebe zu Ruggiero stellt alles in Frage. Sie, das destabilisierende Element, ist bereits selbst destabilisiert. Statt im Konflikt mit anderen befindet sich Alcina plötzlich im Konflikt mit sich selbst. Alcina, die in der Londoner Produktion von ihren zahlreichen Liebhabern getäuscht wurde und die sich nur nach ihr verzehrten, um sich ewige Jugend zu erschleichen, findet sich hier alleine und verzweifelt. Einsam mit ihrem Leid. Ummauert von einer extremen Verlassenheit.

Die Rolle ist lang und schwierig, aber sie ist von einem Komponisten geschrieben worden, der sich mit den Mitteln und Möglichkeiten der menschlichen Stimme perfekt auskannte. Jede Arie fügt dem Portrait der Verführerin eine zusätzliche Note hinzu, eine Farbe, einen Schatten. Die Arien bilden die Entwicklung der Figur fabelhaft ab. [...] Das liebe ich so an der Rolle: diese außergewöhnliche Intensität der Leidenschaft. Es gibt darin eine psychologische Wahrheit, die die Konvention der Musik, die man ‚barock‘ nennt, weit überschreitet. Mehr noch als von den letzten Feuern des barocken Belcanto bin ich gebannt von der dramatischen Gewalt der „Fast-Romantik“, die von dieser Partitur ausgeht. Das absolute Glanzstück eines Komponisten wendet sich meist der Zukunft zu. Welche stilistische Annäherung auch immer gewählt wird (moderne oder alte Instrumente) –, um diese Musik zu interpretieren, muss der musikalische Leiter diese offensichtliche Modernität unter Berücksichtigung des erarbeiteten Vokalsatzes freilegen. Weder für einen Pianisten noch für einen anderen Musiker kann es, was das Textverhältnis betrifft, niemals nur eine Annäherung oder einen Kompromiss geben. Bei Händel ist der Vokalsatz außergewöhnlich präzise, abwechslungsreich und differenziert. Was mir als Interpretin wichtig ist – neben dem jetzt überstandenen Zwist um das Thema der Authentizität –, ist, dass der musikalische Leiter mir ein Gleichgewicht zwischen Saal, Orchester und Bühne garantieren können muss (besonders bei einem Orchester, das aus modernen Instrumenten besteht). Dem bedarf es, um all die Nuancen wiederzugeben und den Text möglichst wortnah auszuführen, um die schwebenden und verschlungenen Sätze gut singen zu können, bei denen es so schwer ist, die Atmung einzurichten, um schließlich den Gesang in seiner ganzen Herrlichkeit wiederzugeben.

Die Moral der Geschichte von Alcina ist ohne Zweifel: Der Triumph des Lasters, das Gute im Schlechten. Eine ganze Geschichte, geschrieben im 18. Jahrhundert, in dem die Spiele der Liebe kein Zufall sind, wo die Intrigen gesponnen und brutal wieder zerschlagen werden. Schön ist sie, die bewegende Geschichte einer Frau: einer Frau auf der Suche nach einer unmöglichen Liebe, eine Frau, die ihre Macht schwinden sieht und gleichzeitig erleben muss, wie ihre große Liebe wächst und ihr entgleitet.

„Sie sind voll wunderbarer Musik. Aber ich denke, sie sind ein bisschen verstaubt – so wie Mozarts Seria-Opern auch. Die Leute sind vor allem an Opern mit Duetten, Terzetten und Ensembles interessiert. Und die Opera seria besteht nur aus Rezitativ und Arie. Die Opern von Haydn sind ziemlich lang, und ihr Sujet ist nicht sonderlich tief. Es ist Unterhaltung für die Epoche, in der sie geschrieben wurden. Aber heute wollen die Leute etwas anderes. Ich hoffe, wir können das ändern, wenn das Interesse an früher Musik und Originalinstrumenten selbstverständlicher wird. Haydn-Opern sind genau so gut wie alle anderen in diesem Stil. Was ich besonders mag, ist, dass da so viel Fröhlichkeit in der Musik ist, so viel Freude und diese sprudelt förmlich in die Seelen der Zuhörer über."[23]

Nach Händel und Haydn war sicherlich Mozart der Opernkomponist, dem sie mit ihrem vollendeten Gesang am meisten gedient hat. Vor allem hat sie viele ihrer wichtigsten Debüts und Karrieresprünge mit Mozart absolviert. Ob „Salzburger Festspiele" oder „Salzburger Mozartwoche", ob New York City Opera oder „Mostly Mozart Festival", ob ihre erste große Rolle für die Platte – immer wieder waren es Mozart und seine Musik, die ihr den Weg geebnet haben.

Ihr Staatsopern-Debüt in Wien, was zugleich ihr europäisches Debüt war, gab sie 1967 mit der Königin der Nacht, und ihre vorletzte Opernrolle war die Gräfin im *Figaro* 1990 in Los Angeles.

Hier eine Aufstellung ihrer Mozart-Rollen auf der Bühne:

1967 Königin der Nacht an der Wiener Staatsoper unter Josef Krips
1969 Königin der Nacht an der New York City Opera
1969 Barbarina in *Le Nozze di Figaro* an der Wiener Staatsoper unter Josef Krips
1970 Königin der Nacht bei den *Salzburger Festspielen* unter Wolfgang Sawallisch
1970 Konstanze aus *Entführung aus dem Serail* an der Wiener Staatsoper
1971 Sifare in *Mitridate* im Rahmen der *Salzburger Festspiele* unter Leopold Hager
1975 Konstanze am Salzburger Landestheater unter Leopold Hager
1976 Servillia aus *Titus* im Theater an der Wien im Rahmen der *Wiener Festwochen*
1977 Konstanze in Frankfurt in zwei Galavorstellungen
1984 Donna Anna in Louisville, Kentucky
1984 Servilia in Bonn unter Yehudi Menuhin
1990 *Figaro*-Gräfin in Los Angeles

Und Mozart konzertant gab es auch reichlich:

1974 Elisa in *Il Re Pastore* in Salzburg unter Leopold Hager
1975: Giunia in *Lucio Silla* in Salzburg unter Leopold Hager
1976 Fauno in *Ascanio in Alba* in Salzburg unter Leopold Hager
1977 Aspasia in *Mitridate* in Salzburg unter Leopold Hager

---

23 Ralph V. Lucano: Anm. s. o.

Arleen Auger als Sandrina in Joseph Haydns *L'infedeltà delusa* bei den Bregenzer Festspielen 1970
(Quelle: Foto Gächter, Hohenems/Celia Novo)

1981 Melia in *Apollo et Hyazinthus* in Salzburg unter Leopold Hager

1981 Giunia in *Lucio Silla* in London unter Richard Hickox

1984 Mademoiselle Silberklang in *Der Schauspieldirektor* in Amsterdam unter Nikolaus Harnoncourt

1985 Aspasia in *Mitridate* in New York unter Gerard Schwarz

1987 Ilia in *Idomeneo* in London unter Sir Simon Rattle

1989 Gräfin in *Le Nozze di Figaro* in London unter Simon Rattle

Außerdem existieren zahllose Einspielungen von Mozart-Partien für die Platte:

1973 Konstanze in der *Entführung aus dem Serail* für die DGG unter Karl Böhm

1973 Mademoiselle Silberklang in *Der Schauspieldirektor* für die DGG unter Karl
Böhm

1974 Elisa in *Il Rè Pastore* für die BASF unter Leopold Hager

1975 Giunia in *Lucio Silla* für die BASF unter Leopold Hager

1976 Fauno in *Ascanio in Alba* für die BASF unter Leopold Hager

1977 Aspasia in *Mitridate* für die BASF unter Leopold Hager

1981 Melia in *Apollo und Hyazinthus* für die DGG unter Leopold Hager

1985 Donna Elvira in *Don Giovanni* für die RCA unter Rafael Kubelik

1987 Gräfin Almaviva in *Le Nozze di Figaro* für die DECCA unter Arnold Östman

1989 Donna Anna in *Don Giovanni* für die DECCA unter Arnold Östman

In einem Interview mit Gert Wolff vom Hessischen Rundfunk gab sie 1990 über ihr Mozart-Bild und Mozart-Verständnis Auskunft. In diesem Gespräch definierte sie die Rolle dieses Komponisten für Sänger allgemein und für ihr persönliches Sängerleben wie folgt:

„Er ist für mich der bedeutendste Komponist meines Lebens. Ich glaube, mit Mozart noch mehr als mit Bach habe ich die Entwicklung meines Singens gelernt. Bei
Bach, der herrlich ist zum Singen, auch instrumental, sind sehr viel stimmliche Probleme hineingebaut, weil Bach so komponiert hat wie für alle anderen Instrumente
auch, und unsere speziellen stimmlichen Probleme, wie Atmen zum Beispiel, sind
nicht so eingeschrieben. Mozart hat doch die Stimme nicht nur verstanden, sondern
scheinbar auch geliebt. Und so schwer wie die Musik ist, so schön und dankbar ist
sie für die Stimme und auch für die musikalische Interpretationsmöglichkeit, die
Chance, eine gute Technik, die Extremlagen zu zeigen und zu pflegen. Aber vor
allem kann man die Stimme pflegen, entwickeln und jung halten mit Mozart."

Mozart ist nicht nur ideal für die Stimmhygiene – sofern ein Sänger sein technisches Rüstzeug beherrscht – sondern er ist bis heute *der* Vorsing-Komponist. Wenn sich ein junger Sänger um ein Engagement an einem Theater bewirbt, so wird – egal welches Stimmfach – in der Regel eine Mozart-Arie verlangt. Und warum dies so ist, erläutert Arleen Auger ebenfalls:

„Ich glaube, Mozart musste die Stimme schon gut verstanden haben, dass er so wunderschöne Linien und so herrliche Vokalpflege geschrieben hat. Alle Leute, die Mozart lieben, ob sie Zuhörer oder Mitwirkende sind, schätzen Mozart so hoch, weil er alles zeigt und alles verlangt. Wenn wir wissen wollen, was für ein musikalischer Könner einer in dem Beruf ist, dann hören wir seinen Mozart an – und nicht einen anderen Komponisten."

Allerdings wusste sie bei all der scheinbaren Mühelosigkeit und Souveränität, mit der sie selbst diesem Komponisten dienen konnte, doch um dessen Tücken und gab 1986 frank und frei zu:

„Ich habe Donna Anna letztes Jahr in Amerika gemacht und gerade die Donna Elvira in München mit Kubelik eingespielt. Ich habe die Donna Anna als Experiment betrachtet: Welche der beiden Rollen liegt mir besser? Und ich denke, es ist Donna Elvira. Es ist dieselbe Art von Problemen, die ich auch bei der Konstanze hatte, in der die Tessitura sehr hoch liegt – und das für lange Zeit und mit großer Kraft zwischen g" und b". Ich neige dazu müde zu werden. Ich habe keine Probleme, mich dort für eine kurze Zeit aufzuhalten oder diesen Bereich zu durchlaufen; aber dort für längere Zeit zu verweilen ... Das ist die Schwierigkeit bei der Donna Anna. Ich empfand die Ensembles ebenso ermüdend wie das Quartett mit Konstanze in der „Entführung", aber ich fühlte nichts davon in den Aufnahmesitzungen mit der Elvira, und daher möchte ich gerne eine Elvira auf der Bühne ausprobieren. Es ist außerdem die interessantere Rolle."[24]

Die Aufnahme des *Don Giovanni* unter Kubelik entstand 1985 in München unter nahezu desaströsen Umständen:

„Kubelik war krank gewesen, aber er wollt die Aufnahme unbedingt machen. Ich bin eingesprungen für eine Sängerin, die abgesagt hat. Und beim Giovanni war es dasselbe. Sehr spät stieg auch noch der Ottavio aus, und wir mussten die gesamte Planung verändern. Es war für uns alle schwierig. Kubelik wollte keine Schnitte oder Dinge gestückelt aufnehmen; er bestand auf langen Sequenzen aus einem Guss. Es gibt viele Dinge in dieser Aufnahme, die nicht den Standards zeitgenössischer Aufnahmen entsprechen. Wenn wir es als einen einmaligen Versuch nehmen, dann ist das gut; aber es hätte nicht als eine ultimative Studio-Produktion verkauft werden dürfen."[25]

Kubelik selber sagte in einem Gespräch mit Dr. Karl Schumann:

„Ich habe es immer als mein Lebenswerk betrachtet, *Don Giovanni* zu dirigieren. Es ist eine der Opern, der ich mich am nächsten fühle, nicht zuletzt, weil sie in meiner Heimatstadt Prag praktisch als Nationaloper angesehen wird, da sie dort am 29. Oktober 1787 im Gräflich Nostizischen Nationaltheater ihre Premiere feierte.

---

24   James Jolly, 1986: Anm. s. o.
25   Ralph V. Lucano: Anm. s. o.

[...] Ich habe *Don Giovanni* viele Male dirigiert, u. a. beim Edinburgh Festival 1949, kurz nachdem ich meine tschechische Heimat verlassen musste. Ich habe lange Zeit auf die richtige Besetzung für eine Gesamtaufnahme gewartet. [...]

Natürlicherweise sollte die liebeskranke Donna Elvira eine sehr geschmeidige, sehr feminine Stimme besitzen. Ich denke, ich habe sie in Arleen Auger gefunden."[26]

So wie Kubelik lobten auch andere Dirigenten die Eleganz ihres Mozart-Gesangs. Angesichts ihres Debüts in Kanada mit dem Radioorchester des CJRT im März 1986 schwärmte Chefdirigent Paul Robinson:

„Die Reinheit ihres Tones ist sensationell. Sie ist eine der außergewöhnlichsten Mozart-Soprane."[27]

Für Anfang August 1987 hatte Sir Simon Rattle sie als Ilia für einen konzertanten *Idomeneo* in der Londoner Queen Elizabeth Hall verpflichtet und zwei Jahren später einen konzertanten *Figaro* mit ihr als Gräfin gemacht. Rattle rühmte ihre Qualitäten als Mozart-Sängerin folgendermaßen:

„Sie ist eine immens vielfältige Künstlerin. Aber für mich ist sie die derzeit größte Mozart-Sopranistin weit und breit. Sie ist so nah am Ideal wie nur irgendmöglich. Die Leute kennen sie nicht genug. Man wünscht, sie hätte in Amerika früher Anklang gefunden."[28]

Als Sängerin, die stets bestrebt war, in die emotionale und spirituelle Tiefe eines Musikstücks vorzudringen, hatte sie auch bei Mozart mehr als nur dessen Musik im Visier. Auch den Schöpfer dieser Musik mitsamt seinen zahllosen menschlichen Facetten und Aspekten seiner Persönlichkeit hatte sie im Blick. Und so antwortete sie Gert Wolff im Radiogespräch von 1990 auf die Frage „Das Wunder Mozart und sein Schicksal – berührt sie das?":

„Ich glaube, ja, zu einem Teil. Es gibt sehr viele phantastische Leben und merkwürdige Leben unter Musikern, unter Künstlern; Mozart hat, glaube ich, eine besondere Zeit miterlebt, und obwohl er nicht sehr lange gelebt hat und in seiner eigenen Zeit nicht unbedingt verstanden worden ist, hat er soviel von seiner Freude, seinem musikalischen Können, seinem Lebensgeist in die Musik mit hineingeschrieben, und hat so eine gewisse Anerkennung, zumindest von Musikern in seiner Zeit gefunden. Er schrieb in seine Musik eine unwahrscheinlich große ‚joie de vivre' hinein, die wir auch mit großem Genuss weitergeben."[29]

Und zu den „tragischen Untertönen" bei Mozart bemerkte sie:

---

26 Dr. Karl Schumann: „Don Giovanni. A Lifelong Work. A conversation with Rafael Kubelik", auf: http://vagne.free.fr/kubelik/DonGiov-a.htm.

27 David Lasker: „American Songbird", in: Maclean's. Canada's Weekly Newsmagazine, 8. Dezember 1986, Vol. 99 Nr. 49.

28 Susan Elliott: „America Is Discovering One of Ist Own", in: The New York Times, 25. Februar 1990.

29 Gert Wolff: Anm. s. o.

„Bei jedem großen Künstler muss es auch eine tiefere Seite geben, eine seriöse Seite, eine ehrgeizige Seite, einen tiefen Empfindungsschatz – und das hat er ganz bestimmt. In vielen Formen hatte er das. Und ich glaube, er wäre nicht über viele Jahrhunderte ein so bedeutender Komponist, wenn er nicht diese Tiefe hätte. Es gibt andere Komponisten, die wunderbare Musik geschrieben haben und die wir auch gerne machen, aber es fehlen dann doch diese vielseitige Ausdrucksmöglichkeiten vom Leben."[30]

Eine logische und auch für Arleen Augers Stimme ideale Ergänzung zum Mozart-Gesang wäre der italienische Belcanto gewesen. Aber außer einigen Einspielungen von Bellini und Rossini für deutsche Rundfunkanstalten hat sie um dieses Repertoire leider einen ziemlichen Bogen gemacht:

„Ich habe einfach nicht die Dirigenten gefunden, die in Balance zwischen dem Orchester und meiner Stimme hätten herstellen können. Deshalb habe ich es nicht gemacht. Ich singe Opernarien, zum Beispiel ein Duett-Recital mit Marilyn Horne. Aber da bin ich sehr vorsichtig. Hinterher nehme ich mir gleich zwei Wochen Urlaub!"[31]

Aber nicht nur die Abhängigkeit von einem sensiblen Dirigenten, der es vermocht hätte, ihre schlanke und nuancierte Stimme zu begleiten, stand der Realisation dieses Repertoires im Wege; es war auch eine von ihrer Seite nur mangelhaft ausgeprägte Identifikation mit den Sujets dieser Opern:

„Es gibt manche italienische Richtungen wie Rossini zum Beispiel, wie manche Donizetti, bei denen mir der Inhalt zu oberflächlich ist. Ich bin bisschen ein seriöser Typ, obwohl ich gerne Witze und Spaß mache im Leben, aber wenn eine Operngeschichte so oberflächlich ist, dass sie nur als Grund dient, um Stimmliches zu zeigen, dann möchte ich lieber einen Liederabend mit Schubert und Schumann machen – meine Seele schreit danach."[32]

---

30 Ebenda.
31 Andreas Kluge/Dieter F. Rauch: Anm. s. o., S. 13.
32 Barbara Stein: Portrait Arleen Auger, in: „Schöne Stimmen", gesendet am 7. Oktober 1990, 14.05 Uhr im SWF.

2. Konzertfach

Konzertfach und Arleen Auger – damit assoziieren viele Leute sofort: Bach. Vor allem im deutschsprachigen Raum. Dabei verlief die allererste Begegnung mit der Musik dieses Komponisten noch zu ihren Wiener Zeiten alles andere als erfreulich:

Ein amerikanischer Kollege hatte sie für die Aufführung einer Bach-Kantate verpflichtet, bei der er selbst gleichzeitig den Tenorpart singen und dirigieren wollte. Im Konzert war der zuvor noch souverän scheinende amerikanische Kollege restlos überfordert, und an Musikmachen war für sie bei dieser unglücklichen Personalunion von Dirigent und Tenorsolist nicht zu denken. Folglich kam sie mit der Schlussfolgerung nach Hause: „Ich denke, Bach ist nichts für meine Stimme!"[33]

Oft im Leben verstellen uns jedoch äußere Umstände die Sicht auf die wahren Verhältnisse. Und so verhielt es sich auch bei Arleen Auger und Johann Sebastian Bach, dem Komponisten, durch dessen Interpretation sie weltberühmt werden sollte.

Was zeichnete ihr Bach-Singen aus? Warum hat sie wie wenige vor ihr in diesem Repertoire Maßstäbe gesetzt?

Nun: Sie verstand ihn zu musizieren und hat ihn jenseits aufführungspraktischer und stilistischer Dogmen mit Leben und Intensität erfüllt.

Blanche Honegger Moyse erkannte bei ihrer ersten Begegnung mit Arleen Augers Stimme 1978 beim „Oregon Bach Festival" in Eugene sofort, warum diese Sängerin für den Bach'schen Gesangsstils geradezu prädestiniert war:

„Es hat Bach nicht gekümmert, ob er für ein Instrument oder eine Stimme geschrieben hat. Er wollte keine Begrenzung in seinen Mitteln. Darum denke ich, ist Bach-Singen so immens schwierig: weil es nicht so sehr natürlich ist. Aber sie war wirklich eine erstklassige Expertin in diesem Gesangsstil. Sie verstand all die Details und traf immer den richtigen Tonfall. Und ihre Phrasierung war so dermaßen detailliert, so feinsinnig. Ich denke nicht, dass die Zuhörer es einschätzen konnten, warum es so wundervoll war, aber ich konnte es. Ich staunte immer über die unglaublich tiefe und raffinierte Stimmkultur. Sie stand über einer Menge heutiger Sänger, selbst den allergrößten. Sie war eine sehr bescheidene Primadonna, und auf keinen Fall hatte sie die Aura einer Primadonna, obwohl sie sehr eindrucksvoll auf der Bühne war. Sie sah sehr majestätisch aus und hatte etwas in den Bann Schlagendes. Ihr Wesen aber entsprach dem nicht. Der Kontakt mit ihr war extrem leicht und unkompliziert.

---

33 James M. Keller: Anm. s. o., S. 14 f.

Matthäus-Passion von Johann Sebastian Bach im Konzerthaus Wien, 13. April 1981
(Photo: Heinrich Kock/Dr. Alfred Willander)

Für mich waren es Jahre tiefer Zuneigung und tiefer künstlerischer Intimität und Nähe, welche ich den Rest meines Lebens in Ehren halten werde."[34]

Arleen Auger hat sich noch zu Lebzeiten für diese Bekundung von Wertschätzung revanchiert:

„Ich habe Bach auf der ganzen Welt gesungen, oft mit Leuten, die als die besten angesehen werden – und meiner Ansicht nach führt ihn keine besser auf als Blanche Moyse in Brattleboro."[35]

Obwohl sie ihre Aktivitäten hinsichtlich Bach nach dessen 300. Geburtstag 1985 etwas zurückfahren wollte, um dafür verstärkt andere Epochen und Genres pflegen zu können, sang sie ihn weiterhin regelmäßig – auch in den USA. Mit einem leicht süffisanten Schmunzeln bekannte sie gegenüber dem Journalisten Daniel Webster 1988 in Chicago sogar: „Ich bin nicht komplett weg vom Barock."[36]

So gab sie im März 1988 beim *Bach Festival* in Bethlehem/Pennsylvania unter Greg Funfgeld eine Kostprobe ihres einzigartigen Könnens. Loisann Oakes schrieb darüber in *The Morning Call* vom 14. März 1988:

„Arleen Auger ist eine Sängerin für Kenner und Liebhaber. Welch ein Vergnügen, eine so feine Sängerin mit einem exzellenten Instrument zu hören. In der Kantate BWV 199 *Mein Herze schwimmt in Blut* drückt sie den Schmerz der Seele in einem einzigen Wort aus: ‚Geduld'. Musikalisch begleitet von der Oboistin Mary Watt benutzte Auger ihre Stimme sowohl, um der Intentionen des Textes als auch der musikalischen Intention des Bachschen Notentextes Gestalt zu verleihen.

Funfgeld war mit seinem Orchester bemüht, den Klang von Auger zu treffen. Sein fürsorgliches Dirigat war an der Klarheit der Verzierungen in den Streichern und der Balance zwischen den einzelnen Instrumentengruppen erkennbar. Kathleen Carrolls Bratsche versuchte die Worte des Chorals zu erklären, den Auger sanft darüber sang. Das erste Melisma kam auf ‚fröhlich' und Augers Stimme spiegelte den Glanz der Worte, als sie die Töne herausperlen ließ. In der letzten Arie der Kantate war Frau Watts ebenfalls Solistin. So wie die Worte jetzt die Wonne der Seele ausdrücken, so führte die ‚Seligkeit' ihrer Stimme die Zuhörer ebenfalls dorthin.

Als letzten Programmpunkt des Konzertes führte Auger die Kantate BWV 51 *Jauchzet Gott in allen Landen* auf. Lawrence Wrights Trompete erstrahlte hell. Auger sang saubere Koloraturen, ihre Intonation war exzellent, und sie spannte eine Legatolinie, wo die Phrasen mit sperrigen Intervallen nur so gespickt sind. Wenn sie die Worte artikuliert – und ihre Diktion ist beispiellos – so nimmt ihre Stimme die Bedeutung der Worte an: ‚Erhöhen' geriet erhaben im Timbre. Augers Töne äh-

---

34 Interview NPR 1987, auf: Auger, Arleen: Compilation – live. Recitals and interviews 1990–1993, bei: House of Opera.

35 Greg Sandow: „The Passionate Conductor", in: Wall Street Journal, 5. November 1984.

36 Daniel Webster. „The Intimate Style Of Soprano Arleen Auger", in: The Inquirer, 18. Februar 1988.

neln samtenen Perlen, die von einer unsichtbaren Schnur zu einer Kette verbunden werden."

Was hier deutlich herauszulesen ist, ist Augers Absicht und technische Fähigkeit, sich in einen Ensembleklang integrieren zu können, diesen sogar vorzugeben. Das Verschmelzen, die für das Ohr mitunter nicht mehr auseinanderhaltbare Zuordnung, ob ein Ton jetzt von der Oboe, der Flöte oder der Stimme herrührt, ist einer der besonderen Reize an Bachs Musik. Zudem bedarf dieser Komponist einer spirituellen Komponente im Vortrag, die von Arleen Auger selbstverständlich praktiziert wurde: Sie predigte ohne Dogma, überkonfessionell und in dem Bewusstsein, dass Musik immer viel tiefer zu Herzen geht als eine selbst in noch so starke Worte gekleidete Botschaft.

Ihr spezifisches Timbre glich einem Geschenk, mit dem sie Bachs Musik so vollendet realisieren konnte. Ihren Klang musste sie nie manipulieren oder reduzieren, um einem Ideal näherzukommen. Zu ihrer Zeit war sie schlicht das Ideal. Der amerikanische Gesangspädagoge David L. Jones bemerkte dazu:

„Es gibt so viele Beispiele exzellenten Gesangs in Verbindung mit dem Barockstil. Die amerikanische Sopranistin Arleen Auger ist ein wunderbares Beispiel für eine Sängerin, die Barockmusik hervorragend interpretiert und dabei die Schönheit und musikalische Leidenschaft zum Ausdruck bringt. Ich habe einige ihrer wunderbaren Meisterkurse gesehen, bei denen sie jungen Sängern geholfen hat, sowohl technisch als auch musikalisch das Beste aus sich herauszuholen. So kann man leicht erkennen, dass sie die Fähigkeit besitzt, Stil und gesundes Singen miteinander in Einklang zu bringen. Einige ihrer Aufnahmen zeigen Barockarien in ihrer wahren Schönheit durch eine exzellente Gesangstechnik. Sie war eine besondere Sängerin, die in der Lage war, die barocke Aufführungspraxis mit einem schönen Klang zu verbinden und damit ihr Publikum anzurühren und zu bewegen. Diese Erfahrungen kann man nicht verleugnen. War man einmal ein direkter Zeuge dessen, kann man es nie mehr vergessen. Ihr früher Tod vor ein paar Jahren ist ein großer Verlust für den klassischen Gesang."[37]

Der Tenor Kurt Equiluz, der oft mit ihr auf dem Podium die großen Passionen aufgeführt hat, bemerkte:

„Als Bachsängerin hat sie sich wohl den ersten Platz bezüglich Technik und stimmlichem Ausdrucksvermögen verdient. Besonders hervorheben möchte ich die Arie ‚Aus Liebe will mein Heiland sterben' aus der *Matthäus-Passion*, die immer in einer selbstverständlichen Leichtigkeit und Innigkeit vorgetragen wurde. Es war für mich immer ein erfreuliches Erlebnis, mit Auger gemeinsam zu musizieren, besonders im Konzertfach."[38]

---

37 David L. Jones: „Einige Hinweise für den professionellen Barocksänger". Autorisierte Übersetzung von Christian Halseband, auf: www.gesanglehrer.de

38 Das schrieb mir der über 80-jährige Tenor in einer E-Mail vom 4. Juli 2011.

Auffallend ist, dass der Konzertsänger gegenüber dem Opernsänger in Deutschland weit weniger Wertschätzung erfährt. Für viele hierzulande ist das primäre Kriterium zur Beurteilung einer Stimme bis heute deren Lautstärke. Nun ist aber gerade Lautstärke das, was man als Konzert-, Lied- und Oratoriensänger am wenigsten braucht.

> „Ein Konzertsänger muss auf dem Podium intensiver sein als ein Opernsänger. Ein Opernsänger hat alle die Krücken von Kostümen, Bühnenbild und Maske, die helfen, Illusionen zu schaffen.“[39]

Ein Konzertsänger hingegen steht im schlichten schwarzen Anzug oder Abendkleid da und muss von Geburt, Tod und Auferstehung erzählen.

Das Konzertfach ist stilistisch ebenso vielfältig wie Oper und stellt die Stimme hinsichtlich Flexibilität, Volumen und Größe vor ebensolche Herausforderungen: Die Orchesterbesetzung kann auch in Konzertsaal oder Kirche von einer intimen Besetzung im Frühbarock wie bei Buxtehude bis zu einem spätromantischen Monumental-Instrumentarium wie bei Mahler oder Schönberg reichen. Somit gilt es, hier eine genauso kluge und vorausschauende Disposition zu betreiben wie in der Oper. Kein Opernsänger würde Wagner singen und am nächsten Abend eine Mozart-Partie. Umgekehrt aber vielleicht schon.

Arleen Auger sagte zu dieser heiklen Frage:

> „Wenn man gut auswählt und nicht willkürlich und gegen die Stimme singt, dann geht alles. Wenn ich zum Beispiel Mahlers VIII. singe, passe ich schon auf, was ich vorher und nachher zu singen habe. Aber wenn ich Mozart singe, und dann Mahlers II. oder IV., das ist kein Problem! Mag ja sein, dass das Orchester voller ist. Der Stimme wird trotzdem annähernd das gleiche abverlangt. Ich komme nicht plötzlich auf die Idee, Verdi zu singen ..., der ist zu schwer für mich; verlangt zuviel Volumen in der Stimme, das ich einfach nicht habe.“[40]

Auch im Konzertfach kann man „über Fach“ singen, sich verheben, an eine persönliche Grenze stoßen. Für Arleen Auger hieß eine dieser Grenzen Beethoven: „Weil ich dazu nicht die Stimme habe“; allerdings „fühle ich mich auch nicht hingezogen zu diesem Komponisten und seinen Werken.“[41] Zwar hat sie seine *Missa solemnis* im Juni 1970 in Nürnberg gesungen, war sich des Risikos für ihre Stimme aber absolut bewusst. Die *Neunte Sinfonie* hat sie das erste Mal im September 1974 mit den Berliner Philharmonikern unter Karl Böhm gesungen und erlebte dabei Folgendes:

> „Wir hatten eine Probe am Morgen. Sie begann um 10 Uhr, und die Person, die die Solisten präparierte, ehe Böhm sie gehört hatte, war sehr nervös; wir begannen daher um 9 Uhr und sangen bis Punkt 10 Uhr. Dann gingen wir auf die Bühne, machten dort das Stück mit Böhm; dann kam der Chor, und wir sangen das ganze

---

39 Barbara Jepson: „The World In A Song“, in: Connoisseur, Januar 1986, S. 34.
40 Andreas Kluge/Dieter F. Rauch: „Freiheit ist ein wunderschönes Wort“, in: Musik und Theater 2/1993, S. 13.
41 Andreas Keller: Anm. s. o., S. 16.

Gabriele Schreckenbach, Arleen Auger, Helmuth Rilling, Siegmund Nimsgern und Robert Tear
nach einer Aufführung von Felix Mendelssohn Bartholdys *Elias*, September 1981
(Photo: privat/Gabriele Schreckenbach)

Arleen Auger mit Leonard Bernstein anlässlich der Aufzeichnung von Mozarts
Messe c-Moll KV 427 in Waldsassen, April 1990 (Photo: privat/Tsuyako Mitsui)

bis 13 Uhr; am Mittag hatte ich keinen Krümel Stimme mehr im Hals und abends um 21 Uhr war die Aufführung."[42]

Diese Erfahrung hat sie mit diesem Werk äußerst vorsichtig werden lassen, und so hat sie es erst 1988 als reife Sängerin unter Christopher Hogwood für die Decca eingespielt – allerdings mit alten Instrumenten und in alter Stimmung. Der Bass-Solist der Aufnahme, Gregory Reinhart, erinnert sich an „ihre schimmernde Einfachheit im Quartett, besonders die höchsten schwebenden Phrasen".

Mendelssohn und Schubert sang sie gerne, Verdis Requiem hingegen nie. Allerdings gibt es im Konzertfach – im Gegensatz zu Oper – keine Fachschubladen und auch keine Faustregeln:

> „Es hängt davon ab, was von der Stimme verlangt wird. Es hängt auch vom Dirigenten ab, wie massiv er irgendwas machen möchte. Dann hängt es davon ab, wie groß der Saal ist. Im Studio kann man manche Dinge machen, die man in einem großen Saal nicht machen kann. Es gibt eigentlich wenig Konzertmusik, die ich ablehnen würde, von der frühesten Musik bis zur modernsten Musik; es muss nur für die Stimme richtig sein, es muss für die Stimme geschrieben sein, es muss irgendeine Schönheit, eine Freude bringen."[43]

Ein Werk, dem ihre besondere Liebe galt, war das *Deutsche Requiem* op. 45 von Johannes Brahms. Von ihm existieren – wenn man den amerikanischen Markt miteinrechnet – vier Einspielungen.[44] Bis auf den heutigen Tag zählt sie zu den ganz wenigen Sopranistinnen, die die erste Phrase des 5. Satzes „Ihr habt nun Traurigkeit" auf einen Atem gesungen hat und so den Trost dieser Musik dem Publikum unmittelbar bieten konnte.

Neben ihren zahllosen Bacheinspielungen gab es noch ein Werk, das sie mindestens genauso oft gesungen und eingespielt hat: Mozarts c-Moll-Messe KV 427. Das Werk stellt trotz seiner Unvollendetheit vielleicht die Summe der Kirchenmusik der Wiener Klassik dar. Die Arien und Ensembles sind mit das raffinierteste und technisch anspruchsvollste für die beiden Soprane, was Mozart in seiner geistlichen Musik je geschrieben hat.

Von 1971 bis 1975 hat sie das Werk durchgehend bei den *Salzburger Festspielen* in der Stiftskirche St. Peter unter Ernst Hinreiner und Meinhard von Zallinger gesungen. Über die Aufführung des Jahres 1974 schrieb der Kritiker Gerhard Brunner am 13. August:

> „Mozarts c-Moll-Messe steht und fällt mit dem Solosopran. Diesmal stand sie, denn Arleen Auger war, der sängerischen Schönheit wie der stilistischen Kultur nach, eine der eindrucksvollsten Leistungen des Sommers."

---

42   Interview mit Obie Yagdar vom 19. Juni 1984 im Wisconsin State Broadcast Network.
43   Andreas Keller: Anm. s. o., S. 17.
44   Siehe Diskographie.

Und noch 15 Jahre später schwärmte der Kritiker des *Guardian*, Hugh Canning, anlässlich eines Liederabends in der Londoner Wigmore-Hall 1989 über dieses Konzert:

> „Es war immer eine eher kleine Stimme. Ich erinnere mich, sie 1974 als ersten Sopran in Mozarts c-Moll-Messe in einer Salzburger Kirche gehört zu haben. Und ich war nicht von der Größe ihrer Stimme beeindruckt, sondern eher von deren Formschönheit. Jede Note wurde wie ein goldener Faden gesponnen und dann zu einer makellosen Kette von Klang verwoben".

Anlässlich einer Aufführung des Werks in Hamburg unter Moshe Atzmon schwärmte der Kritiker Hans Christoph Worbs im *Hamburger Abendblatt* vom 26. März 1974:

> „Der eigentliche Star der Aufführung war [...] Arleen Auger, die mit einem aller Erdenschwere entrückten Silberstift-Sopran besonders im ‚Et incarnatus est' gebannt aufhorchen ließ."

Auf CD existiert das Werk in fünf (!) verschiedenen Einspielungen mit ihr: Zum einen in einem Konzertmitschnitt aus Stuttgart von 1975 unter Sergiu Celibidache (nur auf dem amerikanischen Markt!) und dann ebenfalls als Konzertmitschnitt des WDR von 1986 unter Gary Bertini.[45] Außerdem gibt es drei durch Plattenfirmen initiierte Produktionen: die erste bei der DECCA von 1988 unter Christopher Hogwood mit alten Instrumenten, dann eine für die SONY unter Claudio Abbado aus der Berliner Philharmonie (hier singt sie Sopran II) und schließlich die legendäre vom Frühjahr 1990 unter Leonard Bernstein in Waldsassen in Kooperation des BR mit der DGG, die auch als DVD herausgegeben wurde.

Cornelius Hauptmann, der Bass-Solist der Produktion, und Atsuko Suzuki, ihre Schülerin, die im Chor mitsang, erinnern sich:

Die Proben in München im März/April 1990 wurden von der Aura Leonard Bernsteins überstrahlt. Sein Charisma und seine ungebrochene Energie verzückte selbst die abgebrühtesten Musiker und Chorsänger des Bayerischen Rundfunks. Bei den Proben sang Arleen Auger so seelenvoll und beherzt, dass „Lenny" sie dabei nur anhimmelte und, als er den Chorsaal betrat, sagte: „Ich habe gerade mit einer Sopranistin geprobt, Arleen Auger heißt sie. Sie singt wie ein Engel."

Ihr „Et incarnatus est" ist bis heute unerreicht und klingt überirdisch wie aus einer anderen Welt, erdenthoben, sphärisch, wie eine Verheißung. Für Edda Moser ist es gar Arleen Augers künstlerisches Vermächtnis.[46]

---

45 Auf der britischen Internetseite www.prestoclassical.co.uk/a/3681 ist darüber zu lesen: "In the Mass in C Minor the first soprano part is full of virtuoso technical difficulties – especially in the famous 'Et incarnatus est' passage – and here legendary soprano Arleen Augér interprets it in an exemplary manner."

46 So hat Edda Moser es mir gegenüber in einem Gespräch in der Kölner Musikhochschule Ende der 1990er-Jahre bezeichnet.

Auf der Kundenbewertungsseite von *amazon.com* findet sich folgender Kommentar:

> „Bernstein bündelt hier noch einmal alle seine Kräfte. [...] Arleen Auger, sicherlich mit Bernsteins Hilfe, findet mehr Gefühl und Gestalt in ihrem Kyrie-Solo als jede andere, die ich jemals gehört habe. [...] Das Zusammenspiel zwischen Auger und von Stade im ‚Domine Deus‘ ist delikat. Und im ‚Gratias agimus tibi‘ scheint sich der Himmel zu öffnen. Hören Sie sich das Ende an! Wenn das Ihnen nicht die Haare zu Berge stehen lässt, dann müssen die kahlköpfig sein.“[47]

Die Aufnahmen für Fernsehen und Video entstanden in der vollbesetzten Basilika in Waldsassen. Augers Schülerin Atsuko Suzuki erinnert sich an eine besondere Begebenheit: Vor dem Konzert gab es eine Durchlaufprobe, in der Arleen Auger das gesamte „Exsultate“ und die Messe aussingen musste, und nach dem Konzert wollte der Tonmeister einzelne Passagen aus der großen Arie wiederholt haben. Als Bernstein ihre Erschöpfung spürte, griff er während der Aufnahme mit seiner linken Hand ihre rechte und ihre Arme pendelten im Takt der Musik. Das verlieh ihr die Kraft, die schweren Phrasen bis zum c‴ zum x-ten Male an diesem Tag zu bewältigen.

Beim ersten Konzert im Münchner Herkulessaal ereignete sich vor zahllosen Honoratioren im Publikum folgende denkwürdige Szene: Nach der „Et incarnatus est“-Arie legte Maestro Leonard Bernstein den Stab nieder, verließ sein Podest, hielt sie minutenlang im Arm und küsste sie auf die Wange und sagte für das Publikum unhörbar zu ihr:

> „Jetzt kann ich erfüllt sterben, denn Sie haben Mozart so gesungen, wie er gesungen werden sollte!“[48]

Seine Worte sollten wahr werden: Ein halbes Jahr später verstarb Leonard Bernstein am 14. Oktober 1990 in New York.[49]

3. Vokale Kammermusik und Orchesterlied

Ein zentrales Werk, das fast die gesamte Karriere Arleen Augers durchzogen hat, ist das 2. Streichquartett fis-Moll op. 10 von Arnold Schönberg. Bei den *Salzburger Festspielen* 1972 hat sie das Stück das erste Mal am 4. August mit dem Gaudeamus-Quartett (Jan Wittenberg und Jos Verkoeyen, Violine, Hans Neuburger, Viola und Max Werner, Violoncello) am Salzburger Mozarteum aufgeführt.

---

47 Dies schrieb John Grabowski.
48 Dies berichtete mir Celia Novo 2011 in einer E-Mail aus New York.
49 Und Willem Scherpenhuijsen Rom wurde Zeuge, als Bernstein bei dem abschließende Umtrunk zu seinem Agenten sagte: „Für Mozart nur noch die Auger!“ Leider ist ein darauf für November 1990 geplantes Mozart-Requiem mit den Wiener Philharmonikern nicht mehr zustande gekommen.

Pressekonferenz beim Holland Festival, 10. Juni 1986 (Photo: Co Broerse)

Im dritten und vierten Satz vertont Schönberg zwei Gedichte von Stefan George: „Litanei" und „Entrückung".

Den Zugang zu dieser komplexen Komposition, die an der Schwelle zur Neuen Musik steht, verschaffte sie sich über die Sprache:

> „Ich habe ganz am Anfang die Poesie losgelöst von der Musik betrachtet und habe mit der Poesie solange gearbeitet, bis ich sie richtig verstanden habe und bis die Sprache richtig gesprochen war."[50]

Das Konzert wurde vom ORF mitgeschnitten; über ihre Interpretation befand Claus Henning Bachmann in seinem 1973 entstanden Radioportrait der Künstlerin:

> „Das Timbre der Stimme fügte sich zu dem Lyrismus der Musik, als wäre es bei der Komposition eingeplant gewesen. Und hier zeigte sich ein [...] Charakteristikum der Fähigkeit von Arleen Auger: einen Text so zu disponieren, dass deklamatorische und absolut musikalische Sinnschichten einander gegenseitig befördern. [...] Die Singstimme scheint den subjektiven Gehalt noch zu erhöhen. Doch er wird erfahrbar als objektiver musikalischer Tatbestand"[51]

1986 kam es beim *Holland Festival* zur Zusammenarbeit mit dem Schönberg-Quartett (Janneke van der Meer, Wim de Jong, Henk Guittart und Hans Woudenberg). Der Bratscher des Ensembles hatte bei ihr angefragt, ob sie mit ihnen Schönbergs 2. Streich-

---

50   Lebenserinnerungen. Von Claus Henning Bachmann. Gesendet am 8. Februar 1973, ORF Salzburg.
51   Ebenda.

quartett aufführen wolle. Sie war hoch erfreut, denn das entsprach zu diesem Zeitpunkt genau dem Repertoire, das ihr vorschwebte. Auch in Holland war ihr Name nämlich primär mit Bach und seiner Musik verbunden. Deshalb wollte sie auch dort ihrem Publikum zeigen, dass sie anderes Repertoire singen könne.

Ein paar Jahre später reiste sie mit diesem Stück und diesem Ensemble auf Einladung der Schoenberg-Gesellschaft nach Los Angeles. Darauf folgte 1990 ein Fernseh-Portrait über den Komponisten in London, wo Teile dieser Sendung gedreht wurden.

Über das Konzert für die Schoenberg-Gesellschaft, bei dem im ersten Teil unter anderem das 4. Streichquartett erklang, schwärmte Herbert Glass am 28. Februar 1989 in der *Los Angeles Times*:

> „Die Musiker [...] führten es mit großem, sinnlichen Ton und voll von pochendem Vibrato aus, einem Effekt, der durch die sehr hallige Akustik des Hancock Auditoriums noch verstärkt wurde.
>
> Aber es war der jüngere, romantische Schoenberg – in der Tat also dann *Schönberg* – der die Aufmerksamkeit aufgrund der großen lyrischen Bögen seines 2. Streichquartetts erregte. Die Holländer spielten es mutig, beinahe heftig, treu den Anweisungen der Partitur und mit den gewohnten Portamenti von der klassischen Interpretation des LaSalle Quartetts.
>
> Wie das 2. Streichquartett aber letztlich aufgenommen wird, liegt in der Hand der Solistin, vor allem in der Vertonung von Georges visionärem „Ich fühle Luft von anderen Planeten", in dem die Musik durch den Kontext an die äußersten Grenzen der Tonalität gebracht wird.
>
> Musik und Poesie fanden in der Sopranistin Arleen Auger eine Stimme von jenseitiger Schönheit und eine textliche Interpretation von verfeinertstem Wahrnehmungsvermögen."

Die kontinuierliche Zusammenarbeit mit den holländischen Musikern führte über die Jahre zu einer persönlichen Freundschaft mit Henk Guittart und dessen Frau Carolien und deren Tochter Laura. Des öfteren war sie in deren Haus zu Gast, und ihre Wünsche bezüglich der Mahlzeiten lautete stets: „Bitte nichts besonderes, nur ein normales Familien-Essen." Nach all den Jahren des Reisens hatte sie genug von Hotel- und Restaurant-Luxus und genoss das Einfache, gar Schlichte umso mehr.

Die letzte Produktion ihres Lebens war die Fernsehaufzeichnung dieses Werks mit dem Schönberg-Quartett in den Niederlanden. Henk Guittart erzählte:

> „Ihr Vertrauen und die reine Schönheit ihres Gesangs berührte uns tief und öfter als einmal wurden wir, auch während Proben, von Gefühlen überwältigt. Ihre Art, sich mit dem Klang der Streichinstrumente zu vermischen, war einzigartig, ich habe niemals mehr solch eine phänomenale Stimmfärbung erlebt. Aber der essentiellste Aspekt ihres Musizierens war, dass sie vom Grunde ihres Herzens sang, von dem aus sie die Seelen ihrer Zuhörer erreichte. Wenn wir mit ihr musizierten, konnte

das dazu führen, dass sie mir die Tränen in die Augen trieb und einen Kloß im Hals, sogar während wir auf der Bühne waren. Also ein wirklich überragendes und überwältigendes Gefühl, von einer Gleichgesinnten inspiriert zu sein. Ich weiß, dass das auch anderen Musikern passiert ist, die mit Arleen Auger zusammengearbeitet haben, zum Beispiel Sängerkollegen während der *Matthäus-Passion*. Sie liebte diese Musik und war exzellent darin. Sie war eine meiner meist favorisiertesten Sängerinnen aller Zeiten."[52]

Ein Werk, das aufgrund seiner skurrilen Besetzung für Sopranstimme und acht Celli zwischen Kammer- und Orchestermusik rangiert, ist die Nr. 5 der *Bachianas Brasilieras* von Heitor Villa Lobos. 1980 hat Arleen Auger das Werk für die Teldec mit den Cellisten der Berliner Philharmoniker eingespielt und 1981 den Deutschen Schallplattenpreis dafür erhalten.

Fünf Jahre später hat sie es dann mit Aldo Parisot und den Yale Cellos für die Delos eingespielt. Der große Cellist, für den Heitor Villa-Lobos mehrere Stücke komponiert hat, bemerkte bei der Aufnahme sogleich Arleen Augers Vorzüge:

„Die Einfachheit ihrer Stimme und die Reinheit ihres Tons sind perfekt."[53]

Durch ihre musikalische als Geigerin konnte sie das Vibrato so dosieren, dass sich ihre Stimme mit dem Klang der Celli leicht und selbstverständlich mischte. Und dadurch, dass Arleen Auger im Umgang mit Kammermusikformationen so geschult war, konnte sie sich mühelos in ein Ensemble einfügen, ohne dominieren zu wollen. Mit ihr konnte Parisot das ideale Gleichgewicht zwischen Stimme und Instrumenten herstellen, ein Gleichgewicht, bei dem keiner den anderen überdeckte.

Über ihre Textbehandlung sagte Parisot: „Ihre Aussprache des portugiesischen Textes war schon beim ersten Versuch perfekt."[54]

Der Plattenkritiker der *Washington Post* schrieb am 7. Februar 1988 über diese Aufnahme:

„Augers Stimme scheint auf einem Kissen von Klang, produziert von massigen Cellos, dahinzufließen. Sie singt – wie immer – wundervoll."

Ein Zyklus von Orchesterliedern, mit dem sie regelmäßig reüssierte, war Maurice Ravels „Shéhérazade". Diese Lieder liegen in zwei Aufnahmen mit ihr vor: zum einen sang sie das Werk 1975 zum 100. Geburtstag des Komponisten für den SWF in Baden Baden unter Ernest Bour und 1991 machte sie eine Plattenproduktion für die Virgin unter Libor Pešek.

Im März 1987 kam es mit dem Ravel-Zyklus zu einer Zusammenarbeit mit Leopold Hager in Luxemburg und dieser schwärmte:

---

52 Dies schrieb Henk Guittart in einer E-Mail vom 10. September 2011..
53 Booklet der CD Villa-Lobos Bach and Bachianas, Delos – siehe Diskographie.
54 Ebenda.

„Auf einer Deutschlandreise sang sie die drei Gesänge *Shéhérazade* von Maurice Ravel. Obwohl das weder ihr Fach noch ihre Lage war, hat sie diese Aufgabe mit aller Hingabe und auch mit den entsprechenden Lösungen hervorragend gemeistert. Aufgrund ihres Einfühlungsvermögens und ihrer unglaublichen Musikalität war es fast unmöglich, mit ihr auseinander zu sein."[55]

Der Zyklus ist eigentlich für eine tiefere Frauenstimme konzipiert. Aber aufgrund der lyrisch-warmen Qualitäten ihrer Mittellage konnte sie das Stück atmosphärisch wunderbar transportieren. Und so bemerkte Geoffrey Norris im *Daily Telegraph* vom 31. Januar 1989 über ihre *Shéhérazade* mit dem London Symphony Orchestra unter Stanislav Skrowaczewski:

> „Auger war superb. Sie besitzt die Fähigkeit, eine Melodie strömen zu lassen, sie mit Finesse zu phrasieren, Worte mit Präzision zu artikulieren und ihnen einen subtilen Unterton zu verleihen, in dem die Emotion kontrolliert und fast unmerklich versendet wird."

Im November desselben Jahres war sie mit dem Radiosinfonieorchester Frankfurt unter Eliahu Inbal auf Tournee. Eine Station in den USA war das Orange County Performing Arts Center in Costa Mesa. Auf dem Programm stand unter anderem die von ihr heiß geliebte 4. Sinfonie von Gustav Mahler – und eben auch Ravels Liederzyklus. Chris Pasles schrieb am 6. November 1989 in der *Los Angeles Times*:

> „In Ravels *Shéhérazade* erwies sich Inbal als großartiger Begleiter von Auger, die mit ihrer gewohnten Wärme, Intelligenz und mit Geschmack sang. Die Sopranistin ging auf die Gedichte von Tristan Klingsor (auch bekannt als Léon Leclère) mit kaleidoskopartigen Farben und subtilen Wendungen, mit Eindringlichkeit, delikatem Schmachten, Koketterie und Resignation ein."

Im November 1988 wagte sie sich in die Königsdisziplin für jeden lyrischen Sopran: Zusammen mit den Wiener Philharmonikern unter André Previn spielte sie für die Telarc die *Vier letzten Lieder* von Richard Strauss ein. Wie ihre Schülerin Carina Mora erzählte, hatten sich beide Künstler im Vorfeld darauf geeinigt, nicht zu schneiden. Wiederholungen waren nicht erwünscht. Der Dirigent selber sagte später:

> „Wenn ich unserer Aufnahme lausche, so fällt mir keine [Sängerin] ein, die es hinsichtlich der Sprachbehandlung mit ihr aufnehmen kann."[56]

Und Daniel Webster befand im *Orlando Sentinel* vom 12. Juli 1992:

> „Arleen Auger wird hauptsächlich mit den Werken von Gluck, Mozart und Händel in Verbindung gebracht und jetzt singt sie sogar Strauss' *Vier letzte Lieder* mit einem emotionalen Zugriff, den viele größere Stimmen vermissen lassen. Die Farben, die Stimmungen und Nuancen von Klage und Resignation sind alle vorhanden".

---

55 Dies schrieb mir Leopold Hager in einem Brief vom 7. Juni 1994.

56 Brian Kellow: „Something cool. The elusive art of Arleen Auger", in: Opera News, Juli 2006, Vol. 21 Nr. 1.

4. Klavierlied

„Ich habe Lied immer geliebt, bevor ich wusste, was Lied heißt."[57]

Ihren ersten Kontakt zum deutschen Kunstlied hatte sie als junges Mädchen: Im elterlichen Wohnzimmer sang sie ihre ersten deutschen Lieder und begleitete sich dabei selbst am Klavier.[58]

Eingeführt in die eigentliche Kunst des Liedgesangs wurde sie erst ab den frühen 1970er-Jahren von Altmeister Erik Werba in Wien. Er war wie Gerald Moore in England und Michael Raucheisen in Berlin eine Institution für diese Gattung. In Wien war er unter den Sängern beider Opernhäuser schon beinahe gefürchtet, weil er ihnen oft am Künstlerausgang auflauerte, um sie für diverse Liedprojekte zu rekrutieren.

Wolfgang Fahrenholtz, zu dieser Zeit Arleen Auger künstlerischer Berater, würdigte die Verdienste Erik Werbas als Mentor für die Gattung Kunstlied:

> „Alles, was die Auger über Lied gelernt hat und was ihre Interpretationen so unverwechselbar machten, hat sie von Werba. Niemand von all den anderen Begleitern (ohne Ausnahme!) konnte ihr auch nur annähernd das vermitteln, was Werba ihr uneigennützig und unprätentiös im Laufe der Jahre gegeben hat. Niemand anderer konnte mit der Erfahrung, Repertoirekenntnis, dem feinen Gespür für das ‚Zwischen-den-Tönen-und-Versen-Liegende' aufwarten und die Künstlerin zu Höchstleistungen (ohne Druck!) animieren, ihr Innerstes mit der kleinsten aller Musikformen zum Schwingen bringen, ihre deutsche Sprachgewandtheit (sie sang ja immerhin in sieben verschiedenen Sprachen) perfektionieren und ihr damit eine begeisterte Publikumsakklamation ‚bescheren'".

Und in der Tat war Werba ein Glücksgriff für Arleen Auger, wenn man sich folgende Ausgangssituation vergegenwärtigt, die Fahrenholtz folgendermaßen skizzierte:

> „Eine 28jährige Koloratursopranistin kommt aus dem amerikanischen ‚way of life' in das mit jahrtausendalter Kultur behaftete Europa und hat außer ihren erworbenen Musikkenntnissen keinen blassen Schimmer von den assoziativen Kulturgebieten (Malerei, Literatur, Architektur, Theater). Ihr erging es damals ähnlich wie heute den Asiaten, die hier studieren wollen. Und hier war Werba dann zur Stelle. Er spürte Augers Neugier, alles lernen zu wollen – was eine gute Sängerin ausma-

---

57   Konrad Dittrich: Das Leporello-Interview: Arleen Auger. SHMF Dezember 1990, S. 15.
58   Timothy Pfaff, 1987: Anm. s. o.

chen sollte. Auger war wie ein Schwamm, der begierig alles in sich aufsog und sich mit allem ernsthaft beschäftigte. Das ist Werbas grandioser Verdienst: die Fährte zum umfassenden Verständnis unserer Kultur gelegt zu haben, ihr in zahllosen Gesprächen unvorstellbar mannigfaltige Anregungen zu weiterführenden Recherchen gegeben zu haben, ihr besonders die deutsche Sprache des 18. und 19. Jahrhunderts verständlich gemacht zu haben."

Erik Werba hatte bei Joseph Marx studiert, und dieser war wiederum ein Schüler von Hugo Wolf. Insofern war es nur konsequent, dass Werba sich zur Musik Hugo Wolfs, der auch als „Richard Wagner des Liedes" bezeichnet wird, ganz besonders hingezogen fühlte. Für das Werk dieses bis heute immer noch gerne als spröde und schwer zugänglich verschrieenen Komponisten nutzte Werba jede sich bietende Gelegenheit, eine Lanze zu brechen.

Folglich hatte Erik Werba auch für Arleen Augers Debüt als Liedsängerin ein Werk aus der Feder Hugo Wolfs ausgesucht: das *Italienische Liederbuch*, jenen aus 46 Liedern bestehender Zyklus, den sich die meisten Sänger aufgrund seines Schwierigkeitsgrades eher für später aufzusparen pflegen. Dieser Zyklus wird bei Aufführungen üblicherweise zwischen einer weiblichen und einer männlichen Stimme aufgeteilt.

1987 gestand Arleen Auger:

„Da ich wirklich nicht gewusst habe, auf was ich mich da eingelassen hatte, grub ich meine Zähne hinein und habe es gemacht. Das war mein erster Liederabend. Heute singe ich das *Italienische Liederbuch* überall."[59]

Ein erster öffentlicher Versuch fand im Herbst 1973 in der österreichischen „Provinz" von St. Pölten statt. Hier konnte sie diesen komplexen Zyklus gefahrlos ausprobieren. Neben Erik Werba stand ihr als Tenorpartner Helmut Holzapfel zur Seite. Sie selbst sang noch mit Noten, klebte förmlich noch daran und gab sich selbst anschließend ein „Nicht ausreichend!"[60] Wohl auch deshalb hat sie dieses Konzert nicht gelten lassen, sondern stattdessen stets als ihr offizielles Debüt als Liedsängerin das von der Wiener Hugo-Wolf-Gesellschaft veranstalteten Konzert am 26. Mai 1974 auf Burg Perchtholdsdorf angegeben. Perchtoldsdorf ist bis heute eine Pilgerstätte für Hugo Wolf-Anhänger: Hier hatte der Komponist seine Sommerresidenz und schrieb 116 seiner Lieder, darunter auch den zweiten Teil seines *Italienischen Liederbuchs*. In diesem Konzert saß selbstverständlich ihr Liedmentor Erik Werba am Klavier, und ihr Partner war der damals noch unbekannte Tenor Heinz Zednik.

In den Jahren darauf machte sie Aufführungen dieses Zyklus' mit den Bariton-Partnern Tom Krause, Thomas Hampson und Wolfgang Holzmair. Eine Platteneinspielung mit Thomas Allen für die Virgin war lange geplant, kam aber nicht mehr zustande."[61]

---

59 Ebenda.

60 Diese Information gab mir Wolfgang Fahrenholtz in einer E-Mail vom 5. September 2011.

61 Ralph V. Lucano: Anm. s. o.: „There's a possibility of doing it for Virgin Classics with Tom Allen. It's already been proposed by Virgin. Now it's just a question of finding the time."

Arleen Auger mit Erik Werba im Haydn-Haus in Rohrau 1982
(Photo: Heinrich Kock/Dr. Alfred Willander)

Arleen Auger mit Erik Werba und dem Klarinettisten Max Bauer in Rohrau am 31. Mai 1982
(Photo: Heinrich Kock/Dr. Alfred Willander)

Über die Besonderheit Hugo Wolfs sagte sie 1989:

„Ich liebe Wolf, weil er sich so viel Zeit genommen hat, die Gedichte zu verstehen, ihren Verlauf und ihre Bedeutung. Bei Schubert oder Schumann muss der Sänger Lösungen für kompositorische Situationen finden, aber Wolf formt jede musikalische Linie nach den Bedürfnissen des Textes."[62]

Neben Wolf waren in ihren Wiener Anfangsjahren vor allem Mozart und Haydn der Kernbestand ihres Lied-Repertoires. Besonders für Haydns Lieder, denen bis heute das Etikett „belanglos" oder gar „langweilig" anhaftet, hat sie sich immer wieder eingesetzt und sie als „erstklassige, viel zu wenig bekannte Lieder"[63] bezeichnet. Sogar auf einem musikwissenschaftlichen Symposium im Rahmen der *Kasseler Musiktage* ist sie im Oktober 1980 mit Rainer Hoffmann am Klavier mit Haydns Liedern aufgetreten.

Es war wohl die unspektakuläre und verspielte Innerlichkeit, die sie gereizt hat, sich dieser Lieder anzunehmen. Diese unscheinbaren Miniaturen, die dem Interpreten alles abverlangen, bei denen er nichts kaschieren kann, die Stimme einfach laufen muss und sich jede Grobheit sofort rächt, hat sie voll und ganz verinnerlicht und genossen. Auch in Amerika hat sie Haydns Lieder und Canzonetten von Anfang an bewusst aufs Pro-

---

62 Hilary Finch: „All in good timing", in: The Times, 1. Februar 1989.
63 Timothy Pfaff: Anm. s. o.

Ein Sopran von begnadeter Schönheit

Arleen Auger mit Erik Werba in einem Ettlinger Schlosskonzert

Würden Vergleiche nicht hinken, so wäre man geneigt, festzustellen: Was Renata Tebaldi in der italienischen Oper war, ist Arleen Auger heute im deutschen spätromantischen Liedgesang, – nachdem, was wir in einem Konzert des Südfunks Karlsruhe im Asam-Saal des Ettlinger Schlosses zu hören bekamen. Sie brachte es fertig, ein vollkommen geschlossenes Programm mit fast ausschließlich Liebeslyrik und Komponisten der ausgehenden Romantik, die übrigens alle in Wien studiert haben, zusammenzustellen. Als „Begleiter" am Flügel brachte sie den großen Erfahrenen, Wissenden, Erik Werba, ebenfalls aus Wien, mit, der fein dosierend, stilistisch immer sicher und höchst künstlerisch ganz auf die Sängerin einging: a priori eine makellose Partnerschaft.

Wer, wie die Berichterstatterin, die Amerikanerin französischer Abstammung und an der Wiener Oper tätige Arleen Auger noch nie erlebt hat, war schon beim Hereintreten der Künstlerin, und von ihren ersten Tönen an fasziniert, von der Ruhe, Sicherheit und sympathischen Überlegenheit, die sie ausstrahlt. Und das überdauerte den ganzen Abend! Was ließ sich da nicht schon in dem zu Beginn so schlicht und innig dargestellten Liedchen „Ich ging mit Lust durch einen grünen Wald" aus der Gruppe aus „Des Knaben Wunderhorn" von Gustav Mahler beobachten: begnadete Schönheit einer Sopranstimme, die mühelos mit größeren Selbstverständlichkeiten geführt wird, technische Präzision, todsichere Intonation, höchste Musikalität und Intelligenz, ausgezeichnete deutsche Aussprache (die Künstlerin singt in fünf Sprachen!), ein bezauberndes Piano, dem Gesicht sieht man keinerlei Anstrengung an, sein Ausdruck entspricht „nur" mimisch dem Textinhalt. Die weiteren Lieder erfuhren Temperament, natürliche Frische oder Wiener Charme. Leidenschaftlichen Gefühlsausbrüchen lag stets der vornehme Geschmack zugrunde. – In einer Liedgruppe von Franz Schreker fiel vor allem Theodor Storms schmerzvolles Gedicht „Wohl fühl ich wie das Leben rinnt" auf. Arleen Auger sang dieses Lied mit unvergleichlicher Ausdruckskraft. „Die Liebe als Rezensentin" heißt ein Gedicht dieser Schreker-Gruppe von Julius Sturm. Es ist voller Schalk und entsprechenden kleinen Koloraturen: und wie die saßen! – Dann gab es drei Lieder von Hugo Wolf nach Eduard Mörike. Die „Nimmersatte Liebe" kann man sich eigentlich schöner gesungen nicht vorstellen.

Selten zu hören sind Lieder des Evangelimann-Komponisten Wilhelm Kienzl. Und das ist vielleicht gut so; denn sie sind voll rührender Naivität, dass man sie sich nur noch in solch höchst qualifizierter Wiedergabe anhören kann. Arleen Auger nahm ihnen kraft ihrer Überlegenheit jegliches Sentimentalische. In „Die verschwiegene Nachtigall" (Walther von der Vogelweide) waren wieder Kopftöne voller Süße zu hören, die bei der Künstlerin einen Sitz ohnegleichen haben. – Mit vier Liedern von Joseph Marx beschloss die Sängerin ihre Darbietungen. Diese Marx-Lieder sind vielleicht die romantischsten ihres Programms gewesen, häufig zart beginnend, um sich dann in großem Aufschwung, ja in Straußschem Pathos fast zu verströmen. „Und gestern hat er mir Rosen gebracht", nach einem Gedicht von Theodor von Lingen, – da crescendierte die Künstlerin aus dem Mezza voce in ein Fortissimo hinein, wie man es von dieser Stimme nach dem bisher gehörten niemals erwartet hätte.

Es gab Zugaben: In „Lass, oh Welt" von Hugo Wolf wurde es der Schönheit fast zu viel. Und in Brahms' „Guten Abend, gut' Nacht" gab Arleen Auger nochmals eine unvergessliche Kostprobe ihres Pianissimo. Das Publikum hat verstanden ...

gramm ihrer Liederabende gesetzt. Vor allem verschafften ihr diese Lieder aus der Feder eines Komponisten der Wiener Klassik die Möglichkeit, in ihrer Muttersprache zu singen. Denn die englischen Canzonetten basieren allesamt auf Gedichten der britischen Dichterin Anne Hunter, einer Zeitgenossin von Jane Austen.

Ein Werk von Haydn, das die Dimensionen des Liedes sprengt und dem ihre besondere Liebe galt, ist die Soloszene *Arianna a Naxos*. Melvyn Tan hatte das Vergnügen, diese Szene mit ihr auf dem Podium aufzuführen, und berichtete:

> „Ein Stück, das sich mir in meine Erinnerung eingebrannt hat, ist Haydns *Arianna a Naxos*, in welchem sie es fertigbrachte, eine unglaubliche musikalische Spannung bis zum Klimax am Ende des Stückes aufzubauen. Eine Spannung, die man auch im Publikum spüren konnte, das angesichts ihrer Künstlerschaft absolut sprachlos wurde."[64]

Neben Haydn war ihre schlanke, mädchenhafte Stimme für die Lieder Mozarts geradezu prädestiniert und so hat sie diese bevorzugt in ihren Liederabenden immer wieder gesungen: Ob *Das Veilchen* oder *Als Luise die Briefe ihres ungetreuen Liebhabers verbrannte*, *Lied der Trennung* oder *An Chloe* oder auch die italienischen wie *Ridente la calma* oder das französische *Dans un bois solitaire* gehörten für sie zum festen Bestandteil ihrer Liederabende auf der ganzen Welt.

Ihre Schülerin Una Barry schwärmt:

> „Es gibt eine wundervolle Aufnahme ihrer *Abendempfindung* von Mozart auf YouTube. Dies sagt alles für mich: ein klarer, leuchtender Klang, müheloses Singen soweit die Zuhörer das sehen können – allerdings ist Singen niemals mühelos – und eine sehr klare Diktion, die kommunikativ ist."[65]

Neben Liedern der Wiener Klassik und denen Hugo Wolfs hat Erik Werba sie als junge Sängerin auch noch mit einem anderen Repertoire vertraut gemacht, das damals im Konzertsaal noch wahrhaft exotisch war: dem Lied der österreichischen Jahrhundertwende mit seinen Vertretern Wilhelm Kienzl, Gustav Mahler, Joseph Marx und Franz Schreker.

Eine Kritik aus dem *Badischen Kurier* vom 27. Juni 1975 über einen Liederabend im Asam-Saal des Ettlinger Schlosses, der als Tondokument existiert[66], zeugt von der hohen Kunst des Liedduos Auger/Werba besonders mit diesem Repertoire (siehe Text-Kasten auf der nebenstehenden Seite)

Aus dieser Beschäftigung mit dem Repertoire des österreichischen Fin de Siècle erwuchs dann Mitte der 1980er-Jahre ihre Liebe zum Liedschaffen von Arnold Schönberg und Alban Berg.

---

64 So schrieb es mir Melvyn Tan in einer E-Mail vom 8. Januar 2012.
65 Dies schrieb mir die Sopranistin Una Barry im Sommer 2011 in einer E-Mail.
66 Mitschnitt des SDR Karlsruhe – siehe Diskographie.

Arleen Auger mit Erik Werba in Ochsenburg am 26. Mai 1980
(Photo: Heinrich Kock/Dr. Alfred Willander)

Erik Werba war nicht nur eine Koryphäe als Liedbegleiter und Musikwissen-schaftler, sondern er war, wie Wolfgang Fahrenholtz schwärmte, vor allem ein zutiefst „menschlicher" Mensch: Er war warmherzig und zugleich als Musiker unerbittlich in seinen künstlerischen Ansprüchen – dabei allerdings stets zu Gunsten und „zum Lobe" der Sängerin. Des weiteren besaß er einen wundervollen Humor mit einem gehörigen Schuss Selbstironie: „Ich seh' nicht richtig, ich habe Plattfüße, aber ich spiele phan-tastisch Klavier." Herausstechend war aber besonders sein s-Fehler, der „schauerlichste der ganzen Musikszene".[67] In einem gemeinsamen Konzert in der Urania in Wien im März 1971 hatte Arleen Auger die erste Arie der Mimi aus Puccinis *La Bohème* aufs Programm gesetzt. In dieser Arie antwortet im Original Rudolfo mit „Si". Diesen Part übernahm nun Erik Werba vom Klavier aus; aber statt eines schön elegant italienischen „Si" kam ein „Thhthti" aus der Klavierecke gezischelt. Einem Lachanfall nahe brachte Arleen Auger die Arie mit Müh und Not zu Ende und hat sie danach nie mehr gesun-

---

67 Edda Moser: Ersungenes Glück, Leipzig 2011, S. 32.

Arleen Auger mit Irwin Gage 1984. Coverphoto der CBS-Aufnahme,
die ihr den Durchbruch als Liedsängerin brachte (Photo: Felix Eidenbenz, Zürich)

gen, weil sie sich alleine bei der Vorstellung daran schon innerlich vor Lachen schütteln musste.[68]

1974 brachte Arleen Auger zwei von Werba komponierte Lieder in einem Konzert beim *Carinthischer Sommer* zur Uraufführung: *Von zwölf Knaben* und *Der verschwundene Stern* – beides auf Gedichte aus *Des Knaben Wunderhorn*. Erik Werba ist von den großen Liedpianisten des 20. Jahrhunderts sicherlich der unterschätzteste.

Viele Sänger kommen spät zum Lied und noch später zur Liedplatte. Nicht so Arleen Auger.

Ihre erste Liedplatte hat sie Mitte der 1970er-Jahre in der ehemaligen DDR gemacht, und zwei weitere folgten innerhalb der nächsten drei Jahre. Alle drei entstanden mit dem Pianisten Walter Olbertz: Zuerst spielte sie im Oktober 1976 vierzehn Schubert-Lieder auf Gedichte von Johann Wolfgang von Goethe ein, dann im Mai 1977

---

68 Wolfgang Holzmair schilderte mir diese Geschichte 2011.

Schumanns Liederzyklus *Frauenliebe und Leben* auf Gedichte von Adelbert von Chamisso (ergänzt durch weitere Schumann-Lieder auf Gedichte von Goethe, Mörike und Rückert) und schließlich folgten als drittes im Oktober 1980 Lieder von Joseph Haydn – sowohl deutsche Lieder als auch englische Canzonetten. Diese drei Platten, die bei Eterna erschienen sind, waren bis 1989 jedoch nur im sozialistischen Teil Deutschlands erhältlich. Und dort waren sie so begehrt, dass die Händler sie als „Bückware" unterm Ladentisch versteckt hielten und sie nur auf Nachfrage für ausgesuchte Kunden herausrückten.[69]

In der Bundesrepublik gab es keine Liedplatten von ihr. Denn damals sangen zeitgleich Helen Donath, Gundula Janowitz, Edith Mathis, Edda Moser und Lucia Popp. Um eine Solo-Liedplatte zu machen, bedurfte es einer garantierten Verkaufszahl von fünf- bis sechstausend Exemplaren, damit sich die Plattenproduktion überhaupt rentierte. Da diese Zahlen im Falle von Arleen Auger nicht zu gewährleisten waren, ist keine westdeutsche Plattenfirma auf sie zugekommen.[70]

Somit entstand ihre erste Liedplatte in Westdeutschland erst sehr spät – nämlich 1984 – unter recht bizarren Umständen:

Ein musikbegeisterter junger Mann namens Niels Graf von Waldersee fragte nach einem Konzert brieflich bei Arleen Auger an, wo er ihre Liedplatten kaufen könne, er habe im Katalog nichts finden können. Sie antwortete, sie habe keine Liedplatten. Das sei ja skandalös, befand der junge Medizinstudent und handelte augenblicklich: Bei einem persönlichen Treffen in Hamburg bot er Arleen Auger an, eine Liedplatte zu finanzieren – so gut ihm das möglich wäre. Hinsichtlich des Repertoires ließe er ihr völlig freie Hand. Daraufhin organisierte er mithilfe von Freunden die Aufnahmesitzungen in dem kleinen Schlösschen Hasselburg in Schleswig-Holstein, das ihm ebenso kostenfrei zur Verfügung gestellt wurde wie der Bösendorfer-Flügel für Irwin Gage.[71] Arleen Auger hatte Lieder von Mozart, Richard Strauss und die vier Lieder der Mignon von Hugo Wolf ausgewählt. Niels Graf von Waldersee besaß keine Erfahrung in diesem Metier, sondern brannte nur in Liebe zur Musik. Er übergab das fertige Band der CBS, die es als Platte und später als CD herausbrachte. Sofort nach Erscheinen erregte die Aufnahme großes Aufsehen und wurde mit drei Schallplattenpreisen ausgezeichnet. Wie Arleen Auger selbst sagte, „war diese Platte aus Holstein ein Anfang, der eine Welle von Soloplatten ausgelöst hat".[72] Die Aufnahme selbst und vor allem die Umstände ihrer Entstehung bezeichnete sie als einen „Akt der Liebe".[73]

Clemens Höslinger bemerkte im *Fono Forum*:

---

69 So hatte es der Rainer Hoffmann, Begleiter Arleen Augers zu Frankfurter Zeiten, erlebt, wenn er mit seiner Frau Gerda in seiner Geburtstadt Jena oder anderen Städten Ostdeutschlands unterwegs war und dort nach Arleen-Auger-Platten frug.

70 Diese Informationen gab mir Wolfgang Fahrenholtz bei unsetem persönlichen Treffen in Würzburg im August 2011.

71 Niels Graf von Waldersee schilderte mir die Umstände in E-Mails vom 12. bis 14. Hanuar 2012.

72 Konrad Dittrich: Das Leporello-Interview: Arleen Auger. SHMF Dezember 1990, S. 19.

73 Ralph V. Lucano: Anm. s. o.

„Es ist erstaunlich, dass für die ausgezeichnete Liedsängerin Arleen Auger noch immer Propaganda gemacht werden muss, erstaunlich auch, dass es von ihrer Liedkunst nur so wenige Tonaufnahmen gibt. Wahrscheinlich hängt dies mit dem unaufdringlichen, publicity-scheuen Wesen der Künstlerin zusammen. Auf alle Fälle kann Arleen Auger als Lied-Interpretin vor heutiger Konkurrenz ohne Weiteres bestehen, sie übertrifft sogar – was Innigkeit der Tongebung, musikalische und stilistische Reinheit und Klarheit der Aussprache betrifft – viele zeitgenössische Sänger. Dazu kommt noch eine stimmliche Frische, die es kaum glaublich macht, dass die Sängerin eine abgeschlossene Karriere als Opernkünstlerin [...] hinter sich hat.

Das hier vorliegende Konzert [...] beginnt mit einem umfangreichen Mozart-Teil – und allein dieser Abschnitt würde ausreichen, um der Aufnahme einen besonderen Rang zuzuweisen. So aufrichtig, so frei von Süßlichkeit und Affektiertheit, so rein und verständnisvoll hat man etwa das *Lied der Trennung*, *Das Veilchen* oder *Abendempfindung* kaum jemals gehört.

Großartig erklingen auch Hugo Wolfs Vertonungen von Goethes Mignon-Liedern. Zwar kommt hier Arleen Augers Mangel an einer üppigen, großen Stimme zum Vorschein, ebenso wie bei den Richard-Strauss-Liedern (*Morgen, Hat gesagt – bleibt's nicht dabei, Glückes genug, Gefunden*) –, und doch haftet dem Vortrag nichts Dünnes, Ärmliches an; immer setzen sich Intelligenz, Empfindung und reiches Künstlertum durch. Im Zusammenwirken mit dem überaus gefühlvollen Klavierbegleiter Irwin Gage kommt so eine der besten Liedaufnahmen der letzten Zeit zustande."[74]

1990 und 1991 erschienen zwei wichtige Platten, beide mit Liedern von Franz Schubert: zum einen bei der Virgin mit Lambert Orkis am Hammerklavier und zum anderen bei der Hyperion mit Graham Johnson an einem modernen Instrument. Schubert war ein Komponist, dem sie mit unglaublich viel Ehrfurcht entgegentrat und auch manchmal von dem Gefühl überkommen wurde, ihm nicht genügen zu können.[75] Als Basis des Liedrepertoires verglich sie ihn etwas scherzhaft einmal mit den Grundnahrungsmitteln „Fleisch und Kartoffeln".[76] Doch wusste sie, dass er für jeden Lied-Sänger die größte Herausforderung darstellt, und hat sich deshalb mit der Einspielung seiner Lieder besonders viel Zeit gelassen.

1987 begann Graham Johnson für die Hyperion in London mit eine Gesamtaufnahme sämtlicher Schubert-Lieder. Für dieses Projekt wurde auch Arleen Auger angefragt. Der Initiator erzählt, wie es zur Verpflichtung der amerikanischen Sopranistin gekommen ist:

„Wir waren an dem Punkt der Reihe angelangt, an dem Ted Perry, Inhaber der Hyperion, eine seiner bevorzugten Instrumentalsolisten in das Schubert-Projekt mit-

---

74 Clemens Höslinger: Die Schallplatte des Monats Dezember 1987, in: Fono Forum, Dezember 1987.
75 Thomas Gehrke erzählte, wie er die Künstlerin nach einem Liederabend mit Irwin Gage in einem Lokal zerknirscht am Tisch vorfand und sie kleinlaut seufzte. „Ich kann einfach keinen Schubert singen!"
76 Timothy Pfaff: Anm. s. o.

Arleen Auger vor einem Portraitbild Franz Schuberts in Zürich 1974
(Photo: Klaus Hennch/Wolfgang Fahrenholtz)

einbeziehen wollte: die Klarinettistin Dame Thea King. Es mag einige Gespräche zwischen Arleens Agent und der Hyperion gegeben haben, und man hat sich auf den *Hirt auf dem Felsen* geeinigt. Dieser wurde geschrieben für oder in Auftrag gegeben von Anna Milder-Hauptmann, die Schubert zum erstenmal als Opernsängerin als Iphigenia im Jahre 1813 gehört hatte. Die Musik des *Hirten* war außerdem teilweise von einer Oper inspiriert, die Schubert schon als junger Mann kannte: Joseph Weigls *Schweizerfamilie*. Das einzige Schubert-Stück, das Thea mit Arleen noch spielen konnte, war die kleine Arie aus der Schubert-Oper *Die Verschworenen* mit obligater Klarinette. (Das Offertorium D136 mit Klarinette war nicht geeignet, auf einer Lieder-CD zu erscheinen.) Dies führte mich dazu, dieser CD einen einheitlich thematischen Ansatz zu geben und für Arleen weitere Stücke herauszusuchen, die nicht so sehr opernhaft in sich selbst waren, sondern aus Bühnenstücken stammten (wie *Delphine* aus Schütz' *Lacrimas*) und anderen Dramen. Natürlich war es mir bekannt, dass Arleen eine große Karriere als Opernsängerin gehabt hatte (zum Beispiel als eine berühmte Königin der Nacht), aber es war zu spüren, dass diese Phase ihrer Karriere vorbei war und sie daran interessiert war, sich dem Publikum in anderen Gestalten zu präsentieren."

Warum gerade Arleen Auger ausgewählt worden ist, das Paradewerk *Hirt auf dem Felsen* mit Klarinette einspielen zu dürfen, erläutert Johnson ebenfalls:

„Für das Stück waren zwei Sängerinnen in der Serie vorgesehen: Lucia Popp und Arleen. Es stellte sich heraus, dass das Zusammenwirken einer Sängerin mit einer Klarinette zu der Form von Kammermusik zählte, mit der eine Sängerin wie Arleen vertrauter war, da sie ihren Bach und Mozart kannte. Außerdem fühlte sie, dass sie dieses Stück machen wollte, und ich denke, das Angebot dieses Werks überzeugte sie, die Einladung von mir und der Hyperion anzunehmen."[77]

Arleen Auger selbst sagte 1992 im Schweizer Rundfunk über ihren Schubert auf Platte:

„Natürlich habe ich den *Hirten* oft gesungen und ich wollte unbedingt den *Hirten auf dem Felsen* auf Platte haben. Manche von den anderen habe ich im Konzert gesungen, aber viele waren ganz neu für mich. Ich akzeptierte seinen Repertoireplan und ich glaube, es passt zu mir – und es passt sicher in das Projekt, das er plant. Und ich froh, dass ich die Möglichkeit hatte.

Zu gleicher Zeit habe ich bei einer anderen Firma auch eine ganze Schubert-Platte gemacht, allerdings mit Hammerklavier. Das ist ein großer Unterschied in der Stilrichtung. Da konnte ich viel mehr die Lieder auswählen, die ich machen wollte. So es ist mehr ein Schubert-Abend als ein Beispiel von einem Thema mit Schubert-Liedern.

Und ich glaube, die zwei zusammen ergeben ein gutes Bild von meinem Schubert-Repertoire."[78]

---

77   Dies schrieb mir Graham Johnson im Frühjahr 2011.
78   Martina Wohlthat: Anm. s. o.

Zusammen mit der ersten in Ostdeutschland produzierten Liedplatte existieren somit drei Schubert-CDs von Arleen Auger auf dem Markt.

Mit Schumann-Liedern gibt es nur eine Schallplatte und vom Liedschaffen von Johannes Brahms leider gar keine. Ihm und seinen Liedern hat sie sich erst relativ spät und nur sporadisch zugewandt. Sie hat damit solange gewartet, bis ihre Mittellage die nötige Tragfähigkeit erlangt hatte:

> „Ich habe sie bis zum Schluss aufgehoben, denn ich denke, sie brauchen eine bestimmte Reife nicht nur hinsichtlich ihrer stimmlichen Anforderungen, sondern ebenfalls hinsichtlich ihres Klangs."[79]

Der Liederabend bildete während ihrer Anfangszeit in Wien und später in Stuttgart aufgrund der Dominanz von Oper und später geistlicher Musik nur eine Randerscheinung ihrer Tätigkeit. Erst ab dem Zeitpunkt, wo sie ihre Auftritte in Richtung USA ausweitete, wuchs die Zahl der Liederabende stetig.

Aufgrund ihres langen Aufenthalts im deutschsprachigen Raum und der akzentfreien Vertrautheit mit dieser Sprache lag der Schwerpunkt ihres Liedrepertoires naturgemäß auf dem deutschen Lied; zum einen, weil das deutschstämmige Publikum in den Vereinigten Staaten diese Lieder besonders mochte, und zum anderen, weil Deutsch die Sprache war, der sich die Künstlerin emotional am nächsten fühlte. Französisches Lied mochte sie auch sehr: Schon als junges Mädchen hatte sie Debussy-Lieder in der Kirche ihres Vaters gesungen, aber zu ihrem Erstaunen bevorzugten die Franzosen selbst in Liederabenden deutsches Repertoire. Dadurch hat sie sich nur sehr sporadisch französischem Liedrepertoire zugewandt. Dokumentiert sind nur Lieder von Ernest Chausson, die sie 1986 beim „Holland-Festival" gesungen hat, einige ausgewählte Lieder von Debussy, Ravels *Cinq mélodies populaires grecques* und die *Chant d'Auvergne* von Joseph Canteloube in einer Einspielung für die Virgin.

Was die Stückauswahl bei ihren Liederabenden betraf, so war sie eine bekennende Puristin. Für sie hatten Opernarien in einem Liederabend nichts verloren – höchstens als Zugabe. Und als solche pflegte sie hin und wieder die „Rosenarie" der Susanna aus Mozarts *Figaro* zu geben. Für sie war Oper im Liederabend nur ein Notbehelf, um die als sehr anspruchsvoll geltenden Kunstform Lied mit dem Unterhaltungsbedürfnis des Publikum in Einklang zu bringen. Dies schien zwar auf den ersten Blick eine praktikable Lösung, „aber ich glaube nicht, dass das die Antwort ist! Etwas mit Wasser zu strecken, ist nicht nötig, wenn wir bessere Köche sind. Wenn wir die richtigen Stücke auswählen, sie auf hohem Niveau zusammenstellen, musikalisch interessante Kombinationen schaffen, wird sogar ein Publikum, das die Sprache nicht versteht, den Wert des Abends spüren."[80]

Sicherlich ticken die Uhren bezüglich Programmgestaltung in Amerika anders als in Europa. Intellektuelle Programme haben es dort per se schwerer. Außerdem ist der

---

79 Timothy Pfaff, Anm. s. o.
80 James M. Keller: Anm. s. o., S. 13.

Zugang des Publikums zu französischem und deutschem Lied aufgrund der Sprachbarriere und mangelnden Vertrautheit mit der europäischen Kultur grundsätzlich erschwert. Arleen Auger hat sich von diesen Tendenzen jedoch nicht beirren lassen, sondern ihre Messlatte hinsichtlich des Niveaus dort angelegt, wo sie es für notwendig erachtet hat. Dafür wurde ihr mitunter selbst von namhaften Kollegen Unverständnis entgegengebracht. So bemerkt der Komponist Ned Rorem in seinem Tagebuch unter dem Datum des 28. Februars 1990:

> „Irgendwie eine Verschwendung für eine amerikanische Sängerin, ein ganzes Konzert auf Deutsch anzubieten. Würde ein deutscher Sänger jemals, *jemals* ein ganzes Konzert auf Englisch geben?"[81]

Die vielbemühte Sprachbarriere stellte in ihren Augen aber kein Hindernis dar, das amerikanische Publikum bevorzugt mit deutschen Liedern zu konfrontieren:

> „Einige Leute glauben, dass Liederabende nur etwas für ausgewählte Zuhörer seien. Keineswegs. Jeder, der Sprache und Gefühlsprojektionen wertschätzt, egal ob er den Text versteht oder nicht, kann ein Lied-Liebhaber werden."[82]

Trotz ihrer hehren Ansprüche war sie bereit, bezüglich der Programmgestaltung auf ihr Publikum und dessen Bedürfnisse zuzugehen, und hat über Jahre versucht, einen Kompromiss zwischen niveauvoller Kunst und anspruchsvoller Unterhaltung zu finden:

> „Für einen Liederabend biete ich ein Basisprogramm mit verschiedenen Varianten an. So führen wir jetzt Purcell, Händel, Mozart-Lieder und -Arien und Donizetti auf."[83]

1988 startete sie einen sehr individuellen Versuch einer Liedplatte, die man fast schon als „Crossover-Recital" bezeichnen könnte: Damals hat sie mit Dalton Baldwin in Los Angeles eine CD für die Delos mit dem Titel *Love-Songs* aufgenommen: Kunstliedern in Deutsch (Schubert, Schumann, R. Strauss, Mahler, Marx), Französisch (Gounod, Poulenc), Italienisch (Cimara, Donaudy), Englisch (Quilter, Bridge, Foster, Copland, Lippé, Britten) und Spanisch (Obrados, Turina, Ovalle) hat sie Lieder aus Operetten (Oscar Straus) und Musicals (Noel Coward, Frederic Loewe) zur Seite gestellt.

Zur Auswahl sagte Arleen Auger 1990 in einem Interview für die Zeitschrift *Fanfare*:

> „Dalton und ich arbeiteten zusammen, um Stücke zu finden, die hohe klassische Maßstäbe erfüllten, unter dem Thema Liebe subsumierbar und einer breiten Hörerschicht zugänglich waren. Wir haben es geschafft, ein Album in vielen verschiedenen Sprache zustande zu bringen und mit vielen verschiedenen emotionalen Aspekten, das – wie ich denke – sehr erfolgreich ist. Es hat viel Zeit gekostet und war eine wirklich schwere Geburt. Ich wollte wirklich kein ‚Crossover' machen."[84]

---

81 Ned Rorem: Lies. A diary. 1986–1999. Cambridge 2000, S. 190.
82 John von Rhein: „Homecoming", in: Chicago Tribune, 1. Juni 1990.
83 Loisann Oakes: „Renowned Soprano Flies The World To Sing", in: The Morning Call, 6. März 1988.
84 Ralph V. Lucano: Anm. s. o.

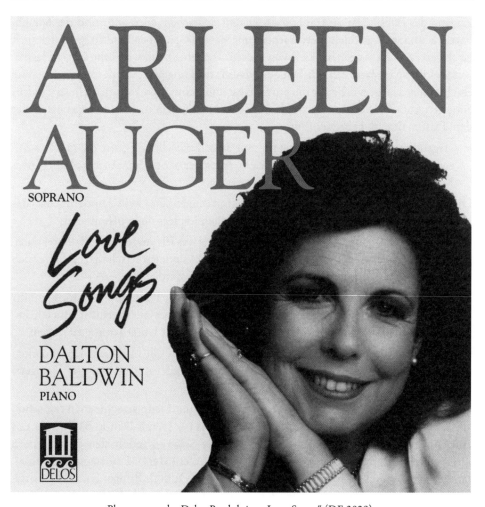

Plattencover der Delos-Produktion „Love Songs" (DE 3029)

Und auf die Bemerkung des Journalisten, dass sie das Lied der Guinevere aus Frederic Loewes Musical *Camelot* darauf so wunderschön sänge, fügte sie als Erklärung hinzu:

> „Es hat genauso eine klassische Form wie jeder Brahms oder Schubert. Wir haben einige mehr davon. Die Evergreens der Evergreens haben klassischen Wert, wenn sie auf eine klassische Weise aufgeführt werden."[85]

Dabei war gerade dieses Lied im Vorfeld gar nicht vorgesehen. Amelia Haygood, die Gründerin der Delos, die bei den Aufnahmen zugegen war, wusste zu berichten:

> „Nachdem sie das ganze Repertoire, das sie vorbereitet hatten, eingespielt hatten, entschlossen sich Arleen und Dalton spontan, nur so zum Spaß, ein paar Takes von

---

85   Ebenda.

238

Before I Gaze at You Again aus *Camelot* zu machen. Magisch! Es entpuppte sich als einer der beliebtesten *Love Song*-Titel überhaupt."

Und eine Besonderheit dieser Platte darf hier nicht unterschlagen werden. Carol Rosenberger, die heutige Chefin der Delos, wusste folgendes zu berichten:

„Die Lied-CD, welche *Love Songs* getauft wurde, wurde in Wirklichkeit zweimal aufgenommen. Beim ersten Mal kamen Arleen und ihr Pianist Dalton Baldwin nach einer teilweise für Arleen strapaziösen Saison nach Kalifornien und hatten geplant, die Aufnahme mit einem kleinen Urlaub zu verbinden. Unglücklicherweise trocknete zuviel Sonne am Strand von Santa Monica Arleens Kehle etwas aus und sie bekam einige Schwierigkeiten, das Programm in ihrer gewohnten Leichtigkeit zu singen. Nichtsdestotrotz durchliefen wir das gesamte Prozedere, edierten es sorgfältig und lauschten dann alle dem Endergebnis. Es war sicherlich akzeptabel, denn Arleen war ein vollendeter Profi. Aber es war eben nicht die glorreiche Vorstellung, die sie geben wollte.

Und dann geschah es, dass Amelia etwas tat, was in der Schallplattenbranche sehr selten ist: Sie fragte Arleen, ob sie das Programm gerne noch einmal aufnehmen würde, wenn sie sich besser fühle und wenn sie es ausgeruht tun könne. Solch ein Angebot war in der Schallplattenindustrie bisher noch nicht da gewesen, da es den Verlust aller bis dahin entstandenen Kosten bedeutete. Trotz alledem, für Amelia war das künstlerische Endresultat wichtiger, und sie wusste, dass dies eine wahrlich besondere Aufnahme werden konnte.

Arleen nahm Amelias Angebot dankbar an, und als sie und Dalton sich voll auf der Höhe fühlten, kehrten sie zurück und nahmen alles wieder auf. Und dieses Mal war es in der Tat glorreich! Wir beendeten die letzte Aufnahmesitzung früh, und jemand schlug nur so zum Spaß vor, Arleen und Dalton sollten ein paar Takes von *Before I Gaze at You Again* aus *Camelot* machen. Das Ergebnis war so zauberhaft, dass es in das Album aufgenommen worden ist, und sich als reinstes Vergnügen für die Zuhörer erwies.

Seit dieser Zeit bekannte Arleen öffentlich, dass *Love Songs* ihr persönlicher Favorit von all ihren Aufnahmen sei, die sie jemals in ihrer Karriere gemacht hat. Sie und Amelia hatten eine besondere Verbindung, und ich erinnere mich gut an die letzte Unterhaltung von uns dreien in New York, bevor Arleen zurück in die Niederlanden fuhr. Es war nicht lange vor der Entdeckung des Hirntumors und Arleens viel zu frühem Tod."[86]

Dieses Ringen aller Beteiligten um höchste Qualität zeichnet wahre Idealisten aus und wurde auch von den Kritikern honoriert. So urteilt Herbert Glass am 4. September 1988 in der *Los Angeles Times*:

„Die gerade veröffentlichten *Love Songs* sind einem seit 15 Jahren bestehenden Sortiment als Triumph hinzuzufügen. [...] Die Sopranistin Arleen Auger und ihr

---

86 Carol Rosenberger: E-Mail vom 23. September 2011.

Pianist Dalton Baldwin präsentieren ein Recital, das – mit einem Wort gesagt – Perfektion ist. Es besteht aus 25 breitgefächerten, trotzdem in vielen Aspekten sich ergänzenden Liedern – viele von ihnen unbekannt – die sich alle mit Herzensangelegenheiten beschäftigen. [...] Alle sind mit makelloser Reinheit des Tones gesungen – es fällt schwer, an eine andere Stimme zu denken, die mit so wenig Vibrato so fraulich klingt wie die der Auger – interpretiert mit pointierter Artikulation und jener Art von Einfachheit, der sich alle verweigern, außer den intelligentesten Liedsängern. Baldwins Begleitung ist unterstützend, ohne sich selbst zurückzunehmen, so wie man es von einem dermaßen sensiblen Künstler erwartet.“

Die Firma Delos bewirbt die Platte bis heute mit einigen griffigen Schlagzeilen aus diversen Fachzeitschriften:

„Wahrlich unvergleichlicher Gesang ... Bei den *Love-Songs* ist für jeden etwas Schönes dabei. [...] ... eine Künstlerschaft, die uns einen kurzen Einblick in etwas ermöglicht, was wir schon verloren glaubten.“ (Stereo Review)

„Romanze ist das einheitsstiftende Thema, und Auger ist eine bestechende Interpretin.“ (Billboard)

„Dieses außerordentlich breitgefächerte Recital ist ein Vergnügen vom ersten Lied bis zum letzten. [...] Es kann gar nicht genug weiterempfohlen werden.“ (Penguin Guide to Compact Discs)

„Ihr exquisites Album der Liebeslieder erweist sich als eines der feinsten Kompendien klassischer Lieder, die jemals erschienen sind.“ (Jason Serinus in: Stereo)

„Die außerordentliche Arleen Auger,“ wie die Londoner *Times* die amerikanische Sopranistin nannte, „ist auf der ganzen Welt eine Ikone, die für die leuchtenden Qualitäten ihrer Stimme und ihre herausragende Musikalität bekannt ist.“

„Musikalisch gesehen muss Arleen Auger zu den verdienstvollsten musikalischen Vertreterinnen dieser Nation gezählt werden.“ (Stereophile)

Amelia Haygood schrieb abschließend über diese bemerkenswerten Aufnahmesitzungen:

„Arleen hat in ihrem kurzen Leben annähernd 200 Aufnahmen gemacht, aber der ‚all-time around-the-world-Favorit‘ unter ihnen war *Love Songs*, welche sie für uns zusammen mit Dalton Baldwin in der niedlichen Kapelle der First Congregational Church in Los Angeles aufgenommen hat. Wir können dankbar sein, dass Arleens wunderschöner Gesang so einfühlsam vom Aufnahme-Guru John Eargle eingefangen worden ist, der für viele Jahre der Aufnahmeleiter der Delos war.

Arleens unerwarteter Tod 1993 hinterließ eine Anzahl sehnsüchtig erwarteter unausgeführter Projekte, unter ihnen unsere geplanten Love Songs, Vol. 2.“[87]

---

87   Auf: http://delosmusic.com/2010/02/36-for-36-love-songs/

Es ist nicht verwunderlich, dass diese CD für drei der renommiertesten Schallplatten-preise der USA nominiert war:

Grammy Nomination
Billboard Classical Chart
A Penguin Guide Rosette Disc

Viele Sänger betreiben lieber Liedpflege auf Platte, statt sich diesem filigranen, störan-fälligen Genre im Konzertsaal zu stellen. Auch das Lied-Publikum ist eher ein kleines und exklusives. Von daher kursierte schon Ende des 20. Jahrhunderts in der Branche das Schreckgespenst vom Tod des Liederabends. Denn die Massen zieht dieses Gen-re bis heute nicht an, und das will und kann es auch gar nicht. Da profitorientiertes Denken die Konzertlandschaft zunehmend stärker durchdringt, fällt ein Liederabend hinsichtlich der Besucher- und damit Umsatz-Zahlen zunehmend unter die Kategorie „redundant". Von daher verwundert es nicht, dass manche Festivals heute gar keinen Liederabend mehr anbieten. Es scheint, als ob man es einer der anspruchsvollsten Kam-mermusikgattungen so schwer wie irgendmöglich machen möchte. Aber wie bei allem im Leben, so gilt auch hier der weise Spruch: „Totgesagte leben länger":

Und so konstatierte Arleen Auger 1987 freudig über die Situation in den Vereinig-ten Staaten:

„Es gibt viel Raum auf dem Lied-Sektor zu arbeiten, was mich sehr glücklich macht! Ich war überrascht; mir wurde gesagt, dass dieses Genre am Aussterben sei. Aber dem ist Gott sei dank nicht so!"[88]

Trotzdem wurde die Situation auch in Amerika so bedrohlich, dass Marilyn Horne sich 1993 veranlasst sah, ihre „Marilyn Horne Foundation" zu gründen, einen Verein zur Rettung des Liederabends in den USA. Seither bietet ihre Organisation jungen am-bitionierten Liedsängerinnen und -sängern die Möglichkeit, sich auszuprobieren und auf dem Podium erste Erfahrungen zu sammeln.

Letztlich resultiert die Faszination eines Liederabends aus dem Charisma der In-terpreten und der Attraktivität des Programms: Hierbei gilt es, mit Mut und Experi-mentierfreude, Stücke, Stile und Komponisten miteinander zu kombinieren, die sich auf eine magische Weise ergänzen und neue Stimmungen und Farbwechsel erzeugen. Arleen Auger sagte dazu:

„Wir alle sollten mehr Zeit darauf verwenden, Programme zu konzipieren. Ich ver-gleiche das gerne mit dem Unterschied einfach ein paar Bilder in einem Raum zu verteilen oder aber eine erstklassige Ausstellung in einem Museum zu besuchen, wo ein Wissender viel Zeit und Mühe und Qualen damit verbracht hat, die richtigen Exponate für die Ausstellung zu finden, sie zu nehmen und zusammenzusetzen, so dass sie bedeutungsvoll für den Betrachter werden und sie so zu präsentieren, dass der Besucher die Ausstellung bereichert verlässt. Und das ist viel Arbeit."[89]

---

88 Heidi Waleson, 1987: Anm. s. o., S. 23.
89 James M. Keller: Anm. s. o., S. 13 f.

4.1 Erarbeitung eines Programms

Um sich als Interpret einem Lied zu nähern, gibt es unzählige Herangehensweisen. Eine unter deutschen Künstlern beliebte, ist die intellektuell-analytische: das Zerpflücken des Textes bis in die einzelnen Konsonanten, um sich rational dem emotionalen Gehalt zu nähern. Dieser Prozess kann dergestalt abgekürzt werden, indem man sich gleich auf die Ebene der Emotionen begibt. Diese Methode funktioniert zumindest dann, wenn man mit seinen Gefühlen so in Kontakt steht, wie Arleen Auger dies tat.

Rainer Hoffmann, der während der Frankfurter Zeit Arleen Augers Pianist und Kollege in der Lied-Klasse war, berichtete, dass sie mit einem rein intellektuellen Zugang zu Liedern wenig anfangen konnte und auch von allzu viel rein Theoretischem während der Probenarbeit nicht belangt werden wollte. Viel eher lautete ihre Anweisung zu Beginn einer Probe „Spiel einfach mal!" Aufgrund ihrer ausgeprägten Musikalität hat sie dann das meiste gleich intuitiv erfasst und musikalisch stimmig umgesetzt.

Graham Johnson hat über die Zusammenarbeit mit Arleen Auger für die Schubert-Platte 1989 folgendes berichtet:

> „Sie war sehr angenehm und stressfrei, beinahe sanft würde ich sagen. Wenn sie Angst oder andere Probleme hatte (so wie wir alle), so brachte sie diese nicht mit an den Arbeitsplatz. Sie war kooperativ und bereit neuen Ideen zu lauschen, aber nicht an einer Masse von Details. Anstatt über ein Lied und seine mögliche Idee dahinter zu sprechen, hat sie es lieber einfach gesungen und so ihre Ideen mir und dem Publikum vermittelt. Sie war damit grundverschieden zu einer Sängerin wie – sagen wir – Fassbaender, die ein Lied emotional ausarbeiten und damit ringen würde, als ob sie eine Opernproduktion mache. Arleens Art war kühler und weniger dramatisch. Sie war zuerst und vor allem Musikerin, der Franzose würde sagen ‚très musicienne', und solche Individuen tauchen tiefer in die Partitur ein, anstatt Motivation und Inspiration ausschließlich in einer philosophischen Idee zu finden, die von außen übergestülpt wird."

Melvyn Tan unterstrich diese unkomplizierte Herangehensweise an Musik sogar als wesentlichen Teil ihres Naturells:

> „Der Schlüssel ihres Künstlertums war ihre offensichtliche Einfachheit. Aber in dieser Einfachheit lag selbstverständlich ein ganzes Areal von Komplexitäten – etwas von dem ich glaube, dass es den Schlüssel für große Kunst und große Künstler darstellt."

Carlos Cebro, der Arleen Augers Meisterkurse Mitte der 1970er-Jahre am Salzburger Mozarteum begleitet hat und mit ihr zu dieser Zeit auch Liederabende gab, erzählte:

> „Ihre musikalischen Kenntnisse waren groß. Sie lernte mit erstaunlicher Leichtigkeit. Alles war einfach und natürlich mit ihr. Die Arbeit mit ihr war sehr entspannend und gleichzeitig stimulierend durch ihre perfekte Kantilene! Sie übertrieb niemals, sondern fand mit ihrer herrlichen Stimme immer für jede Phrase deren

musikalische Quintessenz. Für jedes Lied fand sie den passenden Ausdruck. Das Einzige, was sie nicht duldete, war ihre Stimme zu forcieren oder ein zu langsames Tempo. Sie hatte ihre Prinzipien. Sie markierte nie, sondern sang normal bei jeder Probe aus. War sie müde, machten wir eine Pause – ohne Starallüren und immer mit ihrem wunderbaren Lächeln! Sie war eine großartige Künstlerin mit großer Menschlichkeit.“[90]

Für manch einen Pianisten war dieser un-, ja geradezu antiintellektuelle Zugang zum Kunstlied sehr befremdlich, da dieses Genre ja wie kein zweites im Bereich der Vokalmusik zu grüblerischen Auseinandersetzungen förmlich einlädt. Steven Blier, mit dem sie 1991 in Amerika angefangen hatte zu arbeiten, erinnert sich:

„Ich bemerkte, dass Arleen ihre eigene Art im Erarbeiten eines Liedes hatte, aber sie mir nicht aufzwang. Sie gestattete mir meinen Prozess, welcher, wie ich glaube, sich von dem ihrigen ziemlich unterschied. Wir fanden einander durch die Musik und die Worte. Jeder schöpfte aus der Quelle, die ihn inspirierte. Aber das bedeutete, dass sie mich kaum an ihrem Prozess teilhaben ließ. Sie war keine, die bezüglich ihrer Herangehensweise und Assoziation zu einem Lied ins Detail ging – zumindest nicht mit mir. Höchstens ein- oder zweimal bat sie um Vereinfachung, wenn ich etwas zu kompliziert und übernuanciert gemacht hatte.“

Neben der Musik benutzte die Sängerin auch den Text als Schlüssel zu einem Lied. Das verlangte aber von ihr, sich viel Zeit zu nehmen, um in die Poesie wirklich zu verinnerlichen:

„Niemand bemerkt, es sei denn er hat es selbst einmal getan, wie viel Zeit ein Liederabend benötigt. Nicht nur das Auswendiglernen, sondern auch die Musik auszuwählen, die Planung. Ich kenne viele Leute, die sich diese Zeit nicht nehmen, aber *ich* fühle, dass es notwendig ist. Das Studieren, das Eintauchen in die Poesie, das braucht länger, als eine Oper auswendig zu lernen. Wenn eine Oper einmal auswendig gelernt ist, ist sie präsent, und dann folgt eine Reihe von Aufführungen. Für einen Liederabend ist da mehr zu tun: Du musst sichergehen, dass Du alles in deinem Kopf hast und du dir über all die Dinge bewusst bist, die in dem Lied geschehen, so dass all das beim Auftritt abrufbar ist. Dazu kommt Dein Gefühl der Auslegung... Es ist alles sehr nackt.“[91]

Der Faktor „Zeit“ war bei der Entwicklung eines Liederabend-Programms für Arleen Auger eine wesentliche Komponente. Schon in ihren Wiener Jahren war sie mit Erik Werba so vorgegangen, dass die beiden sich erst einmal zu einer Sichtung des Materials zusammengefunden und dabei eine Auswahl der Lieder getroffen haben. Dann wurden die Stücke interpretatorisch angelegt, eine Zeit lang ruhen gelassen, wieder aufgenommen, erneut geprobt und dann vor der ersten Aufführung auf ein hohes Niveau geho-

---

90 Dies schrieb mir Carlos Cebro 2011 in einer E-Mail vom 1. Oktober 2011.
91 Heidi Waleson 1987: Anm. s. o., S. 23.

ben. Dieser gesamte Prozess währte mindestens ein halbes Jahr und konnte sogar bis zu einem Jahr dauern. Doch dieser Zeitraum war notwendig, um mit den zu singenden Liedern vertraut zu werden. Alles andere wäre eine bessere Art von ‚prima vista‘ (vom Blatt singen) und für die erstrebte Intensität eines Liederabends in ihren Augen absolut ungeeignet und unprofessionell. Nur wer sich in der Vorbereitung viel Zeit genommen hat, um bis in die Tiefe eines Liedes vorzudringen, kann auch auf dem Podium alles geben und wirklich Elementares versenden.

Auch während ihrer amerikanischen Jahre behielt sie dieses Prozedere bei. Celia Novo, Augers Managerin der letzten acht Jahre, gestand:

> „Da sie keine Kinder haben konnte, bezeichnete sie immer ihre Lieder-Programme als ihre Kinder. Für die Konzeption eines neuen Programms bis zur Ausführung benötigte sie in der Regel neun Monate.“[92]

Da sie das Lied über alles liebte und gewissenhaft in der Vorbereitung war, befand sie sich stets auf der Suche nach neuem Repertoire und beschäftigte sich in Gedanken immerzu mit der Entwicklung neuer Lied-Projekte. Irwin Gage verlieh ihr darum auch den Spitznamen „projects“.

Graham Johnson spürte diese innere Auseinandersetzung mit der Lied-Materie auch während der Proben und Aufnahmen 1989 ganz deutlich:

> „Arleen war immer hochprofessionell, heiter und gut vorbereitet. In dieser Hinsicht repräsentierte sie einen sehr amerikanischen Sängertyp. Sie schien nicht viel Sinn in grüblerischen Betrachtungen, Capricen oder Diva-Attitüden zu sehen – zumindest nicht mir gegenüber. Sie befand sich spürbar auf einer Mission.“

4.2. Auf dem Podium

„Intimität ist das Gefühl, das ich suche.“[93]

Das Lied zählt zu den intimsten Formen der Kammermusik überhaupt. Es konfrontiert damit aber nicht nur die Zuhörer mit einer intensiven Unmittelbarkeit, sondern auch den Sänger selbst. Ende der 1980er-Jahre sagte Arleen Auger dazu in einem Radiointerview:

> „Ich weiß, dass viele Opernsänger sich fürchterlich nackt und ängstlich fühlen, wenn sie von der Opernbühne zur Konzertbühne und dann noch mehr zur Liedbühne kommen. Ich habe dieses Problem nicht, ich habe Lied immer geliebt, lange bevor ich wusste, was das wirklich ist. Für mich ist es ein wunderschönes Gefühl, dass man aufs Podium kommt, um diese intime Form miteinander zu genießen. Es

---

92 Brian Kellow: „Something cool. The elusive art of Arleen Auger“, in: Opera News, Juli 2006, Vol. 21, Nr. 1.

93 Daniel Webster: „The intimate Style of Soprano Arleen Auger“, in: The Inquirer, 18. Februar 1988.

ist ganz anders als bei der Oper, wo man hofft, dass wie man den Charakter macht und die besonderen Arien singt, dass es den Leuten eine Freude macht. Aber es ist noch viel mehr Freude und viel tieferer Sinn beim Lied. Nicht zu sagen, dass die Oper ist nicht tief, das meine ich nicht, aber die Möglichkeit, die Musik und die Poesie zusammen in uns zu haben und dann zu musizieren und einen Teil von uns selbst dazuzugeben, um dann beim Zuhörer ganz tief in ihm etwas zu wecken, ist eine besondere Freude; und wenn das hin und her geht und das Publikum dabei mitwirkt – dann ist das eines der wunderschönsten Erlebnisse, die ein Musiker haben kann."[94]

Dieses Ideal bezüglich des Verlaufs eines Liederabends setzt Offenheit voraus, und zwar Offenheit von beiden Seiten:

„Das meiste der Liedliteratur ist zur persönlichen Erbauung geschrieben worden, für kleine Zusammenkünfte von Menschen in ihren Wohnungen. Ich denke, es ist sehr wichtig, diesen Sinn von Intimität zu bewahren – diese direkte und unmittelbare Kommunikation – auch wenn wir heute in größeren Sälen singen müssen. Unglücklicherweise haben seit dem Zweiten Weltkrieg eine Zahl von Sängern den Liederabend zu einer sehr elitären Kulturveranstaltung stilisiert: Du betrittst den Saal und betest die Künstler und Komponisten an. Du darfst nicht an der falschen Stelle klatschen oder vor Vergnügen seufzen. Diese Art von Atmosphäre suche ich zu vermeiden."[95]

Diese intellektuelle und mitunter gar einschüchternd wirkende Distanz, die Liederabende ausstrahlen können, gerade wenn Veranstalter, Sänger oder Medien die Wichtigkeit und Heiligkeit des Dargebotenen zu sehr hervorheben, war ihr ein Dorn im Auge. 1988 sagte sie daher Daniel Webster in einem Interview:

„Dem Publikum wird eingeredet, dass sie nicht zwischen den Liedern applaudieren dürfen, während das doch die normale Reaktion für jemanden ist, der von unserer Arbeit gerade berührt worden ist."[96]

Den Liederabend als Dichterlesung mit Musik oder gar als hochkünstlerischen Gottesdienstersatz zu betrachten, lag den Intentionen einer Herzenskünstlerin wie Arleen Auger völlig fern. Denn sie wollte sich in erster Linie in die Herzen der Zuhörer singen, ins reine Gefühl.[97]

Diese Maxime bekam sie von ihrem zweiten Gesangslehrer Ralph Errolle mit auf den Weg. Dieser sprach einmal im Unterricht über die Verantwortlichkeit eines Künstlers seinem Publikum gegenüber, einen Draht zu diesem zu spannen. Er forderte von je-

---

94 Barbara Stein: Anm. s.o.
95 Barbara Jepson: Anm. s. o., S. 35.
96 Daniel Webster: Anm. s. o.
97 Diese Information gab mir Arleen Augers Freundin aus Frankfurter Zeiten, Margarete Miserre, im Dezember 2011 am Telefon.

Liederabend beim Aspen Music Festival am 3. Juli 1986 mit dem Pianisten Joel Revzen
(Photo: Charles Abbott)

dcm Sänger ein bewusstes Bestreben, eine Brücke zu bauen oder auch, um es mit Arleen Auger zu sagen, ein Telefonkabel zu verlegen.

> „Ich habe immer versucht, das mit der Musik und mit den Emotionen so rasch wie möglich zu erreichen. Ich finde, es ist eine Schande, dass diese Distanz zu den Leuten, die unser Publikum bilden, von vielen meiner Kollegen als notwendig erachtet wird und der Liederabend dadurch zu einem unpersönlichen und unkommunikativen Voyeurismus verkommt, zumal es dem Wesen des Liedes so gar nicht entspricht. Lied ist für eine sehr intime, eine Eins-zu-Eins-Situation oder eine kleine Soiree geschrieben worden, damit die Leute sich an der Intimität von Poesie erfreuen.“[98]

Und dass sie selbst diese hohen und idealistischen Ansprüche an den Liederabend meist erfüllen konnte, belegen Kritiken wie die aus der *FAZ* vom 17. April 1982:

> „Das Attribut ‚perfekt‘, einer Liedersängerin zugeordnet, erweckt heute zwiespältige Empfindungen, hat fast einen pejorativen Beigeschmack im Sinne von ‚steril‘. So

---

98 Radiointerview des amerikanischen Senders NPR 1987, wiederholt am 11. Juni 1993 in „Performance today“, auf: Auger, Arleen: Compilation – live. Recitals and interviews 1990–1993, bei: House of Opera.

behilft man sich lieber mit einer Aufdröselung des empathischen Lobes in technische Einzelaspekte, etwa ‚mustergültiges Legato‘, ‚mühelose Höhen‘. Solche Formulierungen werden dann sinnlos, wenn sie bei einer Liedinterpretation nur die Bedingungen der Verzauberung namhaft machen, während diese erst jenseits solcher Bedingungen beginnt. Das Repertoire der Beschreibungskriterien ist ohnehin beschränkt, so dass sie in einer Art von Rotationsverfahren immer wieder auftauchen.

Bei Arleen Auger ist sie eine Selbstverständlichkeit – und wenn man sie noch einmal betont, hat man nichts über ihren Liederabend gesagt. Was bei Arleen Auger sofort in den Bann schlägt, ist die vollendete Natürlichkeit des Ausdrucks. Die ‚technische Perfektion‘ verführt sie nie zu Manierismen, sondern ist die Bedingung ihrer Vermeidung.“

Und auch die Kritik von Martin Bernheimer aus der *Los Angeles Times* vom 8. März 1988 hebt eine ihrer entscheidende Qualitäten als Liedsängerin im kommunikativen Prozess mit dem Publikum hervor:

> „Sie ist eine der seltenen Künstlerinnen, die es vermag, eine essentielle Farbe zu isolieren und die Essenz eines Stücks buchstäblich mit dem ersten Ton auf den Punkt zu bringen. Dann begibt sie sich auf die Suche nach Nuancen.“

Der Pianist Ruskin King Cooper berichtet über einen Liederabend im französischen Besancon vom September 1983, der auch vom französischen Rundfunk mitgeschnitten wurde[99]:

> „Der Liederabend war atemberaubend. Augers Bühnenpräsenz, stimmliche Qualität, und Diktion waren exquisit. Sie war wunderschön – immer geschmackvoll gekleidet, aber niemals aufgedonnert. Sie war ziemlich groß und hatte eine königliche Haltung. Sie hatte eine teilweise wundervolle Art, die Schlusskonsonanten zu betonen: Sie beendete den Ton und setzte den Konsonanten dahinter, nachdem der Ton aufgehört hatte, so dass der Zuhörer in eine Haltung gezwungen wurde, ihn zu erwarten. Die Art und Weise wie sie die Phrase in der *Mondnacht* spannte, war unglaublich, etwa in der Phrase ‚die Erde still geküss----t‘. Oder in Wolfs *Er ist’s*: ‚Frühling, ja du bist’s, ja, du bis---t’s.‘“[100]

Bei allem Idealismus, den Zuhörer sofort und in seiner Tiefe zu erreichen, hat sie sich selbst aber darüber nicht vergessen:

> „Ich finde, es gibt da einen persönlichen Kontakt mit den Zuhörern, den ich in der Oper oft vermisse. Und diese enge Verbindung hilft mir singen.“[101]

Der Austausch zwischen Interpret und Publikum, das Geben und Nehmen – diese unabdingbare Balance hat sie bei aller Spendierfreude nie aus dem Blick verloren. 1984

---

99 Siehe Diskographie.
100 Ruskin King Cooper schilderte mir das 2011 in einer E-Mail.
101 Patrick J. Smith: Anm. s. o., S. 7.

beschreibt die Journalistin Anna von Münchhausen diese Wirkung bei einem ihrer Liederabend in der *Zeit*:

> „Vor nicht allzu langer Zeit, es war bei einem Liederabend im kleinen Saal des Concertgebouw, da erlebte sie diese seltene Bühneneuphorie: Noch bevor sie zum ersten Ton angesetzt hatte, spürte sie die erwartungsvolle Anspannung im Publikum deutlicher als sonst, versetzt mit einem freundlichen Wohlwollen: ‚Und dann ist es plötzlich wie ein Hochgehoben werden‘, oder, nein, sie verbessert ihr wortgewandtes Deutsch noch einmal, während sie ein zweites Mal vom Kartoffelgratin nimmt: ‚Wie fressen und geben und geben und fressen...‘ Und darüber muss sie nun sehr lachen, ohne dass es dem feierlichen Moment in Amsterdam einen Abbruch täte.“[102]

Zur selben Zeit offenbart sie sich auch der amerikanischen Journalistin Marilyn Chase:

> „Du wirfst Deine Seele in die Zuhörer und hoffst, dass sie nicht zurückgestoßen wird. [...] Ich liebe es über das Konzert, die Proben und die Technik hinaus in einen Zustand frei fließender Erfahrung zu gelangen.“[103]

Oberstes Ziel war also: „Es singt!“[104] und nicht mehr: „Ich singe.“

Was sie suchte, war also Unmittelbarkeit und Kommunikation und nicht Distanz und Selbstüberhöhung. Nicht sie als Interpretin war das Zentrum des Liederabends, sondern das Lied, das mittels ihrer Stimme zum Leben erweckt werden sollte.

Eine Rezension einer ihrer ersten Liederabende in den Staaten belegt eindrucksvoll diese kommunikative Komponente ihres Singens. So würdigt Melinda Bargreen in der *Seattle Times* vom 31. Oktober 1984 die Künstlerin wie folgt:

> „Ein andächtiges Publikum im Meany Theatre lauschte gestern Abend einer Lehrstunde in der Kunst des Schöngesangs – dargeboten in einem umfangreichen und abwechslungsreichen Programm von der amerikanischen Sopranistin Arleen Auger. Auger ist in Europa weitaus bekannter als hier im eigenen Land – ausgenommen bei den Schallplattensammlern, die sie von ihren mehr als 120 Aufnahmen her kennen. Nachdem sie drüben eine blühende Karriere gemacht hat, ist sie in dieses Land zurückgekehrt, wo die Künstlerin sie in rasanter Geschwindigkeit fortsetzt. [...]
>
> In einer Zeit, wo viele Sänger zunehmend schlecht in jeder Sprache zu verstehen sind, war Augers Diktion in drei Sprachen – Französisch, Deutsch und Italienisch – beispielhaft. Wollen wir hoffen, dass die Gesangsstudenten im Publikum aufmerksam zugehört haben. [...]
>
> Der Schlüssel zu Augers Haltung lag im Titel ihres Zugabe des Wolf-Liedes *Auch kleine Dinge können uns entzücken.* Ihre Kunst ist die des Mikrokosmos, die Kunst der Details, der feinen Nuancen. Sie singt die Musik, als ob sie sie meint, und

---

102 Anna von Münchhausen: „Bach, immer nur Bach“, in: Die Zeit, 31. August 1984.
103 Marilyn Chase: „Oregon Bach Festival: Polyphony for the Daypack Set“, in: Wall Street Journal vom 18. August 1984
104 Eine Formulierung, die Edda Moser gerne in ihrem Unterricht gebraucht.

adressiert sie an die Zuhörer, als ob sie ihnen etwas zu sagen hat. Das ist es, worum es beim Singen geht."

Bis heute haftet dem Liederabend leider immer noch dieses Vorurteil einer intellektuellen Sonderveranstaltung für Spezialisten an, und das drängt ihn klammheimlich immer mehr aus den Konzertplänen heraus. Lied lässt sich heute scheinbar nur noch „verkaufen", wenn es von einem Star dargeboten wird, für den sich den Erwerb einer Eintrittskarte zu rentieren scheint oder wenn er zu einem „Event" herabgewürdigt wird. Und genau das ist Ausdruck einer Entwicklung, die Arleen Auger *nicht* wollte. Ihr ging es darum den Liederabend als Chance zu begreifen, mit dem Publikum auf Tuchfühlung zu gehen und Intimität miteinander zu genießen. Und dafür bedarf es keines namhaften Sängers, sondern eines kommunikativen, uneitlen, spendablen und mitteilungsfreudigen Interpreten. Und es bedarf auf der Gegenseite eines offenen, neugierigen und hungrigen Publikums.

1988 sagte sie zu ihrem Interviewer Daniel Webster:

„Sehen Sie, ich betrachte meinen Beruf dergestalt, dass ich die Leute begreifen lassen muss, dass die Musik für *sie* ist. Ein Lied ist eine sehr persönliche Erfahrung – oder sollte es sein – und ich versuche, jedes davon etwas für jeden individuelles ausdrücken zu lassen."[105]

Wenn Arleen Auger einen Liederabend gab, dann sprach sie eine Einladung aus. Sie lud ein, zu sich, aber auch jeden Zuhörer zu sich selbst. Die Leute wurden in ihren Konzerten still. Und wer sich drauf einlassen wollte, konnte Wunderbares erfahren. Wer aber nur unterhalten, zerstreut oder durch Stimmgeprotze fasziniert werden wollte, der ging enttäuscht oder verstört nach Hause.

Und das schöne und wunderbare an Arleen Augers Gesangskunst ist, dass diese Idealismus bezüglich der Kommunikation zwischen Sänger und Publikum eben nicht nur ein theoretischer war, sondern dass diese Kommunikation tatsächlich stattgefunden hat und für einen sensiblen Kritiker wie Bernard Holland von der *New York Times* spürbar war. Dieser schrieb am 17. März 1985:

„Arleen Augers Liederabend in der Alice Tully Hall am Mittwoch Abend war weniger ein Konzert als eine Konversation – das gute Gefühl und das exquisite Empfinden lag in den leisesten Tönen verborgen.

Das Geschrei der Verkäufer, so scheint sie zu sagen, verhält sich umgekehrt proportional zur Qualität des Produkts. Und die musikalische Botschaft der Sängerin ist so überzeugend und ihre musikalische Syntax auf so natürliche Weise richtig, dass niemals die Notwendigkeit bestand, sich auf ihr Publikum zu stürzen. Wir machten gerne den ersten Schritt auf sie zu – und das mit Gewinn."[106]

---

105 Daniel Webster: Anm. s. o.
106 Bernard Holland: „Music noted in brief: Arleen Auger Sings At Alice Tully Hall", in: The New York Times, 17. März 1985.

In der Tat also verhielt es sich so, dass Arleen Auger im Liederabend musikalische Einladungen aussprach. Wer wollte, konnte dieser folgen. Sie wollte die Herzen der Zuhörer erreichen, aber sie drängte sich dabei nicht auf. Sie lockte, verführte, animierte. Sie wahrte stets den dynamischen Rahmen einer kammermusikalischen Veranstaltung und damit die Möglichkeit zur Intimität, sofern der Raum das zuließ: „Zu oft singen wir in großen Sälen, wo Intimität unmöglich ist."[107]

Eine besonders intime Szene in ihren Liederabenden schilderte ihre Schülerin Michèle Friedman:

> „Es war in einem Liederabend mit Roger Vignoles. Arleen Auger begann mit dem *Heidenröslein* von Franz Schubert. Sie hatte dieses Lied vermutlich 500 Mal in ihrem Leben gesungen. Plötzlich vergaß sie den Text! Liebenswürdig bat sie Vignoles erneut zu beginnen und vergaß den Text wieder an derselben Stelle. Darauf sagte sie so etwas wie ‚Oh! Das ist ja peinlich!' und ging sehr entspannt hinter den Pianisten, legte ihm ihre Hände auf die Schulter und sang das Lied, ihm dabei über die Schulter schauend. So verwandelte sie einen möglicherweise peinlichen Moment in Hausmusik. Wir fühlten uns alle, als ob wir bei ihr zu Hause in ihrem Wohnzimmer wären."[108]

Melvyn Tan wusste auch von einer sehr persönlichen Begebenheit vom Juni 1991 zu berichten:

> „Schubert war eine ihrer großen Lieben. In Hohenems war sie vor dem Liederabend überraschenderweise ein wenig nervös, und ich fragte sie, warum. ‚Oh', rief sie aus, ‚die Worte, die Worte. Ich hoffe, ich vergesse den Text nicht. Das Publikum kennt hier jede Strophe, die Du zu singen hast.' Es ist unnötig zu erwähnen, dass diesbezüglich kein Grund zur Sorge bestand, obwohl sie darauf drängte, nur für sich selbst ein paar Schlüssel-Worte als Erinnerung auf ein Stück Papier zu schreiben und dieses so im Resonanzraum des Klaviers zu deponieren, dass das Publikum es nicht sehen, aber sie von Zeit zu Zeit einen diskreten Blick darauf werfen konnte."[109]

Und eine dritte Begebenheit zeigt die Größe und spirituelle Kraft, die Intimität – ehrlich beabsichtigt und selbstlos erzeugt – auf dem Podium hervorzubringen vermag. Michèle Friedman erzählte:

> „Es war ein Liederabend in Aspen, bei dem die Festival-Teilnehmer Sitzplätze hinter oder neben ihr auf der Bühne hatten. Als Zugabe sang sie das berühmte *Wiegenlied* von Johannes Brahms: ‚Guten Abend, gut' Nacht'. Während des Vortrags drehte sie sich langsam um 360°, um alle von uns in das Lied mit einzuschließen. Da die meisten von uns ambitionierte junge Sänger waren, die sie verehrt haben, war es ein magischer Moment für uns alle, den ich auch nach all den Jahren nie vergessen habe."

---

107 Daniel Webster: „The Intimate Style Of Soprano Arleen Auger", in: The Inquirer, 18. Februar 1988.
108 Diese schöne Geschichte erzählte mir Michèle Friedman im Sommer 2011 in einer E-Mail.
109 Dies schrieb mir Melvyn Tan am 8. Januar 2012 in einer E-Mail.

5. Neue Musik

„Wenn wir älteres Repertoire singen, verbringen wir viel Zeit damit herauszufinden, was der Komponist gemeint hat. ‚Oh, wenn ich ihn doch nur fragen könnte!' Nun ja, wenn es Musik von einem lebenden Komponisten ist, dann kann ich das tun. Und wir können einen Weg finden, das Beste aus beiden kreativen Welten zusammenzubringen." [110]

In der Regel assoziiert man Arleen Auger gemeinhin nicht primär als Interpretin Neuer Musik. Dennoch hat sie regelmäßig zeitgenössische Werke gesungen und manches sogar zur Uraufführung gebracht – und das in allen Genres. Allerdings trat sie der Neuen Musik nicht vorbehaltlos entgegen und hatte bezüglich der Beschaffenheit zeitgenössischer Musik klare Vorstellungen:

„Ich bin der modernen Musik nicht sehr verbunden, weil ich bei vielem finde, dass es überhaupt nicht für die Stimme geschrieben ist. Wenn ein Instrument oder ein Tonband genau das gleiche Resultat für den Komponisten oder den Dirigenten erbringen kann, wieso muss man eine Stimme benutzen?" [111]

Das heißt: Eine Avantgarde, die Sprache und Melodie in seine Einzelbestandteile auflöst, ja zerschlägt und sie zu punktuellen Klangereignissen verkommen lässt, lehnte sie ab. Somit gestaltete sich ihr Einstieg in das Metier der zeitgenössischen Musik ziemlich moderat – mit zwei Werken von Werner Egk: Eine ihrer ersten Einspielungen für den Bayerischen Rundfunk waren 1969 die *Variationen über ein altes Wiener Strophenlied* des Orff-Schülers. Diese hatte Egk 1937 seiner Lieblingssopranistin Erna Berger als Einlage zu Rossinis *Barbier von Sevilla* in die Kehle komponiert.

Und im Februar 1971 sang sie in einem Festkonzert zum Dürer-Jahr mit den Nürnberger Philharmoniker unter Leitung des Komponisten dessen *Chanson et Romance*.[112] Dieses Werk auf mittelalterliche Liebeslyrik – 1953 explizit für die „kanadische Nachtigall" Pierette Alarie geschrieben – gelangte somit relativ früh in ihr Repertoire. 1980 sang sie es noch einmal bei den *Schwetzinger Festspielen* unter Paul Sacher, der das Werk

---

110 James M. Keller, 1990, S. 14.

111 Andreas Keller: Gespräch mit Arleen Auger, in: Musikalische Nachrichten 2, Oktober 1976 (hrsg. von der Stuttgarter Bach-Akademie), S. 17.

112 Das Konzert wurde von Maximilian Spaeth mit dem Titel „Koloratur-Arie für Trompete", in der Nürnberger Zeitung vom 13. Februar 1971 besprochen.

im Sommer 1953 in Aix-en-Provence bereits uraufgeführt hatte.[113] Diese Version liegt als Konzertmitschnitt im Archiv des SWR.

In einem Interview vom Frühjahr 1971 gestand sie bezüglich Neuer Musik offen und ehrlich:

> „Diese modernen Stücke mag ich nicht besonders, außerdem sind sie recht schwierig. Im Mai wartet etwas sehr Heikles auf mich, der Sopranpart in *Le soleil des Eaux* von Pierre Boulez für den ORF im Musikverein."[114]

Dieses neunminütige Werk aus dem Jahre 1947 für Solosopran, gemischten Chor und Orchester auf Gedichte von René Char hat sie dann unter der Leitung von Michael Gielen mit dem Chor und dem Orchester des ORF Wien eingespielt.[115] In einem Radioportrait der Künstlerin vom ORF Salzburg wurde ihre Interpretation durch Claus Henning Bachmann sehr treffend beschrieben:

> „*Le soleil des Eaux*, für Sopransolo, gemischten Chor und Orchester in einer Neufassung von 1965 wurde gewiss selten schöner gesungen als von Arleen Auger. Ich meine die reine klangsinnliche Schönheit. Ihre Sensitivität trifft gleichwertig auf die Schwebungen von Text und Musik."[116]

Noch im selben Jahr am selben Ort sollten zwei geistliche Werke zeitgenössischer österreichischer Komponisten folgen: Am 26. November führten der Chor und das Sinfonieorchester des ORF unter Miltiades Caridis die *Eucharistischen Hymnen* von Friedrich Wildgans und im zweiten Teil die *Psalmenkantate* von Anton Heiller auf.

Wildgans, der zum Zeitpunkt des Konzert bereits sechs Jahre tot war, hatte im katholischen Österreich mit seiner Vorgehensweise, liturgische Texte auf Latein mit unverkennbar auf Orff, Strawinsky und Jazz zurückreichender Musik zu vertonen, bei der Uraufführung in Salzburg 1954 einen wahren Skandal ausgelöst:

> „Gellende Pfiffe und Pfuirufe, Ohrfeigen und Raufszenen bildeten gestern den skandalösen Abschluss des 4. Orchesterkonzertes des Internationalen Musikfestes im Konzerthaus..."[117]

Schon die Besetzung des Werks erinnert an Orff: zwölf Blechbläser, Schlagzeug, Kontrabass, drei Klaviere, gemischter Chor, Sopran- und Bariton-Solo. Diese Aufführung in Wien im November 1971 war nachweislich erst die dritte nach der Uraufführung. Arleen Augers Bariton-Partner war Ernst Gerold Schramm.

---

113 Werner Egk: Die Zeit wartet nicht. Künstlerisches, Zeitgeschichtliches, Privates aus meinem Leben. München 1981, S. 559.

114 Silvia Müller: „... der einzige Narr". Gespräch mit Arleen Auger, Quelle nicht ermittelbar, März/April 1971.

115 Ein Mitschnitt liegt im Archiv des ORF – siehe Diskographie.

116 Lebenserinnerungen. Gesendet am 8. Februar 1973 im ORF Salzburg.

117 Booklet der CD „Friedrich Wildgans. Trompetenkonzert. Missa minima. Eurcharistische Hymnen". ORF CD 285.

Anton Heiller, ein Universalgenie, das Bachs komplettes Orgelwerk auswendig (!) beherrschte, fasste sein Komponisten-Credo in den Satz: „Ich schreibe für den lieben Gott und für Menschen, die sich in irgendeiner Art und Weise mit ihm auseinandersetzen wollen."[118] Die Bemühungen Karajans und Josef Krips' ihn zu einem Wechsel von der Orgelbank ans Dirigentenpult zu überreden, quittierte er mit der lapidaren Bemerkung: „Es gibt viele schlechte Dirigenten, aber wenig gute Organisten!"[119] Er war ein Komponist von größter Echtheit und Ehrlichkeit, der sich in keine Schublade zwängen lassen wollte.

Seine *Psalmenkantate* von 1955 weist neben dem Chor vier Solisten auf. In der Aufführung vom 26. November 1971 im Großen Saal des Wiener Musikvereins waren diese: Arleen Auger, Ingrid Mayr, Zeger Vandersteene und Ernst Gerold Schramm.

Das Konzert wurde vom ORF mitgeschnitten; beide genannten Werke liegen auf CD vor.

Am 11. Februar 1972 fand die Uraufführung von Rudolf Weishappels *König Nicolo* an der Wiener Volksoper statt. Dabei handelt es sich um eine Oper in zwei Teilen oder sechs Bildern auf Vorlage von Frank Wedekind gleichnamigem Drama von 1902. Das Theaterstück hatte der Grazer Musikforscher Harald Kaufmann zu einem Libretto verdichtet. Inszeniert hatte sie Wolfgang Weber, und musikalisch geleitet wurde sie von Ernst Märzendorfer. Getragen wurde das Werk vom überragenden Bühnencharisma Ernst Gutsteins in der Titelrolle.

Gerhard Kramer urteilt in der *Presse* vom 14. Februar 1972:

„Arleen Auger brilliert in der ihr auf den Leib geschrieben Partie der Prinzessin Alma mit den schwebend leichten Spitzentönen und dem silbrig schlanken Timbre ihres Qualitätssoprans."

Auch die nächste Beschäftigung mit zeitgenössischer Musik sollte auf dem Opernsektor stattfinden: Im Januar 1974 fand die Schweizer Erstaufführung von Aribert Reimanns *Melusine* am Opernhaus in Zürich statt. Das Libretto dieser berühmten und schon im 19. Jahrhundert von Lortzing und Dvořák veroperten Geschichte stammte von Claus H. Henneberg. Die Inszenierung besorgte der hauptsächlich als Fernsehregisseur tätig gewesene Peter Beauvais. Der Dirigent war Ferdinand Leitner, der das auf 33 Musiker konzentrierte Orchester der Züricher Oper leitete. Ein halbes Jahr hatte sich Arleen Auger intensiv mit dem Studium dieser in jeglicher Hinsicht hochgradig anspruchsvollen Partie, die bis zum f''' reicht, beschäftigt – ein Einsatz, der sich auszeichnen sollte.

Die Presse überschlug sich damals schier vor Lobeshymnen; so hieß es am 16. Januar 1974 in den *Neuen Zürcher Nachrichten*:

---

118 Booklet der CD „Anton Heiller. Te Deum. Kompositionen, Interpretationen und Improvisationen." ORF CD 179.
119 Ebenda.

Arleen Auger als Melusine in Aribert Reimanns gleichnamiger Oper in Zürich, Januar 1974
(Photo: Klaus Hennch/Wolfgang Fahrenholtz)

„Arleen Auger sang die Melusine. Vorweg ihrer außerordentlichen künstlerischen Persönlichkeit ist es zu verdanken, dass die Werkkonzeption wirklich zur vollen Entfaltung kam. Sie tat dies durch eine stupende Gesangsleistung, mit der sie durch intrikate Koloraturkaskaden die notwendigen oszillierenden Effekte erzielte. Ihre Darstellung zeugte von hoher Körperbeherrschung. Ohne jegliche Erdenschwere war sie dem Bühnengeschehen – mehr Traumwesen als Mensch – die alles beherrschende Mitte."

In der *Schwäbischen Zeitung* schreibt Winfried Wild am 14. Januar 1974:

„Wie in München dirigierte Zürichs Opernchef Ferdinand Leitner, wie dort und wie stets bei seiner Wiedergabe zeitgenössischer Musikdramatik führte er das Ensemble überaus farbig und doch delikat. Schlechthin verblüffend die souveräne Art, mit der die Gast-Darstellerin der Titelrolle, die Amerikanerin Arleen Auger (zur Zeit an der Wiener Staatsoper), mit ihrer vertrackten Partie fertig wurde. Im blauen Kleid und blonden Langhaar hatte sie die kühle Ausstrahlung eines elfischen Wesens, das keinen liebt und dem alle verfallen müssen; aber diese Wirkung ist noch mehr ihrem sirenenschönen Gesang zu verdanken: Mit ihrer schlanken und schmiegsamen Stimme malt sie eine Fülle von Ausdrucksnuancen, springt wie mühelos und stets mit kostbarem, weichem Klang in schwindelerregende Koloraturhöhen hinauf."

Und der Kritiker der *Schweizer Musikzeitung* urteilte in der April-Ausgabe 1974:

„Das elfische Wesen Melusines offenbarte sich schon in der äußeren Erscheinung – um so ergreifender empfand man ihre Verwandlung in eine liebende Frau. Der Komponist mutet ihr, als Ausdruck des Unwirklichen, Naturhaften, Unerhörtes an gesanglicher Virtuosität zu – eigentliche vokale Kunststücke von allerhöchster Schwierigkeit. Arleen Auger, junge Amerikanerin, die an der Wiener Staatsoper verpflichtet ist, erfüllte sowohl die darstellerischen als auch die gesanglichen Anforderungen, wie die Rolle sie fast rücksichtslos stellte, auf schlechthin vollendete, oft genug gar atemberaubende Weise. Ihre beinahe zirzenischen Vokalkünste wurden weder durch jene Kühle, die man bei Vertreterinnen des Koloraturfachs so oft antrifft, noch durch die geringste Schärfe, wie sie gerne bei extremer Beanspruchung auftritt, beeinträchtigt. Sie sang wie ein Traumwesen."

Und Georg Ruckstuhl schrieb im *Landboten* vom 15. Januar 1974:

„Musiker und Dirigenten zeigten sich den Anforderungen voll gewachsen, dem Ohr blieb nichts versagt, was dem Auge geboten wurde. Reimann hat den Orchesterpart so gestaltet, dass die Sänger mit ihren Stimmen ‚durchkommen'. Leitner hat dafür gesorgt, dass diese Balance gewährt blieb. So konnte Arleen Auger sich in ihrer schwierigen und anspruchsvollen Partie auf Feinheiten und verhaltende Töne verlegen, sie wurde nie zum Forcieren gezwungen. Mit geradezu unwahrscheinlicher Eleganz und einer Sicherheit, die ihren großen Arbeitseinsatz lohnte, gestaltete sie eine Melusine, die zum Modell für diese Rolle werden dürfte. Reimann schreibt nicht gegen die Stimmen, aber er fordert sie, besonders diejenige der Melusine. Frau Auger blieb der Rolle nichts schuldig; stakkierte Koloraturen, Elemente des Sprechgesangs, belkantistische Lyrismen und dramatische Ausbrüche wurden von ihr zu einem ständig strömenden, wohlklingenden und gut artikulierten melodischen Strom vereinigt. Hinzu kam eine ausgefeilte Darstellung und damit eine überaus starke Ausstrahlung. Eine großartige Leistung, die man nicht so bald vergessen wird."

Der Kritiker der *Neuen Züricher Zeitung* stellt am 14. Januar 1974 sogar indirekt Forderungen auf:

„Der Komponist und die künstlerischen Leiter stießen an der Premiere auf anerkennenden Beifall, stürmischer Applaus aber traf die Darstellerin der Titelfigur. Die derzeit in Wien engagierte amerikanische Koloratursopranistin Arleen Auger entspricht dem elbischen Wesen in Erscheinung und Stimme in einem Maß, das auch ihren Übergang zur verliebten mondänen Frau noch poetisch macht. Ihre Vokaltrapez-Kunststücke gelingen in vollendeter Sicherheit; sie werden weder durch die geringste Schärfe noch den leisesten Anhauch virtuoser Kälte beeinträchtigt. Von ihrer Szene mit Madame Lapérouse an steht es auch fest, dass sie über Temperament verfügt; man möchte Arleen Auger so schnell wie möglich in den großen Rollen ihres Fachs kennenlernen."

Fast 40 Jahre später – im Frühjahr 2011 – schrieb mir Aribert Reimann:

„Die Uraufführung der *Melusine* fand 1971 in Schwetzingen statt mit Catherine Gayer als Produktion der Deutschen Oper Berlin. Die Schweizer Erstaufführung war am 12. Januar 1974 am Opernhaus Zürich mit Arleen Auger. Leider habe ich nur die Premiere gesehen, ohne vorherige Proben. Ich war ungeheuer beeindruckt und fasziniert, wie Frau Auger diese schwere Partie scheinbar mühelos nicht nur gesungen, sondern auch empfunden und gespielt hat. Für mich ist das bis heute ein unvergesslicher Eindruck, obwohl ich schon einige Produktionen davor und vor allem viele andere danach gesehen habe. Es gibt viele Momente, in denen ich sie immer noch vor mir und in meinen Ohren habe. Ihre Darstellung dieser Rolle ist mir sehr oft noch gegenwärtig. Leider haben wir uns erst auf der Premierenfeier kennengelernt und danach nie wiedergesehen, was ich immer noch sehr bedaure, aber es ergab sich keine Gelegenheit mehr."

Als nächstes folgte eine Uraufführung beim Festival „Carinthischer Sommer" 1974: am 20. Juli 1974 sang Arleen Auger in der Stiftskirche Ossiach die Uraufführung der *Geistlichen Sonate* für Sopran, Trompete und Orgel, op. 38 von Gottfried von Einem. Die Entstehungsgeschichte dieses Werks erstreckte sich über beinahe ein Jahrzehnt: Der älteste Teil des Werks ist der zweite Satz von 1962, komponiert „zur Confirmation meines Sohnes" (Caspar) mit dem Textausschnitt „Ich beuge meine Knie vor dem Vater unseres Herrn Jesu Christi" aus dem Epheserbrief. Der Kopfsatz wurde 1971 komponiert und die beiden Schlusssätze 1973, wobei der dritte Satz auf einer Passage aus dem

Korintherbrief beruht und das Finale auf Psalm 103 *Lobe den Herrn meine Seele* fußt. Das Originelle an dem Stück ist, dass von Einem die Kombinationsmöglichkeiten der drei Instrumente voll ausschöpft: Der Kopfsatz ist rein instrumental angelegt, der zweite Satz ist nur für Sopran und Orgel konzipiert, der dritte für Sopran und Trompete und erst im Finale vereinen sich alle drei, wobei auch musikalisches Material aus dem Eröffnungssatz und dem dritten Satz wiederaufgegriffen wird. Das Werk hält sich bei aller Zeitgemäßheit an traditionelle Strukturen und schließt harmonisch in E-Dur.

Die Amerikanerin Carole Dawn-Reinhard, Professorin für Trompete am Wiener Konservatorium, übernahm den Trompetenpart, und an der Orgel saß Karl Hochreiter. In der *Kleinen Zeitung Klagenfurt* ist am 23. Juli 1974 über das Werk des Boris Blacher-Schülers von Einem zu lesen:

> „Ein Werk, das Paulus-Briefe, 103. Psalm und Spielfreude der Trompete unter einen Hut zu bringen vermag, gewissermaßen deren gassenhauerische Keckheit im ersten Satz durch die Inbrunst der engelgleichen Stimme Augers läuterte. Trotz gelegentlicher Weitintervalligkeit siegt die kantable musikalische Linie. Wem soviel einfällt und wer soviel kann wie von Einem, verschmäht Melodieosität und Form der alten Meister nicht.“

Acht Jahre später hat sie das Werk beim *Carinthischen Sommer 1982* noch einmal wiederholt. Die Trompeterin war dieselbe, den Orgelpart übernahm diesmal Thomas Daniel Schlee. Der Kritiker der *Kärntner Volkszeitung* schrieb am 21. August 1982:

> „Schließlich als Abschluss und Höhepunkt eine besonders ergiebige musikalische Konstellation: Gottfried von Einems *Geistliche Sonate für Sopran, Trompete und Orgel* op. 44, 1974 anlässlich des Carintischen Sommers uraufgeführt, erlebte eine expressive, in jedem Satz mitreißende Wiedergabe. [...] In der durch und durch erlebten Interpretation durch Arleen Auger, Carole Dawn Reinhart und Daniel Schlee wurden einmal wieder ‚Carinthische Maßstäbe‘ gesetzt. Davon und von der Begeisterung des Publikums über Werk und Ausführende durfte sich auch der anwesende Komponist Gottfried von Einem überzeugen.“

Beide Konzerte sind als Radiomitschnitte überliefert.

Im Februar 1976 widmete sie sich wieder einem Werk des Franzosen Pierre Boulez; diesesmal *Tombeau*, dem fünften Satz von *Pli selon Pli* für Solosopran und Orchester auf ein Gedicht aus dem Jahre 1897 von Stéphane Mallarmé. Die Aufführung erfolgte beim Festival *Recontres Internationales de Musique Contemporaine* in Metz. Der Dirigent war Michael Gielen. Radio France hat das Konzert mitgeschnitten.

Im Januar 1980 folgte dann das vollständige Werk: *Pli selon Pli* (1957–1962) – mit allen fünf Sätzen ein fast einstündiges Werk. Sie sang es in zwei Konzerten mit dem Concertgebouw-Orchester unter Michel Tabachnik in Rotterdam und Amsterdam und wiederholte es am 21. und 22. Juni beim Holland-Festival in Den Haag und Amsterdam.

Auch in ihrer Stuttgarter Zeit an der Bachakademie gab es weitere Begegnungen mit Neuer Musik. Bei aller Leidenschaft für das Werk Johann Sebastian Bachs such-

Carinthischer Sommer 1982: Arleen Auger mit Thomas Daniel Schlee und Caroline Dawn-Reinhard
anlässlich der Aufführung von Gottfried von Einems *Geistlicher Sonate* (Photo: Carinthischer Sommer)

te Helmuth Rilling regelmäßig nach zeitgenössischen Komponisten, die bereit waren, geistliche Kantaten nach Bachschem Vorbild zu komponieren – so auch Tilo Medek (1940–2006), in der Tradition von Kurt Weill, Rudolf Wagner-Régeny, Caspar Neher und Carl Orff stehend. Dieser erinnerte sich nach Jahren:

„1979 rief mich Helmuth Rilling an, ob ich einen Auftrag für eine Quasi-Bach-Kantaten-Nachfolge annehmen wolle. Er hatte sich vorher ,unauffällig' über mein Tun erkundigt gehabt. Nachdem ich es geschafft hatte, keine verschimmelten Leipziger Kantatentexte schwacher Pastoren mit Hang zum ,Höheren' vertonen zu müssen (obwohl ich das sollte), beschäftigte sich meine Frau mit dem Gesamtwerk Rainer Maria Rilkes, damit sie eine Montage um den ,Ölbaumgarten' herum gruppiere. Ich wählte ein Pendant zu Bachs ,Magnificat' und hielt mich an dessen Instrumentarium, es allerdings mit Schlagzeug erweiternd.

Der Name ,Gethsemane' (hebräisch: Ölbaumkelter, am Fuße des Ölbergs gelegen) ist in Beziehung zum Rilkeschen Zentraltext ,Ölbaumgarten' frei gewählt geworden.

Im Rahmen der Internationalen Sommerakademie 1980 erklang das Werk dreimal unter der Leitung Helmuth Rillings in Stuttgart (ihm ist auch die Kantate gewidmet). Uraufführung: 3. August 1980 in der Stuttgarter Stiftskirche. [...] Solisten, Chor a cappella und Vermischungen mit dem Orchester sind so gewählt, dass eine Dramaturgie hörbar werden soll. Selbst Ansätze einer ‚Handlung' sind auszumachen, obgleich epische Reflexion überwiegt. [...] Meine *Gethsemane-Kantate* hört gewissermaßen mit der Kenntnis Brecht-Weillscher Lehrstücke auf Bachs Kantaten und kümmert sich um eine weitestgehend ausgesparte Christus-Begebenheit, die uns Heutigen so wichtig geworden ist: der Zweifel im Garten Gethsemane, die Zwiesprache mit Gott, von Niemandem überliefert, weil die Evangelisten die entscheidende Nacht verschliefen: ‚Später erzählte man: ein Engel kam.' [...]"[120]

Und noch ein weiteres Werk aus der Rubrik „Kantate nach Bach'schem Vorbild" sollte bereits ein Jahr später folgen: Der in Halle geborene Komponist Hans Darmstadt hatte beim Kompositionswettbewerb *Bachpreis der Stadt Stuttgart* seine Kantate ... *und trotzdem hoffe ich* eingereicht und damit den ersten Preis gewonnen. Dieser war mit 10 000 Mark dotiert. Das Werk erklang zum ersten Mal im Juli 1981 im Rahmen der *Internationalen Backakademie*. Als Auflage hieß es, das Werk solle den Schwierigkeitsgrad, die Dauer und die Besetzung einer Bachkantate haben. Darmstadt hat das Stück ursprünglich für Soli, Chor und Orchester geschrieben, später aber in Absprache mit dem Verlag eine reduzierte Version für Orgel und Klavier angefertigt. Der Komponist selbst bekennt frank und frei: „Ich finde die Klavier-Orgel-Fassung besser. Die Instrumentation ist ein bisschen plump, wenn auch manche Farben ganz reizvoll sind."

Über den Stil des Werks äußert er sich wie folgt:

„Stilistisch...? Nun, wie man halt schreibt, wenn man sich der Szene ‚Neuer Musik' zugehörig fühlt, intensive Studien betrieben hat (Konrad Lechner, Günther Becker), neugierig die Darmstädter Ferienkurse verfolgt hat – einerseits. Und andererseits Kantor mit dem Bemühen ist, Brücken zu schlagen zwischen der Neuen Musik und der kirchenmusikalischen Praxis. Wohler fühle ich mich heute mit den beiden rein solistischen Sätzen (2+4). In den Chorsätzen gibt es einige Banalitäten. Eventuell verständlich durch die Notwendigkeit, Rücksicht zu nehmen auf die Möglichkeiten von Laiensängerinnen, die freilich Erstaunliches geleistet haben. Diese Spannung hat mich jedoch immer gereizt.

Eine Nachahmung der Bach-Kantate ist nicht gegeben. Es gibt keine freien Texte. Sicher, der zweite Satz könnte eine Art Aria sein, wurde aber von mir nicht so genannt. Allerdings wird Bach zitiert mit dem Osterchoral ‚Christ lag in Todesbanden', instrumental zwischen dem 3. und 4. Satz ‚wie aus der Ferne, pp, gedämpft'."

Der Komponist Hans Darmstadt schrieb 2011 außerdem:

„An Frau Auger erinnere ich mich durchaus und denke an ihren engagierten Einsatz und ihr Temperament. Bewundert habe ich, dass Sie sich so intensiv auf das Stück eingelassen hat, obwohl die Neue Musik sie sicher nur am Rande interessierte. Ich habe mir gerade nach langer Zeit die beiden Fassungen noch einmal auf Kassette

---

120 Tilo Medek: „Über meine Kantate ‚Gethsemane'", auf: http://www.emmaus.de/ingos_texte/gethsemane_ueber.html.

angehört und bewusst auf Arleen Auger geachtet. Sie ist mit Abstand die sicherste im Quartett der Vokalsolisten gewesen, schöne klare Stimme, unaufdringlich ausdrucksstark. Drum herum eine typische Uraufführung mit vielen falschen Tönen und nicht immer den richtigen Tempi."

Auch das nächste Werk des 20. Jahrhunderts in Arleen Augers Sängerinnenkarriere war wieder eine Uraufführung: Am 5. März 1982 sang sie in der Pariser Oper unter der Leitung von Zoltán Peskó die Weltpremiere des *Concerto de la fidélité* für hohe Stimme und Orchester von Germaine Tailleferre. Bei diesem Stück handelt es sich um das letzte große Werk der Komponistin, die die einzige Frau aus der *Group Les Six* um Erik Satie war. Das dreisätzige Stück stellt die revidierte Fassung eines Konzert für Koloratursopran und Orchester von 1957 dar.

Die unglaubliche Geschichte, die sich um die Entstehung dieses Werk rankt, darf hier nicht unterschlagen werden:

Bernard Lefort, damaliger Generalintendant der Pariser Oper und von Hause aus Baritonsolist, befand sich zu der Zeit auf der Suche nach der Komponistin Germaine Tailleferre, in deren Ensemble er als junger Sänger nach dem Studium 1949 seine ersten Liederabende gegeben hatte und die für ihn 1954 das *Concerto des saines paroles* geschrieben hatte. Aber niemand konnte ihm sagen, ob sie noch lebte, und wenn ja, wo. Nach hartnäckiger Suche fand er seine Mentorin früherer Tage schließlich in einer klitzekleinen und völlig heruntergekommen Behausung in Paris. Augenblicklich half er ihr, eine neue und würdige Wohnung zu finden, bezahlte diese anfänglich sogar für sie und hielt den künstlerischen Direktor von Radio France, Charles Chaynes, an, ihr einen Kompositionsauftrag zu erteilen.[121] Und dieser Kompositionsauftrag war eben dieses Konzert, das ihr wieder zu Geld verhelfen sollte. Germaine Tailleferre vollendete das Werk 1981, und die Uraufführung findet in ihrem Beisein statt.

Der Musikwissenschaftler Robert Shapiro bezeichnet das Werk Tailleferres als „Kulmination ihrer Bemühungen, einen klaren, lebensfähigen und wirkungsvollen instrumental-vokalen Klangeffekt zu erzielen, ohne Worte zu verwenden, was sie schon ein halbes Jahrhundert lang versucht hatte. Tailleferre hat nun ihren ‚Text' auf reine Silben reduziert, und damit erreichte sie völlig ihren gewünschten herrlichen Effekt."[122]

Bei dieser Anlage des Werks in Kombination mit der Stimme von Arleen Auger konnte die Aufführung nur ein Erfolg werden – und sie wurde mehr: Sie wurde ein Triumph. Vor allem dank Arleen Auger, „die das Publikum mit ihrer in der Höhe strahlenden und ätherischen Stimme, die dieses Stück verlangt, bei seinem innersten Gefühl packte".[123] Das Publikum applaudierte ihr und der „fragilen Silhouette"[124] der auf einem Balkon der Oper sitzenden Komponistin feierlich.

---

121 Georges Hacquard: Germaine Tailleferre – La dame de Six, Paris 1988.
122 Robert Shapiro: Germaine Tailleferre. A Bio-Bibliography. Westport (Conneticut), 1994, S. 28.
123 Ebenda.
124 Ebenda.

Eineinhalb Jahre später verstarb Germaine Tailleferre am 7. November 1983 im Alter von 91 Jahren in Paris. Radio France hat dieses denkwürdige Ereignis ihrer letzten Uraufführung mitgeschnitten.

Das österreichische Festival *Carinthischer Sommer* hat sich bis heute der Förderung Neuer Musik verschrieben. In einer nur zeitgenössischen Komponisten gewidmeten Soiree im August 1982 interpretierte Arleen Auger die *Milchzahnlieder* op. 17 von Iván Eröd. Der Komponist selbst spielte den Klavierpart seiner 1974 in Graz uraufgeführten Lieder, von denen es im Übrigen auch eine Kammerorchesterfassung gibt. Der Zyklus auf Gedichte von Richard Bletschacher umfasst sechs Lieder mit einer Gesamtdauer von zwölf Minuten. Maria E. Ogris charakterisierte sie am 25. August 1982 in der *Kleinen Zeitung* als „Belcanto der Avantgarde, der dem Sänger sehr entgegenkommt". Gustav Pernatsch schrieb in der *Kärntner Volkszeitung* am 24. August 1982:

„Den stärksten Erfolg des Abends erzielten die *Milchzahnlieder* von Iván Eröd. Die erklärte Absicht dieses Komponisten ist, verständlich zu sein und sich gegenüber Interpreten und Zuhörern freundlich zu verhalten. Dies kann nur willkommen sein, wenn dem mit der Tradition Verhafteten so viel Gutes einfällt wie bei diesen witzigen, speziell für Kinder gedachten Liedern. Für ihre pointierte Wiedergabe hätte sich Eröd niemand Besseren wünschen können als Arleen Auger."

Der Komponist selbst schrieb:

„Sie war eine wunderbare, intelligente und herzenswarme Künstlerin! Damals, im August 1982, war es für mich eine große Freude und Ehre, dass sie meine Lieder gesungen hat. Neben der kurzen Probe und der Aufführung blieb mir kaum Zeit, sie näher kennen zu lernen, doch habe ich diese kurze Zeit nachhaltig in Erinnerung. Die Aufführung selbst war von ihrer Seite perfekt, glänzend und humorvoll gesungen."[125]

Im August 1982 sang Arleen Auger einen weiteren zeitgenössischen Liederzyklus beim *Carintischen Sommer* – und zwar eine Uraufführung. Der „Hauskomponist" des Festivals war jahrzehntelang Gottfried von Einem, der sich zeitlebens immer auch für von ihm geschätzte Kollegen eingesetzt hat; und ein solcher Kollege war Karl Heinz Füssl. Auf tschechischem Boden geboren, hatte Füssl von 1939 bis 1942 bei Konrad Friedrich Noetel in Berlin studiert und nebenbei dort auch den Unterricht von Hugo Distler genossen. Nach dem Krieg hatte er sich Alfred Uhl in Wien als Lehrer erkoren. Füssl wird in den gängigen Lexika als Vertreter konsequenter Dodekaphonie geführt. Über seinen „Stil" sagt er jedoch selbstironisch:

„Weil ich zu keiner Zeit vom Komponisten-Job abhängig sein wollte (sogar ein Angebot Brechts habe ich deswegen ausgeschlagen), leiste ich mir den Luxus des Nonkonformismus: zu komponieren, was, wann und wie ich will – zu einer Zeit, in der

---

125 Dies teilte mir der Komponist in einer E-Mail vom 12. Februar 2012 mit.

Arleen Auger im Gespräch mit dem Komponisten Karl Heinz Füssl anlässlich
einer Soirée am 22. August 1982 im Parkhotel Villach (Photo: Ossiacher Festspiele)

gar so viele just auf exakt dieselbe Art wie andere viele ,originell' sein wollen. ,Originell' ist in. Bei mir aber löst, was zur Tagesmode verkommt, regelmäßig heftige Gegenreflexe aus."[126]

Am 21. August 1982 brachte Arleen Auger in der Ossiacher Stiftskirche mit Erik Werba am Klavier seinen Liederzyklus *Diotima. Fünf Gesänge nach Texten von Friedrich Hölderlin* op. 22 zur Uraufführung. Der Zyklus entstand im Sommer 1981 und bildet den Auftakt zu einer ganzen Reihe von Liederheften nach Friedrich Hölderlin. Stilistisch reicht die Bandbreite des verwendeten Materials von den gregorianischen Cantus firmi *Requiem aeternam* und *Lux aeterna* im dritten Lied über die Bitonalität in der Begleitung des vierten Liedes bis hin zum Prinzip der „Akkord-Säule" Josef Matthias Hauers im letzten Lied. Bei dieser Technik löst innerhalb eines vierstimmigen Gefüges immer nur ein Ton einen anderen ab.

---

126 Karl Heinz Füssl: „Eine sogenannte Selbstdarstellung", in: Musikalische Dokumentation, Wien 1988, auf: www.ioem.net/dokuhefte/fuessl_karl_heinz.htm.

Der Kritiker Gustav Pernatsch schwärmte über die Aufführung am 24. August 1982 in der *Kärntner Volkszeitung*:

„Der Zyklus *Diotima* entstand im Vorjahr und scheint Arleen Auger in die Kehle geschrieben. Über eine teils sehr selbständig geführte, teils rein akkordische Klavierstimme schwingt sich der klare helle Sopran nachtigallenartig empor und scheint im fünften Lied, irdischer Schwere entrückt, gleichsam zu schweben. So kompliziert die Schreibweise auch ein mag: Das Ergebnis klingt einfach und schön, hat speziell in den Liedern drei und fünf starke Stimmung."

Das Landesstudio des ORF in Kärnten besitzt einen Mitschnitt dieser Uraufführung.

Mit dem Wechsel nach Amerika erklomm auch die Beschäftigung mit zeitgenössischer Musik für Arleen Auger eine neue Stufe der Intensität: Sie sang nämlich fortan nicht mehr nur neue Werke, die sie vorfand oder die an sie herangetragen wurden, sondern sie gab sie konkret in Auftrag und nahm am Entstehungsprozess aktiv Anteil.

Das erste Werk dieser Art war ein Kompositionsauftrag, den sie 1984 an die amerikanische Komponistin Judith Lang Zaimont vergab. Diese erinnert sich:

„Der Auftrag von Arleen und Dalton Baldwin kam, nachdem Dalton die Uraufführung eines Liederzyklus von mir beim Art Song Festival gehört hatte. Und – ungewöhnlich für einen Kompositionsauftrag – hatte ich nur eine sehr begrenzte Wahl: entweder das *Tagebuch der Anne Frank* oder *Markings, das Buch der Meditationen* von Dag Hammarskjöld.

Es war klar, dass das *Tagebuch* in Prosa war – und ich bevorzuge für meine Arbeit aber die Prägnanz der Dichtung. Um zu sehen, ob ich den Auftrag überhaupt annehmen konnte, musste ich mein eigenes Libretto aus dem Material von *Markings* fertigen. Also kaufte ich drei Exemplare, las sie viele Male durch, zerschnitt sie und fügte wiederum die Teile zusammen, die miteinander in einer Art Relation zu stehen schienen. In dem Bewusstsein, dass das Buch eine Art inneres Tagebuch war, habe ich bald realisiert, dass für ihn persönlich Zweifel und Schmerz ein großes Thema waren und dass sein Glaube – symbolisiert durch Abendgebet und manchmal durch seine Träume, in denen er emporgehoben wird – ein aktiver und wichtiger Teil seines Seins war. Man kann das an der Art und Weise sehen, wie er immer und immer wieder von der Erfahrung des Schlafes als Schmelztiegel für die Seele spricht und von den Träumen als Vehikel der Offenbarung.

In diesem Bewusstsein schuf ich ein Libretto, in dem ich nur Hammarskjölds Worte benutze und es in der 1. Person schrieb. Es beginnt am frühen Abend, an dem die Sängerin die Ängste der heraufbrechenden Nacht erlebt. Dann kommt der Schlaf, ein Traum der Offenbarung – durch Hallen wandelnd – und das Dämmern des neuen Tages mit dessen Bejahung, Hoffnung und Vertrauen.

Als das Libretto fertig war, sandte ich zwei Kopien an Dalton, eine für ihn selbst und eine für Arleen. Erst dann ließ er mich wissen, wie sehr dieses Thema mit ihr

263

Judith Lang Zaimont, Dalton Baldwin und Arleen Auger bei der Probe zu *Nattens Monolog*
(Photo: Susanne Faulkner Stevens / Archives of Lincoln Center of the Performing Arts, Inc.)

zu tun hatte: Ihr Vater war protestantischer Priester gewesen und Vertrauen war ein zentraler und aktiver Wesenszug ihres jungen Lebens.

Dann traf ich mich mit Dalton im Westminster Choir College in New Jersey. Ich nahm den Zug von Baltimore, wo ich zu der Zeit am Peabody Institute unterrichtete und wir verbrachten einige Stunden miteinander. Wir sprachen über technisch-musikalische Aspekte von Arleens Stimme. Beweglichkeit, Ausgeglichenheit, Lieblichkeit, Ausdrucksqualitäten waren dabei kein Thema. Wir sprachen speziell über die technischen Aspekte von Arleens Stimme, und ich fragte ihn über:

- ihre Triller (in verschiedenen Registern);
- Stütze bei gehaltenen Passagen oberhalb des Notensystems;
- ihre absolut optimale Tessitura: welche Sexte (g" bis e'"; h" bis g'" oder eine andere?)
- die tragenden Qualitäten und der Charakter ihrer Bruststimme;
- die optimale Länge eines einzelnen Atemzugs in Sekunden;
- ihre Vorlieben für blühende Arabesken in verschiedenen Registern.

Wir besprachen auch ähnliche Aspekte für den Pianisten (ein Beispiel: irgendwelche Vorlieben für schnelle Passagen und weite Wege auf der Klaviatur, Hand über Hand oder für beide Hände in parallelen Oktaven?).

Ich handhabe das bei jedem Kompositionsauftrag so, so dass das fertige Endergebnis den technischen Vorlieben des Künstlers so angenehm wie nur möglich ist.

Wir kamen alle an einem privaten Ort für die Proben zusammen, und für einen Durchlauf und natürlich zur Premiere. Die ganze Zeit über herrschte ein freundlicher Umgangston.

Die Uraufführung fand am 13. März 1985 in der Alice Tully Hall des New Yorker Lincoln Centers statt, und das Stück wurde gut aufgenommen; auch der Vertreter des Schwedischen Konsulats war sehr angetan."[127]

Bernard Holland schrieb vier Tage später in der *New York Times* über diese 16-minütige Szene:

„Frau Zaimonts *Nattens monolog* auf einen Text von Dag Hammerskjöld ist eine Folge wechselnder Szenen und Stimmungen, die allesamt um die Idee des Todes kreisen. Die elegante Klavierbegleitung, die großartig variierte, aber immer verständliche melodische Schreibweise, zuzüglich Frau Augers extrem dramatisches Singen machten dieses Stück äußerst interessant und für Momente durchaus schön. Hier wie auch im Rest der Musik war Dalton Baldwins Klavierspiel ein Muster an Stil, Zusammenspiel und technischer Vollendung."

Die Komponistin gestand wehmütig: „Unglücklicherweise besitze ich keine Aufnahme. Sie existiert aber natürlich in meinem Kopf."

---

127 Diese ausführlichen Bericht sandte mir Judith Lang Zaimont via E-Mail am 27. Mai 2011.

Rückblickend sagt Arleen Auger zu diesem Werk auf Gedichte des Friedensnobelpreisträgers von 1961:

> „Einige Jahre zuvor habe ich ein Auftrag gegeben für ein Stück für Stimme und Klavier von Judith Lang Zaimont, basierend auf Auszügen aus Dag Hammarskjöld *Markings*. Wir führten es auf. Es stellte sich als etwas schwer verständlich für das Publikum heraus, und ich habe es seitdem nie mehr gesungen. Aber ich würde gerne wieder mit ihr zusammenarbeiten, um zu sehen, ob wir nicht eine mehr zugänglichere Fassung schaffen können. Denn ich bin erpicht darauf, es wieder in mein Programm aufzunehmen.“[128]

Mit der folgenden Aussage gibt sie sich hinsichtlich der Beschäftigung mit Neuer Musik sogar nahezu kämpferisch:

> „Ich habe in New York ein Werk von Judith Lang Zaimont uraufgeführt, das schwierig in der Vorbereitung war, aber vor allem schwierig für die Zuhörer. Aber das Stück hat ich als lohnend für beide Seiten herausgestellt, und ich bin entschlossen, diesen Weg weiterzugehen.“[129]

Trotz ihrer Vorsätze blieb es bei dieser einzigen Aufführung von *Nattens Monolog*.

Dieses zunehmende Interesse, Beschäftigung und Initiierung Neuer Musik lag zu diesem Zeitpunkt ihrer Karriere in folgendem Sachverhalt begründet:

> „Über Jahre war ich so damit beschäftigt, das Standard-Repertoire zu entwickeln, dass ich nie Zeit gefunden habe, mir Neue Musik anzuschauen. Nun habe ich die Chance dazu.“[130]

Das zweite und leider auch schon letzte große Werk, das sie in Auftrag gab, stammt aus der Feder von Libby Larsen, einer Komponistin aus Minneapolis. Kurz nach Arleen Augers Tod erinnert diese sich, wie es zu der Zusammenarbeit gekommen ist:

> „Ich lernte Arleen Auger 1988 durch unseren gemeinsamen Freund Joel Revzen in seiner Wohnung in Minneapolis kennen. Es war ein sonniger Frühlingstag im April, der Flieder stand in voller Blüte, es war Morchelzeit in Minnesota, und das war es auch, worüber wir bei unserm ersten Treffen die meiste Zeit sprachen: Pilzesammeln, Natur, die menschliche Seele, Musik und die Energie, die uns über unser natürliches Leben hinausträgt. Arleen erzählte lange von ihrer Liebe zum Kunstlied. Einer ihrer erklärten Lieblingszyklen war Robert Schumanns *Frauenliebe und Leben*, den wir oft liebevoll als *Frau Love'em und Leave'em* titulierten. Sie äußerte den Wunsch, ich solle ein Werk komponieren, dass vom Entdecken der reifen Liebe handelt. Sie wollte mit mir zusammen einen Zyklus von Liedern kreieren, welcher im Kontrast zu den Gefühlen eines jungen Mädchens steht, das in Erwartung der Liebe

---

128 James M. Keller, Anm. s. o., S. 14.
129 Daniel Webster, 1988: Anm. s. o.
130 Daniel Cariaga: „Soprano Auger enjoys Challenge of New Roles, New Music“, in: LA Times, 5. März 1988.

ist wie in *Frauenliebe und Leben*, sondern das reifere und erfahrenere Individuum in den Mittelpunkt rückt. Wir sprachen über diese Art von Liebe, so reich in ihrer Struktur von Sein und Verstehen von: Vertrauen im Unwägbaren, Akzeptanz von dem, was im Moment da ist, das Wunder vom Erwachen (oder Wiedererwachen) von Teilen der Seele, ein für das Geschenk der Liebe dankbares Herz, die Ruhe der Liebe und viele weitere Aspekte einer reifen Liebe. Frau Auger kannte diese Art von Liebe und wünschte sich, von ihr zu singen. Ich auch. Und so gelangten wir zu den *Sonnets From the Portuguese* von Elizabeth Barrett Browning. Arleen erzählte mir, dass das die Gedichte seien, die sie am meisten liebte. Sie bewundert an ihnen vor allem die Tatsache, dass in dieser stilisierten und romantischen Sprache eine kreative Frau lebt, die Themen behandelt, die auch moderne Frauen noch aufwühlen: Welchen Teil ihrer Stimme muss sie dem Liebhaber und der Welt opfern? Wird das Opfer vergolten? Kann ihre Essenz überleben? Für ihre Zeit schwang sich Browning zu kühnen Höhen auf – fordernd, dass die Welt sie so nimmt wie sie ist – zu anderen Momenten schwankt ihr Selbstvertrauen wieder. Letztlich realisiert sie – so wie wir das auch müssen – dass Liebe und Tod ein konstantes Vertrauen an die Veränderungen fordern, die das Leben bereit hält.

Während der nächsten Monate haben Arleen und ich die Sonette gelesen, und wir entschieden uns für eine Zusammenstellung, die Brownings Entwicklung zu einer reifen Liebe repräsentierte und gleichzeitig die Künstlerin in Arleen berührte. Wir arbeiteten per Brief oder im persönlichen Kontakt. Ich erinnere mich besonders an ein Treffen in meinem Wohnzimmer, wo wir beide unsere Kopien der Sonette auf dem Fußboden ausgebreitet hatten und wir von den zwei Stunden fast die meiste Zeit über auf dem Bauch lagen und über eine Zeile in *My letters* grübelten und versuchten, deren Bedeutung zu verstehen. Celia Novo, Arleens wunderbare Freundin, und meine Tochter Wynné brachten uns zu essen und ließen ihre Gedanken in die Diskussion miteinfließen. Für mich war dieser Nachmittag die Essenz dessen, warum ein Komponist für die Arbeit lebt.

Arleens Plan für das Stück sah so aus, es beim Aspen Musik Festival mit dem Aspen Music Festival Orchester unter Joel Revzen auszuprobieren. Das taten wir 1989. Nach dieser Vorpremiere wollten wir das Werk perfektionieren und es erneut ausprobieren. Wir eliminierten ein Lied, veränderten ein anderes und komponierten ein neues. Dann probierten wir den Zyklus mit Mitgliedern beider Orchester (Minnesota Orchestra und das Saint Paul Chamber Orchestra) im Ordway Music Theater im November 1991 aus. Die Idee war, es aufzunehmen und rechtzeitig zur offiziellen Uraufführung zu veröffentlichen. Kurz darauf wurde Arleen krank.

In unserer letzten Korrespondenz im März 1993 schrieb mir Arleen folgendes: ,Endlich habe ich genug Frieden und Ruhe, Entspannung und Konzentration gefunden..., um das Band von unserem Stück anzuhören ... Oh, Libby, jedes Mal, wenn ich unser Stück höre, verliebe ich mich mehr darin. Du hast wirklich etwas ganz besonderes geschrieben, etwas, das mein Herz berührt und meine Intentionen

267

Arleen Auger mit Joel Revzen beim Aspen Music Festival 1986 (Photo: Charles Abbott)

über das Projekt verrät. Ich bedaure nur, dass ich es nicht werde zur Uraufführung bringen können und dass eine andere das Vergnügen und die Ehre haben wird, das zu tun, denn es wird und muss aufgeführt werden!'

Durch unser Werk hatte ich das Vergnügen der Zusammenarbeit mit einem überaus reizenden, intelligenten, spirituellen und hochtalentierten menschlichen Wesen. Ich bin eine, die die Ehre hatte, mit Arleen Auger gearbeitet zu haben." (Libby Larsen, 1993)[131]

Die Uraufführung der Erstfassung des Werks fand am 3. August 1989 beim Aspen Music Festival unter Leitung von Joel Revzen statt. Der Kritiker Paul Moor[132] schrieb 1990 in der Januar-Ausgabe von *Musical America*:

„Die begabte Komponistin aus Minnesota, Libby Larsen, bezeichnet ihren bemerkenswerten neuen Liederzyklus *Sonnets from the Portuguese* als ‚a work in progress'. Aber es von Arleen Auger beim Aspen Festival gesungen zu hören, hinterließ so einen bleibenden Eindruck, dass ich glaube: das Ereignis verlangt Beachtung – auch auf die Gefahr hin voreilig zu sein. [...]

131 Auf: www.libbylarsen.com.
132 Paul Moor wurde für sein Lebenswerk 2004 mit dem Bundesverdienstkreuz am Bande geehrt. Über 50 Jahre berichtete er aus dem deutschen Musikleben für britische und amerikanische Zeitungen. Außerdem schrieb er ein Buch über den Kindesmörder Jürgen Bartsch.

Larsen hat diesen Zyklus für Sopran mit Streichquartett, Kontrabass, Flöte, Oboe, Klarinette, Fagott, zwei Hörner, Schlagzeug und Harfe gesetzt. Auger – glücklichen Händchens – gab ihn in Auftrag, und sie sang ihn wie erwartet mit all dem ihr eigenen stimmlichen Glanz und ihrer außergewöhnlicher Intelligenz. Der überschäumende Lyrismus der Musik steht über allem, ein Lyrismus, der sich zeitweise von einem konventionellen ziemlich radikal abwendet, und dabei trotzdem eine vokale Linie beibehält, die spontan und organisch wächst und aufsteigt. Die Musik bleibt weitestgehend tonal, in einer freiheitlichen Art und Weise, und Larsens Erfindungsreichtum bezüglich Harmonik und Instrumentation verstärkt diesen außerordentlichen Lyrismus."[133]

Was zu Zeiten von Mozart und Rossini gang und gäbe war, dass ein Komponist nämlich sein Werk dem Sänger in die Kehle schrieb, fand hier einmal im ausgehenden 20. Jahrhundert statt: Komponistin und Interpretin arbeiteten Hand in Hand.

„Anscheinend ist es ungewöhnlich für einen Komponisten und einen Interpreten tatsächlich zusammen an einem Stück zu arbeiten. Aber Libby und ich sehen das als etwas ganz normales an."[134]

Der 20-minütige Zyklus erschien 1994 bei der Plattenfirma Koch auf der CD *The Art of Arleen Auger*, für die die Künstlerin post mortem einen Grammy erhielt.

Amerika verfügt über eine stattliche Reihe moderner Komponisten, die stilistisch in der Tradition des romantischen Kunstliedes schreiben: tonal, kantabel, voll klarer, meist schwelgerischer Emotionen. Zu diesen Neoromantikern gehören Alfred Heller, Lee Hoiby, Richard Hundley und Ned Rorem. Sie alle haben für Arleen Auger entweder Lieder geschrieben oder sie auf dem Podium in Liederabenden begleitet.

Der Grund für die Sängerin, sich der Qualitäten dieser in Europa immer noch viel zu unbekannten Lieder bewusst zu machen und sich ihrer zu bedienen, lag auf der Hand – und in einem Interview mit Daniel Webster von 1988 teilt sie ihn auch mit:

„Ich mache so viel deutsche Musik, da ist es nett auch mal andere zu machen. Ich liebe das gesamte deutsche Repertoire, natürlich, aber ich schere aus. Ich habe Lieder bei Libby Larsen (Komponistin mit dem Minnesota Orchestra) in Auftrag gegeben und ich mache viele zeitgenössische Lieder."[135]

1988 reiste sie mit Dalton Baldwin mit einem Programm umher, das mit einer Gruppe Lieder von Lee Hoiby schloss. Bei einem ihrer Konzerte war er anwesend und die anschließende Begegnung kommentiert sie auf ihre ureigene humoristische Weise:

---

133 Paul Moor: „Debuts & Reappearances. Aspen – Arleen Augér: Larsen ‚Sonnets from the Portuguese‘", in: Musical America, Januar 1990, Vol 110, Nr. 1.

134 James M. Keller: Anm. s. o., S. 14.

135 Daniel Webster: „The intimate Style Of Soprano Arleen Auger", in: The Inquirer, 18. Februar 1988.

269

„Für jemanden wie mich, der schrecklich viel Bach und Händel singt, war es geradezu ein Schock, einen lebenden Komponisten zu treffen. Aber angenehm."[136]

Mit dem Komponisten Ned Rorem, der an die 400 Lieder geschrieben hat, kam es im Herbst 1989 zu einer Zusammenarbeit. Dieser vermerkt in seinem Tagebuch unter dem Datum des 29. Oktobers 1989:

„Lunch hier (zwei Sorten Quiche und eine Birnentarte) mit Arleen Auger und ihrer Business-Managerin, Celia Novo, dann eine lange erste Probe, während der ich die Mahler-Lieder besser spielte als sie die amerikanischen sang. Sie ist kein Kind. Aber ihre Stimme ist silbrig, rein, elegant und süß wie ein eisiger Strom im Sommer. Ich empfand, als sie alles gab, dass sie möglicherweise diesen perfekten Gesang an eine bloße Probe verschwendete. Auf der anderen Seite wie rote Flecken auf einer grünen Tomate einfach entstehen, komme was da wolle, oder der Samen sich aus einem männlichen Körper in traumhaft notwendigen Intervallen ergießen muss, so *muss* ein Sopran, der zugegebenermaßen nur ein bestimmte Zahl hoher Cs zwischen dem Jetzt und ihrem Niedergang in sich trägt, diese hohen Cs eben absondern, auch wenn sie auf verlorenen Boden fallen."[137]

Ihr gemeinsamer Liederabend fand am 3. Juni 1990 in der Orchestra Hall in Chicago statt. John von Rhein schrieb darüber im *Chicago Tribune* vom 6. Juni:

„Der Liederabend, ganz oben auf der Liste der vom Aussterben bedrohten Konzertformen, wird keinem endgültigen Exitus anheimfallen, nicht so lange es Künstler gibt, die die Liedtradition so schön und intelligent bewahren können wie Arleen Auger es tut. Wir haben die in Kalifornien geborene und in Chicago ausgebildete Sopranistin von ihren vielen Schallplatten her schätzen gelernt, aber haben wenig Chancen gehabt, sie persönlich zu hören, großteils deshalb, weil sie ihre Karriere vor 25 Jahren in Europa begründet hat.

Ihr Liederabend mit Liedern von Mahler, Ravel, Debussy und Ned Rorem am Sonntag in der Orchestral Hall mit Ned Rorem als Pianist bestätigte, was wir seit langem erwartet haben: Frau Auger zählt zur Elite der heutigen Liedsänger. Sie besitzt ein reines, wunderschönes und sorgsam gepflegtes Instrument; sie ist eine geschmackvolle und klar unterscheidende Stilistin; ihre Diktion ist superb, und sie ist eine Meisterin musikalischer Kommunikation in einem intimen Rahmen.

Füge alle diese Tugenden zusammen und Du erhältst einen Liederabend, der einer der absoluten Höhepunkte der musikalischen Saison darstellte.

Die Idee, Auger – eine der wenigen amerikanischen Sänger, die sich wirklich um die amerikanische Vokalmusik kümmert – mit dem Komponisten Ned Rorem zusammen zu bringen, war eine inspirierte. Eine komplette Konzerthälfte war seinen Liedern gewidmet. [...]

---

136 Daniel Cariaga: „Soprano Auger Enjoys Challenge of New Roles, New Music", in: Los Angeles Times, 5. März 1988.

137 Ned Rorem: Lies. A diary. 1986–1999. Cambridge 2000, S. 178.

Rorems Bedeutung als Liedkomponist bedarf seit einem Vierteljahrhundert keiner Diskussion; er hat das Repertoire immer wieder bereichert, wenn auch seine Verdienste um das Liedprogramm von den meisten amerikanischen Sängern kaum gewürdigt werden. Zu einer Zeit, wo Neoromantik ein Modewort unter den Komponisten ist, scheint es nichts wert zu sein, dass er schon länger ein Neoromantiker ist als jeder andere lebende amerikanische Komponist.

Die *Nantucklet Songs*, ein Zyklus wundervoll verschiedener und subtiler Stimmungen, wurde mit solch technischer Finesse, dynamischer Freizügigkeit und emotionaler Überzeugung gesungen, dass man nie vermutet hätte, dass Auger niemals Musik von Rorem bis zu diesem Sonntags-Liederabend aufgeführt hat. (Der gehaltene Schlusston von *Ferry Me Across the Water* war absolut atemberaubend.) Acht ausgewählte Rorem-Lieder vervollständigten die Gruppe und zementierten ebenfalls die gefühlvolle Partnerschaft zweier Ausnahmekünstler."

Und Dennis Polkow schrieb in *Music Sidebar*:

„Letzten Sonntag Nachmittag, als es zu der sicherlich ungewöhnlichsten Paarung des Jahres kam, gab Arleen Auger ihren Debüt Liederabend mit dem Komponisten Ned Rorem (beide ehemalig aus Chicago) als ihrem Begleiter, um damit die ‚Merrill Lynch Great Performers Series' abzuschließen. Die in Amerika geborene Sängerin ist in den Staaten kaum ein Begriff, weil sie ihre Karriere in Europa aufgebaut hat; sie begann damit hier erst im letzten Jahrzehnt. Das ist schade, denn sie ist eine der großen Sopranistinnen unserer Tage, und der Verlust für uns war sicherlich für Europa ein Gewinn. (Auger ist ein Produkt jenes albernen, aber leider zu oft wahren Diktums, dass ein in Amerika geborener Sänger sich selbst zuerst in Europa erproben muss, bevor er in den Staaten akzeptiert wird.)

Ich kannte ihre Stimme von verschiedenen Aufnahmen, aber diese vermochten mich nicht auf deren Schönheit vorzubereiten. Der Liederabend, in dem sie in Topform war, ist hier unter den unvergesslichsten seit einiger Zeit zu verbuchen. [...]

Der Hauptgrund Auger und Rorem zusammenzubringen, war, dass sie seine Lieder zur Aufführung bringen konnten, wozu die gesamte zweite Hälfte des Programms diente. Ich bin nie ein großer Rorem-Fan gewesen, aus dem einfachen Grund, weil seine Lieder für mich grundsätzlich nur dekorierte Texte darstellen und nicht Kunstlieder im klassischen Sinne. Sie sind musikalisch seichte Kost und gewöhnlich lyrisch und stimmlich nicht sehr interessant. Ich muss sagen, dass ich das Konzert mit einer besseren Meinung über einige davon verlassen habe, nachdem Auger und Rorem überzeugende Gründe geliefert haben.

Viele dieser Lieder aber waren so dumm und sinnlos wie immer, aber tiefere Bedeutung tauchte in einer Handvoll davon durchaus auf, insbesondere *The Silver Swan* mit seiner interessanten harmonischen Struktur und seiner Bogenform von stimmlicher Weite, und das Eröffnungslied der *Nantucket*-Lieder, in welchem die Sängerin a capella beginnt und sich die Begleitung ziemlich langsam und behutsam

271

hineinschleicht. *Thoughts of a young girl*, welches komplett a cappella war, stellte Augers stimmliche Flexibilität grandios zur Schau. Ihre gehaltenen Schlussnoten bei *Fear of Death* und *Ferry me across the water* waren exquisit ausgeführt, sie schwangen auf einer absolut reinen Stimmung ein und endeten mit einem kaum wahrnehmbaren Vibrato. Wie viele Sänger können solche Feinheiten in der Stimmung hören und sie dann noch mühelos bewältigen? Das war außergewöhnlicher Gesang. Meine einzige Beanstandung war, dass ihre Diktion manchmal nicht so scharf war, wie sie es hätte sein können, und sie mitunter ihre Vokale dominieren ließ, um ihr bemerkenswertes Timbre herauszustellen.

Die zwei effektvollsten Rorem-Lieder waren vielleicht die beiden Zugaben, zwei inzwischen über vierzig Jahre alte Lieder: *Alleluja* und *Early in the Morning*, welches ein reizendes romantisches Flüstern erfordert, das wirkungsvoll von Auger transportiert wurde.

Es ist nicht immer richtig, dass ein Komponist seine eigenen Werke überzeugend aufführen kann, aber Rorem hat seine Sache als Begleiter gut gemacht und hatte offensichtlich in seinem Leben ausreichend Gelegenheit gehabt, mit solchen begnadeten Sängern zu arbeiten. Und man hatte mit Sicherheit das Gefühl, dass diese Aufführungen wahrscheinlich genauso zwingend waren wie die, deren wir beigewohnt haben. Faktisch ist es nämlich absolut möglich, dass die Ausführenden sogar besser sind als ihre Lieder.«[138]

Arleen Augers letzte Bestellung erging 1990 an den New Yorker Komponisten Alfred Heller. Dieser ist Experte für die Musik von Heitor Villa-Lobos und suchte damals für einen Ausschuss zur Organisation einer Benefizaufführung seiner Villa Lobos Music Society noch eine namhafte Sängerin. Er richtete eine Anfrage an Anna Moffo. Diese sagte auch zu, riet ihm aber zugleich, diesbezüglich auch bei Arleen Auger anzufragen. Bei ihrer ersten persönlichen Begegnung spielte Heller ihr sein Lied *Stopping by Woods on a Snowy Evening* auf ein Gedicht von Robert Frost vor, und Arleen Auger riet ihm, mehr Lieder dieser Art zu schreiben. Aus dieser Empfehlung entstand der kleine Liederzyklus *New England Times and Places* – allesamt auf Gedichte von Frost.

Seine Musik musste etwas in ihr zum Klingen gebracht haben, denn kurz darauf fragte Celia Novo bei Alfred Heller an, ob er für ein geplantes Emily-Dickinson-Projekt im englischen Blackheath einige neue Liedern beisteuern könne. Heller fertigte einige Skizzen an und spielte diese der Agentin am Telefon vor. Sie bat ihn darauf, diese zu vollenden. Aus den Skizzen wurden vier Lieder, von denen für zwei davon (*I'm Nobody* und *In the Silent West*) das alleinige Aufführungsrecht für Arleen Auger auf drei Jahre festgelegt wurde. Richard LeSueur schildert, wie es zu diesem Projekt gekommen war:

»Arleen las sich durch die kompletten Poesie und Tagebücher von Emily Dickinson, machte sich eine Aufstellung der Gedichte, in welchem Bezug sie zueinander stehen,

---

138 Dennis Polkow: „Recognizing our own", Arleen Auger and Ned Rorem at Orchestra Hall, 3. Juni 1990, auf: www.chicagoreader.com.

welche sie davon machen wollte, und machte sich Notizen, welche Passagen aus den Briefen und Tagebüchern sie zwischen den Liedgruppen lesen wolle. Dann schickte sie mich los, jede jemals komponierte Vertonung zu besorgen, um auf diese Weise diejenige Version zu finden, die ihrer Auffassung des Gedichts widerspiegelte. Und wenn sie das nicht konnte, begab sie ich zu Alfred Heller und bat ihn, die Gedichte zu vertonen."[139]

Uraufgeführt wurden dessen Lieder im Rahmen eines Festivals in der Blackheath Concert Hall am 21. Februar 1991 in Blackheath bei London. Das Programm trug den Titel „Mein Brief an die Welt – ein musikalisches Portrait von Emily Dickinson". Mit Roger Vignoles am Klavier sang sie – neben den Kompositionen von Heller – Lieder von Ernst Bacon, Robert Baksa, Aaron Copland, Arthur Farwell, Lee Hoiby, Thomas Pasatieri, Vincent Persichetti, William Roy und Geoffrey Wright.

Den Erzählerpart hatte der Schauspieler John Shrapnel übernommen. Leider wurde dieses Programm nur einmal realisiert. Kurz darauf brach die Krankheit aus.

Alfred Heller gab seinen vier Liedern von 1990 daraufhin den Titel „For Arleen".[140] und hat sie ihr nachträglich gewidmet. Renee Fleming sang eines davon auf der Gedächtnisfeier in New York – am Klavier begleitet vom Komponisten. Alfred Heller selbst sagt:

„Arleen Auger war eine große Inspiration für mich. Aus der Begegnung mit ihr resultierte die Komposition von 45 Liedern. Neben denen von Frost und Dickinson gibt es den James Joyce-Zyklus *Chamber Music* von 36 Liedern, sehr schubertisch in einem irisch und amerikanischen Stil."[141]

---

139 Richard LeSueur: Interview 2006, auf: www.sitemaker.umich.edu.
140 Zusammen mit seinem Sohn, dem Tenor Marc Heller, hat Alfred Heller die Lieder für das Label Etcetera in den Niederlanden eingespielt.
141 Dies schrieb mir der Komponist in einer E-Mail vom 13. Dezember 2011.

IV. Die Pädagogin:
Ermutigung zur Eigenverantwortlichkeit

„Letztlich hängt alles von der Disziplin ab, die man einzusetzen bereit ist."[1]

Christine Schäfer hat diese Devise Arleen Augers am eigenen Leib erfahren müssen, als sie als ganz junge Studentin einen Meisterkurs bei der amerikanischen Sopranistin in Stuttgart besuchte:

> „Sie hat mich auf einen meiner Grundfehler aufmerksam gemacht: auf die fehlende Disziplin. Damals dachte ich: Ich bin wahnsinnig begabt, und es kommt alles von selbst. Doch dann hat sie mich so auseinander genommen, dass ich zwei Tage nur geheult habe und nicht mehr singen konnte. Das war von ihr aus gar nicht brutal, sondern ganz konkret an der Disziplin des Atmens festgemacht. Da hat sie mich geknackt. So habe ich gelernt, was Disziplin heißt: dass man sich ganz genau überlegt, was man tut. Entweder man tut etwas oder man tut es nicht. Das war die Lektion meines Lebens."[2]

1. Unterrichten als „Not-wendigkeit"

Aufgrund ihrer anfänglichen Selbstzweifel, ob ihr Talent für eine professionelle Sängerlaufbahn überhaupt ausreichen würde, hatte sich Arleen Auger Ende der 1950er-/ Anfang der 1960er-Jahre an der University of Long Beach zur Pädagogin für die Grund- und Elementarschule ausbilden lassen. Vier Jahre hat sie dann als Kindergärtnerin in Denver und als Grundschullehrerin in Chicago in diesem Beruf gearbeitet. Ihre Fähigkeiten als Sängerin hatte sie sich privat bei zwei auch als Logopäden tätigen Gesangslehrern erworben: L. D. Frey in Huntington Beach und Ralph Errolle in Chi-

---

1   Anna von Münchhausen: „Bach, immer nur Bach", in: Die Zeit, 31. August 1984.
2   Margot Weber: „Die Eigenwillige. Christine Schäfer", in: Zeitschrift der Gesellschaft der Musikfreunde in Wien, April 2010.

cago. Als sie dann 1967 nach Europa kam und Ensemblemitglied der Wiener Staatsoper wurde, fühlte sie sich zwar künstlerisch ausreichend gefordert, stimmlich aber gar
nicht betreut. Sie begab sich darum auf die Suche nach Hilfe, aber:

> „Ich hatte große Schwierigkeiten in Südkalifornien, als ich jung war – und gewiss in
> Europa –, Künstler zu finden, die fähig und gewillt waren, ihre Erfahrungen weiter-
> zugeben. Ich weiß, wie wichtig das ist."[3]

Sie hielt nach einer Kollegin Ausschau, die bereit war, ihre gesammelten Erfahrungen
weiterzugeben. Aber mit diesem Wunsch wurde sie alleine gelassen:

> „Ich musste den harten Weg gehen und mir alles selbst aneignen. Ich hätte gerne
> eine erfahrenere Sängerin gefunden, die willens und fähig gewesen wäre, mich unter
> ihre Fittiche zu nehmen, wenn auch nur für ein paar Anregungen. Ich wollte keine
> Gesangsstunden nehmen, sondern ich wollte viel mehr in die Tiefe arbeiten."[4]

Als in dem Metier noch absolut unerfahrene Anfängerin wäre es für sie in der Tat damals von elementarer Wichtigkeit gewesen, in Wien jemanden zu finden, der sie an den
Erfahrungen der vorausgegangenen Sängergeneration hätte teilhaben lassen, denn:

> „Einige Erfahrungen anderer hätten mich vor einer bestimmten Menge an Trau-
> mata bewahrt, hätten mich vor einigen Fehlern entlang des Weges bewahrt und
> mir eine viel bessere Grundlage für Stil und Interpretation von Musik verschafft. Es
> hätte mir geholfen, etwas schneller voranzukommen. Aber es war mir nicht möglich
> jemanden zu finden."[5]

Eine Sängerin wie Maria Callas, das wäre in der damaligen Zeit eine solche Lehrerin
gewesen, mit der sie sich in die emotionale und spirituelle Tiefe von Musik hätte vorarbeiten können, und genau diese schwebte ihr auch vor, aber:

> „Sie wurde regelrecht abgeschottet und wollte niemanden sehen. Es war eine
> schreckliche Schande. Sie hatte soviel Erfahrungen und solch eine musikalische
> Tiefe weiterzugeben, und niemand kam in den Genuss ihres riesigen Erfahrungs-
> schatzes. Es ist eine Schande. Es ist nicht mehr zu ändern."[6]

Tragischerweise gab die Callas – just zu dem Zeitpunkt, als sich Arleen Auger in Wien
gerade zu etablieren begann – ihre legendären Meisterkurse an der Juilliard School in
New York. Die vielleicht größte Opernsängerin des 20. Jahrhunderts hatte sich dort
von 300 Studenten vorsingen lassen und von denen 25 ausgewählt, mit denen sie im
Semester 1971/72 23 Unterrichtseinheiten von jeweils zwei Stunden absolvierte. Maria
Callas und Arleen Auger hatten quasi die Kontinente getauscht, und somit war an eine
Konsultation der großen griechischen Diva nicht zu denken.

---

3   Chris Pasles: „She Is a Star Now, but Auger Has Not Forgotten What Singers in Her UCI Class Need
    to Know", in: Los Angeles Times, 21. Februar 1989.
4   Ebenda.
5   Ebenda.
6   Ebenda.

Nachdem ihre Bemühungen, eine Person ihres Vertrauens zu finden, vergebens blieben, sah sich Arleen Auger gezwungen, ihre Ausbildung selbst in die Hand zu nehmen und durch aufmerksame Beobachtung ihres Körpers und ihrer Stimme zu ihrer eigenen Lehrerin zu werden. Nachdem sie sich und ihr Instrument über Jahre eigenständig weiterentwickelt hatte, bekam sie im Sommer 1974 das überraschende Angebot, für die verhinderte Emmy Loose bei einem Gesangskurs am Salzburger Mozarteum einzuspringen. Die Teilnehmerinnen dieses Kurses wurden dann teilweise im Anschluss in Wien zu ihren Privatschülern. Bis 1977 war sie bei den Kursen in Salzburg durchgehend als Dozentin tätig.

Unter anderem müssen ihr die Schüler über die Ausbildungssituation an den jeweiligen Musikhochschulen, an denen sie studierten, Auskunft gegeben haben. Das verschaffte ihr recht bald einen Eindruck, wie es um die Sängerausbildung in Europa insgesamt bestellt war.

Noch ehe sie ab dem Sommersemester 1978 ordentliche Professorin der Frankfurter Musikhochschule wurde, hat sie sich 1977 in einem Interview bei der Bach-Akademie in Stuttgart über den Zustand der Gesangsausbildung an europäischen Hochschulen geäußert. Auf die Frage von Andreas Keller, dem damaligen Intendanten dieser Institution, ob es ein Geheimnis gäbe, wie man ein guter Sänger wird, antwortete sie:

„Es gibt ein paar Geheimnisse, die keine wirklichen Geheimnisse sind. Man muss musikalisch geboren sein, muss den Drang haben, Sänger zu werden, muss selbst Freude daran haben und man muss wahnsinnig viel arbeiten. Das sind aber keine Geheimnisse. Jeder Musiker, der ein guter Musiker sein möchte, braucht genau die gleichen Maßstäbe.

In den letzten vier Jahren habe ich mich immer mehr mit der Frage der Ausbildung junger Sänger beschäftigt. Ich selbst habe eine pädagogische Ausbildung in Long Beach – allerdings nicht nur als Gesangs- und Musiklehrerin. Vor drei Jahren bekam ich nun wieder die Möglichkeit, mit Schülern zu arbeiten, und es macht mir sehr viel Freude. Ich finde, ein Teil des Musiklebens ist sehr sehr schlecht für die Studenten; sie bekommen nicht die Möglichkeit, um sich richtig auszubilden. Sie bekommen nicht die Maßstäbe, die sie brauchen – Gesangsstudenten nicht und Gesangslehrer auch nicht.

Zu mir kommen jetzt viele Studenten aus ganz Europa, und mir scheint, dass viele Grundfragen einfach nicht gelöst werden. Ich glaube nicht, wie viele Leute sagen, dass es wenig Nachwuchs gibt. Ich glaube, es gibt *viel* Nachwuchs. Ich glaube nur, dass sie kaputt gemacht werden, bevor sie angefangen haben oder kurz danach. Und nicht nur von Gesangslehrern.

Beim Gesang gab und gibt es keinen Maßstab, wie eine Stimme auszubilden ist, weil jede Stimme anders ist, jede Person anders ist. Es gibt keine Lehrtechnik, die für alle richtig ist; im Gegensatz zum Instrumentalsolisten. Es gibt keinen generellen Maßstab für die Gesangslehrer. Jeder hat seine eigenen kleinen Geheimnisse.

Aber der große Irrtum ist doch, dass niemals das, was für den einen Schüler richtig ist, auch für einen anderen zutrifft. Vielleicht haben die Lehrer das vergessen, oder vielleicht wissen sie es selbst nicht, weil sie es selbst nie gelernt haben. Es gibt ein paar Grundrezepte für alle; aber wie sie jeweils ausgeführt werden, ist etwas anderes; das hängt sehr vom Körperbau ab, von den Stimmqualitäten und den Stimmproblemen. Aber jeder Geiger muss zuerst sein Instrument in die linke Hand und dann unters Kinn nehmen und in die andere Hand seinen Bogen. Mit den Fingern muss er irgendwie Töne machen."[7]

Mit dem letzten Satz spricht sie das Thema Tonproduktion an, was im Falle eines Klaviers leicht, jedoch im Falle einer Oboe schon bedeutend schwieriger ist. Für einen Sänger heißt Tonproduktion: Mund öffnen und Luft geben. Das scheint Allgemeingut und keine große Kunst, aber:

„Nicht einmal das wird gelehrt. Das ist das Schlimme. Es gibt natürlich grundsätzliche Dinge, die jedem pausenlos von der ersten Stunde an gesagt werden müssen und immer *wieder* gesagt werden müssen. Nicht nur in den ersten Monaten oder den ersten sechs Monaten, sondern während der ganzen Laufbahn; das ganze Gesangsleben hindurch muss man lernen.

Ich spreche vom Atem:

1. Gewusst, wie man Schritt für Schritt Atem nimmt.
2. Die Stütze für den Atem.
3. Mit dem Ohr arbeiten. Es gibt so viele Sänger, gute und schlechte, die ihre Ohren gar nicht benutzen können. Ein Sänger kann kein guter Sänger sein, wenn er ohne sein Ohr arbeitet.
4. Muss man mit Übungen, mit vielen Übungen Jahr für Jahr die Stimme und Körperkondition entwickeln, damit man Flexibilität in die Stimme bringt, damit man eine große Palette von musikalischen Möglichkeiten erwirbt.

Und all das lernt man nicht oder scheinbar nicht. Die wenigsten fangen mit Übungen an, nur mit ein *paar* Übungen, die dann gleich viel zu schwer, zu unkontrolliert, zu ungepflegt sind. Und sofort singen sie Literatur, Lieder, Opernarien und nicht Musik aus dem 17./18. Jahrhundert, sondern sofort Musik des 19. und 20. Jahrhunderts. Ein Student mit zwei Klavierstunden kann auch noch nicht Rachmaninov spielen. Aber jeder Student mit 18 Jahren in der Hochschule muss schon in den ersten Semestern Wolf-Lieder singen – es ist unglaublich. Aber es ist dann auch kein Wunder, dass sie es zu nichts bringen."[8]

Woher diese Defizite im System rühren und woher diese Selbstüberschätzung der Studenten kommt, dafür hat Arleen Auger eine Erklärung:

---

7   Andreas Keller: Gespräch mit Arleen Auger, in: Musikalische Nachrichten 2, Oktober 1976 (hrsg. von der Bachakademie Stuttgart), S. 17.

8   Ebenda, S. 17.

„Nein, ich habe keinen Kontakt zu Gesangslehrern, [...]. Ich glaube, sie fühlen sich unsicher, und mit Recht, kann ich nur sagen. Ich weiß nicht, wieso das so ist, aber ich glaube, es gibt viel zu viele Sänger, die zur Gesangsausbildung keinen inneren Bezug haben, aber trotzdem unterrichten. Es gibt viele Sänger, die wissen gar nicht, wie sie singen. Darum sind viele aus verschiedenen Gründen in ihrer Karriere nicht sehr weit gekommen. Es heißt nicht, dass diese keine guten Gesangslehrer sein können, es hängt nicht davon ab, wie lange man Karriere gemacht hat, sondern was man für pädagogische Fähigkeiten hat. Aber es scheint nicht viele zu geben. Vielleicht aus zwei Gründen:

1. der Zeitfaktor. Wenn sie heute an die Hochschule gehen und sehen, wer Gesang unterrichtet, dann sehen Sie, dass er unter einem gewissen Zwang steht, die Studenten innerhalb von maximal drei oder vier Jahren diplomreif herstellen zu müssen, ich sage bewusst: herstellen; das heißt, in diesen Jahren muss er sehen, dass er den Schüler so weit bringt, dass er bei der Prüfung seine Lieder, seine Opern- und Oratorienarien so vorsingen kann, dass es von der Jury anerkannt wird und dass er dann mit dem Diplom von der Hochschule abgehen kann.

2. Und der zweite Faktor ist der des Geldes: Er betrifft weniger die Hochschulprofessoren als die privaten Lehrer, die sich teilweise aus ehemaligen Sängern rekrutieren, zum anderen aber auch aus Leuten, die nie eine Karriere angefangen haben, sondern die ein pädagogisches Talent haben und lehren können, aber in erster Linie natürlich daran interessiert sind, dass sie ihr Leben bestreiten können, das heißt, dass sie Geld verdienen. Geld kann man nur verdienen, wenn man genügend Schüler hat, und dabei spielt es dann leider Gottes weniger eine Rolle, ob die Schüler talentiert sind oder nicht."[9]

Auf einen entscheidenden Unterschied in der Ausbildung zum Sänger oder zum Instrumentalisten weist Arleen Auger in diesem Interview von 1977 ebenfalls hin:

„Ein sehr großer, entscheidender Unterschied zwischen der Gesangs- und der Instrumentalausbildung ist der Reifeprozess. Man ist als Person viel früher reif, als die Stimme es ist. Man kann mit 18, wenn man Talent, Ehrgeiz und Disziplin hat, mit einem Instrument sehr weit kommen und in kurzer Zeit eine fortgeschrittene Stufe erreichen. Mit Gesang ist dies unmöglich, weil die Stimme viel zu unreif ist, obwohl die Disziplin, Ehrgeiz, die Mentalität, alles vorhanden ist. Aber wenn die Lehrer aus den Gesangsstudenten fertige Künstler machen müssen und diese erst 21, höchstens 22 Jahre alt sind, ruiniert man viele Talente, nur durch diese Bürokratie. Die Stimme reift sehr unterschiedlich, aber generell kann man sagen, dass dies in mehreren Stadien abläuft.

1. Mit 25 ist man in ein Reifestadium gekommen, wo man wirklich ernsthafte Fortschritte in der Technik machen kann.

2. Mit 30 ist man dann in der Lage, vieles mit der Stimme zu tun.

---

9   Ebenda, S. 18.

3. Mit 35/36 ist dann die Stimme so gereift, das man anfangen kann, große künstlerische Aufgaben zu bewältigen.

Aber wenn man mit 22 in den Beruf steigt, auch wenn der Ehrgeiz sehr groß ist, ist doch die Stimme nicht reif genug, und die meisten gehen kaputt. Sie bekommen viel zu viele, viel zu schwere Rollen, die sie viel zu früh singen. Und dann passiert es eben, dass nach fünf, sechs Jahren die Karriere bereits zu Ende ist, wenn sie eigentlich erst anfangen sollte. Daraus resultiert, dass der Verschleiß an Sängern so ungeheuer groß ist, so dass wir heute oft nach wenigen Jahren Namen nicht mehr vorfinden, die zu Hoffnungen Anlass gegeben hatten. Dann wird neues Material nachgeschoben, weil es ja aus den Hochschulen wie aus einer Fabrik ausgeworfen wird. Zwangsläufig wird dadurch auch die Qualität der Vorstellungen und der Konzerte und Schallplattenproduktionen, die wir heute hören, in den meisten Fällen unter das Mittelmaß heruntergezogen. Und da das Publikum nichts anderes mehr vorgesetzt bekommt und nichts anderes mehr gewohnt ist, gewöhnt es sich sehr schnell an diese Mittelmäßigkeit und akklamiert auch diese. So ist das eigentlich ein Kreislauf ohne Ende, an dem am Ausgangspunkt letztlich wieder die Gesangslehrer die größte Schuld tragen."[10]

Am Ende dieses Interviews von 1977 stellt die Sopranistin eine visionäre Idee vor:

„Ich könnte mir vorstellen, dass – vorausgesetzt, man ist mit 24 wirklich sehr weit mit der Stimme – man dann ernsthaft beginnen könnte, eine Karriere aufzubauen. Ich könnte mir aber auch vorstellen, dass ein junger Musiker mit einer Teilzeitarbeit genug Geld zum Leben verdient und noch einige Jahre weiter Gesang studiert.

Ein Engagement sollte er nur eingehen, wenn er das ideale Haus gefunden hat. Aber ich glaube, es gibt heute kein Haus, wo man wirklich langsam anfangen kann. Es gibt so viele Sänger, die mit 24 noch halbe Kinder sind und ihren Ehrgeiz nicht kontrollieren können."[11]

Arleen Auger hat den Ernst der Lage, was Gesangsausbildung im europäischen Hochschulsystem anbelangt, sehr früh erkannt und mit scharfem Verstand durchleuchtet. Ihrer Meinung nach bergen vor allem der Ehrgeiz und das Karrierestreben der Studenten die größten Gefahren:

„Viele werden falsch beraten, singen zu viel oder das Falsche. Viele bauen auf die rasche Karriere und meinen, wenn sie mit 30 noch nicht ganz oben sind, dann hätten sie keine Chance mehr. Wie schnell geht da die Stimme kaputt!"[12]

Eine Art Stufenplan für die Stimmausbildung aufzustellen, schiene daher sinnvoll, denn:

---

10 Ebenda, S. 19.
11 Ebenda, S. 19 f.
12 Hanns-Horst Bauer: „Arleen Auger. Mit neuem Aufschwung", in: Orpheus, Oktober 1987, S. 777.

„Sehr oft werden junge Sänger mit großem Talent zu schnell gedrängt oder sie drängen sich selbst und die Hochschule ermutigt sie nicht, langsamer voranzuschreiten. Sie brennen sehr schnell aus und sie erhalten nicht die Zeit für eine langsame Vorbereitung, die sie durch eine 20- bis 30-jährige Karriere trägt."[13]

Und 1989 sagt sie zu ihrem Bedauern:

„Es ist eine Tragödie, so viel wundervolle Talente aus den völlig falschen Beweggründen heraus ausbrennen zu sehen."[14]

Aufgrund dieser defizitären Lehrsituation an den Hochschulen hat Arleen Auger sogleich mit ihrem Eintritt als Professorin an der Frankfurter Musikhochschule im Herbst 1978 einen Entwurf für den Aufbaustudiengang Konzertfach/Oratorium/Lied vorgelegt, der die in ihren Augen gröbsten Mängel des Systems schnellstmöglich beseitigen sollte. Dieses Papier ist eine Zusammenfassung ihrer pädagogischen Bemühungen um optimale Sängerausbildung auf dem Sektor des Konzertgesangs.

Einer der in ihren Augen gravierendsten Mängel war der Umstand, dass es bis dato für Studenten laut Studienordnung nicht notwendig war, während der Ausbildungszeit Literatur in anderen Sprachen zu singen. Somit war es ohne weiteres noch möglich, dass eine deutsche Studentin ein Examensprogramm rein mit Liedern und Arien in ihrer Muttersprache präsentieren konnte. Das war für Arleen Auger ein Unding, und so sollten Englisch, Französisch, Italienisch und Latein als Pflichtsprachen eingeführt werden. Es ging ihr nicht darum, dass die Studenten diese Sprachen fließend sprechen konnten, sondern sie sollten sie zumindest soweit beherrschen, dass sie um die phonetische Seite der jeweiligen Sprache wussten und sie akzentfrei singen konnten. Des weiteren sollten periodische Vorträge über die Gattungen Lied und Oratorium in den jeweiligen Kulturkreisen den Studenten einen Überblick über das fremdsprachliche Repertoire bieten.

Und natürlich musste der Aufbau und Inhalt der gebräuchlichen geistlichen Texte wie *Magnificat*, *Messe*, *Requiem*, *Stabat Mater*, *Te Deum* und *Vesper* jedem angehenden Konzertsänger klar sein.

Neben diesen sprachlichen und musikwissenschaftlichen Parametern sollten natürlich auch rein musikalische Faktoren ausreichend Raum in der Ausbildung erhalten: So sollte das Augenmerk bei Alter Musik speziell auf Verzierungen, Appoggiaturen und Gestaltungsmöglichkeiten des Rezitativs gelegt werden. Und bei Neuer Musik sollte es um Notationslehre und Methoden zur Erlernung dieser komplexen Musik gehen.

Unabhängig von Epochen und Stilistiken wollte sie einen Schwerpunkt auf Phrasierung, Artikulation, objektive und subjektive Realisation des Rhythmus' und des Tempos legen – und all das sollte im Dienst einer in ihren Augen zentralen Sache beim Gesang stehen, nämlich: Emotionssteuerung.

---

13 Judith Wyatt: „Bach Soloist Arleen Auger Returns To Conquer The U.S.", in: The Morning Call, 17. Mai 1986.
14 Richard Fawkes: „Out of mainstream", in: Classical Music, 1. Juli 1989.

Speziell für Liedinteressierte schlug sie die Arbeit mit den großen Lyrikern der Zeit vor: Namen wie Peter Härtling, Wolfgang Koeppen, Karl Krolow oder Peter Rühmkorf tauchen auf der Liste auf. Mit ihnen sollten Gedicht-Analyse und Vers-Kontemplation stattfinden.

Diese Angebote sollten sich über sechs Semester erstrecken und die Grundlage legen für eine besondere Befähigung zum Konzertsänger.

Die Anwärter auf diesen Aufbaustudiengang sollten aufgrund

    a) stimmtechnischer Veranlagung,

    b) stimmqualitativer Individualität,

    c) ausdrucksimmanenter Fähigkeiten,

    d) gesamtmusiktheoretischer Bildung,

    e) allgemein hohen Bildungsniveaus

geeignet sein, nach dem absolvierten Grundstudium diese spezielle Ausbildung erfolgreich abschließen zu können.

Diese Vorschläge zur Gestaltung des Studienganges an der Frankfurter Hochschule waren zwar dezidiert ausgearbeitet und mit Hilfe ihres damaligen Ehemannes Wolfgang Fahrenholtz in deutscher Gründlichkeit verfasst worden; inwieweit sie aber in den langsam mahlenden Mühlen des bürokratischen Systems realisierbar waren, stand auf einem anderen Blatt. Außerdem sah Arleen Auger selbst, was die Reglementierung der individuellen stimmlichen Entwicklung eines Sängers durch Lehrpläne und Unterrichts-Schemata anbelangte, klare Grenzen:

> „Sehr oft ist das nicht die beste Lösung für die individuelle Entwicklung einer Person. Einer ist unter Druck, um ein bestimmtes Niveau in einem bestimmten Zeitraum zu erreichen, und dieses mag mit seinen Entwicklungsmöglichkeiten in Übereinstimmung zu bringen sein oder nicht."[15]

Sie plädierte daher bezüglich der Ausbildung zum Sänger schließlich für das, was auch sie praktiziert und auch sie vor Verschleiß und Raubbau gerettet hatte: eine konsequente Selbstführung. Im Unterricht praktizierte sie dann auch eine Methode, die man als „Ermutigung zur Eigenverantwortlichkeit" bezeichnen könnte. Dass sie mit dieser Forderung hinsichtlich einer individuellen Betreuung und Ausbildung ihrer Studenten mit den bürokratischen Regeln der Institution Musikhochschule in Konflikt geraten musste, versteht sich von selbst.

Nach ihren ernüchternden Erfahrungen mit dem deutschen Hochschulsystem an der Frankfurter Musikhochschule hat Arleen Auger ihre Lehrtätigkeit nur noch privat oder im Rahmen von Meisterkursen ausgeübt. Allerdings sind die Verantwortlichen der Lübecker Musikhochschule 1990 noch einmal mit einem verlockenden Angebot an sie herangetreten: Aufgrund des durchschlagenden Erfolgs ihres Meisterkurses beim *Schleswig-Holstein-Festival* hat man bei ihr bezüglich einer Professur, die damals an der Musikhochschule zu besetzen war, angefragt. Wie der damalige Schüler und heutige

---

15   Judith Wyatt: Anm. s. o.

Dozent der Lübecker Musikhochschule, Thomas Gehrke erzählte, fühlte sie sich zwar durchaus geschmeichelt und sagte, man könne sie gerne auf die Liste der Anwärter setzen, aber sie wolle diese Stelle nach ihren Erfahrungen mit dem deutschen Hochschulsystem in Frankfurt unter keinen Umständen annehmen, sondern ihr Wissen lieber ausschließlich in Meisterkursen weitergeben.

2. Institution „Meisterkurs"

„Ich habe eine hohe Meinung von Künstlern, die uns ihre Erfahrungen und ihr Wissen weitergeben – sofern dies jemand haben möchte." [16]

Ihre erste Unterrichtserfahrung als Gesangslehrerin machte Arleen Auger als Leiterin eines Meisterkurses am Mozarteum im Jahre 1974. Von 1979 bis 1987 war sie oft mit mehreren Kursen pro Jahr an der Bach-Akademie in Stuttgart tätig. Da ihr Unterricht sehr konstruktiv und vor allem sehr respektvoll verlief, war sie bald eine gefragte Lehrerin – sowohl in Europa als auch auf ihrem Heimatkontinent.

Unterrichtete sie Ende der 1970er-Jahre bereits beim *Oregon Bach-Festival* und 1982 und 1983 im französischen Besançon, so gab sie 1983 ihren Einstand als Lehrerin auch in Aspen. Das Aspen Music Festival liebte sie deshalb besonders, weil sie dort Unterrichten mit Selber-Singen verbinden konnte. Außerdem kamen dort wirklich nur fortgeschrittene Studenten hin, mit denen sie mehr riskieren konnte.[17] Insgesamt unterrichtete sie lieber in Amerika als in Europa, denn die amerikanischen Studenten wirkten auf sie schlichtweg motivierter und ehrgeiziger. Gegenüber Alfred Willander hatte sie sich einmal beklagt: Wenn sie als Kursleiterin einen Europäer eine Phrase dreimal hintereinander wiederholen ließe, erntete sie schon skeptische Blicke. Der amerikanische Student hingegen würde von Wiederholung zu Wiederholung motivierter werden. Er wollte es immer noch besser machen, denn er wusste genau, dass sie ihn durch ihre scheinbare Penetranz nur an seine eigene Grenze führen wolle, damit er sie überschreiten könne.[18]

Genau diese Einstellung ihrer Landsleute mochte Arleen Auger und sie fiel bei ihr als Perfektionistin auf fruchtbaren Boden.

Im Laufe der 1980er-Jahre hat sie an allen renommierten amerikanischen Hochschulen Meisterkurse gegeben: sowohl an der ältesten unabhängigen Musikhochschule

---

16 Chris Pasles: Anm. s. o.
17 Loisann Oakes: „Renowned Soprano Flies The World To Sing", in: The Morning Call, 6. März 1988.
18 Dies erzählte mir Dr. Alfred Willander im Jahre 2011 in einem Telefonat.

Gruppenbild vom Meisterkurs Besançon 1983 (Photo: Rainer Hoffmann)

der Vereinigten Staaten, dem New England Conservatory of Music in Boston/Massachusetts als auch an der Hochschule, an der sie selbst studiert hatte: der University of Southern California. Des Weiteren hat sie an der School of Music der Baylor University of Texas, The Curtis Institute of Music in Philadelphia, The Cleveland Institute of Music in Ohio, The Oberlins Conservatory of Music in Ohio, The North Carolina School of Music in Winston-Salem, The Westminster Choir College in Princeton/New Jersey und an The University of Michigan at Ann Arbor unterrichtet. Und auch an den drei großen Musikhochschulen von New York – der Juillard School, dem Mannes College of Music und der Eastman School of Music – hat sie Meisterklassen geleitet.

Oft hat sie dabei den Kurs mit einem Liederabend kombiniert und den Unterricht terminlich um ihren Auftritt herumgebaut.

Obwohl sie als Sängerin weltweit unterwegs war, nahm sie sich regelmäßig die Zeit, Meisterkurse zu geben: „Ich gebe sie immer, wenn es irgendwie möglich ist."[19]

---

19   Chris Pasles: Anm. s. o.

Ihre Motivation dabei war zu helfen – denn:

> „Ich bin sehr besorgt um die Generation, die nun heranwächst. So viele davon singen ihre Top-Rollen 15 bis 20 Jahre zu früh."[20]

Vor allem war es ihr Anliegen, den jungen Leuten ein Bewusstsein im Umgang mit ihrer eigenen Stimme zu verschaffen, denn wie sie 1989 erläuterte:

> „Über Jahre werden Defizite im Verstehen von dem, was wirklich mit der Stimme passiert, zu einem großen Problem in deren Entwicklung. Und dann können sich viele Stimmen nicht auf natürliche Weise entwickeln, sondern sie müssen forciert und manipuliert werden. Oder sie bilden stimmliche Schwierigkeiten aus, weil sie nicht die Flexibilität haben, sich in die künstlerische Reife ebenso selbstverständlich zu entwickeln wie in die körperliche."[21]

Diese Hilfe schien ihr angesichts der schwieriger werdenden Situation für junge Sänger in Amerika geradezu unabdingbar:

> „Viele Sänger wollen hier Anerkennung, wollen einen Ort in Amerika, um ihr Talent zu zeigen, und wollen nicht gezwungen werden, dafür in ein anderes Land zu gehen. Freilich waren und sind die Gelegenheiten noch gut in Europa für gute Künstler, obwohl Europa heute viel schwieriger ist als vor 20 Jahren, als ich hingekommen bin. Allerdings sind die Gelegenheiten heute auch besser für junge Leute in Amerika als zu der Zeit, als ich das Land verlassen habe, denn es gibt heute viele, die jungen Leuten eine Chance geben, ihre Talente in Richtung einer beruflichen Laufbahn zu entwickeln."[22]

Drei Jahre später hatte sich die Situation für junge Leute in Amerika in ihren Augen aber verschärft:

> „Leider gibt es weniger und weniger Plätze in der Provinz, wo junge Leute die Gelegenheit erhalten sich auszuprobieren. Alles muss heute extrem gehaltvoll sein. Es gibt heutzutage keine Metropolen und keine Kleinstädte mehr, die zugeben wollen, dass sie ein provinzieller Ort sind. Aber wo sollen junge Künstler ihre ersten Schritte tun? Es gibt keinen Platz mehr, um eine schlechte Vorstellung abzuliefern, keinen Ort mehr, neues Repertoire auszuprobieren. Wenn die Schüler einen schlechten Tag haben oder eine Erfahrung gelingt nicht oder sie haben das falsche Repertoire gewählt, so sollte es nicht gleich das Ende der Reputation bedeuten. Sie brauchen die Chance, von ihren Fehlern ebenso zu lernen wie von ihren Erfolgen. Sie brauchen Zeit, so dass ihre Karrieren nicht Schaden nehmen."[23]

---

20 Richard Fawkes: Anm. s. o.
21 Judith Wyatt: Anm. s. o.
22 Ebenda.
23 Chris Pasles: Anm. s. o.

Gruppenbild vom Meisterkurs Lübeck 1990 (Photo: Rainer Hoffmann)

Und so empfand sie es geradezu als ihre Pflicht, junge Sänger zu fördern:

> „Was immer ich an Hilfe und Ermutigung geben kann oder an weisen Worten und Tipps, um tiefer in die Musik vorzudringen, ist gut."[24]

Bei aller Begeisterung fürs Unterrichten hatte sie allerdings zu der Institution Meisterkurs durchaus eine sehr gesunde und realistische Einschätzung, was innerhalb von zehn oder manchmal weniger Tagen machbar ist:

> „Man muss bei einem solchen Kurs vorsichtig sein. Ich versuche bei Dingen anzuknüpfen, bei denen sie weiterarbeiten können. Ich will sie nicht verwirren und unzufrieden zu ihren Lehrern zurückschicken. Sie müssen mit ihren Lehrern weiterarbeiten. Vielleicht kommen sie mit einem besseren Verständnis und mit neuen Erkenntnissen bereichert zurück. Das versuche ich zu erreichen. Soweit ich das kann, arbeite ich mit der Technik, die sie mitbringen. Ich versuche nicht, ihnen unbedingt meine Technik aufzudrücken. Aber vielleicht ist es gut, nicht nur von dem eigenen Lehrer, sondern auch von anderen die gleichen Dinge zu hören. Manchmal versteht man dann, woher die Schwierigkeiten rühren und was man tun kann."[25]

Oft haben die Studenten überzogene Erwartungen bezüglich solcher Kurse. Mitunter haben aber auch die Lehrer überzogene Erwartungen. Arleen Auger sagte dazu:

---

24   Ebenda.
25   Konrad Dittrich: Das Leporello-Interview: Arleen Auger. SHMF Dezember 1990, S. 18 f.

„In einem Meisterkurs kommt es darauf an, den jungen Leuten klar zu machen, wo sie im Moment stehen und wohin die Reise gehen könnte. Ich kritisiere einige Kollegen, die glauben, innerhalb einer Unterrichtseinheit von 20 oder 30 Minuten eine Person dazu bringen zu können, alles zu ändern, was sie bis dahin falsch gemacht hat. Aber ich weiß nicht, wo die Person war, bevor sie zum jetzigen Lehrer gekommen ist und wie weit die Person mit dem Lehrer gekommen ist und was ihr gemeinsames Ziel ist. [...] Innerhalb von 15 bis 20 Minuten kann ich aber einige Tendenzen genau bestimmen und ihnen helfen, mehr auf sich selbst zu schauen, besser mit sich selbst umzugehen, ihre Zeit effizienter zu nutzen, ihren Vortrag einzuschätzen und mehr ihr eigener Herr zu werden und nicht die Kopie von jemandem."[26]

Um die Einzelkämpfermentalität der jungen Leute etwas einzudämmen und einen solchen Kurs auch zu einem kollektiven Erlebnis werden zu lassen, versuchte sie eine Gruppenatmosphäre aufzubauen:

„Der eine ist hier stark, der andere dort. Man hilft sich gegenseitig. Die gründlichen Deutschen helfen den Ausländern. Die Südländer mit ihrem Reichtum an Emotionen helfen den Deutschen, die weniger Emotionen haben. Ich helfe ihnen zu sehen, wo sie sind und zu ergründen, was *sie* wollen, nicht was *ich* will. Auf diese Weise kann man in zehn Tagen doch einiges erreichen. Grundsätzliche Probleme kann ich wahrscheinlich nicht lösen. Das ist nicht meine Aufgabe. Aber ein besseres Verständnis kann man schon erzielen."[27]

Ruskin King Cooper, der bei Rainer Hoffmann in Frankfurt Liedgestaltung studiert hatte und dort noch als Student mit der Professorin Arleen Auger in Kontakt gekommen ist, schilderte seine Eindrücke bezüglich ihres pädagogischen Engagements bei einem solchen Meisterkurs:

„Nachdem ich in die USA zurückkehrt bin, arbeitete ich als Korrepetitor an der North Carolina School of the Arts in Winston-Salem. Sie kam dorthin und gab einen Meisterkurs für einige der Studenten. Sie unterrichtete ganz aus der Musik heraus und vom Text herkommend und diktierte niemals, wie etwas zu interpretieren oder technisch auszuführen sei. Sie erwartete, dass die Studenten ihre technischen Hausaufgaben gemacht hatten, bevor sie zu ihr kamen. Ich glaube, ihr Talent und ihre Fähigkeit waren so natürlich, dass sie Dinge tun konnte, ohne wirklich darüber nachzudenken, wie sie sie machte – sie machte sie einfach. Es war wunderbar. Sie war unermüdlich und großzügig mit ihrer Zeit – ihr Unterricht ging über Stunden, und ihre Energie und ihre Konzentration ließen dabei nie nach."

---

26 Chris Pasles: Anm. s. o.
27 Konrad Dittrich: Anm. s. o., S. 19.

287

Und Carlos Cebro schwärmte über die Arbeit bei den Sommerkursen am Salzburger Mozarteum:

> „Sie war einfach wunderbar. Sie wurde mit ihren Schülern nie ungeduldig, sondern war immer begeistert bei der Sache (was ich nicht von allen bekannten Kollegen sagen kann!). Alle Schüler verehrten sie!"[28]

Lehrer sein heißt immer auch ein Stück Vorbild sein. Und das war sie gerne – nicht nur, wenn es um die Freuden des Berufs ging, sondern auch wenn es dessen Tücken betraf. Michèle Friedman berichtet über eine Begebenheit beim *Oregon Bach Festival*:

> „Auf dem Festival probten wir jeden Tag mit Helmuth Rilling eine andere Bach-Kantate und führten sie auf. Die erste Probe war immer morgens um 10 Uhr. Nicht jede Kantate enthält eine Arie für jeden Solisten, und so war es nicht ungewöhnlich, als Arleen Auger eines Morgens nicht zur Probe erschien. Das einzige Problem war nur, dass die für diesen Tag angesetzte Kantate ein Solo für den Sopran enthielt! Arleen hatte das schlicht übersehen und war nicht darauf vorbereitet. Ich werde nie vergessen, wie sie hereingestürmt kam – ohne Make-up, unfrisiert, und *nicht eingesungen*. Sie sang darauf das Solo mit Orchester fehlerlos vom Blatt – überwältigend! Als aufstrebende junge Sängerin hatte das einen gewaltigen Eindruck auf mich gemacht."[29]

In einer solchen Situation wie der gerade beschriebenen, die für jeden Künstler einem Alptraum gleichkommt, war für Eitelkeiten schlichtweg kein Platz. Und ohnehin war sie, was Äußerlichkeiten betraf, eher locker eingestellt. Sie schminkte sich stets nur sehr dezent. Und wenn die Zeit zwischen Generalprobe und Konzert zu knapp bemessen war, konnte es durchaus vorkommen, dass sie die Probe in Lockenwicklern oder provisorischer Notfrisur absolvierte – sehr zur Erheiterung der Chorsänger und Orchestermusiker.[30]

---

28 Dies schrieb mir Carlos Cebro in einer E-Mail vom 1. Oktober 2011.
29 Diese Geschichte schickte mir Michèle Friedman 2011 in einer E-Mail.
30 Der Ex-Gächinger Martin Wanner wusste von solch einer erheiternden Begebenheit während unserer gemeinsamen Studienzeit an der Kölner Musikhochschule in den 1990er-Jahren zu berichten.

3. Der Unterricht

3.1. Atmosphäre

Bei jedem Gesangslehrer ist die Atmosphäre, die im Unterricht herrscht, entscheidend dafür, inwieweit sich der Schüler emotional und körperlich öffnet, denn Singenlernen heißt oft nicht nur, sich neue Resonanzräume, sondern auch neue Seelenräume zu erschließen.

Bei Arleen Auger fing jede Stunde mit einem stets herzlichen Gruß ihrerseits an. Der Ton war stets freundlich und die Stimmung im Unterricht geprägt von einem stets respektablen Umgang miteinander. Respekt war für Arleen Auger die Grundlage ihres Arbeitens. Dazu gehörte es für sie auch, niemals einen Schüler in die Verzweiflung zu treiben und ihn durch Zurschaustellung seiner Schwächen oder gar Demontage so lange vorzuführen, bis er in Tränen aufgelöst das Podium verließ. Diese Methode ist zwar bei so manch prominentem Gesangslehrer eine bis heute durchaus beliebte und bei Meisterkursen vor Publikum auch scheinbar eindrucksvolle – scheint es doch die Härte des Geschäfts erbarmungslos zu verdeutlichen. Doch diese destruktive Pädagogik entsprach nicht dem Kunstverständnis und vor allem nicht dem Menschenbild Arleen Augers. Sachlichkeit das Singen betreffend und Herzlichkeit, Wärme, Mütterlichkeit und Respekt dem Schüler gegenüber kennzeichnen wohl am besten die Atmosphäre ihres Unterrichts.

Wohl auch deshalb hatte sie – zumindest zu ihrer Frankfurter Zeit – stets eine Kanne mit heißem Wasser und einen Apfel- oder Brotteller bereitstehen, von dem nicht nur sie, sondern auch ihre Schüler sich bedienen konnten. Dieser Teller war nicht nur ein Symbol für ihre Mütterlichkeit, sondern schuf zudem Behaglichkeit[31]. Was allerdings niemals hieß, dass der Unterricht nur ein freundliches Plauderstündchen über Gesang bei Äpfeln und Brot gewesen wäre. Vielmehr dienten diese nur dazu, eine Atmosphäre des Vertrauens zu schaffen, aus dem ein sehr konzentrierter Unterricht erwuchs, in dem Privates jedoch so gut wie keinen Platz erhielt.

Nicht nur ihr Unterrichtsraum in Frankfurt strahlte mütterliche Geborgenheit aus, sondern ihr ganzes Wesen war davon erfüllt. So hatte ihre Schülerin Shihomi Inoue-Heller folgendes Schlüsselerlebnis mit ihr gehabt:

„1979 habe ich mein Diplom in Wien abgelegt und mich dann auf diverse Wettbewerbe vorbereitet. Frau Auger hatte damals eine Probe in Wien und war deshalb in

---

31 Dies erzählte mir ihre Schülerin Lilly Tuneh anlässlich eines gemeinsamen Konzerts am 7. Januar 1994 in Schweick/Mosel..

Öffentlicher Meisterkurs beim Schleswig-Holstein-Musikfestival 1990; am Klavier: Rainer Hoffmann
(Photo: Konrad Bockemühl)

der Stadt. Da sie aber keine Wohnung mehr dort hatte, ist sie in meine Studenten-
bude gekommen, um mich dort zu unterrichten. In Japan hatte ich noch als Mezzosopran gegolten, ich selber zweifelte allerdings schon länger, ob ich weiter als Mezzo
singen sollte, da meine Stärken eher in der Höhe als in der Tiefe lagen. Das war
zwischen Frau Auger und mir auch schon länger ein großes Thema gewesen.

Als sie damals zu mir kam, sang ich *Nun beut' die Flur* aus der *Schöpfung* von
Haydn. Als ich fertig war, kam sie zu mir, umarmte mich (Dabei dachte ich zuerst:
,Wow, Auger ist groß und dick!') und sagte zu mir: ,Shihomi, du bist ein echter Sopran, und das hast du dir selbst erarbeitet und selbst entschieden! Bravo! Ich bin so
stolz auf dich. Auch das Rezitativ war professionell!' So ein Lob hatte ich bis dahin
noch nie von ihr bekommen, und ich konnte damals gar nicht einschätzen, was das
bedeutete. Sie hat mich bezüglich meines Stimmfachs lange zappeln lassen und nie
gesagt, ob ich Sopran oder Mezzo bin. Aber damals hat sie mir das Gefühl gegeben,
dass ich diese Entscheidung selbst initiiert habe. Eine super Pädagogin! Und jetzt
noch habe ich dieses Gefühl ,groß, dick, warm' von der damaligen Umarmung in
meinem Körper, wenn ich an Frau Auger denke."[32]

32   Diese Begebenheit schilderte mir Shihomi Inoue-Heller im Jahre 2011 in einer E-Mail.

Eine konstruktive Arbeitsatmosphäre zu schaffen, war das eine. Aber Arbeitsatmosphäre für Sänger heißt auch zu einem wesentlichen Teil, einen Raum zu kreieren, der Präsentation gestattet. Und so pflegte Arleen Auger bereits zu ihrer Frankfurter Professorenzeit offenen Unterricht zu praktizieren, das heißt, die Studenten wurden dazu angehalten, dem Unterricht ihrer Kommilitonen beizuwohnen. Somit waren außer den Repetitoren und der Assistentin Tsuyako Mitsui fast immer andere Leute im Unterricht zugegen. Auch eine Videokamera lief mitunter mit und schuf für den einen zusätzliche Motivation oder aber Druck, je nachdem, wie man geartet war. In diesem offenen Rahmen war der Schüler selten mit der Lehrerin alleine. Dieses konnten manche Schüler konstruktiv für sich nutzen, andere hingegen nicht.

Die Atmosphäre ihrer Meisterkurse war stets entspannt. Es wurde viel gelacht. Heiterkeit, eine gute Stimmung, Gelöstheit, Spaß, den jungen Leuten die Angst vor der großen berühmten Sängerin nehmen, das war ihr wichtig. Denn wie sollten die Studenten locker und befreit lossingen, wenn sie vor Ehrfurcht vor der großen Sängerin schier erstarrten? Eine Künstlerin zum Anfassen statt zum Anbeten – diese Devise galt nicht nur auf dem Podium, sondern auch im Unterrichtsraum. Nicht *sie* wollte das Maß aller Dinge sein, nicht *ihr* sollte der studentische Vortrag gefallen, sondern die Schüler sollten sich erst einmal wohlfühlen. Schon deshalb hielt sie Vorsingen bei Meisterkursen – wie 1990 in Lübeck – alleine und nicht vor einem Auditorium ab. So wenig Verspannung wie möglich im Schüler erzeugen – das war ihre Devise.

Diese Gelöstheit der Stimmung konnte mitunter im Kurs eine unbeabsichtigte Eigendynamik entwickeln. Auf einem Meisterkurs mit dem Thema „Lieder von Hugo Wolf" in Stuttgart erlebte die slowenische Mezzosopranistin Mojca Vedernjak diesbezüglich folgende Geschichte:

„An eine Situation kann ich mich sehr gut erinnern: Das Publikum hatte seine helle Freude beim Zuhören eines lustigen Liedes, das ich gerade mit Frau Auger erarbeiten wollte. Ein lustiges Lied dargeboten von einer lustigen Sängerin. Und Lachen ist bekanntermaßen ansteckend. Und so ging es zwischen dem Publikum und mir hin und her, bis ich vor Lachen nicht mehr singen konnte. Was sollte ich jetzt tun? Frau Auger schmunzelte und wartete ab, bis alles etwas abgeebbt war und sagte dann, ich solle noch einmal von vorne beginnen. Ich kam bis zu der besagten Lachstelle – und es geschah, dass wir alle, ich und das Publikum, wieder in schallendes Gelächter ausbrachen – es war wie verhext.

Frau Auger aber hatte ein gutes Rezept: Sie bat mich, dem Publikum den Rücken zuzudrehen – und mich einzusingen. Ich war ein wenig irritiert, konnte meinen Lachanfall aber auch nicht stoppen. Ich war außer mir. Sie sagte dann – ebenso freundlich wie bestimmt –, ich solle tun, was sie mir vorgeschlagen habe. Also drehte ich mich für einige Minuten weg, weg vom Publikum, weg vom Lachanfall, weg von Hugo Wolf – und habe meine Vokalisen vor mich hingesungen. Dabei habe ich mich beruhigt und konzentriert.

Danach sollte ich noch einmal anfangen und es ging bestens: das Lied, die Arbeit daran, alles."[33]

Wie der Lied-Pianist Rainer Hoffmann berichtete, hatte Arleen Auger die menschliche Stimme und den Vorgang des Singens dermaßen verinnerlicht, dass sie alle sängerischen Unarten perfekt imitieren konnte: sie beherrschte alle Arten von Knödeln, Verengungen im Ansatzrohr, Heiserkeiten und Rauheit der Tongebung, Vibrati und Tremoli, die weit genug ausschlugen, dass man einen Hut hätte durchwerfen können, nach hinten verlagerten Stimmen, vergaumten und abgedunkelten Formen des Singens – all das hatte sie im Sortiment. Und so imitierte sie die jungen Eleven im Kurs sehr oft, was stets für viel Heiterkeit sorgte. Da sie das aber niemals respektlos tat oder gar um die jungen Leute vorzuführen, sondern, um sie zu spiegeln und ihnen zu verdeutlichen, was im Außen von ihrem Singen wirklich ankam, wirkte es nicht verletzend. Dieser Grad, wann ein Schüler vor Publikum noch über sich selbst lachen kann, und wann es in ein „Peinlichberührt" bis hin zur empfundenen Respektlosigkeit umkippt, ist oft nur ein sehr schmaler. Eine gute Pädagogin muss das spüren, sonst ist sie in ihrem Metier falsch. Und Arleen Auger war eine gute Pädagogin, ja eine exzellente!

Ihre Schülerin Atsuko Suzuki sagte über sie, sie sei nicht nur eine großartige Pädagogin, sondern auch eine großartige Psychologin gewesen. Sie habe von außen sehen können, was im Inneren des Schülers vorgeht.

Die Individualität des Schülers sehen und wahren – das war für sie selbstverständlich. Daher machte sie auch niemandem Vorschriften im Hinblick auf Äußerlichkeiten, Kleidung und Präsentation. Es durfte jeder so sein, wie es für ihn richtig war. Sie maßte sich nicht an, ihre Schüler zu erziehen. Manipulation und Herumschrauben an der Persönlichkeit ihrer Studenten war ihr fremd. Sie missionierte weder in Sachen Ernährung noch bei Fragen der Körperertüchtigung durch Sport. Immer ging es „nur" darum, die Individualität jedes einzelnen Schülers zu wecken und ihm einen Schritt weiter zu sich selbst zu bringen.

In dieser oft sehr persönlich Arbeit gab sie sich oft sehr mütterlich, aber stets im Bewusstsein, dass die jungen Damen und Herren ihre Schüler und nicht ihre Kinder waren.

Ihr Motto lautete: „Ich versuche nicht zu richten und sie zu kritisieren. Ich bin da, um ihnen zu helfen."[34]

Wie Atsuko Suzuki sagte, hat sie ihr Wissen und ihr Können niemals als Waffe gegen ihre Schüler verwendet. Selbstherrliches Gebaren auf dem Richterstuhl waren ihr fremd. Vielmehr ging es ihr um die Freude des Teilens, um das Weitergeben-Dürfen von Erfahrung und den Spaß, gemeinsam weiter zu den Tiefendimensionen eines Musikstücks vorzudringen. Dabei war sie den Studenten zwar immer einen Schritt voraus, aber sie nahm sie bereitwillig bei der Hand und führte sie ein Stück weit in Richtung

---

33   Diese Geschichte schilderte mir Mojca Vedernjak im Januar 2012 in einer E-Mail.
34   Chris Pasles: Anm. s. o.

des Niveaus, auf dem sie selbst sang. Bei einem Meisterkurs an der Stuttgarter Bach-Akademie sagte sie zu ihren Schülern bezüglich ihrer Vorreiterrolle als Kursleiterin:

> „Ich verstehe mich nicht als Eminenz in Sachen Gesang, sondern als eure große Schwester."[35]

3.2. Ziele haben

In den Vereinigten Staaten kam Arleen Auger im Rahmen ihrer Pädagogikausbildung mit didaktischen und methodischen Techniken in Berührung, die in Europa erst später gelehrt worden sind. Das betraf zum Beispiel die Anwendung metakognitiver Strategien. Wie Atsuko Suzuki erzählte, wurde der Schüler obligatorisch zu Beginn einer jeden Unterrichtsstunde aufgefordert, sein persönliches Ziel für die bevorstehende Unterrichtsstunde zu formulieren.

In einem Kurs an der Juilliard School 1990 gestaltete sich das wie folgt:

„Hallo. Was ist dein Ziel für heute Nachmittag?", fragte Arleen Auger.

„Meine Stimmtechnik zu benutzen, um die Idee dieses Liedes zu vermitteln", antwortete die Schülerin.

„Das ist ein gutes Ziel und ein großes."[36]

Ziele zu formulieren – und seien sie auch noch so klein, waren für Arleen Auger im Unterricht das Non plus ultra:

„Stopp! – Was willst *du*, was hast Du vor?" Dieser Satz erschallte sehr oft, noch eh der erste Ton aus dem Mund des Schülers gedrungen war.

„Die meisten wollen einfach nur aufstehen und singen, und das ist nie genug!"[37]

Bewusstheit war das, um was es ihr ging, nichts dem Zufall überlassen, immer Herr der Lage sein und sich nicht hinreißen lassen, schon gar nicht, wenn in der Vorstellung noch das Adrenalin hinzukommt. Alles sollte innerlich so klar und bewusst wie nur möglich sein und bewusst geschehen. Nicht nur das, was das eigene Singen betraf, sondern auch alles, was das Stück und dessen Struktur betraf: In welcher Tonart befinde ich mich gerade? Auf welcher Taktzeit befinde ich mich gerade? Welche Instrumente spielen mit mir? Was erfordert der Einsatz der Flöte bei dieser Stelle an Modifikation hinsichtlich meiner Stimmfärbung?

Klangliche Vorstellung zu schulen, war ihr ein zentrales Anliegen, denn ein Stück kann nur so klingen, wie ein Sänger es sich vorher in seiner Vorstellung ausgemalt hat.

---

35 Diesen zentralen Satz bezüglich ihres Selbstverständnisses als Lehrerin äußerte mir gegenüber die Repetitorin des Kurses, Sabine Eberspächer, in einem Telefonat am 8. Januar 2012.

36 James M. Keller: Arleen Auger, in: Musical America, Juli 1990, S. 12.

37 Anna von Münchhausen: Anm. s. o.

Und somit wurden die Schüler immer wieder von ihr angehalten, sich zuerst genau innerlich vorzustellen, wie ein Stück sich anfühlen und wie es dann konkret klingen soll.

„Jemand fragte mich nach dem Juilliard-Meisterkurs, was passiert, wenn du deine Ziele erreicht hat. [...] Was immer du tust, es ist wichtig, Ziele zu setzen, sei es für eine einzelne Gesangsübung oder für die gesamte Karriere. Aber wenn du deine kurzfristigen Ziele erreicht hast, merkst du, dass deine langfristigen Ziele komplexer werden. Was ich dem Studenten gesagt habe, war, dass wenn du deine kurzfristigen Ziele erreichst, du dich entwickelst, aber dass – Gott sei dank – weil Musik so vereinnahmend und vielgesichtig ist, dass du nicht einmal die Notwendigkeit verspürst, deine langfristigen Ziele zu erreichen, so lange du dich stetig darauf zubewegst."[38]

Wenn das langfristige Ziel – etwa die Teilnahme an einem Wettbewerb – oder ein beruflich wichtiger Schritt wie etwa ein Vorsingen zwischen Lehrer und Schüler vereinbart worden war, und die Schüler begannen zu zweifeln und gerieten auf ihrem Weg ins Straucheln, konnte sie ein mitunter unerwartet energisches Verhalten an den Tag legen.

Der Pianist Ruskin King Cooper erzählt:

„Es gab einmal eine sehr begabte Studentin aus China, die in Erwägung zog, in Deutschland zu bleiben, um dort eine Gesangskarriere zu starten. Arleen erzählte ihr all die Dinge, die sie dafür zu tun hatte: Vorsingen für Agenten, Opernhäuser, etc. Das Mädchen sagte daraufhin: ‚Ich habe Angst!' Arleen entgegnete ihr: ‚Dann geh' nach China zurück!' Sie meinte das nicht wörtlich, aber sie zeigte der jungen Frau sofort die rote Karte. Um eine Karriere als Musikerin zu machen, musst Du bereit sein öffentlich aufzutreten und nicht Spielchen zu spielen. Es ist ein anspruchsvolles Geschäft und nichts für Angsthasen."

Und auch ihre Schülerin Shihomi Inoue-Heller erlebte so eine drastische Szene mit ihrer Lehrerin:

„Ich bin extra von Augsburg nach Frankfurt gefahren, um mit Frau Auger mein Wettbewerbsprogramm für den Wettbewerb in s'Hertogenbosch durchzugehen. Ich war dort schon einmal erfolgreich gewesen und wusste daher, was für eine nervenaufreibende und stressige Prozedur so ein Wettbewerb darstellt. Also murmelte ich leise, eigentlich mehr zu mir selber: ‚Na ja, ich mag eigentlich keine Wettbewerbe!' Das hat sie aber nicht überhört und schrie: ‚Raus! Raus! Für so eine dumme, faule Schülerin habe ich keine Zeit!' Ich hätte nicht gedacht, dass sie so schreien konnte. Und so habe ich wieder teilgenommen und auch wieder einen Preis bekommen. Auger sei Dank."

Sehr häufig ist eines der Hauptziele im Gesangsunterricht, die technischen und musikalischen Anforderungen eines Musikstücks zu bewältigen, sich ein Lied oder eine Arie zumindest ein Stück weit zu erobern. Dieses Ziel ist aber nur zu erreichen, wenn das Stück so gewählt ist, dass der angehende Sänger es mit seinen technischen und musika-

---

38   James M. Keller: Anm. s. o., S. 15.

lische Mitteln, die ihm momentan zur Verfügung stehen, überhaupt umsetzen kann. Der Schwierigkeitsgrad der gewählten Musikliteratur spielt für die Entwicklung der Stimme und den Erfolg des Unterrichts eine entscheidende Rolle. Viele Lehrer schießen da gerne übers Ziel hinaus und überfordern ihre Schüler mit zu schwerer, d. h.: zu dramatischer Literatur. Wagner, Verdi und Puccini waren für Arleen Auger Komponisten, die im Gesangsunterricht an einer Musikhochschule nur sehr sporadisch vorkommen sollten. Ohnehin war sie eine große Anhängerin von Übungen. Sie selbst hatte sich ihr technisches Rüstzeug Mitte der 1960er-Jahre bei Ralph Errolle ausschließlich mittels Übungen verschafft und pflegte diese selbst allmorgendlich zu praktizieren. Diese Übungen stammten von Manuel García und Francesco Lamperti. Sie halfen ihr dabei, eines ihrer persönlichen Ziele zu erreichen: die absolute Klarheit der Vokale. Denn nur klare Vokale ermöglichen klaren Text, und nur klarer Text ermöglicht das Verstehen der Worte beim Zuhörer. Der Erfolg beim Publikum gab ihr Recht, und so wurden diese Übungen auch für ihre Schüler zur Pflichtliteratur.

Bei der Auswahl des Kunstlied-Repertoires war sie für alle Vorschläge von Seiten ihrer Schüler offen: Von Purcell bis zur Moderne durften sich die Studenten beinahe an alles wagen. Lied war für sie als didaktische Literatur ideal. Das Lied hatte ihre eigene Stimmentwicklung entscheidend befördert, aber sie hielt diese Gattung auch im Unterricht für unverzichtbar. Gegenüber der britischen Journalistin Hilary Finch bekannte sie 1989 in einem Interview:

> „Poesie ist sehr wichtig für mich, und die Probleme der Diktion zu lösen, um dadurch die Dichtung und die Musik zu überhöhen, sind ebenso wichtig für Deine eigene Gesangstechnik als auch für die Interpretation. Die Musik selbst wird dir helfen, dich zu entwickeln – sofern es die richtige zur richtigen Zeit ist."[39]

3.3. Technik

Technik war für Arleen Auger niemals Selbstzweck, sondern immer das Mittel, um auf musikalischem Wege Gefühle auszudrücken. Daher war es auch nicht ihr Anliegen, im Unterricht eine Technik zu vermitteln, obwohl sie selbst von ihrem Lehrer Ralph Errolle in der Technik des italienischen Belcanto unterwiesen worden war. Doch diese Technik war für sie nicht der allein selig machende Schlüssel für jede Stimme. Sie wollte, dass die Schüler sich auch diesbezüglich selbst entdecken. Denn das war der Weg, den Arleen Auger nach nur zweijähriger Privatausbildung selbst gegangen war. Wahrscheinlich unterrichtet jeder Lehrer primär das, was ihm selbst zuteil geworden ist. Und dies war bei Arleen Auger von Anfang an ein stetig eigener und sich selbst verpflichteter Weg. Folglich ermutigte sie auch ihre Schüler, es ihr gleichzutun und zeigte ihnen eben gerade nicht, wie *man* singt, sondern ermunterte sie, selbst herauszufinden,

---

39   Hilary Finch: „All in good timing", in: The Times, 1. Februar 1989.

Arleen Auger mit ihrer Assistentin Tsuyako Mitsui bei der Sommerakademie Stuttgart 1984
(Photo: Tsuyako Mitsui)

wie jeder von ihnen für sich auf seine ihm eigene Weise das Optimale aus sich heraus-holen konnte.

> „Viele Studenten haben eine Methode erlernt oder Teile einer Methode, und ich denke, das ist das Problem in Amerika. Die Studenten springen von einer Richtung in die andere, immerzu auf der Suche nach der nächsten Person, die ihnen das kleine Bisschen, das sie brauchen, noch gibt, und dann glauben sie, präpariert zu sein, ihren eigenen Weg zu gehen."[40]

Und so gab sie keine technischen Vorgaben von außen, sagte nicht ‚Singe das jetzt so!‘ oder ‚Mach das auf diese Weise!‘, sondern sie ermutigte die Schüler immer wieder, sich selbst zu entdecken. Ziel dieses sich ganz auf Selbsterfahrung und Eigenverantwortlich-keit gründenden Unterrichts war dabei auch, dass die jungen Sänger sich nicht von ihr abhängig machten:

> „Viele Sänger hängen viel zu lange an einem Lehrer und werden damit nie selbstständig."[41]

Wenn aber ein junger Sänger frühzeitig dazu angehalten wird, sich nicht immer von außen sagen zu lassen, was er als nächstes tun soll, sondern dieses Wissen aus sich selbst

---

40 Judith Wyatt, 1986: Anm. s. o.
41 Hanns-Horst Bauer: Anm. s. o., S. 777.

heraus akquirieren kann, dann macht ihn das stark und selbstbewusst. Und diese Methode zwingt ihn zudem, permanent mit sich selbst in Kontakt zu stehen.

Dazu bedarf es allerdings einer selbstkritischen Distanz zu sich selbst:

„Man muss sich hören, sich von außen anschauen und auch einmal ganz konkret vor den Spiegel stellen."[42]

Ihre Schülerin Atsuko Suzuki nennt als zentrales Ziel des Augerschen Unterrichts das Freilegen der natürlichen Stimme. Ihr Unterricht war nicht darauf ausgerichtet, das natürliche Material künstlich aufzublähen, sondern es ganz im Gegenteil pur und rein zu machen. Statt auf die Stimme etwas Kleidsames künstlich aufzusetzen, galt es, diese förmlich zu entkleiden.

Die *eigene* Stimme mit ihrem *eigenen* Klang zu finden und diese lieben zu lernen, das war ihr ein zentrales Anliegen. Deswegen sang sie so gut wie nie im Unterricht vor. Und wenn sie es doch schon einmal tun musste, folgte meist die strenge Anweisung: „Mach mich nicht nach!" Ihre Assistentin aus Frankfurter Tagen, Tsuyako Mitsui, meinte dazu: „Wenn man bedenkt, wie viele Gesangslehrer von ihren Schülern verlangen, sie in Papageienmanier bloß nachzuäffen, so bildete *sie* diesbezüglich eine rühmliche Ausnahme."[43] Bedingt war diese Herangehensweise auch durch folgenden Sachverhalt, den sie Tsuyako Mitsui gegenüber erläutert hat: Um eine gemachte Stimme zu produzieren, bedarf es nur eines Jahres. Um eine natürliche Stimme zu formen, bedarf es sieben Jahre. Um die gemachte Stimme aber wieder zu eliminieren, braucht es noch viel länger als sieben Jahre.[44]

Darum lotste Arleen Auger ihre Schüler sofort von jeglicher Imitation weg und brachte sie ohne Umwege auf den Weg zu sich selbst.

Anfänglich hatte auch Tsuyako Mitsui ihre Professorin aus reiner Bewunderung kopiert. In einem Konzert in Wien hatte sie *Die Loreley* von Franz Liszt gesungen, und die Leute hatten ihr danach mit Worten gratuliert wie: „Wunderbar. Sie klingen ja wie ihre Lehrerin, die Auger!" Beflügelt kam die Japanerin daraufhin nach Frankfurt zurück und erzählte der Meisterin stolz von ihrer Leistung und der Resonanz darauf. Arleen Augers Gesicht verfinsterte sich jedoch während der Schilderungen und es folgte eine gehörige Standpauke: Sie dulde keine Imitation ihrer Stimme![45]

Ein Sänger, der singen *will*, trägt alles in sich, was er dazu braucht. Das muss er nur finden und aktivieren. Von diesem Glauben war Arleen Auger felsenfest überzeugt. Nur so konnte ein Sänger in ihren Augen ein authentischer Sänger werden. Wie wichtig ihr diese Suche nach sich selbst war, ja, welch zentrales Anliegen ihr das Authentisch-Sein generell war, belegt folgende Anweisung, die sie bereits zehn Jahre vor ihrem Tod ihrer Schülerin Tsuyako Mitsui gegeben hatte:

---

42 Ebenda.
43 E-Mail von Tsuyako Mitsui vom 3. Dezember 2011.
44 Dies schrieb mit Tsuyako Mitsui in einer E-Mail vom 1. Dezember 2011.
45 Tsuyako Mitsui erzählte mir diese Geschichte in einer E-Mail vom 3. Dezember 2011.

„Tsuyako, falls ich sterbe, bitte studiere *alleine* weiter und lass niemanden deinen Gesang beeinflussen. Du hast alles in Dir. Du kannst deinen Gesang alleine entwickeln."[46]

Singen fängt meist gar nicht mit der Stimme, sondern mit dem Körper und dessen Aufrichtung an. 1990 versuchte sie in Lübeck, einem jungen Sänger, der permanent herumzappelte und noch gar keine Achse und keinen Kontakt zu seiner Körpermitte gefunden hatte, das Prinzip der Erdung zu demonstrieren. Sie stellte sich neben ihn auf die Bühne und bat ihn, sie wegzuschubsen. Naturgemäß ging der junge Mann erst viel zu vorsichtig zur Sache und sie meinte nur amüsiert: „So kriegst Du mich nie weg!" Allmählich wurde er mutiger und schob und zerrte immer fester an ihr und schaffte es schließlich unter Aufbietung all seiner Kräfte, sie um ein paar Zentimeter schief in die Hüfte zu stellen. Das war für alle Anwesende eine eindrucksvolle Demonstration von Standhaftigkeit im wahrsten Sinne des Wortes. Denn Erdverbundenheit und Verwurzeltheit sind besonders für das tendenziell statische Singen auf dem Konzertpodium unabdingbar.[47]

Der Körper ist das Instrument des Sängers; dessen Stabilität und Grad an Öffnung sind für den Klang verantwortlich. Darum stellt das Balancieren von Körper und Stimme beim Singen einen entscheidenden Faktor dar. Dieses System muss stetig flexibel gehalten werden; wenn der Sänger irgendwo festhält, entstehen Probleme. Gerade leichtere Stimmen tendieren oft zu einem nicht ausreichend im Körper verankerten Singen. Für den amerikanischen Gesangspädagogen David L. Jones stellt Arleen Auger ein Ideal dar, was die Verbindung von Stimme und Körper angeht. In seinem Aufsatz „Is High Light singing ever healthy?" schrieb er über sie:

„Arleen Auger ist eine der balanciertesten Sängerinnen, die ich jemals gehört habe. Nicht nur war sie selbst sehr balanciert, sondern sie war auch sehr kompetent bezüglich der menschlich Stimme. Sie war sehr vorsichtig darin, junge Sänger zum Leichten Singen mit Körperanbindung zu ermutigen. Sie erreichte das durch gleichzeitiges Arbeiten mit dem Körper und der Stimme. Frau Auger war eine Sängerin, die ihr Instrument gut kannte und Barockmusik mit Stil, Anmut und Können interpretierte. Sie war fähig, Bach und Händel mit körperverbundener Einfachheit zu gestalten, und sie selbst war eine großartige Lehrerin von körperverbundenem leichten Singen. Ich halte alle meine Schüler an, das Singen von Arleen Auger zu studieren, die ein leuchtendes Beispiel von technischer Balance und Künstlerschaft im Gesang darstellt."[48]

Der Motor des Singens ist der Atem: Die ausströmende Luft trägt den Ton, und der Sänger muss ihn durch Kontrolle des Atems balancieren. Aus mangelnder Erfahrung

---

46 Dies erzählte mir Tsuyako Mitsui in einer E-Mail vom 14. Dezember 2011.
47 Rainer Hoffmann, der damals diesen Kurs korrepetierte, erzählte mir diese Unterrichts-Anekdote 2011 am Telefon.
48 David L. Jones: „Is High Light Singing Always Healthy?", auf: www.voiceteacher.com.

oder aus Angst, dass die Stimme nicht ansprechen könnte, geben unerfahrene Sänger zu Beginn einer Phrase gerne zuviel Luft und leiden daher rasch an Atemnot. Folglich gilt es im Gesangsunterricht, die Atemkapazität durch Erschließung neuer Räume zu erweitern. Einer dieser Räume stellt der untere Rücken dar. Um das Atemvolumen dort zu vergrößern, benutzte Arleen Auger – wie Thomas Gehrke erzählte – folgendes Bild: Der Sänger solle sich vorstellen, die Schnalle des Gürtels, der die Hose oder den Rock hält, befände sich hinten und man würde sie mittels des Einatmens zu öffnen versuchen. Automatisch rutscht so das Bewusstsein an diese Körperstelle, denn es gilt: Die Energie folgt der Aufmerksamkeit. Auf diese Weise wird der Atem sofort im wahrsten Sinne des Wortes tiefer.

Augers Schüler aus Frankfurter Tagen durften öfters Hand an die Stütze ihrer Professorin legen, und ihre Schülerin Elisabeth Schmock berichtete, dass die Stütze ihrer Lehrerin in Sekundenschnelle rundum geweitet war. Das war, wie sie gestand, „faszinierend und für eine Anfängerin frustrierend zugleich."

Einem technische Problem, das sie bei junge Sängern oftmals beobachtet hatte, dem Überatmen, begegnete sie mit folgender Übung, die David L. Jones, eine Institution für Gesang in den Vereinigten Staaten, auf einem Meisterkurs von Arleen Auger am Mannes College of Music in New York als Zuhörer erleben durfte:

„Sie benutzte eine sehr eigene Methode, um ihre Schüler vom Überatmen wegzubringen: Sie ließ sie die Menge an Luft, die sie einatmeten, durch Öffnen eines Raumes zwischen ihren Händen messen. Durch dieses physische Messen der Luftmenge versuchte sie, ihre Schüler nicht mehr Luft einatmen zu lassen, als sie tatsächlich brauchten. Dies ließ jeden Sänger gleich viel besser klingen."[49]

Geesche Bauer erklärt diese zentrale Übung des Augerschen Unterrichts genauer:

„Man steht gerade und legt die Hände auf Bauchnabelhöhe mit dem Ausatmen aneinander. Mit dem Einatmen bewegen sich die Handflächen auseinander, aber nie so weit, dass sie bei geradem Blick aus dem Gesichtsfeld verschwinden. Beim Ausatmen auf ‚sss' wandern die Hände gleichmäßig wieder zusammen und zeigen so an, wie der Atem verbraucht wird. Wenn alle Luft ausgestoßen ist, müssen die Handflächen wieder aneinanderliegen.

Dieses Prinzip wird bei langen Phrasen angewendet. Dadurch lernt man, die Luft richtig einzuteilen. Wichtig ist, dass der Atem dabei immer fließt und nicht bei schwierigen Stellen stockt oder gar stehen bleibt."[50]

Diese Übung, von ihr auch als „Barometer-Übung" bezeichnet, unterstützt den natürlichen Vorgang von Ausdehnung und Zusammenziehen des Körpers im Ein- bzw. Ausatemprozess. Und alles, was beim Singen natürlich ist, ist prinzipiell richtig.

Ein zentraler Aspekt in ihren Meisterkursen war die planvolle Atemführung, denn: Gerne singen Sänger zu Beginn einer Phrase erst einmal munter drauf los, ohne zu pla-

---

49 David L. Jones schilderte mir seine Eindrücke in einer E-Mail vom 26. Mai 2011.
50 Geesche Bauer erklärte mir diese Übung in einem Telefonat im Dezember 2011.

Meisterkurs beim Schleswig-Holstein-Musikfestival 1990 (Photo: Konrad Bockemühl)

nen, wie weit die Phrase musikalisch wirklich reicht. Wenn man sich verschätzt hat – so der landläufige Usus – wird eben zwischengeatmet. Für Arleen Auger stellte dies eine äußerst unglückliche Notlösung dar, denn sie kam vom instrumentalen Singen, und kein Bläser würde mitten in einer Phrase absetzen und diese damit zerstören, um zu atmen. Also galt es, sich als Sänger den Atem, dessen Volumen und die zur Verfügung stehende Kapazität der Luftmenge in Relation zur Phrase bewusst zu machen; und das hieß im Klartext: sichtbar zu machen. Und dafür nutzte sie die von Geesche Bauer dargestellte „Barometer-Übung". Mit dieser verhalf sie ihnen zu mehr Ökonomie. Wie Carina Mora betonte, war ihr die Vermittlung der Korrelation von Phrasenlänge und Atemmenge ein zentrales Anliegen im Unterricht.

Michèle Friedman hat auf einem Meisterkurs eine Variante der „Barometer-Übung" mit *der* Zielsetzung kennengelernt, den Atem bei komplexen und daher schweren Phrasen am Fließen zu halten:

Während des Singens repräsentiert der eine Arm die lange Sinn-Einheit der Phrase (die großen Ideen des Textes), und der andere Arm repräsentiert die darin enthaltenen kürzeren Ideen und Phrasen. Jeder Arm bewegt sich nach vorne, der Arm mit der langen Phrase setzt seine Bewegung kontinuierlich fort, während der Arm mit der kurzen Phrase sich immer wieder zurückbewegt und von neuem beginnt.

300

Das erfordert nicht nur ungemeine Konzentration, sondern auch Bewusstheit. Vor allem spürt der Schüler, dass der Kopf bei schweren Phrasen mit der Bewältigung derselben oft dermaßen beschäftigt ist, dass der Atem zu fließen aufhört und der Arm folglich stehen bleibt. Diese Übung verfolgt sowohl einen lenkenden als auch zeigenden Effekt und dient daher der Selbsterkenntnis.

Beide Koordinationsübung waren allerdings insofern nur ein Hilfsmittel, als dass sie wirklich primär die Koordination im Körper herstellen sollte. Denn: wenn der Körper koordiniert ist, dann läuft das Singen von alleine. So hatte Arleen Auger es bei sich selbst erlebt.

Ein weiteres ihrer technischen und gesangsästhetischen Ideale, die sie im Unterricht zu vermitteln suchte, war die „Schwerelosigkeit" oder der „Tonansatz aus dem Nichts". Das waren zwei ihrer vielgebrauchten Bilder. Wenn ein unerfahrener Schüler diese Ideale aber bloß imitierte, statt dies zu erfühlen, führte das gerne zu einem verhauchten Stimmansatz. Verwirklichen ließ sich dies nur mit einem Vorausöffnen der inneren Räume, wozu die Auger im Unterricht oft die Metapher des Staunens gebrauchte. Beim Staunen weitet sich der Raum hinter den Augen bis zur Stirn und zudem senkt sich der Kehlkopf; es entsteht also ganz viel Platz, der als Resonanzraum genutzt werden kann.

Bei diesem Bild des Staunens ging es ihr aber nicht nur um eine technische Übung zur Findung der Resonanz, sondern es ging ihr dabei auch um die Verdeutlichung eines künstlerisch-ethischen Aspekts: Der Schüler sollte das von ihm ausgewählte und dargebotene Kunstwerk zugleich *be*staunen und dessen Einzigartigkeit würdigen. Der Respekt und die Dankbarkeit vor dem, das man da singen *durfte,* sollte ins Bewusstsein gerufen und dort verankert werden.

Ein großes artikulatorisches Problem beim Singen sind die Konsonanten, denn sie schieben sich wie Hürden immer wieder in den Legatostrom der Vokale, der automatisch entsteht, wenn die Stimme vom Atem getragen wird und frei fließt. Um dieses Legatogefühl erst einmal zu empfinden und zu genießen, ließ die Auger ihre Schüler ein Stück oft nur auf Vokale singen. Erst wenn das Strömen der Stimme und die jeweils optimale Position der einzelnen Vokale gefunden worden war, kamen die Konsonanten hinzu. Und diese Konsonanten galt es dann – wie beim Hürdenlauf – zu überlaufen und nicht zu überspringen. Und deshalb empfahl die Auger, Konsonanten mit wenig Luft auf den Platz zu setzen. Dadurch wird gerade zu Beginn einer Phrase deren Anschieben durch Überartikulation vermieden, und der Sänger spart Luft. Ein Plosiv (p/b, t/d, k/g) oder Frikativ (f/w), sch, s/z) erhält dadurch sowohl seine optimale phonetische Position als auch seine unmissverständliche phonemische Eindeutigkeit. Missverständnissen (wie zwischen „Baum" und „kaum") wird vorgebeugt. Und außerdem weicht auf diese Weise der Konsonant sofort dem Vokal und stört nicht mehr den Atemfluss der Stimme.

Arleen Auger beherrschte diese Technik selbst so vollendet, dass der Kritiker der Londoner *The Times,* Paul Griffiths, über ihre Ilia in Sir Simon Rattles konzertantem *Idomeneo* im August 1987 in London nur staunend bemerken konnte:

„Arleen Auger [...] bietet köstliche Klarheit und Weichheit. Sie bringt es irgendwie zu Stande, die Worte klar zu transportieren, während sie es zur selben Zeit keinem Konsonanten erlaubt, ihre weichen Linien und ihre Fähigkeit, einen Ton mit kompletter Mühelosigkeit anzusetzen, zu stören."[51]

Ein zentrales Thema in Arleen Augers Gesangsunterricht war das Finden der optimalen Resonanz. Ihre prominente Schülerin Renee Fleming berichtet, was ihre Lehrerin ihr zu diesem Thema 1984 in Frankfurt gesagt hat:

„In unseren Stunden verglich sie die Stimme mit den unterschiedlichen Etagen in einem Hotel, wobei jeder Ton eine eigene Etage einnahm."[52]

Wie Elisabeth Schmock weiter erörterte: Dem Schüler wurde kein feste Stelle gezeigt, sondern er hatte die Aufgabe, wie in einem Lift durch die einzelnen Stockwerke zu reisen und für jeden Ton dessen bestmögliche Position und dessen optimalen Sitz zu finden. Wie Augers Schülerin Carina Mora noch weiter spezifizierte, sollte bei diesem Vorgang alles dynamisch und persönlich geschehen. Um dabei das Gleichgewicht zwischen Atemstütze und Resonanz in jedem Moment neu finden zu können, musste der ganze Körper beteiligt sein.

Augers Privat-Schülerin Una Barry schrieb dazu:

„Was sie unterrichtete, war Allgemeingut. Es ging um das Singen im Optimum der Resonanz, anstatt sich mit Phonation oder dem Reden über den ‚Motor des Singens‘ festzufahren. Alles musste aktiviert sein. Ich würde sagen, dies ist eine andere Art von dem, was David L. Jones ‚das Klingeln‘[53] nennt, wenn Arleen über ‚das Singen in der Resonanz‘ oder ‚Singe zum Optimum der Resonanz hin!‘ sprach."

Deshalb erhielten die Schüler schon zu Frankfurter Zeiten den Rat:

„Jedes Singen, egal in welcher Form, soll zu einer Resonanzübung werden."[54]

Um dem Schüler eine möglichst schöne und ideale Resonanz zu ermöglichen, wurde dieser angehalten, Übungen auf den Konsonanten „n" oder „w" zu machen. Das „w" sollte so wenig wie möglich f-Anteile (also stimmlose Frequenzen) beinhalten und das „n" musste ohne Druck und ohne Spannung auf der Zungen produziert werden. Ziel war es, durch ein Minimum an Luft ein Maximum an Resonanz zu erzielen.[55]

Resonanz wird oft mit Überöffnen des Mundraums verwechselt. Aber dieses Aufreißen führt nicht zwingend zu mehr Klang. Wie David L. Jones als Kursbeobachter schrieb, war „sie ebenso gut darin, den Sängern das Aufreißen des Mundes abzugewöhnen: sie ließ sie in der Form eines o-Vokals einatmen."[56]

---

51   Paul Griffiths: Idomeneo. Elizabeth Hall, in: The Times, 5. August 1987.

52   Renee Fleming: Die Biographie meiner Stimme, Berlin 2005, S. 67.

53   Christian Halseband hat den Begriff „the ring" von David L. Jones mit „das Klingeln" übersetzt und meint damit den hohen Frequenzanteil des Stimmklangs. Nachzulesen auf: www.gesanglehrer.de.

54   Unterrichtsprotokoll von Elisabeth Schmock vom 16. November 1979.

55   Unterrichtsprotokoll von Elisabeth Schmock vom 19. Januar 1980.

56   David L. Jones in einer E-Mail vom 26. Mai 2011 an den Autor.

Wie Tsuyako Mitsui erklärte, ging es ihrer Lehrerin um die Mundöffnung nach *innen*. Der Innenraum, die Innenresonanzen sollten erspürt und aktiviert werden. Dabei hing die Klärung der Frage, wie weit jemand den Mund öffnen musste, mit der individuellen physiognomischen Beschaffenheit des jeweiligen Schülers zusammen. Und genau deshalb gab es in ihren Augen eben nicht *die* Technik, sondern jeder musste auf seine persönliche Weise seinen Körper zu seinem Instrument machen.

Diese Forderung wurde besonders bei dem virtuosen Zierwerk der Koloratur notwendig, bei denen es darauf ankommt, den Atemdruck innerhalb von Sekundenbruchteilen variieren zu können. Augers Schülerin Shihomi Inoue-Heller erzählte dazu:

„Ich habe Frau Auger einmal gefragt, wie man so gut Koloraturen singen kann wie sie. Darauf hat sie geantwortet, das wäre ganz einfach: Man müsse nur an einen Presslufthammer denken, dann kämen die Koloratur schon von ganz alleine. Ich denke, Koloraturen sind ein ziemlich angeborenes Talent; bis zu einem gewissen Niveau gelangt man durch Üben, aber das Koloratur-Niveau von Frau Auger kann man eigentlich nicht lernen. Der Presslufthammer-Effekt hat mir aber dann doch ein bisschen geholfen, und wenn ich irgendwo einen Presslufthammer höre, denke ich sogleich an Frau Auger."[57]

Auch Elisabeth Schmock wurde in ihrer Frankfurter Studentenzeit Zeugin des ausgesprochen hohen Koloratur-Niveaus ihrer Lehrerin. Sie hatte früh am Morgen Mozarts *Exsultate, jubilate!* mit in die Unterrichtsstunde gebracht, und Frau Auger demonstrierte ihr aufgrund der Uhrzeit einige der kniffligen Koloraturen eine Oktave tiefer. Aber selbst dort, in der kleinen Oktave, war deren Virtuosität so fulminant, dass ihre Schülerin angesichts der der gestochen scharfen Perfektion schier sprachlos wurde.[58]

So wie Koloraturen „laufen" müssen, so muss der Atem beim Singen fließen. Junge Sänger tendieren – da sie festhalten, zuviel Kontrolle ausüben und daher zuviel Energie an einen bestimmten Platz lenken, der dadurch unelastisch wird – gern zum Verspannen im Körper. Um dieses Festwerden zu verhindern, arbeitete Arleen Auger gerne mit Bildern wie: man solle sich während des Singens vorstellen, wie das warme Wasser der Dusche wohlig über den Körper fließe, oder sie machte Lockerungsübungen, indem sie ihren Schülern Bälle oder Stofftiere zuwarf. Und sehr beliebt war das sogenannte „Geigen-Karaoke": Da sie selbst jahrelang Geige gespielt hatte und Musik instrumental zu denken pflegte, ermutigte sie ihre Schüler, bei der Erarbeitung eines Musikstücks in den Kategorien Auf- und Abstrich zu denken. Ihr war es wichtig, dass ein Sänger eine Phrase auch körperlich empfand. Auch bei Koloraturen konnte es sehr helfen, wenn man sich bewusst machte, wie man die Stelle als Streicher spielen würde: würde man vier oder acht Töne auf einen Bogen spielen? Die Klärung solcher Fragen im Vorfeld schaffte Klarheit bezüglich der Phrasierung.

---

57 Diese Anekdote schrieb mir Shihomi Inoue-Heller im Frühsommer 2011 in einer E-Mail.
58 Diese Begebenheit schilderte mir Elisabeth Schmock im Sommer 2011 am Telefon.

Bewegung war während des Unterrichts ausdrücklich erwünscht, allerdings nicht mehr während des Konzerts auf dem Podium. Dort sollte dann alles innerlich passieren. Bewegung des Körpers im Unterricht diente der Entlastung des Atemapparats und sorgte dafür, dass alle Zellen des Sängerkörpers beteiligt waren. Es beförderte die Entkrampfung und das Fließen-Lassen des Atems. Denn alles, was im Hals Anspannung erzeugte, sollte in den Körper abgeleitet werden.

Der niederländische Pianist Hans Adolfsen, der schon als Student mit Arleen Auger in den Niederlanden repetiert hatte, erzählte, mit welchem Trick sie eine junge Studentin im Unterricht gelockert hat:

„Es handelte sich um eine Stunde in einem Meisterkurs beim *Schleswig-Holstein-Musikfestival*. Eine der Teilnehmerinnen hatte Schwierigkeiten mit einem gesunden, leichten, aber aktiven Stimmbandschluss. Aus diesem Grund fing sie jede Phrase zu zögerlich an. Als ein technischer Hinweis von Arleen nicht viel half, weil sich die Schülerin dadurch noch mehr fixierte, pflückte Arleen unerwartet eine Traube von einem Obstschälchen neben ihr und warf sie der Schülerin unmittelbar vor jedem Einsatz zu. Bei jeder neuen Phrase, die die Sängerin sang, warf Arleen ihr eine Traube zu. So musste sie sich dermaßen aufs Auffangen konzentrieren, dass sie darüber den Stimmeinsatz vergaß, und der funktionierte dann natürlich ganz von alleine.

Das Ganze war aber nicht nur ein psychologischer Trick, sondern Arleen beabsichtigte auch, dass sich der Tonanfang genauso leicht vollziehen sollte, wie das Werfen einer Traube.

Abgesehen vom pädagogischen Aspekt finde ich bei dieser Geschichte wichtig, dass Arleen durchaus eine Frau mit sehr viel Humor war! Es entstand dort in der Stunde eine sehr fröhliche Stimmung. Ich erinnere mich, sie als 'leicht im Ernst und ernst in der Leichtigkeit' erlebt zu haben: sie lachte viel und war oft sehr humoristisch!"[59]

Ebenso richtete die Auger ihr Augenmerk in ihren Meisterkursen vermehrt auf einen bewussten Umgang mit der Dynamik. Oft wird die Lautstärke von jungen Sängern völlig willkürlich gewählt. Vor allem wird in der Regel viel zu laut gesungen, was zu monochromer Lautstärke, Eintönigkeit und damit Abstumpfen bezüglich der dynamischen Bandbreite führt - und das gilt für den Sänger ebenso wie für den Zuhörer. Nichts ist ermüdender für einen Konzertbesucher als ein Dauerforte. Darum wies die Auger ihre Schüler an, ihre Dynamik ganz bewusst zu wählen und ein Piano klar von einem Mezzopiano abzugrenzen. Daniela Stampa-Middendorf erzählte, welche Methode sie auf dem Meisterkurs in Lübeck im Sommer 1990 kennengelernt hatte: Um sich bewusst zu machen, wo man sich auf seiner individuellen Dynamik-Skala gerade befand, wurde sie angehalten, ihre aktuelle Dynamik mit Daumen und Zeigefinger anzuzeigen. Ein Millimeter Abstand bedeutete *ppp* und die voll ausgespannte Strecke zwischen beiden

---

59   Hans Adolfsen teilte mir diese Geschichte in einer E-Mail vom 6. September 2011 mit.

Fingern bedeutete *fff*. Dieses körpereigene „Dynamik-Barometer" führte bei den Schülern in der Tat binnen kürzester Zeit zu mehr Bewusstheit im Umgang mit der eigenen Dosierung von Stimme und damit Lautstärke. Denn: ein Mehr an Bewusstheit heißt immer auch sogleich ein Mehr an Kontrolle.

Besonders leichte Stimmen bedürfen dieser Maximierung ihres Ausdruckspotenzials. David L. Jones sagte als Kursbeobachter in New York dazu:

> „Ich erinnere mich, wie sie an einem Punkt sagte: ‚Es gibt auch für uns leichtere Stimmen einen Platz in der Sänger-Welt!'"[60]

Konzentration war eines ihrer Zauberworte. Technisch und musikalisch die Dinge auf den Punkt bringen, Energien bündeln und mit seinen zur Verfügung stehenden Mitteln effizient und ökonomisch umgehen – dies versuchte sie ihren Schülern zu vermitteln. Wichtig war ihr dabei zudem, dass der Schüler die Verhältnismäßigkeit der aufgewendeten Mittel abzuwägen vermochte. Deswegen erklärte sie ihren Schülern auch *immer*, was der Zweck der jeweiligen Übung sei. Sie war stets darauf bedacht, dass ihr Schüler niemals irgendwelche Vokalisen praktizierten, ohne deren Sinn zu verstehen und sie damit zu bloßen Befehlsempfängern zu machen, sondern es ging stets um ein bewusstes Tun in den Übungen, denen eine konkrete Absicht inhärent war.

Arleen Auger leitete jeden Schüler an, sich, seinen Körper und seine Stimme stets klar vor Augen und Ohren zu haben. Als Lehrerin war ihre Kritik mitunter fundamental, was in einzelnen Fällen dazu geführt hat, dass sich ihre Studenten aus Frankfurter Zeiten als Sänger regelmäßig und manchmal sogar vollständig in Frage stellten. Das führte in einigen Fällen zum Studienabbruch oder zu völligen Aufgabe des Singens.

Andererseits war ihr Perfektionismus und ihre höchsten künstlerischen Ansprüche, die sie an den Tag legte, für ihre Schüler, mit denen sie auch nach deren Examen noch Kontakt zu halten pflegte, bei der Vorbereitung auf Prüfungen oder Wettbewerbe überaus förderlich, denn ihrem Ohr ist auch der kleinste Lapsus nicht entgangen. Shihomi Inoue-Heller erzählte, dass nach einem Durchlauf eines Wettbewerbs- oder Vorsingprogramms vor den kritischen Ohren der Meisterin sich jeder für alle Eventualitäten gewappnet fühlte.

3.4. Interpretation

Eine zentrale Frage bezüglich der Bewertung einer Interpretation in der Musik ist der Anteil der Subjektivität, die durch den Interpreten in die Darbietung eingebracht wird. Wieviel Interpretation, wieviel Freiheit der Auslegung gewährt der Notentext des Komponisten überhaupt? Interpretation eines Musikstücks – wo fange ich da an? Beim Komponisten? Bei der Partitur? Bei mir selber?

---

60 David L. Jones in einer E-Mail vom 26. Mai 2011 an den Autor.

Für Arleen Auger hieß Interpretation erst einmal, den stilistischen und klanglichen Rahmen eines Musikstücks abzustecken. Sie gab vor allem Ratschläge, ermunterte zur Klarheit der Vokale und vor allem zur Klarheit der Phrasierung. Denn Phrase ist ein musikalischer Satz oder Halbsatz, eine Sinneinheit – und wenn eine Sängerin wie die Auger den Schwerpunkt bei ihrem eigenen Singen auf Sprache und auf Kommunikation legte, so stützte sie sich dabei auf die Phrase und deren eindeutige Struktur samt klarem Verlauf. Schwerpunkte innerhalb einer Phrase, Zieltöne, Abphrasierungen, Akzente waren Schlüsselworte ihres Vokabulars. Welcher Ton wurde vom Komponisten als Zielton eindeutig markiert? Und ist das Wort, das sich auf diesem Ton befindet, auch das wichtigste im Satz? Sind Text und Musik kongruent? Oder laufen beide nebeneinander her? Gibt es Divergenzen zwischen der Art und Weise, wie man den Text sprechen würde und wie der Komponist ihn zu singen verlangt? Bei Liedkursen hat sie sich oft mit den Schülern in einen Kreis gesetzt und die Lyrik isoliert von der Musik betrachtet, um Antworten auf diese Fragen zu finden.

Arleen Auger betrachtete ein Gesangsstück durch die Brille einer Musikerin. Und für einen Musiker heißt Interpretation, die Intention des Komponisten zu erfassen und diese so klar wie möglich zu kommunizieren. Es ging darum, den Nerv des zu interpretierenden Musikstücks so schnell wie möglich treffen – idealerweise *vor* dem ersten Ton.

Geesche Bauer schilderte, wie so eine Herangehensweise etwa bei einer Bach-Arie ausgesehen hat und mit welchen Fragen und Anweisungen sie ihre Schüler auf die Reise zur Umsetzung eines solchen Musikstücks geschickt hat:

„In dem Kurs, damals bei der Bachakademie, verstand sie es, auf die unterschiedlichsten Vorgaben ihrer Schützlinge individuell zu reagieren und trotzdem Grundwahrheiten zu offenbaren.

Nicht ‚Die Arie wird so und so gesungen‘, sondern:

‚Was hat Bach wohl empfunden, dass er die Arie so komponiert hat? Welche Körperspannung empfindest Du, wenn du ein solches Gefühl in dir hervorrufst? Was macht Dein Atem? Wie verläuft der Atem?‘

Bezüglich der Phrase sagte sie: ‚Teile Deine Stütze so ein, dass der Atem für die zu singende Phrase genau passt, behalte keine Luft über oder atme nicht dazwischen, denke voraus, Du musst wissen, was kommt. Stelle dich mit deinem Empfinden genau auf die Situation ein. Wenn Du nicht mehr denken musst, ist es richtig. Nur bei zehn Prozent Deiner Versuche wird es passen, im Konzert noch seltener – das ist normal! Dein Grundwissen und Deine Technik müssen so geschult sein, so oft geübt worden sein, dass Du nicht mehr unter ein professionelles Niveau rutschst‘.“[61]

Ein Werk, das bezüglich der Einteilung und Kontrolle des Atems für jede Sopranistin eine extreme Herausforderung darstellt, ist das *Deutsche Requiem* von Johannes Brahms. Diesem Stück hat sie dann auch bei der Bach-Akademie – zusammen mit Lie-

---

61 Dies schrieb Geesche Bauer mir im Jahre 2011.

dern des Komponisten – einen ganzen Kurs gewidmet. Die zentrale Frage, wie man es schafft, die erste Phrase auf einen Atem zu singen, konnte auch sie nicht verbindlich beantworten. Sabine Eberspächer, die den Kurs damals korrepetiert hat, erzählte, wie Auger den jungen Sopranistinnen erst einmal den Ratschlag gegeben hat, sie sollten versuchen, während des Singens körperlich weit zu bleiben oder die Rippen offen zu halten. Das Vertrauen zum Atem und das stete Üben mit einem positiven Gefühl waren ihr allerdings noch wichtiger. Sie ermutigte die Schüler bei diesem scheinbar in Zeitlupe sich ausbreitenden Satz „Ihr habt nun Traurigkeit" beim Üben zu versuchen, entspannt von Ton zu Ton weiterzukommen – und dies täglich ein Stückchen mehr. Dabei sollten Atemzäsuren nur als Zwischenstation betrachtet werden. Ihre entscheidende Aussage diesbezüglich lautete: „Zäsuren sind nie für die Ewigkeit." Alles ist fließend, alles ist täglich neu. Wo Du gestern noch atmen musstest, kann es sein, dass du es heute schon nicht mehr nötig hast.

Christine Schäfer, die den Kurs damals besuchte, erinnerte sich, wie Arleen Auger mit einer Schülerin am Aufgang zum hohen b arbeitete. Die Schülerin wollte die Phrase dort unbedingt zum Fortissimo ausweiten, legte damit aber die Grenzen ihrer Stimme hinsichtlich des Volumens bloß. Auger riet ihr, aus ihrer Schwäche eine Tugend zu machen und die Stelle sogar im Pianissimo zu versuchen. Denn auch das ginge. Man müsse es nur so überzeugend tun, dass es als interpretatorische Absicht zu erkennen war und nicht als technische Unzulänglichkeit oder Begrenzung.[62]

Arleen Auger war – wie ihre Schülerin Carina Mora bemerkte – von der Natur mit einem hochmusikalischen Talent, Offenheit und Hingabe und der Fähigkeit beschenkt worden, Musik zu analysieren, sie innerlich zu hören und sich ihr in jeder Situation anpassen zu können. All diese Aspekte versuchte sie auch beim Unterrichten zu übertragen und sie den Schülern so bewusst wie möglich zu machen.

Was sie ablehnte, war Musizieren ohne Gefühl oder Musizieren mit einem äußerlich nur gemachten Gefühl. Hohle Suggerierung und Pseudo-Ergriffenheit – das konnte in ihren Augen nicht funktionieren, denn: Was nicht echt ist, kann auch nicht berühren. Was nicht gemeint ist, kann auch nicht ankommen. Darum wurden die Schüler stets angehalten, echt und ehrlich und mit Hingabe zu singen. Um dies erreichen zu können, war es entscheidend, dass man als Sänger *seine eigene Bedeutung* des Textes fand.

Michèle Friedman hatte genau das in einem ihrer Kurse erlebt:

„Ihren Schwerpunkt legte sie auf zwei Dinge: Phrasierung und Schaffen deiner *eigenen* Bedeutung des Textes. Auf dem Höhepunkt der Musik zur Sopranarie in der Kantate 180 habe ich geschrieben – zitierend, was sie im Kurs sagte: ‚Es gibt tausendundeine Art, eine Aubergine zuzubereiten.' Das bedeutet: Es gibt nicht das Patentrezept, wie ein Stück gesungen werden soll, sondern: Du musst dein eigenes Rezept finden!"

---

62   Dies erzählte mir Christiane Schäfer in einem Telefonat im Januar 2012.

Gegenüber ihrer Schülerin Shihomi Inoue-Heller, die mit dem Komponisten Richard Heller verheiratet ist, erklärte sie: „Wichtig ist, was *Du* im Text fühlst und denkst!"

Anhand der Sopranarie aus der Kantate BWV 77 erläuterte sie diese Vorgehensweise. Die Arie trägt den Titel „Mein Gott, ich liebe dich von Herzen". Auger sagte zu ihr:

> „Du liebst Gott nicht, aber das macht ja nichts; Du liebst Richard! Ich liebe Gott auch nicht, aber ich singe Bach!"

Es ging also für die Schülerin darum, nicht in eine Pseudo-Religiosität zu fliehen, sondern einen persönlichen Subtext zu finden, der Glaubwürdigkeit ausstrahlte, aber nicht – wie in diesem Falle – unbedingt Gläubigkeit.

Auch Ruskin King Cooper schilderte anschauliche Impressionen eines Meisterkurses:

> „Ich traf Arleen Auger zum ersten Mal auf einem Sommerkurs in Besançon in Frankreich. Ich fuhr als Student im Fach Liedbegleitung bei Rainer Hoffmann mit. Zu der Zeit studierte ich Klavier, Kammermusik und Liedgestaltung an der Musikhochschule in Frankfurt. Ich war für die Begleitung von einigen Studenten von Frau Auger zuständig. Ich erinnere mich, dass sie besonders hilfreich war bezüglich der Interpretation von Liedern. Sie lehnte oberflächliches Singen total ab und forderte, dass der Ausführende über den Text nachdenkt. Es war besonders wichtig, achtsam gegenüber allem Neuen, Ungewöhnlichen und Unerwarteten zu sein – und den Klang der Worte zu würdigen. Der Ton und die Farbe der Stimme mussten das, was gesagt wurde, widerspiegeln.
>
> Ein Beispiel: Der Anfang des Gedichts *Er ist's* von Eduard Mörike lautet:
>
> Frühling lässt sein blaues Band
> Wieder flattern durch die Lüfte
>
> Sie mag gesagt haben: ‚Er sagt ‚Blaues Band'. Nicht weißes, grünes oder rotes, sondern ‚blaues'. Wie kannst Du das zeigen?' Sie wollte dir nicht erzählen, wie du es zeigen solltest, sondern sie wollte dich herausfordern, es auf deine eigene Weise zu zeigen. ‚Dann schreibt Mörike ‚Flattern'. Wie kannst du es schaffen, dass deine Diktion die Bedeutung dieses Wortes widerspiegelt? Es sollte luftig sein, energetisch, nicht lasch oder langweilig.'"

Tsuyako Mitsui berichtete, dass Arleen Auger immer von ihren Schülern verlangt habe, die Farbe des Textes in die Stimme mit einzubringen. Das bedeutete, dass man seine fünf Sinne immer frisch halten und aufblühen lassen musste.[63] Und deswegen lautete einer ihrer zentralen Ratschläge, wie Carina Mora erzählte, Singen niemals als etwas vom Leben Getrenntes zu betrachten: „Lebe jede Situation, egal ob gut oder schlecht, so bewusst wie möglich und registriere jedes Erlebnis, denn du wirst es bestimmt aufs Singen übertragen und dabei benutzen können." Und wie Atsuko Suzuki sagte, sei es eine wesentliche Forderung von Frau Auger gewesen, dass die Persönlichkeit des Schü-

---

63 Diese schöne Metapher schrieb mir Tsuyako Mitsui in einer E-Mail.

lers im dargebotenen Stück vorkommen müsse. Der Zuhörer müsse erkennen, was der
Sänger für ein Mensch sei und wie sein Leben aussehe und was ihm darin wichtig sei.
Eine vom Leben abgelöste Kunst war dem Zuhörer nicht zuträglich. Und diese Forde-
rungen galten besonders für geistliche Musik.

Um den Schülern zu helfen, in ein Lied und seine Stimmung tiefer einzutauchen,
pflegt sie ihnen Fragen zu stellen, besonders Dinge betreffend, die *nicht* vordergründig im Text zu finden waren: „Wo befindest Du Dich gerade?", „Wer liebt wen?", „Wie
sieht der aus?", „Welche Kleidung trägt er?", „Welche Tageszeit haben wir?", „Wie ist
das Wetter draußen?" Anne Eisenhauer empfand diese Fragen mitunter als bohrend.
Sie schienen endlos zu sein, leuchteten immer neue Facetten des Textes aus, förderten
neue Aspekte der Persönlichkeit des Dichters zu Tage und deckten neue psychologische
Seiten des Geschehens auf. Auf diese Weise suchte sie, die Imagination der Schüler zu
schulen und ihnen dabei zu helfen, die Worte des Liedes und dessen Notentext lebendig werden zu lassen – zuerst in und für sich selbst und dadurch auch für den Zuhörer.[64]

Gerda Hoffmann, die Frau des Pianisten Rainer Hoffmann, hatte als Zuschauerin
erlebt, wie so etwas konkret aussah: Eine Schülerin sang einmal bei einem Kurs ein
Liebeslied, und Arleen Augers Reaktion darauf war: „Das glaube ich Dir nicht! Liebst
Du ihn so, dass Du ihm die Hemden bügelst? Ihm die Schuhe putzt? Ihm das Essen
kochst? ...?" Mit solchen und ähnlichen Fragen bedrängte sie die Studentin so lange,
bis diese an Intensität immer mehr zulegte und so das wahre Gefühl jenseits der Töne
erreichen konnte.[65]

Die eigene Imagination schulen und verfeinern – das war besonders im Liederabend
elementar. Denn wie sie 1987 in einem Interview sagte:

> „Ich fühle wirklich, dass Sänger im Liederabend mehr Schauspielerei leisten müssen
> als in der Oper, weil wir dort nicht all diese Extrahilfen von Kostümen, Beleuchtung
> und Bühnenmagie haben. Wir müssen das alles aus uns selbst heraus erschaffen."[66]

Und damit meinte sie eben nicht äußerliche Gebärden, Mimik, gar Grimassieren und
opernhaftes Getue, sondern *innere* Schauspielerei, *innere* Visionen, *innere* Prozesse und
innere Bilder, die dann idealerweise nur mittels der Stimme und sparsamsten Gesten
nach Außen transportiert werden sollten.

Der Weg zum Innen ging dabei oft über das Außen: Oft konzentrieren Sänger sich
auf das Transportieren von Emotionen nur dann, wenn sie singen. In den Vor-, Zwi-
schen- und Nachspielen wirken sie hingegen oft unbeteiligt. Diesen Schwachpunkt
brachte auch Tsuyako Mitsui aus Japan mit, denn darauf wurde während ihrer Ausbildung in ihrem Heimatland nicht geachtet. Als sie aber nun in Frankfurt mit Arleen
Auger für einen Wettbewerb die große Arie der Eboli *O don fatale* aus Verdis *Don Carlos* vorbereiten musste, konfrontierte ihre Lehrerin sie mit der grausamen Wirklichkeit:

---

64 Dies erzählte mir Anne Eisenhauer in einem Telefonat im Jahre 1994.
65 Dies schilderte mir Gerda Hoffmann in einem Telefonat im Frühsommer 2011.
66 Timothy Pfaff: „She Takes on Opera And Concert Lieder", in: Datebook, 15. Februar 1987.

„Als ich die Arie gesungen habe, hatte ich große Probleme, das Vorspiel auszudrücken. Sie stellte mich vor den Spiegel und zwang mich dazu, mich während des Vorspiels genau zu beobachten. Sie können sich nicht vorstellen, wie ich mich geschämt habe. Endlich habe ich gesehen, dass mein Gesicht und mein Körper vom Vorspiel nichts erzählt haben.“

Atsuko Suzuki wies in diesem Kontext darauf hin, dass Arleen Auger ihren Schülern immer wieder bewusst machte, dass das Konzert schon mit dem Auftritt begänne. Das musikalische Ritual nähme seinen Anfang, wenn die Sängerin den ersten Schritt aufs Podium setze. Das verlange nicht einen gestenreichen Auftritt, sondern ein bewusstes Auftreten.

Shihomi Inoue Heller erzählte: „Oft mussten wir ein kleines Theater spielen zu dem, was wir gerade sangen – zum Beispiel bei dem Lied von Mozart *Als Luise die Briefe ihres ungetreuen Liebhabers verbrannte* KV 520. Ich kriegte eine Schürze und ein Stück Briefpapier, und dann musste ich die ganze Geschichte mit schauspielerischen Mitteln erzählen. Und dabei hat sie mir oft Fragen gestellt wie: ‚Was denkst Du jetzt gerade?‘ Ich stotterte darauf oft nur etwas überrumpelt ‚Ähhhh ...‘ und dann lockte sie mich aus der Reserve: ‚Du, Luise? Bist Du nicht wütend?‘“

Diese Geschichte ist für ihren Interpretationsunterricht sehr repräsentativ, da es zeigt, wie sie versucht hat, ihre Schüler emotional sofort zum Wesentlichen eines Stücks zu bringen und die Essenz eines Liedes freizulegen.

Manchmal erübrigten sich aber auch ihre quälenden Fragen, weil mitunter dann doch einfach das Leben der beste Lehrmeister war und von Lehrerseite her gar nicht weiter insistiert werden musste, um die wahren Emotionen bei einer Schülerin freizulegen:

Eine japanische Studentin, die gerade die Partie der Pamina aus Mozarts *Zauberflöte* mit ihr erarbeitete, hatte von ihrem chinesischen Freund einen Brief in englischer Sprache erhalten, der einzigen Sprache, die beide halbwegs sprachen. Aufgeregt und bedrückt brachte sie den Brief mit in den Unterricht mit der Bitte, Arleen Auger sollte ihn ihr übersetzen und siehe da, die von der Japanerin befürchtete Trennung war darin gar nicht thematisiert worden, worauf Arleen Auger sagte:

„Siehst Du, jetzt hast Du die Pamina verstanden, die ihren Tamino schon verloren glaubte.“[67]

Das Gefühl freizulegen und die natürliche Stimme freizulegen, das waren zwei der elementaren Bestrebungen Arleen Augers beim Unterrichten und zwei weitere Indizien für ihr Bemühen um Authentizität auf der ganzen Linie. Echtheit, Ungekünsteltheit, Unmittelbarkeit – darum ging es ihr. Auch wenn sie in Kursen an den Arien der Bach'schen Passionen arbeitete, nutzte sie darstellerische Methoden, um die Studenten zum Kern ihrer Stimme zu bringen. So erteilte sie bei *Aus Liebe will mein Heiland sterben* nicht nur technische Ratschläge wie die, man solle sich auf einen langen Atem

---

67 Anna von Münchhausen: Anm. s. o.

und wenig Vibrato konzentrieren. Das waren nur Äußerlichkeiten. Sondern oft riet sie ihren Sopranistinnen, wie Sabine Eberspächer erzählte: „Sing es wie ein Lied, damit es sehr persönlich wird und Du den Text fühlen und füllen kannst!" Dazu sollten sich die Schüler auch schon mal vorstellen, sie seien die Gottesmutter Maria und stünden unterm Kreuz. Mit diesen Bildern arbeitete sie allerdings sehr dezent und sprach im Kontext solch existenzieller Extreme gerne von „erinnerter Emotion". Es ging beim Singen nicht darum, wirklich zu weinen, aber im Konzert sollte dieser menschliche Ausdruck in seiner Essenz transportiert werden. Dabei galt es für die Schüler, sich stets wachsam zu kontrollieren, wo sie sich auf diesem schmalen Grat zwischen „ausdrucksvoll bewegt" und „peinlich berührt" befanden. Um auch das noch steuern zu können, empfahl Arleen Auger gerne, man solle beim Singen geben, aber ohne etwas damit zu wollen.

Intensität, hinter den Notentext blicken, bis in die unterste Schicht der emotionalen Tiefe hineinschauen und hineingehen, diesen Weg beschritt sie mit den Schülern im Unterricht konsequent. Oft hatten die Studenten zu Beginn einer Stunde Angst und waren reserviert oder drohten vor der Schwierigkeit eines Stücks zu kapitulieren. Dann pflegte sie gerne zu sagen: „Wolf, Bach, Brahms – alle diese Komponisten waren so gut, dass sie genau wussten, wie man singt. Die hätten nie etwas geschrieben, was der Stimme schadet. Also: genießt es doch einfach!"[68]

---

68 Dies erzählte mir die Pianistin Sabine Eberspächer in einem Telefonat vom 8. Januar 2012.

Ausblicke – statt eines Nachworts

Wird eine Sängerin von den künstlerischen Dimensionen einer Arleen Auger mitten aus ihrem Schaffen gerissen, so stellt die Nachwelt gerne die Frage, an welchen Projekten sie gerade noch gearbeitet hat, was als nächstes geplant war, welche Projekte für die weitere Zukunft anvisiert waren. Was haben wir leider nicht mehr erleben dürfen? Was blieb unvollendet oder unrealisiert zurück?

An Debüts, die für das Jahr 1992 noch geplant waren, ist der Schlussmonolog der Gräfin aus *Capriccio* mit dem London Philharmonic Orchestra unter Franz Welser-Möst in der Royal Festival Hall in London zu erwähnen. In Stuttgart sollte Ende März 1992 Samuel Barbers *Knoxville: Summer of 1915* mit dem Rundfunk-Sinfonieorchester Stuttgart unter Uros Lajevic folgen. Und im Mai und Juni hätten zweimal Berlioz' Orchesterliederzyklus *Les nuits d'été* auf dem Programm gestanden: beim ersten Mal im schottischen Perth unter James Loughran und beim zweiten Mal unter Michel Tabachnik mit dem japanischen NHK-Orchester in Tokio.

Nachdem sie schwerpunktmäßig deutsches Lied gesungen hatte, wollte Arleen Auger sich in den 1990er-Jahren vermehrt dem Liedgut ihrer Heimat widmen. Das amerikanische Lied, von dessen Existenz viele in Europa bis heute kaum etwas wissen, sollte stärker ins Zentrum des Publikumsinteresses gerückt werden: Und das hieß nicht nur, die Lieder noch lebender amerikanischer Komponisten wie Lee Hoiby, Ned Rorem und Richard Hundley vermehrt aufzuführen. Auch den großen komponierenden und dichtenden Frauengestalten des 19. Jahrhunderts wollte sie sich zuwenden, wie etwa dem berühmten Zyklus auf Gedichte von Emily Dickinson von Aaron Copland. Im März 1992 wollte sie ihn in Phoenix und Miami Beach in der Orchesterfassung unter Michael Tilson Thomas präsentieren.

Für das New Yorker Fernsehen sollte eine Dokumentation über die Geschichte des amerikanischen Liedes entstehen, in welcher sie sich gezielt dem Liedschaffen von Amy Beach annehmen wollte.[1]

Generell wollte sie nach den vielen Jahren der Vorherrschaft des geistlichen Repertoires ihr Augenmerk vermehrt auf ihr Lieblingsfach, das Lied, richten und sich zunehmend in der ersten Reihe der Liedsängerinnen ihrer Zeit etablieren. Deswegen sollten

---

1   Diese Information gab mir Celia Novo in einer E-Mail vom 14. November 2011.

1992 mehrere Liederabendtourneen mit Murray Perahia, Misha Dichter und dem Gitarristen Angel Romero stattfinden, in denen sie zum erstenmal auch den südamerikanischen Kontinent berühren wollte.

Ihre Lied-Programme wurden von der Planung her immer konzentrierter. So hatte sie im Sommer 1991 im englischen Blackheath ein Programm von Liedern auf Gedichte von Emily Dickinson unter Mitwirkung des rezitierenden Schauspielers John Shrapnel aus der Taufe gehoben. Mit diesem Programm hatte sie eine Nord-Amerika-Tournee anvisiert.

Auch italienisches und spanisches Lied, das sie bis dato nur singulär gesungen hatte – etwa auf der *Love-Song*-CD für Delos oder der Rossini-Platte bei Arabesque – wollte sie nun unbedingt ausbauen, da sie spürte, wie gut dieses Repertoire ihrer Stimme lag und wie vollendet sie es umsetzen konnte.

Und auch ein Programm mit spanischen und amerikanischen Liedern war in Planung, denn: das Columbus-Jahr 1992 stand ins Haus. Graham Johnson meinte:

„Wäre sie nicht so relativ jung im Alter von 53 Jahren gestorben, so bin ich mir sicher, dass wir zehn weitere Jahre Liederabende von ihr gehabt hätten und wahrscheinlich viel mehr Aufnahmen. Selbstverständlich war sie aufgrund ihrer Herangehensweise, ihrer Musikalität und der Leichtigkeit, mit der sie rhythmische Nuancen verwendete, für dieses Repertoire hochgradig geeignet. Hätte sie länger gelebt, so wäre es mir eine Ehre gewesen, sie zum Beispiel um einen Beitrag zu meiner Schumann-Gesamteinspielung zu bitten."[2]

Ein besonderes Herzensanliegen war ihr die Welttournee mit dem Belcanto-Duett-Programm mit Marilyn Horne, deren Höhepunkt sicherlich der Auftritt bei der Olympiade in Barcelona 1992 gewesen wäre. Hier konnte sie mit Duetten von Händel, Rossini und Donizetti ihre lang gehegte Belcanto-Sehnsucht ausleben – und das mit eine Kollegin an ihrer Seite, die eines ihrer erklärten Vorbilder war und in diesem Repertoire eine Jahrhunderterscheinung gewesen ist. Das Pilot-Konzert fand am 30. Juni 1991 in der Hamburger Laeiszhalle statt. Die Hamburgische Staatsoper hatte geladen, und das Philharmonische Staatsorchester spielte unter Randall Behr. Die Presse jubelte und sprach von den „beiden Königinnen des Belcanto":

„Die amerikanischen Sängerinnen Marilyn Horne und Arleen Auger haben am Sonntagabend in der Musikhalle alle Register großer Gesangskunst gezogen. Beide Künstlerinnen wurden mit Beifallsstürmen verabschiedet. [...] In der Beherrschung der Koloraturen und im dramatischen Ausdruck standen die Sängerinnen einander nicht nach. Und beide wussten um das Geheimnis, wie man die so oft belächelte Kunst der Koloratur organisch einbindet in den melodischen Fluss und den dramatischen Ausdruck."[3]

---

2   Dies schrieb mir Graham Johnson 2011 in einer E-Mail.
3   Schleswig-Holsteinische Landeszeitung vom 2. Juli 1991.

Brigitte Markuse schwärmt in der *Hamburger Morgenpost*:

> „Bestechend, wie beide in ihren Arien so unterschiedliche Wege des Ausdrucks beschritten und sich in der Duetten faszinierend ergänzten. Mit lächelnder Leichtigkeit ließ Sopranistin Arleen Auger ihre Koloraturen perlen und ging ganz in den leidenschaftlichen Affekten auf."

Das *Hamburger Abendblatt* schrieb am 2. Juli 1991:

> „Arleen Auger wie Marilyn Horne, völlig gelockert, mit hängenden Armen und im Takt leicht pendelnden Köpfen, strahlten unverhüllte Freude aus, und vermochten das Publikum durch Perfektion und Ausdruckskraft gleichermaßen für sich zu gewinnen. Und das mit der für erstklassige Künstler typischen, kein Konkurrenzgefühl kennenden Gemeinsamkeit, die beide an heiklen Duett-Stellen in engste ‚Tuchfühlung' treten ließ, damit der Atem nur ja wie aus einer Kehle fließe. Was Wunder, dass der Beifallssturm erst mit drei Zugaben einigermaßen gestillt werden konnte. Mozart, Rossini und Puccini: Wer so hervorragend singt, der singt auch alles in gleich hoher Qualität."

Zu einer Wiederholung dieses verheißungsvollen Programms ist es leider nicht mehr gekommen.

Auch auf dem Kammermusik-Sektor gab es Pläne – Henk Guittart, der Bratscher des Schönberg-Quartetts, meinte:

> „Wir vom Schönberg-Quartett hatten viele Pläne mit ihr: Wir wollten auf jeden Fall Schönbergs *Zweites Streichquartett* mit ihr einspielen, und auch sie wollte mit uns einen Liederabend machen, also Sopran und Streichquartett, ohne Klavier. Wir wollten es im Concertgebouw präsentieren und dann damit touren und es aufnehmen. Nichts von diesen Plänen ließ sich mehr verwirklichen. Daher träume ich bis heute von einer Aufnahme ‚In Memoriam' mit Schönbergs 2. Streichquartett und den Liedern von Chausson, die sie 1986 mit Frédéric Meinders aufgeführt hat. Davon existieren nämlich vernünftige Radiomitschnitte."[4]

Auch im Konzertfach war neues Repertoire vorgesehen: So hatte sie Sir Simon Rattle für zwei Aufführungen von Karol Szymanowskis *Stabat Mater* mit seinem City of Birmingham Symphony Orchestra (CBSO) für Ende März/Anfang April 1993 in der Londoner Royal Festival Hall engagiert.[5]

In der Oper liebäugelte sie schon seit Jahren mit bestimmten Rollen – etwa der Marschallin im *Rosenkavalier*. 1989 sagte sie dazu:

> „Ich glaube jetzt ist die richtige Zeit dafür. Es gibt da so einige Strauss-Partien, auf die ich gerne einen Blick werfen würde, und ich liebe italienische Musik: Ich würde

---

4   Dies schrieb mir Henk Guittart 2011 in einer E-Mail.
5   Auf: http://phil.rawle.org/chorus/91-00.htm.

gerne Mimi machen. Das muss keine große Stadt sein, einfach irgendwo, wo die Konditionen stimmen."[6]

Eine Neuproduktion von Händels *Ariodante* an der New York City Opera war ebenfalls anvisiert. Eine weitere für die fernere Zukunft anvisierte Rolle war zudem Bellinis *Norma.*[7]

Für viele war sowohl die persönliche Begegnung mit Arleen Auger als auch die Begegnung mit ihrer Stimme eine tief-prägende Erfahrung. Darum seien hier abschließend drei Projekte erwähnt, die aus solch einer Begegnung erwachsen sind und dank derer der Name Arleen Auger weiterleben wird:

Die amerikanische Krimiautorin Donna Leon, die als große Verehrerin Händelscher Opern meist beim Anhören von dessen Musik ihre Kriminalgeschichten zu schreiben pflegt, hat 2003 gesagt:

„Schauen Sie sich Arleen Auger an. Sie wollte nie ein Diva werden. [...] Sie war so großartig. Ihre Stimme hat mich von allen Interpretinnen, die ich gehört habe, am meisten bewegt."[8]

Als Dank für viele unvergleichliche Stunden mit Händel in der Wiedergabe durch Arleen Auger hat Donna Leon Kommissar Brunettis dritten Fall *Venezianische Scharade* ihr gewidmet: „Im Gedenken an Arleen Auger – eine erloschene Sonne." Dieses Buch schrieb sie, während sie der Alcina-Aufnahme von 1985 lauschte, die sie für die allerbeste Plattenaufnahme dieser Oper hält. In der *Welt* vom 14. April 2009 hat sie sie sogar als „die größte Händel-Erfahrung ihres Lebens" bezeichnet.[9]

Am 22. Februar 1995 gründeten Arleen Augers enge Freundin Celia Novo und deren Ehemann Guy in Hartsdale bei New York den Arleen Auger Memorial Fund.[10] Er hat die finanzielle Unterstützung junger Sänger unter 30 zum Ziel, die das Potenzial für eine große Karriere haben.

Celia Novo und ihre Stiftung sind die Gralshütter des Auger'schen Erbes. Leider – wie so oft in solche Fällen – betrachten die Hinterbliebenen die Lebensleistung des großen Künstlers als ihr Eigentum und statt es zu hüten, schotten sie es nach Außen ab und verwalten es zum reinen Selbstzweck. Damit stehen sie im diametralen Kontrast zu dem, was sie ursprünglich wollten: der Verbreitung des Erbes dienen.

Schließlich wurde 1996 wurde beim Internationalen Gesangswettbewerb der Stadt s'Hertogenbosch der „Arleen-Auger-Sonderpreis" ins Leben gerufen. Er ist für einen der Finalisten bestimmt, der in den Augen der Fachjury in allen Bereichen überzeugt

---

6   Richard Fawkes: „Out of mainstream", in: Classical Music, 1. Juli 1989.

7   Dies schrieb mir Celia Novo in einem Brief vom 13. Juni 1994.

8   Teresa Pieschacón Raphael: „Für Händel geh ich meilenweit. Donna Leon", in: Rondo 1/2003, S. 5.

9   Manuel Brug im Interview mit Donna Leon: „Händel schreibt über Geheimnisse", in: Welt online, 14. April 2009.

10   The Arleen Auger Memorial Fund, Inc. 14 Townsend Avenue, Hartsdale, NY 10530. www.arleen-au-ger-memorial-fund.org.

hat und ist auf die Höhe von 5 000 Euro festgelegt. Den Preis stiftete großzügigerweise Willem E. Scherpenhuijsen Rom.[11]

Arleen Auger – eine Meisterin der leisen Töne, eine Sängerin der Intimität, eine Sängerin der Ehrlichkeit und Bescheidenheit. Eine Sängerin, die Ego und Karrierestreben völlig zurückstellte und stattdessen primär die Musik und deren ideale Realisation dermaßen im Blickfeld hatte, dass der amerikanische Musikkritiker David Perkins sie 1990 mit dem Satz adelte:

„Frau Auger ist stets eine Dienerin der Musik. Eine rare Spezies in einer Welt, die zunehmend von sorglosen Superstars dominiert wird."[12]

Arleen Auger war eine Idealistin und Perfektionistin, dazu ein wunderbarer, großzügiger, humorvoller und stets optimistischer Mensch, der aber auch einen kritischen Blick auf die Entwicklung im modernen Opernbetrieb und auf den Schallplattensektor warf. Eine Sängerin, die ihren Zuhörern bedingungslose Hingabe schenkte und für die jegliche Form von Kunst selbstverständlich mit Schönheit, Gefühl, Intensität, Genuss, Freude und Demut einherging. Der Musikkritiker Tim Page schrieb über sie:

„Sie zählte zu der Art von Künstlern, deren Arbeit nicht nur ihren Zuhörern Freude bereitet hat, sondern auch Auftrag ist für ihre Kollegen ... Egal welche Maßstäbe man anlegt, ihre Karriere war eine beispiellose. Sie sang wunderschön für mehr als ein Vierteljahrhundert, sie sang große Musik und sie hat sich nie dem Geschmack des Publikums gebeugt oder angebiedert. Sie war eine Künstlerin - unerschütterlich und seriös bis zum Schluss."[13]

Das persönliche Credo der Künstlerin kristallisiert sich vielleicht in dem Satz:

„Ich habe nie eine große Karriere angestrebt, sondern musikalische Erlebnisse gesucht."[14]

Möge ihre Einstellung vielen Verantwortlichen in der Musikbranche wieder die Augen für das Wesentliche öffnen und mögen sich viele angehende Sänger trauen, sich mehr der Musik als dem Musikgeschäft zu verschreiben!

---

11 www.internationalvocalcompetition.com.
12 David Perkins: „Soprano, symphony both delight audience", in: Raleigh News and Observer, 1. Oktober 1990.
13 Dies ist der Schlusssatz der von Celia Novo verfassten Biographie auf: http://www.arleen-auger-memorial-fund.org/biography.html.
14 Anna von Münchhausen: „Bach, immer nur Bach", in: Die Zeit, 31. August 1984.

Privat (Sammlung Erich Wirl)

Ellinger, Salzburg (Sammlung Erich Wirl)

© Foto Fayer, Wien (Sammlung Erich Wirl)

Kobé, Wien (Sammlung Erich Wirl)

Clive Barda, London

Werner Neumeister, München

Christian Steiner, New York

Heinrich Kock/Dr. Alfred Willander

Anhang

Verzeichnis der Abkürzungen

AVRO   Algemene Vereniging Radio Omroep, Hilversum (NL)
BBC   British Broadcast Corporation, London (GB)
BC   Bach-Collegium Stuttgart
BR   Bayerischer Rundfunk, München
CJRT   Canadian Journalism Radio Technology, Toronto (CAN)
CNA   Centre national l'audiovisuel de Luxembourg (LUX)
DGG   Deutsche Grammophon Gesellschaft, Berlin
DR   Dänischer Rundfunk, Venue (DK)
DRS   Schweizer Radio, Zürich (CH)
HR   Hessischer Rundfunk, Frankfurt am Main
KRO   Katholieke Radio Omroep, (NL)
KUSC   K University of Southern California, Los Angeles (USA)
KYW   CBS-Radiostation in Philadelphia (USA)
MDR   Mitteldeutscher Rundfunk, Leipzig (heute Rundfunkarchiv Babelsberg)
NCRV   Nederlandse Christelijke Radio Vereniging, Hilversum (NL)
NDR   Norddeutscher Rundfunk, Hamburg
NHK   Nippon Hoso Kyokai, Tokio (JAPAN)
NOS   Nederlandse Omroep Stichting, Amsterdam (NL)
NPR   National Public Radio (USA)
ORF   Österreichischer Rundfunk, Wien (A)
RAI   Radio Audizioni Italiane, Rom (I)
RBB   Radio Berlin-Brandenburg (ehemals SFB)
SR   Saarländischer Rundfunk, Saarbrücken
SWF   Südwestfunk Baden-Baden
SWR   Südwestrundfunk Stuttgart
TROS   Televisie Radio Omroep Stichting (NL)
VRT   Vlaamse Radio- en Televisieomroeporganisatie, Brüssel (B)
WDR   Westdeutscher Rundfunk, Köln
WHYY   Wider Horizons for You and Yours (USA)
WNYC   New York Public Radio (USA)
WQXR   Klassiksender der New York Times (USA)
ZDF   Zweites Deutsches Fernsehen, Mainz

V. Opernproduktionen und Festivals

mit Beteiligung von Arleen Auger

1. Chronologisches Verzeichnis der Opernproduktionen, in denen Arleen Auger gesungen hat

1967	Mozart: Zauberflöte – Königin	Rudolf Hartmann	Josef Krips	Wien SO
	Strauss: Ariadne – Najade	Josef Gielen	Karl Böhm	Wien SO
	Offenbach: Hoffmann – Olympia	Otto Schenk	Wilhelm Loibner	Wien SO
1968	Mozart: Figaro – Barbarina	Lindtberg	H. Wallberg	Wien SO
	Wagner: Parsifal – Blumenmädchen	H. v. Karajan	H. Wallberg	Wien SO
	Wagner: Siegfried – Waldvogel	H. v. Karajan	Hans Wallat	Wien SO
1969	Verdi: Aida – Priesterin	Adolf Rott	Argeo Quadri	Wien SO
	Mozart: Zauberflöte – Königin	???	Dean Ryan	NY CO
1970	Wagner: Tannhäuser – Hirt	H. v. Karajan	Ernst Märzendorfer	Wien SO
	Mozart Zauberflöte – Königin	Oscar Fritz Schuh	Wolfgang Sawallisch	Salzburg FS
	Mozart: Entführung – Konstanze	Jörg Zimmermann	Walter Weller	Wien SO
	Gluck: Iphigenie auf Tauris – Priesterin	G. R. Sellner	Fr. Pleyer	Wien SO
	Haydn: L'infedelta delusa – Sandrina	Hermann Lanske	Br. Amaducci	Bregenz
	Verdi: Don Carlos – Stimme	Otto Schenk	Horst Stein	Wien SO

1970	Strauss: Ariadne – Najade	Georg Reinhardt	Günther Wich	Düsseldorf
1971	Verdi: Rigoletto – Gilda	Ernst Poettgen	Argeo Quadri	Wien SO
	Mozart: Mitridate – Sifare	Wolfgang Weber	Leopold Hager	Salzburg
	Massenet: Manon – Pousette	J. P. Ponnelle	B. Klobucar	Wien SO
1972	Weishappel: König Nicolo – Alma	Wolfgang Weber	Ernst Märzendorfer	Wien VO
	Donizetti: Regiments-tochter – Marie	Nathaniel Merrill	Argeo Quadri	Wien VO
	Offenbach: Hoffmann – Olympia	Paul Hager	Franz Bauer-Theussl	Wien VO
1973	Cimarosa: Heimliche Ehe - Carolina	Wolfgang Weber	Argeo Quadri	Wien VO
	Schönberg: Moses und Aron – Erste Frau	Götz Friedrich	C. v. Dohnanyi	Wien SO
1974	Reimann: Melusine – Melusine	Peter Beauvais	Ferdinand Leitner	Zürich
	Lehar: Lustige Witwe – Valencienne	Otto Schenk	Anton Paulik	Wien VO
1975	Mozart: Entführung – Konstanze	Murray Dickie	Leopold Hager	Salzburg
	Ravel: L'enfant et sorti-lèges – La Feu	Jorge Lavelli	Georges Prêtre	Mailand
1976	Mozart: Titus – Servillia	Federik Mirdita	Julius Rudel	Wien
1978	Beethoven: Fidelio – Marzelline	Otto Schenk	Karl Böhm	NY MET
1980	Offenbach: Hoffmann – Olympia	Luca Ranconi	Antonio de Almeida	Florenz
1984	Mozart: Don Giovanni – Donna Anna	Julian Hope	William Harwood	Louisville
	Mozart: Titus – Servilia	Maria Siciliani	Yehudi Menuhin	Bonn
1986	Händel: Alcina – Alcina	Frank Corsaro	Richard Hickox	London
	Händel: Alcina – Alcina	Frank Corsaro	Richard Hickox	Los Angeles
1988	Monteverdi: Poppea – Poppea	Stefan Janski	Richard Hickox	London
1990	Mozart: Le Nozze di Figaro – Contessa	Peter Hall	Lawr. Foster	Los Angeles
	Händel: Alcina – Alcina	Philippe Berling	William Christie	Genf
	Händel: Alcina – Alcina	Philippe Berling	William Christie	Paris

324

2. Liste der Festivals, bei denen Arleen Auger aufgetreten ist

Ann Arbor May Festival, Michigan (USA) (1987)
Ansbacher Bach-Woche (Deutschland) (1979, 1985)
Art Song Festival, Cleveland, Ohio (USA) (1990)
Ashland Shakespeare Festival, Oregon (USA) (1978)
Aspen Music Festival, Colorado (USA) (1983, 1984, 1985, 1986, 1989, 1990)
Athens Festival (Griechenland) (1981)
Bach-Akademie Japan, Tokio (Japan) (1983, 1984)
Bach Festival des Baldwin-Wallace Colleges, Berea (Ohio) (USA) (1982, 1987)
Bach-Tage Berlin (Deutschland) (1975)
Bach-Tage Hamburg (Deutschland) (1982)
Basically Bach Festival, New York City (USA) (1982)
Bayreuther Festspiele (Deutschland) (1979)
BBC Berg Festival, London (Großbritannien) (1992)
Bethlehem Bach Festival, Pennsylvania (USA) (1986, 1991)
Blackheath Festival (Großbritannien) (1991)
Bregenzer Festspiele (Österreich) (1970)
Brügge Festival (Belgien) (1986)
Caramoor Festival, Katonah (New York) (USA) (1985)
Carinthischer Sommer, Ossiach (Österreich) (1974, 1975, 1977, 1980, 1982)
Casals Festival, Puerto Rico (1985)
Cheltenham International Festival of Music (Großbritannien) (1985)
City of London Festival, London (Großbritannien) (1985, 1988)
Edinburgh Music Festival (Großbritannien) (1989, 1990)
Ein Gev Chorfestival (Israel) (1979)
Ettlinger Schlossfestspiele (Deutschland) (1975)
Festival Estival, Trélazé (Frankreich) (1972, 1976)
Festival Internationale de Musique de Besancon Franche-Comte (Frankreich) (1983)
Festival van Vlaanderen, Antwerpen, Ghent, Brügge (Belgien) (1977, 1979, 1980, 1986, 1991)
Grant Park Music Festival, Chicago (Illinois) (USA) (1983, 1985)
Haydn im Klang seiner Zeit, Wien (Österreich) (1982)
Herbstliche Musiktage Bad Urach (Deutschland) (Einspringer in den 1980er-Jahren)
Holland Festival (Niederlande) (1974, 1980, 1986, 1988)
Indio Festival, Kalifornien (USA) (1957)
Internationale Sommer-Akademie Stuttgart (Deutschland) (1979-1984, 1986, 1987)
Internationale Bach-Festival Leipzig (Deutschland) (1981)
Internationales Bach-Festival Schaffhausen (Deutschland) (1980)
Internationale Mozart-Woche Salzburg (Österreich) (1971, 1973-1977, 1980, 1981)
Internationale Orgelwoche Nürnberg (Deutschland) (1970)
Kasseler Musiktage (Deutschland) (1975, 1980)
Kennedy Center Festival of Festivals, Washington D. C. (USA) (1982)
Kulturtage Salzburg (Österreich) (1972)
Kulturwoche Frankfurt (Deutschland) (1982)
Los Angeles Bach Festival, Kalifornien (USA) (1985)

Madeira Bach Festival (USA) (1983)

Mostly Mozart Festival, New York City (USA) (1984, 1985, 1990)

Mozart-Woche Freiburg (Deutschland) (1972)

Münchner Bach-Woche (Deutschland) (1976, 1977)

Musica sacra, New York City (USA) (1983)

New England Bach Festival, Hanover und Brattleboro (USA) (1979, 1980, 1982, 1983, 1984, 1986)

Orange County Music Festival, Kalifornien (USA) (1955)

Ordway Music Festival, Minnesota (USA) (1991)

Oregon Bach Festival, Eugene (Oregon) (USA) (1978, 1979, 1980, 1982, 1983, 1984)

Osaka-Festival (Japan) (1974)

Pacific Music Festival, Sapporo (Japan) (1991)

Proms London, London (Großbritannien) (1981, 1986)

Ravinia Festival, Illinois (USA) (1990)

Recontres Internationales de Musique Intercontemporaine Metz (Frankreich) (1976)

Sacra musicale Umbra, Perugia (Italien) (1975)

Salzburger Festspiele (Österreich) (1970, 1972, 1974, 1975)

Schleswig-Holstein-Musik-Festival (Deutschland) (1988-1991)

Schubertiade Bad Hohenems (Österreich) (1989)

Schwetzinger Festspiele (Deutschland) (1976, 1980, 1988)

Sommerfestival in der Wieskirche (1979)

Spitalfields Festival, London (Großbritannien) (1985)

St. Pöltener Kultur- und Festwochen (Österreich) (1973, 1974, 1975, 1977, 1978, 1980)

Tanglewood Music Festival, Massachusetts (USA) (1986)

Touraine's Fetes Musicales (Frankreich) (1979)

Westfälische Musiktage (Deutschland) (1986)

Wiener Festwochen (Österreich) (1974, 1975, 1976, 1978, 1979, 1980)

Wiener Musik-Sommer (Österreich) (1988)

Würzburger Bach-Tage (Deutschland) (1981)

VI. Diskographie

(Stand 4.6.2012)

Rund 150 Schallplatten-Aufnahmen hat Arleen Auger in ihrer 25jährigen Karriere gemacht, Aufnahmen, „die" – wie Renee Fleming bemerkt – „alle der Perfektion so nahekamen wie man der Perfektion nur nahekommen kann";[1] darunter viele preisgekrönte und bis heute unübertroffene Interpretationen. Die folgende Liste erfasst alles, was jemals mit Arleen Auger auf Platte erschienen ist - und erfreulicherweise ist das meiste davon auch heute noch mühelos im Handel erhältlich.

Im zweiten Unterkapitel sind alle DVD- und Fernsehproduktionen aufgelistet.

Ein besonders Augenmerk wurde auf die Rundfunkproduktionen gelegt. Denn wie Arleen Auger 1984 in der „New York Times" sagte:

„Radio unterscheidet sich in Europa sehr stark von dem in diesem Land. Die Sender machen dort eigene Produktionen und das sind nicht nur Live-Konzerte, sondern richtige Produktionen – Opern, Operetten, Liederabende. Es ist eine sehr gute Gelegenheit für viele Sänger entdeckt zu werden. Klassische Musik spielt eine sehr wichtige Rolle im europäischen Leben. Fast jedes meiner Konzerte ist entweder live übertragen oder mitgeschnitten worden, und diese Mitschnitte werden gekauft und verkauft und überall verbreitet."

Rundfunkproduktionen liefen für die Sängerin also offensichtlich nicht unter der Rubrik „Gebrauchsware", sondern wurden von ihr als künstlerisch vollwertige Dokumente angesehen, denen sie bei der Vorbereitung und Durchführung dieselbe Sorgfalt angedeihen ließ wie bei einer Schallplattenaufnahme.

Daher habe ich bei den europäischen, amerikanischen und kanadischen Rundfunkanstalten nachgehorcht, was dort in den Archiven schlummert. Da die von mir ermittelten Bänder alle digitalisiert sind, ist ihr Überleben auch für kommende Generationen von Musikliebhabern gesichert.

Arleen Auger zählt aufgrund dieser Fülle des Materials zu den am besten dokumentiertesten Sopranstimmen des 20. Jahrhunderts.

---

1   Renee Fleming: Die Biografie meiner Stimme, Berlin 2005, S. 67.

1. Schallplattenaufnahmen

1.1 Oper/Operette

1.1.1 Operngesamtaufnahmen

Georges Bizet (1833–1875)	*Carmen*, Opéra comique en quatre actes (Frasquita) (Berlin, August 1970) Anna Moffo (Carmen), Helen Donath (Michaela), Jane Berbié (Mercedes), Franco Corelli (José), Piero Cappuccilli (Escamillo), José van Dam (Zuniga), Barry McDaniel (Morales), Jean-Christophe Benoit (Dancairo), Karl-Ernst Mercker (Remendado), Chor und Orchester der Deutschen Oper Berlin, Schöneberger Sängerknaben, Dir.: Lorin Maazel EURODISC/RCA
Domenico Cimarosa (1749–1801)	*Il matrimonio segreto*, Melodramma giocoso in due atti (Carolina) (Edinburg, Georg Watson's College, August/September 1975 und London, Henry Wood Rehearsal Hall, August 1976) Dietrich Fischer Dieskau (Geronimo), Julia Varady (Elisetta), Julia Hamari (Fidalma), Alberto Rinaldi (Il Conte Robinson), Ryland Davies (Paolino), English Chamber Orchestra, Richard Amner (Cembalo), Dir.: Daniel Barenboim DGG
Chr. Willibald Gluck (1714–1787)	*Iphigenie in Aulis*, Oper in drei Akten. Gesungen in deutscher Sprache (Artemis) Revidierte Fassung von Richard Wagner von 1847 (München, Juni 1972) Dietrich Fischer-Dieskau (Agamemnon), Trudeliese Schmidt (Klytemnestra), Anna Moffo (Iphigenie), Ludovic Spiess (Achilles), Thomas Stewart (Kalchas), Bernd Weikl (Arkas), Nicolaus Hillebrand (Anführer der Thessalier), Chor des Bayerischen Rundfunks, Münchner Rundfunkorchester, Dir.: Kurt Eichhorn EURODISC/RCA/KOPRODUKTION MIT DEM BR
Georg Friedrich Händel (1685–1759)	*Orlando*, Dramma per musica in tre atti HWV 31 (Angelica) (London, Abbey Road Studios, März/Juli 1989 und Juli 1990) James Bowman (Orlando), Catherine Robbin (Medoro), Emma Kirkby (Dorinda), David Thomas (Zoroastro), The Academy of Ancient Music, Dir.: Christopher Hogwood L'OISEAU/DECCA
	Alcina, Dramma per musica in tre atti HWV 34 (Alcina) (London, Abbey Road Studio Nr. 1, 19.–23. und 29.–31. Juli 1985) Della Jones (Ruggiero), Eiddwen Harrhy (Morgana), Kathleen Kuhlmann (Bradamente), Patrizia Kwella (Oberto), Maldwyn

Davies (Oronte), Sir John Tomlinson (Melisso), London Opera Stage Chorus, City of London Baroque Sinfonia, Dir.: Richard Hickox
EMI

Joseph Haydn
(1732–1809)

Il Mondo della Luna, Dramma giocoso in tre atti Hob. XXVIII:7 (Flaminia)
(Lausanne, Grande Salle Epalinges, September 1977)
Frederica von Stade (Lisetta), Edith Mathis (Clarice), Domenico Trimarchi (Bounafede), Lucia Valentini-Terrani (Ernesto), Luigi Alva (Ecclitico), Anthony Rolfe Johnson (Cecco), Choers de la Suisse Romande, Orchestre de Chambre de Lausanne, Dir.: Antal Dorati
PHILIPS

Orlando Paladino, Dramma eroicomico in tre atti Hob. XXVIII:11 (Angelica)
(Lausanne, Grande Salle Epalinges, Juni 1976)
Elly Ameling (Eurilla), Gwendolyn Killebrew (Alcina), Benjamin Luxon (Rodomonte), George Shirley (Orlando), Claes H. Ahnsjö (Medoro), Domenico Trimarchi (Pasquale), Maurizio Mazzieri (Caronte), Gabor Carelli (Licone), Orchestre de Chambre de Lausanne, Dir.: Antal Dorati
PHILIPS

Engelbert Humperdinck
(1854–1921)

Hänsel und Gretel, Märchenoper in drei Akten (Sandmann)
(München, Juni 1971)
Anna Moffo (Hänsel), Helen Donath (Gretel), Dietrich Fischer Dieskau (Peter), Charlotte Berthold (Getrud), Christa Ludwig (Knusperhexe), Lucia Popp (Taumännchen), Tölzer Knabenchor, Bayerisches Rundfunkorchester, Dir.: Kurt Eichhorn
EURODISC/RCA/KOPRODUKTION MIT DEM BR

Heinrich Marschner
(1795-1861)

Der Vampyr, Große romantische Oper in zwei Akten (Malwina)
(München, März 1974)
Nikolaus Hillebrand (Sir Humprey), Donald Grobe (Edgar Aubry), Roland Hermann (Lord Ruthven), Viktor von Halem (Sir Berkley), Jane Marsch (Janthe), Manfred Schmidt (Georg Diddin), Anna Tomowa-Sintow (Emmy), Alexander Malta (Toms Blunt), John van Kesteren (James Gadshill), Heiner Hopfner (Richard Scrop), Kurt Böhme (Robert Green), Trudeliese Schmidt (Suse), Hans Herbert Fiedler (Der Vampyrmeister), Chor und Symphonyorchester des Bayerischen Rundfunks, Dir.: Fritz Rieger
OPERA D'ORO/PRODUKTION DES BR MÜNCHEN
GERMAN OERA RARITIES
LIVING STAGE

Jules Massenet (1842–1912)	*Werther*, Drama lyrique en quatre actes (Sophie) (Leverkusen, Februar 1979) Placido Domingo (Werther), Elena Obraztsova (Charlotte), Franz Grundheber (Albert), Kurt Moll (Bailli), László Anderko (Johann), Alejandro Vazquez (Schmidt) , Gertrud Ottenthal (Käthchen), Wolfgang Vater (Brühlmann), Kölner Kinderchor, Kölner Radio-Sinfonieorchester, Dir.: Riccardo Chailly DGG/KOPRODUKTION MIT DEM WDR
Giacomo Meyerbeer (1791–1864)	*Die Hugenotten*, Grand Opéra en cinq actes (Erste Zigeunerin) (London, Kingsway Hall, April 1969) Dame Joan Sutherland (Marguerite de Valois), Martina Arroyo (Valentine), Huguette Tourangeau (Urbain), Dame Kiri te Kanawa (Erste Ehrendame), Josephte Clément (Zweite Ehrendamen), Maureen Lehane (Zweite Zigeunerin), Anastasios Vrenios (Raoul de Nangis), Nicolai Ghiuselev (Marcel), Gabriel Bacquier (Le Comte de Saint-Bris), Ambrosian Opera Chorus, New Philharmonic Orchestra, Dir.: Richard Bonynge DECCA
Claudio Monteverdi (1567–1643)	*L'incoronazione di Poppea*, Opera in un prologo e tre atti SV 308 (Poppea) (Petersham (Surrey), All Saints Church, Juli 1988) Della Jones (Nero), Linda Hirst (Ottavia), Gregory Reinhart (Seneca), Samuel Linay (Liebe), John Graham-Hall, Juliet Booth (Virtù), Lynton Atkinson, Brian Bannatyne-Scott (Lictor/Merkur), Catherine Denley (Nutrice), James Bowman (Ottone), Sarah Leonard (Drusilla), Janice Watson (Venus/Valletto), Mark Beesley, Mark Tucker (Lucano), Adrian Thompson (Arnalta), Catherine Pierard (Fortune), City of London Baroque Sinfonia, Dir.: Richard Hickox VIRGIN CLASSICS
Wolfgang Amadeus Mozart (1756–1791)	*Apollo et Hyazinthus*, lateinisches Intermedium KV 38 (Melia) (Salzburg, Aula der Alten Universität, 18.–21. Januar 1981) Anthony Rolfe Johnson (Oebalus), Edith Mathis (Hyacinthus), Cornelia Wulkopf (Apollo), Hanna Schwarz (Zephyrus), Salzburger Kammerchor, Mozarteum-Orchester Salzburg, Dir.: Leopold Hager DGG Preis der Deutschen Schallplattenkritik 1982 *Mitridate, Rè di Ponto*, Opera seria in tre atti KV 87 (Sifare) (Mitschnitt einer Produktion der Salzburger Festspiele aus der Felsenreitschule vom 25. August 1971) Peter Schreier (Mitridate), Pilar Lorengar (Ismene), Edda Moser (Aspasia), Helen Watts (Farnace), Peter Baillie (Marzio), Rein-

gard Didusch (Arbate), Mozarteum-Orchester Salzburg, Dir.:
Leopold Hager
OPERA D'ORO

Mitridate, Rè di Ponto, Opera seria in tre atti KV 87 (Aspasia)
(Salzburg, Aula der Alten Universität, 15.–19. Januar 1977)
Werner Hollweg (Mitridate), Ileana Cotrubas (Ismene), Edita
Gruberova (Sifare), Agnes Baltsa (Farnace), David Kuebler (Mar-
zio), Christine Weidinger (Arbate), Mozarteum-Orchester Salz-
burg, Dir.: Leopold Hager
DGG
Wiener Flötenuhr 1978

Ascanio in Alba, Festa teatrale in due atti KV 111 (Fauno)
(Salzburg, Aula der Alten Universität, 16.–20. Januar 1976)
Lilian Sukis (Venere), Agnes Baltsa (Ascanio, ihr Sohn), Edith
Mathis (Silvia, eine Nymphe), Peter Schreier (Aceste, Priester),
Salzburger Kammerchor, Mozarteum-Orchester Salzburg, Dir.:
Leopold Hager
DGG
Wiener Flötenuhr 1977

Lucio Silla, Dramma per musica in tre atti KV 135 (Giunia)
(Salzburg, Aula der Alten Universität, Januar 1975)
Peter Schreier (Lucio Silla), Julia Varady (Ceclio), Edith Mathis
(Lucio Cinna), Helen Donath (Celia), Werner Krenn (Aufidio),
Salzburger Rundfunk- und Mozarteumchor, Mozarteum-Or-
chester Salzburg, Dir.: Leopold Hager
DGG
Wiener Flötenuhr 1976

Il Rè pastore, Serenata in due atti KV 208 (Elisa)
(Salzburg, Aula der Alten Universität, Januar 1974)
Edith Mathis (Aminta), Sona Ghazarian (Tamiri), Peter Schreier
(Alessandro), Werner Krenn (Agenore), Mozarteum-Orchester
Salzburg, Dir.: Leopold Hager
DGG
Wiener Flötenuhr 1975

Die Entführung aus dem Serail, Singspiel in drei Akten KV 384
(Konstanze)
(Dresden, Lukaskirche, September 1973)
Otto Mellies (Bassa Selim) Reri Christ (Blonde), Peter Schreier
(Belmonte), Harald Neukirch (Pedrillo), Kurt Moll, (Osmin),
Rundfunkchor Leipzig, Dresdner Staatskapelle, Dir.: Karl Böhm
DGG
Wiener Flötenuhr 1974

Platte des Jahres von Stereo Review 1975
Grand Prix du Disque 1974
Grand Prix Artur Toscanini-Paul Vergnes 1974
Orphee d'Or 1974

Der Schauspieldirektor, Komödie mit Musik in einem Aufzug KV 486 (Mademoiselle Silberklang)
(Dresden, Lukaskirche, September 1973)
Reri Christ (Madame Herz), Kurt Moll (Buff), Peter Schreier (Monsieur Vogelsang), Staatskapelle Dresden, Dir.: Karl Böhm
DGG
(Die Auszeichnungen dieser Aufnahme sind mit denjenigen der *Entführung aus dem Serail* identisch)

Le Nozze di Figaro, Opera buffa in quattro atti KV 492 (Gräfin)
(Stockholm, Nacka Aula, August 1987)
Håkan Hagegård (Graf), Barbara Bonney (Susanna), Petteri Salomaa (Figaro), Alicia Nafé (Cherubino), Della Jones (Marcellina), Carlos Feller (Bartolo), Eduardo Gimenez (Don Basilio), Nancy Argenta (Barbarina), Enzo Florimo (Antonio), Francis Egerton (Don Curzio), The Drottningholm Court Theatre Orchestra & Chorus, Dir.: Arnold Östman
L'OISEAU LYRE/DECCA
Nicholas Kenyons „Opera Choice for 1988"

Don Giovanni, Dramma giocoso in due atti KV 527 (Donna Elvira)
(München, Herkulessaal, 25. Mai 1985)
Alan Titus (Don Giovanni), Rolando Panerai (Leporello), Julia Varady (Donna Anna), Thomas Moser (Don Ottavio), Edith Mathis (Zerlina), Rainer Scholze (Masetto), Jan-Hendrik Rootering (Komtur), Chor und Symphonie-Orchester des Bayerischen Rundfunks München, Dir.: Rafael Kubelik
RCA/EURODISC

Don Giovanni, Dramma giocoso in due atti KV 527, Prager Fassung (Donna Anna)
(Stockholm, Nacka Aula, 13.–24 Juli 1989)
Håkan Hagegård (Don Giovanni), Gilles Cachemaille (Leporello), Della Jones (Donna Elvira), Nico van der Meel (Don Ottavio), Barbara Bonney (Zerlina), Bryn Terfel (Masetto), Kristinn Sigmundsson (Komtur), The Drottningholm Court Theatre Orchestra & Chorus, Dir.: Arnold Östman
L'OISEAU LYRE/DECCA

Jean-Philippe Rameau
(1683–1764)

Hippolyte et Aricie, Tragédie lyrique en cinq actes et un prologue, 1733 (Aricie)
(Paris, Notre Dame du Liban, März/April 1978)

Ian Caley (Hippolyte), Ulrik Cold (Thésée), Edda Moser (Pretresse/ Chasseresse), Carolyn Watkinson (Phèdre), Anne-Marie Rodde (L'Amour/Bergère), Jean-Claude Orliac, Michael Goldthorpe (Mercure/Tisyphone/Arcas), Max van Egmond (Pluton/ Jupiter), Sonja Nigoghossian (Oenone), Luiliane Guitton (Diane), Jocelyne Chamonin (Une pretresse), Choer de l'English Bach Festival, La Grand Ecurie et la Chambre du Roy, Dir.: Jean Claude Malgoire
CBS

Maurice Ravel
(1875–1937)

L'enfant et sortileges, fantaisie lyrique en deux parties (La feu, La Princesse, Le rossignol)
(London, Abbey Road Studios, Juli 1981)
Susann Davenny Wyner (L'enfant), Jocelyne Taillon (Maman), Jeanne Berbié (La Bergere), Jules Bastin (La fauteuil), Philippe Huttenlocher (La chat), Philip Langridge (La théière), Linda Finnie (Un patre, La chatte), Ambrosian Opera Chorus London, London Symphony Orchestra, Dir.: André Previn
DGG

Richard Strauss
(1864–1949)

Der Rosenkavalier, Komödie für Musik in drei Aufzügen op. 59
(Erste adelige Waise) (Wien, November 1968)
Regine Crespin (Marschallin), Yvonne Minton (Octavian), Manfred Jungwirth (Ochs), Helen Donath (Sophie), Luciano Pavarotti (Sänger), Otto Wiener (Faninal), Kurt Equiluz (Haushofmeister bei Faninal), Herbert Prikopa (Haushofmeister bei der Feldmarschallin), Jungfer Marianne (Emmy Loose), Alfred Jerger (Notar), Karl Terkal (Tierhändler), Rosl Schwaiger (Modistin), Herbert Lackner (Kommissar), Murray Dickie (Valzacchi), Anton Dermota (Wirt), Chor der Wiener Staatsoper, Wiener Philharmoniker, Dir.: Sir Georg Solti
DECCA
Grand Prix du Disque 1970
Audio Award 1970

Ariadne auf Naxos, Oper in einem Aufzug nebst einem Vorspiel op. 60 (Najade)
1. Livemitschnitt aus der Wiener Staatsoper vom November 1967
Leony Rysanek (Ariadne), James King (Bacchus), Tatiana Trojanos (Komponist), Margarita Lilowa (Dryade), Gerda Scheyrer (Echo), Paul Schöffler (Musiklehrer), Erich Kunz (Harlekin), Kurt Equiluz (Scaramuccio), Herbert Lackner (Truffaldino), Jeanette Scovotti (Zerbinetta), Wiener Philharmoniker, Dir.: Karl Böhm
MELODRAM CDM
2. Studioproduktion vom September 1969

Hildegard Hillebrecht (Ariadne), Jess Thomas (Bacchus), Friedrich Lenz (Brighella/Offizier), Tatiana Troyanos (Komponist), Reri Christ (Zerbinetta), Gerhard Unger (Tanzmeister), Unni Rugtvedt (Dryade), Sigrid Schmidt (Echo), Heinz Friedrich (Perückenmacher), Franz Stoss (Haushofmeister), Dietrich Fischer-Dieskau (Musiklehrer), Herbert Lackner (Lakai), Barry McDaniel (Harlekin), John van Kesteren (Scaramuccio), Richard Kogel (Truffaldino), Symphonieorchester des Bayerischen Rundfunks, Dir.: Karl Böhm
DGG

Capriccio, ein Konversationsstück für Musik in einem Akt op. 85 (Italienische Sängerin)
(München, Herkulessaal der Residenz, April 1971)
Gundula Janowitz (Gräfin), Dietrich Fischer-Dieskau (Graf), Peter Schreier (Flamand), Hermann Prey (Olivier), Karl Ridderbusch (La Roche), Tatiana Trojanos (Clairon), David Thaw (Monsieur Taupe), Anton de Ridder (Italienischer Tenor), Karl-Christian Kohn (Haushofmeister), Chor und Symphonie-Orchester des Bayerischen Rundfunks München, Dir.: Karl Böhm
DGG
Orphee d'Or 1973
Grand Prix du Disque 1973

Arthur Sullivan
(1842–1900)

The Pirates of Pensanze, Operette in zwei Akten (Mabel)
(Köln, WDR Saal 1, 4.–7. Juni 1968)
Gerd Nienstedt (Piraten-König), Alexander Malta (Samuel, sein Leutnant), Peter Bahrig (Frederic), Peter Karner (Tom), Werner Missner (Jack), Alexander Malta (Paul), Arwed Sandner (Mac), Martha Mödl (Ruth), Arwed Sandner (Major-General Stanley), Seine Töchter: Rita Bartos (Cecily), Liselotte Hammes (Emmie), Wilma Mommer (Isabel), Carol Malone (Edith). Mitglieder des Philharmonischen Chores der Stadt Bonn, Kölner Rundfunkorchester, Dir.: Franz Marszalek
GALA/PRODUKTION DES WDR KÖLN/BR MÜNCHEN

Giuseppe Verdi
(1813–1901)

Don Carlo, Oper in fünf Akten, frz. Fassung (Paris 1867)
(Stimme vom Himmel)
(Mailand, CTC Studio, Juni 1984)
Placido Domingo (Don Carlos), Katja Ricciarelli (Elisabeth de Valois), Lucia Valentini-Terrani (La Princesse Eboli), Leo Nucci (Marquis de Posa), Ruggero Raimondi (Philippe II.), Nicolai Ghiaurov (Le Grand Inquisitor), Nikita Storojev (Un Moine), Ann Murray (Thibault), Chor und Orchestra der Mailänder Scala, Dir.: Claudio Abbado
DGG

Carl Maria von Weber (1786–1826)	*Oberon*, Romantische Oper in drei Akten (Erstes und Zweites Meermädchen) (München, Herkulessaal der Residenz, März/Dezember 1970) Donald Grobe (Oberon), Birgit Nilson (Rezia), Julia Hamari (Fatime), Marga Schiml (Puck), Placido Domingo (Hüon von Bordeaux), Hermann Prey (Scherasmin), Chor und Orchester des Bayerischen Rundfunks, Dir.: Rafael Kubelik DGG Premio della Critica Discografica Italiana 1972
Kurt Weill (1900–1950)	*Street Scene*, An American Opera in two acts (First Nursemaid) (Glagow, Govan Town Hall, August 1989 und März 1990) Emile Belcourt (Abraham Kaplan), Meriel Dickinson (Emma Jones), Josephine Barstow (Anna Maurrant), Jerry Hadley (Sam Kaplan), David Kuebler (Daniel Buchanan), Samuel Ramey (Frank Maurrant), Barbara Bonney (Jenny Hildebrand), Angelina Réaux (Rose Maurrant), Kurt Ollmann (Harry Easter), Della Jones (Zweites Kindermädchen), Scottish Opera Chorus and Orchestra, Dir.: John Mauceri DECCA

1.1.2 Opern-Ausschnitte

Vincenzo Bellini (1801–1835)	aus *I Puritani*, Melodramma serioso in tre atti (Elvira): Arie des Arturo „A te, o cara" und Ensembleszene aus dem 1. Akt (Wien, Sofiensaal, September 1969) Luciano Pavarotti, Reid Bunger, Herbert Lackner, Chor und Orchester der Wiener Staatsoper, Dir.: Nicola Rescigno DECCA
Alban Berg (1885–1935)	*Lulu-Suite* mit Lied der Lulu (Coventry, University of Warwick, Arts Center, Dezember 1987/April 1988) City of Birmingham Symphony Orchestra, Dir.: Sir Simon Rattle EMI
Georges Bizet (1835–1875)	aus *Carmen*, Opéra comique en quatre actes: Duett Michaela-Josè „Parle-moi de ma mère" aus dem 1. Akt (Studioproduktion aus München, Mai 1970) René Kollo (Tenor), Münchner Rundfunkorchester, Dir.: Kurt Eichhorn CBS
Léo Delibes (1836–1891)	aus *Lakmé*, Opéra en trois actes: Arie der Lakmé „Où va la jeune Indoue" aus dem 2. Akt (Konzertmitschnitt aus Zürich vom 4. Mai 1969) Münchner Rundfunkorchester, Dir.: Kurt Eichhorn BELLA VOCE

Gaetano Donizetti (1797–1848)	aus *Don Pasquale*, Opera buffa in tre atti: Arie der Norina „Quel guardo il cavaliere" aus dem 1. Akt (Konzertmitschnitt von den *Schwetzinger Festspielen* vom 30. Mai 1976) Radio-Sinfonieorchester Stuttgart, Dir.: Argeo Quadri HARMONIA MUNDI (LP)
Georg Friedrich Händel (1685–1759)	*Rinaldo*, Dramma per musica in tre atti HWV 7 (Almirena) Querschnitt (Wien, September 1972) Beverly Wolff (Rinaldo), Rita Shane (Armida), Raymond Michalski (Argante), Orchester der Wiener Volksoper, Martin Isepp (Cembalo), Dir.: Stephen Simon RCA/TURNABOUT 1-0084 (LP)

aus *Rinaldo*, Dramma per musica in tre atti HWV 7:
Arie der Almirena „Lascia ch'io pianga" aus dem 2. Akt
(New York, Lenfell Hall, Farleigh Dickinson University-Florham-Madison Campus, September 1984)
Mostly Mozart Orchestra, Dir.: Gerard Schwarz
DELOS

aus *Giulio Cesare in Egitto*, Dramma per musica in tre atti HWV 17:
Arie der Cleopatra „Piangerò, la sorte mia!" aus dem 3. Akt
(New York, Lenfell Hall, Farleigh Dickinson University-Florham-Madison Campus, September 1984)
Mostly Mozart Orchestra, Dir.: Gerard Schwarz
DELOS

aus *Atalanta*, Dramma per musica in tre atti HWV 35:
Arioso des Meleagro „Care Selve" aus dem 1. Akt
(New York, Lenfell Hall, Farleigh Dickinson University-Florham-Madison Campus, September 1984)
Mostly Mozart Orchestra, Dir.: Gerard Schwarz
DELOS

Wolfgang Amadeus Mozart (1756–1791)

aus *Il Rè Pastore*, Serenata in due atti KV 208:
Rondo der Aminta „L'amerò, sarò costante" aus dem 2. Akt
(Konzertmitschnitt von den *Schwetzinger Festspielen* vom 30. Mai 1976)
Radio-Sinfonieorchester Stuttgart, Dir.: Argeo Quadri
HARMONIA MUNDI (LP)

aus *Die Entführung aus dem Serail*, Singspiel in drei Akten KV 384:
Arie der Konstanze „Ach, ich liebte" aus dem 1. Akt
Duett Konstanze-Belmonte „Welch ein Geschick" aus dem 3. Akt
(Konzertmitschnitt aus Zürich vom 4. Mai 1969)

Nicolai Gedda (Tenor), Münchner Rundfunkorchester, Dir.: Kurt Eichhorn
BELLA VOCE

aus *Der Schauspieldirektor*, Singspiel in einem Aufzug KV 486:
Terzett „Ich bin die erste Sängerin"
(Opernkonzert des ORF aus dem Großen Saal des Musikvereins Wien vom 18. November 1974)
Patricia Wise (Sopran), Rüdiger Wohlers (Tenor), ORF-Sinfonieorchester, Dir.: Leopold Hager
ORF (LP)

aus *Le Nozze di Figaro*, Opera buffa in quattro atti KV 492:
Rezitativ und Arie der Susanna „Giunse alfin il momento ... Deh, vieni, non tardar" aus dem 4. Akt
1. München, Kongress-Saal des Deutschen Museums 1968
Münchner Rundfunkorchester, Dir.: Kurt Eichhorn
BELLA VOCE

2. Schwetzingen, Rokokotheater, 30. Mai 1976
Radio-Sinfonieorchester Stuttgart, Dir.: Argeo Quadri
HARMONIA MUNDI (LP)

3. London, Wigmore Hall, 12. Januar 1991
Ralf Gothóni, Klavier
BBC music (limited edition)

aus *Die Zauberflöte*, Oper in zwei Aufzügen KV 622:
Rezitativ und Arie der Königin der Nacht „O zittre nicht" aus dem 1. Akt
(Konzertmitschnitt aus dem Kongresssaal des Deutschen Museums München vom 13. Oktober 1968)
Münchner Rundfunkorchester, Dir.: Kurt Eichhorn
BELLA VOCE

Giacomo Puccini
(1858–1924)

aus *La Boheme*, Opera lirica in quattro atti:
Arie der Mimi „Mi chiamano Mimi" und Duett Mimi-Rudolfo „O soave fanciulla" aus dem 1. Akt
(Studioproduktion aus München vom Mai 1970)
René Kollo (Tenor), Münchner Rundfunkorchester, Dir.: Kurt Eichhorn
CBS

aus *Madama Butterfly*, Melodramma in tre atti:
Duett Butterfly-Pinkerton „Bimba dagli occhi pieni di malia" aus dem 1. Akt
(Studioproduktion aus München vom Mai 1970)
René Kollo (Tenor), Münchner Rundfunkorchester, Dir.: Kurt Eichhorn
CBS

aus *Turandot*, Dramma lirico in tre atti:
Arie des Calaf „Non piangere, Liu" aus dem 1. Akt
(Studioproduktion Wien, 1968)
Barry Morell (Tenor), Orchester der Wiener Volksoper, Dir.: Argeo Quadri
WESTMINSTER 17158 (LP)

Gioachino Rossini
(1792–1868)

aus *Il Barbiere di Siviglia*, Opera buffa in due atti:
Arie der Rosina „Una voce poco fa" aus dem 1. Akt
(Konzertmitschnitt von den *Schwetzinger Festspielen* vom 30. Mai 1976)
Radio-Sinfonieorchester Stuttgart, Dir.: Argeo Quadri
HARMONIA MUNDI (LP)

Richard Strauss
(1864–1949)

aus *Der Rosenkavalier*, Komödie für Musik in drei Akten op. 59
Terzett Marschallin-Sophie-Octavian „Marie Theres!" aus dem 3. Akt
(Konzertmitschnitt aus dem Kongresssaal des Deutschen Museums München vom 13. Oktober 1968)
Gundula Janowitz (Sopran), Tatiana Trojanos (Mezzosopran), Münchner Rundfunkorchester, Dir.: Kurt Eichhorn
BELLA VOCE

Duett Sophie-Octavian „Ist ein Traum, kann nicht wirklich sein" aus dem 3. Akt
Tatiana Trojanos (Mezzosopran), Münchner Rundfunkorchester, Dir.: Kurt Eichhorn
BELLA VOCE

aus *Ariadne auf Naxos*, Oper in einem Aufzuge nebst einem Vorspiel op. 60:
Szene der Zerbinetta „Großmächtige Prinzessin"
(Konzertmitschnitt aus dem Kongresssaal des Deutschen Museums München vom 13. Oktober 1968 und aus Zürich 4. Mai 1969)
Münchner Rundfunkorchester, Dir.: Kurt Eichhorn
BELLA VOCE

aus *Arabella*, Lyrische Komödie in drei Aufzügen op. 79:
Duett Zdenka-Arabella „Er ist der Richtige nicht für mich – Aber der Richtige, wenn's einen gibt" (Zdenka) aus dem 1. Akt
1. Konzertmitschnitt aus dem Kongresssaal des Deutschen Museums München vom 13. Oktober 1968
Gundula Janowitz (Sopran), Münchner Rundfunkorchester, Dir.: Kurt Eichhorn
BELLA VOCE

2. Studioaufnahme aus Wien vom November 1970
Pilar Lorengar (Sopran), Wiener Opernorchester, Dir.: Walter Weller
DECCA

Giuseppe Verdi (1813–1901)	aus *Rigoletto*, Melodramma in tre atti: Duett Gilda-Herzog „Signor né principe" aus dem 1. Akt (Studioproduktion vom Mai 1970) René Kollo (Tenor), Münchner Rundfunkorchester, Dir.: Kurt Eichhorn CBS
	aus *La Traviata*, Opera in tre atti: Duett Violetta-Alfredo „Parigi, o cara" aus dem 3. Akt (Studioproduktion vom Mai 1970) René Kollo (Tenor), Münchner Rundfunkorchester, Dir.: Kurt Eichhorn CBS

1.2   Konzertfach

Carl Philipp Emanuel Bach (1714–1788)	*Magnificat* Wq 215/H 772 (Stuttgart, Gedächtniskirche, 18.–26. September 1976) Helen Watts, Kurt Equiluz, Wolfgang Schöne, Gächinger Kantorei, BC Stuttgart, Dir.: Helmuth Rilling HÄNSSLER
Johann Christian Bach (1735–1782)	*Dies irae* für vier Solostimmen, Doppelchor und Orchester WE 12 (Stuttgart, April/Mai 1977) Helen Watts, Aldo Baldin, Wolfgang Schöne, Gächinger Kantorei, BC Stuttgart, Dir.: Helmuth Rilling HÄNSSLER
Johann Ernst Bach (1722–1777)	*Die Liebe Gottes ist ausgegossen*, Kantate für Solosopran, gemischten Chor und Orchester mit konzertierender Orgel (Stuttgart, Gedächtniskirche, 18.–26. September 1976) Gächinger Kantorei, BC Stuttgart, Martha Schuster (Orgel), Dir.: Helmuth Rilling HÄNSSLER
Johann Sebastian Bach (1685–1750)	*Wie schön leuchtet der Morgenstern*, Kantate BWV 1 (Leipzig, Paul-Gerhardt-Kirche, 1981–1983) Peter Schreier, Siegfried Lorenz, Thomanerchor Leipzig, Neues Bachisches Collegium Musicum Leipzig, Dir.: Hans-Joachim Rotzsch BERLIN CLASSICS

Ach Gott, wie manches Herzeleid BWV 3
(Stuttgart, Gedächtniskirche, Februar/April 1980)
Gabriele Schreckenbach, Lutz-Michael Harder, Philippe Hutten-
locher, Gächinger Kantorei, BC Stuttgart, Dir.: Helmuth Rilling
HÄNSSLER

Wo soll ich fliehen hin BWV 5
(Stuttgart, Gedächtniskirche, Februar/Oktober 1979)
Carolyn Watkinson, Aldo Baldin, Wolfgang Schöne, Gächinger
Kantorei, BC Stuttgart, Dir.: Helmuth Rilling
HÄNSSLER

Liebster Gott, wann werd ich sterben? BWV 8
(Stuttgart, Gedächtniskirche, Februar/Oktober 1979)
Helen Watts, Adalbert Kraus, Philippe Huttenlocher, Gächinger
Kantorei, BC Stuttgart, Dir.: Helmuth Rilling
HÄNSSLER

Meine Seele erhebt den Herren BWV 10
(Stuttgart, Gedächtniskirche, Februar 1979)
Margit Neubauer, Aldo Baldin, Wolfgang Schöne, Gächinger
Kantorei, BC Stuttgart, Dir.: Helmuth Rilling
HÄNSSLER

Meine Seufzer, meine Tränen BWV 13
(Stuttgart, Gedächtniskirche, März /November1981)
Carolyn Watkinson, Adalbert Kraus, Walter Heldwein, Gächin-
ger Kantorei, BC Stuttgart, Dir.: Helmuth Rilling
HÄNSSLER

Wer Dank opfert, der preiset mich BWV 17
(Stuttgart, Gedächtniskirche, Februar/Oktober 1982)
Gabriele Schreckenbach, Adalbert Kaus, Walter Heldwein, Gä-
chinger Kantorei, BC Stuttgart, Dir.: Helmuth Rilling
HÄNSSLER

Ich hatte viel Bekümmernis BWV 21
1. Stuttgart, Gedächtniskirche, März/Mai 1976
Nancy Amini (Sopran), Karen Hagerman (Alt), Adalbert Kraus,
Douglas Robinson (Tenor), Wolfgang Schöne, Norman Ander-
son (Bass), Indiana University Chamber Singers, BC Stuttgart,
Dir.: Helmuth Rilling
HÄNSSLER

2. Leipzig, Paul-Gerhardt-Kirche, Februar 1981
Peter Schreier, Siegfried Lorenz, Thomanerchor Leipzig, Neu-
es Bachisches Collegium Musicum Leipzig, Dir.: Hans-Joachim
Rotzsch
BERLIN CLASSICS

Du wahrer Gott und Davids Sohn BWV 23
(Stuttgart, Gedächtniskirche, Januar/April 1977)
Helen Watts, Aldo Baldin, Niklaus Tüller, Gächinger Kantorei,
BC Stuttgart, Dir.: Helmuth Rilling
HÄNSSLER

Ein ungefärbt Gemüt BWV 24
(Stuttgart, Gedächtniskirche, September 1977 und Januar 1978)
Helen Watts, Katharina Pugh (Alt), Adalbert Kraus, Walter Held-
wein, Wolfgang Schöne, Gächinger Kantorei, BC Stuttgart, Dir.:
Helmuth Rilling
HÄNSSLER

Es ist nichts Gesundes an meinem Leibe BWV 25
(Stuttgart, Gedächtniskirche, Sept./Dez. 1977 und Januar 1978)
Adalbert Kraus, Philippe Huttenlocher, Gächinger Kantorei, BC
Stuttgart, Dir.: Helmuth Rilling
HÄNSSLER

Ach wie flüchtig, ach wie nichtig BWV 26
(Stuttgart, Gedächtniskirche, Oktober 1979 und Februar 1980)
Doris Soffel, Adalbert Kraus, Philippe Huttenlocher, Gächinger
Kantorei, BC Stuttgart, Dir.: Helmuth Rilling
HÄNSSLER

Gottlob! nun geht das Jahr zu Ende BWV 28
(Stuttgart, Gedächtniskirche, November 1981 und Februar 1982)
Gabriele Schreckenbach, Adalbert Kraus, Walter Heldwein, Gä-
chinger Kantorei, BC Stuttgart, Dir.: Helmuth Rilling
HÄNSSLER

Der Himmel lacht! die Erde jubilieret BWV 31
(Stuttgart, Südwest Tonstudio und Gedächtniskirche, März/
April 1976)
Adalbert Kraus, Wolfgang Schöne, Indiana University Chamber
Singers, BC Stuttgart, Dir.: Helmuth Rilling
HÄNSSLER

Liebster Jesu, mein Verlangen BWV 32
(Stuttgart, Gedächtniskirche, November 1981)
Walter Heldwein, Gächinger Kantorei, BC Stuttgart, Dir.: Hel-
muth Rilling
HÄNSSLER

Schwingt freudig euch empor BWV 36
1. Leipzig, Paul-Gerhardt-Kirche, Oktober 1980 und Januar/Feb-
ruar 1981
Peter Schreier, Siegfried Lorenz, Thomanerchor Leipzig, Neues Bachisches Collegium Musicum Leipzig, Dir.: Hans-Joachim Rotzsch
BERLIN CLASSICS

2. Stuttgart, Gedächtniskirche, August 1980, Februar 1981 und März 1982
Gabriele Schreckenbach, Peter Schreier, Walter Heldwein, Gächinger Kantorei, BC Stuttgart, Dir.: Helmuth Rilling
HÄNSSLER

daraus Nr. 7: Arie „Auch mit gedämpften, schwachen Stimmen"
auf: Arleen Auger singt Bach

Wer da gläubet und getauft wird BWV 37
(Stuttgart, Gedächtniskirche, Februar 1979)
Carolyn Watkinson, Adalbert Kraus, Philippe Huttenlocher, Gächinger Kantorei, BC Stuttgart, Dir.: Helmuth Rilling
HÄNSSLER

Aus tiefer Not schrei ich zu dir BWV 38
(Stuttgart, Gedächtniskirche, Februar/April 1980)
Helen Watts, Lutz-Michael Harder, Philippe Huttenlocher, Gächinger Kantorei, BC Stuttgart, Dir.: Helmuth Rilling
HÄNSSLER

Brich den Hungrigen dein Brot BWV 39
(Stuttgart, Gedächtniskirche, Februar 1982)
Gabriele Schreckenbach, Franz Gerihsen, Gächinger Kantorei, BC Stuttgart, Dir.: Helmuth Rilling
HÄNSSLER

Am Abend aber desselbigen Sabbats BWV 42
(Stuttgart, Gedächtniskirche und Salzburg, Große Aula der Alten Universität, August/Dez. 1980 und Februar/März 1981)
Julia Hamari, Peter Schreier, Philippe Huttenlocher, Gächinger Kantorei, BC Stuttgart, Dir.: Helmuth Rilling
HÄNSSLER

Gott fähret auf mit Jauchzen BWV 43
(Stuttgart, Gedächtniskirche, November 1981/Oktober 1982)
Julia Hamari, Lutz-Michael Harder, Philippe Huttenlocher, Gächinger Kantorei, BC Stuttgart, Dir.: Helmuth Rilling
HÄNSSLER

Sie werden euch in den Bann tun BWV 44
(Stuttgart, Gedächtniskirche, Februar 1979)
Helen Watts, Aldo Baldin, Wolfgang Schöne, Gächinger Kantorei, BC Stuttgart, Dir.: Helmuth Rilling
HÄNSSLER

Wer sich selbst erhöhet BWV 47
(Stuttgart, Gedächtniskirche, Februar/Oktober 1982)
Philippe Huttenlocher, Gächinger Kantorei, BC Stuttgart, Dir.: Helmuth Rilling
HÄNSSLER

Ich geh und suche mit Verlangen BWV 49
(Stuttgart, Gedächtniskirche, Oktober 1982)
Philippe Huttenlocher, BC Stuttgart, Dir.: Helmuth Rilling
HÄNSSLER

daraus Nr. 4: Arie „Ich bin herrlich, ich bin schön"
auf: Arleen Auger singt Bach

Jauchzet Gott in allen Landen BWV 51
(Stuttgart, Gedächtniskirche, September 1983)
Hannes Läubin (Trompete), Württembergisches Kammerorchester Heilbronn, Dir.: Helmuth Rilling
HÄNSSLER

Falsche Welt, Dir trau ich nicht BWV 52
(Stuttgart, Gedächtniskirche, Oktober 1982/Juni 1983)
Gächinger Kantorei, BC Stuttgart, Dir.: Helmuth Rilling
HÄNSSLER

Selig ist der Mann BWV 57
(Stuttgart, Gedächtniskirche, November 1981/Februar 1982)
Walter Heldwein, Gächinger Kantorei, BC Stuttgart, Dir.: Helmuth Rilling
HÄNSSLER

daraus: Nr. 3: Arie „Ich wünsche mir den Tod"
auf: Arleen Auger singt Bach

Wer mich liebet, der wird mein Wort halten BWV 59
(Stuttgart, Gedächtniskirche, September 1976)
Niklaus Tüller, Gächinger Kantorei, BC Stuttgart, Dir.: Helmuth Rilling
HÄNSSLER

Nun kommt der Heiden Heiland BWV 61
1. Leipzig, Paul-Gerhardt-Kirche, Oktober 1980 und Januar/Februar 1981
Peter Schreier, Siegfried Lorenz, Thomanerchor Leipzig, Neues Bachisches Collegium Musicum Leipzig, Dir.: Hans-Joachim Rotzsch
BERLIN CLASSICS

2. Konzertmitschnitt vom Baldwin-Wallace College, Berea (Ohio) vom 21./22. Mai 1982
Jan deGaetani, Seth McCoy, Bruce Abel, Baldwin-Wallace-College Choir, Festival Chamber Orchestra, Dir.: Dwight Oltman
BALDWIN-WALLACE-COLLEGE, OHIO (MC)

Christen, ätzet diesen Tag BWV 63
1. Stuttgart, Gedächtniskirche, Februar 1971 und Februar 1982

Maria Friesenhausen (Sopran), Julia Hamari (Alt), Hildegard Laurich (Alt), Adalbert Kraus, Walter Heldwein, Wolfgang Schöne, Gächinger Kantorei, BC Stuttgart, Dir.: Helmuth Rilling
HÄNSSLER

2. Gesprächskonzert vom 6. Dezember 1981 in Frankfurt
Gabriele Schreckenbach, Adalbert Kraus, Franz Gerihsen, Gächinger Kantorei, BC Stuttgart, Werkeinführung und Leitung: Helmuth Rilling
HÄNSSLER (MC)

Sehet, welch eine Liebe hat uns der Vater erzeiget BWV 64
(Stuttgart, Gedächtniskirche, September 1977)
Ann Murray, Philippe Huttenlocher, Gächinger Kantorei, BC Stuttgart, Dir.: Helmuth Rilling
HÄNSSLER

Halt im Gedächtnis Jesum Christum BWV 67
(Stuttgart, Gedächtniskirche, September 1978)
Tsuyako Mitsui (Alt), Ann Murray, Adalbert Kraus, Walter Heldwein, Gächinger Kantorei, BC Stuttgart, Dir.: Helmuth Rilling
HÄNSSLER

Also hat Gott die Welt geliebt BWV 68
1. Leipzig, Paul-Gerhardt-Kirche, Januar/Februar/April 1981
Theo Adam, Thomanerchor Leipzig, Neues Bachisches Collegium Musicum Leipzig, Dir.: Hans-Joachim Rotzsch
BERLIN CLASSICS

2. Stuttgart, Gedächtniskirche, März 1981
Philippe Huttenlocher, Gächinger Kantorei, BC Stuttgart, Dir.: Helmuth Rilling
HÄNSSLER

daraus Nr. 2: Arie „Mein gläubiges Herze"
auf: Arleen Auger singt Bach

Wachet! betet! betet! wachet! BWV 70
(Stuttgart, Gedächtniskirche, Oktober/Dezember1982)
Verena Gohl, Lutz-Michael Harder, Siegmund Nimsgern, Gächinger Kantorei, BC Stuttgart, Dir.: Helmuth Rilling
HÄNSSLER

Gott ist mein König BWV 71 (*Ratswechsel-Kantate*)
1. Leipzig, Paul-Gerhardt-Kirche, Januar/April 1981 und Februar 1982
Ortrun Wenkel, Peter Schreier, Siegfried Lorenz, Thomanerchor Leipzig, Neues Bachisches Collegium Musicum Leipzig, Dir.: Hans-Joachim Rotzsch
BERLIN CLASSICS

2. Gesprächskonzert aus Frankfurt vom 4. Oktober 1981
Gabriele Schreckenbach, Adalbert Kraus, Philippe Huttenlocher,
Gächinger Kantorei, BC Stuttgart, Werkeinführung und Leitung: Helmuth Rilling
HÄNSSLER (MC)

3. Stuttgart, Gedächtniskirche, Februar 1982
Katrin Graf (Sopran), Helrun Gardow (Alt), Hanna Schwarz
(Alt), Gabriele Schreckenbach (Alt), Alexander Senger (Tenor),
Adalbert Kraus (Tenor), Lutz-Michael Harder (Tenor), Niklaus
Tüller, Philippe Huttenlocher, Gächinger Kantorei, BC Stuttgart,
Dir.: Helmuth Rilling
HÄNSSLER

Alles nur nach Gottes Willen BWV 72
(Stuttgart, Gedächtniskirche, Februar 1982)
Hildegard Laurich, Wolfgang Schöne, Figuralchor der Gedächtniskirche Stuttgart, BC Stuttgart, Dir.: Helmuth Rilling
HÄNSSLER

Die Himmel erzählen die Ehre Gottes BWV 76
(Stuttgart, Gedächtniskirche, Sept./Dez. 1977 und Januar 1978)
Helen Watts, Adalbert Kraus, Siegmund Nimsgern, Gächinger
Kantorei, BC Stuttgart, Dir.: Helmuth Rilling
HÄNSSLER

Jesu, der du meine Seele BWV 78
(Stuttgart, Gedächtniskirche, Februar/Oktober 1979)
Carolyn Watkinson, Aldo Baldin, Wolfgang Schöne, Gächinger
Kantorei, BC Stuttgart, Dir.: Helmuth Rilling
HÄNSSLER

Gott, der Herr, ist Sonn' und Schild BWV 79 (*Reformations-Kantate*)
1. Leipzig, Paul-Gerhardt-Kirche, Januar 1981 und Januar/Februar 1982
Ortrun Wenkel, Theo Adam, Thomanerchor Leipzig, Neues Bachisches Collegium Musicum Leipzig, Ludwig Güttler (Trompete), Dir.: Hans-Joachim Rotzsch
BERLIN CLASSICS

2. Stuttgart, Gedächtniskirche, Oktober/November 1981
Julia Hamari, Philippe Huttenlocher, Gächinger Kantorei, BC
Stuttgart, Dir.: Helmuth Rilling
HÄNSSLER

Ein' feste Burg ist unser Gott BWV 80
1. Produktion von 1975/1976
Alyce Rogers, Kurt Equiluz, Niklaus Tüller, Indiana University
Chamber Singers, BC Stuttgart, Dir.: Helmuth Rilling
HÄNSSLER (LP)

2. Leipzig, Paul-Gerhardt-Kirche, Februar 1981, Januar/Februar 1982
Ortrun Wenkel, Peter Schreier, Theo Adam, Thomanerchor Leipzig, Neues Bachisches Collegium Musicum Leipzig, Dir.: Hans-Joachim Rotzsch
BERLIN CLASSICS

3. Stuttgart, Gedächtniskirche, September/Oktober 1983
Gabriele Schreckenbach, Lutz-Michael Harder, Philippe Huttenlocher, Gächinger Kantorei, Württembergisches Kammerorchester Heilbronn, Dir.: Helmuth Rilling
HÄNSSLER

daraus Nr. 4: Arie „Komm in mein Herzenshaus"
auf: Arleen Auger singt Bach

Ich bin vergnügt in meinem Glücke BWV 84
(Stuttgart, Gedächtniskirche, Juni 1983)
Gächinger Kantorei, Württembergisches Kammerorchester Heilbronn, Dir.: Helmuth Rilling
HÄNSSLER

daraus Nr. 3: Arie „Ich esse mit Freuden"
auf: Arleen Auger singt Bach

In bin ein guter Hirt BWV 85
(Stuttgart, Gedächtniskirche und Salzburg, Aula der Alten Universität, August/Dezember 1980, April 1981 und Juli 1983)
Gabriele Schreckenbach, Adalbert Kraus, Walter Heldwein, Gächinger Kantorei, BC Stuttgart, Dir.: Helmuth Rilling
HÄNSSLER

Wahrlich, wahrlich, ich sage euch BWV 86
(Stuttgart, Gedächtniskirche, Februar/Sept. 1978, Februar 1979)
Helen Watts, Adalbert Kraus, Walter Heldwein, Gächinger Kantorei, BC Stuttgart, Dir.: Helmuth Rilling
HÄNSSLER

Was soll ich aus dir machen, Ephraim? BWV 89
(Stuttgart, Gedächtniskirche, September/Dezember 1977)
Helen Watts, Philippe Huttenlocher, Gächinger Kantorei, BC Stuttgart, Dir.: Helmuth Rilling
HÄNSSLER

Ich hab in Gottes Herz und Sinn BWV 92
(Stuttgart, Gedächtniskirche, Februar/April 1980)
Helen Watts, Gabriele Schreckenbach, Aldo Baldin, Philippe Huttenlocher, Gächinger Kantorei. BC Stuttgart, Dir.: Helmuth Rilling
HÄNSSLER

daraus Nr. 8: Arie „Meinem Hirten bleib ich treu"
auf: Arleen Auger singt Bach

Wer nur den lieben Gott lässt walten BWV 93
(Stuttgart, Gedächtniskirche, Februar1979)
Ann Murray, Adalbert Kraus, Walter Heldwein, Gächinger Kantorei, BC Stuttgart, Dir.: Helmuth Rilling
HÄNSSLER

Christus, der ist mein Leben BWV 95
(Stuttgart, Gedächtniskirche, September 1977/Januar1978)
Adalbert Kraus, Walter Heldwein, Gächinger Kantorei, BC Stuttgart, Dir.: Helmuth Rilling
HÄNSSLER

Was Gott tut, das ist wohlgetan BWV 98
(Stuttgart, Gedächtniskirche,. Februar/Oktober 1982 und Juli 1983)
Julia Hamari, Lutz-Michael Harder, Walter Heldwein, Gächinger Kantorei, BC Stuttgart, Dir.: Helmuth Rilling
HÄNSSLER

Was Gott tut, das ist wohlgetan BWV 99
(Stuttgart, Gedächtniskirche, Februar/Oktober 1979)
Helen Watts, Lutz-Michael Harder, John Bröcheler, Gächinger Kantorei, BC Stuttgart, Dir.: Helmuth Rilling
HÄNSSLER

Was Gott tut, das ist wohlgetan BWV 100
(Stuttgart, Gedächtniskirche, Oktober 1983/März 1984)
Julia Hamari, Adalbert Kraus, Philippe Huttenlocher, Gächinger Kantorei, Württembergisches Kammerorchester Heilbronn, Dir.: Helmuth Rilling
HÄNSSLER

Nimm von uns, Herr, du treuer Gott BWV 101
(Stuttgart, Gedächtniskirche, Februar/Oktober 1979)
Helen Watts, Aldo Baldin, John Bröcheler, Gächinger Kantorei, BC Stuttgart, Dir.: Helmuth Rilling
HÄNSSLER

Herr, gehe nicht ins Gericht BWV 105
(Stuttgart, Gedächtniskirche, Sept./Dez. 1977 und Januar 1978)
Helen Watts, Adalbert Kraus, Walter Heldwein, Gächinger Kantorei, BC Stuttgart, Dir.: Helmuth Rilling
HÄNSSLER

daraus Nr. 3: Arie „Wie zittern und wanken der Sünder Gedanken"
auf: Arleen Auger singt Bach

Was willst du dich betrüben BWV 107
(Stuttgart, Gedächtniskirche, Februar/Oktober 1979)
Aldo Baldin, John Bröcheler, Gächinger Kantorei, BC Stuttgart,
Dir.: Helmuth Rilling
HÄNSSLER

Unser Mund sei voll Lachens BWV 110
1. Leipzig, Paul-Gerhardt-Kirche, Oktober 1980 und Januar/Februar 1981
Ortrun Wenkel, Peter Schreier, Siegfried Lorenz, Thomanerchor
Leipzig, Neues Bachisches Collegium Leipzig, Dir.: Hans-Joachim Rotzsch
BERLIN CLASSICS

2. Konzertmitschnitt vom 55. Bach-Festival des Baldwin-Wallace-
Colleges Berea, Ohio vom 22. Mai 1987
Shirely Love, Thomas Bogdan, William Parker, Baldwin Wallace
College Choir and Motet Choir, Ohio Chamber Orchestra, Dir.:
Dwight Oltman
BALDWIN-WALLACE-COLLEGE, OHIO (MC)

Was mein Gott will, das g'scheh allzeit BWV 111
(Stuttgart, Gedächtniskirche, Februar/April/Dezember 1980)
Helen Watts, Lutz-Michael Harder, Philippe Huttenlocher, Gächinger Kantorei, BC Stuttgart, Dir.: Helmuth Rilling
HÄNSSLER

Herr Jesu Christ, Du höchstes Gut BWV 113
(Stuttgart, Gedächtniskirche, März/April 1973 und Mai 1981)
Gabriele Schreckenbach, Adalbert Kraus, Niklaus Tüller, Frankfurter Kantorei, BC Stuttgart, Dir.: Helmuth Rilling
HÄNSSLER

Mach dich, mein Gott, bereit BWV 115
(Stuttgart, Gedächtniskirche, Februar/April 1980)
Helen Watts, Lutz-Michael Harder, Wolfgang Schöne, Gächinger
Kantorei, BC Stuttgart, Dir.: Helmuth Rilling
HÄNSSLER
daraus Nr. 4: Arie „Bete aber auch dabei mitten in dem Wachen"
auf: Arleen Auger singt Bach

Du Friedefürst, Herr Jesu Christ BWV 116
(Stuttgart, Gedächtniskirche, Februar/April 1980)
Watts, Lutz-Michael Harder, Philippe Huttenlocher, Gächinger
Kantorei, BC Stuttgart, Dir.: Helmuth Rilling
HÄNSSLER

Preise, Jerusalem, den Herrn BWV 119
(Stuttgart, Gedächtniskirche, September 1977 und Januar 1978)

Ann Murray, Adalbert Kraus, Wolfgang Schöne, Gächinger Kantorei, BC Stuttgart, Dir.: Helmuth Rilling
HÄNSSLER

Christum wir sollen loben schon BWV 121
(Stuttgart, Gedächtniskirche, Februar/April 1980)
Doris Soffel, Adalbert Kraus, Wolfgang Schöne, Gächinger Kantorei, BC Stuttgart, Dir.: Helmuth Rilling
HÄNSSLER

Meinen Jesum lass ich nicht BWV 124
(Stuttgart, Gedächtniskirche, Februar/April 1980)
Helen Watts, Aldo Baldin, Wolfgang Schöne, Gächinger Kantorei, BC Stuttgart, Dir.: Helmuth Rilling
HÄNSSLER

Herr Jesu Christ, wahr' Mensch und Gott BWV 127
(Stuttgart, Gedächtniskirche, Februar/April 1980)
Lutz-Michael Harder, Wolfgang Schöne, Gächinger Kantorei, BC Stuttgart, Dir.: Helmuth Rilling
HÄNSSLER
daraus Nr. 3: Arie „Die Seele ruht in Jesu Händen"
auf: Arleen Auger singt Bach

Gelobet sei der Herr, mein Gott BWV 129
(Stuttgart, Gedächtniskirche, Februar/Oktober 1982)
Gabriele Schreckenbach, Philippe Huttenlocher, Gächinger Kantorei, BC Stuttgart, Dir.: Helmuth Rilling
HÄNSSLER

Bereitet die Wege, bereitet die Bahn BWV 132
(Stuttgart, Gedächtniskirche, September 1976 und Januar/April 1977)
Helen Watts, Kurt Equiluz, Wolfgang Schöne, Gächinger Kantorei, BC Stuttgart, Dir.: Helmuth Rilling
HÄNSSLER

Ich freue mich in Dir BWV 133
(Stuttgart, Gedächtniskirche, Februar/April 1980)
Doris Soffel, Aldo Baldin, Philippe Huttenlocher, Gächinger Kantorei, BC Stuttgart, Dir.: Helmuth Rilling
HÄNSSLER

Lobet den Herrn, den mächtigen König der Ehren BWV 137
1. Leipzig, Paul-Gerhardt-Kirche, Januar/April 1981, Februar 1982
Ortrun Wenkel, Peter Schreier, Theo Adam, Thomanerchor Leipzig, Neues Bachisches Collegium Musicum Leipzig, Dir.: Hans-Joachim Rotzsch
BERLIN CLASSICS

2. Stuttgart, Gedächtniskirche, Dezember 1980, März 1981 und März 1982)
Gabriele Schreckenbach, Adalbert Kraus, Walter Heldwein, Gächinger Kantorei, BC Stuttgart, Dir.: Helmuth Rilling,
HÄNSSLER

Warum betrübst du dich, mein Herz BWV 138
(Stuttgart, Gedächtniskirche, September 1977, Januar 1978)
Ria Bollen, Aldo Baldin, Philippe Huttenlocher, Gächinger Kantorei, BC Stuttgart, Dir.: Helmuth Rilling
HÄNSSLER

Wachet auf, ruft uns die Stimme BWV 140
1. Leipzig, Paul Gerhardt-Kirche, Februar 1981/1982/1983
Peter Schreier, Siegfried Lorenz, Thomanerchor Leipzig, Neues Bachisches Collegium Musicum Leipzig, Dir.: Hans-Joachim Rotzsch
BERLIN CLASSICS
2. Stuttgart, Gedächtniskirche, September 1983/Februar 1984
Aldo Baldin, Philippe Huttenlocher, Gächinger Kantorei, Württembergisches Kammerorchester Heilbronn, Dir.: Helmuth Rilling
HÄNSSLER

Nimm, was dein ist, und gehe hin BWV 144
(Stuttgart, Gedächtniskirche, September 1978)
Helen Watts, Adalbert Kraus, Gächinger Kantorei, BC Stuttgart, Dir.: Helmuth Rilling
HÄNSSLER

Herz und Mund und Tat und Leben BWV 147
(Stuttgart, Gedächtniskirche, September 1976 und Januar/Juni 1977)
Helen Watts, Kurt Equiluz, Wolfgang Schöne, Frankfurter Kantorei, BC Stuttgart, Dir.: Helmuth Rilling
HÄNSSLER

Man singet mit Freuden vom Sieg BWV 149
(Stuttgart, Gedächtniskirche, Juni 1983 und Februar 1984)
Mechthild Georg, Aldo Baldin, Philippe Huttenlocher, Gächinger Kantorei, BC Stuttgart, Dir.: Helmuth Rilling
HÄNSSLER

Tritt auf die Glaubensbahn BWV 152
(Stuttgart, Gedächtniskirche, März/April 1976)
Wolfgang Schöne, Instrumentalsolisten, Dir.: Helmuth Rilling
HÄNSSLER

Ach! Ich sehe, itzt, da ich zur Hochzeit gehe BWV 162
(Stuttgart, Gedächtniskirche, Dezember 1975 und März/Mai 1976)
Alyce Rogers, Kurt Equiluz, Wolfgang Schöne, Frankfurter Kantorei, BC Stuttgart, Dir.: Helmuth Rilling
HÄNSSLER

Nur jedem das Seine! BWV 163
(Stuttgart, Gedächtniskirche, September 1976 und Januar/April 1977)
Helen Watts, Adalbert Kraus, Niklaus Tüller, Gächinger Kantorei, BC Stuttgart, Dir.: Helmuth Rilling
HÄNSSLER

O heiliges Geist- und Wasserbad BWV 165
(Stuttgart, Gedächtniskirche, Dezember 1975 und April bis Mai 1976)
Alyce Rogers, Kurt Equiluz, Wolfgang Schöne, Frankfurter Kantorei, BC Stuttgart, Dir.: Helmuth Rilling
HÄNSSLER

Gott, wie dein Name, so ist auch dein Ruhm BWV 171
(Stuttgart, Gedächtniskirche, Juni/September 1983)
Julia Hamari, Aldo Baldin, Walter Heldwein, Gächinger Kantorei, Württembergisches Kammerorchester Heilbronn, Dir.: Helmuth Rilling
HÄNSSLER

Erschallet, ihr Lieder BWV 172
(Leipzig, Paul-Gerhardt-Kirche, Januar/Februar/April 1981)
Ortrun Wenkel, Peter Schreier, Theo Adam, Thomanerchor Leipzig, Neues Bachisches Collegium Musicum Leipzig, Dir.: Hans-Joachim Rotzsch
BERLIN CLASSICS

Ich ruf zu Dir, Herr Jesu Christ BWV 177
(Stuttgart, Gedächtniskirche, August 1980 und Mai 1981)
Julia Hamari, Peter Schreier, Gächinger Kantorei, BC Stuttgart, Dir.: Helmuth Rilling
HÄNSSLER

Sieh zu, dass deine Gottesfurcht BWV 179
(Stuttgart, Gedächtniskirche, Februar 1982)
Kurt Equiluz, Wolfgang Schöne, Gächinger Kantorei, BC Stuttgart, Dir.: Helmuth Rilling
HÄNSSLER

Schmücke dich, o liebe Seele BWV 180
(Stuttgart, Gedächtniskirche, Februar/Oktober 1979)

Carolyn Watkinson, Adalbert Kraus, Walter Heldwein, Gächinger Kantorei, BC Stuttgart, Dir.: Helmuth Rilling
HÄNSSLER

Leichtgesinnte Flattergeister BWV 181
(Stuttgart, Gedächtniskirche, Februar 1982)
Gabriele Schnaut (Alt), Gabriele Schreckenbach, Kurt Equiluz, Niklaus Tüller, Gächinger Kantorei, BC Stuttgart, Dir.: Helmuth Rilling
HÄNSSLER

Sie werden euch in den Bann tun II BWV 183
(Stuttgart, Gedächtniskirche, März und November 1981)
Julia Hamari, Peter Schreier, Walter Heldwein, Gächinger Kantorei, BC Stuttgart, Dir.: Helmuth Rilling
HÄNSSLER
daraus Nr. 4: Arie „Höchster Tröster, heilger Geist"
auf: Arleen Auger singt Bach

Erwünschtes Freudenlicht BWV 184
(Stuttgart, Gedächtniskirche, Januar und April 1977)
Gabriele Schnaut, Adalbert Kraus, Niklaus Tüller, Gächinger Kantorei, BC Stuttgart, Dir.: Helmuth Rilling
HÄNSSLER

Barmherziges Herz der ewigen Liebe, BWV 185
(Stuttgart, Gedächtniskirche, März/April 1976)
Hildegard Laurich, Aldo Baldin, Philippe Huttenlocher, Frankfurter Kantorei, BC Stuttgart, Dir.: Helmuth Rilling
HÄNSSLER

Ärgre dich, o Seele, nicht BWV 186
(Stuttgart, Gedächtniskirche, Jan/April 1977)
Helen Watts, Kurt Equiluz, Philippe Huttenlocher, Gächinger Kantorei, BC Stuttgart, Dir.: Helmuth Rilling
HÄNSSLER

Ich habe meine Zuversicht BWV 188
(Stuttgart, Gedächtniskirche, Juni/September 1983)
Julia Hamari, Aldo Baldin, Walter Heldwein, Gächinger Kantorei, BC Stuttgart, Dir.: Helmuth Rilling
HÄNSSLER

Nun danket alle Gott BWV 192
(Leipzig, Paul-Gerhardt-Kirche, Januar/April 1981 und Februar 1982)
Theo Adam, Thomanerchor Leipzig, Neues Bachisches Collegium Musicum Leipzig, Dir.: Hans-Joachim Rotzsch
BERLIN CLASSICS

Ihr Tore zu Zion BWV 193
(Stuttgart, Gedächtniskirche, Juni/Juli 1983)
Julia Hamari, Gächinger Kantorei, BC Stuttgart, Dir.: Helmuth Rilling
HÄNSSLER

Lass Fürstin, lass noch einen Strahl BWV 198
(Stuttgart, Gedächtniskirche, September/Oktober 1983)
Gabriele Schreckenbach, Aldo Baldin, Philippe Huttenlocher, Gächinger Kantorei, Württembergisches Kammerorchester Heilbronn, Dir.: Helmuth Rilling
HÄNSSLER

Mein Herze schwimmt im Blut BWV 199
1. Stuttgart, Gedächtniskirche, März/April 1976
Ingo Goritzki (Oboe), Bach Collegium Stuttgart, Dir.: Helmuth Rilling
HÄNSSLER

daraus
Nr. 4: Arie „Tief gebückt und voller Reu"
Nr. 8: Arie „Wie freudig ist mein Herz"
auf: Arleen Auger singt Bach

2. Konzertmitschnitt vom 55. Bach-Festival des Baldwin-Wallace-Colleges Berea, Ohio vom 22. Mai 1987
Ohio Chamber Orchestra, Dir.: Dwight Oltman
BALDWIN-WALLACE-COLLEGE, OHIO (MC)

aus *Weichet nur, betrübte Schatten* (*Hochzeitskantate*) BWV 202:
Nr. 1: Arie „Weichet nur, betrübte Schatten"
Nr. 7: Arie „Sich üben im Lieben"
(New York, Lenfell Hall, Farleigh Dickinson University-Florham-Madison Campus, September 1984)
Mostly Mozart Orchestra, Dir.: Gerard Schwarz
DELOS

Was mir behagt, ist nur die muntre Jagd (*Jagdkantate*) BWV 208
(Pales)
(Berlin, Christuskirche, Oktober/November 1976)
Edith Mathis (Diana), Peter Schreier (Endymion), Theo Adam (Pan), Berliner Solisten, Berliner Kammerorchester, Dir.: Peter Schreier
BERLIN CLASSICS

aus der *Jagdkantate* BWV 208:
Arie Nr. 9: „Schafe können sicher weiden"
(Mai 1991)
Bethlehem Bach Festival Orchestra, Dir.: Greg Funfgeld
NPR CLASSICS

aus *Non sa che sia dolore* BWV 209:
Nr. 5: Arie „Ricetti gramezza e pavento"
(New York, Lenfell Hall, Farleigh Dickinson University-Florham-
Madison Campus, September 1984)
Mostly Mozart Orchestra, Dir.: Gerard Schwarz
DELOS

Messe h-Moll BWV 232
1. Stuttgart, Gedächtniskirche, April 1977
Julia Hamari, Adalbert Kraus, Wolfgang Schöne, Siegmund
Nimsgern, Gächinger Kantorei, BC Stuttgart, Dir.: Helmuth Ril-
ling
CBS masterworks

2. Konzertmitschnitt aus der Stuttgarter Liederhalle vom
26. März 1986
Anne Sofie von Otter, Aldo Baldin, Wolfgang Schöne, Gächinger
Kantorei, Stuttgarter Kammerorchester, Dir.: Helmuth Rilling
PLATZ

3. Dresden, Lukaskirche, Januar 1991
Ann Murray, Marjana Lipovsek, Peter Schreier, Anton Scharin-
ger, Staatskapelle Dresden, Rundfunkchor Leipzig, Dir.: Peter
Schreier.
PHILIPS

Magnificat D-Dur BWV 243
(Stuttgart, Gedächtniskirche, Februar/April 1979)
Ann Murray (Sopran II), Helen Watts (Alt), Adalbert Kraus,
Wolfgang Schöne, Philippe Huttenlocher, Gächinger Kantorei,
BC Stuttgart, Dir.: Helmuth Rilling
CBS/SONY

Matthäus-Passion BWV 244
1. Stuttgart, Gedächtniskirche, März/April 1978
Rosemarie Hoffmann (1. Magd), Julia Hamari (Alt), Ria Bollen
(2. Magd), Ann Murray (Pilati Weib), Gabriele Schnaut (1. Zeu-
ge), Adalbert Kraus (Evangelist), Aldo Baldin (Arien), Frieder
Lang (2. Zeuge), Philippe Huttenlocher (Arien), Siegmund
Nimsgern (Jesus), David Thomas (Judas), Walter Heldwein
(Petrus), Philip B. Frohnmayer (Hoherpriester), Nikolaus Hille-
brandt (Pilatus), Johannes Kösters (1. Hoherpriester), Manfred
Volz (2. Hoherpriester), Gächinger Kantorei, BC Stuttgart, Dir.:
Helmuth Rilling
CBS/SONY CLASSICAL

2. Konzert-Mitschnitt vom 50. Bach-Festival des Baldwin-Wallace Colleges, Berea (Ohio) vom 21. Mai 1982

Jan deGaetani (Alt), Karl Markus (Evangelist), Seth McCoy (Tenor), John Ostendorf (Jesus), Bruce Abel (Bass), Baldwin-Wallace College Choir, Ohio Boys Choir, Festival Chamber Orchestra, Dir.: Dwight Oltman
BALDWIN-WALLACE-COLLEGE, OHIO (MC)

3. Konzertmitschnitt aus dem Concertgebouw Amsterdam, 31. März 1985
Sheri Greenawald, Jadwiga Rappé, Jard van Nes, Kurt Equiluz (Evangelist), Neil Rosenshein (Arien), Ruud van der Meer, Anton Scharinger, Robert Holl (Jesus), Chor und Orchester des Concertgebouw Amsterdam, Knabenchor der St. Bavo's Kathedrale, Haarlem, Dir.: Nikolaus Harnoncourt
TELDEC

4. Konzertmitschnitt vom 55. Bachfestival des Baldwin-Wallace Colleges, Berea (Ohio) vom 23. Mai 1987
Shirley Love, Jon Humphrey (Evangelist), Thomas Bogdan (Arien-Tenor), William Parker (Jesus), Jan Opalach (Bass), Baldwin-Wallace College Chor, Festival Chamber Orchestra, Dir.: Dwight Oltman
BALDWIN-WALLACE-COLLEGE, OHIO (MC)

aus der *Matthäus-Passion* BWV 244:
Nr. 12: Arie „Blute nur, du liebes Herz"
Nr. 19: Arie „Ich will Dir mein Herze schenken"
(New York, Lenfell Hall, Farleigh Dickinson University-Florham-Madison Campus, September 1984)
Mostly Mozart Orchestra, Dir.: Gerard Schwarz
DELOS

Johannes-Passion BWV 245
1. Dresden, Lukaskirche, Oktober/Dezember 1975 und April 1976
Heidi Rieß (Alt), Peter Schreier (Evangelist), Armin Ude (Diener), Siegfried Lorenz (Arien, Pilatus, Petrus), Theo Adam (Jesus), Thomanerchor Leipzig, Gewandhausorchester, Dir.: Hans-Joachim Rotzsch
BMG CLASSICS

2. Kirche zu Bolligen (Schweiz), Oktober 1979 (mit fünf Alternativ-Sätzen aus der Fassung von 1725)
Doris Soffel, Adalbert Kraus (Evangelist), Lutz-Michael Harder (Arien), Arthur Loosli (Jesus), Kurt Widmer (Pilatus, Arien), Berner Bach-Chor, Kammerensemble Bern, Dir.: Theo Loosli
EMI/EX-LIBRIS-VERLAG, ZÜRICH

3. Stuttgart, Gedächtniskirche, 9.–15. April 1984
Charlotte Hoffmann (Magd), Julia Hamari, Peter Schreier (Evangelist, Arien), Markus Müller (Tenor), Philippe Huttenlocher (Je-

sus), Dietrich Fischer-Dieskau (Arien), Dietmar Keitz (Petrus), Andreas Schmidt (Pilatus), Gächinger Kantorei, BC Stuttgart, Dir.: Helmuth Rilling
CBS

Weihnachtsoratorium BWV 248
1. Dresden, Lukaskirche, September 1974
Annelies Burmeister, Peter Schreier, Theo Adam, Dresdner Kreuzchor, Dresdner Philharmonie, Dir.: Martin Flämig
ARIOLA/BERLIN CLASSICS

2. Stuttgart, Gedächtniskirche, 12.–17. Juni und 15.–22. Juli 1984
Julia Hamari, Peter Schreier, Wolfgang Schöne, Christa Muckenheim (Echo-Sopran), Gächinger Kantorei, BC Stuttgart, Dir.: Helmuth Rilling
SONY BMG/HÄNSSLER

Kommt, eilet und laufet (*Oster-Oratorium*) BWV 249
(Stuttgart, Gedächtniskirche, Dezember 1980 und März/Mai 1981)
Julia Hamari, Adalbert Kraus, Philippe Huttenlocher, Gächinger Kantorei, BC Stuttgart, Dir.: Helmuth Rilling
HÄNSSLER

Schemelli-Liederbuch (Leipzig 1736), Weihnachten
(Stuttgart, Herz-Jesu-Kirche, Oktober 1982/Januar 1983)
„Ermuntre Dich, mein schwacher Geist" BWV 454
„Ihr Gestirn, ihr hohlen Lüfte" BWV 366 und 476
„Ich steh an deiner Krippe hier" BWV 469
„O Jesulein süß" BWV 493
Peter Schreier, Gächinger Kantorei, Hans Joachim Erhard (Orgel), Martha Schuster (Cembalo), BC Stuttgart, Dir.: Helmuth Rilling
CBS

aus dem *Notenbüchlein der Anna Magdalena Bach* BWV 508:
„Bist Du bei mir"
(New York, Lenfell Hall, Farleigh Dickinson University-Florham-Madison Campus, September 1984)
Edward Brewer (Cembalo), Mostly Mozart Orchestra, Dir.: Gerard Schwarz
DELOS

Wilhelm Friedemann Bach
(1710–1784)

Erzittert und fallet, Osterkantate für Soli, Chor und Orchester Falk 83 (Stuttgart, April 1977)
Helen Watts, Adalbert Kraus, Philippe Huttenlocher, Gächinger Kantorei, BC Stuttgart, Dir.: Helmuth Rilling
HÄNSSLER

Ludwig van Beethoven (1770–1827)	*Die Ruinen von Athen*, Musik zu A. von Kotzebue's Festspiel op. 113 (Griechisches Mädchen) (Berlin, Jesus-Christus-Kirche, April 1970) Klaus Hirte (Grieche), Franz Crass (Hohepriester), RIAS-Kammerchor, Berliner Philharmoniker, Dir.: Bernhard Klee DGG
	Sinfonie Nr. 9 d-Moll op. 125 (London, Walthamstow Assembly Town Hall, September 1988) Catherine Robbin, Anthony Rolfe Johnson, Gregory Reinhart, London Symphony Chorus, The Academy of Ancient Music, Dir.: Christopher Hogwood L'OISEAU LYRE/DECCA
Pierre Boulez (geb. 1925)	*Le soleil des Eaux*, nach 2 Gedichten von Rene Char für Solosopran, Chor und Orchester (Version von 1965) (Wien, Mai 1971) Chor des ORF, Radio Symphonieorchester Wien, Dir.: Michael Gielen ORF (LP)
Johannes Brahms (1833–1897)	aus *Drei geistliche Chöre* op. 37: Nr. 3: *Regina coeli* (Klosterkirche Alpirsbach, Januar 1978) Helrun Gardow (Alt), Gächinger Kantorei, Edgar Krapp (Orgel), Dir.: Helmuth Rilling CBS (LP)
	Ein deutsches Requiem op. 45 1. Konzertmitschnitt aus der Stuttgarter Liederhalle vom 29./30. August 1977 Wolfgang Schöne (Bariton), Gächinger Kantorei, Israel Philharmonic Orchestra, Dir.: Helmuth Rilling (Wurde von der Stuttgarter Konzertvereinigung e. V. als LP unter der Nummer 78 305 vertrieben, ist aber vergriffen)
	2. Konzertmitschnitt aus der Münchner Lukaskirche vom 2. Juli 1981 Franz Gerihsen (Bariton), Philharmonischer Chor München, Münchner Philharmoniker, Dir.: Sergiu Celibidache EMI
	3. Konzertmitschnitt vom Aspen-Festival, Colorado vom 12. August 1983 Leslie Guinn (Bariton), Aspen Festival Chorale and Chorus, Aspen Chamber Symphony, Dir.: John Nelson ASPEN MUSIC FESTIVAL 1983

4. Atlanta, Symphony Hall, 5.–7. November 1983
Richard Stilwell (Bariton), Atlanta Symphony Orchestra and Chorus, Dir.: Robert Shaw
TELARC

Emilio de Cavalieri
(1545/53–1602)

Rappresentatione di Anima et di Corpore, Oratorium (Eco)
(Wien, Kleiner Redoutensaal der Hofburg, 17.–24. Februar 1970)
Tatiana Troyanos (Anima), Hermann Prey (Corpo), Kurt Equiluz (Intelletto), Herbert Lackner (Consiglio), Theo Adam (Tempo), Paul Esswood (Piacere), Rudolf Resch (Tenor)/ Leopold Spitzer (Bass) (Due Compagni), Teresa Zylis-Gara (Angelo custode), Edda Moser (Vita Mondana), Ernst Gutstein (Mondo/Anima dannata), Sylvia Geszty (Anima beata), Wiener Kammerchor, Capella Academica Wien, Ensemble Wolfgang von Karajan, Dir.: Sir Charles Mackerras
ARCHIV PRODUKTION/DGG
Deutscher Schallplattenpreis 1972

Alphons Diepenbrock
(1862–1921)

Hymne an die Nacht „Gehoben ist der Stein", Kantate auf ein Gedicht von Friedrich von Hardenberg (Novalis), revidierte Fassung von 1915
(Konzertmitschnitt aus dem Concertgebouw Amsterdam vom 18. Oktober 1990)
Royal Concertgebouw Orchestra, Dir.: Riccardo Chailly
DONEMUS

Gottfried von Einem
(1918–1996)

Geistliche Sonate für Sopran, Trompete und Orgel op. 38
Konzertmitschnitt vom *Carintischen Sommer 1982* aus der Stiftskirche Ossiach vom 19. August 1982
Carole Dawn-Reinhart (Trompete), Thomas Daniel Schlee (Orgel)
CARINTHISCHER SOMMER 1982 (LP)

Gabriel Fauré
(1845–1924)

Requiem op. 48
(Cambridge, Chapel of King's College, 15.-17. März 1982)
Benjamin Luxon, Choir of King's College, Cambridge, John Butt (Orgel), English Chamber Orchestra, Dir.: Philip Ledger
ANGEL/EMI

Georg Friedrich Händel
(1685–1759)

Athalia, Oratorium in drei Teilen HWV 52 (Josabeth)
Querschnitt (Wien, September 1972)
Raymond Michalski (Abner), Rita Shane (Athalia), Beverly Wolff (Joad), Patricia Guthrie (Joas), Wiener Akademiechor, Orchester der Wiener Volksoper, Dir.: Stephen Simon
RCA red seal (LP)

Israel in Ägypten, Oratorium in drei Teilen HWV 54 (in Deutsch gesungen)
(München, September 1979)

Kari Lövaas, Julia Hamari, Werner Krenn, Gerhard Possemeyer, Franz Gerihsen, Münchner Motetten Chor, Münchner Philharmoniker, Dir.: Hans Rudolf Zöbeley
FONO/PRODUKTION DES BR MÜNCHEN (LP)

The Messiah, Oratorium in drei Teilen HWV 56
(London, Abbey Road Studios, Januar 1988)
Anne Sofie von Otter, Michael Chance, Howard Crook, Sir John Tomlinson, The English Concert Choir, The English Concert, Dir.: Trevor Pinnock
ARCHIV PRODUKTION/DGG
„Choral Record of the Year" von Nicholas Kenyon (Observer) und Edward Greenfield (Guardian)

aus *The Messiah*, Oratorium in drei Teilen HWV 56:
Nr. 18: Arie „Rejoice greatly, o daughter of Zion"
Nr. 20: Arie „He shall fleed his flock"
(New York, Lenfell Hall, Farleigh Dickinson University-Florham-Madison Campus, September 1984)
Mostly Mozart Orchestra, Dir.: Gerard Schwarz
DELOS

aus *Samson*, Oratorium in drei Teilen HWV 57:
„Let the bright Seraphim"
(New York, Lenfell Hall, Farleigh Dicksinon University-Florham-Madison Campus, September 1984)
Neil Balm (Trompete), Mostly Mozart Orchestra, Dir.: Gerard Schwarz
DELOS

Belshazzar, Oratorium in drei Teilen HWV 61 (Nitocris)
(London, Henry Wood Hall, Juli 1990)
Anthony Rolfe Johnson (Belshazzar), Catherine Robbin (Cyrus), James Bowman (Daniel), David Wilson-Johnson (Gobrias), Nicolas Robertson (Arioch), Richard Wistreich (Messenger), Choir Of The English Concert, The English Concert, Dir.: Trevor Pinnock
ARCHIV PRODUKTION/DGG
Preis der Deutschen Schallplattenkritik Vierteljahresliste 4/1991

The Choice of Heracles (*Die Wahl des Herakles*), weltliches Oratorium in einem Akt HWV 69 (Virtue)
Gesamtaufnahme in englischer Sprache
(Leipzig, Paul-Gerhardt-Kirche, 19.–25. Juni 1982)
Venceslava Hrubá-Freiberger (Pleasure), Alain Zaeppffel (Hercules), Eberhard Büchner (An Attendant on Pleasure), Leipziger Universitätschor, Neues Bachisches Collegium Musicum Leipzig, Dir.: Max Pommer
CAPRICCIO

aus *Alexander's Feast*, Ode für Soli, Chor und Orchester HWV 75
Nr. 16: Arioso „Softly sweet in Lydian measures"
Nr. 19: Arie „The Prince, Unable to conceal his Pain"
(New York, Lenfell Hall, Farleigh Dickinson University-Florham-Madison Campus, September 1984)
Mostly Mozart Orchestra, Dir.: Gerard Schwarz
DELOS

Dixit Dominus für Soli, Chor, Streicher und B. c. HWV 232
(London, St. Bartholomew the Great, 1988)
Lynne Dawson, Diana Montague (Alt), Leigh Nixon, Simon Birchall (Bass), Chor und Orchester von Westerminster Abbey, Dir.: Simon Preston
ARCHIV PRODUKTION/DGG

Salve Regina für Sopran, Streicher und B. c. HWV 241
(London, St. Bartholomew the Great, 1988)
Orchester von Westminster Abbey, Dir.: Simon Preston
ARCHIV PRODUKTION/DGG

Joseph Haydn
(1732–1809)

Stabat mater Hob. XXbis
(London, Saint Jude-on-the-Hill, Hampstead Garden Suburb, Februar 1979)
Alfreda Hodgson, Anthony Rolfe Johnson, Gwynne Howell, London Chamber Choir, Argo Chamber Orchestra, John Birch (Orgel), Dir.: László Heltay
DECCA

Salve Regina g-Moll, Hob. XXIIIb:2
(London, Saint Jude-on-the-Hill, Hampstead Garden Suburb, Februar 1979)
Alfreda Hodgson, Anthony Rolfe Johnson, Gwynne Howell, London Chamber Choir, Argo Chamber Orchestra, John Birch (Cembalo), Dir.: László Heltay
DECCA

Die Schöpfung, Oratorium in drei Teilen Hob. XXI:2
1. Konzertmitschnitt aus der NHK-Radio-Hall Tokio, 20. April 1974 (Gabriel und Eva)
Adalbert Kraus, Niklaus Tüller, Gächinger Kantorei, Bach-Collegium Stuttgart, Dir.: Helmuth Rilling
INTERCORD (LP)

2. Konzertmitschnitt aus dem Festsaal der Alten Universität Wien, 31. März 1982 (Gabriel)
Gabriele Sima (Eva), Peter Schreier, Roland Hermann (Adam), Walter Berry (Raphael), Arnold Schönberg-Chor, Collegium aureum, Anthony Spiri (Hammerklavier), Dir.: Gustav Kuhn
HARMONIA MUNDI/KOPRODUKTION MIT DEM ORF WIEN

3. Warwick, University, 24.–26. März 1990
Aufnahme in englischer Sprache (Gabriel und Eva)
Philipp Langridge, David Thomas, BSO Chorus, City of Birmingham Symphony Orchestra, Dir.: Sir Simon Rattle
EMI

Die Jahreszeiten, weltliches Oratorium in vier Teilen Hob XXI:3
(St. Paul [Minnesota], Ordway Music Theatre, Dezember 1990)
John Aler, Håkan Hagegård, Minnesota Chorale, Saint Paul Chamber Orchestra, Dir.: Joel Revzen
KOCH INTERNATIONAL

Anton Heiller
(1923–1979)

Psalmen-Kantate für Soli, Chor und Orchester (1955)
(Konzertmitschnitt aus dem Großen Saal des Musikvereins, Wien vom 26. November 1971)
Ingrid Mayr, Zeger Vandersteene, Ernst Gerold, Chor und Symphonieorchester des ORF, Dir.: Miltiades Caridis
ORF

Gustav Mahler
(1860–1911)

Sinfonie Nr. 2 c-Moll „Auferstehungssinfonie"
(Hertfordshire, Watford Town Hall, 27. April bis 1. Juni 1986)
Dame Janet Baker, City of Birmingham Symphony Orchestra and Chorus, Dir.: Sir Simon Rattle
EMI
Gramophone „Platte des Jahres" 1988

Sinfonie Nr. 8 Es-Dur „Sinfonie der Tausend" (Sopran III/Mater Gloriosa)
(Wien, Sofiensaal, August/September 1971)
Heather Harper, Lucia Popp, Yvonne Minton, Helen Watts, René Kollo, John Shirley-Quirk, Martti Talvela, Chor der Wiener Staatsoper, Singverein der Gesellschaft der Musikfreunde Wien, Wiener Sängerknaben, Chicago Symphony Orchestra, Dir.: Sir Georg Solti
DECCA
Grammy Award 1973
Annual Award from Gustav Mahler Society (Los Angeles) 1972

Felix Mendelssohn Bartholdy
(1809–1847)

Ein Sommernachtstraum op. 61
(London, Kingsway Hall, März 1983)
Ann Murray, Ambrosian Singers, Philharmonia Orchestra, Dir.: Sir Neville Marriner
PHILIPS

Elias, Oratorium nach Worten des Alten Testaments op. 70
(Konzertmitschnitt aus der Stuttgarter Liederhalle vom 17. September 1981)

Gabriele Schreckenbach, Robert Tear, Siegmund Nimsgern, Gächinger Kantorei, Radio-Sinfonieorchester Stuttgart, Dir.: Helmuth Rilling
CBS

Leopold Mozart
(1719–1787)

Missa solemnis C-Dur
(Berlin, St. Johannes-Basilika, 9.–12. Juni 1981)
Gabriele Schreckenbach, Horst Laubenthal, Barry McDaniel, Chor der St. Hedwigs-Kathedrale Berlin, Domkapelle Berlin, Wolfgang Meyer (Orgel), Dir.: Roland Bader
KOCH-SCHWANN/KOPRODUKTION MIT DEM WDR

Wolfgang Amadeus Mozart
(1756–1791)

Die Schuldigkeit des ersten Gebots, Erster Teil eines geistlichen Singspiels KV 35 (Weltgeist)
(Lindlar, Pädagogisches Zentrum, 18. Januar 1980)
Krisztina Laki (Gerechtigkeit), Silvia Geszty (Barmherzigkeit), Werner Hollweg (Christgeist), Claes H. Ahnsjö (Christ), Hendricus Ries (Altposaune), Berliner Domkapelle, Dir.: Roland Bader
KOCH-SCHWANN / KOPRODUKTION MIT DEM WDR UND RIAS
Preis der Deutschen Schallplattenkritik 1981
Wiener Flötenuhr 1981

Exsultate, jubilate, Motette für Sopran und Orchester KV 165
1. Konzertmitschnitt aus Salzburg vom 12. August 1973
Mozarteum-Orchester Salzburg, Dir.: Leopold Hager
ORFEO

2. Konzertmitschnitt vom Aspen Festival, Colorado vom 12. August 1983
Aspen Chamber Symphony, Dir.: John Nelson
ASPEN MUSIC FESTIVAL 1983

3. Stiftskirche Waldsassen vom 4.–6. April 1990
Bayerisches Rundfunkorchester, Dir.: Leonard Bernstein
DGG/KOPRODUKTION MIT DEM BR

Missa c-Moll KV 427 (Sopran I)
1. Konzertmitschnitt aus Stuttgart vom 24. November 1973
Heather Harper, Horst Laubenthal, Ulrik Cold, Chor des Bayerischen Rundfunks, Südfunkchor Stuttgart, Radio-Sinfonie-Orchester Stuttgart, Dir.: Sergiu Celibidache
TOPAZIO

2. Konzertmitschnitt aus Gelsenkirchen, Hans-Sachs-Haus, 31. Mai 1986 (Fassung von Helmut Eder)
Doris Soffel, Thomas Moser, Stephen Roberts, WDR-Rundfunkchor und WDR Sinfonieorchester Köln, Dir.: Gary Bertini
CAPRICCIO/PRODUKTION DES WDR KÖLN

3. London, Hampstead, Saint Jude-on-the-Hill, November 1988 (Fassung von Richard Maunder)
Lynne Dawson, John Mark Ainsley, David Thomas, Winchester Cathedral Choir, Winchester College Quiristers, The Academy of Ancient Music, Dir.: Christopher Hogwood
L'OISEAU LYRE/DECCA

4. Konzertmitschnitt aus Waldsassen, Stiftskirche, 4.–6. April 1990 (Fassung von Franz Beyer)
Frederica von Stade, Frank Lopardo, Cornelius Hauptmann, BR-Chor und Orchester, Dir.: Leonard Bernstein
DGG/KOPRODUKTION MIT DEM BR

5. Berlin, Philharmonie, 5. Dezember 1990 (Sopran II; Fassung von Helmut Eder)
Barbara Bonney (Sopran I), Hans Peter Blochwitz, Robert Holl, Rundfunkchor Berlin, Berliner Philharmoniker, Dir.: Claudio Abbado
SONY

Requiem d-Moll KV 626
1. Stuttgart, Februar 1979
Carolyn Watkinson, Siegfried Jerusalem, Siegmund Nimsgern, Gächinger Kantorei, BC Stuttgart, Dir.: Helmuth Rilling
CBS masterworks/SONY

2. Atlanta, Symphony Hall, 10./11. Februar 1986
Dolores Ziegler, Jerry Hadley, Tom Krause, Atlanta Symphony Chorus and Orchestra, Dir.: Robert Shaw
TELARC

3. Konzertmitschnitt Wien, Stephansdom, 5. Dezember 1991 aus Anlass des 200. Todestages von Wolfgang Amadeus Mozart
Cecilia Bartoli, Vinson Cole, René Pape, Chor der Wiener Staatsoper, Wiener Philharmoniker, Dir.: Sir Georg Solti
DECCA

Carl Orff
(1895–1982)

Catulli carmina – ludi scaenici (Lesbia)
(Berlin, Juni 1970)
Wieslaw Ochman, Chor der Deutschen Oper Berlin, vier Klaviere und Schlagzeug, Dir.: Eugen Jochum
DGG

Carmina burana, cantiones profanae
(London, Kingsway Hall, 12./13. März 1979)
John van Kesteren (Tenor), Jonathan Summers (Bariton), Philharmonia Chorus London, The Southend Boys Choir, Philharmonia Orchestra London, Dir.: Riccardo Muti
EMI
Deutscher Schallplattenpreis 1981

Igor Strawinski (1882–1971)	*Pulcinella*, Ballett mit Gesang in einem Akt StWV 34 (Studioproduktion vom 26./27. November 1985 im Hans-Rosbaud-Studio Baden-Baden) Robert Gambill (Tenor), Gerolf Scheder (Bass), SWR Sinfonieorchester Baden-Baden und Freiburg, Dir.: Christopher Hogwood HÄNSSLER
Giuseppe Verdi (1813–1901)	*Quattro pezzi sacri* (Berlin, Philharmonie, 13./14. Januar 1982) Rundfunkchor Stockholm, Stockholmer Kammerchor, Berliner Philharmoniker, Dir.: Riccardo Muti EMI
Friedrich Wildgans (1913–1965)	*Eucharistische Hymnen*, eine volkstümliche Kantate für Sopran, Bariton, gemischten Chor und Orchester op. 50 (1952) (Konzertmitschnitt aus dem Großen Saal des Musikvereins, Wien vom 26. November 1971) Ernst Gerold Schramm, ORF-Chor, Radiosinfonieorchester Wien, Dir.: Miltiades Caridis ORF

1.3   Konzertarien

Georg Friedrich Händel (1685–1759)	*Neun deutsche Arien* HWV 202–210 (Leipzig, Paul-Gerhardt-Kirche, April 1980) Peter Mirring (Violine), Werner Tast (Flöte), Burkhard Glaetzner (Oboe), Günter Klier (Fagott), Matthias Pfaender (Violoncello), Dieter Zahn (Violone), Walter Heinz Bernstein (Cembalo und musikalische Einrichtung) BERLIN CLASSICS
Joseph Haydn (1732–1809)	Konzertarien und Kantaten (Methuen, Methuen Memorial Music Hall, Massachusetts, 18.–20. Oktober 1988) „Berenice, che fai?" Hob. XXIVa:10 „Son pietosa, son bonosa" Hob. XXXII:1b „Arianna a Naxos" Hob. XXVIb:2 „Solo e pensoso" Hob. XXIVb:20 „Miseri noi, misera patria" Hob. XXIVa:7 Handel & Haydn Society, Dir.: Christopher Hogwood L'OISEAU LYRE/DECCA
Heitor Villa Lobos (1887–1959)	*Bachianas Brasileiras Nr. 5* für Sopran und Cello-Orchester, A 389 (1938/45) 1. Berlin, Teldec-Studios, September 1980

Die zwölf Cellisten der Berliner Philharmoniker
TELDEC
Deutscher Schallplattenpreis 1981

2. New Haven, Yale University, Sprague Hall, 20./21. Mai 1986
The Yale Cellos, Dir.: Aldo Parisot
DELOS

1.4   Lied

1.4.1   Orchesterlieder

Joseph Canteloube (1879–1957)	*Chants d'Auvergne* (1923–1930) (London, Henry Wood Hall, November 1987) Dame Thea King (Klarinette), Neil Black (Oboe), English Chamber Orchestra, Dir.: Yan Pascal Tortelier VIRGIN CLASSICS
Ernest Chausson (1855–1899)	*Chansons perpétuelle* für Sopran, Streichquartett und Klavier op. 37 (1898) (Konzertmitschnitt vom „Holland-Festivals 1986" aus dem Concertgebouw Amsterdam vom 12. Juni 1986) Schönberg-Quartett, Frédéric Meinders (Klavier) RADIO NEDERLANDS (LP)
Libby Larsen (geb. 1950)	*Sonnets from the Portuguese* (auf Gedichte von Elizabeth Barrett Browning) (Konzertmitschnitt vom Ordway Music Festival, St. Paul Minnesota vom 1. November 1991) Members of the Saint Paul Chamber Orchestra and the Minnesota Orchestra, Dir.: Joel Revzen KOCH INTERNATIONAL 1994 erhielt Arleen Auger für diese Platte post mortem den Grammy Award für die beste stimmliche Leistung
Joseph Marx (1882–1964)	Ausgewählte Lieder (Wien, ORF-Funkhaus, 15. Mai 1981) „Und gestern hat er mir Rosen gebracht" (Thekla Lingen) „Japanisches Regenlied" (Pierre Louys) „Venetianisches Wiegenlied" (Paul Heyse) „Marienlied" (Novalis) „Hat dich die Liebe berührt" (Paul Heyse) Tonkünstlerorchester Niederösterreich, Dir.: Miltiades Caridis ORF CD
Maurice Ravel (1875–1937)	*Shéhérazade*, drei Gedichte für Sopran und Orchester auf Verse von Tristan Klingsor (1903) 1. Baden-Baden, Hans-Rosbaud-Studio, 9. September 1975

365

SWF Sinfonieorchester Baden-Baden, Dir.: Ernest Bour
HÄNSSLER

2. London, Walthamstow Assembly Halls, Februar 1991
The Philharmonia Orchestra, London, Dir.: Libor Pešek
VIRGIN CLASSICS

Vocalise-étuede en forme de Habanera (1907; orchestriert von Arthur Hoérée)
The Philharmonia Orchestra, London, Dir.: Libor Pešek
VIRGIN CLASSICS

Richard Strauss (1864–1949)	*Cäcilie* op. 27 Nr. 2 *Waldseligkeit* op. 49 Nr. 1 (Konzertmitschnitt vom Aspen Music Festival, 29. Juli 1984) Aspen Festival Orchestra, Dir.: Jerzy Semkow Auf der CD „Highlights of the Aspen Music Festival: the first 50 years, 1949 to 1999", herausgegeben von David Zinman ASPEN MUSIC FESTIVAL 2000 *Vier letzte Lieder* AV 150 (Wien, Musikvereinssaal, 22./23./25. und 28. November 1988) Wiener Philharmoniker, Dir.: André Previn TELARC

1.4.2   Klavierlieder

	Liederabend aus der Konzertreihe „Musik im Klang ihrer Zeit". Konzertmitschnitt des ORF aus dem Rittersaal der Fürsterzbischöflichen Residenz Salzburg vom 11. Mai 1978
Christoph Willibald Gluck (1714–1787)	„Einem Bach, der fließt" – Arie des Vertigo aus der Oper *Die Pilger von Mekka*
Joseph Haydn (1732–1809)	*Piercing Eyes* Hob. XXVIa:35; *She never told her love* Hob. XXVIa:34; *Das Leben ist ein Traum* Hob. XXVIa:21; *Eine sehr gewöhnliche Geschichte* Hob. XXVIa:4
Wolfgang Amadeus Mozart (1756–1791)	*Wie unglücklich bin ich nit* KV 147; *Dans un bois solitaire* KV 308; *Oiseaux, si tous les ans* KV 307; *An die Einsamkeit* KV 391; *Die Zufriedenheit (Wie sanft)* KV 473; *Das Veilchen* KV 476
Luwig van Beethoven (1770–1827)	*Marmotte* op. 52 Nr. 7; *Wonne der Wehmut* op. 83 Nr. 1; *Zärtliche Liebe* WoO 123
Franz Schubert (1797–1828)	*Geheimes* D 719; *Liebe schwärmt auf allen Wegen* aus *Claudine von Villa Bella* D 239 (Nr. 6); *Heidenröslein* D 257; *Nähe des Geliebten* D 162b; *Seligkeit* D 433

Wolfgang Amadeus Mozart (1756–1791)	*Der Zauberer* KV 472; *Die Verschweigung*, KV 518; *Als Luise die Briefe ihres ungetreuen Liebhabers verbrannte* KV 520; *Die Alte* KV 517; *Sehnsucht nach dem Frühling* KV 596; *Der Frühling* KV 597; *Das Kinderspiel* KV 598

Erik Werba, Hammerklavier
ORFEO

***

Lieder von Mozart, R. Strauss und Wolf
(Schloss Hasselburg, 1984)

Wolfgang Amadeus Mozart (1756–1791)	*Die Verschweigung* KV 518; *Un moto di gioia*, KV 579; *Das Veilchen* KV 476; *Als Luise die Briefe ihres ungetreuen Liebhabers verbrannte* KV 520; *Das Lied der Trennung* KV 519; *Abendempfindung* KV 523
Richard Strauss (1864-1949)	*Morgen* op. 27 Nr. 4; *Hat gesagt – bleibt's nicht dabei* op. 36 Nr. 3; *Glückes genug* op. 37 Nr. 1; *Gefunden* op. 56 Nr. 1
Hugo Wolf (1860–1903)	*Vier Lieder der Mignon aus Goethes „Wilhelm Meister"*

Irwin Gage, Klavier
CBS
Edison Award (Holland) 1988
Mumm Champagne Classical Music Award 1988

***

BBC Legends Arleen Auger, Dalton Baldwin
(Mitschnitt des „Freitags-Konzerts" aus den BBC Studios Pebble Mill, Birmingham, 2. Januar 1987)

Robert Schumann (1810–1856)	*Widmung* op. 25, 1; *Röselein, Röselein* Op. 89 Nr. 6; *Er ist's* op. 79 Nr. 23; *Des Sennen Abschied* op. 79 Nr. 22; *Mignon (Kennst Du das Land?)* op. 79 Nr. 28; *Singet nicht in Trauertönen* op. 98a Nr. 7
Franz Schubert (1797–1828)	*Frühlingsglaube* D 686; *Der Schmetterling* D 633; *Nacht und Träume* D 827; *Liebe schwärmt auf allen Wegen* D 239 Nr. 6; *Erster Verlust* D 226; *Gretchen am Spinnrade* D 118
Arnold Schönberg (1874–1951)	*Vier Lieder* op. 2
Richard Strauss (1864-1949)	*Das Rosenband* op. 36 Nr. 1; *Mohnblumen* op. 22 Nr. 2; *Die Zeitlose* op. 10 Nr. 7; *Efeu* op. 22 Nr. 3; *Freundliche Vision* op. 48 Nr. 1, *Herr Lenz* op. 37 Nr. 5
Zugaben:	Franz Schubert: *Heidenröslein* D 257;
	Lee Hoiby: *The serpent* (Theodore Roethke, 1979) MEDICI ARTS

***

367

Love-Songs
(Los Angeles, First Congregational Church, Kalifornien, 7./8.
März 1988, In Memoriam Dale Morich)

Frank Bridge (1879–1941)	*Love went A-Riding* H 114 (1914)
Benjamin Britten (1913–1976)	*The Salley Gardens*, Nr. 1 aus *Folksongs* Vol. 1
Pietro Cimara (1887–1967)	*Stornello*
Aaron Copland (1900–1990)	*Pastorale* (1921); „Heart, We Will Forget Him", Nr. 5 aus *12 Poems of Emily Dickinson* (1950)
Noel Coward (1899–1973)	„I'll Follow My Secret Heart" aus *Conversation Piece* (1934)
Stefano Donaudy (1879–1925)	„O del mio amato ben" aus *Arie di stile antico* (1918–1923)
Stephen Foster (1826–1864)	„Why, No One To Love" (1862)
Charles Gounod (1818–1893)	*Sérénade* (Victor Hugo) (veröffentlicht 1857)
Edouard Lippé (1884–1956)	„How Do I Love Thee?" (Elizabeth Barrett Browning) (veröffentlicht 1941)
Frederic Loewe (1901–1988)	„Before I Gaze At You Again" aus *Camelot* (1960)
Gustav Mahler (1860–1911)	„Liebst Du um Schönheit?" (Friedrich Rückert) (1902)
Joseph Marx (1882–1964)	*Selige Nacht* (1915)
Fernando Obradors (1897–1945)	„Del cabello más sutil" (*Canciones clásicas españolas* Nr. 4)
Jayme Ovalle (1894–1955)	*Azulao* (Manuel Bandeira)
Francis Poulenc (1899–1963)	*Fleurs* aus *Fiancailles pour rire* (Louise de Vilmorin) (1939)
Roger Quilter (1877–1953)	*Music, When Soft Voices Die* op. 25 Nr. 5 (1927) *Love's Philosophy* op. 3 Nr. 1 (1905)
Franz Schubert (1797–1828)	„Liebe schwärmt auf allen Wegen" aus Goethes *Claudine von Villa Bella* D 239 Nr. 6 (1815)
Robert Schumann (1810–1856)	*Widmung* op. 25 Nr. 1 (1840) *Du bist wie eine Blume* op. 25 Nr. 24 (1840)
Oscar Straus (1870–1954)	„Je t'aime" aus *Trois Valses* (1935)

Richard Strauss (1864–1949)	*Ständchen* op. 17 Nr. 2 (1887) *Das Rosenband* op. 36 Nr. 1 (1897)
Joaquin Turina (1882–1949)	*Cantares*, Nr. 3 aus *Poema en forma de canciones* op. 19 (1917)

Dalton Baldwin, Klavier
DELOS

***

Arleen Auger at the Art Song Festival 1990, Cleveland (Ohio)
(Konzertmitschnitt vom „Art Song Festival" aus der Kulas Hall
des Cleveland Institute of Music vom 29. Mai 1990)

Wolfgang Amadeus Mozart (1756–1791)	*Die Zufriedenheit* KV 473; *Das Veilchen* KV 476; *Als Luise die Briefe ihres ungetreuen Liebhabers verbrannte* KV 520; *Lied der Trennung* KV 519; *Abendempfindung* KV 523
Franz Schubert (1797–1828)	*Der Knabe* D 692; *Im Frühling* D 882; *Wehmut* D 772; *Gretchen am Spinnrade* D 118; *Frühlingsglaube* D 686; *Ganymed* D 544
Claude Debussy (1862–1918)	*Romance* („L'ame evapourree et souffrante"); *Mandoline*; *Clair de lune*; *Apparition*
Hugo Wolf (1860–1903)	Sieben ausgewählte Lieder nach Eduard Mörike: Nr. 38: *Lied vom Winde*; Nr. 23: *Auf ein altes Bild*; Nr. 18: *Zitronenfalter im April*, Nr. 42: *Erstes Liebeslied eines Mädchens*, Nr. 24: *In der Frühe*, Nr. 11: *An eine Äolsharfe*; Nr. 6: *Er ist's*
Zugaben	Maurice Ravel: *Vocalise-etude (en forme de Habanera)* Richard Strauss: *Morgen* op. 27 Nr. 4

Irwin Gage, Klavier
CLEVELAND INSTITUTE OF MUSIC

***

Arleen Auger at Eastman School of Music, Rochester, New York
1990
(Konzertmitschnitt aus der Kilbourn Hall vom 1. Oktober 1990)

Wolfgang Amadeus Mozart (1756–1791)	*Die Zufriedenheit* KV 473; *Das Veilchen* KV 476; *Als Luise die Briefe ihres ungetreuen Liebhabers verbrannte* KV 520; *Das Lied der Trennung* KV 519; *Abendempfindung* KV 523
Franz Schubert (1797–1828)	*Der Knabe* D 692; *Im Frühling* D 882; *Wehmut* D 772; *Gretchen am Spinnrade* D 118; *Frühlingsglaube* D 686; *Ganymed* D 544
Maurice Ravel (1875–1937)	*Cinq mélodies populaires grecques*: Le réveil de la mariée; Là-bas, vers l'église; Quel galant m'est comparable; Chansons des cueilleuses de lentisques; Tout gai!
Frank Bridge (1879–1941)	*Love went a-riding* (1914)

Aaron Copland (1900–1990)	*Pastorale* (1921); aus *12 Poems of Emily Dickinson*: „Heart, we will forget him (Nr. 5) und „Why do they shut me out of Heaven?" (Nr. 3)
Ned Rorem (geb. 1923)	*Rain in spring* (Paul Goodman); *Early in the morning* (Robert Hillyer); *A birthday* (Christian Rossetti)
Lee Hoiby (1926–2011)	*An immorality* (Ezra Pound); *The serpent* (Theodore Roethke)
Zugaben	Franz Schubert: *An die Nachtigall* D 497 Ned Rorem: *I am Rose* (Gertrude Stein) Maurice Ravel: *Vocalise-etude (en forme de Habanera)* Richard Syracuse, Klavier EASTMAN SCHOOL OF MUSIC

* * *

Joseph Haydn (1732–1809)	Deutsche Lieder und Englische Kanzonetten (Dresden, Lukaskirche, Oktober 1980) *Die Verlassene* Hob.XXVIa:5; *An Thyrsis* Hob.XXVIa:8; *Lachet nicht, Mädchen* Hob.XXVIa:14; *Jeder meint, der Gegenstand* Hob. XXVIa:13; *Trachten will ich nicht auf Erden* Hob XXVIa:39, *Beim Schmerz, der dieses Herz durchwühlet* Hob.XXVIa:37. *The Mermaid's Song* Hob.XXVI:25; *Pleasing Pain* Hob. XXVIa:29; *Pastoral Song* Hob.XXIVa:27; *The Wanderer*, Hob. XXVIa:32; *The Spirit's Song* Hob.XXVIa:41; *O tuneful Voice*, Hob.XXVIa:42. Walter Olbertz, Klavier ETERNA/BERLIN CLASSICS
Gioachino Rossini (1792–1868)	Lieder und vokale Kammermusik *La Passegiata* (Quartettino), *La Pesca* (Duett mit Jennifer Larmore), *La fioraia fiorentina*, *Musique Anodine Nr. III* und *Nr. IIII*, *Aragonese* (Bayerischer Rundfunk München, 29./30. August und 1. September 1991) Jennifer Larmore (Mezzosopran), John Aler (Tenor), Stephen Kimbrough (Bariton), Dalton Baldwin, Klavier ARABESQUE
Franz Schubert (1797–1828)	Lieder nach Johann Wolfgang von Goethe (Dresden, Lukaskirche, Oktober 1976) *Gretchen am Spinnrade* D 118; *Gretchen im Zwinger* D 564; *Klärchen's Lied* D 210; *Sehnsucht (Lied der Mignon)* D 481; *Mignon I* D 726; *Mignon II* D 727; *Mignon (Kennst Du das Land)* D 321; *Heidenröslein* D 257; *Drei Gesänge aus Wilhelm Meister*

D877, 2–4; *Die Liebende schreibt* D 673; *Suleika I* D 720; *Suleika II* D 717
Walter Olbertz, Klavier
ETERNA/BERLIN CLASSICS

Franz Schubert
(1797–1828)

Lieder
(Washington D.C., Bradley Hills Presbyterian Church, Bethesda, März 1990)
Gretchen am Spinnrade D 118; *Heidenröslein* D 257; *Rastlose Liebe* D 222; *Ganymed* D 544; *Geheimes* D 719; *Auf dem See (Und frische Nahrung)* D 543; *Der Musensohn* D 764; *Suleika I* D 720; *Suleika II* D 717; *Dass sie hier gewesen* D 775; *Sei mir gegrüßt,* D 741; *Du bist die Ruh'* D 776; *Lachen und Weinen* D 777; *Seligkeit* D 433; *An die Nachtigall* D 497; *Wiegenlied (Schlafe, schlafe)* D 498; *Am Grabe Anselmos* D 504; *An die Musik* D 547; *Die Forelle* D 550; *Auf dem Wasser zu singen* D 774; *Die junge Nonne,* D 828; *An Silvia* D 891, *Ständchen (Horch die Lerche)* D 889
Lambert Orkis, Hammerklavier
VIRGIN CLASSICS

Franz Schubert

Lieder, Volume 9 der Hyperion-Gesamtausgabe „Franz Schubert und das Theater"
(London, Rosslyn Hill Chapel, 16.-18. Oktober 1989)
Misero pargoletto D 42; *Vedi quanto adoro* D 510; aus *Der vierjährige Posten* D 190: „Gott, höre meine Stimme"; aus *Claudine von Villa Bella* D 239: „Hin und wieder fliegen die Pfeile"; „Liebe schwärmt auf allen Wegen"; aus *Der häusliche Krieg* D 787: „Ich schleiche bang und still herum"; aus *Rosamunde* D 797: Romanze „Der Vollmond strahlt"; *Blanka* D 631; *Daphne am Bach* D 411; *Lambertine* D 301; *Thekla, eine Geisterstimme* D 595; *Lied der Delphine* D 857; *Vier Canzonen von Metastasio* D 688; *La pastorella al prato* D 528; *Der Sänger am Felsen* D 482; *Der gute Hirt* D 449; *Lilla an die Morgenröte* D 273; *Der Hirt auf dem Felsen* D 965
Dame Thea King (Klarinette), Graham Johnson (Klavier)
HYPERION

Franz Schubert

Der Hirt auf dem Felsen D 965
Max Bauer (Klarinette), Erik Werba (Klavier)
auf: Franz Schubert und sein Freundeskreis
ORF (Radio Niederösterreich) Nr. 91036

Robert Schumann
(1810–1856)

Frauenliebe und -leben op. 42 und Lieder nach Mörike, Rückert und Goethe (Dresden, Lukaskirche, 2.–5. Mai 1977)
Lied der Braut I und *II* op. 25 Nr. 11 und 12, *Die Soldatenbraut* op. 64 Nr. 1, *Das verlassene Mägdelein* op. 64 Nr. 2, *Volksliedchen (Wenn ich früh)* op. 51 Nr. 2, *Liebeslied* op. 51 Nr. 5, *Lied der Su-*

leika op. 25 Nr. 9, *Mignon (Kennst Du das Land)* op. 98a Nr. 1,
Nur wer die Sehnsucht kennt op. 98a Nr. 3, *Heiß' mich nicht reden*
op. 98a Nr. 5, *Singet nicht in Tauertönen* op.98a Nr. 7, *So lass mich
scheinen bis ich werde* op. 98a Nr. 9
Walter Olbertz, Klavier
ETERNA/BERLIN CLASSICS

Hugo Wolf
(1860–1903)

Lieder nach Gedichten von Mörike und Goethe
(London, Rosslyn Hill Unitarian Chapel (Hampstead), 17.–20.
Dezember 1991)
Mörike-Lieder: Nr. 6: *Er ist's*; Nr. 7: *Das verlassene Mägdelein*;
Nr. 11: *An eine Äolsharfe*; Nr. 13: *Im Frühling*; Nr. 14: *Agnes*;
Nr. 18: *Zitronenfalter im April*; Nr. 23: *Auf ein altes Bild*; Nr. 24:
In der Frühe; Nr. 25: *Schlafendes Jesuskind*; Nr. 30: *Neue Liebe*;
Nr. 31: *Wo find' ich Trost?*; Nr. 38: *Lied vom Winde*; Nr. 42: *Erstes
Liebeslied eines Mädchens*
Goethe-Lieder: Nr. 5–7: *Mignon I–III*, Nr. 8: *Philine*; Nr. 9:
Kennst du das Land?; Nr. 26: *Die Spröde*; Nr. 27: *Die Bekehrte*;
Nr. 28: *Frühling über's Jahr*, Nr. 32: *Phänomen*, Nr. 50: *Ganymed*
Irwin Gage, Klavier
HYPERION
Edison Award, Holland
Preis der Deutschen Schallplattenkritik Vierteljahresliste 4/1992

The Art of Arleen Auger

Henry Purcell
(1659–1695)

If music be the food of love; *Nymphs and Shepherds*, *Sweeter than
roses* (Fassung von Benjamin Britten)

Robert Schumann
(1810–1856)

Widmung op. 25 Nr. 1; *Lied der Braut I* und *II*, op. 25 Nr. 11 und
12; *Soldatenbraut* op. 64 Nr. 1; *Der Nussbaum* op. 25 Nr. 3

Wolfgang Amadeus Mozart
(1756–1791)

Das Veilchen KV 476; *Dans un bois solitaire* KV 308; *Lied der
Trennung* KV 519; *Als Luise die Briefe ihres ungetreuen Liebhabers
verbrannte* KV 520; *Abendempfindung* KV 523
(Konzert-Mitschnitte vom Aspen Music Festival, Aspen, Colo-
rado, vom 9. August 1989 [Purcell/Schumann] und 3. Juli 1986
[Mozart])

Joel Revzen, Klavier
KOCH INTERNATIONAL

1994 erhielt Arleen Auger für diese Platte post mortem den
Grammy Award für die beste stimmliche Leistung

2. Fernseh- und DVD-Produktionen

Johann Sebastian Bach (1685–1750)	Helmuth Rilling erläutert und dirigiert „Wachet! Betet! Betet! Wachet!", Kantate BWV 70 Aufzeichnung aus der Kongresshalle Böblingen vom November 1980 mit Publikum Helen Watts, Adalbert Kraus, Wolfgang Schöne, Gächinger Kantorei, BC Stuttgart, Moderation und Dir.: Helmuth Rilling, Regie: Helmut Rost ZDF 1981
	Helmuth Rilling erläutert und dirigiert „Gott ist mein König", Kantate BWV 71 Aufgezeichnung aus dem Weißen Saal des Neuen Schlosses Stuttgart vom Oktober 1981 mit Publikum Gabriele Schreckenbach, Adalbert Kraus, Philippe Huttenlocher, Gächinger Kantorei, BC Stuttgart, Moderation und Dir.: Helmuth Rilling ZDF 1981
	Helmuth Rilling erläutert und dirigiert „Herrn, gehe nicht ins Gericht", Kantate BWV 105 Aufzeichnung aus der Klosterkirche Alpirsbach ohne Publikum vom April 1982. Gabriele Schreckenbach, Adalbert Kraus, Walter Heldwein, Gächinger Kantorei, BC Stuttgart, Günther Passin (Oboe), Moderation und Dir.: Helmuth Rilling ZDF 1982
	Der Streit zwischen Phöbus und Pan, Dramma per musica, BWV 201 Fernsehaufzeichnung eines Konzerts im Großen Saal des NDR Hannover vom 21. Oktober 1987 Rosemarie Lang, Aldo Baldin, Siegfried Lorenz, Robert Holl, Chor des NDR, Radio-Philharmonie Hannover, Dir.: Peter Schreier NDR 1987
	Messe h-Moll BWV 232 inszeniert und aufgezeichnet in der Abteikirche Fontenay bei Dijon in Burgund, erlebt und gesehen von Ana Torrent. Julia Hamari, Adalbert Kraus, Wolfgang Schöne, Gächinger Kantorei, BC Stuttgart, Dir.: Helmuth Rilling, Regie: Klaus Kirschner ZDF 1978

373

Messe h-Moll BWV 232
Aufzeichnung eines Konzerts aus der Stuttgarter Liederhalle vom
27. März 1986
Anne Sofie von Otter, Aldo Baldin, Wolfgang Schöne, Gächinger
Kantorei, Bach-Collegium Stuttgart, Dir.: Helmuth Rilling, Re-
gie: Janos Darvas
SDR 1986 (war als DVD mit der Nummer 0118 bei EURO-
ARTS erhältlich)

Matthäus-Passion BWV 244
Aufzeichnung aus dem Concertgebouw Amsterdam, 1985 oder
1987
Kurt Equiluz (Evangelist), Robert Holl (Christus), Sheri Greenawald, Jadwiga Rappé, Jard van Nes, Neil Rosenshein, Anton Scharinger, Ruud van der Meer, Chor des Concertgebouw, St. Bavo
Kantorei Haarlem, Concertgebouworchester, Dir.: Nikolaus Harnoncourt, Regie: Hans Hülscher
NOS (ausgestrahlt am 13. März 1988)

Bach-Sommerakademie Stuttgart 1984
Ein kurzer Beitrag vom 24. August 1984 und ein zwölfminütiger
vom 25. August 1984 zeigen u. a. Arleen Auger bei der Arbeit mit
zwei Schülerinnen und bringt auch ein Interview mit ihr.
Gesendet am 25. August 1984
SDR 1984

Alban Berg
(1885–1935)

Edison Klassik 1988
Reportage über die Gewinner des Edison Klassik Preises 1988.
Neben Probenarbeiten von Charles Dutoit, Pierre Boulez, Franz
Brüggen und Unterrichts-Impressionen bei Zoltán Kocsis und
Regine Crespin probt Arleen Auger *Liebesode* aus den *Sieben frü-
hen Liedern* und gibt ein Interview. Regie: Ruud Keers
NOS

Georg Friedrich Händel
(1685–1759)

Man and Music. Folge 14 „London – Die Beziehung zu Italien"
Emma Kirkby, Della Jones, Andrew Dalton, Graham Clark, Ad-
rian Thompson, Michael George, David Thomas, Academy of
Ancient Music, Royal Philharmonic Orchestra, The English Con-
cert. Dirigenten: Christopher Hogwood, Jean Claude Malgoire,
Trevor Pinnock.
Arleen Auger singt mit Della Jones „V'adoro pupille" aus Händels
Oper *Giulio Cesare in Egitto*
ORF 1989

Alcina, Dramma per musica in tre atti HWV 34 (Alcina)
(Mitschnitt aus dem Grand Théâtre de Genève vom 24. Mai
1990)

Donna Brown (Morgana), Della Jones (Ruggiero), Martina Musacchio (Oronte), Kathleen Kuhlmann (Bradamante), Jorge Lopez-Yanez (Oberto), Gregory Reinhart (Melisso), Choeurs du Grand Théatre de Genève, L'Orchestre de la Suisse Romande, Dir.: William Christie, Szen. Konzeption: Jean-Marie Villégier, Regie: Philippe Berling
ZDF/LYRICAL DISTRIBUTION

Joseph Haydn
(1732–1809)

L'infedelta delusa (*Untreue lohnt sich nicht*), Burletta per musica in due atti, Hob. XXVIII:5
Aufzeichnung der Bregenzer Festspiele aus dem Gräflichen Palast Hohenems vom 4./6. und 10. August 1970 (gesendet 23. August 1970)
Inszenierung: Hermann Lanske, Bühnenbild: Robert Hofer-Ach, Kostüme: Alice Schlesinger
Hanny Steffek (Vespina), Ferry Gruber (Filippo), Artur Korn (Nanni), Frédéric Mayer (Nencio), Symphonieorchester des ORF, Dir.: Bruno Amaducci
ORF 1970

Die Schöpfung, Oratorium in drei Teilen Hob. XXI:2 (Gabriel)
Aus dem Alten Saal der Universität Wien, März 1982
Peter Schreier (Uriel), Walter Berry (Raphael), Gabriele Sima (Eva), Roland Hermann (Adam), Arnold Schönberg Chor, Collegium aureum, Dir.: Gustav Kuhn
Fernsehaufzeichnung anlässlich des 250. Geburtstags von Joseph Haydn
ORF 1982 (veröffentlicht als DVD bei TDK)

Berenice, che fai, Kantate Hob.XXIVa:10
Aufzeichnung einer Gala aus Anlass des 250. Geburtstags Joseph Haydns. Aufgenommen im Haydn-Saal in Hainburg im September 1982. Kombiniert mit Impressionen aus der Gegend von Haydns Geburtshaus in Rohrau, Niederösterreich.
Kammerorchester Bratislava, Dir.: Stefan Robl
ORF (Landesstudio Niederösterreich)

Gustav Mahler
(1860–1911)

Sinfonie Nr. 2 c-Moll „Auferstehungs-Sinfonie"
Fernsehaufzeichnung eines Gala-Konzerts zur Eröffnung der Symphony Hall in Birmingham in Anwesenheit von Princesse Anne am 12. Juni 1991.
Alfreda Hodgson, City of Birmingham Chorus and Orchestra, Dir.: Sir Simon Rattle
BBC

Sinfonie Nr. 8 Es-Dur „Sinfonie der Tausend" (Sopran II)
Fernsehaufzeichnung des Galakonzerts anlässlich des 100jährigen Jubiläums des Concertgebouw Amsterdam 1988 vom 11. April 1988

Gwyneth Jones (Sopran I), Barbara Bonney (Sopran III), Jard van Nes, Carolyn Watkinson, Werner Hollweg, Thomas Hampson, Robert Holl, Philharmonia Chorus London, Städtischer Musikverein Düsseldorf, Jongenskoor St. Bavo (Haarlem), Noordhollands Jongenskoor, Concertgebouw Orchester, Dir.: Bernard Haitink, Regie: Hans Hülscher
NOS 1988

Felix Mendelssohn Bartholdy
(1809–1847)

Höhepunkte aus dem Oratorium *Elias* op. 70
Konzertmitschnitt vom 2. September 1982 aus dem Sultanspool vor den Mauern der Jerusalemer Altstadt und mit Aufnahmen der Schauplätze, an denen sich die Historie ereignet haben soll
Mira Zakai, Werner Hollweg, Bernd Weikl, Berliner Konzertchor, The Scottish Choir, Zamir Chorale Jerusalem, The Childrens Choir Neve Shir, Jerusalem Symphony Orchesta, Dir.: Gary Bertini, Regie: Yossi Zemach
COPRODUKTION IBA/ZDF 1983

Wolfgang Amadeus Mozart
(1756–1791)

Exsultate, jubilate, Motette für Sopran und Orchester, KV 165
1. Erster Satz mit Halleluja
Live-Übertragung aus der Westminster Abbey, London, 23. Juli 1986
Orchester der Westminster Abbey, Dir.: Simon Preston
BBC 1986

2. Komplett aus der Stiftskirche Waldsassen, April 1990
Symphonieorchester des BR, Dir.: Leonard Bernstein
DGG/BR 1990

Große Messe c-Moll KV 427 (Version von Helmut Eder)
Aufgezeichnet im Rahmen des *Westfälischen Musikfestes 1986* aus dem Hans-Sachs-Haus Gelsenkirchen, 31. Mai 1986
Doris Soffel, Thomas Moser, Stephen Roberts, Kölner Rundfunkchor, WDR-Sinfonieorchester, Dir.: Gary Bertini, Regie: José Montes-Baquer
WDR 1986

Große Messe c-Moll KV 427 (Version von Franz Beyer)
Aufgezeichnet mit Publikum in der Stiftskirche Waldsassen, April 1990
Frederica von Stade, Frank Lopardo, Cornelius Hauptmann, Chor und Orchester des Bayerischen Rundfunks, Dir.: Leonard Bernstein, Regie: Humphrey Burton
DGG/BR 1990

Davidde penitente, Kantate KV 469
Konzertaufzeichnung aus dem Großen Saal des NDR Hannover, 21. Oktober 1987

Sylvia Greenberg (Sopran I), Aldo Baldin (Tenor), Chor des NDR, Radio Philharmonie Hannover, Dir.: Peter Schreier
NDR 1987

Als Luise die Briefe ihres ungetreuen Liebhabers verbrannte KV 520 (Studioproduktion)
Irwin Gage, Klavier
ZDF 1985

Die Zauberflöte KV 622
Ein Querschnitt durch die Oper aus dem Studio Ronacker, präsentiert von Heinz Holecek mit diversen Anekdoten und Briefen Mozarts. Aufgenommen vom 4. bis 7. November 1969.
Werner Hollweg (Tamino), Edith Mathis (Pamina), Gottlob Frick (Sarastro), Heinz Holecek (Papageno), Renate Holm (Papagena), Kammerchor der Musikalischen Jugend, Orchester der Niederösterreichischen Tonkünstler, Dir.: Berislav Klobucar, Regie: Mladen Rankar
(Arleen Auger singt darin *beide Arien* der Königin der Nacht!)
ORF 1969

Requiem d-Moll KV 626
Live-Mitschnitt einer Aufführung an der Academy of Music Philadelphia, 27. September 1991
Susanne Mentzer, Jozef Kundlak, Simon Estes, Westminster Symphonic Choir, Philadelphia Orchestra, Dir.: Riccardo Muti
KYW-TV 1991

Requiem d-Moll KV 626
Live-Übertragung und Aufzeichnung der Totenmesse für Wolfgang Amadeus Mozart am 5. Dezember 1991 aus dem Wiener Stephansdom.
Cecilia Bartoli, Vinson Cole, Rene Pape, Konzertvereinigung Wiener Staatsopernchor, Wiener Philharmoniker, Dir.: George Solti
ORF/DECCA

Jacques Offenbach
(1819–1880)

Les Contes d'Hoffmann, Opéra fantastique en cinq actes, Fassung von Fritz Oeser (Olympia)
Mitschnitt einer Aufführung aus dem Teatro comunale di Firenze vom Dezember 1980
Neil Shicoff (Hoffmann), Elena Zilio (Muse/Niklaus), Sesto Bruscantini (Lindorf/Coppélius/Miracle/Dapertutto), Brigitte Fassbaender (Giuletta), Catherine Malfitano (Antonia), Rosa Alba Russo (Stella), Gloria Banditelli (Una voce), Orchester und Chor des Maggio Musicale Fiorentino, Dir.: Antonio de Almeida, Kostüme: Karl Lagerfeld, Regie: Luca Ranconi

(Ein bildtechnisch etwas wackeliger Mitschnitt wird von der amerikanischen Firma House of Opera vertrieben).
RAI/HOUSE OF OPERA

Carl Orff
(1895–1982)

Carmina burana
Fernsehaufzeichnung eines Konzert aus dem Concertgebouw Amsterdam vom 25. Dezember 1988
Rockwell Blake (Tenor), Yorma Hyninnen (Bariton), Groot Omroepkoor, Jongenskoor von der St. Bavo Kathedrale, Haarlem, Royal Concertgebouworchester Amsterdam, Dir.: Riccardo Chailly, Regie: Klaas Rusticus
NOS 1988

Maurice Ravel
(1875–1937)

Konzert zum 100. Geburtstag des Komponisten
Konzert für Klavier (linke Hand) und Orchester D-Dur; *Shéhérazade,* 3 Gedichte für Singstimme und Orchester.
Studioaufnahme vom 11. September 1975 aus dem Studio 6 des SWF
Michel Béroff (Klavier), SWF-Sinfonieorchester Baden-Baden, Dir.: Ernest Bour, Regie: Klaus Lindemann
SWF 1975

Arnold Schönberg
(1874–1951)

Ich fühle Luft von anderen Planeten – Arnold Schönberg
Spieldokumentation für Rhombus Media, Toronto mit Ausschnitten aus *Verklärte Nacht* op. 4, *Drei Klavierstücke* op. 11, *Orchesterstücke* op. 16
Arleen Auger singt darin mit dem Schönberg-Quartett Ausschnitte aus dem *2. Streichquartett* op. 10. Die Aufnahmen entstanden am 12. und 13. September (ihrem und Schönbergs Geburtstag!) in der Henry Wood Hall in London.
ZDF 1992

2. Streichquartett fis-Moll op. 10
Aus der Reihe „Schönberg Zyklus"
(Aufgenommen am 4. und 5. Februar 1992)
Schönberg-Quartett, Regie: Hans Hülscher
NOS 1992

Franz Schubert
(1797–1828)

Schubertiade 1983
Aus dem Hof der Generaldirektion von Austria Tabak in Wien-Lichtental
Arleen Auger singt die Ariette der Lucinde „Hin und wieder fliegen Pfeile" aus Goethes *Claudine von Villa Bella* D 239 Nr. 3, die Ariette der Gräfin „Gesetzt, Ihr habt wirklich gewagt und gestritten" aus *Die Verschworenen (Der häusliche Krieg)*, D 787, die beiden Lieder *Frühlingslied (Die Luft ist blau)*, D 398 und *Der Schmetterling*, D 633, das Terzett „Ich lach', ich wein" aus *Des*

Teufels Lustschloss D 84 und die beiden Quartette *Gott im Unge-
witter* D 985 und *An die Sonne* D 439
Els Kloos, Peter Jelosits, Robert Holl, Roman Ortner (Klavier),
Wiener Belvedere-Kammerorchester, Dir.: Hans Graf, Regie:
Claus Viller
ORF 1983

Robert Schumann (1810–1856)	Drei ausgewählte Lieder 1. *Meine Rose* Op. 90 Nr. 2 2. *Singet nicht in Trauertönen* op. 98a Nr. 7 3. *Der Nussbaum* op. 25 Nr. 3 Studioproduktion Irwin Gage, Klavier ZDF 1985
Richard Strauss (1864–1949)	*Morgen* op. 27 Nr. 4 Irwin Gage, Klavier ZDF 1985
Hugo Wolf (1860–1903)	*Mignon (Kennst Du das Land?)* Irwin Gage, Klavier ZDF 1985

Freude an Musik. Arleen Auger singt Lieder, begleitet von Erik
Werba. Aufgezeichnet im Studio des ORF am 11. und 12. Juni
1974

Joseph Haydn (1732–1809)	*She never told her love* Hob. XXVIIa; *Das Leben ist ein Traum* Hob. XXVIIa
Wolfgang Amadeus Mozart (1756–1791)	*Als Luise die Briefe ihres ungetreuen Liebhabers verbrannte* KV 520; *Un moto di gioia* KV 579; *Die Zufriedenheit* KV 473
Hugo Wolf (1860–1903)	Aus dem *Italienischen Liederbuch*: Nr. 1: *Auch kleine Dinge*; Nr. 20: *Mein Liebster singt am Haus*; Nr. 11: *Wie lange schon war immer mein Verlangen*; Nr. 19: *Wir haben beide lange Zeit geschwiegen*; Nr. 36: *Wenn Du, mein Liebs- ter, steigst zum Himmel auf*
Joseph Marx (1882–1964)	Aus dem *Italienischen Liederbuch*: Nr. 15: *Die Verlassene*; Nr. 4: *Am Brunnen* ORF 1974

Liederabend vom Schleswig-Holstein-Musikfestival 1988
Konzertmitschnitt aus der Kieler Petruskirche vom 22. August
1988

Alban Berg (1885–1935)	*Sieben frühe Lieder*

Richard Strauss (1864–1949)	*Das Rosenband* op. 36 Nr. 1; *Glückes genug* op. 37 Nr. 1; *Ständchen* op. 17 Nr. 2; *Die Zeitlose* op. 10 Nr. 7; *Morgen* op. 27 Nr. 4; *Hat's gesagt, bleibt's nicht dabei* op. 36 Nr. 3
Arnold Schönberg (1874–1951)	*Vier Lieder* op. 2
Hugo Wolf (1860–1903)	*Vier Lieder der Mignon*
Zugaben:	Richard Strauss: *Schlechtes Wetter* op. 69 Nr. 5
	Richard Strauss: *Freundliche Vision* op. 48 Nr. 1
	Gustav Mahler: *Ablösung im Sommer*
	Wolfgang Amadeus Mozart: *Abendempfindung* KV 523
	Irwin Gage, Klavier
	NDR 1988

3. Was noch in den Rundfunkarchiven schlummert

Obwohl Arleen Auger den Großteils ihres Repertoires für die Schallplatte eingespielt hat, so sind doch viele Werke mit ihr auch als Rundfunkmitschnitt überliefert. Die folgende Liste führt alle Produktionen auf, die in europäischen, amerikanischen und japanischen Archiven zu ermitteln waren.

3.1   Operngesamtaufnahmen und Opern-, Operetten- und Musicalausschnitte

Vincenzo Bellini (1801–1835)	aus *La Sonnambula*, Opera semiseria in due atti: Arie der Amina „Ah! Non credea mirarti" aus dem 2. Akt (2. Juli 1969) Münchner Rundfunkorchester, Dir.: Kurt Eichhorn BR
Domenico Cimarosa (1745-1801)	aus *Die heimliche Ehe*, Opera buffa in due atti: Arie der Carolina „Lieber Graf, verzeih' mir" (deutsch) (Leipzig, 28. Februar 1975) Großes Rundfunkorchester Leipzig, Dir.: Adolf Fritz Guhl MDR (heute Rundfunkarchiv Babelsberg)
Léo Delibes (1836–1891)	aus *Lakmé*, Opéra en trois actes: Arie der Lakmé „Ah, ou va la jeune indoue?" aus dem 2. Akt (Glöckchenarie) (30. April 1969) Münchner Rundfunkorchester, Dir.: Kurt Eichhorn BR

Gaetano Donizetti (1797–1848)	aus *Don Pasquale*, Opera buffa in tre atti: Arie der Norina „Quel guardo il cavaliere" aus dem 1. Akt 1. Münchner Rundfunkorchester, Dir.: Kurt Eichhorn (15. März 1969) BR

aus *Don Pasquale*, Opera buffa in tre atti:
Arie der Norina „Quel guardo il cavaliere" aus dem 1. Akt
1. Münchner Rundfunkorchester, Dir.: Kurt Eichhorn (15. März 1969)
BR

2. Konzertmitschnitt der *Schwetzinger Festspiele* vom 30. Mai 1976 Radiosinfonieorchester Stuttgart, Dir.: Argeo Quadri
SWR

Duett Norina-Ernesto „Tornami a dir che m'ami" aus dem 3. Akt (15. März 1969)
Luigi Alva (Ernesto), Münchner Rundfunkorchester, Dir.: Kurt Eichhorn
BR

aus *L'elisir d'amore*, Opera buffa in due atti:
Duett Adina-Dulcamara „Quanto amore! Ed io, spietata!" aus dem 2. Akt; Arie der Adina und Duett Adina-Nemorino „Prendi, per me sei libero – Or, or si spiega" aus dem 2. Akt (15. März 1969)
Luigi Alva (Ernesto), Gianpiero Mastromei (Dulcamara), Münchner Rundfunkorchester, Dir.: Kurt Eichhorn
BR

aus *Die Regimentstochter*, Komische Oper in zwei Akten:
Arie der Marie „Nun denn, es sei" (deutsch) aus dem 2. Akt (Leipzig, 4. März 1975)
Großes Rundfunkorchester Leipzig, Dir.: Adolf Fritz Guhl
MDR (heute Rundfunkarchiv Babelsberg)

Leo Fall
(1873–1925)

aus *Die Rose von Stambul*, Operette in drei Akten:
Duett Kondja-Achmed „Willst Du an die Welt vergessen ... Ein Walzer muss es sein" aus dem 2. Akt (Konzertmitschnitt aus dem Funkhaus Linz, 15. Oktober 1972)
Adolf Dallapozza (Tenor), Bruckner-Orchester Linz, Dir.: Leopold Mayer
ORF

Georg Friedrich Händel
(1685–1759)

aus *Giulio Cesare in Egitto*, Dramma per musica in tre atti HWV 17:
Arie der Cleopatra „Piangerò, piangerò la sorte mia" aus dem 3. Akt (München, 30. Juni 1969)
Münchner Rundfunkorchester, Dir.: Kurt Eichhorn
BR

aus *Agrippina*, Dramma per musica in tre atti HWV 6:
Arie der Agrippina „Pensieri, voi mi tormentate" aus dem 2. Akt (Gesendet unter „The Hidden Handel" am 20. Februar 1985)

Members of the Saint Paul Chamber Orchestra
WNYC (die Arie befindet sich als Hörprobe auf der Internetseite
des Arleen Auger Memorial Fund)

Joseph Haydn
(1732–1809)

Lo Speziale (Der Apotheker), Opera buffa in tre atti Hob. XXVIII:3
Produktion aus Paris vom 20. Dezember 1979
Isabel Garcisanz, Bruce Brewer, Neil Senkins, Nouvel Orchestre
Philharmonique de Radio France, Dir.: Jérôme Kaltenbach
RADIO FRANCE

aus *L'infedelta delusa*, Burletta per musica in due atti Hob.
XXVIII:5:
Arie der Sandrina „Kein Prunk will ich je haben" (deutsch) aus
dem 2. Akt
(Leipzig, 4. März 1975)
Großes Rundfunkorchester Leipzig, Dir.: Adolf Fritz Guhl
MDR (heute Rundfunkarchiv Babelsberg)

aus *Orlando Paladino*, Dramma eroicomico in tre atti Hob.
XXVIII:11:
Kavatine der Angelica „Palpita ad ogni istante" aus dem 1. Akt und
Rezitativ und Arie der Angelica „Implacabili numi – Dell'estreme
sue voci dolenti" aus dem 3. Akt (Konzertmitschnitt vom 24. Juni
1977)
Rundfunk-Kammerorchester Saarbrücken, Dir.: Günter Kehr
SR

Richard Heuberger
(1850–1914)

aus *Der Opernball*, Wiener Operette in drei Akten:
Rendesvouz-Duett Hortense-Henri „Gehen wir ins Chambre se-
parée" aus dem 2. Akt
(Köln, 28. Oktober 1969)
Heinz Hoppe (Tenor), WDR Rundfunkorchester, Dir.: Curt
Cremer
WDR

Franz Lehár
(1870–1948)

aus *Eva*, Operette in drei Akten:
Arie der Eva „Im heimlichen Dämmer" aus dem 1. Akt
(Konzertmitschnitt aus dem Funkhaus Linz, 15. Oktober1972)
Bruckner-Orchester Linz, Dir.: Leopold Mayer
ORF

aus *Giuditta*, Musikalische Komödie in fünf Bildern:
Duett Giuditta-Octavio „Schön wie die blaue Sommernacht" aus
dem 2. Akt
(Konzertmitschnitt aus dem Funkhaus Linz, 15. Oktober 1972)
Adolf Dallapozza (Tenor), Bruckner Orchester Linz, Dir.: Leo-
pold Mayer
ORF

Emmerich Kálmán (1882–1953)	Zu Gast bei Emmerich Kálmán – ein großer Querschnitt aus seinen Operetten (Konzertmitschnitt aus dem Funkhaus Linz, 15. Oktober 1972) Elfie Gubinger, Adolf Dallapozza, Helmut Wallner, Chor des Bruckner-Konservatoriums Linz, Bruckner-Orchester Linz, Dir.: Leopold Mayer ORF
Carl Millöcker (1842–1899)	aus *Die Dubarry*, Operette in neun Bildern (Bearbeitung von Theo Mackeben): Lied der Jeanne „Ich schenk' mein Herz" aus dem 7. Bild (Köln, 26. April 1968) WDR-Sinfonieorchester, Dir.: Curt Cremer WDR
Wolfgang Amadeus Mozart (1756–1791)	*Apollo et Hyazinthus*, lateinisches Intermedium KV 38 (Melia) (Konzertmitschnitt aus dem Großen Festspielhaus Salzburg vom 23. Januar 1981) Anthony Rolfe Johnson (Oebalus), Edith Mathis (Hyacinthus), Cornelia Wulkopf (Apollo), Hanna Schwarz (Zephyrus), Salzburger Kammerchor, Mozarteum-Orchester Salzburg, Dir.: Leopold Hager ORF (Landesstudio Salzburg)
	Mitridate, Rè di Ponto, Opera seria in tre atti KV 87 (Aspasia) (Konzertmitschnitt aus dem Großen Festspielhaus Salzburg, 21. Januar 1977) Werner Hollweg (Mitridate), Ileana Cotrubas (Ismene), Edita Gruberova (Sifare), Agnes Baltsa (Farnace), David Kuebler (Marzio), Christine Weidinger (Arbate), Mozarteum-Orchester Salzburg, Dir.: Leopold Hager ORF (Landesstudio Salzburg)
	Ascanio in Alba, Festa teatrale in due atti KV 111 (Fauno) (Konzertmitschnitt aus dem Großen Festspielhaus Salzburg, 23. Januar 1976) Lilian Sukis (Venere), Agnes Baltsa (Ascanio, ihr Sohn), Edith Mathis (Silvia, eine Nymphe), Peter Schreier (Aceste, Priester), Salzburger Kammerchor, Mozarteum-Orchester Salzburg, Dir.: Leopold Hager ORF (Landesstudio Salzburg)
	Lucio Silla, Dramma per musica in tre atti KV 135 (Giunia) 1. Konzertmitschnitt aus dem Großen Festspielhaus, Salzburg vom 24. Januar 1975 Peter Schreier (Lucio Silla), Julia Varady (Ceclio), Edith Mathis (Lucio Cinna), Helen Donath (Celia), Werner Krenn (Aufidio),

383

Salzburger Rundfunk- und Mozarteumschor, Mozarteum-Orchester Salzburg, Dir.: Leopold Hager
ORF (Landesstudio Salzburg)

2. Konzertmitschnitt aus der Royal Albert Hall, London vom 17. August 1981 – live von den „Proms"
Felicity Palmer (Cecilio), Eiddwen Harrhy (Lucio Cinna), Patrizia Kwella (Celia), Neil Jenkins (Lucio Silla), Adrian Thompson (Aufidio), BBC-Singers, City of London Sinfonia, Alastair Ross (Cembalo), Dir.: Richard Hickox
BBC

La finta giardiniera, Opera buffa in tre atti KV 196 (Sandrina) in deutscher Sprache
(Mitschnitt aus Paris vom 24. Oktober 1974)
Isabelle Garcisanz, Eliane Manchet, Katharina Dau, Norbert Orth, Bruce Brewer, Peter-Christoph Runge, Orchestre Lyrique, Dir.: Jacques Beaudry
ORTF – INA FRANCE

Il Rè pastore, Serenata in due atti KV 208 (Elisa)
(Konzertmitschnitt aus dem Mozarteum Salzburg, 28. Januar 1974)
Edith Mathis (Aminta), Sona Ghazarian (Tamiri), Peter Schreier (Alessandro), Werner Krenn (Agenore), Mozarteum-Orchester Salzburg, Dir.: Leopold Hager
ORF (Landesstudio Salzburg)

aus *Il Rè Pastore*, Serenata in due atti KV 208:
Arie der Aminta „L'amero" aus dem 2. Akt
1. Konzertmitschnitt der *Schwetzinger Festspiele* vom 30. Mai 1976
Radio-Sinfonieorchester Stuttgart, Dir.: Argeo Quadri
SWR

2. Konzertmitschnitt aus der Frick Collection New York vom 4. November 1984 (mit Klavier)
Samuael Sanders, Klavier
WNYC

aus *Zaide*, deutsches Singspiel-Fragment in zwei Akten KV 344:
Arie der Zaide „Ruhe sanft, mein holdes Leben" aus dem 1. Akt
(Konzertmitschnitt aus Meran vom 1. Juli 1969)
Münchner Rundfunkorchester, Dir.: Kurt Eichhorn
BR

aus *Idomeneo*, Opera seria in tre atti KV 366:
Arie der Ilia „Zeffiretti lusingheri" aus dem 3. Akt
(Baden Baden, 20. Januar 1987)

SWF-Sinfonieorchester, Dir.: Ralf Weikert
SWR

aus *Die Entführung aus dem Serail*, Singspiel in drei Akten KV 384:
Arie der Konstanze „Ach, ich liebte" aus dem 1. Akt (13. Sept.
1969); Arie der Konstanze „Martern aller Arten" aus dem 2. Akt
(3. Juli 1969); Duett Konstanze-Belmonte „Welch ein Geschick"
aus dem 3. Akt (1969)
Nicolai Gedda (Belmonte), Münchner Rundfunkorchester, Dir.:
Kurt Eichhorn
BR

Der Schauspieldirektor, Singspiel in einem Akt KV 486
(Konzert-Mitschnitt aus dem Kongresszentrum RAI Amsterdam
vom 7. Juni 1984)
Magda Nádor (Sopran), Thomas Hampson (Bariton), Hans Croi-
set (Sprecher), Concertgebouworchester Amsterdam, Dir.: Nikolaus Harnoncourt
KRO

aus *Le Nozze di Figaro*, Opera buffa in quattro atti KV 492:
Duett Susanna-Graf „Crudel, perché finora" aus dem 3. Akt
(Baden Baden, 19./20. Januar 1987)
Tom Krause, SWF-Sinfonieorchester, Dir.: Ralf Weikert
SWR

Rezitativ und Arie der Susanna „Giunse al fin il momento – Deh
vieni, non tardar" aus dem 4. Akt
1. Münchner Rundfunkorchester, Dir.: Kurt Eichhorn (30. April
1969)
BR

2. Großes Rundfunkorchester Leipzig, Dir.: Adolf Fritz Guhl
(Leipzig, 28. Februar 1975)
MDR (heute Rundfunkarchiv Babelsberg)

3. Radiosinfonieorchester Stuttgart, Dir.: Argeo Quadri (Konzertmitschnitt der *Schwetzinger Festspiele* vom 30. Mai 1976)
SWR

4. SWF-Sinfonieorchester Baden-Baden, Dir.: Ralf Weikert (Baden Baden, 17./20. Januar 1987)
SWR

aus *Die Zauberflöte*, Oper in zwei Aufzügen KV 620 (München,
12. Oktober 1968):
Arie der Königin der Nacht „O zittre nicht" aus dem 1. Akt
Münchner Rundfunkorchester, Dir.: Kurt Eichhorn
BR

Duett Pamina-Papageno „Bei Männern, welche Liebe fühlen" aus dem 1. Akt (Baden Baden, 19./20. Januar 1987)
Tom Krause, SWF-Sinfonieorchester Baden-Baden, Dir.: Ralf Weikert
SWR

Jacques Offenbach
(1819–1880)

aus *Hoffmanns Erzählungen*, Phantastische Oper in fünf Akten: Lied der Olympia „Phöbus stolz im Sonnenwagen" (deutsch) (Köln, 28. Oktober 1969)
WDR Rundfunkorchester Köln, Dir.: Curt Cremer
WDR

Jean-Philippe Rameau
(1683–1764)

aus *Hyppolyte et Aricie*, Tragédie lyrique en un prologue et cinq actes: „Rossignols amoureux, répondéz á nos voix", Nachtigallenarie einer Schäferin (30. Juni 1969) aus dem 5. Akt
Münchner Rundfunkorchester, Dir.: Kurt Eichhorn
BR

Gioachino Rossini
(1792–1868)

aus *Il Barbiere di Seviglia*, Opera buffa in due atti:
Kavatine der Rosina „Una voce poco fa" aus dem 1. Akt
1. Konzertmitschnitt aus München vom 15. März 1969
Münchner Rundfunkorchester, Dir.: Kurt Eichhorn
BR

2. Konzertmitschnitt von den *Schwetzinger Festspielen* vom 30. Mai 1976
Radio-Sinfonieorchester Stuttgart, Dir.: Argeo Quadri
SWR

Duett Rosina-Figaro „Dunque io son" aus dem 1. Akt (15. März 1969)

Terzett Rosina-Almaviva-Figaro „Ah! qual colpo inaspettato!" aus dem 2. Akt (15. März 1969)
Luigi Alva (Almaviva), Gianpiero Mastromei (Figaro)
Münchner Rundfunkorchester, Dir.: Kurt Eichhorn
BR

Der Graf Ory, komische Oper in zwei Akten. Gesamtaufnahme in deutscher Sprache aus München vom 23. September 1968 (Gräfin Marianne de Formontier)
John van Kesteren (Ory), Richard Kogel (Erzieher des Grafen), Janis Martin (Isolier), Heinz Friedrich (Robert), Albert Gassner, Peter Schranner (2 Gefährten des Grafen), Vera Soukupova (Ragonde), Grit van Jüten (Alice), Marjorie Heistermann, (Eine Dame), Chor des BR, Münchner Rundfunkorchester, Dir.: Kurt Eichhorn
BR

Bedrich Smetana (1824–1884)	aus *Die verkaufte Braut*, komische Oper in drei Akten: Duett Marie/Hans „Muttersegen schafft dir Heimat" aus dem 1. Akt (Köln, 28. Oktober 1969); Duett Marie/Hans „Marie, mein Schatz" aus dem 3. Akt (Köln, 22. Oktober 1969) Heinz Hoppe, Tenor, WDR-Rundfunkorchester, Dir.: Curt Cremer WDR
Johann Strauß (Sohn) (1825–1899)	aus *Die Fledermaus*, Operette in drei Akten: (Mitschnitt aus dem Kongresszentrum RAI, Amsterdam vom 7. Juni 1984) Terzett Adele/Rosalinde/Eisenstein „So muss allein ich bleiben" aus dem 1. Akt; Czardas der Rosalinde „Klänge der Heimat" aus dem 2. Akt Magda Nádor (Adele), Thomas Hampson (Eisenstein) Concertgebouworchester Amsterdam, Dir.: Nikolaus Harnoncourt KRO „Brüderlein und Schwesterlein" aus dem Finale des 2. Aktes (Konzertmitschnitt aus dem Funkhaus Linz, 15. Oktober 1972) Elfie Gubitzer, Adolf Dallapozza, Helmut Wallner (Buffo), Chor des Bruckner-Konservatoriums Linz, Bruckner-Orchester Linz, Dir.: Leopold Mayer ORF aus: *Tausend und eine Nacht*, fantastische Operette in einem Vorspiel und zwei Akten: Duett Leila/Suleiman „Sag, bist Du mir gut" aus dem 1. Akt (Konzertmitschnitt aus dem Funkhaus Linz, 15. Oktober 1972) Adolf Dallapozza, Bruckner-Orchester Linz, Dir.: Leopold Mayer ORF
Richard Strauss (1864–1949)	aus *Der Rosenkavalier*, Komödie für Musik in drei Aufzügen op. 59: Terzett und Schlussduett „Hab' mir's gelobt" aus dem 3. Akt (Konzertmitschnitt aus dem Kongresssaal des Deutschen Museums München vom 7. Oktober 1968) Gundula Janowitz (Marschallin), Tatiana Trojanos (Octavian), Münchner Rundfunkorchester, Dir.: Kurt Eichhorn BR aus *Ariadne auf Naxos*, Oper in einem Aufzug nebst einem Vorspiel op. 60: Szene der Zerbinetta „Großmächtige Prinzessin" (12. Oktober 1968) Münchner Rundfunkorchester, Dir.: Kurt Eichhorn BR

aus *Arabella*, Lyrische Komödie in drei Aufzügen op. 79:
Szene und Duett Arabella-Zdenka „Er ist der Richtige nicht für mich" aus dem 1. Akt (7. und 13. Oktober 1968)
Gundula Janowitz (Arabella), Münchner Rundfunkorchester, Dir.: Kurt Eichhorn
BR

Die Liebe der Danae, Heitere Mythologie in drei Akten op. 83 (Xanthe). Gesamtaufnahme aus München vom 16. Januar 1968
Franz Crass (Jupiter), Horst Wilhelm (Merkur), Friedrich Lenz (Pollux), Hildegard Hillebrecht (Danae), Karl Joseph Hering (Midas), Vier Könige: Klaus Lange, Ferry Gruber, Karl Hoppe, Günther Missenhardt, Ileana Cotrubas (Semele), Mary O'Brian (Europa), Julia Hamari (Alkmene), Margarita Lilowa (Leda), Chor und Symphonieorchester des BR, Dir.: Hans Gierster
BR

Franz von Suppé
(1819–1895)

aus *Die schöne Galathee*, Komisch-mythologische Operette in einem Akt (Bearbeitung von Theo Mackeben)
Arie der Galathee „Einmal möchte' ich so verliebt sein" (Konzertmitschnitt aus dem Funkhaus Linz, 15. Oktober 1972)
Bruckner-Orchester Linz, Dir.: Leopold Mayer
ORF

Giuseppe Verdi
(1813–1901)

aus *Rigoletto*, Melodramma in tre atti:
Rezitativ und Arie der Gilda „Caro nome" aus dem 1. Akt (Leipzig, 4. März 1975)
Großes Rundfunkorchester Leipzig, Dir.: Adolf Fritz Guhl
MDR (heute Rundfunkarchiv Babelsberg)

aus *Un Ballo in Maschera*, Melodramma in tre atti:
Cavatine des Oscar „Saper vorreste" aus dem 3. Akt (3. Juli 1969)
Münchner Rundfunkorchester, Dir.: Kurt Eichhorn
BR

Carl Zeller
(1842–1898)

aus *Der Vogelhändler*, Operette in drei Akten:
Lied der Christel „Ich bin die Christel von der Post" aus dem 1. Akt (Köln, 26. April 1968)
WDR-Sinfonieorchester, Dir.: Curt Cremer
WDR

Musical-Parade
34-minütiges Medley mit Ausschnitten aus *Kiss me, Kate* („Wunderbar"), *My fair Lady* („Ich hätt' getanzt heut' Nacht", „In the street where you live", „Bringt mich pünktlich zum Altar"), *West Side Story* („America", „Tonight"), *Hello, Dolly* („Hello, Dolly"), *Mary Poppins* („Superkaligalifristisch", „Chim-Chim-Cheree", „Mit einem Teelöffel Zucker"), *Can Can* („Ganz Paris träumt von der Liebe"), *No, No, Nanette* („Tea for two"), *Oklahoma* („Wun-

dervoll ist dieser Morgen"), *Sound of Music* („Edelweiß"), *Ana-tevka* („Wenn ich einmal reich wär", „Tradition"), *Annie get your gun* („Man sagt, verliebt sein", „Am Schießeisen beißt keiner an", „There is no business like showbusiness")
Margot Eskens (Gesang), Heinz Hoppe (Tenor), Wolfgang Anheisser (Bariton), Willy Schneider (Bassbariton), WDR Rundfunkorchester Köln, Dir.: Heinz Geese
WDR

3.2   Oratorien, Messen, Kantaten, weltliches Konzertfach

Adolphe Adam (1803–1856)	*Bravour-Variationen über „Ah, vous dirais-je, Maman" von Mozart* für Sopran, Flöte und Klavier (Konzertmitschnitt aus dem Frick Museum, New York, 4. November 1984) Carol Wincenc (Flöte), Samuel Sanders (Klavier) WNYC
Johann Sebastian Bach (1685–1750)	*Ich hatte viel Bekümmernis* BWV 21 (Mitschnitt eines Gesprächskonzerts aus der Alten Oper Frankfurt, 31. Januar 1982) Gabriele Schreckenbach, Karl Markus, Walter Heldwein, Gächinger Kantorei, BC Stuttgart, Werkeinführung und Leitung: Helmuth Rilling HR
	Schwingt freudig euch empor BWV 36 (Konzertmitschnitt aus dem Neuen Gewandhaus zu Leipzig, 9. Dezember 1981) Julia Hamari, Adalbert Kraus, Walter Heldwein, Gächinger Kantorei, BC Stuttgart, Dir.: Helmuth Rilling MDR
	Am Abend aber desselbigen Sabbat BWV 42 (Konzertmitschnitt vom New England Bach-Festival 1983, Brattleboro Music Center) Jan deGaetani, Ian Partridge, Sanford Sylvan, Chor und Orchester des New England Bach-Festival, Dir.: Blanche Moyse (Ein Mitschnitt liegt in der Library of Congress in Washington, D. C.)
	Jauchzet Gott in allen Landen BWV 51 1. Studioproduktion vom 19. Dezember 1974 Don Smithers (Trompete), Peter Schwarz (Orgel), Radio-Symphonie-Orchester Berlin, Dir.: Uwe Gronostay DEUTSCHLANDRADIO KULTUR (ehemals RIAS BERLIN)

2. Konzertmitschnitt aus der Stuttgarter Stiftskirche, 6. August 1980
Rob McGregor (Trompete), BC Stuttgart, Dir.: Helmuth Rilling
SWR

3. Konzertmitschnitt aus der Alice Tully Hall, New York, vom 23. April 1989
Stephen Burns (Trompete), Chamber Music Society of Lincoln Center, Cembalo und Leitung: Charles Wadsworth
(Ein Mitschnitt liegt in der New York Public Library)

Selig ist der Mann BWV 57
(Konzertmitschnitt vom New England Bach-Festival, Brattleboro Music Center)
Sanford Sylvan, Dir.: Blanche Honegger Moyse
(Ein Mitschnitt liegt in der Lila Acheson Wallace Library der Juillard School in New York)

Christen, ätzet diesen Tag BWV 63
(Konzertmitschnitt aus dem Neuen Gewandhaus, Leipzig, 9. Dezember 1981)
Julia Hamari, Adalbert Kraus, Walter Heldwein, Gächinger Kantorei, BC Stuttgart, Dir.: Helmuth Rilling
MDR

aus *Also hat Gott die Welt geliebt* BWV 68:
Arie „Mein gläubiges Herze"
(Konzertmitschnitt aus der Frick Collection New York, 4. November 1984)
Adriana Contino (Cello), Samuael Sanders (Cembalo)
WNYC

Gott ist mein König BWV 71
(Konzertmitschnitt aus der Alten Oper Frankfurt, 7. Februar 1982)
Gabriele Schreckenbach, Adalbert Kraus, Philippe Huttenlocher, Frankfurter und Gächinger Kantorei, BC Frankfurt, Dir.: Helmuth Rilling
HR

Herr, gehe nicht ins Gericht BWV 105
(Konzertmitschnitt vom New England Bach-Festival 1983, Brattleboro Music Center)
Jan de Gaetani, Ian Partridge, Sanford Sylvan, Chor und Orchester des New England Bach-Festival, Dir.: Blanche Honegger Moyse
(Ein Mitschnitt liegt in der Library of Congress in Washington, D. C.)

Unser Mund sei voll es Lachens BWV 110
(Konzertmitschnitt aus dem Neuen Gewandhaus, Leipzig, 9. Dezember 1981)
Julia Hamari, Adalbert Kraus, Walter Heldwein, Gächinger Kantorei, BC Stuttgart, Dir.: Helmuth Rilling
MDR

Wachet auf ruft uns die Stimme BWV 140
1. Konzertmitschnitt aus der Stiftskirche, Stuttgart, 3. August 1980)
Adalbert Kraus, Wolfgang Schöne, Gächinger Kantorei, BC Stuttgart, Dir.: Helmuth Rilling
SWR

2. Mitschnitt des Gedächtniskonzerts für Karl Richter, 3. Mai 1981
Claes H. Ahnsjö, Kieth Engen, Münchner Bach-Chor und Münchner Bach-Orchester, Dir.: Leonard Bernstein
BR

Gott, wie dein Name, so ist auch dein Ruhm BWV 171
(Konzertmitschnitt aus der Alice Tully Hall, New York, 15. September 1984)
Jane Bunnell, John Aler, Ben Holt, Members of the American Boychoir, Men of the St. Thomas Choir, Members and guests of the Chamber Music Society of Lincoln Center, Dir.: Kenneth Cooper
(Ein Mitschnitt liegt in der New York Public Library)

Lass, Fürstin, laß noch einen Strahl, Trauerode auf das Ableben der Gemahlin August des Starken Christiane Eberhardine, Königin von Polen und Kurfürstin von Sachsen für Soli, Chor und Orchester BWV 198
(Konzertmitschnitt der „Sommerakademie Stuttgart" aus der Leonhardskirche, Stuttgart, 21. August 1984)
Mechthild Georg, David Gordon, Philippe Huttenlocher, Gächinger Kantorei, BC Stuttgart, Dir.: Hans-Joachim Rotzsch
SWR

Mein Herze schwimmt in Blut BWV 199
(Konzertmitschnitt aus der Alice Tully Hall, New York, 15. September 1984)
Members and guests of the Chamber Music Society of Lincoln Center, Dir.: Kenneth Cooper
(Ein Mitschnitt liegt in der New York Public Library)

Weichet nur, betrübte Schatten, Hochzeitskantate für Sopran, Oboe, Streicher und B. c. BWV 202

1. Konzertmitschnitt aus dem Neuen Schloss, Stuttgart, 14. August 1979
Ingo Goritzki (Oboe), BC Stuttgart, Dir.: Helmuth Rilling
SWR

2. Konzertmitschnitt vom „New England Bach Festival", Brattleboro Music Center, 5. Oktober 1990
New England Bach Festival Orchestra, Dir.: Blanche Honegger Moyse
(Ein Mitschnitt ist bei HOUSE OF OPERA auf der CD „Arleen Auger: Compilation – Live: Recitals & interviews 1990–1993" erhältlich).

Vereinigte Zwietracht der wechselnden Saiten, Glückwunschkantate für Soli, Chor und Orchester (Dramma per musica) BWV 207 (Glück) (Konzertmitschnitt aus dem Stuttgarter Hospitalhof, 25. August 1983)
Mechthild Georg (Dankbarkeit), Adalbert Kraus (Fleiß), Philippe Huttenlocher (Ehre), Gächinger Kantorei, BC Stuttgart, Dir.: Hans-Joachim Rotzsch
SWR

O holder Tag, erwünschte Zeit, Kantate für Solosopran, Flauto traverso, Oboe d'amore, zwei Violinen, Viola und B. c. BWV 210 (Studioproduktion im Haus des Rundfunks, Berlin, 27. Dezember 1974)
Bach-Collegium Berlin, Dir.: Karl Hochreither
RBB (ehemals SFB)

Preise Dein Glück, gesegnetes Sachsen, Glückwunschkantate für Soli, Chor und Orchester (Dramma per musica), BWV 215 (Konzertmitschnitt aus dem Stuttgarter Hospitalhof, 25. August 1983)
Adalbert Kraus, Philippe Huttenlocher, Gächinger Kantorei, BC Stuttgart, Dir.: Hans-Joachim Rotzsch
SWR

Messe h-Moll BWV 232
1. Konzertmitschnitt aus Paris, 20. Juni 1973
Marga Höffgen, Adalbert Kraus, Siegmund Nimsgern, Freiburger Bach-Chor, Kirchenchor Sankt Cäcilia Frankfurt, Orchestre Philharmonique de l'ORTF, Dir.: Theodor Egel
INA – ORTF

2. Konzertmitschnitt aus der Berliner Philharmonie, 19. April 1981
Doris Soffel, Anthony Rolfe Johnson, Willard White, Chor des Norddeutschen Rundfunks Hamburg, Radio-Symphonieorchester Berlin, Wolfgang Meyer (Orgel), Dir.: Sir Neville Marriner
NDR und RBB (ehemals SFB)

3. Mitschnitt eines Gesprächskonzerts aus der Alten Oper Frankfurt, 6. September 1981
Julia Hamari, Adalbert Kraus, Wolfgang Schöne, Frankfurter Kantorei, Bach-Collegium Frankfurt, Dir.: Helmuth Rilling
HR

4. Konzertmitschnitt vom *Internationalen Musikfest Stuttgart 1985* aus der Liederhalle Stuttgart, 14. September 1985
Anne-Sophie von Otter, Aldo Baldin, Wolfgang Schöne, Gächinger Kantorei, BC Stuttgart, Dir.: Helmuth Rilling
SWR

5. Konzertmitschnitt aus dem Münchner Gasteig, 1. April 1988
Jard van Nes, Francisco Araiza, Andreas Schmidt, Philharmonischer Chor München, Münchner Philharmoniker, Dir.: Jörg-Peter Weigle
BR

Messe A-Dur BWV 234
(Konzertmitschnitt der *Sommerakademie Stuttgart* aus der Stuttgarter Stiftskirche, 19. Juli 1981)
Gabriele Schreckenbach, Adalbert Kraus, Wolfgang Schöne, Gächinger Kantorei, BC Stuttgart, Dir.: Helmuth Rilling
SWR

Magnificat D-Dur BWV 243, zweite Fassung
1. Mitschnitt des Gedächtniskonzerts für Karl Richter aus München, 3. Mai 1981
Ruža Baldani, Claes H. Ahnsjö, Kieth Engen, Münchner Bach-Chor und Münchner Bach-Orchester, Dir.: Leonard Bernstein
BR

2. Konzertmitschnitt aus der Carnegiehall, New York, 8. Februar 1985
Lorna Haywood, Claudine Carlson, John Aler, Stephen Saxon, St. Olaf Choir, Minnesota Orchestra, Dir.: Sir Neville Marriner
(Rundfunkübertragung vom 2. Dezember 1985)

Matthäus-Passion BWV 244
1. Konzertmitschnitt aus dem Concertgebouw Amsterdam, 11. April 1976
Kurt Equiluz (Evangelist), Peter van der Bilt (Christus), Nelly van der Spek (Sopran), Ortrun Wenkel, Sylvia Schluter, Nigel Rogers, Max van Egmond, Ruud van der Meer, Niederländischer Kammerchor, Concertgebouworchester, Dir.: Nikolaus Harnoncourt
AVRO

2. Konzertmitschnitt aus dem Concertgebouw Amsterdam, 19. März 1978

Kurt Equiluz (Evangelist), Peter van der Bilt (Christus), Nelly van der Spek, Ortrun Wenkel, Sylvia Schluter, Peter Keller, Philippe Huttenlocher, Ruud van der Meer, Niederländischer Kammerchor, Collegium vocale Gent, Chor der St. Bavo Kathedrale Harlem, Concertgebouworchester, Dir.: Nikolaus Harnoncourt
AVRO

3. Konzertmitschnitt aus dem Concertgebouw Amsterdam vom 27. März 1983
Kurt Equiluz (Evangelist), Robert Holl (Christus), Roberta Alexander (Sopran), Ortrun Wenkel, Jard van Nes, Philip Langridge, Ruud van der Meer, Anton Scharinger, Koor van het Concertgebouw, Chor der St. Bavo Kathedrale, Concertgebouworchester, Dir.: Nikolaus Harnoncourt
AVRO

4. Konzertmitschnitt vom „New England Bach Festival" 1984
Jan de Gaetani, Ian Partridge, Sandford Sylvan, Moyse Chorale, New England Bach Festival Orchestra, Dir.: Blanche Moyse
VPR

5. Konzertmitschnitt vom *Internationalen Musikfest Stuttgart 1985* aus der Liederhalle Stuttgart, 22. September 1985
Julia Hamari, Aldo Baldin, Wolfgang Schöne (Jesus), Andreas Schmidt (Rezitative, Arien, Pilatus), Böblinger Kinderchor, Stockholmer Kammerchor, Gächinger Kantorei, BC Stuttgart, Dir.: Eric Ericson
SWR

Johannes-Passion BWV 245
1. Konzertmitschnitt Kassel, St. Martin, 2. November1975
Hanna Schwarz, Adalbert Kraus, Wolfgang Schöne, Philippe Huttenlocher, Frankfurter Kantorei, BC Stuttgart
Dir.: Helmuth Rilling
HR

2. Konzertmitschnitt aus der Stiftskirche, Stuttgart, 19. August 1979
Julia Hamari, Kurt Equiluz, John Bröcheler, Harald Stamm, Gächinger Kantorei, BC Stuttgart, Dir.: Helmuth Rilling
SWR

3. Konzertmitschnitt aus dem Concertgebouw Amsterdam, 23. März 1986
Kurt Equiluz (Evangelist), Robert Holl (Christus), Jadwiga Rappe (Alt), Neil Rosenshein (Tenor), Anton Scharinger (Bass), Niederländischer Kammerchor, Concertgebouworchester, Dir.: Nikolaus Harnoncourt
AVRO

aus dem *Osteroratorium* BWV 249:
Arie Nr. 5 „Seele, deine Spezereien"
(Konzertmitschnitt aus der Frick Collection New York, 4. November 1984)
Samuel Sanders (Cembalo), Andrea Contino (Cello)
WNYC

Wilhelm Friedemann Bach (1710–1784)

Dies ist der Tag, Pfingstkantate für Soli, Chor und Orchester Falk 64
(Konzertmitschnitt von der *Sommerakademie Stuttgart* aus der Stuttgarter Stiftskirche, 6. August 1980)
Helen Watts, Adalbert Kraus, Wolfgang Schöne, Gächinger Kantorei, BC Stuttgart, Dir.: Helmuth Rilling
SWR

Ludwig van Beethoven (1770–1827)

Trauerkantate auf den Tod Kaiser Joseph II WoO 87
(Aufnahme vom 23. November 1970)
Alfred Winkler (Tenor), Walter Poduschka (Bass), Österreichischer Rundfunkchor, Österreichisches Radiosinfonieorchester, Dir.: Milan Horvat
ORF/NCRV

Kantate auf die Erhebung Leopolds II. zur Kaiserwürde WoO 88
(Aufnahme vom 8. Januar 1971)
Alfred Winkler (Tenor), Walter Poduschka (Bass), Georg Weinhengst (Flöte), Leonard Wallisch (Cello), Österreichischer Rundfunkchor, Österreichisches Rundfunkorchester, Dir.: Milan Horvat
ORF/NCRV

Wo sich die Pulse jugendlich jagen, Chor mit Sopransolo zu Carl Meisls Festspiel *Die Weihe des Hauses* WoO 98
Chor des ORF, Radio Symphonieorchester Wien, Dir.: Milan Horvat
ORF

Johannes Brahms (1833–1897)

Ein Deutsches Requiem op. 45
1. Konzertmitschnitt aus dem großen Studio von RTL, Villa Louvigny, Luxembourg, 25. Oktober 1978
Ernst Gerald Schramm, Maitrise de la Cathédrale Notre-Dame de Luxembourg, Chœurs du Conservatoire de Luxembourg, Orchestre de RTL, Dir.: Pierre Cao
CNA

2. Mitschnitt eines Gesprächskonzert aus dem Großen Sendesaal des HR, 16. November 1980

Robert Holl, Frankfurter und Gächinger Kantorei, RSO Frankfurt, Dir. und Erläuterungen: Helmuth Rilling
HR

Domenico Cimarosa
(1749–1801)

Gloria patri, Motette für Sopran, konzertierende Oboe, Streicher und B. c.; *Quoniam tu solus sanctus*, Motette für Sopran, Oboe, Trompete, Streicher und B. c.
1. Studioproduktion aus Berlin vom 19. Dezember 1974
Günther Passin (Oboe), Don Smithers (Trompete), Peter Schwarz (Orgel), Radio-Symphonie-Orchester Berlin, Dir.: Uwe Gronostay
DEUTSCHLANDRADIO KULTUR (ehemals RIAS BERLIN)

2. Konzertmitschnitt der *Schwetzinger Festspiele* vom 30. Mai 1976 Radio-Sinfonieorchester Stuttgart, Dir.: Argeo Quadri
SWR

Hans Darmstadt
(geb. 1943)

Psalmkantate „ ... darum hoffe ich noch" für Soli, gemischten Chor und Orchester
(Konzertmitschnitt der UA aus der Stiftskirche Stuttgart, 26. Juli 1981)
Gabriele Schreckenbach, Günther Robens (Tenor-Solo im 5. Teil), Walter Heldwein, Gächinger Kantorei, BC Stuttgart, Dir.: Helmuth Rilling
SWR

Claude Debussy
(1862–1918)

Le Martyre de Saint-Sebastien, Mystère en cinq actes für Soli, Chor und Orchester
1. Konzertmitschnitt von den Salzburger Festspielen aus dem Salzburger Dom, 17. August 1974
Chor und Sinfonieorchester des ORF, Dir.: Milan Horvat
ORF (Landesstudio Salzburg)

2. Konzertmitschnitt aus dem Kölner Gürzenich, 18. Mai 1979
Anne Fournet (Sprechstimme), Doris Soffel, Barbara Scherler (Alt), Kölner Rundfunkchor, WDR Rundfunkorchester Köln, Dir.: Hiroshi Wakasugi
WDR

La Damoiselle Elue, Poème lyrique für Sopran, Mezzosopran, Frauenchor und Orchester
(Konzertmitschnitt aus der Stuttgarter Liederhalle, 3. Februar 1983)
Gabriele Schreckenbach, Rundfunkchor Stuttgart, RSO Stuttgart, Dir.: Gary Bertini
SWR

Petr Eben
(1929–2007)

Lied der Ruth (Gesang zur Trauung) für mittlere Stimme und Orgel (1970)

(Konzertmitschnitt vom *Carinthischen Sommer 1982* aus der Stiftskirche Ossiach, 19. August 1982)
Thomas Daniel Schlee (Orgel)
BBC

Gottfried von Einem
(1918–1996)

Geistliche Sonate für Sopran, Trompete und Orgel op. 38 (1973)
1. Konzertmitschnitt der UA vom *Carinthischen Sommer 1974* aus der Stiftskirche Ossiach, 31. Juli 1974
Carole Dawn Reinhart (Trompete), Karl Hochreither (Orgel)
ORF (Landesstudio Kärnten)

2. Konzertmitschnitt vom *Carinthischen Sommer 1982* aus der Stiftskirche Ossiach, 19. August 1982
Carole Dawn Reinhart (Trompete), Thomas Daniel Schlee (Orgel)
BBC

Gabriel Fauré
(1845–1924)

Requiem op. 48
(Studioproduktion vom 12. Januar 1989 und Konzertmitschnitt aus dem Münchner Gasteig, 13. Januar 1989)
Andreas Schmidt (Bariton), Chor und Symphonieorchester des BR, Dir.: Sir Colin Davis
BR

Georg Friedrich Händel
(1685–1759)

Brockes Passion (*Der für die Sünde der Welt gemarterte und sterbende Jesus*) HWV 48 (1716)
(Konzertmitschnitt vom *Touraines Fêtes Musicales* vom Juni 1979)
Ian Partridge, Thomas David, James Griffeth, Michael George, Gal Zhava, Birgit Grenat, Kevin Smith, Timothy Penrose, Ensemble vocale Resonances, Ensemble la Grande Écurie et la Chambre du Roy, Dir.: Jean-Claude Malgoire
RADIO FRANCE

Der Messias, Oratorium in drei Teilen HWV 56, deutsche Fassung von Friedrich Chrysander und Arnold Schering
(Mitschnitt eines Gesprächskonzerts aus der Alten Oper Frankfurt, 28. November 1982)
Elisabeth Graf, Aldo Baldin, Harald Stamm, Gächinger Kantorei, BC Stuttgart, Dir.: Helmuth Rilling
HR

Das Werk in der Mozartfassung: siehe unter Mozart

Belshazzar, Oratorium in drei Teilen HWV 61 (Nitocris)
1. Konzertmitschnitt aus der Queen's Hall, Edinburgh, 9. Januar 1987

Margaret Cable, Michael Chance, John Graham-Hall, Michael George, Scottish Pilharmonic Singers, Scottish Chamber Orchestra, Dir.: Nicholas Kraemer
BBC

2. Konzertmitschnitt aus der Royal Albert Hall, London, 22. Juli 1990 (Live von den „Proms")
Anthony Rolfe Johnson (Belshazzar), James Bowman (Daniel), Catherine Robbin (Cyrus), David Wilson-Johnson (Gobrias), English Concert Chorus und English Concert, Dir.: Trevor Pinnock
BBC

Judas Maccabäus, Oratorium in drei Teilen HWV 63 (Eine Israelitin)
(Mitschnitt aus Paris, 15. April 1976)
Ortrun Wenkel (Ein Israelit), David Rendall (Judas), Martin Egel (Simon), Choeurs und Orchestre philharmonique, Dir.: Günter Jena
RADIO FRANCE

Solomon, Oratorium HWV 67 (Königin von Saba)
(Konzertmitschnitt aus der Royal Albert Hall, London, 5. August 1986 – live von den „Proms")
Felicity Palmer (Solomon), Marie McLaughlin (Solomons Königin), Ian Caley (Zadok), Stephen Robert (Levite), Jennifer Smith (Erste Dirne), Della Jones (Zweite Dirne), English Concert Choir, English Concert, Dir.: Trevor Pinnock
BBC

Triumph von Zeit und Wahrheit HWV 71 (Schönheit)
(Konzertmitschnitt vom *Carinthischen Sommer 1974* aus der Stiftskirche Ossiach, 17. August 1974)
Hans Martin Nau (Genius der Zeit), Keith Davis (Wahrheit), William Ingle (Vergnügen), Linda Heimall (Betrug), Arnold-Schönberg-Chor, Kammerorchester Bohuslav Martinu (Brünn), Kammersolisten Wien, Dir.: Theodor Guschlbauer
ORF (Landesstudio Kärnten)

Ode to St. Ceclia's Day HWV 76
(Konzertmitschnitt aus der Avery Fisher Hall, New York, 21./22. Februar 1985)
Philip Creech (Tenor), Westminster Choir, New York Philharmonic Orchestra, Dir.: Kurt Masur
WQXR

Silete venti, Motette für Sopran und Orchester HWV 242
(Konzertmitschnitt aus der Royal Albert Hall, London, 16. August 1987)

English Concert, Dir.: Trevor Pinnock
BBC

Pastorella vagha bella, Kantate für Sopran und B. c. HWV deest
(Konzertmitschnitt, Frick Museum, New York, 4. November
1984)
Samuel Sanders (Cembalo)
WNYC

Joseph Haydn
(1732–1809)

Die sieben letzten Worte unseres Erlösers am Kreuze, Oratorium
für Soli, Chor und Orchester Hob. XX:2
(Konzertmitschnitt aus dem Staatstheater Kassel, 1. November
1980)
Carolyn Watkinson, Lutz-Michael Harder, Walter Heldwein,
Frankfurter Kantorei, Bach-Collegium Frankfurt, Dir.: Helmuth
Rilling
HR

Die Jahreszeiten, Oratorium für Soli, Chor und Orchester Hob.
XXI:3 (Konzertmitschnitt aus der Berliner Philharmonie, 1. Ja-
nuar 1983)
Kurt Equiluz, Dietrich Fischer-Dieskau, RIAS-Kammerchor,
Junge Deutsche Philharmonie, Dir.: Uwe Gronostay
DEUTSCHLANDRADIO KULTUR (ehemals RIAS)

Missa Sancti Bernardi von Offida B-Dur Hob. XXII:10 (*Heilig-
messe*)
(Konzertmitschnitt aus dem Großen Sendesaal des HR in Frankfurt, 11. Dezember 1977)
Helen Watts, Adalbert Kraus, Niklaus Tüller, Frankfurter Kantorei, BC Stuttgart, Dir.: Helmuth Rilling
HR

Missa in angustiis d-Moll Hob. XXII:11 (*Nelsonmesse*)
1. Konzertmitschnitt aus dem Großen Sendsaal des HR in Frank-
furt, 29. Januar 1978
Helen Watts, Adalbert Kraus, Wolfgang Schöne, Frankfurter
Kantorei, BC Stuttgart, Dir.: Helmuth Rilling
HR

2. Konzertmitschnitt der *Sommerakademie Stuttgart* aus der
Stuttgarter Stiftskirche, 26. Juli 1981
Gabriele Schreckenbach, Adalbert Kraus, Wolfgang Schöne, Gä-
chinger Kantorei, BC Stuttgart, Dir.: Helmuth Rilling
SWR

Messe B-Dur Hob. XXII: 13 (*Schöpfungsmesse*)
1. Konzertmitschnitt aus dem Großen Sendesaal des HR, 21. Mai
1978

Helen Watts, Adalbert Kraus, Wolfgang Schöne, Frankfurther Kantorei, BC Stuttgart, Dir.: Helmuth Rilling
HR

2. Konzertmitschnitt aus dem Staatstheater Kassel, 1. November1980
Carloyn Watkinson, Lutz-Michael Harder, Walter Heldwein, Frankfurter Kantorei, Bach-Collegium Frankfurt, Dir.: Helmuth Rilling
HR

Messe B-Dur Hob. XXII:14 (*Harmoniemesse*)
1. Konzertmitschnitt vom *Festival Estival De Paris* aus St. Séverin, 13. September 1976
Doreen Walker, Ian Partridge, John Tomlinson, Choeurs de Radio France, Nouvel Orchestre Philharmonique de Radio France, Dir.: Sir John Eliot Gardiner
RADIO FRANCE

2. Konzertmitschnitt aus dem Beethovensaal der Liederhalle Stuttgart, 28. Mai 1978
Helen Watts, Adalbert Kraus, Wolfgang Schöne, Figuralchor der Gedächtniskirche Stuttgart, BC Stuttgart, Dir.: Helmuth Rilling
SWR

Zoltán Kodály
(1882–1967)

Budapester Te Deum (1936)
(Konzertmitschnitt aus dem Konzertsaal des Dänischen Rundfunks vom 16. September 1982)
Minna Nyhus, Kurt Westi, Ulrik Cold, Chor und Orchester des Dänischen Rundfunks, Dir.: Miltiades Caridis
DR

Gustav Mahler
(1860–1911)

Sinfonie Nr. 2 c-Moll „Auferstehungs-Sinfonie"
1. Konzertmitschnitt aus dem Münchner Gasteig, 24. November 1985
Christa Ludwig, Philharmonischer Chor München, Münchner Philharmoniker, Dir.: Seiji Ozawa
BR

2. Konzertmitschnitt aus der Suntory Hall, Tokio, 18. November1989
Jard van Nes, Tokyo Oratorio Society, Radio-Sinfonie-Orchester Frankfurt, Dir.: Eliahu Inbal
HR

3. Konzertmitschnitt aus der Symphony Hall, Birmingham, 12. Juni 1991
Alfreda Hodgson, City of Birmingham Chor und Orchester, Dir.: Sir Simon Rattle
BBC

4. Konzertmitschnitt vom *Schleswig Holstein-Musikfestival* aus der Holstenhalle Neumünster, 25. August 1991
Christa Ludwig, Dänischer Rundfunkchor, Chor und Orchester des NDR, Dir.: Christoph Eschenbach
NDR

5. Konzertmitschnitt aus der Tivoli Konzert Hall, Venue, 26. August 1991
Christa Ludwig, Dänischer Rundfunkchor, Chor und Orchester des NDR, Dir.: Christoph Eschenbach
DR

Sinfonie Nr. 4 G-Dur
1. Konzertmitschnitt aus Paris, 1. Januar 1984
Nouvel Orchestre Philharmonique de Radio France, Dir.: Marek Janowski
RADIO FRANCE

2. Konzertmitschnitt aus der Liederhalle, Stuttgart, 11. Oktober 1989
Radio-Sinfonieorchester Stuttgart, Dir.: Sir Neville Marriner
SWR

3. Konzertmitschnitt aus der Yubin Chokin Hall, Hiroshima, 13. November 1989
Radio-Sinfonie-Orchester Frankfurt, Dir.: Eliahu Inbal
HR

Simon Mayr (1763–1845)	*Luigi Gonzaga*, szenisches Oratorium in ital. Sprache (Luigi) (München, 7. April 1974) Karin Hautermann (Hofdame), Trudeliese Schmidt (Donna Martha), Barry McDaniel (Don Ferrante), Chor des BR, Münchner Rundfunkorchester, Dir.: Günther Wich BR
Tilo Medek (1940–2006)	*Gethsemane*, Kantate für Sopran, Tenor, Chor, Orchester und Orgel auf Texte von Rainer Maria Rilke (1980) (Konzertmitschnitt der UA aus der Stuttgarter Stiftskirche, 3. August 1980) Adalbert Kraus, Gächinger Kantorei, BC Stuttgart, Dir.: Helmuth Rilling SWR
Felix Mendelssohn Bartholdy (1809–1847)	*Paulus*, Oratorium in zwei Teilen für Soli, Chor und Orchester op. 36 1. Konzert im Rahmen der *Sommerakademie Stuttgart*, Konzertmitschnitt aus der Stuttgarter Stiftskirche, 15. August 1982 Yoko Nagashima, Adalbert Kraus, Wolfgang Schöne, Gächinger Kantorei, Radio-Sinfonie-Orchester Frankfurt, Dir.: Helmuth Rilling SWR

2. Konzertmitschnitt aus der Alten Oper Frankfurt, 13./14. Januar 1983
Ria Bollen, Adalbert Kraus, Wolfgang Schöne, Lionel Fawcett, Gächinger Kantorei, Radio-Sinfonie-Orchester Frankfurt, Dir.: Helmuth Rilling
HR

Elias, Oratorium nach Worten des Alten Testaments op. 70
1. Konzertmitschnitt aus dem Beethovensaal der Liederhalle Stuttgart, 28. November 1976
Birgit Finnilä, Aldo Baldin, Dietrich Fischer-Dieskau, Gächinger Kantorei, Figuralchor der Gedächtniskirche Stuttgart, Frankfurter Kantorei, Rundfunksinfonieorchester Saarbrücken, Dir.: Helmuth Rilling
SR

2. Konzertmitschnitt aus dem Konzertsaal des Dänischen Nationalrundfunks, Venue, 16. September 1983 (Witwe/Engel)
Tom Krause (Elias), Edith Guillaume (Königin/Engel), Claes H. Ahnsjö (Abadias/König Ahab), Chor und Orchester des Dänischen National Radios, Dir.: Michel Corboz
DR

Wolfgang Amadeus Mozart (1756–1791)

Se tutti i mali miei, Konzertarie für Sopran und Orchester KV 83 (1770)
(Konzertmitschnitt der *Schwetzinger Festspiele*, 6. Mai 1980)
Radio-Sinfonieorchester Stuttgart, Dir.: Paul Sacher
SWR

Exsultate, jubilate, Motette für Sopran und Orchester KV 165
1. Konzertmitschnitt vom *Carinthischen Sommer* 1974 aus der Stiftskirche Ossiach, 1. August 1974
Kammerensemble des Orchesters des Carinthischen Sommers, Dir.: Erwin Guido Ortner
ORF (Landesstudio Kärnten)

2. Stuttgart, 12. Februar 1976
RSO Stuttgart, Dir.: Uriel Segal
SWR

3. Konzertmitschnitt vom *Festival van Vlaanderen Brügge, Musica antiqua 1986* aus der St. Walburgakerk in Brügge, 8. August 1986
The English Concert, Dir.: Trevor Pinnock
VRT

4. Konzertmitschnitt vom *Tanglewood Festival*, 17. August 1986
The Boston Symphony Orchestra, Dir.: Christopher Hogwood
WQXR

5. Konzertmitschnitt aus dem Herkulessaal der Residenz in München, 7. April 1990
Bayerisches Rundfunksinfonieorchester, Dir.: Leonard Bernstein
BR

Dixit et Magnificat für vier Singstimmen, Orchester und Orgel KV 193
(Frankfurt, Großer Sendesaal des HR, 8. Oktober 1977)
Philip Langridge, Walter Heldwein, Frankfurter Kantorei, Bach-Collegium Frankfurt, Dir.: Helmuth Rilling
HR

Voi avete un cor fedele, Konzertarie für Sopran und Orchester KV 217
(Konzertmitschnitt vom *Carinthischen Sommer* aus der Stiftskirche Ossiach, 1. August 1974)
Kammerensemble des Orchesters des Carinthischen Sommers, Dir.: Erwin Guido Ortner
ORF (Landesstudio Kärnten)

Missa in C KV 220 (*Spatzenmesse*)
(Mitschnitt eines Gesprächskonzerts aus der Alten Oper Frankfurt, 8. Januar 1984)
Mechthild Georg, Lutz-Michael Harder, John Bröcheler, Michael Behringer (Orgel), Gächinger Kantorei, BC Stuttgart, Dir.: Helmuth Rilling
HR

Litaniae de venerabili altaris sacramento Es-Dur KV 243
(Konzertmitschnitt vom *Festival Estival De Paris*, St. Séverin, 13. September 1976)
Doreen Walker, Ian Partridge, John Tomlinson, Choeurs et Nouvelle Orchestre Philharmonique de Radio France, Dir.: Sir John Eliot Gardiner
RADIO FRANCE

Venite, Populi, Offertorium KV 260
(Mitschnitt eines Gesprächskonzerts aus der Alten Oper Frankfurt, 8. Januar 1984)
Mechthild Georg, Lutz-Michael Harder, John Bröcheler, Michael Behringer (Orgel), Gächinger Kantorei, BC Stuttgart, Dir.: Helmuth Rilling
HR

Missa C-Dur KV 317 (*Krönungsmesse*)
(Konzertmitschnitt aus der Alten Oper Frankfurt, 8. Januar 1984)

Mechthild Georg, Lutz-Michael Harder, John Bröcheler, Michael Behringer (Orgel), Gächinger Kantorei, BC Stuttgart, Dir.: Helmuth Rilling
HR

Missa solemnis C-Dur KV 337
(München, 7. Dezember 1972)
Ursula Gust, Manfred Schmidt, Gerd Nienstedt, Chor und Symphonieorchester des BR, Dir.: Carl Melles
BR

Große Messe c-Moll KV 427
1. Konzertmitschnitt aus Stuttgart, 29. November 1973
Heather Harper, Horst Laubenthal, Ulrik Cold, Chor des Bayerischen Rundfunks, Stuttgarter Vokalensemble, Radiosinfonieorchester Stuttgart, Dir.: Sergiu Celibidache
SWR (auch als CD bei TOPAZIO veröffentlicht)

2. Konzertmitschnitt aus der Hamburger Laeiszhalle, 25. März 1974
Janis Martin, Werner Hollweg, Hans Sotin (Bass), RIAS-Kammerchor, Chor und Sinfonieorchester des NDR, Dir.: Moshe Atzmon
NDR

3. Studioproduktion Paris, 19. November 1975
Jocelyne Chamonin, Hans Dieter Ellenbeck, Chœur de Radio France, Orchestre National de France, Dir.: Hans Wallat
INA FRANCE – RADIO FRANCE

4. Aufnahme aus der Christuskirche in Mainz, 27. Mai 1977
Verena Schweizer, Claes H. Ahnsjö, Kurt Widmer,
Bach-Chor Mainz, SWF-Sinfonieorchester Baden-Baden, Dir.: Diethard Hellmann
SWR

5. Konzert im Rahmen der *Sommerakademie Stuttgart*, Konzertmitschnitt aus der Stiftskirche, Stuttgart, 19. Juli 1981
Edith Wiens, Adalbert Kraus, Wolfgang Schöne, Gächinger Kantorei, BC Stuttgart, Dir.: Helmuth Rilling
SWR

6. Konzertmitschnitt aus dem Herkulessaal der Residenz, München, 7. April 1990
Frederica von Stade, Frank Lopardo, Cornelius Hauptmann, Chor und Sinfonieorchester des BR, Dir.: Leonard Bernstein
BR

7. Konzertmitschnitt aus der Symphony Hall, Birmingham, 21. Januar 1992

Anne Sofie von Otter, John Mark Ainsley, David Thomas, City of Birmingham Chor und Orchester, Dir.: Sir Simon Rattle
BBC

Davidde penitente, Kantate KV 469
(Studioproduktion aus Rom, 14. Juni 1975)
Delia Wallis, Lajos Kozma, Orchestra sinfonica e Coro di Roma della RAI, Dir.: Wolfgang Sawallisch
RAI

Ch'io mi scordi di te?, Szene und Rondo für Sopran mit obligatem Klavier und Orchester KV 505
1. Studioproduktion aus Rom, 14. Juni 1975
Orchestra sinfonica della RAI, Klavier und Dir.: Wolfgang Sawallisch
RAI

2. Konzertmitschnitt aus der Berliner Philharmonie, 9. Mai 1982
David Levine (Klavier), Berliner Philharmonisches Orchester, Dir.: Seiji Ozawa
RBB (ehemals SFB)

Bella mia fiamma... Resta, oh cara, Konzertarie für Sopran und Orchester KV 528
(Konzertmitschnitt vom *Festival van Vlaanderen Brügge, Musica antiqua 1986* aus der St. Walburgakerk Brügge, 8. August 1986)
The English Concert, Dir.: Trevor Pinnock
VRT

Der Messias von Georg Friedrich Händel KV 572
(Konzertmitschnitt von den *Salzburger Festspielen* aus der Felsenreitschule, 29. August 1988)
Martha Senn, Marjana Lipovsek, Aldo Baldin, Theo Adam, Wiener Staatsopernchor, Wiener Philharmoniker; Dir.: Horst Stein
ORF (Landesstudio Salzburg)

Alma grande e nobil core, Konzertarie für Sopran und Orchester, KV 578 (Studioproduktion, 28. Februar 1975)
Großes Rundfunkorchester Leipzig, Dir.: Adolf Fritz Guhl
MDR (heute Rundfunkarchiv Babelsberg)

Requiem d-Moll KV 626
1. Konzertmitschnitt aus Paris, 22. Februar 1974
Gurli Plesner, Adalbert Kraus, Roger Soyer, Choeurs et Orchestre Nationale de l'ORTF, Dir.: Sergiu Celibidache
ORTF

2. Konzertmitschnitt vom *Tanglewood Festival*, 17. August 1986
Carolyn Watkinson, John Aler, John Cheek, The Tanglewood Festival Chorus, The Boston Symphony Orchestra, Dir.: Christopher Hogwood
WQXR

3. Konzertmitschnitt aus der Academy of Music, Philadelphia, 26. September 1991
Suzanne Mentzer, Jozef Kundlak, Simon Estes, Westminster Symphonic Choir, Philadelphia Orchestra, Dir.: Riccardo Muti
WHYY-FM

Carl Orff
(1895–1982)

Carmina burana, Cantiones profanae cantoribus et choris cantandae comitantibus instrumentis atque imaginibus magicis
1. Konzertmitschnitt aus der Hamburger Laeiszhalle, 12. Oktober 1979
Louis Davos (Tenor), Peter Binder (Bariton), RIAS-Kammerchor, Hamburger Knabenchor St. Nikolai, Chor und Orchester des NDR, Dir.: Klaus Tennstedt
NDR

2. Konzertmitschnitt aus dem Konzertsaal des Dänischen National Radios, Venue, 2. September 1981
Jørgen Hviid (Tenor), Rolf Leanderson (Bariton), Chor und Orchester des Dänischen National Radios, Dir.: Miltiades Caridis
DR

3. Konzertmitschnitt aus der Berliner Philharmonie, 15. Dezember 1986
James Bowman (Tenor), Stephen Roberts (Bariton), Ernst-Senff-Chor, Knabenchor des Staats- und Domchores Berlin, Radio Symphonie-Orchester Berlin, Dir.: Riccardo Chailly
DEUTSCHLANDRADIO KULTUR (ehemals RIAS BERLIN)

Giovanni Battista Pergolesi
(1710–1736)

Stabat Mater für Sopran, Alt, Streicher und B. c.
(Studioproduktion vom 27. November und Konzertmitschnitt aus Baden-Baden, 29. November 1985)
Marga Schiml, Sinfonieorchester des SWF Baden-Baden, Dir.: Christopher Hogwood
SWR

Francis Poulenc
(1899–1963)

Gloria für Solosopran, Chor und Orchester FP 177
(Konzertmitschnitt aus dem Konzertsaal des Dänischen Rundfunks in Kopenhagen vom 16. September 1982)
Chor und Orchester des Dänischen Rundfunks, Dir.: Miltiades Caridis
DR

Franz Schmidt
(1874–1939)

Das Buch mit den sieben Siegeln, Oratorium in zwei Teilen
(München, 25. März 1974)
Ursula Gust (Alt), Friedrich Melzer (Johannes), Gerd Nienstedt (Stimme des Herrn), Chor und Symphonieorchester des BR, Dir.: Carl Melles
BR

Arnold Schönberg: (1874–1951)	*Gurrelieder*, Kantate für Soli, Erzähler, Chor und Orchester (Taube) (Konzertmitschnitt aus De Doelen Rotterdam, 18. Juni 1974) Sophia van Sante (Waldtaube), Nigel David Rogers (Tenor), Henk Smit (Bauer), Gene Ferguson (Tenor), BBC-Chor, Groot Omroepkoor, Radiophilharmonieorchester, Dir.: Hans Zender NOS
	Streichquartett Nr. 2 fis-Moll op. 10 Gaudeamus-Quartett (Mitschnitt von den *Salzburger Festspielen* aus dem Mozarteum, 12. August 1973) ORF (Landesstudio Salzburg)
Igor Strawinski (1882–1971)	*Pulcinella*, Ballett mit Gesang in einem Akt StWV 34 (Konzertmitschnitt aus Baden-Baden, 29. November 1985) Robert Gambill (Tenor), Gerolf Scheder (Bass), Sinfonieorchester Baden Baden und Freiburg, Dir.: Christopher Hogwood SWR (bei HÄNSSLER auch als CD veröffentlicht)
Germaine Tailleferre (1892–1983)	*Concerto de la fidélité* für Koloratursopran und Orchester W 195 (1981) (Mitschnitt der Uraufführung aus der Pariser Oper, 5. März 1982) L'Orchestre de l'Opera de Paris, Dir.: Zoltán Peskó RADIO FRANCE
Georg Philipp Telemann (1681–1767)	*Hemmet den Eifer, verbannet die Rache*, Kantate für Sopran, Flöte und B. c. TWV 1:730 (Konzertmitschnitt aus der Frick-Sammlung, New York, 4. November 1984) Carol Wincenc (Flöte), Adriana Contino (Cello), Samuel Sanders (Cembalo) WNYC

3.3   Orchesterlieder

Alban Berg (1885–1935)	*Sieben frühe Lieder* (Orchesterfassung von Reinbert de Leeuw) 1. Konzertmitschnitt vom *Holland Festival 1988* aus dem Großen Saal des Concertgebouw Amsterdam, 10. Juni 1988 Schönberg Ensemble, Dir.: Reinbert de Leeuw KUSC-FM
	2. Konzertmitschnitt vom BBC Berg-Festival, 17. Januar 1992 Nash-Ensemble, Dir.: Andrew Davis BBC

407

Fünf Lieder nach Ansichtskartentexten von Peter Altenberg op. 4
(Orchesterfassung von Diderik Wagenaar)
(Konzertmitschnitt vom Holland Festival 1988 aus dem Großen
Saal des Concertgebouw Amsterdam, 10. Juni 1988)
Schönberg Ensemble, Dir.: Reinbert de Leeuw
KUSC-FM

Pierre Boulez
(geb. 1925)

aus *Pli selon pli*: *Tombeau*
(Konzertmitschnitt von den *Rencontres Internationales de Musique Contemporaine in Metz*, Februar 1976)
Radio-Sinfonieorchester Stuttgart, Dir.: Michael Gielen
RADIO FRANCE

Benjamin Britten
(1913–1976)

Les Illuminations, Liederzyklus für hohe Stimme und Streicher
op. 18 (1939)
(Konzertmitschnitt aus der Royal Albert Hall, London, 13. August 1990 – live von den „Proms")
Ulster Orchestra, Dir.: Yan Pascal Tortelier
BBC

Joseph Canteloube
(1879–1957)

Chant d'Auvergne
(Konzertmitschnitt aus der Royal Albert Hall, London, 13. August 1990 – live von den „Proms")
Ulster Orchestra, Dir.: Yan Pascal Tortelier
BBC

Claude Debussy
(1862–1918)

Chansons de Bilitis (rekonstruierte Orchesterfassung von Pierre
Boulez von 1954)
Radio-Sinfonieorchester Stuttgart, Dir.: Michael Gielen
RADIO FRANCE

Werner Egk
(1901–1983)

Variationen über ein altes Wiener Strophenlied für Koloratursopran und Orchester (1937)
(Studioproduktion vom 1. Juli und Konzertmitschnitt aus Meran, 13. September 1969)
Münchner Rundfunkorchester, Dir.: Kurt Eichhorn
BR

Chanson et Romance für Koloratursopran und Orchester (1953)
(Konzertmitschnitt von den *Schwetzinger Festspielen*, 6. Mai 1980)
RSO Stuttgart, Dir.: Paul Sacher
SWR

Maurice Ravel
(1875–1937)

Shéhérazade, 3 Lieder für Singstimme und Orchester
(Konzertmitschnitt aus der Alten Oper Frankfurt, 12./13. Oktober 1989)
Radio-Sinfonie-Orchester Frankfurt, Dir.: Eliahu Inbal
HR

Richard Strauss (1864–1949)	aus: *Sechs Lieder nach Gedichten von Clemens Brentano* op. 68: Nr. 1: *An die Nacht*; Nr. 2: *Ich wollt' ein Sträußlein binden*; Nr. 3: *Säusle, liebe Myrte*; Nr. 5: *Amor* (Studioproduktion, München, 9.–11. April 1975) Münchner Rundfunkorchester, Dir.: Kurt Graunke BR
	Fünf ausgewählte Orchesterlieder: *Zueignung* op. 10 Nr.1; *Cäcilie* op. 27 Nr. 2; *Meinem Kinde* op. 37 Nr. 2; *Muttertändelei* op. 43 Nr. 2; *Waldseligkeit* op. 49 Nr. 1 (Konzertmitschnitt, 1. Januar 1984) Nouvel Orchestre Philharmonique de Radio France, Dir.: Marek Janowski RADIO FRANCE

3.4   Klavierlied (in chronologischer Reihenfolge)

	Liederabend vom *Carinthischen Sommer 1974* aus der Stiftskirche Ossiach, 1. August 1974
Joseph Haydn (1732–1809)	*She never told her love* Hob. XXVIa:34; *Das Leben ist ein Traum* Hob. XXVIa:21
Wolfgang Amadeus Mozart (1756–1791)	*Die Zufriedenheit* KV 473; *Als Luise die Briefe ihres ungetreuen Liebhabers verbrannte* KV 520; *Un moto di gioia* KV 579
Hugo Wolf (1860–1903)	Ausgewählte Lieder aus dem *Italienischen Liederbuch* auf Gedichte von Paul Heyse: Nr. 1: *Auch kleine Dinge*; Nr. 39: *Gesegnet sei das Grün*; Nr. 11: *Wie lange schon war immer mein Verlangen*; Nr. 20: *Mein Liebster singt am Haus*; Nr. 41: *Heut' Nacht erhob ich mich um Mitternacht*; Nr. 19: *Wir haben beide lange Zeit geschwiegen*; Nr. 40: *O wär dein Haus durchsichtig wie ein Glas*; Nr. 36: *Wenn du, mein Liebster, steigst zum Himmel auf*
Joseph Marx (1882–1964)	Ausgewählte Lieder aus dem *Italienischen Liederbuch* auf Gedichte von Paul Heyse (1907/1912): Nr. 1: *Liebe*; Nr. 5: *Die Liebste spricht*; Nr. 7: *Die Lilie*; Nr. 8: *Wofür*; Nr. 10: *Es zürnt das Meer*; Nr. 11: *Die Begegnung*, Nr. 15: *Die Verlassene*; Nr. 12: *Die tote Braut*
Zugabe	Joseph Marx: *Vergessen* (Arno Holz, 1911) Erik Werba, Klavier ORF (Landesstudio Kärnten)

* * *

Liederprogramm aus dem Studio 10 des RIAS Berlin vom
16. September 1974

Joseph Marx
(1882–1964)

Barkarole (Adolf Friedrich Graf von Schack, 1909); *Hat dich die
Liebe berührt* (Paul Heyse, 1908); *Japanisches Regenlied* (1909);
Neugriechisches Mädchenlied (Emanuel Geibel, 1909); *Nocturne*
(Otto Erich Hartleben, 1911)

Franz Schreker
(1878–1934)

Fünf Lieder op. 4; *Lied des Harfenmädchens* (Theodor Storm)
op. 7 Nr. 8

Erik Werba, Klavier
DEUTSCHLANDRADIO KULTUR (ehemals RIAS)

* * *

Liederprogramm aus den Haus des Rundfunks, Berlin vom
17. September 1974

Joseph Marx
(1882–1964)

Aus dem *Italienischen Liederbuch* (1907/1912)
Nr. 1: *Liebe*; Nr. 4: *Am Brunnen*; Nr. 5: *Die Liebste spricht*; Nr.
7: *Die Lilie*; Nr. 8 *Wofür?*; Nr. 10: *Es zürnt das Meer*; Nr. 11: *Die
Begegnung*; Nr. 12: *Die tote Braut*; Nr. 14: *Am Fenster*; Nr. 15: *Die
Verlassene*

Wilhelm Kienzl
(1857–1941)

Die verschwiegene Nachtigall op. 6 Nr. 1; aus *Süßes Verzichten* op. 16: Nr. 1: *Erwachen*; Nr. 4: *Klärung*; *Sehnsucht nach Vergessen* op. 39 Nr. 1; *Meine Lust ist Leben* op. 44 Nr. 4; aus den
Liedern im Volkston op. 96: Nr. 8: *An einen Boten*; Nr. 13: *Urlicht*

Erik Werba, Klavier
RBB (ehemals SFB)

* * *

Liederabend aus Salzburg vom 27. April 1975

Gustav Mahler
(1860–1911)

Vier ausgewählte Lieder aus *Des Knaben Wunderhorn*:
Starke Einbildungskraft; *Wer hat dies Liedlein erdacht*; *Rheinlegendchen*; *Scheiden und Meiden*

Joseph Marx
(1882–1964)

Japanisches Regenlied; *Neugriechisches Mädchenlied*; *Und gestern
hat er mir Rosen gebracht*; *Hat Dich die Liebe berührt*

Hugo Wolf
(1860–1903)

Vier ausgewählte Lieder auf Gedichte von Eduard Mörike:
Nr. 3: *Ein Stündlein wohl vor Tag*; Nr. 9: *Nimmersatte Liebe*;
Nr. 42: *Erstes Liebeslied eines Mädchens*; Nr. 12: *Verborgenheit*

Franz Schreker
(1878–1934)

Fünf Lieder op. 4

Wilhelm Kienzl
(1857–1941)

An einen Boten op. 96 Nr. 8; *Urlicht* op. 96 Nr. 13; *Die verschwiegene Nachtigall* op. 6 Nr. 1; *Meine Lust ist Leben* op. 44 Nr. 4

Erik Werba, Klavier
ORF (Landesstudio Salzburg)

* * *

410

Liederabend *Österreichische Jahrhundertwende* von den Esslinger Schlosskonzerten 1975
(Konzertmitschnitt aus dem Asam-Saal des Ettlinger Schlosses, 24. Juni 1975)

Wilhelm Kienzl (1857–1941)	*An einen Boten* op. 96 Nr. 8; *Urlicht* op. 96 Nr. 13; *Die verschwiegene Nachtigall* op. 6 Nr. 1; *Meine Lust ist Leben* op. 44 Nr. 4
Gustav Mahler (1860–1911)	Vier Lieder aus *Des Knaben Wunderhorn*: *Starke Einbildungskraft*; *Wer hat dies Liedlein erdacht*; *Rheinlegendchen*; *Scheiden und Meiden*
Joseph Marx (1882–1964)	*Japanisches Regenlied* (Pierre Louys, 1909); *Neugriechisches Mädchenlied* (Emanuel Geibel, 1909); *Und gestern hat er mir Rosen gebracht* (Thekla Lingen, 1909); *Hat Dich die Liebe berührt* (Paul Heyse, 1908)
Franz Schreker (1878–1934)	aus *Fünf Lieder* op. 4: Nr. 1: *Unendliche Liebe*; Nr. 3: *Wohl fühl' ich wie das Leben rinnt*; Nr. 4: *Die Liebe als Recensentin*; Nr. 5: *Frühling*
Hugo Wolf (1860–1903)	Drei ausgewählte Lieder von Eduard Mörike: Nr. 3: *Ein Stündlein wohl vor Tag*; Nr. 9: *Nimmersatte Liebe*; Nr. 42: *Erstes Liebeslied eines Mädchens*
	Erik Werba, Klavier SWR

* * *

Liederabend *Des Knaben Wunderhorn* vom *Carinthischen Sommer 1975*
(Konzertmitschnitt aus der Stiftskirche Ossiach, 31. Juli 1975)

Felix Mendelssohn Bartholdy (1809–1847)	*Lieblingsplätzchen* op. 99 Nr. 3; *Erntelied* op. 8 Nr. 4
Robert Schumann (1810–1856)	*Marienwürmchen* op. 79 Nr. 14; *Käuzlein* op. 79 Nr. 11
Johannes Brahms (1833–1897)	*Liebesklage eines Mädchens* op. 48 Nr. 8; *Der Überläufer* op. 48 Nr. 2
Gustav Mahler (1860–1911)	*Wer hat dies Liedlein erdacht*; *Wo die schönen Trompeten blasen*; *Rheinlegendchen*; *Des Antonius von Padua Fischpredigt*; *Um schlimme Kinder artig zu machen*; *Ich ging mit Lust durch einen grünen Wald*; *Starke Einbildungskraft*; *Ablösung im Sommer*; *Scheiden und Meiden*
Erik Werba (1918–1992)	*Von zwölf Knaben* (UA) (pro Richard Strauss); *Der verschwunde ne Stern* (UA) (in memoriam Frank Martin)
Wilhelm Kienzl (1857–1941)	*An einen Boten* op. 96 Nr. 8; *Urlicht* op. 96 Nr. 13
	Erik Werba (Klavier) ORF (Landesstudio Kärnten)

Liederabend aus dem Grand Auditorium von Radio France, Paris, 26. April 1977:

Gustav Mahler
(1860–1911)

Vier ausgewählte Lieder aus *Des Knaben Wunderhorn*:
Ich ging mit Lust; *Rheinlegendchen*; *Wer hat dies Liedlein erdacht*; *Scheiden und Meiden*

Hugo Wolf
(1860–1903)

Drei Lieder aus dem *Italienischen Liederbuch*
Nr. 39: *Gesegnet sei das Grün*; Nr. 19: *Wir haben beide lange Zeit geschwiegen*; Nr. 36: *Wenn Du, mein Liebster, steigst zum Himmel auf*
Drei Lieder aus dem *Spanischen Liederbuch*:
Nr. 2: *In dem Schatten meiner Locken*; Nr. 26: *Bedeckt mich mit Blumen*; Nr. 34: *Geh', Geliebter, geh' jetzt!*

Johannes Brahms
(1833–1897)

Mädchenlied op. 85 Nr. 3; *Der Überläufer* op. 48 Nr. 2; *Liebesklage des Mädchens* op. 48 Nr. 3; *Blinde Kuh* op. 58 Nr. 1

Richard Strauss
(1864–1949)

Morgen op. 27 Nr. 4; *Glückes genug* op. 37 Nr. 1; *Schlechtes Wetter* op. 69 Nr. 5; *Hat gesagt, bleibt's nicht dabei* op. 36 Nr. 3

Carlos Cebro, Klavier
RADIO FRANCE

* * *

Liederabend vom *Carinthischen Sommer 1982*
(Konzertmitschnit aus der Stiftskirche Ossiach, 21. August 1982)

Joseph Haydn
(1732–1809)

Ariadne auf Naxos, Kantate für Sopran und Klavier Hob. XXVI:2

Louis Spohr
(1784–1859)

Sechs deutsche Lieder für Sopran, Klarinette und Klavier op. 103

Karl-Heinz Füssl
(1924–1992)

Diotima, fünf Gesänge nach Texten von Friedrich Hölderlin op. 22 (Uraufführung)

Hugo Wolf
(1860–1903)

Fünf ausgewählte Lieder nach Johann Wolfgang von Goethe:
Nr. 26: *Die Spröde*; Nr. 27: *Die Bekehrte*; Nr. 24: *Blumengruß*; Nr. 25: *Gleich und gleich*; Nr. 20: *St. Nepomuks Vorabend*

Franz Schubert
(1797–1828)

Der Hirt auf dem Felsen für Sopran, Klarinette und Klavier D 965

Peter Schmidl (Klarinette); Erik Werba (Klavier)
ORF (Landesstudio Kärnten)

* * *

Liederabend aus dem Concertgebouw Amsterdam vom 12. Oktober 1982:

Wolfgang Amadeus Mozart
(1756–1791)

Die Zufriedenheit KV 476; *Die Verschweigung* KV 518; *Oiseaux si tous les ans* KV 307; *Un moto di gioia* KV 576

Franz Schubert
(1797–1828)

Frühlingsglaube D 686; *Am Strome* D 539; *Der Schmetterling* D 633; *Rastlose Liebe* D 138

Robert Schumann (1810–1856)	*Lied der Suleika* op. 25 Nr. 9; *Marienwürmchen* op. 79 Nr. 14; *Das verlassene Mägdlein* op. 91 Nr. 4; *Singet nicht in Trauertönen* op. 98a Nr. 7
Hugo Wolf (1860–1911)	Drei ausgewählte frühe Lieder: *Nachtzauber* (Eichendorff); *Andenken* (Matthison); *Liebesfrühling* (Hoffmann von Fallersleben) Fünf ausgewählte Lieder nach Eduard Mörike: Nr. 8: *Begegnung*; Nr. 14: *Agnes*; Nr. 7: *Das verlassene Mägdlein*; Nr. 12: *Verborgenheit*; Nr. 6: *Er ist's*
Richard Strauss (1864–1949)	*Gefunden* op. 56 Nr. 1; *Glückes genug* op. 37 Nr. 1; *Schlechtes Wetter* op. 69 Nr. 5; *Hat gesagt – bleibt's nicht dabei* op. 36 Nr. 3
Zugaben	Wolfgang Amadeus Mozart: *Das Veilchen* KV 476 Franz Schubert: *Liebe schwärmt auf allen Wege* D 239 Nr. 6 Rainer Hoffmann, Klavier NOS 1982

* * *

Duo-Liederabend mit Francisco Araiza von der *Schubertiade Hohenems 1983* (Konzertmitschnitt vom 16. Juni 1983)

Franz Schubert (1797–1828)	*Shilric und Vinvela* D 293; *Cronnan* D 282; *Liebe schwärmt auf allen Wegen* D 239,6; *Frühlingslied* D 398; *An die Sonne* D 270; *Blondel zu Marien* D 626; *Abendstern* D 806; *Die Sterne* D 684; *Bei dir allein* D 866,2; *Vor meiner Wiege* D 927; *Drang in die Ferne* D 770; *Frühlingslied* D 919; *Viola* D 786; *Suleika I* D 720; *Suleika II* D 717; *Mignon und der Harfner* D 877,1; *Licht und Liebe* D 352 Irwin Gage (Klavier) ORF (Landesstudio Voralberg)

* * *

Liederabend aus der Shōwa-Frauenuniversität Hitomi-Gedächtnishalle (Konzertmitschnitt, 6. Juli 1983)

Wolfgang Amadeus Mozart (1756–1791)	*Un moto di gioia* KV 579; *Das Veilchen* KV 476; *Die Verschweigung* KV 518; *Als Luise die Briefe ihres ungetreuen Liebhabers verbrannte* KV 520; *Sehnsucht nach dem Frühling* KV 596; *Abendempfindung* KV 523
Franz Schubert (1797–1828)	*Frühlingsglaube* D 686; *Der Schmetterling* D 633; aus dem Singspiel *Claudine von Villa Bella* D 239: „Liebe schwärmt auf allen Wegen"; *Geheimnis* D 719; *Suleika I* D 720; *Suleika II* D 717
Hugo Wolf (1860–1903)	*Nachtzauber*; *Liebesfrühling*; *Begegnung*; *Agnes*; *Andenken*; *Er ist's*

413

Richard Strauss (1864–1949)	*Gefunden* op. 56 Nr. 1; *Glückes genug* op. 37 Nr. 1; *Schlechtes Wetter* op. 69 Nr. 5; *Hat gesagt – bleibt nicht dabei* op. 36 Nr. 3
Zugaben	Robert Schumann: *Lied der Suleika* op. 25 Nr. 9
	Franz Schubert: *Heidenröslein* D 257
	Robert Schumann: *Widmung* op. 25 Nr. 1
	Kozaburō Hirai (1910–2002): *Narayama*
	Rainer Hoffmann, Klavier
	NHK-FM

* * *

Liederabend vom 36. Festival Internationale de Musique de Besançon (Konzertmitschnitt, 10. September 1983)

Robert Schumann (1810–1856)	*Widmung* op. 25 Nr. 1; *Die Stille* op. 39 Nr. 4; *Mondnacht* op. 39 Nr. 5; *Meine Rose* op. 90 Nr. 2; *Mit Myrten und Rosen*, op. 24 Nr. 9
Johannes Brahms (1833–1897)	*Nachtigallen schwingen* op. 6 Nr. 6; *An die Nachtigall* op. 46 Nr. 4; *Mädchenlied* op. 107 Nr. 5; *Die Mainacht* op. 43 Nr. 2; *O komme, holder Sommernacht* op. 58 Nr. 4; *Meine Liebe ist grün* op. 63 Nr. 5
Hugo Wolf (1860–1903)	*Mignon I–III; Mignon (Kennst Du das Land)*
Richard Strauss (1864–1949)	*Gefunden* op. 56 Nr. 1; *Glückes genug* op. 37 Nr. 1; *Schlechtes Wetter* op. 69 Nr. 5; *Hat gesagt – bleibt's nicht dabei* op. 36 Nr. 3
	Rainer Hoffmann, Klavier
	RADIO FRANCE

* * *

Eugen Bodart (1905–1981)	*Fünf Lieder für Sopran und Klavier* op. 25
	1. *Nun die Schatten dunkeln* (Emanuel Geibel); 2. *Wiegenlied* (Clemens Brentano); 3. *Du hast mein Herz gefangen* (Hermann Löns); 4. *Der Mond scheint auf mein Lager* (Gustav Falke); 5. *Ich zog mir einen Falken* (Der von Kürenberg)
	(Karlsruhe, 21. März 1984)
	Katia Laugs (Klavier)
	SWR

Wolfgang Amadeus Mozart (1756–1791)	Sechs ausgewählte Lieder:
	Die Verschweigung KV 518; *Das Veilchen* KV 476; *Ridente la calma* KV 152; *Als Luise die Briefe ihres ungetreuen Liebhabers verbrannte* KV 520; *Abendempfindung* KV 523; *Un moto di gioia* KV 579
	(Konzertmitschnitt aus der Frick Collection, New York vom 4. November 1984)
	Samuel Sanders, Klavier
	WNYC

414

Ernest Chausson
(1844–1899)

Sept Mélodies op. 2; *L'aveu* op. 13 Nr. 3; *Dans la foret des charmes* op. 36 Nr. 2; *Les couronnes* op. 27 Nr. 3; *Le temps des lilas* op. 19 Nr. 3; *La cigale* op. 13 Nr. 4; *Chanson perpétuelle* op. 37 (Konzertmitschnitt vom *Holland Festival 1986* aus dem Concertgebouw Amsterdam, 12. Juni 1986)
Frédéric Meinders (Klavier), Schönberg-Quartett (für op. 37)
NOS

* * *

Liederabend vom *Aspen Music Festival 1986* (Konzertmitschnitt vom 3. Juli 1986)

Henry Purcell
(1659?–1695)

If music be the food of love Z. 379 (Britten-Version); „Nymph and shepherds come away" aus *The Libertine* Z. 600; *Not all my torments can you pity more* Z. 400; „Sweeter than roses" aus *Pausarias, the Betrayer of his country* Z. 585 (Britten-Version)

Wolfgang Amadeus Mozart
(1756–1791)

Das Veilchen KV 476; *Dans un bois solitaire,* KV 295b (308); *Das Lied der Trennung* KV 519; *Als Luise die Briefe ihres ungetreuen Liebhabers verbrannte* KV 520; *Abendempfindung* KV 523

Franz Schubert
(1797–1828)

Frühlingsglaube D 686; *Geheimes* D 719; *Du bist die Ruh'* D 776; *Heidenröslein* D 257; *Gretchen am Spinnrade* D 118

Johannes Brahms
(1833–1897)

Ach, wende diesen Blick op. 57 Nr. 4; *Dein blaues Auge* op. 59 Nr. 8; *Vergebliches Ständchen,* op. 84 Nr. 4; *An die Nachtigall* op. 46 Nr. 4; *Mädchenlied* op. 107 Nr. 5; *Die Mainacht* op. 43 Nr. 2; *Von ewiger Liebe* op. 43 Nr. 1

Joel Revzen, Klavier

(Ein Mitschnitt liegt in der Pitkin County Library in Aspen, Colorado. Die Mozart-Gruppe wurde auf der CD „The Art of Arleen Auger" bei KOCH veröffentlicht.)

* * *

Johannes Brahms
(1833–1897)

Liebesliederwalzer op. 52
(Konzertmitschnitt aus der Alice Tully Hall, New York City vom 26. April 1987)
Katherine Ciesinski, John Aler, Ben Holt, Richard Goode und Charles Wadsworth (Klavier)
(Ein Mitschnitt befindet sich in der New York Public Library)

* * *

Liederabend aus dem Concertgebouw Amsterdam, 26. April 1988

Wolfgang Amadeus Mozart
(1753–1791)

Das Veilchen KV 476; *An Chloe* KV 524; *Dans un bois solitaire* KV 308; *Als Luise die Briefe ihres ungetreuen Liebhabers verbrannte* KV 520; *Lied der Trennung* KV 519; *Abendempfindung* KV 523

Gustav Mahler (1860–1911)	Sieben Lieder aus *Des Knaben Wunderhorn*: *Ich ging mit Lust*; *Starke Einbildungskraft*; *Rheinlegendchen*; *Wer hat dies Liedlein erdacht*; *Ablösung im Sommer*; *Wo die schönen Trompeten blasen*; *Scheiden und Meiden*
Maurice Ravel (1875–1937)	*Tripatos* (1909); *Cinq melodies populaires grecques* (1904–06)
Frank Bridge (1879–1941)	*Love went A-Riding* H114 (1914)
Aaron Copland (1900–1990)	*Pastorale* (1921); aus *12 Poems of Emily Dickinson*: Nr. 3: *Why do they shut me out of Heaven?*; Nr. 5: *Heart, we will forget him*
Lee Hoiby (1926–2011)	Drei ausgewählte Lieder: *The Message* (John Donne, 1977); *An Immorality* (Ezra Pound, 1952); *The Serpent* (Theodore Roethke, 1979)
Zugaben:	Gustav Mahler: *Liebst Du um Schönheit* Richard Strauss: *Ständchen* op. 17 Nr. 2
	Dalton Baldwin, Klavier TROS

* * *

Duett-Abend mit Julia Hamari von den *Schwetzinger Festspielen* 1988 (Konzertmitschnitt aus dem Rokokotheater Schwetzingen, 12. Mai 1988, gesendet am 13. Mai 1988 auf SDR2)

Henry Purcell (1659?–1695)	Zwei Duette: *Let us wander* für zwei Singstimmen; *Lost is my quiet* für zwei Singstimmen
Robert Schumann (1810–1856)	Drei ausgewählte Lieder für Sopran und Klavier: *Röselein, Röselein* op. 89 Nr. 6; *Lied der Braut I* und *II* op. 25 Nr. 11 und 12 Drei ausgewählte Duette: aus dem *Spanischen Liederspiel* op. 74: Nr. 1: *Begegnung*; Nr. 8: *Botschaft*; aus *Spanische Liebeslieder* op. 138: Nr. 4: *Bedeckt mich mit Blumen*
Johannes Brahms (1833–1897)	Drei ausgewählte Lieder für tiefe Stime und Klavier: *Verzagen* op. 72 Nr. 4; *Über die Heide* op. 86 Nr. 4; *O kühler Wald* op. 72 Nr. 3 (gesungen von Julia Hamari) *Drei Duette* op. 20: *Weg der Liebe I* und *II*; *Die Meere*
Felix Mendelssohn Bartholdy (1809–1847)	aus *Sechs Duette* op. 63: Nr. 1: *Ich wollt' meine Liebe ergösse sich*; Nr. 3: *Gruß* aus *Drei zweistimmige Volkslieder*: *Abendlied* (Heinrich Heine)
Antonín Dvořák (1841–1904)	Sechs Duette aus *Klänge aus Mähren* op. 32: *Ich schwimm dir davon*; *Flieg, Vöglein*; *Der kleine Acker*; *Die Taube auf dem Ahorn*; *Die Bescheidene*; *Der Ring*

Gioachino Rossini (1792–1868)	aus den *Soirées musicales*: *La Regata Veneziana*
Zugabe:	Gioachino Rossini: *Katzenduett*
	Julia Hamari, Alt; Konrad Richter, Klavier SWR

* * *

Liederabend aus dem BBC Studio 1, Pebble Mill Birmingham, 3. Februar 1989

Alban Berg (1885–1935)	*Sieben frühe Lieder*
Richard Strauss (1864–1949)	*In goldener Fülle* op. 49 Nr. 2; *Glückes genug* op. 37 Nr. 1; *Ein Obdach gegen Sturm und Regen* op. 46 Nr. 1; *Ständchen* op. 17 Nr. 2; *Das Rosenband* op. 36 Nr. 1; *Morgen* op. 27 Nr. 4
Hugo Wolf (1860–1903)	Sieben ausgewählte Lieder auf Gedichte von Eduard Mörike: Nr. 11: *An eine Äolsharfe*; Nr. 24: *In der Frühe*; Nr. 42: *Erstes Liebeslied eines Mädchens*; Nr. 18: *Zitronenfalter im April*; Nr. 23: *Auf ein altes Bild*; Nr. 38: *Lied vom Winde*; Nr. 13: *Im Frühling*
Franz Schubert (1797–1828)	*Die junge Nonne* D 828; *Ellens Gesänge I–III*, D 837–839, *Lied Anne Lyle* D 830
	Irwin Gage, Klavier BBC

* * *

Robert Schumann: (1810–1856)	Duette für Sopran und Tenor Konzertmitschnitt aus der Alice Tully Hall, New York, 26. April 1989 John Aler, Charles Wadsworth (Klavier) (Ein Mitschnitt liegt in der New York Public Library)

* * *

Duett-Liederabend mit Thomas Hampson von der *Schubertiade Bad Hohenems 1989* (I) (Konzertmitschnitt aus dem Rittersaal, 18. Juni 1989)

Franz Schubert (1797–1828)	*Vier Refrainlieder* D 866; *Hektors Abschied* D 312; *An Emma* D 113; *Des Mädchens Klage* D 191; *Ellens Gesänge I–III*, 837–839; *Normans Gesang* D 846; *Lied des gefangenen Jägers* D 843; *Memnon* D 541; *Antigone und Oedip* D 542; *Am Grabe Anselmos* D 504; *Abendlied für die Entfernte* D 856; *Thekla* D 595; *Um Mitternacht* D 862; *An die Musik* D 547 Thomas Hampson (Bariton), Irwin Gage (Klavier) ORF (Landesstudio Vorarlberg)

Franz Schubert
(1797–1828)

Liederabend von der *Schubertiade Bad Hohenems 1989* (II)
(Konzertmitschnitt aus dem Kleinen Rittersaal, 20. Juni 1989)
An die Nachtigall D 497; *Wiegenlied* D 498; *Iphigenia* D 573;
Lied der Anne Lyle D 830; *Gesang der Norna* D 831; *Die junge
Nonne* D 828; *Nacht und Träume* D 827; *Suleika I* D 720; *Geheimes* D 719; *Suleika II* D 717; aus *Lieder der Mignon* D 877: Nr. 4:
„Nur wer die Sehnsucht kennt"; Nr. 2: „Heiß mich nicht reden";
Nr. 3: „So lass mich scheinen"; *Gretchen am Spinnrade* D 118; *Die
Rose* D 745; *Der Hirt auf dem Felsen* D 965

Emma Johnson (Klarinette), Irwin Gage, Klavier
ORF (Landesstudio Voralberg)

* * *

Franz Schubert
(1797–1828)

Liederabend vom Aspen Music Festival 1990
(Konzertmitschnitt vom 21. August 1990)
Suleika I D 720; *Suleika II* D 717; *Der Knabe* D 692; *Im Frühling*
D 882; *An die Nachtigall* D 497; *Frühlingsglaube* D 686; *Ganymed* D 544

Johannes Brahms
(1833–1897)

O komme, holde Sommernacht op. 58 Nr. 4; *Dein blaues Auge* op. 59
Nr. 8; *Nachtigallen schwingen* op. 6 Nr. 6; *An die Nachtigall* op 46
Nr. 4; *Lerchengesang* op. 70 Nr. 2; *Unbewegte, laue Luft* op. 57
Nr. 8

Hugo Wolf
(1860–1903)

Fünf Lieder aus dem *Italienischen Liederbuch*:
Nr. 32: *Was soll der Zorn, mein Schatz*; Nr. 1: *Auch kleine Dinge
können uns entzücken*; Nr. 39: *Gesegnet sei das Grün*; Nr. 41: *Heut
Nacht erhob ich mich um Mitternacht*; Nr. 36: *Wenn du, mein
Liebster, steigst zum Himmel auf*
Vier Lieder aus dem *Spanischen Liederbuch*:
Nr. 28: *Sie blasen zum Abmarsch*; Nr. 2: *In dem Schatten meiner
Locken*; Nr. 26: *Bedeckt mich mit Blumen*; Nr. 34: *Geh, Geliebter,
geh jetzt!*

Richard Strauss
(1864–1949)

Das Rosenband op. 36 Nr. 1; *Glückes genug* op. 37 Nr. 1; *Ständchen*
op. 17 Nr. 2; *Ein Obdach gegen Sturm und Regen* op. 46 Nr. 1;
Morgen op. 27 Nr. 4; *In goldener Fülle* op. 49 Nr. 2

Micha Dichter, Klavier
(Ein Mitschnitt liegt in der Pitkin County Library in Aspen, Colorado)

* * *

Hugo Wolf
(1860–1903)

Liederabend aus dem Concertgebouw Amsterdam vom 13. November 1990:
Acht ausgewählte Lieder auf Gedichte von Eduard Mörike:
Nr. 13: *Im Frühling*; Nr. 38: *Lied vom Winde*; Nr. 23: *Auf ein altes
Bild*; Nr. 18: *Zitronenfalter im April*; Nr. 30: *Neue Liebe*; Nr. 42:

	Erstes Liebeslied eines Mädchens; Nr. 24: *In der Frühe*; Nr. 11: *An eine Äolsharfe*
Richard Strauss (1864–1949)	*Das Rosenband* op. 36 Nr. 1; *Glückes genug* op. 37 Nr. 1; *Ständchen* op. 17 Nr. 2; *Morgen* op. 27 Nr. 4
Arnold Schönberg (1874–1951)	*Vier Lieder* op. 2
Hugo Wolf	*Vier Lieder der Mignon*
Zugaben	Gustav Mahler: [nicht mehr ermittelbares Werk] Richard Strauss: *Schlechtes Wetter* op. 69 Nr. 5 Richard Strauss: *In goldener Fülle* op. 49 Nr. 2 Irwin Gage, Klavier NCRV

* * *

Liederabend von der *Schubertiade Bad Hohenems 1991* (Konzertmitschnitt, 23. Juni 1991)

Joseph Haydn (1732–1809)	*Eine sehr gewöhnliche Geschichte* Hob.XXVIa:4; *Die Landlust* Hob.XXVIa:36; *Das Leben ist ein Traum* Hob.XXVIa:21; *An Thyrsis* Hob.XXVIa:8; *Die zu späte Ankunft der Mutter* Hob. XXVIa:12; *A Pastoral Song* Hob.XXVIa:27; *The Spirit's Song* Hob.XXVIa:41; *She never told her love* Hob.XXVIa:34; *Pleasing Pain* Hob.XXVIa:29; *The Mermaid's Song*, Hob.XXVIa:25
Franz Schubert (1797–1828)	*Rastlose Liebe* D 138; *Der König in Thule* D 367; *Nähe des Geliebten* D 162; *Vier Canzonen nach Metastasio* D 688: „Non t'accostar all'urna", „Guarda che bianca luna", „Da quel sembiante appresi", „Mio ben ricordati"; *Im Frühling* D 882; *Auf dem Wasser zu singen* D 774; *Lachen und Weinen* D 777; *Daß sie hier gewesen* D 775; *Du bist die Ruh* D 776; *Sei mir gegrüßt* D 741
Zugabe	Wolfgang Amadeus Mozart: *Un moto di gioia* KV 579 Melvyn Tan (Hammerklavier) ORF (Landesstudio Voralberg)

* * *

Liederabend vom *Festival van Vlaanderen Brügge 1991* aus der Reihe *Musica antiqua* (Konzertmitschnitt aus der Stadsschouwburg Brügge, 8. August 1991)

Wolfgang Amadeus Mozart (1756–1791)	*Ridente la calma* KV 210a; *Oiseaux si tous les ans* KV 284d; *Dans un bois solitaire* KV 295b
Joseph Haydn (1732–1809)	*Eine sehr gewöhnliche Geschichte* Hob. XXVIa:4; *An Thyrsis* Hob. XXVIa:8; *Die zu späte Ankunft der Mutter* Hob. XXVIa:12

Wolfgang Amadeus Mozart	*Die Zufriedenheit* KV 473; *Das Veilchen* KV 476; *Als Luise die Briefe ihres ungetreuen Liebhabers verbrannte* KV 520; *Lied der Trennung* KV 519; *Abendempfindung* KV 523
Giovanni Paisiello (1741–1816)	„Nel cor più non mi sento" aus *La bella Molinara* (1788)
Luigi Cherubini (1760–1842)	„Ahi! Che forse ai miei dì", Arie der Dircé aus *Démophoon* (1788)
Joseph Haydn	*The Mermaid's Song* Hob.XXVIa:25; *A Pastoral Song* Hob. XXVIa:27; *Pleasing Pain*, Hob.XXVIa:29
Franz Schubert (1797–1828)	*Rastlose Liebe* D 138, *Suleika I* D 720; *Suleika II* D 717
Zugaben	Franz Schubert: *Heideröslein* D 257
	Wolfgang Amadeus Mozart: *Un moto di gioia* KV 579
	Melvyn Tan (Hammerklavier)
	VRT

* * *

The Last songs: Arleen Auger und Melvyn Tan
Aufgenommen am 30. August 1991

Lieder von Joseph Haydn, Wolfgang Amadeus Mozart, Giovanni Paisiello und Luigi Cherubini. Das genau Programm konnte die BBC nicht mitteilen, es dürfte sich aber um Ausschnitte aus dem Brügger Liederabend vom 8. August 1991 handeln.

Melvyn Tan (Hammerklavier)
BBC

* * *

Liederabend aus der Reihe *Mozart 1991* von WDR und KölnMusik (Konzertmitschnitt aus der Kölner Philharmonie, 4. Oktober 1991)

Wolfgang Amadeus Mozart (1756–1791)	*Die Zufriedenheit* KV 473; *Das Veilchen* KV 476; *Als Luise die Briefe ihres ungetreuen Liebhabers verbrannte*, KV 520; *Lied der Trennung* KV 519; *Abendempfindung* KV 523
Hugo Wolf (1860–1903)	Acht ausgewählte Lieder auf Gedichte von Eduard Mörike: Nr. 13: *Im Frühling*; Nr. 38: *Lied vom Winde*; Nr. 23: *Auf ein altes Bild*; Nr. 18: *Zitronenfalter im April*; Nr. 30: *Neue Liebe*; Nr. 42: *Erstes Liebeslied eines Mädchens*; Nr. 24: *In der Frühe*; Nr. 11: *An eine Äolsharfe*
Franz Schubert (1797–1828)	*Der Knabe* D 692; *Im Frühling* D 882; *Wehmut* D 772; *Gretchen am Spinnrade* D 118; *Frühlingsglaube* D 686; *Ganymed* D 544.

Hugo Wolf	*Vier Lieder der Mignon aus Goethes „Wilhelm Meister"*
Zugabe	Wolfgang Amadeus Mozart: *Un moto di gioia* KV 579
	Irwin Gage, Klavier
	WDR

4. Andere Quellen

4.1   Oper

Gaetano Donizetti (1797–1848)	aus *Linda di Chamounix*, Melodramma in tre atti: Duett Linda/Pierotto „Gia scorsero tre mesi … Al bel destin che attèndevi" aus dem 2. Akt Mitschnitt eines Gala-Konzerts vom 30. Juni 1991 aus der Hamburger Laeiszhalle Marilyn Horne, Philharmonisches Staatsorchestr, Dir.: Randall Behr YOUTUBE
Georg Friedrich Händel (1685–1759)	aus *Rinaldo*, Dramma per musica in tre atti HWV 7: Duett Almirena/Rinaldo „Scherzano sul tuo volto" aus dem 1. Akt Mitschnitt eines Gala-Konzerts vom 30. Juni 1991 aus der Hamburger Laiszhalle Marilyn Horne, Phiharmonisches Staatsorchester, Dir.: Randall Behr YOUTUBE
	aus *Rodelinda*, Dramma per musica in tre atti HWV 19: Duett Rodelinda/Bertarido „Io t'abraccio" aus dem 3. Akt Mitschnitt eines Gala-Konzerts vom 30. Juni 1991 aus der Hamburger Laeiszhalle Marilyn Horne, Philharmonisches Staatsorchester, Dir.: Randall Behr YOUTUBE
	aus *Alcina*, Dramma per musica in tre atti HWV 34: Rezitativ und Arie der Alcina „Ah! Ruggiero crudel! – Ombre pallide" aus dem 2. Akt Mitschnitt eines Gala-Konzerts vom 30. Juni 1991 aus der Hamburger Laeiszhalle Philharmonisches Staatsorchester, Dir.: Randall Behr YOUTUBE

Wolfgang Amadeus Mozart (1756–1791)	aus *Le Nozze di Figaro*, Opera buffa in quattro atti KV 492: Arie der Gräfin „Porgi amor" aus dem 2. Akt; Arie der Susanna „Deh vieni" aus dem 4. Akt Mitschnitt eines Liederabends vom 20. Juni 1984 aus der University von Wisconsin-Milwaukee Katja Phillabaum, Klavier YOUTUBE
Giacomo Puccini (1858–1924)	aus *Ma dama Butterfly*, Melodramma in tre atti: Duett CioCio San/Suzuki „Tutti i fior?" aus dem 2. Akt Mitschnitt eines Gala-Konzerts vom 30. Juni 1991 aus der Hamburger Laeiszhalle Marilyn Horne, Philharmonisches Staatsorchester, Dir.: Randall Behr YOUTUBE
Gioachino Rossini (1792–1868)	aus *Semiramide*, Melodramma tragico in due atti: Arie der Semiramide „Bel raggio lusinghier" aus dem 1. Akt Mitschnitt eines Gala-Konzerts vom 30. Juni 1991 aus der Hamburger Laeiszhalle Philharmonisches Staatsorchester, Dir.: Randall Behr YOUTUBE

4.2 Konzertfach

Marie Pooler (geb. 1928)	*The shining star*, Christmas Caroll Mitschnitt eines Konzerts vom 18. Dezember 1959 aus dem Little Theatre der California State University Long Beach Long Beach State College Choir, Dir.: Frank Pooler YOUTUBE

4.3 Orchesterlied

Alban Berg (1885–1935)	*Sieben frühe Lieder* (Orchesterfassung von Reinbert de Leeuw) Mitschnitt eines Konzert vom *Holland Festival 1988* vom 11. Juni 1988 aus dem Dr. Anton Philipszaal, Den Hague Schoenberg-Ensemble, Dir.: Reinbert de Leeuw YOUTUBE

4.4 Klavierlied

	Liederabend aus der Fine Arts Recital Hall der University of Wisconsin-Milwaukee vom 20. Juni 1984
Wolfgang Amadeus Mozart (1756–1791)	*Als Luise die Briefe ihres ungetreuen Liebhabers verbrannte* KV 520; *Abendempfindung* KV 523; *Un moto di gioia* KV 579; *Komm, lieber Mai* KV 596
Franz Schubert (1796–1828)	Vier ausgewählte Lieder nach Goethe: *Geheimes* D 719; *Liebe schwärmt auf allen Wegen* D 239 Nr. 6; *Erster Verlust* D 226; *Ganymed* D 544
Robert Schumann (1810–1856)	Drei ausgewählte Lieder nach Goethe: *Nachtlied* op. 96 Nr. 1; *Lied der Suleika* op. 25 Nr. 9; *Singet nicht in Trauertönen* op. 98a Nr. 7
Claude Debussy (1862–1918)	*Romance* (Paul Bourget); *Mandoline* (Verlaine) (1880/83); *Claire de Lune* (1. Version); *Apparition* (Mallarmé) (1882/84)
Hugo Wolf (1860–1903)	Vier Lieder der Mignon (Goethe)
Zugaben	Wolfgang Amadeus Mozart: *Das Veilchen* KV 476 (Goethe) Richard Strauss: *Gefunden* op. 56 Nr. 1 (Goethe) Richard Strauss: *Hat's gesagt* op. 36 Nr. 3 Wolfgang Amadeus Mozart: „Alleluja" aus *Exsultate, jubilate* KV 165 Katja Phillabaum, Klavier YOUTUBE

VII. Bibliographie

1. Radioportraits/-interviews

(in chronologischer Reihenfolge)

„Aus Burg und Oper" vom 11. März 1973. Arleen Auger spricht über ihr Debüt in Cimarosas „Heimlicher Ehe" an der Wiener Volksoper, ORF.

Lebenserinnerung. Von Claus Henning Bachmann. Gesendet am 8. Februar 1973. ORF (Landesstudio Salzburg).

Mozarts Jugendopern. Gespräche u. a. mit der Sängerin Arleen Auger. ORF (Landesstudio Salzburg) 1974.

Mozartwoche 1975. Gesendet am 22. Januar 1975. ORF (Landesstudio Salzburg)

Interview Arleen Auger mit Obie Yadgar, aufgezeichnet am 19. Juni 1984, Wisconsin State Broadcasting Network.

Interview Arleen Auger 1987, NPR

„Richard Baker compares" vom 28. Februar 1989. Arleen Auger spricht über ihre Karriere. Aufgezeichnet am 27. Januar 1989, BBC.

Barbara Stein portraitiert die Sopranistin Arleen Auger im Rahmen der Reihe „Schöne Stimmen", SWF vom 7. Oktober 1990, 14.05 Uhr.

Gert Wolff interviewt Arleen Auger anlässlich des Mozart-Jahres 1991, HR.

Martina Wohlthat: Portrait Arleen Auger, gesendet am 7. Februar 1992 im Schweizer Radio DRS.

2. Zeitungsinterviews / eigene Artikel

(in chronologischer Reihenfolge)

Arleen Auger im Gespräch mit Andreas Keller, in: Musikalische Nachrichten 2, Oktober 1976, S. 11–20. (hrsg. von der Bach-Akademie Stuttgart, 1976).

Arleen Auger: „Artist's Life", in: Keynote 1985.

Arleen Auger: „Seule et désperée", in: Journal du cercle du Grand Théâtre de Genève, Mai/Juni 1990.

Ralph V. Lucano: „Arleen Auger: ‚I'm NOT just a Bach singer!'", in: Fanfare. The Magazine for Serious Record Collectors, September/Oktober 1990, Vol. 14, Nummer 1.

Das Leporello-Interview: Arleen Auger. Geführt von Konrad Dittrich, in: Festival Leporello des Schleswig-Holstein-Musik-Festivals, 12/1990, S. 15-19.

Andreas Kluge/Dieter F. Rauch: „Erfolg der Vielseitigkeit: die Sopranistin Arleen Auger. ‚Freiheit ist ein wunderschönes Wort‘ “, in: Musik und Theater, Februar 1993, S. 12 f.

3. Portraits

(in chronologischer Reihenfolge)

Horst Ogris: „Die ‚Schönheit‘ persönlich. Arleen Auger beim ‚Carinthischen Sommer‘ “, in: Kleine Zeitung Klagenfurt, 21. Juli 1974.

Alan Blyth: „Arleen Auger“, in: Gramophone, März 1976.

Clint Erney: „For Huntington soprano, all the world's her stage“, in: Santa Ana Register, 11. März 1983.

Heidi Waleson: „An American Soprano comes home“, in: New York Times, 22. Januar 1984.

Peter G. Davis: „Following the Lieder“, in: New York Magazine, 13. Februar 1984.

Andrew Adler: „Arleen Auger is Donna Anna in Ky. Opera's ‚Don Giovanni‘ “, in: Courier-Journal Louisville, Kentucky, 19. Februar 1984.

Patrick J. Smith: „Arleen Auger. A Seasoned American soprano comes home from Europe to launch a second career“, in: Musical America. The Journal of Classical Music, August 1984, S. 6 f.

Anna von Münchhausen: „Bach, immer nur Bach. Der amerikanischen Sängerin ist es in Europa zu eng geworden“, in: Die Zeit, 31. August 1984.

Barbara Jepson: „The world in a song“, in: Connoisseur, Januar 1986.

Donna Perlmutter: „Singer keeps her standards high“, in: Los Angeles Times, 30. Januar 1986.

Daniel Schillaci: „Early recital with her mom augured well for soprano“, in: Los Angeles Herald Examiner, 31. Januar 1986.

Judith Wyatt: „Bach Soloist Arleen Auger returns to conquer the U. S.“, in: The Morning Call, 17. Mai 1986.

„Yankee Diva Arleen Auger scores her biggest Gig, a solo at the British Royal Wedding“, in: People Weekly, 28. Juli 1986.

Joseph McLellan: „Arleen Auger's Royal voice“, in: Washington Post, 10. September 1986.

James Jolly: „A performing ideal“, in: Gramophone, November 1986.

David Lasker: „American songbird“, in: Maclean's. Canada's weekly Newsmagazine, 8. Dezember 1986, Vol. 99 Nr. 49.

Timothy Pfaff: „She takes on Opera and Concert Lieder. Ex-teacher finds they feed each other“, in: Datebook of San Francisco Chronicle, 15. Februar 1987.

Heidi Waleson: „Arleen Auger. You can go home again“, in: Ovation. America's Classical Music Monthly, März 1987, S. 20–23.

Marianne Gray: „The mystery voice is back on song ...“, in: Daily Mail vom 5. Mai 1987.

Hanns-Horst Bauer: „Arleen Auger. Mit neuem Aufschwung“, in: Orpheus, Oktober 1987, S. 773–777.

Daniel Webster: „The intimate style of Soprano Arleen Auger“, in: The Inquirer, 18. Februar 1988.

Daniel Cariaga: „Soprano Auger enjoys challenge of new roles, New Music“, in: Los Angeles Times, 5. März 1988.

Loisann Oakes: „Renowned soprano flies the world to sing", in: The Morning Call, 6. März 1988.

Hilary Finch: „All in good timing", in: The Times, 1. Februar 1989.

Chris Pasles: „She is a Star now, but Auger has not fogotten what singers in the UCI Class need to know", in: Los Angeles Times, 21. Februar 1989.

Richard Fawkes: „Out of the mainstream", in: Classical Music, 1. Juli 1989.

Robert Cetti jr: „Arleen Auger", in: Orange Coast Magazine, November 1989.

Susan Elliott: „America is discovering one of its own", in: The New York Times, 25. Februar 1990, Sektion 2.

Susan Elliott: „The Auger Effect", in: Pulse!, April 1990.

James Jolly: „A taste of teamwork", in: Gramophone, Mai 1990.

John McCormick: „Voice of experience", in: Suburban People, 6. Mai 1990.

John von Rhein: „Homecoming. Once-frustrated Soprano Auger Returns From Europe A Star", in: Chicago Tribune, 1. Juni 1990.

David Stevens: „An American in Paris as Handel's Alcina", in: International Herald Tribune, 9./10. Juni 1990.

James M. Keller: „Arleen Auger", in: Musical America. The Journal of classical Music, Juli 1990, S. 12–15.

Richard Wigmore: „Arleen Auger. A star in voice only", in: Gramophone, Februar 2001, S. 40 f.

Brian Kellow: „Something cool. The elusive art of Arleen Auger", in: Opera News, Juli 2006, Vol. 21 Nr. 1.

4. Andere Literatur

(in alphabetischer Reihenfolge)

Blum, David: „Giving the Salon Concert a new style and purpose", in: The New York Times, 21. Februar 1993.

Brug, Manuel: „Händel schreibt über Geheimnisse", Interview mit Donna Leon, in: Welt online vom 14. April 2009.

Chase, Marilyn: „Oregon Bach Festival: Polyphony for the daypack Set", in: The Wall Street Journal, 18. August 1984.

Donath, Helen: Im Gespräch mit Wolf-Dieter Peter, in: BR-Forum vom 10. Juli 2005, auf: www.br-online.de/download/pdf/alpha/d/donath.pdf.

Egk, Werner: Die Zeit wartet nicht. Künstlerisches, Zeitgeschichtliches, Privates aus meinem Leben. München 1981.

Elliott, Susann: „Wer die Dirigenten (und andere) dirigiert. Vom Einfluss der großen Künstleragenturen", in: NZZ Folio, Dezember 1992

Fischer, Jens Malte: Große Stimmen: von Enrico Caruso bis Jessye Norman, Stuttgart, 1993.

Fleming, Renee: Die Biografie meiner Stimme, Berlin 2005.

Füssl, Karl: „Eine sogenannte Selbstdarstellung", in: Musikalische Dokumentation Karl Heinz Füssl. Wien, 1988.

Green, Andrew: „Intermusica Artist's Management. The management game", in: Classical Music Magazine, September 2006.

Guinther, Louise T.: „Multiple explosure", in: Opera News, September 1994, S. 24–26.

Gurewitsch, Matthew: „For Carreras, Life is ‚normal' Again", in: The New York Times, 10. Mai 1992.

Hacquard, Georges: Germaine Tailleferre – La dame des Six, Paris 1988.

Howarth, Judith: Interview on playing Cio-Cio San in ENO's Madam Butterfly. 17. Januar 2008, in: www.musicalcriticism.com.

Jones, David L.: „Is High Light Singing Always Healthy?", auf: www.voiceteacher.com.

Jones, David L.: „Einige Hinweise für den professionellen Barocksänger", übersetzt von Christian Halseband, auf: www.gesanglehrer.de.

Joseph, Raymond A.: „Paying to Hear Sacred Music", in: The Wall Street Journal, 23. Juni 1978.

Jun, Joo Won: The Compositional Style of Judith Lang Zaimont as Found in Nattens Monolog (Night Soliloquy), Scena for Soprano Voice and Piano with Text by Dag Hammarskjöld, Dissertation der Louisiana State University, 2005.

Kenyon, Nicholas: Simon Rattle. Abenteuer der Musik, Berlin 2002.

Kesting, Jürgen: Die großen Sänger Bd. 2, Düsseldorf 1986.

Kunzler, Martin: „Die historische Alternative", in: Oper 1975. Opern auf Schallplatten. Chronik und Bilanz des Opernjahres. Ein Jahrbuch der Zeitschrift „Opernwelt".

Kutsch, K. J./Riemens, Leo: Großes Sängerlexikon. 3. erweiterte Auflage, München 1999.

Larsen, Libby: Sonnets from the Portuguese (1993) auf: www.libbylarsen.com.

Leech-Wilkinson, Daniel: „The Changing Sound of Music: Approaches to Studying Recorded Musical Performances, 4. Changing Performance Styles: Singing", London 2009, veröffentlicht online auf: www.charm.kel.ac.uk/studies/chapters/intro.html.

Leipold, Fridemann: „Eine ungleiche Partnerschaft. Der Liedpianist Irwin Gage", in: FonoForum, September 1992, S. 38 f.

Leon, Donna: „Für Händel geh' ich meilenweit", Interview mit Teresa Pieschacón Raphael, in: Rondo, Januar 2003, S. 5.

LeSueur, Richard: Interview 2006, auf: www.sitemaker.umich.edu.

Medek, Tilo: Textmontage aus einem Einführungstext für eine Sendung des WDR vom 11. April 1990, 9.05 Uhr und dem Text „Über meine Kantate Gethsemane" vom 1. Februar 1998, auf: www.emmaus.de/ingos_texte/gethsemane_ueber.html.

Moser, Edda: Ersungenes Glück, Erinnerungen und Gespräche aufgezeichnet von Thomas Voigt, Leipzig 2011.

Robson, Anthony: Interview mit David Vickers vom 11. Februar 2002, auf: www.gfhandel.org.

Rorem, Ned: Lies. A diary. 1986-1999, Cambridge 2000.

Sandow, Greg: „The Passionate Conductor", in: The Wall Street Journal, 5. November 1984.

Schumann, Dr. Karl: „Don Giovanni. A lifelong Work". A Conversation with Rafael Kubelik, auf: vagne.free.fr./kubelik/DonGiov-a.htm.

Sinkovicz, Wilhelm: „Tenor Dallapozza: ‚Heute fehlen die Persönlichkeiten'", in: Die Presse, 4. November 2008.

Solti, Sir Georg: Memoirs, New York 1997.

Vetere, Mary-Lou Patricia: „Haydn: Arias and Cantatas", in: Opera Today, 10. Juli 2006.

Waldersee, Niels Graf von: Ach, ich fühl's. Gewalt und die hohe Stimme. Berlin 2008.

Weber, Margot: „Die Eigenwillige. Christine Schäfer", in: Zeitschrift der Gesellschaft der Musikfreunde Wien, April 2010.

Personenregister

Abbildungsnachweis

Archiv des Aspen Music Festivals: S. 246, 268

Archiv des „Carinthischen Sommers" (A): S. 188, 258, 262

Archiv der Kieler Nachrichten, Kiel: S. 94, 290, 300

Archiv der Oper Bonn: S. 196

Archiv der Salzburger Festspiele, Salzburg (A): S. 48

Leslie Auger – aus dem Familienalbum: S. 16, 18, 20, 22, 26, 28, 30, 40

Clive Barda, London (UK): S. 74, 319

Co Broerse, Amsterdam (NL): S. 220

Delos Productions Inc., Sonoma, Kalifornien (USA) S. 100, 238

Felix Eidenbenz, Zürich (CH): S. 231

Wolfgang Fahrenholtz, Würzburg: S. 234, 254

Foto Fayer, Wien (A) S. 40, 42, 46

Stan Fellerman, New York (USA): S. 92

Rainer Hoffmann: S. 78, 284, 286

Günter Jena S. 24

Heinrich Kock/Dr. Alfred Willander, Baden bei Wien (A): Titelphoto, S. 86, 176, 212, 226, 227, 230, 319

Lincoln Center of the Arts, New York (USA): S. 264

Los Angeles Music Center Opera (USA): S. 120, 132

Tsuyako Mitsui, Kyoto (JP): S. 40, 78, 110, 140, 216, 296

Music Library Oberlin (USA): S. 164

Werner Neumeister, München: S. 319

Celia Novo, New York (USA): S. 34, 40, 74, 76, 126, 206

Diana Price, Wien (A): S. 50, 52

Willem Scherpenhuijsen Rom, Leusden (NL): S. 142, Buch-Rückseite

Gabriele Schreckenbach, Berlin: S. 216

Lord Snowdon, London (UK): S. 128

Christian Steiner, New York (USA): S. 88, 319

Teatro alla Scala, Mailand (I): S. 68

www.findagrave.com: S. 144

Erich Wirl, Wien (A): S. 38, 318